Inhalt

Stat crux dum volvitur orbis

Wolfgang Johannes Bekh

Therese
von Konnersreuth
oder
Die Herausforderung
Satans

Ein Leben für die Wahrheit

CORMORAN

© 1998 Cormoran Verlag
in der Verlagshaus Goethestraße GmbH & Co. KG, München
Alle Rechte vorbehalten
Satz: ConceptSatz, München
Druck und Bindung:
Istituto Grafico Bertello - Borgo San Dalmazzo (CN)
Printed in Italy

ISBN 3-517-07988-X

Einleitung

Dieses Buch berichtet von der mystischen Macht des Bösen und vom Kampf Satans mit Gott in den Abgründen der Menschenseele. Es berichtet von den Wirklichkeiten der Hölle und von den zugelassenen Tücken des Teufels.

Wir erfahren, daß es Spätzeiten katilinarischer Großstaaten gibt, in denen der Einzelne sich nur durch Unterwerfung unter den Willen des Fürsten der Finsternis am Leben erhält. Wir erfahren, daß in solchen Spätzeiten das Bild des katholischen Priesters als des Spenders himmlischer Geheimnisse verdunkelt ist: an der Last seiner Menschlichkeit leidet er und wirkt oft widerwillig in einer Gott hassenden Welt. Wir erfahren aber auch von Priestern, die dem Wüten des Bösen und seiner Söldlinge furchtlos die Stirn bieten.

Am Schicksal des Bauernmädchens Therese Neumann, das in sich drei unerforschliche Zeichen vereinigt – Christi Wundmale, das Mitleiden der Kreuzigung und jahrzehntelange Nahrungslosigkeit – erfährt ein glaubenslos-zynischer Journalist das Wesen des Christentums, das ihm allerdings ein weit umfassenderes Bekenntnis abverlangt als die Teilnahme an den Sakramenten, nämlich das Blutopfer des Märtyrers. Sein Zeugnis für Christus, das ihm die stigmatisierte Jungfrau im Leiden vorlebt, wird ihm auf einem schrecklichen Kalvarienberg von den Folterknechten Satans mit glühenden Zangen aus lebendigem Leib gerissen.

Offen bleibt die Frage, welche Zeichen wir heute aus den Vorgängen um die Stigmatisierte von Konnersreuth lesen können. Sollten es Zeichen sein, die uns begreifen lassen, daß Leid die Welt mit ihrem Schöpfer versöhnen kann? »Nicht in der Blüt' und Purpurtraub'« ist ja nach einem Worte des Dichters »heilige Kraft allein, es nährt das Leben vom Leide sich und trinkt auch am Todeskelche sich glücklich.«

Erstes Kapitel

»Münchner Neueste Nachrichten«

Die Rückkehr

Am 14. Juli 1927, einem Donnerstag, war Erwein Freiherr von Aretin exakt 67 Tage jünger als vierzig Jahre alt. Der Vormittag war, ungewöhnlich für die Jahreszeit, kalt und regnerisch. Der Freiherr saß in einem bequemen Lederfauteuil, wie er sich für seine mächtige Leibhaftigkeit schickte: Hochgebaut, mit emporgewölbter Weste des Kielleuthner-Anzugs, auf der eine goldene Uhrkette baumelte. Der Schnauzer, als Überbleibsel einer Vollbartmode vergangener Jahrzehnte, stach farblich ebensowenig von der fahlen Fleischfarbe seines Gesichts ab wie das gescheitelte volle Haupthaar. Eine Andeutung von Tränensäcken des Herzleidens schattete unter den großen Augen. Diese blickten aber nicht auf den Schreibtisch, wo sich Manuskripte häuften und wo auch die Unterschriftenmappe bereitlag, sondern trübglasig und wesenlos nach innen.

Gestern, spät abends, war er heimgekehrt in sein Haus am Rondell Neuwittelsbach und noch immer aufgewühlt von den Erlebnissen der vergangenen Tage. Er konnte sich nicht zurechtfinden in der sonst gewohnten Umgebung, nahm erst allmählich wahr, daß die Tür auf den Vorplatz geöffnet wurde und schnaufend vor Erregung ein mittelgroßer Mann in Hemd und Hosenträgern, mit kurzgestutztem Schnurrbart und gescheitelt geschniegeltem Haar vor ihm stehenblieb. Fritz Gerlich, Chefredakteur der »Münchner Neuesten Nachrichten«, sprudelte seine Sätze aus dem Stand, bestürmte den Leiter des Innenressorts mit Fragen, »wie es gewesen« sei. Er nahm von seinem Gegenüber auf der anderen Seite des Schreibtischs durch die dünnrandigen runden Augengläser kaum wesentlich mehr wahr als einen mächtigen Schattenriß vor den fast plafondhohen Fenstern, hinter deren jugendstiligen Sprossen die mit Mauervorsprüngen überladenen, altersgrauen Fassaden der Sendlinger Straße hereinschimmerten.

Was war geschehen? In Konnersreuth, einem unbedeutenden Marktflecken im sogenannten Stiftland bei Waldsassen, wo an den Hängen des Fichtelgebirges die nördliche Oberpfalz ins Fränkische übergeht, lebte eine stigmatisierte Bauerntochter namens Therese Neumann. Von Lähmung und Blindheit plötzlich und unerklärlich geheilt, nährte sie sich seit über einem Jahr nur von der Heiligen Eucharistie; anderer Nahrung bedurfte sie nicht, weder fester noch flüssiger. Neben höchst seltsamen Visionen aus der Heiligen Schrift und der Kirchengeschichte erlitt sie jeden Freitag die Kreuzigung Christi in erschütternden Schauungen. Die in der frühen Karfreitagsstunde 1898 geborene Tochter bescheidener Kleinlandwirtsleute hatte nur die Volksschule besucht, war aber fähig, die innersten Seelengeheimnisse ihr gänzlich fremder Menschen kristallisch

11

klar zu durchschauen und Auskunft über Dinge zu geben, die dem gewöhnlichen Menschenverstand unerreichbar und unerklärbar waren.

Seit Ostern 1926 schwirrten abenteuerlichste Gerüchte über Konnersreuth durch den deutschsprachigen Blätterwald. Auch die »Münchner Neuesten Nachrichten«, das traditionsreiche, auf der Titelseite mit einem liebenswürdigen »Münchner Kindl« (dem Tegernseer Mönch, der sein Brevier in Händen hält) geschmückte Blatt, hatte schon mehrfach berichtet. Erstmals gelangte am 2. Mai 1926 durch G.O. Bayer, den Korrespondenten von Eger, eine Meldung unter dem Titel: »Das Mirakel von Konnersreuth« in die »MNN«. Am 29. Juni 1927 erschien in der »Einkehr«, der Wochenendbeilage dieser Zeitung, ein längerer Bericht aus der Feder einer in der Nähe von Konnersreuth ansässigen Baronin Tänzcl. Die Meinungen widersprachen sich, die öffentliche Erörterung der Vorgänge in Konnersreuth spitzte sich zu. Es bildeten sich sogar Parteien, die mit der Forderung nach einer Behandlung des Falles an die Bayerische Staatsregierung herantraten. Im Namen der Vernunft und der Wissenschaft verlangten sie, daß die Regierung sich zu Maßnahmen gegen die Stigmatisierte entschlösse. Von extremeren Richtungen, insbesondere kommunistischen Kreisen, wurde sogar mit Gewalt gedroht, falls die Staatsregierung nicht ihren Wünschen entspreche. Die »Neue Zeitung«, das »Bayerische Organ der K.P.D.«, veröffentlichte einen haßsprühenden Artikel unter dem Titel: »Der Volksbetrug von Konnersreuth«.

Erwein Freiherr von Aretin war Resortchef für Innenpolitik der »Münchner Neuesten Nachrichten« vom 1. Januar 1926 bis 11. März 1933. Sein umfangreicher Bericht über die Stigmatisierte von Konnersreuth vom 3. August 1927 erregte weltweites Aufsehen.

Am gemäßigsten war jene Richtung, die unter dem Vorbringen eines wissenschaftlichen Interesses die Einschaffung der Stigmatisierten in eine »neutrale Klinik« verlangte, damit sie dort beobachtet und überwacht werden könne. Schärfere Meinungsmacher verlangten, sie von der Öffentlichkeit abzuschotten, weil die Besuche in Konnersreuth zur »Volksverdummung« führten. All diese Forderungen kümmerten sich herzlich wenig um die verfassungsmäßigen Rechte einer Staatsbürgerin, die niemandem etwas zuleide getan, die keinen Menschen aufgefordert hatte, sie zu besuchen und anzuschauen. Es hatte eine Zeitlang den Anschein, als ob die Berufung auf wissenschaftliche oder sonstige Interessen genüge, um einem unbescholtenen Menschen die verfassungsmäßig gewährleisteten Staatsbürgerrechte zu entziehen und ihn zum wehrlosen Gegenstand mehr oder weniger berechtigt tuender Untersuchungen und Versuche zu machen.

Es war nicht recht begreiflich, wie man überhaupt in einem Rechtsstaat auf den Gedanken kommen konnte, Bürger bloß deshalb, weil sie stigmatisiert waren, Schauungen hatten und keiner Nahrung bedurften, in Anstalten irgendwelcher Art einzuweisen und sie zu zwingen, ihren Körper als Gegenstand der Untersuchung durch Dritte herzugeben. Es war ebensowenig begreiflich, wieso man glauben konnte, einen solchen Bürger zwingen zu dürfen, sich hinter Mauern zu begeben, um auf diese Weise Menschen, die nicht darum gebeten worden waren, am Besuch zu hindern. Kurz, im öffentlichen Interesse lag die Frage, ob eine bestimmte Form religiösen Lebens, die keineswegs die Ordnung störte – denn die Ordnung störten diejenigen, die nach Gewalt riefen –, und ein Verhalten, das in keiner Weise irgend eine Strafrechtsbestimmung verletzte, berechtigen sollten, diesen Menschen seiner verfassungsmäßig gewährleisteten Freiheit und seines Verfügungsrechts über den eigenen Körper zu berauben.

Professor Paul Nikolaus Cossmann, von den Gesellschaftern der Firma Knorr und Hirth beauftragter Herausgeber und somit oberste Instanz im Verlag der »Münchner Neuesten Nachrichten«, war über solche abenteuerlichen Berichte und Gerüchte entsetzt. Ihm schienen diese Vorgänge einer Klärung und objektiven Darstellung dringend bedürftig. Seit 1904 und bis herauf ins Jahr 1933 gab er auch (auf einen längeren Zeitraum zusammen mit Karl Alexander von Müller und Josef Hofmiller) die in München erscheinenden »Süddeutschen Monatshefte« heraus. In diesen kämpfte er weitschauend gegen den von engstirnigstem Chauvinismus und Nationalismus diktierten Versailler Vertrag, dessen Folgen er ahnungsvoll beschrieb. Freilich wollte er zu keiner Stunde wahrhaben, daß dieser Vertrag die ebenso harte wie unvermeidliche Folge eines anderen Versailler Vertrages gewesen war. Am 18. Jänner 1871 war mitten im Ausland, nämlich im Spiegelsaal des Versailler Schlosses, das waffenklirrende Kaiserreich Bismarcks proklamiert worden. Es war nur folgerichtig, daß im selben Spiegelsaal, 48 Jahre später, der zweite Versailler Vertrag von den Gegnern Deutschlands unterzeichnet wurde, als Rache für die Schmach des preußischen Affronts von 1871. Das alte Europa war durch das zweite Versailles zerstört und eine der wesentlichen Voraussetzungen für Hitlers spätere Wahlsiege geschaffen worden.

Der am 6. August 1869 in Baden-Baden als Sohn jüdischer Eltern geborene Cossmann, dem für seine publizistischen Verdienste der Professorentitel der Weimarer Republik verliehen worden war, beauftragte den Leiter des Innenressorts der »Münchner Neuesten Nachrichten«, nach Konnersreuth zu fahren und einen sorgfältig recherchierten, klärend-kritischen Bericht über das dortige Geschehen zu liefern.

Das Arbeitsessen

Geradezu fordernd stand nun Gerlich in Aretins Büro und schlug dem kaum Zurückgekehrten vor, mit ihm und Professor Cossmann zum Essen zu gehen, um ihnen zu berichten und mit ihnen zu beraten, wie er seine Eindrücke in der Zeitung am zweckmäßigsten darstelle. Aretin war von diesem Vorschlag wenig erbaut. Schließlich war Münchens vornehmstes Restaurant, das »Walterspiel«, in das ihn Gerlich auf Anhieb einlud, nicht gerade der geeignete Ort, um zwei Menschen, deren religiöse Einstellung ihm ziemlich unbekannt war, zwischen befrackten Oberkellnern und glitzernden Weingläsern, Schildkrötensuppe und croûte à l' écossaise über das Leiden Christi und die Schauungen eines Mädchens zu erzählen. Es war vorauszusehen, daß er an eine chinesische Mauer von Skepsis und Nichtverstehen stoßen würde.

Just im Jahr 1927 hat uns der Maler Emil Thoma das Erscheinungsbild Paul Nikolaus Cossmanns überliefert. Ein ernster Herr sitzt uns gegenüber, der den linken Arm locker über die Sessellehne baumeln läßt, seinen rechten Ellenbogen auf die andere Lehne stützt und seine Hand in der Höhe des Gelenks abknickt, denn sie hält eine halb abgebrannte Zigarre. Darüber das scharfgeschnittene Gesicht eines Intellektuellen mit buschig üppigem Schnurrbart und schwach angedeutetem Spitzbart, mit bohrendem Blick unter den schwarzen Augenbrauen. Über der senkrechten Stirnfalte des starken Willens wölbt sich eine hohe Stirn, die in schütteres Haupthaar übergeht.

So saß Cossmann seinem Ressortchef Aretin gegenüber im vornehmen »Walterspiel«, dem »Tempel des Lukull« zu ebener Erde der berühmten »Vier Jahreszeiten«. Sein Blick hatte, wie auf dem Porträt, etwas Stechendes, schien sein Gegenüber und dahinter die Fenster auf die Maximilianstraße zu durchdringen. Draußen leuchtete die Sonne wieder. Es kam aufs Haar genauso wie Aretin befürchtet hatte. Nach jedem Satz wurde er bald von Gerlich, bald von Cossmann unterbrochen. Immer wieder war es irgendeiner jener Einwände, die er in den folgenden Jahren geduldig zu ertragen lernen sollte. Die beiden weltläufigen Herren machten es sich leicht, erklärten sich die rätselhaften Vorgänge im Stiftland mit Hysterie, Suggestion, Autosuggestion, mit Zweifeln an Aretins Beobachtungsgabe oder auch nur – das war weit schlimmer – mit einem Blick, den beide Zuhörer wechselten und der im Rahmen liebenswürdiger Verbindlichkeit einige Zweifel an den geistigen Fähigkeiten des Berichterstatters ausdrückte. Fast schon unhöflich widersprach Gerlich den Beweisführungen seines Innenressortchefs.

Paul Nikolaus Cossmann, geistiger Leiter von Knorr & Hirth bis März 1933, war Gesellschaftervertreter der »Münchner Neuesten Nachrichten« und Herausgeber der »Süddeutschen Monatshefte«.

Auf diese Art schien es zunächst schwierig, zu erreichen, daß ihm in der Zeitung der notwendige Platz für seinen Bericht eingeräumt würde. Aretin blieb nichts anderes übrig, als den zwei freundlich lächelnden, aber immer ungläubiger kopfschüttelnden und schließlich erregt aufbegehrenden Tischgenossen ärgerlich zuzurufen: »Meine Herren, gehen Sie doch selbst hin und schauen Sie sich die Sache an!«

Zögernd und schweren Herzens gingen Cossmann und Gerlich auf seine Vorschläge ein, stellten ihm sogar wider Erwarten eine ganze Nummer der Beilage »Die Einkehr« zur Verfügung.

Wer war Erwein von Aretin?

Am 19. September 1887 als Sohn des späteren Regierungspräsidenten der Oberpfalz Anton Freiherr von Aretin und dessen Gemahlin Prinzessin von der Leyen in Bad Kissingen geboren, entstammte Erwein von Aretin einer Familie, die immer von einer betont bayerischen Haltung war. Nach dem Besuch der Gymnasien von Landshut und Regensburg, wo er die Reifeprüfung ablegte, entschloß er sich zum Studium der Mathematik und Astronomie auf dem Münchner Polytechnikum und der Leipziger Technischen Hochschule. In Göttingen promovierte er 1912 mit der Aufsehen erregenden Entfernungsberechnung eines von ihm entdeckten Sterns. Seine Interessen waren so weitgespannt, daß er das Kunststück fertigbrachte, zugleich als Assistent an der Sternwarte und am Kunsthistorischen Seminar der Universität Göttingen zu arbeiten. Im darauffolgenden Jahr wechselte er an die Kufnersche Sternwarte nach Wien und heiratete 1914 in Lösch bei Brünn die Enkelin des österreichischen Ministerpräsidenten Grafen Belcredi. Mit Rilke, den er in Wien kennenlernte, tat sich ihm eine neue Welt des Geistes auf. Die daraus entstandene Freundschaft hielt bis zu Rilkes Tod. Sein umfangreicher, noch unveröffentlichter Briefwechsel mit Rilke harrt im Weimarer Rilke-Archiv der wissenschaftlichen Auswertung.

Wegen eines schweren Herzfehlers konnte Aretin den Ersten Weltkrieg nicht an der Front mitmachen. Die Folgen des Krieges warfen ihn aus dem Beruf und vereitelten seine wissenschaftlichen Pläne.

Aretins Weltsicht

Ein Blick in Aretins Geisteswelt ist insofern aufschlußreich und hier angebracht, als er die Umstände, unter denen Hitler an die Macht kam, schlaglichtartig erhellt.

Aretin hatte zweifellos recht, wenn er den Begriff des »Reichs« auf ein überstaatliches Gebilde wie das Heilige Römische Reich bezog. Als dieser Reichsgedanke auf die Gründung Bismarcks angewendet wurde, war der Begriff nicht mehr eindeutig. Der (nord)-deutsche Nationalstaat, der die Staatlichkeit der Einzelstaaten beeinträchtigte oder beseitigte, war kein Reich. Bismarcks Zentralstaat bestand zu zwei Dritteln aus dem Einheitsstaat Preußen, den er erst auf diese Größe gebracht hatte, ehe er ihn mit den anderen Staaten zu seinem sogenannten Reich zusammenschloß.

Der am Peter- und Paulstag 1931 in Freising geweihte Priester Carl Oskar von Soden, seit 1. Oktober 1931 Kooperator von Geisenhausen, dem niederbayerischen Marktflecken an der kleinen Vils, predigte dort unerschrocken gegen die Nazis und zog sich nicht nur den Haß der NSDAP zu, sondern erregte auch Aufmerksamkeit bei »reichisch«, das heißt katholisch-bayerisch und monarchisch-österreichisch gesinnten Zeitgenossen, so bei Erwein von Aretin, der bald Beziehung zu dem gebürtigen Münchner aufnahm. In seinen bereits in den bayerischen Jahren begonnenen, später im amerikanischen Exil vollendeten Erinnerungen schrieb Soden: »Bismarck hat das ›zweite‹ Reich auf der preußischen Hegemonie aufgebaut. Nach Königgrätz gab es in Deutschland keinen Platz mehr für einen Dualismus geschweige denn für die Trias, die der schwache König Max II. von Bayern vertreten hatte. Die Verfassung von 1871 begründete die sogenannte Einheit der Deutschen auf dem Bund der preußischen Großmacht mit den vielen deutschen Mittel- und Kleinstaaten. Diese ›societas leonina‹, wie sie Konstantin Frantz nannte, der Bund des Löwen mit den Mäusen, war alles andere als foederalistisch.«

Auch nach Aretins Überzeugung hatte Bismarck die Ordnung des Deutschen Bundes gesprengt und mehrere selbständige Staaten ausgelöscht. Erst *nach* der rücksichtslosen Demonstration dieser zentralistischen Machtpolitik fing er an, eine föderalistische Fassade aufzurichten. So machte er vor allem an Bayern einige Zugeständnisse. Das waren jedoch sogenannte Separatrechte, die für den bündischen Gedanken des Ganzen so gut wie nichts bedeuteten. Im Bewußtsein des mehrheitlichen, das heißt preußischen Teils der Nation wurde aus dem protestantischen Nordreich der nationale Staat. Ein Eigenstaatsbewußtsein außerpreußischer Gliedstaaten wurde vom Reichsmittelpunkt aus geflissentlich nicht gepflegt. Am ehesten war – vermöge seiner Reservatrechte – noch Bayern in der Lage, das eigene Staatsbewußtsein am Leben zu erhalten. Aretin zitierte gern eine Bemerkung des Historikers Lamprecht, daß das Reich durch zwei Dinge gehindert worden sei, ein kompletter Einheitsstaat zu werden, durch die konfessionelle Spaltung der Nation und das »Regnum Bavariae«.

Ähnlich urteilte Soden: »Josef Edmund Jörg ist der weitschauendste unter den bayerischen Politikern gewesen, die die Bismarcksche Gründung als preußischen Zentralismus ablehnten. Er hat sich keiner Täuschung darüber hingegeben, daß das Bismarcksche ›Reich‹ hoffnungslos zum Zentralismus führen und auf die Dauer jedes politische Eigenleben der deutschen Stämme vernichten werde. Er hat wahrscheinlich auch den Untergang des ganzen Gebildes vorausgesehen, das in seinem Drang nach Herrschaft die europäische Vormacht anstreben müsse, nachdem es die deutsche erobert hatte. Allein, Jörg war zwanzig Jahre nach seinem Tod ein Vergessener, genau wie Konstantin Frantz. Der Erfolg des ›Zweiten Reichs‹ und seine Dauer war wie immer die stärkste Kraft, um die Opposition zu ersticken. Bismarck hatte die Bücher Konstantin Frantz' aufkaufen und vernichten lassen. Er hätte sich diese Mühe sparen können; im Land der Denker und Dichter hat, als Frantz und Jörg starben, fast niemand mehr den geistigen Mut besessen, das ›Zweite Reich‹ kritisch in Frage zu stellen.« (Außer eben Männer vom Schlage eines Erwein von Aretin, so können wir im Rückblick auf die inzwischen schreckliche Wirklichkeit gewordene Geschichte hinzufügen.)

Geburtsfehler der Reichsverfassung

Der republikanischen Reichsverfassung des Jahres 1919 haftete ein Geburtsfehler an: Ihre Schöpfer verkannten, wie stark in Bayern das Bewußtsein der Eigenstaatlichkeit nicht nur an der Regierungsspitze, sondern auch in breiten Volksschichten war. Sie ahnten auch nicht, daß die bayerische Lebensform sich von der preußischen mehr unterschied als durch ein paar hundert Kilometer. Keineswegs zu unrecht klagte Aretin über einen preußischen Dünkel, der sich weigerte, solche Tatsachen zur Kenntnis zu nehmen. Von diesem Dünkel war leider auch die norddeutsche Arbeiterbewegung nicht frei. Rechts wie links glaubte man im Norden, außerpreußische Länder nötigen und jeder Handlungsfreiheit berauben zu können. Bayern setzte sich dagegen erbittert zur Wehr. Daß die gesellschaftlichen Verhältnisse im Süden, zumal im Land mit der ältesten Verfassung des deutschen Sprachraums, reifer für die Demokratie waren als im Norden (oder gar im Nordosten), unterlag keinem Zweifel. Die Gründung der Bayerischen Volkspartei am 12. November 1918 durch Georg Heim war ein richtiger Gegenzug des wirklichen Bayern. Daß Eisner bald abwirtschaften würde, war mit Händen zu greifen. Seine Ermordung am 21. Februar 1919 war nicht nur ein verabscheuungswürdiges Verbrechen, sondern auch eine unglubliche Torheit. So kam das von Lenin ferngesteuerte Sowjet-Chaos der Räterepublik über München. (Die zum Teil russischen Anführer der bayerischen Räterepublik standen im Briefwechsel mit Uljanow, der im regnum baiuvariorum schon eine Sowjetrepublik sah und an die »bayerischen Genossen« schrieb: »Enteignen! Enteignen!«) Jede Chance, daß von Bayern eine Einwirkung auf die deutschen Verhältnisse ausgehen könnte, wurde gerade jetzt, als in Weimar die Verfassung entstand, vertan. So fehlte der Weimarer Republik jene Autorität und Volkstümlichkeit, ohne die kein Staat auskommt, während eine Stärkung des bayerischen Staatsbewußtseins, die nach der deutschen Niederlage Gebot der Stunde gewesen wäre, vor allem daran scheiterte, daß München zum Schmollwinkel jener norddeutschen Kreise wurde, die zwar ihres früheren Einflusses beraubt waren, aber nicht im entferntesten daran dachten, die bayerischen Kräfte mit dem Ziel der Errichtung eines politischen Zentrums in Anspruch zu nehmen. »Im Gegenteil«, schreibt einmal Aretin, »befangen in dem sehr verschwommenen Begriff des ›Nationalen‹, standen sie jeder Bestrebung zur Stärkung der bayerischen Position mit dem größten Mißtrauen gegenüber und verfemten mit dem Schlagwort ›Separatismus‹ die Festigung des Bodens, auf den sie doch selbst geflüchtet waren und dessen Gastrecht sie genossen. Nie hat der Mangel an politischer Psychologie, der den deutschen Norden so verhängnisvoll belastet, eine solche Verwirrung geschaffen, wie in dem München der Zeit nach dem Ersten Weltkrieg.«

Es mutet in der Tat grotesk an, daß der preußische General Erich Ludendorff sich nicht scheute, ein ihm völlig wesensfremdes Land als Basis für seine antidemokratische Politik auszusuchen. Die Münchner Wirklichkeit entwickelte sich – wie später immer wieder – zu einem unklaren Gemisch aus föderalistischer und nationalistischer Opposition. Die Bayerische Volkspartei stand bei den Nationalisten zweifellos auf der falschen Seite. Bei ihren Mitgliedern überwog die Abneigung gegen den Zentralismus der Weimarer Republik, die alle Rechte nach Berlin verlagerte. Hier sei nur eines von hundert Beispielen herausgegriffen: Da dem Staat Bayern die Post- und Verkehrshoheit entschädigungslos genommen worden war, ging Bayerns in Europa führender Lokomotivenfabrik Maffei, die bisher jährlich 150 D-Zug-Lokomotiven produziert hatte, dieses Produktionsvolumen bis auf eine einzige jährliche Lokomotive verloren. Der überwältigende Rest lief künftig in Berlin vom Band.

Monarchische Bestrebungen mußten in dieser Lage die Verwirrung noch steigern: Die Nationalen traten für die Wiedereinsetzung der Hohenzollern ein, viele Bayern wollten selbstverständlich die Rückkehr der Wittelsbacher. Das politische Unterscheidungsvermögen erlitt einen Rückschlag nach dem anderen; ein Demagoge wie Hitler konnte somit im Trüben fischen. Die von der Bayerischen Volkspartei in Bamberg beschlossene Verfassung war nach Aretin die schlechteste, die sich Bayern je gegeben hatte, vor allem, weil sie keinen bayerischen Staatspräsidenten vorsah. »Diese Phäaken« ließen sich nach seiner Meinung immer weiter von Berlin unterjochen und betrügen, gelegentlich sogar bestechen. Ein Staat ohne Staatsoberhaupt, schimpfte er, sei wie ein Gericht ohne Richter. (In dieser »Enthaltsamkeit« vom wesentlichsten Attribut eines Staates blieb sich der Freistaat vor und nach Hitler gleich!) Aber immerhin: Das bayerische Volk dachte noch bayerisch. »Der heutige Grad von Überfremdung war damals unvorstellbar«, erinnerte sich Wilhelm Seutter von Lötzen, einer der maßgeblichen Funktionäre des Bayerischen Heimat- und Königsbundes 1960 in seinem Buch »Bayerns Königstreue im Widerstand«. Obwohl die damaligen Ereignisse schon Züge der späteren Entwicklung trugen, können sie nur als harmloses Wetterleuchten eines höchstens vorausgeahnten Gewitters gewertet werden. Der Umstand nicht allein, daß Bayern 1871 für den deutschsprachigen Norden ›Inland‹ geworden war, sondern vor allem die spätere Entwicklung, daß nach dem verlorenen Hitlerkrieg die bayerische Mehrheitspartei aus ihrem »Stammland« – statt wieder einen souveränen europäischen Staat – eine bundesdeutsche »Wachstumsprovinz« machte, war für den unglaublichen Millionenzuzug aus dem Norden verantwortlich. Keineswegs Franzosen, Italiener, Griechen, Slawen waren das Befremdliche, von dem Aretin schaudernd sprach. Mit ihresgleichen hatte ja dieses weltoffene Volk, dessen Territorium fünfhundert Jahre lang Bestandteil der römischen Reichskultur und vorher weit über tausend Jahre lang europäisch-keltisch gewesen war, immer gut zusammengelebt, sondern – wie Aretin jenseits der Zeitschwelle des Jahres 1945 gegenüber ungläubig staunenden Freunden konstatierte – eine in ihrem unbezwingbaren Süd-Drang zwar nicht mehr wie früher mordbrennende, aber das Muttergottesland überschwemmende und überstimmende Wanderbewegung.

Zurück zu den zwanziger Jahren: 1924 bis 1927 war Aretin erster Vorsitzender des Bayerischen Heimat- und Königsbundes. Unter seiner Leitung griff diese Organisation mehrmals in die bayerische Politik ein. Gegen den Widerstand seiner eigenen Anhänger gelang es ihm, den Gedanken der Monarchie aus dem Odium des Putsches herauszulösen. Er machte den Heimat- und Königsbund zu einer auch dem neuen Staat gegenüber loyalen Organisation. Dadurch gewann er einen nicht zu unterschätzenden Einfluß auf die Politik Bayerns. Die seit 1920 regierende Bayerische Volkspartei nahm ihm dieses Eingreifen übel, so daß es ihm in Bayern schließlich nicht an Feinden mangelte.

Im Jahr 1926 wurde der 1924 in die Schriftleitung der »Münchner Neuesten Nachrichten« eingetretene Aretin Leiter der innenpolitischen Ressorts. Binnen kurzem gab er diesem liberal orientierten Blatt eine gemäßigt katholisch-konservative Richtung, machte es erst zu einem international angesehenen Blatt aus der »Hauptstadt Bayerns«. Manche seiner Gegner warteten jetzt geradezu darauf, daß er sich »unmöglich« machen würde. Um so mutiger war sein Eintreten für Therese von Konnersreuth.

Der Ertrag von Konnersreuth

Aretin darf das Verdienst für sich in Anspruch nehmen, durch seinen Artikel »Die stigmatisierte Therese Neumann von Konnersreuth« in der Beilage »Die Einkehr« der »Münchner Neuesten Nachrichten« vom 3. August 1927 die Welt auf Therese Neumann aufmerksam gemacht zu haben. Cossmann und Gerlich hatten ihre Entscheidung nicht zu bereuen. Die Nummer vom 3. August mußte in zehn Tagen viermal nachgedruckt werden. Aretins Artikel wurde in nicht weniger als 32 Sprachen übersetzt, erschien sogar in der Sprache der Irokesen.

Seine Erkundungsfahrt nach Konnersreuth hatte Aretin in Begleitung von Franz Xaver Wutz – dem ordentlichen Professor der alttestamentlichen Exegese und biblischen Wissenschaften an der Philosophisch-theologischen Hochschule Eichstätt – angetreten. Mit Wutz verband ihn eine jahrelange Freundschaft. Er gedachte, sich ihrer besonders in diesem heiklen Fall zu bedienen. Wutz, ein überaus kritischer, freisinniger Wissenschaftler und Schöngeist, war letzten Herbst als Bewunderer des bayerisch-österreichischen Barocks im eigenen Kraftwagen, von Freunden begleitet, nach Waldsassen gekommen. Gegenstand seiner Bewunderung war der nach Meinung von Kunsthistorikern schönste Kirchenbarockbau nördlich der Alpen. Ganz beiläufig – es war gerade Freitag – tauchte der Gedanke auf, ins Nachbardorf Konnersreuth hinüberzufahren und von den dortigen seltsamen Begebenheiten, die man sich erzählte, einen persönlichen Eindruck zu gewinnen. Wutz, der sich anfangs gegen diese Ablenkung vom eigentlichen Zweck seiner Reise sträubte, machte widerwillig mit – und hatte es nicht zu bereuen; er sah sich in Konnersreuth (gerade, was sein Fachgebiet betraf) angeregt und gefordert wie schon lange nicht mehr.

Unter den Kennern des alten Orients nahm Wutz einen der ersten Plätze ein. Die Sprachen der Zeit Christi, Hebräisch, Aramäisch, Altarabisch, Griechisch und Lateinisch, waren ihm in allen Einzelheiten geläufig. Das alte Palästina und seine Sitten kannte er wie kaum ein anderer. Das Jerusalem, das Titus später zerstörte, war ihm in seinen Straßenzügen vertraut wie überliefertes Wort und Ausgrabung es nur vertraut machen konnten. Gerade dieser kritisch geschulte Kopf bot Gewähr, daß eine Angelegenheit, die sein Interesse in so hohem Maß erregte, kein Reservat für Leichtgläubige sei.

Auf den Tag vor einer Woche, am 7. Juli 1927, der ein Donnerstag war, hatte Aretin im gewölbten Mittelgang des Konnersreuther Pfarrhofs Therese Neumann zum ersten Mal gesehen. Er sollte sie in seinem Bericht als mittelgroßes Mädchen beschreiben, dessen bäuerliche Züge auch slawischen Bluteinschlag vermuten ließen und dessen ganzes Gesicht beherrscht wurde von zwei großen, tiefliegenden Augen voll unendlich weicher Güte und ungewöhnlich »verstehender Intelligenz«. Halbhandschuhe verbargen die Wundmale der Hände, ihr Gang auf den Kanten der Fersen verriet die Stigmen der Füße. Der Abend brach herein, der Pfarrhof war voll von Geistlichen, die um der Ereignisse des Freitags willen gekommen waren. Nach Aretins Meinung war der Zeitpunkt seiner Ankunft günstig gewählt; es waren die Schauungen des Letzten Abendmahls, der Ölberg-Andacht und Gefangennahme Christi zu erwarten.

Dann, in der Nacht vom Donnerstag auf den Freitag, hat Aretin Zutritt im Neumann-Haus. Er steht mit Mutter Neumann, dem Konnersreuther Pfarrer Joseph Naber und Professor Wutz im

Zimmer der Stigmatisierten. In seinem Bericht spricht er davon, daß Therese Neumanns ganzes Gedächtnis für früher Geschehenes und Erlebtes im sogenannten »Zwischenzustand« ausgelöscht sei. Wie blind liege das Mädchen in den Polstern. Sie könne nur den frischesten Eindruck der vorausgegangenen Ekstasen wiedergeben. Ihr ganzer Verstand sei auf den eines Kindes zurückgenommen, das wohl schauen und hören, aber nicht kombinieren könne. Einfachste Begriffe wie Bruder, Schule oder dergleichen seien ihr unfaßbar.

Auf die Frage nach der Beleuchtung im Garten Gethsemane habe sie zum Beispiel geantwortet: »Da is a großes Licht, und dann brennt oa Holzscheitl und no oa Holzscheitl.« Nicht möglich sei es ihr, diese beiden Holzscheitln zu »zwei Holzscheitln« zusammenzufassen.

Was sie in den Ekstasen sehe, sei am ehesten mit einem Film zu vergleichen, bei dem »freilich« auch das Ohr beteiligt sei (Aretin kennt 1927 nur den Stummfilm!). Außer der ihr ganzes Denken beherrschenden Person des Heilands kenne sie niemanden dem Namen nach. Petrus heiße den ganzen Tag »Der Ohrwaschl-Abschneider«, Johannes »der gunge Mo« (der junge Mann), Pilatus »hat koane Haar am Kopf und ums Mäu«, Kaiphas ist »der spöttische Mo mit dem weißen Bart«, Herodes »der rote Mo«. Ihr Vertrauen wendet sich nicht nur Pilatus zu, der den Heiland freundlich behandelt, sondern auch Judas, der dem Heiland einen Kuß gibt. Ergreifend, erinnert sich Aretin, sei ihre völlige Unkenntnis des Kommenden. Nach jeder Ekstase, die immer nur wenige Minuten dauere, glaube sie, daß der Heiland nun freigelassen werde.

Ihre Teilnahme am Geschehen erfolge genau in der Form, in der ein robustes, sehr temperamentvolles Bauernmädel Partei ergreifen will. Der Beobachter gibt einige Proben davon: »Als der Heiland nach der Geißelung versucht, nach seiner Kleidung zu greifen, stößt ein unbeteiligter Bub sie mit dem Fuß weg. (Diese Szene schildert auch Katharina Emmerich, deren Visionen der Konnersreuther Resl völlig unbekannt sind.) Gegen diesen rohen Burschen richtet sich ihr ganzer Zorn. ›Die Montur (Christi Kleidung) is den Lausboum scho glei garnix angangen!‹ und eine Viertelstunde später: ›Den Lausboum hätt i scho gern oine runterghaut!‹ Und wieder: ›Der Lausbürstler, der die Montur gnomma hat!‹ Besonders drastisch ist ihr Ärger bei der Dornenkrönung über die Burschen, die sich an der Verhöhnung beteiligen. ›Die Boum ham nimma trunka, da sagt ma scho gsuffa!‹«

Besonders fein (erinnert sich Aretin) sei ihr Gehör in den Ekstasen. »Als die zwei römischen Posaunenbläser, die, um dem Zug in der winkelreichen Stadt Platz zu schaffen, vorangingen, besonders falsch bliesen, griff sie sich schmerzlich an den Kopf. Furchtbar war ihr auf dem schlechten Pflaster das ›Geschepper‹ der beiden Kreuze, die die zwei Schächer an Ketten hinter sich herziehen mußten.«

Ihr Gedächtnis für gehörte Worte war erstaunlich. Wutz erzählte Aretin, daß sie einmal gefragt habe, was denn bei der Dornenkrönung die Lästerer dem Heiland zugerufen hätten. Wutz konnte natürlich nur diejenigen Worte auf aramäisch (der Umgangssprache zur Zeit Christi) sagen, die dem biblischen Text entsprechen, und geriet in keine geringe Verlegenheit, als Therese darauf beharrte, sie hätten auch noch etwas anderes gesagt – was denn diese Worte auf deutsch bedeuteten. Erst als Therese den von ihr vernommenen aramäischen Text nachsprach, erkannte er in ihm weitere sehr drastische Spottworte, von denen die Heilige Schrift nichts berichtet. Bei aller Lückenhaftigkeit gab Therese die aramäische Sprache so genau wieder, daß Wutz imstande war, den galiläischen Dialekt des Petrus von der judäischen Form des Kaiphas klar zu unterscheiden.

Mit einer Schonungslosigkeit ohnegleichen, oft mitten in alltäglichen Beschäftigungen, brachen die Ekstasen, so konnte es Aretin beobachten, wie urweltliche Gewitter über Therese herein, rissen sie aus den Polstern gelegentlich in Stellungen, die physisch nach dem Gravitationsgesetz unmöglich waren, zogen ihre Arme nach vorn und ließen das Erlebte nur noch aus ihrem unglaublich lebhaften Mienenspiel erkennen. Alle Empfindung, so schien es, war aus dem Körper gewichen. Wenn man ihren Kopf ein wenig auf die Seite drehte, pendelte er sofort in die alte Lage zurück. Im Zimmer schien kein Laut den Panzer durchdringen zu können, mit dem die Ekstase ihr Sinnenleben umschloß.

Als Aretin um sieben Uhr nach einstündiger Unterbrechung zurückkehrte, um fortan das Zimmer nur noch mittags kurz zu verlassen, hatte sich das Bild völlig gewandelt: Aus ihren Augen floß rechts und links ein blutiger Strom und vereinigte sich am Hals zu einem wahren Blutmeer.

In steter Steigerung rollte nun in der durch die Evangelien überlieferten Folge das größte Geschehen der Menschheitsgeschichte unmittelbar vor den Umstehenden ab. Es war für Aretin ein ergreifender Gedanke, in die blutigen Augen zu schauen, die den Heiland sahen, die Ohren zu betrachten, in denen Worte und Töne widerhallten, die in einem fernen Land vor zwei Jahrtausenden erklungen waren. Angestrengt lauschte die Dulderin mit vorgerecktem Kopf den Worten, die ein Diener dem Pilatus zuflüsterte. Barrabas wurde freigelassen. Pilatus aber wusch seine Hände in Unschuld. Schließlich schaute sie die Geißelung; in schmerzlichen Zuckungen spiegelte sie sich auf ihrem Antlitz. Als die Lästerer dem Heiland die Dornenkrone aufs Haupt stießen, sprang ihr aus den Wunden des Hinterkopfes dunkles Blut und färbte das weiße Kopftuch mit acht

Flecken. Immer wieder quoll frisches Blut nach; das Kopftuch war bald nur noch ein blutiger Lappen. Auf die Minute pflegten sich diese Vorgänge jeden Freitag zu wiederholen, so daß Professor Wutz dem Zeitungsmann alles Kommende präzis bis in die kleinste Geste voraus sagen konnte.

Kreuzweg

»Lärmend tost der Zug des Kreuztragenden durch die engen Gassen der Stadt«, schreibt Aretin. »Aber wir sehen nur den Abglanz dieses Lärms auf den Zügen der Leidenden. Simon von Cyrene kommt dem Tragenden zu Hilfe, nicht zur Zufriedenheit der Resl. Wir erleben die furchtbaren Stürze des Gemarterten, deren aufbewahrtes Gedächtnis einem plötzlich verständlich wird angesichts der Schmerzen, die sie verursachen. Wie der Zug aus der Stadt tritt, versucht die Gepeinigte, das schwere Kissen wegzustoßen, das sie bedeckt. Die Hitze, die sie quält, ist aber nicht jene des an diesem Morgen leidlich kühlen, wenn auch engen und menschenerfüllten Zimmers, sondern es ist die Sonne, die außerhalb der schattigen Häuser an jenem fernen Tag auf die staubigen Landstraßen vor der Stadt herniederprallt. Auf der Richtstätte entsteht eine Pause, von der die Heilige Schrift nichts weiß, die aber auch von Katharina Emmerich verzeichnet wird. Christus schleppte kein Kreuz, sondern drei lose Balken, die erst zusammengefügt werden mußten. Während dieser Stunde wird der Verurteilte in ein Loch, wohl ein leeres Grab, gestoßen, wo die Resl ihn in seltenen kurzen Ekstasen kauern sieht, je nachdem das neugierige Gedränge vor dem engen Loch ihr einen Blick auf den Erschöpften, fast schon Sterbenden, gestattet. Nach dieser Pause beginnt in fast einstündiger Ekstase der furchtbare Schlußakt des Dramas. Man glaubt an den Wundmalen der Hände deutlich die Hammerschläge zu sehen, unter denen sie tiefer zu werden scheinen, während die Finger zu zucken beginnen, so wie es Grünewald malte auf seinem Isenheimer Altar. An den Füßen aber, die sich länger schon von dem schweren Kissen befreiten, beginnt ein wenig Blut zu fließen. Wie in einer Beschreibung der Passion liest man von diesem Antlitz, das fast nichts Menschliches mehr hat, alle Worte und Vorgänge ab. Es blickt auf die Mutter, wie die göttlichen Worte sich dorthin richten, wendet sich suchend herüber zu Johannes und begleitet ihn, der offenbar seinen Platz verläßt, um zur Mutter zu gehen. Dann wieder stört das Lästern und Schreien des linken Schächers die Majestät der Sterbestunde. Zum rechten gehen, von gierigen Ohren eingesogen, die trostreichen Worte vom Paradies. Ein Schimmer des Glücks gleitet über das bleiche Gesicht: der Heiland hat hineingeblickt. Fortan wird die

Haltung der Leidenden viel steiler und unnatürlicher, da sie näher an das Kreuz herantritt und nunmehr fast senkrecht in die Höhe blickt. Und nun naht der Tod. Die Zuckungen im Gesicht werden langsam matter und müder, die Finger an den gequälten Händen krampfen sich nicht mehr so widerspenstig und gleichen mehr den unruhigen Fingern, die man bei Sterbenden über die Decke greifen sieht, und endlich ›ist es vollbracht‹. Eine letzte ungeheure Zuckung biegt den Leib fast im Halbkreis nach links bis an die Kante des Betts, und wie ein Stein schlägt völlig bewegungslos der Körper in die Kissen. Was wachsbleich und klein in den Kissen liegt, ist wahrhaftig nichts anderes als die blutige Leiche eines armen Mädchens, das eine unmenschlich grausame Zeit zu Tode gemartert hat...«

Am Nachmittag, als die Schatten schon länger wurden, trat Mutter Neumann mit einer bäuerlich kleinen Waschschüssel ans Lager ihrer Tochter, nahm das dunkelrot verklebte Kopftuch ab und enthüllte eine Stirn, die sich sonderbar weiß und unberührt wölbte. Und nun begann, erinnert sich Aretin, eine sonderbare Unterhaltung zwischen beiden; die Tochter berichtete der Mutter in schlichten Worten von den Ereignissen des Tages, die Mutter hörte aufmerksam zu und sparte nicht mit klagenden Ausrufen des Mitleids: Ein »rührendes, altbayerisches Wetterleuchten von dem großen Weltgeschehen, das am Morgen seine furchtbaren Blitze in dieses Zimmer« geworfen hatte.

Noch vier Tage blieb Aretin. Er hielt sich fast ständig in Therese Neumanns Nähe auf und fragte sich, ob er denn wirklich etwas vom Innenleben dieses Menschen wisse, dem das Konnersreuth des zwanzigsten Jahrhunderts ebenso gegenwärtig war wie das Jerusalem des ersten.

Aretin dachte auch noch daran zurück, daß Therese Neumann am Sonntag bei einem Spaziergang sich nicht hatte fassen können vor Freude über jede Blume und jeden Vogel, über die wogenden Felder und über den dampfenden Wald. Ihre Freude sei, schreibt er, die ewige Freude des anderen Wundenträgers, der vor siebenhundert Jahren starb, des Franz von Assisi. Und er schließt seinen Bericht folgendermaßen:

»Weil du Bretter machst, in deinem Stolze,
Willst du wirklich den zur Rede stellen,
Der bescheiden aus demselben Holze
Blätter treiben macht und Knospen schwellen?«

Mein verstorbener Freund Rainer Maria Rilke las mir in einer Nacht vor zehn Jahren diese Verse vor, die er Gott dem aufbegehrenden Joseph gegenüber in den Mund legte, und mit denen er Geschöpf und Schöpfer einander gegenüberstellte. In Konnersreuth haben mich diese Verse immer wieder begleitet.«

25

Gerlich von einem Betrug überzeugt

So lautete Aretins Bericht in der Beilage »Die Einkehr« der »Münchner Neuesten Nachrichten« vom 3. August 1927. Er schlug ein wie eine Bombe. Sensationell daran war allerdings nicht nur das Erlebnis von Konnersreuth an sich, fast erstaunlicher war die Tatsache, daß ein immer noch liberales Blatt wie die »Münchner Neuesten Nachrichten« und ein bekannter Journalist so vorteilhaft und nüchtern über Konnersreuth berichtet hatten. Die ganze Welt, vor allem Amerika, horchte auf.

Aretins Veröffentlichung hatte in sämtlichen großen Blättern des In- und Auslandes ihre Nachfolgerinnen. Diese bewirkten, daß im Jahre 1927 Konnersreuth allwöchentlich von Tausenden von Neugierigen überflutet wurde. Ein solcher Andrang war nicht immer dem dortigen Geschehen ganz würdig. Kein Hauch von Schuld allerdings traf die Familie Neumann, die über dieses Aufsehen sehr unglücklich war und vom zuständigen Regensburger Bischof nur mit Mühe dazu bewogen werden konnte, ihr Haus wenigstens jenen offen zu halten, die sich mit einer bischöflichen Empfehlung ausweisen konnten.

Wenige Tage nach Erscheinen des Konnersreuther Berichtes kam Professor Wutz am Steuer seines Wagens nach München, um den Verfasser im Redaktionsgebäude zu besuchen. Gerlich, der den Professor nach stattgehabtem Gespräch zu seinem Wagen zurückbegleitet hatte, kam anschließend freudig erregt zu Aretin herauf und bekannte volltönend, was für ein feiner, freidenkender und gescheiter Mann Wutz doch sei.

Nicht nur Zustimmung hatte Aretins Bericht gefunden. Es war ihm auch erbitterte Feindschaft entgegengeschlagen: Die Kommunisten trafen sich in ihrer Hetzkampagne gegen Konnersreuth – sie schimpften über den »Volksbetrug« – mit den Nationalsozialisten. Wie erwartet wurde der Verfasser im »Völkischen Beobachter« besonders gehässig von Ludendorff angegriffen, dem soviel »Naivität« unfaßbar schien. Auch der katholische Presseverein war sich nicht zu schade, Aretin in Rom anzuschwärzen, wo der Verfasser im Jahr darauf sich vor Kardinal Pacelli rechtfertigen mußte (bei dem er allerdings Verständnis fand, weil jenem die Vorgänge von Konnersreuth als ehemaligem bayerischen und später deutschen Nuntius vertraut waren).

Das Aufsehen, das der Konnersreuth-Artikel erregt hatte, ließ Gerlich keine Ruhe mehr. Ihn plagte die Angst, seine Zeitung könnte über etwas berichtet haben, das über kurz oder lang als ein groß angelegter Schwindel aufflöge, dem sein Mitarbeiter Aretin zum Opfer gefallen sei. Die zu erwartenden ernsten Folgen mußten für die Zeitung auf jeden Fall gemildert werden. Deshalb machte er sich am Abend des 14. September 1927 auf die Bahnfahrt nach Eichstätt. Er wollte, wie Aretin, erst Professor Wutz aufsuchen und hoffte, von diesem tags darauf im Auto nach Konnersreuth mitgenommen zu werden. (Der abgelegene Marktflecken hatte keinen Bahnanschluß.) Von Wutz erhoffte er sich auch die Einführung im Hause Neumann. Es war Mittwoch. Gerlich kam reisefertig in Aretins Büro und verabschiedete sich mit den Worten: »Ich garantiere Ihnen: Dem Schwindel komme ich auf die Spur!«

Aretin wurde von einer jähen Angst gepackt, keineswegs davor, daß Gerlich einen Schwindel entdecken könnte, sondern eher aus einem Gefühl der Verantwortung für den Hauptschriftleiter. Aretin kannte ihn seit mehr als drei Jahren (schreibt er später) »als einen ganz ungewöhnlich scharf und logisch denkenden Mann. Es war völlig ausgeschlossen, daß ein solcher Kopf in Konnersreuth nicht sofort den erhabenen Ernst der Lage erkennen würde. Er würde sich nicht wie stumpfere Gemüter mit dem Narkotikum der Schlagworte von Hysterie und Suggestion eigener folgenschwerer Erkenntnis zu entziehen versuchen. Bei diesem Manne mußte es zur inneren Auseinandersetzung drängen. Welche Folgen würden sich für Gerlich ergeben, wenn er aus irgendeinem Grund nicht den Mut fände, der blendenden Wahrheit mit allen ihren Folgerungen für das persönliche Leben in die Augen zu blicken?«

Da Aretin gerade nicht allein im Zimmer war, eilte er Gerlich auf den Vorplatz nach und beschwor ihn eindringlich im Flüsterton: »Gehen Sie ruhig in der Annahme hin, daß alles ein Schwindel sei! Aber ich warne Sie: Sie kommen keinesfalls als der zurück, als der Sie hinfuhren. Überlegen Sie sich noch einmal, ob Sie wirklich hinfahren wollen; denn Sie sind nicht der Mann, für den Konnersreuth nur eine Angelegenheit der Neugierde sein kann!«

Gerlich schüttelte unwillig den Kopf: »Wollen Sie mir einreden, daß der Schnee schwarz und das Laub der Bäume weiß ist?« Er wollte gehen. Aber noch einmal wendete er sich um: »Wie kann ein hochintelligenter Mann wie Sie, Aretin, auf so einen Schwindel hereinfallen? Ich werde entgegen Ihrem Rat hinfahren und verspreche Ihnen binnen drei Tagen den Beweis, daß dort ein geschicktes Theater aufgeführt wird.«

Ein Stettiner in München

Wie kam Aretin zu seiner entschiedenen Meinung über Gerlich? Sie wird erklärlich, wenn wir Gerlichs Herkunft und Geisteswelt mit Aretins gesellschaftlichem Umgang und Gesichtskreis vergleichen.

In einem kleinräumigen, von einem schlichten Obstgarten umgebenen Einfamilienhaus im pommerischen Stettin war Fritz Gerlich als ältester von drei Söhnen des Kaufmanns Paul Gerlich und seiner Ehefrau Therese, geborener Scholwin, am 15. Februar 1883 auf die Welt gekommen. Der Vater handelte mit Fischen en gros. Die Vermögensverhältnisse, die unter Fehlspekulationen des Vaters litten, waren dürftig. (Diese beengten Verhältnisse mögen – so mutmaßt Aretin – nicht ohne Auswirkung auf die fernere Entwicklung Gerlichs geblieben sein, halfen sie doch in ihm das Ressentiment eines Menschen begründen, der den Erfolgen seines Lebens kein geeignetes Gleichgewicht entgegenzusetzen wußte, dem jedenfalls die unbestimmte Meinung, gelegentlich über die Achsel angesehen zu werden, schneller das Blut zu Kopfe steigen ließ, als es die Verteidigung seiner Stellung in München erforderte, wo die Bescheidenheit seiner Herkunft nicht nur unbekannt, sondern auch in der südlich-weitherzigen Grundstimmung dieser Stadt viel belangloser war, als der Norddeutsche meinte.)

Gerlich besuchte das Stettiner Marienstiftsgymnasium, das als Pflanzstätte humanistischer Bildung einen guten Ruf besaß. Er interessierte sich vor allem für Geschichte und Naturwissenschaften. Schon damals entwickelte er eine weit über den Unterrichtsstoff hinausreichende Lesewut.

Ein Mitschüler, der als Fünfzehnjähriger schon einmal nach München gekommen war, wollte dort Jura studieren. Auch Gerlich zog es nach Bayern, aber die Mutter setzte erbitterten, in der notwendigen Sparsamkeit ihres Haushalts begründeten Widerstand entgegen, der auch in der instinktiven Abneigung gegen eine Stadt Nahrung finden mochte, die in der Vorstellung der puritanisch strengen Calvinistin (der Vater war inzwischen gestorben) als »eine gefährliche Mischung aus Katholizismus und leichtgeschürztem Fasching« (Aretin) erscheinen mochte.

Genug, die Freunde setzten ihren Willen durch. Nach bestandener Reifeprüfung am 12. September 1901 zogen sie in den Süden, als einsame Vorläufer einer später viel allgemeineren Nord-Süd-Bewegung. Auf der Münchner »Alma mater« belegte Gerlich im Wintersemester 1901/02 Vorlesungen in Mathematik, Physik, Philosophie und Anthropologie.

Auf Drängen der Mutter wechselte Gerlich zusammen mit seinem Freund an die Universität Leipzig. Doch die Stadt an der Pleiße war für ihn ein karger Boden. Den Stettiner erfaßte ein übermächtiges Heimweh nach München. Die weißblauen Himmelsrauten der Münchner Maler, die patinagrünen Frauenkirchen-Kuppeln, die Verflechtung des Alpenvorlandes mit jahrtausendealten Kulturströmen wurden seinem wiedererwachten geschichtlichen Interesse viel stärker zu einem Abglanz des mediterranen Südens, als es ein geborener Münchner im allgemeinen erfassen kann. Gerlich hielt es nur wenige Wochen in Leipzig aus. Er nahm den Bruch mit seinem Stettiner Freund in Kauf und kehrte gegen den Willen der Mutter nach München zurück. Außerdem sattelte er um, studierte nun Philosophie und Geschichte.

Da er von zuhause nur noch einen sehr bescheidenen Monatszuschuß erhielt, mußte er sich den Münchner Lebensunterhalt verdienen; er arbeitete als Werkstudent in Kathreiners Malzkaffee-Fabriken (wie Wedekind bei Knorr), entwarf Prospekte und Werbebroschüren. Daneben überhäuften ihn seine Studien und seine organisatorischen Mühen um den Vorsitz der »Freien Studentenschaft« mit Arbeit bis in die Nacht.

Mit einer Dissertation über »Das Testament Kaiser Heinrichs IV.« erwarb er sich den Doktortitel »summa cum laude«. In einer Eingabe ans Staatsministerium des Königlichen Hauses äußerte er den Wunsch, dereinst in den bayerischen Archivdienst zu treten, »weil mir ein ferneres Verweilen in München die Fortsetzung meiner historischen Forschungen infolge der Reichhaltigkeit seiner historischen Institute ermöglicht«.

Am 3. Mai 1907 teilten die »Staatsministerien des Königlichen Hauses und des Äußern und des Innern« dem »Allgemeinen Reichsarchiv« im Schreiben Nr. 9750 mit: »Dem Dr. phil. Fritz Gerlich von Stettin wird gemäß 2 Abs. 1 c und 3 der K. Allerhöchsten Verordnung vom 3. März 1882, die Vorbedingungen für Anstellung im K. Archivdienst betreffend, die erbetene Zulassung zum archivalischen Vorbereitungsdienst, und zwar zunächst beim K. Allgemeinen Reichsarchiv, erteilt. Der Genannte hat Doktordiplom und Dissertation dem K. Allgemeinen Reichsarchiv vorzulegen.«

Die archivalische Staatsprüfung legte Gerlich drei Jahre später mit der Note II ab. Am 4. Juni 1910 erwarb der preußische Staatsangehörige »auf Grund seiner Niederlassung in der Stadt München die Staatsangehörigkeit im Königreiche Bayern«.

Das damalige »Allgemeine Reichsarchiv« des Königreichs Bayern entsprach dem späteren Hauptstaatsarchiv. Es hatte seinen Sitz im Gebäude der Alten Akademie an der Neuhauser Straße. Kurz vor Ausbruch des Ersten Weltkriegs wurde Gerlich in die Lerchenfeldstraße, ins Kreisarchiv für Oberbayern, versetzt.

Die endlich gesicherte Lebensgrundlage erlaubte es ihm, sich Sophie Stempfle aus Babenhausen zur Lebensgefährtin zu nehmen. Mit dem Archivdienst war sein Tätigkeitsdrang allerdings noch nicht erschöpft. Er fühlte sich zu zweierlei Richtungen hingezogen, zur Publizistik und nicht minder zur Politik, wobei der forschende und darstellende Historiker die Brücke zwischen beiden Bereichen schlug. Fast gleichzeitig mit einer Arbeit über »Bildidee und

Maltechnik« ließ Gerlich 1914 sein Buch: »Geschichte und Theorie des Kapitalismus« erscheinen. Aus einer anderen historischen und geistigen Landschaft stammte seine Untersuchung: »Oliver Cromwell und die Idee der religiösen Intoleranz«. Dieses Thema hatte ihm keineswegs der Zufall zugespielt. Es ist (nach Meinung Bernhard Zittels) Gerlichs »frühem Ringen um das rechte Maß in allen Dingen entsprungen. Dabei scheint ihn vor allem die meist schmerzliche Kluft zwischen einem klar erkannten Prinzip und dem sich daraus ergebenden praktischen Verhalten im politischen und persönlichen Alltag stark beschäftigt zu haben. Für die explosive Natur Gerlichs wird auch später noch das Maßhalten-Können mehr Sehnsucht als Wirklichkeit bleiben.«

In den Jahren vor dem Ersten Weltkrieg stand Gerlich politisch bei den Jung-Nationalliberalen als ein Anhänger Friedrich Naumanns. Seine Gedankengänge verliefen immer noch in den Bahnen seines norddeutschen Herkunftslandes: Der Katholizismus war für ihn zwar in gewisser Weise interessant geworden, dafür sprach seine Rückkehr nach München, aber diskutabel, etwa gar im Sinn einer zu bevorzugenden Stellung der Kirche gegenüber dem Gesetzgeber, war er nicht im entferntesten für ihn. Cromwell konnte ihm deshalb als großer Staatsmann erscheinen.

Bei Kriegsbeginn 1914 hatte sich der junge Archivassesor, der wehruntauglich und schon am Gymnasium vom Turnen befreit war, vom Nationalliberalismus getrennt und seinen ungestümen Tatendrang in den Dienst eines unbeugsamen Siegeswillens im Sinne der Alldeutschen gestellt, einer Richtung, die für die besten deutschen Patrioten, zu denen Gerlich zählte, die große Versuchung der Stunde war.

Im Frühjahr 1915 schrieb er, der ständiger Mitarbeiter der Historischen Kommission bei der Bayerischen Akademie der Wissenschaften geworden war, seinen ersten Aufsatz für die »Süddeutschen Monatshefte« von Paul Nikolaus Cossmann: »Das Geheimnis der englischen Politik«. Er war 1916 Mitbegründer der sogenannten »U-Boot-Bewegung« und 1917 der »Vaterlandspartei« in Bayern. Am 3. März 1917 erschien die erste Nummer einer von Gerlich mitherausgegebenen »Deutschen Zeitschrift für Ordnung und Recht: Die Wirklichkeit«. Freilich gingen die glühenden Wünsche ihrer Herausgeber gründlich an der von ihnen beschworenen Wirklichkeit vorbei, die den Sieg immer nur einer überwältigenden Übermacht sichert.

Mit der Niederlage von 1918 waren Gerlichs alldeutsche Träume ausgeträumt. Sein Denken kehrte sich schnell von den Trugbildern einer eingestürzten Lebensordnung ab und hielt Ausschau nach dem Dauerhaften, das jeden Umsturz übersteht. Mit der Kraft seiner ganzen Person stemmte er sich landauf, landab gegen die mit Händen zu greifende Gefahr des Kommunismus, gründete den »Verband der Beamten der wissenschaftlichen Anstalten und Kunstsammlungen Bayerns« mit der Absicht, das Eindringen von Eisner-Günstlingen zu verhindern, rief im Januar 1919 den bayerischen Zweig der »Liga zur Bekämpfung des Bolschwismus« ins Leben und hielt im Februar als dessen Vorsitzender die erste öffentliche Versammlung in München ab. Nach der Ausrufung der Räterepublik in Bayern zählte Gerlich »zu den ersten in München, die verhaftet werden sollten«. Mit falschem Paß gelang ihm (zusammen mit dem Abgeordneten Ernst Müller-Meiningen) die Flucht nach Bamberg, wohin auch die bayerische Staatsregierung unter ihrem sozialdemokratischen Ministerpräsidenten Johannes Hoffmann geflüchtet war. Er trat als Redner vor dem Freikorps des Obersten Franz Ritter von Epp für die Befreiung Münchens von der Räteregierung ein.

Der Auseinandersetzung mit dem Kommunismus galten auch Gerlichs Aufsätze nach Münchens Befreiung im Mai 1919. Er veröffentlichte sie in den »Historisch-politischen Blättern«, die ihr Herausgeber, Archivdirektor Georg Jochner, Enkel des großen Görres (als Nachfolger des Landshuter Archivars Josef Edmund Jörg), dem jungen Kollegen zur Verfügung stellte. Der Ertrag dieses inneren und äußeren Kampfes schlug sich in Gerlichs Buch »Der Kommunismus als Lehre vom Tausendjährigen Reich« nieder (Hugo Bruckmann, München 1920). Titel und Verwendung des Themas gingen von der angeblichen »Eintagsfliege« des Kommunismus aus, für die ihn damals noch namhafte Politiker hielten, und verwiesen auf dessen überzeitliche Gestalt. Zugleich kennzeichneten sie Gerlich als einen Mann, der auf vielerlei Wegen die lautere Wahrheit suchte.

Aufstieg zum »Pressezar«

Es gab einen Menschen, der dies zu würdigen wußte: Professor Paul Nikolaus Cossmann, Herausgeber der »Süddeutschen Monatshefte«. Er war ein Vertreter des Judentums jener vornehmen und menschheitsliebenden Art, an der dieses Volk so reich ist. Es traf sich, daß die »Münchner Neuesten Nachrichten« im Frühsommer 1920 ihren Besitzer wechselten; sie gingen aus den Händen der Erben Georg Hirths und Thomas Knorrs in jene einer Gesellschaft über, an der maßgebende Kreise der rheinischen Schwerindustrie, mit wechselnder Mehrheit die Gutehoffnungshütte, beteiligt waren. Ihr Ratgeber war Cossmann, der sogleich, am 1. Juli 1920, die Hauptschriftleitung des politisch heruntergewirtschafteten Blattes dem (ihm von den erwähnten Beiträgen für die »Süddeutschen Monatshefte« bekannten) Fritz Gerlich anbot. Gerlichs Vorgesetzter, Geheimrat Georg Jochner, hatte Cossmann mit Nachdruck auf Gerlichs Fähigkeiten hingewiesen und so zu dieser Entscheidung nicht unwesentlich beigetragen. Da Gerlich den neuen Besitzern wegen seiner antimarxistischen Einstellung genehm und ihm dieses Angebot verlockend genug erschien, kam der Vertrag schnell unter Dach und Fach. Gerlich verließ den staatlichen bayerischen Archivdienst (allerdings unter dem Rechtsvorbehalt seiner Rückkehr) und nahm die Möglichkeit eines Wirkens im Großen wahr, wie sie auf dem Boden Münchens nicht größer gedacht werden konnte. Gerlich war 37 Jahre alt, als er zum mächtigsten Mann der bedeutendsten Zeitung des südlichen deutschen Sprachraums aufstieg. Die »MNN« waren das einzige Presseorgan, das von Bayern aus in die Welt wirkte.

Immer wieder berührt uns der Anblick einer alten Ausgabe dieser wahrhaft europäischen Zeitung schmerzlich. Wenn wir uns vom ausgebreiteten Arm des Münchner Kindls hineinweisen lassen in die kräftige Fraktur der Titelzeile, weht uns ein Hauch aus Thomas Manns »Tod in Venedig« an. Daß diese herrlich grob gebrochene Fraktur verlorenging! Die aus den im 8. Jahrhundert vom Salzburger Bischof Arn benützten karolingischen Minuskeln und gotischen Texturen hervorgegangene, in langobardischen, burgundischen und altenglischen Klosterschreibstuben entwickelte, von Gensfleisch erstmals 1450 in Bleilegierung gegossene Missal- und Gradualschrift war gesamteuropäisch. Ein Gschaftlhuber redete dem Schwachkopf Hitler ein, ein gewisser Schwabacher, der Jude gewesen sei, habe sie erfunden, worauf sie der Diktator kurzerhand verbot. Von seiner zehnjährigen Verbannung hat sich dieses hohe Kulturgut nie mehr erholen können. Was aber der Aberwitz an aller Schmerzlichkeit ist: Von Unwissenden wurde ein tausend Jahre altes Kulturerbe, das Hitler verbot, für ein graphisches Gleichnis der Hitlerzeit gehalten.

Die erste Begegnung Gerlichs mit Adolf Hitler fand im Frühjahr 1923 in der Münchner Wohnung des Hauptschriftleiters statt, im Haus Richard-Wagner-Straße 27, erster Stock links. Hitler hatte um diesen Ort des Treffens nachgesucht, weil er sich scheute, die Redaktion der »MNN« an der Sendlinger Straße zu betreten. Seine Anhänger, so entschuldigte er sich, würden das »nicht verstehen«. Hitler, darauf kam Gerlich später im Gespräch immer wieder zurück, sei zu jeder sachlichen Diskussion unfähig gewesen, habe lediglich einen Monolog »losgelassen«. Wenn es hie und da gelang, seinen Redestrom kurz zu unterbrechen, sei er, ohne im geringsten auf diesen Einwurf einzugehen, einfach dort fortgefahren, wo er gerade unterbrochen worden war.

Gerlichs taktisches Vorgehen als Hauptschriftleiter der »Münchner Neuesten Nachrichten« gestaltete sich oft qualvoll schwierig – zumal ihm als Norddeutschen der Weg zum Verständnis der verworrenen Lage versperrt war und er dieses Verständnis auch bei den Besitzern des Blattes nicht voraussetzen durfte. Von Ratschlägen Cossmanns und eigenen Erfahrungen aus der Nachkriegszeit geleitet, setzte er sein Blatt ohne Kompromisse zur Unterstützung der Politik Gustav Kahrs ein. Jenes Kahr, der aus anderen Gründen weimarfeindlich war als Hitler. Die Weimarer Verfassung zerstörte Bayern als Staat und machte die Rechte dieses Staates zum Debattengegen-

Adolf Hitler im Jahre 1921, zwei Jahre vor seinem mißlungenen Novemberputsch in München: »... daß es unmöglich wurde zu verkennen, wie dringend hier der Nervenarzt berufen war« (C.O. von Soden).

stand einer Demokratie, an der er bestenfalls mit einem Zehntel der Stimmen beteiligt war. Hinter Hitler stand das evangelische Deutschland, das sich »bescheiden« das »nationale« nannte, hinter Kahr stand das katholische Bayern, das sich in seine Autonomie nicht vom Katholikenhaß des Nordens durch Berliner Mehrheitsbeschlüsse hineinregieren lassen wollte. Die Rede, die Kahr am 8. November 1923 abends im Bürgerbräukeller begonnen hatte, und die durch Hitlers Schüsse an die Decke jäh beendet wurde, war an Gerlichs Schreibtisch entstanden. Cossmann und Kahrs Pressechef Adolf Schiedt hatten beraten. Der Sinn dieser Rede war es gewesen, Kahrs bayerischen Flügel in der nationalen Bewegung gegen Hitler und gegen die Umtriebe seiner norddeutschen Hintermänner zu stärken. Daß Hitler die bayerische Initiative zum nationalsozialistischen Putsch umfunktionierte und somit das blutige Geschehen an der Feldherrnhalle verschuldete, war für den Zeitungsmann »eine der größten Verrätereien an der deutschen Geschichte«, schrieb er in den »Münchner Neuesten Nachrichten«.

Die Vorgänge im Bürgerbräukeller hatten ihm endgültig die Augen über Hitler geöffnet. Karl Alexander von Müller berichtet im dritten Band seiner Erinnerungen, welche Empörung dem Hauptschriftleiter als Folge seines Zeitungsartikels am 10. November 1923, also am Tag nach dem Putsch, entgegenschlug. Zu schnell und bedingungslos schien vielen Freunden sein Wandel. Diese Kehrtwendung entsprach aber seinem Charakter. Er war im Denken schnell und scheute sich nie, neue Erkenntnisse augenblicklich zu vertreten. Bestürzt hatte er im Bürgerbräukeller mitansehen müssen, wie Hitler mit wenigen Sätzen dreitausend Menschen »umzudrehen« vermochte. Der Abend im Bürgerbräukeller hatte jedenfalls genügt, Gerlichs Entsetzen über die Fähigkeiten dieses »demagogischen Genies«, aber auch über den gewissenlosen Leichtsinn des künftigen deutschen »Führers« unauslöschlich zu machen.

Die politische Großwetterlage war in diesen Jahren verworrener denn je: Cossmann war als idealistischer Nationalist fest entschlossen, keineswegs nur die »Süddeutschen Monatshefte«, sondern auch die »Münchner Neuesten Nachrichten« in den Dienst des Kampfes gegen Versailles zu stellen. In diesem politischen Dschungel als Hauptschriftleiter der »Münchner Neuesten Nachrichten« eine klare Richtung zu halten, war für Gerlich eine fast unlösbare Aufgabe. Sie wurde ihm schon bald nach seiner Übernahme der Hauptschriftleitung durch einen Prozeß weiter erschwert, der in das immer noch demokratische Klima des Landes eine Verschärfung der politischen Gegensätze hineintrug, wie sie im Norden längst bestand, nämlich durch den sogenannten Dolchstoßprozeß. Diesem »Dolchstoß«, das heißt der angeblichen Vereitelung des deutschen Sieges durch sozialistisch-kommunistische Machenschaften, war eine ganze Ausgabe der »Süddeutschen Monatshefte« gewidmet gewesen, deren Behauptungen von der sozialdemokratischen »Münchner Post« als Lüge zurückgewiesen wurden. Die Folge war ein Beleidigungsprozeß Cossmanns gegen den Chefredakteur der »Münchner Post«. Cossmanns gerichtliche Auseinandersetzung wurde ausführlich und sorgfältig vorbereitet. Weil der Kläger gleichzeitig Bevollmächtigter des Besitzerkonsortiums »Münchner Neuesten Nachrichten« war, hatte Gerlichs Zeitung diesen Prozeß politisch zu führen. Cossmann bewies allerdings genug Gerechtigkeitssinn, um sogleich an einem der ersten Verhandlungstage zu erklären, sein Vorwurf richte sich nicht gegen die Sozialdemokratie als solche, deren einwandfreie Haltung im Weltkrieg feststehe, sondern gegen gewisse Führer der sogenannten »Unabhängigen Sozialdemokraten«. Das Beweismaterial genügte, um den angeklagten Hauptschriftleiter der »Münchner Post« zu einer geringfügigen Geldstrafe zu verurteilen. Im Zusammenhang mit der Durchführung dieses höchst überflüssigen Prozesses war Erwein von Aretin erstmals mit Fritz Gerlich in Fühlung gekommen.

Es waren fruchtbare, aber auch nervenfressende Jahre. Die

wetterwendische Zeit nach dem Krieg, die Auseinandersetzung mit der jüngsten Vergangenheit im Dolchstoßprozeß, die Angriffe national überhitzter Heißsporne im Hitlerputsch und -prozeß, die Debatten um das Verhältnis Bayerns zum sogenannten Reich, um Fürstenabfindung, Konkordat, Konfessionsschule, Reparationen und Einwohnerwehr, machten es dem Hauptschriftleiter nicht leicht, einen klaren Kurs zu steuern. Seine Beweisführung war in dieser Zeit häufig zwischen den Standpunkten der Deutschnationalen und der bayerischen Staatsregierung unter Ministerpräsident Held angesiedelt, also in sich gespalten. Daraus ergaben sich Konfliktsituationen, die sich noch verschärften, als der katholische Monarchist Erwein von Aretin in die Redaktion eintrat. In verschiedenen Artikeln versuchte Gerlich Verständnis für die Regierung in Berlin und für die Weimarer Republik zu gewinnen. Die Zusammenarbeit mit Aretin verlief daher nicht immer ohne Unstimmigkeiten. Gleichwohl gab Gerlich niemals einen Artikel in die Zeitung, ohne ihn zuvor durch einen Redaktionskollegen, sehr häufig durch Aretin, gegenlesen zu lassen. »Wenn mich heute zeitweilig ein Heimweh nach redaktioneller Tätigkeit erfaßt«, erinnerte sich Aretin später an die Zeit unter Chefredakteur Gerlich, »so gilt es vor allem der Minute, in der man nachts – die Zeitung war ein Morgenblatt – die Arbeit am Schreibtisch verließ, um in die Setzerei zu gehen, damit die technische Fertigstellung überwacht werde. Der Lärm des großen Saales, das Klappern der Setzmaschinen, der Kontakt mit dem Handwerklichen hatte etwas Berauschendes. Dazu kam die rein menschliche Erfahrung, daß ich hier – und Gerlich war es ähnlich ergangen! – zum erstenmal in meinem Leben beruflich mit dem Handarbeiter zusammenkam, kollegial und kameradschaftlich als einer von ihnen. (...) Was ich hier an Kollegen der ›Schwarzen Kunst‹ kennenlernte, war die beste, die hilfreichste Menschenklasse, der ich je begegnet bin. Hier war mein altes demokratisches Bayern, dem jede Liebedienerei, jede Devotion vor dem, der schließlich als Vorgesetzter angesehen werden konnte, völlig abging. Man kam einem mit menschlicher Offenheit entgegen, für die meine Erfahrung kein Beispiel kannte. Es gab keinen Scherz, den diese Menschen nicht sofort freudig verstanden, keinen, den sie nicht selber mit unverwüstlichem Humor machten, das mochte auf meine Kosten gehen oder nicht. In einer solchen Atmosphäre zu arbeiten, ist eine tiefe menschliche Freude. Warum in Bayern die klassenkämpferische Parole dazu verurteilt ist, weithin wirkungslos zu bleiben, habe ich in diesen langen nächtlichen Stunden kennengelernt. Gerlich gestand mir, daß es ihm ebenso erging, und wahrscheinlich hat es auf ihn, den Norddeutschen, einen noch größeren Eindruck gemacht.«

Der Chefredakteur hatte im Frühjahr 1925 eine Massenversammlung in Hannover besucht, auf der nach Friedrich Eberts Tod Hindenburg als Kandidat für das Amt des Reichspräsidenten aufgestellt wurde. Mit einem leichten Horror war er zurückgekommen. Dieser parteipolitische nationalistische Fanatismus, der sich gebärdete, als ob das geschlagene Deutschland ein auf der Welt alleinstehender mächtiger Kontinent sei, ging ihm als etwas Bedrohliches, etwas Unheimliches gegen den Strich. Er hatte dort auch aus seiner Besorgnis kein Hehl gemacht, hatte Krach geschlagen und ein mäßigendes Auftreten Hindenburgs zu erreichen versucht.

Soviel zur Vorgeschichte. Gerlich, ein Zeitungsmann von beweglich-scharfem Intellekt, ein Rationalist und Wahrheitsfanatiker, konnte keinesfalls dulden, von der gesamten Weltpresse wegen Aretins Bericht über Therese Neumann als »leicht- und wundergläubig« hingestellt zu werden. Der aufgeklärte, säkularisierte, religiös indifferente, von jeder Glaubensfähigkeit längst Entwurzelte duldete keinen Zweifel daran, daß es ihm aufgegeben sei, einen zwar feingesponnenen, aber nichtsdestoweniger faustdicken »katholischen Schwindel« zu entlarven – und er fuhr ins Stiftland.

Zweites Kapitel

Stiftland

Die Zisterzienser von Waldsassen

Dem Chronisten fällt eine Überprüfung des genauen Hergangs schwer, da Aretins und Gerlichs Erinnerungen voneinander abweichen. Aretin erinnert sich so: »Deshalb machte er (Gerlich) sich am Abend des 14. September 1927 auf die Fahrt. Zunächst wollte er in Eichstätt Professor Wutz aufsuchen und am Tage darauf mit diesem nach Konnersreuth fahren. Um sich zu verabschieden, kam er zu mir auf das Büro.« Gerlich erinnert sich so: »An dem strahlend schönen Herbstmorgen des 15. September holte mich der Hochschulprofessor Dr. Franz Wutz mit seinem Auto in München zur Fahrt nach Konnersreuth ab.«

Wie dem auch gewesen sei, es war eine sonderbar karge und geistlich reiche Landschaft, auf die Gerlich sich einließ. Da der Professor seinen Wagen selbst steuerte, ergab sich für Gerlich – wie er später rückblickend feststellte – die Gelegenheit, alle nur erdenklichen Auskünfte über Land und Leute seines Reiseziels zu erhalten.

Durch schattige Täler und entlang bewaldeter Hügel sind Besucher dieses Landes von je gekommen. Die wechselvolle Hochebene, die in mancher Hinsicht an die Vogesen erinnert, hat für das Auge etwas Wohltuendes. In immer höher brandenden Wellen hebt sich das Ocker des umgebrochenen Bodens oder das frische Weidengrün vom dunklen Rahmen des Waldes ab. Der Felderwuchs ist spärlich, der Ertrag reicht kaum zur Ernährung der Einwohner. Die Menschen dieses Landstrichs scheinen zu leben wie vor hundert oder zweihundert Jahren. An den Straßenrändern stehen alte Kreuze und Bildstöcke, die Frauen sind bäuerlich gekleidet, ein Kopftuch verhüllt ihre Haarfülle, kein Dorf entbehrt einer Kirche. Stattlich sind hier alle Gotteshäuser, das stattlichste steht in Konnersreuth, eigentlich Konradsreuth (cuonradsreut), einem hübschen Marktflecken mit blumengeschmückten Fenstern.

Als Gerlich hinkam, zählte der Markt, wie er später schreibt, 952 Seelen. Die Straße von Mitterteich nach Arzberg bildete die einzige Durchquerung des Ortes. Die uralte Ansiedlung mit gassenwärts gekehrten Schauseiten der Vierseithöfe schmiegte sich an einen Südhang des Fichtelgebirges. Landwirtschaften mit sechzig oder siebzig Tagwerk zählten damals zu den größten. Pferde waren eine Seltenheit.

Als Hauptnahrungsmittel dienten Erdäpfel. Fast jedermann besaß einige Tagwerk Boden, den die Frau bearbeitete, während ihr Mann in eine Fabrik der umliegenden Märkte und Städte mit Porzellan- und Glasmanufakturen oder in einen der Steinbrüche ging.

Geändert hat sich daran bis heute wenig. Die nächste Bahnsta-

39

tion war damals Waldsassen, heute ist es Wiesau an der Bahnlinie von Regensburg über Weiden und Marktredwitz nach Hof. Das Umfeld Konnersreuths nennt man »Stiftland«.

Im weiten Rodungsbecken des bairischen Nordgaus, der schon im achten und neunten Jahrhundert von den Agilolfinger Herzögen und Karolinger Markgrafen besiedelt und christianisiert worden war, liegt es, dieses Stiftland. Es hat seine Bezeichnung vom Zisterzienser-Reichsstift Waldsassen. Konnersreuth, mit dem typischen Namen einer Rodungssiedlung, dürfte ums Jahr der Stiftsgründung, 1133, entstanden sein, gehörte aber in der Anfangszeit seines Bestehens noch nicht zum Herrschaftsbereich des Klosters Waldsassen, dem es dann in der ersten Hälfte des 14. Jahrhunderts obrigkeitlich und grundherrlich zufiel. Der genaue Zeitpunkt ist quellenmäßig nicht faßbar.

Die alte Siedlung lag zunächst im Amtsbereich des Dorfes Münchenreuth auf der anderen Seite des Glasbergs. In der Folgezeit gewann das benachbarte Gut Fockenfeld (nach seinem Erwerb durch das Kloster Waldsassen zu Beginn des 14. Jahrhunderts als klösterlicher Meierhof genutzt) für Konnersreuth insofern an Bedeutung, als sich dort ein neues stiftisches Richteramt bildete, dessen Sitz später nach Konnersreuth verlegt wurde.

Im ältesten Salbuch des Klosters Waldsassen aus der Zeit kurz vor dem Ende des 14. Jahrhunderts erscheint erstmals eine Nachricht über die Einwohnerschaft Konnersreuths. Demnach gab es hier zehn ganze Höfe, dreizehn Halbhöfe und zwei Herbergsgüter. Im Vergleich mit den anderen Dörfern des Stiftlandes war Konnersreuth etwa gleich groß wie Pfaffenreuth und Pilmersreuth am Wald. Nur Münchenreuth und Wondreb verfügten über mehr Höfe. Alle anderen Dorfschaften des Stiftlandes hatten einen geringeren Gesamt-»Hoffuß«.

Unter Abt Nikolaus IV. und seinem Konvent wurden dem Dorf Konnersreuth Rechte verliehen, die es deutlich aus dem bisherigen Status heraushoben. Man darf diese Rechte ohne weiteres als »marktähnlich« bezeichnen, zumal Konnersreuth von da ab in den amtlichen Schriftstücken des Stiftes Waldsassen als Markt geführt wurde. Die von der Marktgemeinde sorgfältig verwahrte Urkunde trägt Abt- und Konventsiegel und enthält folgenreiche Zugeständnisse: »Wir Niklas und der ganze Konvent insgemein des Klosters Waldsassen bekennen öffentlich... daß wir... unsere Armleute gefreit haben und freien sie mit Kraft dieses Briefs für uns und alle unsere Nachkommen, Äbte und Konvent zu Waldsassen, aller Steuer, Scharwerk, Schutzgelds, Totenmaig, Kaufrecht, Geldzins, Zinsgetreide, Käse, Eier und Hühner, also daß sie alle und ein jeder, sie und ihre Nachkommen, die jetzt zu Konnersreuth sind oder in künftigen Zeiten und noch in einer Gemeinde da sein werden, zu ewigen Zeiten also frei und uns dieserart fürderhin nicht mehr pflichtig sein sollen... Dazu daß ein jeder daselbst, der in dem Dorfe häuslich sitzt und des Stifts Waldsassen Mann ist, Bier brauen und schenken mag, wann und wie oft er will... Geschehen am nächsten Freitag nach St. Gilgentag und nach Christi Geburt tausendvierhundert und im achtundsechzigsten Jahr.«

Immer nachdrücklicher wurde in den kommenden Jahren das von Abt Konrad II. im Jahre 1411 mit dem Pfalzgrafen bei Rhein vertraglich eingegangene Schutzverhältnis als ein erbliches Recht in Anspruch genommen und als Handhabe zur Gewinnung der Landeshoheit über das Klostergebiet, letztlich zur Einziehung des ganzen Stiftlandes in das kurpfälzische Territorium der Oberen Pfalz genutzt.

Einige Anmerkungen über die herrschaftlichen Verhältnisse in den Landen des ehemaligen bairischen Nordgaus sind notwendig: Ludwig der Kelheimer, Sohn des mit Bayern belehnten Wittelsbacherherzogs Ottos I., erhielt 1214 die wichtige »Pfalzgrafschaft bei Rhein« (Comes Palatinus Rheni) verliehen, die ungefähr den Grenzverlauf der späteren bayerischen Rheinpfalz hatte. Nach mehreren, von den Söhnen des Herzogs erzwungenen Teilungen Bayerns kam es 1329, als die bayerische Geschichte wieder Reichsgeschichte geworden war, zum Hausvertrag von Pavia. In diesem gestand Kaiser Ludwig der Bayer den drei Söhnen seines Bruders Rudolf die Rheinpfalz und einen Teil des alten bairischen Nordgaus zu. Seitdem wurden die zur Pfalzgrafschaft bei Rhein gehörigen Teile des ehemaligen bairischen Nordgaus zu einer rechtsrheinischen Pfalz, zu einem »Nebenland« mit eigener Verwaltung, genannt »Unsere Pfalz in Bayern« oder »Obere Pfalz« (Palatinus Superior). Regierungshauptstadt wurde Amberg. Reste der wittelsbachischen Nordgaubesitzungen blieben bei Niederbayern. Zu Oberbayern kamen Lengenfeld, Kallmünz und Schwandorf.

Unruhen greifen um sich

Die sogenannte »Neuzeit« warf lange Schatten voraus. Es kam zu Unruhen, die aus dem sozialen Untergrund in Rebellionen gegen die kirchliche Hierarchie mündeten. Sengend und brennend stürmten die Anhänger des böhmischen Reformators Jan Hus durch das Land. Ihre Zerstörungswut richtete sich nicht nur gegen Mariensäulen und Madonnenstatuen, sondern gegen alle Zeugnisse des alten Glaubens. Die Hussiten erreichten auch den Glasberg oberhalb des ehrwürdigen Stiftes Waldsassen. Auf dem höchsten Punkt, geraden Wegs acht Kilometer von Eger entfernt, hatte Abt Daniel schon ums Jahr 1175 zu Ehren der allerheiligsten Dreifaltigkeit eine Andachtsstätte »mit Turm und Glocke« erbauen lassen. Die damals noch hölzerne Kapelle, die »Kappel«, ragte weithin sichtbar auf dem Bergkegel. Von den Konventgebäuden führte eine bequemgerade schattige Baumallee hinauf. Nach immer stärkerem Zustrom der Gläubigen wurde die »Kappel« im 13. Jahrhundert bereits zum steinernen Lobpreis der göttlichen Dreifaltigkeit erhoben. Im Sommer 1430 stürmte ein Hussitenheer von Eger herauf und steckte das Heiligtum in Brand. Was an geschwärzten Trümmern blieb, wurde dem Erdboden gleichgemacht.

Die immer heftiger um sich greifenden Unruhen einer durch reformatorische Ideen in Bewegung geratenen Zeit erfaßten die Bauernschaft und führten zu Widersetzlichkeiten, gelegentlich zum Aufstand. Von brandschatzenden Bauern wurde die 1432 wiederaufgebaute Kappel im Jahre 1508 neuerdings zerstört. Für Pfalzgraf Friedrich, den damals noch jugendlichen Statthalter in der Oberen Pfalz, war das ein willkommener Anlaß, die »Ordnung« mit ebenso harten wie durchsichtigen Mitteln wiederherzustellen. Am 11. Mai 1525 drang er ins Kloster Waldsassen militärisch ein und setzte bereits zwei Wochen später dem Abt und Konvent einen kurpfälzischen Vogt vor die Nase, der in aller Form als Erbschutzherr des Stiftlandes anerkannt werden mußte. Alle Untertanen, auch der Markt Konnersreuth, wurden ihrer Pflicht gegenüber dem Abt ledig gesprochen und zum Huldigungseid für die Kurpfalz genötigt. Friedrich (der zweite seines Namens), ehedem ein treuer Vasall Kaiser Karls V., der immer mehr dem Protestantismus zuneigte, folgte seinem Bruder Ludwig 1544 in der pfälzischen Kurwürde.

Die Einverleibung des geistlichen Stiftlandes in das Territorium der Oberen Pfalz ging schrittweise vor sich. Am Anfang stand die Abwürdigung des Reichsstifts zum Sassen (Grundbesitzer) eines landesherrlichen Territoriums. Bereits 1536 trat Konnersreuth nicht mehr als Filiale der Pfarrei Münchenreuth, sondern als Tochterkirche des lutherisch gewordenen Arzberg in Erscheinung. Abt Georg, der als Gegenwehr das Konnersreuther Frühmeßbenefizium bestätigte, weil »bei der pfarrkirchen zum Arzberg lutherische lehre und neue sitten dermaßen eingerissen und geübt würden, daß die schwachen gewissen irrig gemacht und verführet werden«, wurde wie zwei seiner Vorgänger in den Fuchssteiner Turm nach Amberg eingeliefert. Im Herbst des Jahres 1556 übernahm Konnersreuth aus dem markgräflich-lutherischen Arzberg den seit neun Jahren verheirateten Pfarrer Paul Pichler.

Ende eines Abenteuers

Nachdem die Reformation zwangsweise im Stiftland eingeführt worden und 1565 ein Bildersturm über Waldsassen hinweggegangen war, setzte die Säkularisierung und Aufhebung des Klosters im Jahre 1571 nur noch den Schlußstrich unter eine in der ganzen Kurpfalz anhaltende Entwicklung.

Als Nachfolger eines evangelisch gewordenen ehemaligen Konventualen des Klosters, der nunmehr verheiratet war und vier Kinder gezeugt hatte, bekam Konnersreuth bereits 1583 den in Creußen gebürtigen ersten ordinierten evangelischen Pfarrer, der gleichwohl, als ein von der Landesobrigkeit geförderter calvinischer Dogmatismus unversöhnlich dem Luthertum entgegentrat, seines Dienstes enthoben wurde. Ein Calviner besetzte die Pfarrstelle.

Dem letzten kurpfälzischen Landesherrn wurde 1610 gehuldigt; es war der erst vierzehnjährige fünfte Friedrich, ein Heißsporn und Abenteurer. Als Kaiser Matthias 1619 starb, schlossen die Prager protestantischen Stände dessen Nachfolger Kaiser Ferdinand II. kurzerhand von der böhmischen Krone aus und wählten den jungen Friedrich von der Pfalz. Dessen Machttraum endete am 8. November 1620 in der Schlacht am Weißen Berg bei Prag mit einer vernichtenden Niederlage und dem Verlust seiner Ländereien. Der sogenannte »Winterkönig« mußte ins protestantische Holland fliehen. Der Kaiser schickte ihm die Reichsacht hinterher. Eine Auseinandersetzung nicht zwischen Deutschen und Tschechen (Friedrich war deutschsprachig), sondern zwischen Protestanten und Katholiken war entschieden. Herzog Maximilian von Bayern, im großen Religionsstreit Haupt der katholischen Liga, wurde als kaiserlicher Kommissar in der ehedem bayerischen Oberpfalz eingesetzt. Seit 1623 mit der pfälzischen Kurwürde betraut, erhielt er im Jahre 1628 als Entschädigung für seine Kriegsaufwendungen den alten bayerischen Herrschaftsbereich mit allen Territorialrechten zurück. Damit bekam auch das jetzt kurbayerisch gewordene Stiftland wieder einen katholischen Landesherrn. Schon während Kurfürst Maximilians kommissarischer Verwaltung setzten die ersten Bemühungen ein, die Bevölkerung zum Katholizismus zurückzuführen. Der als Nachfolger des evangelisch-lutherischen Pfarrers Konrad Lederer seit 1616 in Konnersreuth amtierende calvinische Prädikant Georg Zenger wurde, wie auch die bis jetzt verbliebenen Prädikanten von Wondreb, Waldershof, Wiesau und Hohenthan entlassen, aber nicht weiter behelligt. (Mild war das bayerische Zepter; in Schweden stand von 1604 bis 1860 auf das Bekenntnis zur katholischen Kirche die Todesstrafe.) Die Laurentiuskirche von Konnersreuth wurde wieder Filialkirche der Pfarrei Münchenreuth im Dekanat Eger. Das Stift Waldsassen wurde wieder besetzt, vorläufig von den aus Amberg ins Stiftland entsandten Jesuiten. Später, 1669, kamen Zisterzienser aus Fürstenfeld. Die Bevölkerung, »unter den Ersten die Konnersreuther«, habe sich, wie amtlicherseits beobachtet wurde, »zur katholischen Religion ganz willig accomodiert und seithero je und allzeit gar eifrig darinnen erzeigt.«

Das Neue liegt im Alten

Auch auf dem Glasberg regte sich wieder religiöses Leben. Die von marodierenden Bauern zerstörte »Kappel« war zwar 1546 wiederaufgebaut worden, in den Jahrzehnten der Glaubensspaltung aber völlig verfallen. Kaum war die Bevölkerung zum alten Glauben zurückgekehrt, wurde die Kirche grundlegend erneuert. Von Jahr zu Jahr verstärkte sich der Andrang der Wallfahrer. Zugleich aber brachten die Wirren des Dreißigjährigen Krieges Drangsal und Belastung. 1631 wurde das ganze Stiftland als Operationsbasis und Aufmarschgelände von Freund und Feind ausgeplündert und verheert. In Konnersreuth standen viele Häuser leer, die Felder waren verwüstet, in Angst und Not fristete die Bevölkerung ihr Leben. Den Marktbürgern wurde übel mitgespielt »durch eine feindspartey aus Erfurth, die Connersreuth bey nächtlicher weil überfallen, auf den grund ausgeplündert, den flecken an unterschiedlichen orthen mit feuer angesteckt und viel bürgerhäuser eingeäschert hat«. Der Viehbestand des Marktes (4 Pferde, 64 Ochsen, 129 Kühe, 48 Jungrinder, 64 Kälber, 35 Schweine und 19 Ziegen) war weitgehend vernichtet worden. Die schwedische Garnison von Eger richtete im Umland grausige Schäden an. Am Karsamstag des Jahres 1648 wurden die Gebäude des Waldsassener Klosters niedergebrannt. Im selben Jahr oder kurz zuvor wurde auch die »Kappel« auf dem Glasberg erneut, nun zum drittenmal, zerstört. Sie wurde sogleich wieder aufgebaut, in einer äußeren Form, wie wir sie auf dem Hochaltarbild von 1652 dargestellt sehen.

Sieg der Trinität

Nach dem Ende des Dreißigjährigen Krieges bemächtigte sich der Bevölkerung ein wahrer Taumel der Dankbarkeit und Glaubensinbrunst.

Wallfahrer kamen in Zügen von Zehntausenden zur Kappel, so daß bereits im Jahre 1684 ein gänzlicher Neubau in Angriff genommen werden mußte, diesmal ein triumphaler. Das Mysterium der göttlichen Dreifaltigkeit wurde Architektur. Paulus Eckart, Pfarrer von Münchenreuth, und Pater Nivardus Christoph, Superior des

Waldsassener Zisterzienser-Klosters, wirkten zusammen. Die Aus-
führung des baulichen Grundgedankens gelang in überwältigender
Weise: Baumeister war der gebürtige Aiblinger Georg Dientzenhofer, der eben als Werkmeister unter Abraham Leuthner an der Waldsassener Zisterzienser-Abteikirche arbeitete. Er war einer von vier
genialen Brüdern, alle bedeutende Vertreter des böhmisch-fränki-
schen Barocks, deren Bauten in Bamberg und Prag aus ihrer Zeit in
die unsere herüberleuchten.

*Die Kappel, Wallfahrtskirche zur Dreifaltigkeit auf dem Glasberg, erbaut 1685
bis 1689 von Georg Dientzenhofer.*

Von seiner Bescheidenheit gab der große Dientzenhofer ein
schönes Zeugnis: Weil die Kirche nur von Opfergaben und Spenden
errichtet werden konnte, war er mit dem Gesellengeld als Entloh-
nung zufrieden. Am 1. Juli 1685 legte Pfarrer Paulus Eckart den
ersten Stein. Erst 1688 wurde die unterhalb der neuen hohen
Gewölbe stehen gelassene alte Kirche abgebrochen, 1689 erhob
sich Georg Dientzenhofers Meisterwerk in seiner vollen Pracht.

Zur Hauptweihe durch den Regensburger Bischof Albert Ernst
Graf von Wartenberg kam es erst 1711, die Innenausstattung des
gigantischen Gotteshauses wurde gegen 1730 vollendet: Ein
Gefüge gleitender Rundungen, eine Komposition kreisender Raum-
höhlungen, eine Trinität flammend marmorierter und lichtstrahlen-
der Kuppelschalen, die sich einem Triangel anlehnen, scheinbar eine
»erklügelte«, in Wahrheit eine überraschend, ja übermenschlich
ersonnene, eine volkstümliche und vom Volk bewunderte Wallfahrtskirche, ein Bauwerk von europäischem Rang!

Dem außergewöhnlichen Inneren entspricht das Äußere: Drei
pralle Rundschwellungen gruppieren sich zum Dreipaß, drei korpu-

lente Rundtürme drängen sich in die Zwickel des Dreipasses, drei Dachreiter auf den Zeltdächern der Konchen kommen ihnen zu Hilfe. Die bauchigen Zwiebeln, die den Türmen und Türmchen aufsitzen, bewirken in ihrer Häufung den Eindruck des Östlich-Slawischen. Einzigartig ist auch die Lage dieses steingewordenen Mysteriums der Dreifaltigkeit: in der Einsamkeit eines Bergkegels mit unendlich weitem Blick über die umgürtenden Wälder.

Inneres der Wallfahrtskirche Kappel auf dem Glasberg bei Münchenreuth. Die Fresken der Hauptwölbung des von Georg Dientzenhofer von 1685 bis 1689 erbauten Gotteshauses der Hl. Dreifaltigkeit stammen von dem Prager Maler Smichäus (Anfang der zwanziger Jahre des 18. Jahrhunderts).

Gleichzeitig wurden im Stiftland auch die anderen teils baufällig gewordenen, teils im Krieg zerstörten Kirchen wiederhergestellt oder wieder errichtet, so in Wiesau, Tirschenreuth, Mähring, Münchenreuth, Wernersreuth und Falkenberg. Nach dem Tode des greisen Kurfürsten Maximilian am 27. September 1651 führte sein Sohn Ferdinand Maria (in dessen beiden Taufnamen sich der Kaiser und Bayerns Schutzfrau verbanden) das Begonnene getreu den »väterlichen Ermahnungen« fort. Freilich entwickelte er nicht die gleiche persönliche Willenskraft. Mehr ließ er sich von seinen Räten leiten. Den Gipfel des Barockzeitalters haben wir in der Regierungszeit seines Sohnes Max Emanuel zu sehen gelernt.

Biersuppe im neuen Pfarrhof

Die Kirche St. Laurentius in Konnersreuth erfuhr eine besondere Aufwertung, als am 1. September 1689 der bisherige Münchenreuther Filialkirchensprengel in eine selbständige Pfarrei umgewandelt wurde. Für den Pfarrer war eine »zweigätige Behausung neben stadel und stallungen« zu errichten. Die Mauern der Wohnung wuchsen im kommenden Jahr empor. Im Sommer 1691 bewirtete Pfarrer Christoph Griesmaier »seine Handwerksleut mit Biersuppe«. Die Baulast oblag dem Kloster Waldsassen. Der Konnersreuther Pfarrhof ist in unserem Bericht von besonderer Bedeutung: War es doch dieser barocke Bau, in dessen Mittelgang sowohl Erwein von Aretin als auch Fritz Gerlich ihre erste Begegnung mit der stigmatisierten Therese Neumann hatten. (Das mauerschwere Haus mit hohem Walmdach und ziergehauenen Granitgewänden um Fenster und Portale ist 1969 abgebrochen worden.)

Der im Jahr 1969 leider abgebrochene Pfarrhof, eines der schönsten alten Gebäude in Konnersreuth. In seinen Räumen hatten Pfarrer Naber, Therese Neumann, Bruno Rothschild, Fritz Gerlich und Erwein von Aretin gewohnt oder genächtigt.

Spätestens in den ersten Jahren des 18. Jahrhunderts konnten die Konnersreuther Räte ein sprechendes Marktwappen vorweisen: Auf silbernem Grund nebeneinander drei grüne Tannenbäume, vor denen ein roter Rehbock springt. Es deutet auf die ursprünglich durchgehende Bewaldung des Marktgebietes und auf das in nächster Nähe gelegene Waldstück »Rehberg« hin.

Stiftland und Egerland

Keinen Einschnitt ins katholische Glaubensleben des Stiftlandes brachte im Jahre 1803 die neuerliche Säkularisierung des Klosters Waldsassen – wiederum durch einen Pfälzer, den aus dem »linksrheinischen Bayern« gekommenen Kurfürsten Maximilian IV. Joseph, den späteren König Max I. Joseph – wohl aber eine gründliche Neuordnung der Verwaltung. Erst 1863 wurde das Kloster wieder, mit Zisterzienserinnen von Seligenthal bei Landshut, besetzt. Gleichzeitig war als neue Verwaltungseinheit ein sogenanntes »Bezirksamt Tirschenreuth« gebildet worden. Es war das um Waldeck-Kemnath erweiterte ehemalige Stiftland. Ihm stand ein königlicher Bezirksamtmann vor (dessen zehnter oder elfter Nachfolger auf Hitlers Befehl – nach preußischem Vorbild – in »Landrat« umbenannt werden sollte). Waldsassen wurde Sitz eines Amtsgerichts, Notariats und Finanzamtes. In kirchlicher Hinsicht hatte sich als Folge der Lostrennung des jenseits der bayerischen Staatsgrenze gelegenen Teils der Diözese Regensburg das Dekanat Tirschenreuth gebildet. Vor der Säkularisation des Jahres 1803 hielten sich Kirchengrenzen keineswegs an Staatsgrenzen (man denke an Linz, Wien und Esztergom, die zum Bistum Passau gehörten). Das war nun anders geworden. Die uralte, nicht nur kirchliche Einheit im Dekanat Eger war zerstört.

Und was für ein Zusammenhalt ehedem! So vielfältig waren die Gemeinsamkeiten, daß man sie noch heute auf Schritt und Tritt empfindet: Übereinstimmungen in Geschichte, Religion, Sprache und Kultur. Zum »historischen Egerland« gehörten im 12. Jahrhundert außer dem Stiftland noch das obere Vogtland und sogar das Sechsämterland – ehemals Teil des bairischen Nordgaus – mit Arzberg. Das von Konnersreuth nur sechs Kilometer entfernte Arzberg blieb nach der Wiedereinführung der alten Religion protestantisch. Für die Grenzzone der sogenannten »Fraisch« um Neualbenreuth wurde 1591 ein »Kondominium« zwischen Eger und Waldsassen festgesetzt. Jahrhundertelang, bis zu den österreichisch-bayerischen Grenzverträgen von 1846 und 1862, war das Fraischgebiet durch Besiedlung, Verwaltung, Gerichtsbarkeit, Wirtschaft und Kultur ein einheitliches Terrain. Hervorzuheben ist die gemeinsame Sprache, auf die sich die Landesgrenze zwischen Böhmen und Bayern zu keinem Zeitpunkt trennend ausgewirkt hatte. Das Egerland gehörte wie das Stiftland eindeutig zum nordbairischen Sprachgebiet mit seinen sogenannten gestürzten Diphtongen (Böichl für Büachl, Köichl für Küachl, Kräig für Kriag, söiß für süaß, Bou für Bua und Pflou – das wichtigste Wort im gereutheten Land – für Pflua). Von einem »vierten Stamm« (wie man es als Folge der Flüchtlingsbewegungen nach 1945 oft hören mußte) kann bei den Egerländern keine Rede sein; die waren so gut bairisch wie die Stiftländer.

Die Verbreitung der Egerländer Tracht erfaßte in leicht abgewandelter Form den ganzen Bereich des Stiftlandes. Das Bauwesen des späteren Bezirksamtes Tirschenreuth stand in enger Beziehung zum benachbarten Egerland. Fachwerkbauten und Vierkanthöfe häuften sich, je weiter der Beobachter nach Osten kam. Vor allem im Bereich des Kunsthandwerks wurde die enge Verwandtschaft zwischen Egerland und Stiftland augenscheinlich, auch bei Flurdenkmalen und Krippendarstellungen, bei Zinngießereien und Glasarbeiten, bei Stickereien und Schnitzereien, bei Ton- und Porzellanwaren. Ein weiteres gemeinsames Kulturgut stellten Volksmusik, Volkslied und Volkstanz dar. Die Vortragsweise von Couplets mit Bratschenbegleitung, der Gebrauch der böhmischen Liederharfe und der böhmisch-waldlerischen Blechblasinstrumente waren gemeinsam. So galten etwa als beliebteste Wallfahrtsziele der Egerländer der »Alte Herrgott« bei Wondreb und vor allem die »Kappel« auf dem Glasberg. Umgekehrt besuchten die Stiftländer St. Klara in Eger und Maria Kulm. Zwischen dem Stiftland und Egerland bestand keine natürliche Grenze; im Gegenteil, es wurden sehr vielfältige Verkehrs- und Handelsbeziehungen unterhalten.

Der Stiftländer Karpfen, wohlschmeckendes »Wild« in den zahllosen Teichen des Waldsassener Stiftlandes, galt hüben wie drüben als Leckerbissen in der Fastenzeit. Und was die Musik angeht: Max Reger wurde am Rande des Stiftlandes geboren. Kein Einwand gegen das Oberland. Aber das schwermütige musikalische Volksgut im Stiftland ist unseren Großen weit näher: den Gluck und Suk, Dvořák und Janáček, Schubert und Bruckner.

Höflas schließlich, das zusammen mit vielen Bühlen und Mühlen, Gütern und Hofhaltungen bereits 1689 in der Pfarrei Konnersreuth aufgegangen, dem politischen Markt aber erst 1972 von der aufgelösten Gemeinde Kondrau zugeschlagen worden war, ist als Herkunftsdorf eines unserer größten Baumeister in die Geschichte eingegangen: Balthasar Neumann. Zugleich stellen die Neumanns von Höflas ein weiteres Bindeglied zwischen Eger- und Stiftland dar. Als zweitgeborener Sohn eines im Hauptstaatsarchiv zu München im Urbarium »Landbuch« um 1500 bezeugten »Hans Newman« in »Höffles, Eptisch« (Äbtisch, also Waldsassisch) ist 1523 ein Andreas Neumann nach Eger ausgewandert und hat dort das Bürgerrecht erworben. Dessen (1560 im »Mannbuch« des Klosters Waldsassen aufgeführter) Bruder Hans Neumann übernahm den väterlichen Hof. Der erste Egerer Neumann ist ein unmittelbarer Vorfahre des am 30. Januar 1687 in Eger getauften Baumeisters Balthasar Neumann, dem wir die Würzburger Residenz und so unsagbar schöne Gotteshäuser wie Vierzehnheiligen und Neresheim verdanken. Just als Balthasar übers Egerer Taufbecken gehalten wurde, baute acht Kilometer oberhalb, auf dem Glasberg, sein großer Vorgänger Georg Dientzenhofer die »Kappel«.

Das »Schneiderixenhaus« in Konnersreuth, Elternhaus der Therese Neumann, um 1928.

Ein Urenkel des bereits erwähnten Hans Neumann von Höflas, dessen Nachkommen heute in Höflas noch in vier Zweigen leben, wird 1610 als Bürger von Konnersreuth genannt. Seine Nachkommen waren »Bürger und Schneider«, sodann »bürgerliche Schneider«, »bürgerliche Schneidermeister« und schließlich nur noch »Schneidermeister«. Über Georg Andreas Neumann reicht die Reihe zu Felix Neumann, zu Joseph Neumann und schließlich zu Ferdinand Neumann, dem als ältestes von insgesamt elf Kindern in der frühesten Morgenstunde des 8. April 1889, eines Karfreitags, die Tochter Therese geboren wurde.

Deren Leben verlief nach dem Aufbrechen der Wundmale Christi an Händen und Füßen so aufsehenerregend und erstaunlich, das Echo der Weltpresse war so überwältigend und heftig, daß der bekannte Chefredakteur der »Münchner Neuesten Nachrichten« selbst nach Konnersreuth fuhr, um den offensichtlichen »Schwindel« aufzudecken. Am 15. September 1927, einem Donnerstag, wurde er spätnachmittags im gewölbten Mittelgang des Pfarrhofs einem weißhaarigen Herrn von würdig-gelassener Erscheinung vorgestellt; es war der Ortspfarrer Joseph Naber. Kurz darauf stand er einem Mädchen in schwarzem Gewand mit weißem Kopftuch gegenüber: Es war Therese Neumann, die ihm beim Gruß ein wenig vorsichtig die mit einem schwarzen Stutzen beschuhte Hand bot.

50

Drittes Kapitel

Ein Damaskus

Zurück von Konnersreuth

Am 19. September abends betrat Gerlich das Redaktionszimmer Aretins mit Mantel, Schal und Hut, staubigen Schuhen und Koffer, wie er eben vom Bahnhof eingetroffen war. Hastig stieß er hervor: »Können Sie mitkommen?« Aretin folgte der Einladung sofort. Gerlichs Koffer blieb stehen.

Sie traten in die abendliche Kühle hinaus. Leichter herbstlicher Regen trieb ihnen ins Gesicht. Mit aufgestellten Mantelkrägen steuerten sie durch die Sendlinger Straße auf das Rosental zu, überquerten den Marienplatz, schritten auf der Weinstraße kräftig aus, an der immer noch »sandtnerisch« anmutenden kleinräumigen Bebauung vorbei, kamen durch die Theatinerstraße zum Odeonsplatz und gingen auf dem westlichen Trottoir der Ludwigstraße hinauf bis zur Universität. Oben angekommen, kehrten sie ins Stadtinnere zurück. Vor der Theatinerkirche drehten sie auf dem Absatz um und nahmen sich neuerdings die breite Brunnenschale Friedrich von Gärtners zum Ziel, über deren Rand eine Wasserglocke glitt. Auf der ganzen Wegstrecke ruderte Gerlich erregt mit den Armen, gestikulierte und erzählte nimmermüde von seinen Erlebnissen in Konnersreuth. In immer neuen Wendungen berichtete er von Ereignissen, die ihn zuinnerst getroffen hatten. Erschütternd war es für Aretin, diesen Mann, der ihm bisher nur als Gesprächspartner für mehr oder weniger Dienstliches aus Politik und Wirtschaft gegenübergetreten war, von »unserem Heiland« reden zu hören. Der Umschwung in Gerlichs Herzen war so vollständig, daß dem Begleiter, der dies alles wegen der außergewöhnlichen Plötzlichkeit nicht fassen konnte, die Tränen kamen. Jetzt stellte sich aber auch heraus, daß den Hauptschriftleiter diese Bekehrung doch nicht ganz aus heiterem Himmel getroffen hatte, daß da in gewisser Weise schon ein Boden bereitet gewesen war, habe er doch, erzählte er, sein Leben lang um die Wahrheit gerungen. Zumal in München sei ihm vom unvermuteten und überraschenden Angelus-Läuten der hundert Kirchenglocken, das es beim Protestantismus nicht gab, der Sinn für die große Pilatusfrage geschärft worden.

So sei es vorgekommen, daß er nachts, auf dem Heimweg von der Redaktion, sich vor das verschlossene Portal der Frauenkirche hingekniet und Gott angefleht habe, ihm die Wahrheit zu schenken. Umso härter habe er, als alles Flehen umsonst war, Vorgänge, die in seinem Weltbild nicht Platz hatten, herabgesetzt, umso zynischer von Betrug und Lüge gesprochen.

»Glauben Sie mir«, Gerlich blieb einen Augenblick stehen und faßte Aretin am Revers des Mantels, »daß die Reise, von der ich eben zurückgekommen bin, für mich zu einer seltsamen und fast wunderbaren Gebetserhörung geworden ist!«

Kopfschüttelnd fragte sich Aretin, ob das der gleiche Gerlich sei, der ihn erst vor fünf Tagen mit dem skeptischen, ja frivolen Wort vom »Schwindel« verlassen hatte. Eines allerdings glaubte er sicher zu wissen, während sie sich auf ihrem Weg zum drittenmal der Innenstadt näherten: Gerlich hatte bei aller Verehrung für Therese Neumann, die ihm – ebenso wie zwei Monate vorher dem Leiter des Innenressorts – als ein Mensch von kindlicher Reinheit, unfähig zu irgend einer Lüge, erschienen war, begriffen, daß nicht ihre Person das Wesentliche in Konnersreuth war, sondern die durch sie vermittelte, den Menschen unmittelbar ergreifende, ohne Umwege auf seine Seele wirkende Wahrheit. (Solcher Gewißheit sollte er später nicht mehr ohne weiteres habhaft sein.)

Aretin war als Katholik nach Konnersreuth gekommen. Ihm war dort kein Weltbild umgestürzt worden. Er, der bayerische, temperamentvolle, katholische Adelige, der einen etwas barocken Lebensstil pflegte, war in seiner Welt geblieben. Sicher, auch er war von der Begegnung mit Therese Neumann in seinem Innersten getroffen und gewandelt worden. Das war bei ihm, der als Katholik eher geneigt war, Wunder gelten zu lassen, leichter möglich gewesen als bei dem nüchternen Stettiner. Nicht nur, daß in Konnersreuth beinahe alltäglich war, was Gerlich bisher von Wundern gehört und mit jener entschuldigenden Nachsicht oder halbem Ohr aufgenommen hatte, wozu sich der Mensch des zwanzigsten Jahrhunderts dem des Mittelalters oder der Antike gegenüber berechtigt fühlt: Er, dem aus der gründlichen Schulung als Historiker eine messerscharfe Beobachtungsgabe eigen war, hatte sich vorgenommen, der Sache, die ihm als Betrug erschien, auf den Grund zu gehen. Bei ihm griff die Wandlung daher umso tiefer. Sein rascher, durchdringender Verstand hatte wie im Schein eines Blitzes die ernste Wirklichkeit vor sich aufleuchten sehen. Verglichen mit ihr war ja die Wirklichkeit unseres irdischen Lebens nur ein Gleichnis, glich dem Spiegel, von dem Paulus im Korintherbrief spricht: »Jetzt sehen wir durch einen Spiegel, rätselhaft, aber dann von Angesicht zu Angesicht. Denn Stückwerk ist unser Wissen. Kommt aber die Vollendung, wird das Stückwerk abgelegt.«

Paulus konnte so sprechen, weil er den Zusammenbruch seines Wissens vor Damaskus erlebt hatte: »Saulus aber, noch entbrannt von Wut und Mordgier gegen die Jünger des Herrn, ging zum Hohenpriester und erbat sich von ihm Briefe nach Damaskus an die Synagogen, damit er, falls er Anhänger dieser Lehre fände, sie als Gefangene nach Jerusalem brächte. Als er auf dem Wege war und sich Damaskus näherte, da umleuchtete ihn plötzlich ein Licht vom

Himmel, und, zu Boden stürzend, hörte er eine Stimme, die zu ihm sprach: ›Saulus, Saulus, warum verfolgst du mich?‹ Er aber sprach: ›Wer bist du, Herr?‹ Und jener: ›Ich bin Jesus, den du verfolgst.‹«

Nach Konnersreuth war Gerlich als ein Saulus gekommen, der die gefährdete Wahrheit wiederherstellen wollte, zurückgekehrt war er als ein Paulus, der die erhabene Wirklichkeit Gottes von Angesicht zu Angesicht geschaut hatte. Mitten in den Jahren, da auch auf katholischer Seite noch lange nicht das letzte Wort über die Stigmatisierte von Konnersreuth gesprochen war, sollte er sich zum unnachgiebigen Verteidiger Therese Neumanns und einer außernatürlichen Erklärung ihrer Stigmen machen.

Aretin schrieb später in seinen Erinnerungen: »Einmal schon in meinem Leben hatte ich – 1927 in Konnersreuth – das sichere Bewußtsein, in die ungeheure Weite der göttlichen Wirklichkeit einen Blick tun zu dürfen.« Aber das, was Gerlich gesehen hatte, war noch mehr, es war bereits todesmutiges Bekenntnis.

Dieser Spaziergang in der Nacht vom 19. auf den 20. September 1927 machte Aretin (ein einziges Mal in seinem Leben, später nie wieder) zum Zeugen, wie Gott einen im Schmiedefeuer seiner Liebe glühenden Menschen für sein Schicksal formte.

Und immer noch, gerade eben, da sie sich an der mächtigen steinernen Schauseite der Theatinerkirche wieder nordwärts wendeten, sprach Gerlich von »unserem Heiland«. Seine Ausdrucksweise war umso rührender, als die aufgeklärte Gegenwart, auch die seine, eine unüberwindliche Scheu vor der Bezeichnung »Heiland« für die zweite göttliche Person hatte. Dieses Wort wirkt auf den modernen Menschen kindlich, frömmelnd, mindestens altertümlich. Therese Neumann gebrauchte (auf diesem nächtlichen Spaziergang erinnerte sich Gerlich daran), außer beim formalen Gebet, nie das Wort Jesus oder Christus; immer sprach sie vom »Heiland«. Nun ist aber dieses Wort nichts anderes als eine Übersetzung des Namens »Jesus« in die deutsche Sprache. Daß Therese Neumann das Wort »Heiland« gegenüber den anderen Benennungen des Erlösers bevorzugte, entsprach sicherlich nicht nur ihrem Gefühl, sondern auch ihrer inneren Führung. Weil Ansässige und Besucher bei ihrem Einbezogenwerden in die Geschehnisse spürten, daß in diesem Ausdruck nicht nur Macht und Größe, sondern auch Liebe und Güte enthalten waren, hatten sie sich vielfach angewöhnt, selbst diese Bezeichnung zu verwenden. Zuerst ist sie von Pfarrer Naber, dann umso bestimmter von dem Bekehrten Gerlich in die Öffentlichkeit gebracht worden.

Und noch immer nicht versiegte der Redestrom Gerlichs. Ein seltsames Strahlen lag auf seinen Zügen. Er hatte in diesen dreieinhalb Tagen reichlich Gelegenheit gehabt, Therese Neumann zu beobachten und mit ihr zu sprechen. Schon am Tag seiner Ankunft hatte er dieses Mädchen mit dem neutralen, blassen, etwas runden Gesicht und merkwürdig umschatteten, dabei lebhaften Augen aus der Entfernung beobachtet. Ihre Augen sprachen; sie war körperlich beweglich und von schneller Auffassungsgabe. Gerlich hielt sich nur untertags als Gast im Pfarrhof auf. Er nächtigte im Schulhaus, einem zwischen Pfarrhof und Kirche hineingezwängten dunklen Bauwerk aus dem späten neunzehnten Jahrhundert. Der Hauptlehrer und seine Gattin hatten ihn liebenswürdig aufgenommen.

Therese Neumann nach der Stigmatisation im Sommer 1926; Aufnahme im Pfarrgarten von Konnersreuth.

Im Gegensatz zu damals, als Aretin sie besucht hatte, schlief Therese, weil ihr Elternhaus eben umgebaut wurde, in einem Gästezimmer des Pfarrhofs. Als Gerlich am Freitag früh ihre Kammer betrat, saß Therese aufrecht mit angewinkelt erhobenen Armen im Bett. Sie hatte gerade die Dornenkrönung Christi geschaut. Ihr weißes Kopftuch war frisch durchblutet. Ihr Gesicht zeigte bereits Streifen Blutes, die von den Augen herabbrannten. Bei näherer Beobachtung – »ich konnte stundenlang im Zimmer verweilen, auch zeitweilig zu ihr ans Bett treten« – lagerten sich auf diesen Streifen immer neu herabbrinnende Blutstropfen über- und nebeneinander, perlten zum Teil auch auf die weiße Nachtjacke und auf das Bett herunter. In der Gegend ihres Herzens zeigte sich ein großer feuchter Blutfleck auf der Nachtjacke. Kurz, Gerlich fand bestätigt, was Aretin bereits berichtet hatte. Dank der Bemühungen des Professors konnte er bereits an diesem Freitagvormittag aus ihrem eigenen Mund hören, was sie gesehen und wie sie es gesehen hatte, ebenso tat sie Äußerungen in einer Sprache, die Professor Wutz als aramäisch bezeichnete. Die Befragung vollzog sich in den von Aretin als »Zwischenzustand« (zwischen den gewöhnlichen Freitagsekstasen) bezeichneten Pausen. »Ob sie im Augenblick, wenn sie die Kreuzigung Christi sieht, Schmerz an Händen und Füßen spürt, weiß ich nicht. Dagegen greift sie sich nach den Visionen der Dornenkrönung mit dem Gesichtsausdruck starken Schmerzes an den Kopf und macht mit den Händen Bewegungen, als ob sie sich die Dornen ausziehen wollte.«

Gerlich hatte kurz im Schulhaus zu tun. Wenig später kehrte er in Therese Neumanns Zimmer zurück. Ihr ekstatischer Zustand war nun ein ganz anderer. »Als ich an ihr Bett trat, begann sie zu sprechen und mir eine überraschend richtige Schilderung meines Innenlebens zu geben.« Ihre Rede richtete sich dabei an Pfarrer Naber: »Da kimmt aa der ander Herr Pfarrer« (gemeint war Professor Wutz, der Gerlich hereingeführt hatte) »und es is no oiner da...« Nach einiger Zeit ging dieser Zustand in den regelmäßigen Zwischenzustand über. Die einzelnen handelnden Personen bezeichnete sie als »die Manner (gesprochen mit hellem à wie in Fàßl, Ràdl, Màdl), die mit dem lieben Heiland gehen« (die Apostel); »die Männer, die ihn binden« (die Häscher des Hohenpriesters); »der Moa' (nasal gesprochen), der den lieben Heiland gern ghabt hat« (Judas Ischariot), »der Ohrwaschlabschneider« (Petrus); »der Moa' ohne Haar« (Pilatus); »der Moa' mit dem rotn Boart« und so weiter. Maria Magdalena war »das ander Moidl«. Therese erkannte Maria, die Mutter Gottes, zwar als die Mutter des Heilands, aber sie richtete ihre Aufmerksamkeit nicht besonders auf sie; ihre Aufmerksamkeit war völlig auf Jesus gesammelt. Für sie war er nicht ein »Moa'« (Mann), sondern »der lieb Heiland« und blieb ihr immer als der Erlöser bewußt. Seine Gefangennahme und seine grauenvollen Mißhandlungen machten sie nie an seiner göttlichen Erlösereigenschaft irre. Dabei gab sie an, die Worte, die sie sprechen hörte, nicht in ihrer Bedeutung zu verstehen; hätte sie sie verstanden, würde sie den Zurufen der Jünger an Judas Ischariot entnommen haben, daß diese ihn für einen Verräter hielten.

Am Nachmittag wurden eingehende Versuche mit dem Aramäischen gemacht. Bei keiner Wiederholung war es möglich, eine Veränderung der Wortwahl herbeizuführen. Therese Neumann ließ sich in diesem Zustand überhaupt nicht von außen beeinflussen. Professor Wutz versuchte, sie zu Schilderungen von Äußerlichkeiten des Weges Christi, von Häusern und Palästen, zu bewegen. Zunächst gab sie widerwillig Auskunft, schloß aber mit der Bemerkung: »Frag mi do niat so laars (leeres) Zeig!« (In diesem Zustand redete sie jeden ausnahmslos mit »du« an.) Wutz, der sich nicht irre machen ließ, fragte weiter, worauf sie antwortete: »Geh, frag mi do niat so olber (albern), störst mi bloß bein Denken an' Heiland!« Als er noch immer nicht mit Fragen aufhörte, bekam er es noch deutlicher gesagt: »Also wannst niat von Heiland reden wüst, na hoitst dei' Mäu, damit i alloi an den liabn Heiland denkn koa!«

Dieser Zustand ging dann unvermittelt in den nächsten über: Sie erklärte ihre Fähigkeit, in die Seelen zu blicken und Vergangenes aus dem Leben anderer Menschen, zum Teil auch deren Zukunft zu wissen, sogar Kenntnis von Abwesenden zu haben, die sie nie gesehen hatte: »Woißt, bi's niat i, da Heiland laßt's mi wissn.« Manchmal antwortete sie auf eine diesbezügliche Frage auch: »Des laßt mi da Heiland niat wissn.«

»Im Lauf dieses Gesprächs, das anfänglich über Pfarrer Naber geführt wurde, entstand in mir der Wunsch, ihre Auffassung über eine religiöse Frage kennen zu lernen, die eigentlich nicht zu dem augenblicklich besprochenen Thema gehörte. Ich wollte gerade den Kopf dem neben mir stehenden Pfarrer Naber zuwenden, um ihn zu bitten, ihr diese Frage vorzulegen, als schon ihre Antwort kam: ›Des is fei' niat aso wie du moinst…‹ und nun entwickelte sie in aller Ausführlichkeit ihre Auffassung über die Stellung des Heilands zu den Menschen. Nach Abschluß dieses Gesprächs fragte mich Wutz, ob ich denn überhaupt eine Frage gestellt habe. Sie hätten gesehen, wie ich meine Lippen zu bewegen begann, worauf Therese plötzlich vom Thema absprang und mit mir sprach. Aber kein Wort meiner Frage sei gehört worden.«

»Der 17. September war der Tag der Stigmatisation des heiligen Franziskus. (Ein Samstag.) Der Pfarrer erwartete eine Ekstase. Als sie bis viertel nach zehn Uhr nachts nicht eintrat, verabschiedete ich mich, um mich in das gegenüberliegende Schulhaus, mein Quartier, zu begeben… Nach etwa zehn Minuten kam die Nichte der Pfarrhaushälterin und rief mich im Auftrag des Pfarrers zurück. Ich fuhr beim Eintritt durch Therese Neumanns Zimmertür überrascht zurück. Sie saß aufrecht im Bett und sah, nach ihrem späteren Bericht, wie der Heiland dem heiligen Franziskus auf dem Berge Alverno die Stigmata verleiht; ihr Gesicht war verwandelt, es strahlte von Glück, denn sie durfte den verklärten Heiland schauen. Ich habe noch nie ein Frauenantlitz von einer solchen schier überirdischen Schönheit gesehen.«

»Was für ein feiner, freidenkender und gescheiter Mann!«

Es ist an der Zeit, ein wenig in die Geschichte zurück und auf den Lebensweg von Aretins und Gerlichs Mentor Wutz einzugehen.

Franz Xaver Wutz wurde am 21. Oktober 1882 in Eichstätt geboren, war also nur vier Monate älter als Gerlich. Sein Vater hatte sich als Eichstätter Tuchmacher durch Fleiß- und Strebsamkeit zu einem bescheidenen Wohlstand emporgearbeitet. Mit seinen Geschwistern verlebte der kleine Franz Xaver eine überaus glückliche Kindheit. Früh zeigten sich an ihm auffallende geistige Gaben, so daß die Eltern ihn studieren ließen. Er besuchte die Juvenate der Redemptoristen von Dürnberg im Salzburgischen und Gars am Inn. Ab Mai 1900 ging er aufs Eichstätter Gymnasium, absolvierte es bis 1902. Dann studierte er Theologie und Philosophie am Bischöflichen Lyzeum, wohnte aber noch zu Hause. Während seiner Studienzeit brachte ihn ein Unglücksfall an den Rand des Grabes, als der Huf eines Pferdes ihm die Kinnlade zerschmetterte. Am 30. Dezember 1905 empfing er die Tonsur und die niederen Weihen. Fortan wohnte er im Priesterseminar. Am 9. Juni 1906 wurde er Subdiakon und einen Tag später Diakon. Am Fest Peter und Paul des Jahres 1907 weihte ihn Bischof Leo von Mergel zum Priester. Zunächst wirkte er als Kooperator in Wolferstadt (Schwaben), danach bis zum 14. August 1908 in Gnadenberg in der Oberpfalz. Wunschgemäß wurde er zu weiteren Studien an der Universität München beurlaubt. Am 25. Februar 1911 bekam er von der Theologischen Fakultät der Universität München für seine Arbeit »Untersuchungen zum liber interpretationis nominum Hebraicorum des hl. Hieronymus« die Doktorwürde verliehen. Bereits am 23. April desselben Jahres wurde er als Nachfolger des kürzlich verstorbenen Eichstätter Professors für alttestamentliche Wissenschaft und Exegese Peter Schmalzl zum Professor ernannt.

Wutz begann seine wissenschaftliche Laufbahn mit der Erweiterung seiner Dissertation zu einem umfangreichen zweibändigen Werk, den »Onomastica sacra«. Auf diesen 1200 Seiten wurden außer griechischen und lateinischen auch syrische, arabische, armenische, äthiopische und slawische Onomastica (Namen, Wörter, Texte) berücksichtigt. Da Professor Wutz neben Englisch und Französisch fließend Polnisch sprach, wirkte er neben seiner Forschungs- und Lehrtätigkeit seit Dezember 1914 auch als Seelsorger für die polnischen Landarbeiter der Umgebung. Der nachmalige Bischof Alois Brems schrieb später: »Ich erinnere mich an die Polen-Gottesdienste in der Kapuzinerkirche. Die Frauen in ihren fremdartigen Trachten und ihr ungewöhnlich ehrfürchtiges Benehmen im Gotteshaus haben mich tief beeindruckt. Professor Wutz, der polnisch predigte (wovon ich keine Silbe verstand), habe ich angestaunt.«

Man erlebte den sonst wahrhaft christlich gelassenen Professor nur ein einziges Mal aufgebracht, als nämlich der protestantische Großgrundbesitzer Puth an einem Sonntag im Oktober 1917 seinen fünfzehn polnischen Landarbeitern den Besuch des Gottesdienstes verweigerte.

Als Wissenschaftler erwarb sich Wutz durch seine Erarbeitung der hebräischen Urgestalt des Alten Testaments bleibende Verdienste. Durch seine Beschäftigung mit der Septuaginta – der ältesten griechischen Übersetzung des Alten Testament aus dem 3. Jahrhundert vor Christus – war er zur Überzeugung gelangt, man könne bei sorgfältiger Untersuchung der Übersetzung nach bestimmten Grundsätzen die hebräische Vorlage der Septuaginta rekonstruieren – einen Text also, der wesentlich älter sei als der masoretische Text – und von hier aus Anhaltspunkte für die Wiederherstellung des hebräischen Urtextes des Alten Testaments gewinnen. Im Jahr 1925 erprobte Wutz diese Methode an einem biblischen Buch: »Die Psalmen, textkritisch untersucht« (München).

Seine tägliche Heilige Messe zelebrierte er in der Kapuzinerkirche. Als Priester war er von unwandelbarer Treue zu seinen Gelübden und galt, nach den Erinnerungen von Bischof Brems, als Vorbild für die Brüder im seelsorglichen Dienst: »Ein Priester war daran, sein Priestertum aufzugeben. Als Wutz das erfuhr, ist er noch am Abend zu dem Mitbruder hingefahren und hat ihn in der gleichen Nacht dazu gebracht, an seinem Priestertum festzuhalten.«

Apropos »Fahren«: Seit 1918 besaß er ein Motorrad, das er in den Semesterferien zu vielen Ausflügen benutzte. Dompfarrer Kraus berichtete später in seinen Erinnerungen, daß Wutz ihn dabei mitnahm, indem er sich einen Lederriemen um den Leib schlang, an dem sich der Fahrradfahrer Kraus festhielt und mitziehen ließ. Später legte sich Wutz ein Automobil zu. Er war kunsthistorisch außerordentlich interessiert und liebte vor allem den Barockstil. So besichtigte er 1926 die herrliche Klosterkirche von Waldsassen. Auf dem Rückweg besuchte er, wie berichtet, Konnersreuth. Er lernte Therese Neumann kennen und erlebte mit, wie sie das Karfreitagsleiden Christi durchlitt. Anfangs achtete er nicht weiter darauf, daß Therese während ihrer Visionen in einer unbekannten Sprache redete. Umso erstaunter war er, als er diese Sprache als Aramäisch, eine zur Zeit Christi in Judäa und Galiläa gesprochene Volksform des Hebräischen, nachweisen konnte. Er kam nun öfter nach Konnersreuth, schrieb das Gehörte in Kurzschrift auf und überprüfte es zuhause. Da Therese Neumann die Sprache, in der sie die visionär geschauten Menschen reden hörte, nicht verstand, konnte sie nur wenig des Gehörten wiederholen. Wutz entwickelte eine Methode, mit der er bewirkte, daß Therese mehr Aramäisches wiedergab, die ihn aber auch schweren Vorwürfen aussetzte.

Wutz erklärte seinem Begleiter Gerlich, daß bei längeren Sätzen und auch bei ganz kurzen Einzelworten ein sicheres Erfassen der zugrunde liegenden Form schwer gelinge, beziehungsweise daß Mittelstücke, an die sich Therese nicht mehr erinnert, ihm nicht sicher oder unbekannt seien. Die Gewinnung mancher Form gelinge überhaupt erst auf dem Weg, daß er Therese Neumann ihr schon bekannte Partien vorspreche, worauf sie den fehlenden Rest geläufig zu ergänzen vermöge.

Gerlich blieb auf dem Trottoir an der Ludwigstraße stehen und sagte zu Aretin fast überakzentuiert, ganz deutlich und langsam: »Der manchmal geäußerten Meinung, daß das Aramäische in Therese gleichsam erst hineingefragt werde, widersprechen die tatsächlichen Fragestellungen des Professors.« Zum Beweis wiederholte er ein solches Frage- und Antwortspiel:

Wutz: »Resl, weißt du, was der liebe Heiland gesagt hat bei der und der Gelegenheit?« Sie: »Mei, des verstehst du net. Die redn so olber.« Wutz: »Jo, jo, des mußt mir schon sagn.« Sie: »Wart a weng. Woißt, des kannst dir net recht mirka.« Sie gab dann von längeren aramäischen Aussprüchen Anfang und Schluß wieder und erklärte, das Mittelstück habe sie sich nicht merken können. Gerlich erlebte am 16. September, wie Professor Wutz des öfteren mit solchen Fragestellungen operierte. Der Wortlaut des Gesprächs wechselte je nach den einzelnen Szenen der Passion, zeigte aber immer ähnliche Formen. Sobald ihr Professor Wutz die aramäischen Sätze vollständig vorsprach, sagte Therese Neumann zu ihm: »Du hast gut ghört, warst du auch dabei?« Wutz darauf: »Ich war ja in deiner Nähe.« Sie: »Ich hab dich' aber net gsehn.« Wutz: »Ich bin hinter dir gstandn, da hast mich nicht sehen können.« Sie: »Nein, gsehn hab i di net, aber ghört hast gut.« Dieses Zwiegespräch wiederholte sich, sooft der Professor nach den von Therese gehörten aramäischen Worten und Sätzen forschte. An dem Tag, als Gerlich anwesend war, machte Wutz einige Minuten nach diesem Gespräch folgende Probe: Er fragte Therese erneut nach den soeben gesprochenen Sätzen. Sie gab die Sätze sofort auf aramäisch wieder, aber wiederum mit den Lücken in der Mitte und, als Wutz fragte, mit der Erklärung, das habe sie sich nicht merken können.

Gerlich schloß: »Es gelang Wutz an diesem Tag nicht, sie dahin zu beeinflussen, daß sie auch die Mittelstücke der Sätze, die er ihr vorsprach, wiedergab. Dagegen erlebte ich, daß sie ihn korrigierte, wenn er ihr absichtlich falsche oder fehlerhaft formulierte Sätze vorsprach.«

Von der Ludwigskirche schlug es zwei Uhr, als die nächtlichen Wanderer sich endlich trennten. Gerlich nahm seinen Heimweg durch die Lotzbeck- und Gabelsbergerstraße zur Richard-Wagner-Straße. Aretin, der am Odeonsplatz vergeblich nach einem Taxi Ausschau gehalten hatte, ging mit müden Füßen auf dem sogenannten »Königsweg« durch die Brienner- und Nymphenburger Straße zur Winthir- und Romanstraße, erreichte um drei Uhr morgens das Rondell Neuwittelsbach.

Befreiende Monate

Es war dem Baron von Aretin also beschieden, am großen Wendepunkt eines Menschenlebens zu stehen und so nah wie kaum ein anderer Zeitgenosse die befreienden Monate mitzuerleben, »als«, wie er in seinen Erinnerungen schrieb, »die ewige Wahrheit sich vor Gerlichs Augen plötzlich und blendend enthüllte«.

Später, als er Gerlichs Los monatelang in den Gefängnissen der Gestapo teilte (ohne ihn freilich dort öfters zu sehen, weil Gerlich in einem anderen Stockwerk hinter Schloß und Riegel saß) erschien ihm die Ähnlichkeit ihres schrecklichen Schicksals als notwendige Voraussetzung, um seine Erinnerungen schriftlich festzuhalten. Es gab zwischen ihnen allerdings noch eine andere, eine innere Übereinstimmung: die des Erlebnisses von Konnersreuth. Er wußte, daß die Anerkennung Konnersreuths nichts mit einem Kirchendogma, sondern höchstens mit dem Vertrauen auf seine fünf Sinne zu tun hatte. Wie sollte er auch leugnen, was er mit eigenen Augen gesehen, mit eigenen Händen gefühlt, mit eigenen Ohren gehört hatte? Wollte er ungläubiger als Thomas sein?

Am 22. September fuhr Gerlich schon wieder nach Konnersreuth und blieb dort bis zum 25. September. Während er beim ersten Mal nur untertags Gast des Pfarrers gewesen war – allerdings oft bis tief in die Nacht hinein – wohnte er nun, um seine nächtlichen Beobachtungen bequemer durchführen zu können, im Pfarrhof.

Letztes Mal, beim Abschiednehmen, hatte Gerlich die Stigmatisierte, wie alle Tage vorher, mit »Fräulein Neumann« angesprochen. Da war es endlich aus ihr herausgeplatzt. »Herr Doktor, Sie sag'n allaweil ›Fräulein Neumann‹ zu mir. Wissen S', ›Fräulein Neumann‹ mag i scho gar niat hörn, sagn S' doch auch Resl zu mir!«

Nun war Gerlich also wieder gekommen. Der Pfarrer stand mit ihr gerade im gewölbten Gang des Pfarrhofs, als er eintrat. Es war Donnerstagabend. Beide wußten, daß er »Protestant« war (wie er sich selbst nannte, obwohl er, was er Aretin gegenüber immerhin zugab, als Freigeist gelten konnte.) Therese durchschaute ihn, ohne es noch erkennen zu lassen. Davon wird später die Rede sein.

Gerlich begann also Quellenmaterial zu sammeln und prüfte diese Quellen auf ihre Echtheit. Im Verlauf seiner minutiösen Untersuchungen glaubte er unwiederlegbare Beweise in Händen zu haben, daß die Konnersreuther Phänomene jeder natürlichen Erklärung widerstanden, es sich also um ein Wunder im katholischen Sinn handeln müsse. Daß seine Ansicht bei außerkirchlichen Kreisen auf Widerstand stieß, versteht sich, unverständlich bleibt im Rückblick, daß der erbittertste Widerstand gerade von der katholischen Kirche kam. Den eigentlichen Zweck seines zweiten Aufenthalts sah Gerlich in der strengen Überprüfung der ersten erschütternden Eindrücke. Er wollte, wozu sich beim ersten Besuch noch nicht hinreichend Gelegenheit geboten hatte, den Menschen Therese Neumann genauer kennen lernen. Deshalb war er diesmal allein gekommen. Sie pflichtete seiner Absicht bei und gestattete ihm, jederzeit, Tag und Nacht, ihr Zimmer zu betreten.

Nach dem Abendessen, ungefähr um halb zehn Uhr – Therese hatte sich schon vor einer Stunde niedergelegt –, setzten sich der Pfarrer und Gerlich an ihr Bett und begannen mit ihr zu plaudern. Sie war munter wie je und erzählte aus ihrer Jugendzeit – über die Gerlich später in einem eigenen Buch berichten sollte –, vor allem, wie sie als Magd während der Kriegsjahre gearbeitet hatte. Mit besonderer Freude schilderte sie, wie im Winter die Rebhühner auf die überschneiten Fluren gekommen seien und sich von ihnen hätten füttern lassen. Eine Frage, ob nicht auch Krähen angeflogen wären, führte das Gespräch zu den Dohlen des Bamberger Domes, die sie bei einem Aufenthalt beobachtet hatte. Sie war im Lauf dieses Gesprächs derart lebhaft und frisch, daß der Eindruck entstand, es würde diesmal zu keiner Ekstase kommen, zumal die Uhr des Pfarrers schon die zwölfte Stunde überschritten hatte, während sonst Freitagsekstasen in der Regel kurz vor zwölf Uhr nachts einsetzten. Der Zeiger wies schon auf sechs Minuten nach zwölf Uhr. Therese plauderte heiter und lebhaft weiter über die Dohlen des Doms. Plötzlich brach sie mitten im Satz ab, richtete sich im Bett auf und winkelte die Arme ab. Ihr Blick ging in die Ferne. Kurz, es zeigten sich alle äußeren Merkmale der Freitagsekstase. Gerlich war überrascht. Er zog die eigene Uhr heraus. Schau an, die Uhr des Pfarrers war vorgegangen, es war erst drei Minuten vor zwölf. Er steckte seine Uhr wieder in die Westentasche (die goldene Uhr, an der sich später ein SS-Verbrecher bereichern sollte). Da Gerlich von Zweifeln gehört hatte, ob Therese wirklich blutige Tränen weine, blieb er an ihrem Bett bis zu dem Zeitpunkt sitzen, an dem die erste große Pause einzutreten pflegte: als man Christus nämlich nach dem Verhör vor Kaiphas ins Gefängnis (»dös Luch«, eine unterirdische Gruft) steckte, aus dem Christus am anderen Tag frühmorgens dem

Landpfleger Pilatus zu einem neuerlichen Verhör vorgeführt wurde.

In den Zwischenzuständen der Ekstasen befragten der Pfarrer und Gerlich sie jeweils nach Ereignissen, denen sie beigewohnt hatte. Auch diesmal mußten sie feststellen, daß Therese nicht 2, 3, 4, 5, 6 und so weiter zählen konnte. Befragt darüber, wie sich die Jünger (»die Männer, die mit dem lieben Heiland gehen«) im Garten Gethsemane verteilt hätten, erklärte sie: Die einen seien mit dem Heiland fast bis zu dem Platz gegangen, wo er betete, während die anderen weiter draußen gewartet hätten. Befragt, wieviel die einen und die anderen seien, zählte sie auf: »Einer und einer und einer«. Das waren die drei Jünger, die mit dem Heiland gingen – und »einer und einer und einer und einer und einer und einer und einer und einer«, das waren die acht, die draußen warteten. Nannte man ihr die Zahlworte drei und acht, so fragte sie: »Was is dös?«

Ein blutbeflecktes Taschentuch

Gerlich schrieb in einem Bericht, den er für die Zeitung vorbereitete: »Um 12 Uhr 25 Minuten nach meiner Uhr bemerkte ich, wie ihr in der Vision des ersten Betens Christi wässerige Tränen in die Augen traten. Um 12 Uhr 40 Minuten, bei der Vision des zweiten Betens, trat Blut aus ihren Augen in Form eines feinen Bandes unter den Wimpern des unteren Augenlides. Das erste Blut schien sich ganz fein über den Augapfel verteilt zu haben, dann zwischen den Augenlidern durchgepreßt und zwar von dem oberen Augenlide durch die Wimpernhaare des unteren hindurch auf dieses herabgeschoben worden zu sein. Denn der feine Streif zeigte eine der Haarreihe entsprechende Schraffierung. Um 12 Uhr 45 Minuten, im Zwischenstadium, verstärkte sich dieser Blutstreif. Um 12 Uhr 51 Minuten, beim Sehen des dritten Betens, lief beiderseits aus den inneren Augenwinkeln ein frischer roter Tropfen Blutes die Wange herab. Ich habe diesen Vorgang in der Weise beobachtet, daß ich mit einer elektrischen Nachtlampe in der linken Hand ihr aus etwa 1/4 Meter Entfernung das Gedicht beleuchtete, während meine Augen selbst ungefähr gleich weit von ihren Augen entfernt waren. Da ich sie seit etwa 1/2 10 Uhr ständig beobachtete, hätte mir eine künstliche Vorbereitung oder Herbeiführung des Augenblutens nicht entgehen können.«

Die ersten blutigen Tränen rannen Therese Neumann so über das Gesicht herab, daß sie in ihren offenen Mund zu tropfen drohten. Erfahrungsgemäß bekam sie dann Erstickungsanfälle. Um ihnen vorzubeugen, wischte man ihr in der Regel diese Tränen weg. Weil in dieser Nacht aus Versehen kein Tuch bereitgelegt worden war, gab Gerlich der Mutter, die kurz zuvor ins Zimmer gekommen war, schnell ein reines Taschentuch, mit dem sie das Blut auftupfte. (Zu einer erschütternden Duplizität solchen Blutauftupfens kam es fünf-einhalb Jahre später; wenn der Zeitpunkt im Ablauf der Ereignisse erreicht sein wird, soll davon berichtet werden.) Im gerichtlich-medizinischen Institut der Universität München wurde dieses blutbefleckte Taschentuch am 31. Oktober 1927 von Professor Dr. Merkel und Privatdozent Dr. Walcher untersucht. Nach ihrer gemeinsamen Erklärung rührten die Blutflecken in dem von Gerlich vorgelegten Taschentuch zweifelsfrei von Menschenblut her.

Der arme Mann Judas

Als kennzeichnend für Therese Neumanns Art, in den Zwischensta-dien ihre Gesichte zu schildern, führte Gerlich an, was er von ihr über das Verhalten Christi nach dem dritten Beten im Garten Geth-semane gehört hatte: »A liachter Moa' (ihr Ausdruck für Engel) hat zun Heiland was gsagt. Der is drauf ruhig worn. Der Heiland hot de Mànner afgweckt, und die wern jetz hoimgeh und schlafa; sie ham ja sovü Schlaf!« Vom Judaskuß erzählte sie: »Der eine (der die Schar führte, die den Herrn gefangen nahm) hat den Heiland gern ghabt, den habn aber die andern net mögn«. (Der Stettiner Gerlich tat sich in seinem Bericht mit der Wiedergabe der stiftländischen Mundart oft schwer.) Auf den Einwand Pfarrer Nabers, »der eine« (Judas) habe den Heiland nicht gern gehabt, antwortete sie besser-wisserisch: »Moinst, des kenn i niat, daß er den Heiland gern ghabt hot?« Auf den weiteren Einwand des Pfarrers, »der eine« habe den Heiland nur geküßt, damit er ihn den Häschern als den bezeichne, den sie zu binden hätten, entgegnete sie erregt: »Moinst, der Heiland laßt si bindn, da derfst woatn! Dös gibts niat! Der wü den Heiland bindn! So dumm! Dös gibts niat!« Erst nach der Vision der Gefangennahme war es möglich, sie zu der Überlegung zu bringen, daß Judas den Herrn vielleicht doch nicht gern gehabt haben könnte.

Mehrmals in den Zwischenzuständen vom Pfarrer und von Gerlich befragt, was »die Mànner, die mit dem Heiland gehen« dem, der angeblich den Herrn gern gehabt hat, entgegengerufen haben, sprach sie von Worten, die Gerlich sogleich dem Klang nach notierte: kanappa, magera, machate, jeschua nazarea. Der in diesen Tagen abwesende Professor Wutz berichtigte später Gerlichs Schrei-bung: gannaba (Dieb), magera (Verräter), ma hada (was gibts?), jeschua nasarija (Jesus von Nazareth).

Die Zeit ab fünf Uhr morgens verbrachte Gerlich wieder am Lager der Stigmatisierten, diesmal allein. Jesus war vom Hohen-priester Kaiphas verurteilt worden. In der Meinung, Therese schaue bereits das Zwiegespräch Christi mit Pilatus, fragte Gerlich: »Resl, gell, der Heiland steht jetzt vor dem Mann ohne Haar?« (Pilatus). Worauf sie antwortete: »Naa, da Heiland is eigsperrt in dös Luch.« Nach der Dornenkrönung, bei der sich das bisher blütenweiße Kopftuch von Blut rötete, verließ Gerlich das Zimmer, um einem neu angekommenen Priester Platz zu machen. Es war neun Uhr morgens.

Nach der Pause, die der eigentlichen Kreuzigung vorausging, um die Mittagsstunde, betrat er wieder ihr Zimmer. Er verließ es nicht mehr bis zur Vision des Kreuztodes kurz nach ein Uhr. Die Beobachtung der Kreuzigungsszene war gewöhnlich Priestern vorbehalten. Gerlichs Anwesenheit kann als Zeichen der Wertschätzung gelten, die ihm dank der Einführung durch Professor Wutz entgegengebracht wurde.

Ein Stoß ging durch das Kreuz

»Während dieser ganzen Zeit, also weit über eine Stunde, sitzt sie aufgerichtet im Bett, bald streckt sie die Hände flehentlich vor, bald faltet sie sie ineinander und drückt sie schmerzlich ringend an die Brust.«

Die Nägel, die in Christi Hände und Füße getrieben wurden, lösten an den Händen und Füßen der Seherin, ja an ihrem ganzen Leib dieselben Zuckungen, schmerzlichen Aufwallungen und Verkrampfungen aus, die der Heiland unter den unbarmherzigen Hammerschlägen empfand. Wenn schließlich das Marterholz in die vorbereitete Vertiefung des Felsens, wo es befestigt werden sollte, hineingewuchtet wurde und unten ruckartig aufprallte, erbebte der Körper Thereses von einem gewaltigen Stoß des Schmerzes. Gerlich notierte das Erlebnis dieses Stoßes (nach der Rückkehr auf sein Zimmer) für den vorbereiteten Zeitungsbericht. Er schilderte diesen Stoß mit den bewegenden Worten des Bekehrten: »Dieser Stoß, der in furchtbarem Schmerz durch den Körper des Heilands ging, war der Augenblick, auf den die Menschheit seit Jahrtausenden gewartet hatte.«

Das Antlitz der Dulderin deutete auf den Höhepunkt ihrer Qualen; der Todeskampf hatte eingesetzt. Ihre Hände waren in der Höhe ihres wachsbleichen und blutüberronnenen Gesichtes ausgebreitet, ihre Handflächen einander zugewendet. Ihre dünn gewordenen Finger, deren Spitzen sich steil nach oben richteten, wurden von Zuckungen des Schmerzes geschüttelt, bogen sich halb um, wie es bei ans Kreuz Geschlagenen beobachtet worden ist. Manchmal öffneten sich ihre todmüden Lider. Dann erblickte man durch die mit geronnenem Blut beschwerten Wimpern hindurch die graugrünen, gläsern gewordenen, ins Unsichtbare starrenden Augen. Die breiten, von dort herunterfließenden Blutbäche hatten sich verdichtet und verbreitet. Sie mündeten unterhalb des Kinns zusammen. Blut ergoß sich aus den Wundmalen ihrer Hände, rann ihr über die Gelenke und färbte ihre Ärmel tiefrot.

»Schließlich sinkt sie mit dem Ausdruck des Todes auf dem Gesichte zurück in das Kopfkissen, um regungslos liegen zu bleiben. Berühre ich die Hände, als sie während der Vision erhoben sind, so geben sie dem leisesten Druck nach, um nach Freigabe sofort in die alte Stellung zurückzuschnellen. Von irgendeiner krampfartigen Starre des Körpers ist nichts bemerkbar. An diesem und auch an anderen Tagen war ich Zeuge... ihrer absoluten Hingabe an Christus und Leidensbereitschaft nach seinem Willen.«

Dies war es exakt, was Gerlichs Leben völlig auswechselte. Es gibt ein Pauluswort von der zentralen Stellung des Wunders (der ehemalige Saulus bezieht sich auf die Auferstehung Christi). Sein Wort von der Wichtigkeit des Wunders war nicht umsonst gesprochen. Der Mensch war der Stimulierung zum Glauben bedürftig. Er bedurfte allerdings auch eines Organs, um des Wunders teilhaftig zu werden. Das Wunder geschah auf einer anderen Ebene, einer Ebene zwischen Diesseits und Jenseits; hier waren Stigmatisierung und Mitleiden des Erlösungstodes möglich.

Der Samstag bot Gelegenheit zu zwanglosem Beisammensein und unbeschwertem Gespräch. Gerlich bemühte sich, ein möglichst getreues Bild von Therese Neumann zu zeichnen. Sie lag ja keineswegs, wie vielfach angenommen, meistens krank im Bett, auch trug sie im privaten Leben kein betont frommes oder gar bigottes Wesen zur Schau. Ihr Naturell war ein heiteres und lebendiges. Am glaubwürdigsten hat Pfarrer Naber, der Konnersreuther Seelsorger, über seinen Schützling berichtet. Joseph Naber, 1870 in Neukirchen-Balbini geboren und früh verwaist, empfing im Regensburger Dom 1895 die Priesterweihe. Nach Kooperatorjahren in Schöntal, Warzenried und Neukirchen-Heiligblut wurde ihm 1909 die freigewordene Pfarrei Konnersreuth zugesprochen. Die älteste Tochter des Schneidermeisters und Kleinlandwirts Ferdinand Neumann war ihm schon als elfjähriges Schulkind bekannt und vertraut. Später charakterisierte er sie mit den Worten: »Theres Neumann ist nüchtern veranlagt, hat nichts Gekünsteltes, nichts Abergläubisches, nichts Betschwesterliches an sich. Sie ist ein einfaches, natürliches Kind, das einfachste Kind der Pfarrei, unschuldig und tief religiös. Dank ihrer Leiden bleibt sie trotz aller außerordentlichen Dinge, die mit ihr geschehen, einfältig und heiter; sie ist ein Kind in ihrer Vorliebe für alles, was klein und unbedeutend ist.«

Therese hatte in der Tat nichts Auffälliges an sich, war ein Geschöpf des Stiftlandes. Rauhe Witterung und bittere Armut hatten sie geprägt. Kein Besucher Konnersreuths fand an ihr einen einzigen Zug, sich irgendwie geltend oder interessant zu machen. Alles Komplizierte war ihr wesensfremd. Längeres Stillsitzen machte ihr Beschwerden. Gewiß hätte sie sich viel mehr herumbewegt, wenn die Stigmata an den Füßen sie nicht gezwungen hätten, auf den Fersen und Kanten und damit etwas unbeholfen zu gehen. An fröhlicher Unterhaltung hatte sie Freude, sie verdarb keinen Spaß, auch nicht, wenn sie geneckt wurde. Sie war schlagfertig.

Wie Gerlich sich überzeugte, fing sie aus eigenem Antrieb keine religiösen Gespräche an. Anders verhielt es sich beim Empfang von Besuchen zu diesem Zweck. Einmal hatte Gerlich Gelegenheit, sie dabei zu beobachten. Sie wollte einen Gang ins Elternhaus machen und Gerlich ihr Dachzimmer zeigen. Auf dem kurzen Weg begegnete ihnen eine Familie von auswärts: Großmutter und Mutter mit einem etwa elfjährigen Mädchen, das schwer an den Folgen der Kinderlähmung litt. Sie forderte die Frauen auf, zu ihr ins Elternhaus zu kommen, sprach mit ihnen und dem Kind in einer seltsam gütigen, trostspendenden Weise. Diese Szene wurde dadurch noch ergreifender, daß ein als Folge von Kopfgrippe geistig zurückgebliebener etwa zwölf Jahre alter Knabe dazukam, dem sie auf seine Bitten einen ihrer Singvögel schenkte. Gleichzeitig gab sie ihm gute Ermahnungen mit auf den Weg. Später zeigte sie Gerlich ihr Aquarium – ein kleineres Aquarium hatte sie im Pfarrhof stehen – und ihre Singvögel. Hatte Gerlich bereits beim ersten Besuch Gelegenheit gehabt, ihre Eltern und auch flüchtig das recht bescheidene Haus kennenzulernen, in dem sie aufgewachsen war, so konnte er diesmal den schlichten Bau, an dem gerade gearbeitet wurde, genauer in Augenschein nehmen.

Kleidungen und Blumen

Therese Neumann ging stets schwarz gekleidet und hoch geschlossen. Das Gewand reichte ihr bis zu den Füßen, ebenso der Mantel. Auf der Straße und meistens auch im Haus trug sie ein schwarzes Kopftuch, wie sie es von der Feldarbeit her gewöhnt war. Das von ihr nachts und überhaupt im Bett getragene weiße Kopftuch (das Gerlich damals schon hin und wieder in Haus und Garten an ihr gesehen hatte) wurde später ihre ausschließliche Kopfbedeckung.

Beim Ausbügeln des Kopftuchs (das von ihr sorgfältig gefaltet und geschlungen wurde) sah Gerlich sie barhäuptig. Die dunkelbraunen Haare trug sie gescheitelt und geflochten. Bei solcher Gelegenheit – es war am Samstagmorgen – bat er sie, ihm die Kopfwunden zu zeigen. Bereitwillig setzte sie sich und hielt ihm den Kopf hin. Er wußte, daß die Kopfwunden klein waren, so klein eben wie

Dornstiche. Da das Haar vom Freitag her blutdurchtränkt und verklebt war, bereitete ihr das Suchen Schmerzen, so daß Gerlich schließlich davon abließ. (Von der Akkuratesse des Wissenschaftlers ist seine Ehrlichkeit, wenn er bekennt, er habe die Kopfwunden nicht gesehen.)

Sonntags kleidete sich Therese in ein Festgewand für den Kirchgang: Es unterschied sich vom Werktagsgewand weniger durch Farbe und Machart als durch Güte und Fall des Stoffs. Als Gerlich scherzte: »Resl, werden S' nur net zu eitel!« antwortete sie: »Waar no schöner, wenn man sich niat für die Kirch sauber anzäing tät!«

Es machte Therese große Freude, Blumen, die sie in einem eigenen Garten zog, zu geschmackvollen Sträußen zu binden. Mit ihnen schmückte sie ihr Zimmer, vor allem aber das Kruzifix hinter dem Altar gegenüber ihrem Kirchenstuhl. (Dessen aufklappbare Armlehnen – man kann es heute noch sehen – ließen sich nach vorn zusammenbiegen, so daß die im Stuhl Sitzende bei Ohnmachten, von denen sie öfters überrascht wurde, nicht herabfallen konnte. Der Stuhl stand hinter dem Hochaltar, wo sie vom Kirchenschiff aus nicht gesehen werden konnte.) Für das Binden der Sträuße ließ Therese sich viel Zeit und prüfte immer wieder eine andere Zusammenstellung. Gelegentlich gab sie Gerlich die Sträuße zum Halten, freute sich diebisch, als er sich an Rosen stach und erklärte: »So, jetzt mäissn S' wenigstens d'Händ still haltn! (eine Anspielung darauf, daß er ihre Sträuße zuvor aus Ungeschicklichkeit übel zerzupft hatte) Weil S' an Mund sowieso net still haltn.« Als Therese mit dem Binden fertig war, begleitete Gerlich sie in die Kirche, trug ihr Blumen, Wasser und Vasen...

Vermittlerin oder mehr?

Es versteht sich, daß Gerlich, als er nach München zurückgekommen war, das tägliche Gespräch mit Aretin suchte, dem einzigen, dem er anvertrauen konnte, was ihn bewegte. Allerdings ließ ihn eine begreifliche Scheu nie wieder so offen reden wie in jener Nacht auf der Ludwigstraße. Und es ergab sich nun auch die bereits angedeutete unterschiedliche Auffassung von ihren Erlebnissen. Während Aretin betonte, daß es ihrer beider eigene Erlebnisse seien, Therese nur die Stellung einer Vermittlerin habe, durch die ihnen die Erfahrung der göttlichen Herrlichkeit geschenkt werde, sah Gerlich in der Person der Stigmatisierten das Wesentliche und eigentlich Aufregende an Konnersreuth. Nimmermüde versuchte er, ihren Aussagen eine allgemeine Glaubwürdigkeit zu verschaffen, übersah dabei freilich, daß der Zweifel daran sowohl das gute Recht jedes Menschen als das Kriterium schlechthin jedes Wunders ist.

Würde es nicht von denen, die es nicht erlebten, angezweifelt werden, könnte es nicht als Wunder gelten. Paulus verlangte schließlich auch nicht von jedem, der nach Damaskus ritt, sein Erlebnis zu teilen. Manchmal kam es Aretin so vor, als lebe Gerlich nur noch der Überzeugung, daß, wenn es ihm gelänge, Therese Neumanns Glaubwürdigkeit nachzuweisen, dieser Nachweis Allgemeingültigkeit haben müsse. Jeder, auch wenn er nicht nach Konnersreuth ging, wäre dann zu überzeugen gewesen. Gerlich schien dabei zu vergessen, daß, um zu überzeugen, der Nachweis der eigenen Glaubhaftigkeit nötig ist, einer Glaubhaftigkeit, die den Berichten über die Wunder noch weit eher versagt wird als den Wundern selbst. Was nun die Vertrauenswürdigkeit des Übermittlers der Wahrheit betrifft, so konnte Aretin im Herbst 1927 noch nicht ahnen, daß Gerlich dafür schon wenige Jahre später mit seinem eigenen Leben würde bürgen müssen. Ist es auch nicht so, daß Konnersreuth mit Gerlich steht und fällt; auf andere Weise, als Aretin es vermutete, bestätigte Gerlich dennoch die Wahrheit, daß das Wunder nicht von vornherein, sondern erst in seiner umstürzenden, umwandelnden, erneuernden Wirkung allgemeingültig wird.

Unermüdlich erfand Gerlich neue Methoden, mit denen er Therese Neumann auf die Probe stellen konnte, sei es, daß er sie geweihtes und ungeweihtes Wasser, beglaubigte und falsche Reliquien unterscheiden ließ. Therese Neumann irrte sich nie und verlor auch bei Gerlichs unverdrossen veranstalteten Prüfungen nie die Geduld. Schließlich suchte sie ihm doch begreiflich zu machen, daß der Heiland, von dem das ihr zugeschriebene Unterscheidungsvermögen stamme, nicht mit sich experimentieren lasse. Gerlich werde genügend Gelegenheit finden, betonte sie, auf weniger hergesuchte und gekünstelte Weise Zeuge von Ereignissen zu sein, die sich jeder Erklärung entziehen.

Aretin schreibt in seinen Erinnerungen, daß es angesichts einer solchen Vielzahl von unerklärlichen Vorgängen in Konnersreuth auf derartige kleine Experimente überhaupt nicht ankam. So habe er am Peter- und Paulstag 1930, das einzige Mal, als er mit Gerlich zusammen in Konnersreuth war, die in einer Vision von ihrem Kanapee herunterzufallen Drohende vor ihrem Sturz aufzufangen versucht und festgestellt, daß sie wie eine Feder gänzlich ohne Gewicht sei. (Dies schreibt kein exaltierter »Spinner«, sondern der Leiter des Innenpolitischen Ressorts einer großen europäischen Zeitung.) Aretin wurde auch mehrmals zum Gegenstand einer völlig aus Therese Neumanns möglichem Vorstellungsbereich herausragenden Vorhersage, die ganz und gar überraschend eintrat. Gerlich, der viel öfter als Aretin nach Konnersreuth kam, wurde entsprechend häufiger als dieser zum Zeugen solcher Vorkommnisse, so daß der verständliche wissenschaftliche Drang zum »Experimentieren« sich bei ihm bald legte.

Dritter Aufenthalt und mystische Kommunion

Am 14. Oktober fuhr Gerlich bereits wieder nach Konnersreuth. Mit der »Cariolpost« kam er von Waldsassen. Das Weinlaub an den Südmauern der Häuser leuchtete rot, auf den Gehsteigen häuften sich gelbe Kastanienblätter. Es war Freitag nachmittags etwa viertel nach fünf, als er den Pfarrhof betrat. Pfarrer Naber lud ihn sogleich ein, wieder sein Gast zu sein, und führte ihn an Therese Neumanns Lager, die, im Gesicht schon vom Blut gereinigt, ekstatisch abwesend war. Als Gerlich grüßte, erschien auf ihren Zügen ein freundliches Lächeln. Das Gesicht wandte sich – die Augen waren geschlossen – dem Eintretenden zu: »Da bist du ja wieder!« Sofort entwickelte sich ein Gespräch, das vor allem seine Versuche betraf, ihre Erscheinungen »natürlich« zu erklären. In lebhafter Weise, schließlich im Bett aufgerichtet, mit dem Finger auf den am Fußende ihrer Bettstatt Stehenden deutend, disputierte sie mit Gerlich, lachte immer wieder zu den einzelnen Gründen, besonders dann, wenn sie Gerlichs Argumentation schlagend widerlegt hatte. Gerlich betonte später, man hätte sich im Lauf dieses Disputs immer wieder gewaltsam daran erinnern müssen, daß man nicht einen wachen, geistig hochstehenden und gewandten Menschen, sondern ein Bauernmädchen vor sich hatte, »das die Fähigkeit besaß, seinem Gesprächspartner auch die nicht ausgesprochenen Zweifel an der Übernatürlichkeit der Vorgänge offen vorzuhalten.« Gerlich betonte, »daß Therese Neumann sich während dieses Gesprächs in Ekstase befand und daß sie, wie an einem Einzelfall genau nachprüfbar war, am nächsten Tag von dem Gespräche selbst und seinem Inhalte nichts wußte.«

Auch diesmal war eine Nachprüfung möglich, und zwar, wie Gerlich akribisch notierte, auf die folgende Weise:

»Sie hatte in der Ekstase zu mir gesagt, daß wir am Samstag vormittag gemeinsam die Kirche besuchen, daß ich Zeuge ihres Kommunizierens und des damit verbundenen neuen Geschehens sein solle.« Es handelte sich um eine neuerdings aufgetretene Art der heiligen Kommunion, die bei ihr seither fast alltäglich geworden war. Gerlich fährt fort: »Ich hatte mich bisher selbstverständlich stets wieder entfernt, wenn ich, was öfters geschah, sie zur Kommunion in die Kirche geführt hatte. Am Samstag (15. Oktober) saß ich morgens mit ihr in der Küche des Pfarrhauses. Sie plauderte mit mir, während ich frühstückte. Plötzlich sah sie auf die Uhr und sagte: ›Also, Herr Doktor, ich muß jetzt in die Kirch hinübergehen.‹ Ich fragte dagegen: ›Resl, gehen Sie jetzt zur Kommunion?‹ worauf sie bejahend sich entfernen wollte. Darauf ich: ›Warten S' Resl, ich geh mit!‹ Sie blickte mich erstaunt an, weil ich nie eine derartige Absicht geäußert hatte. Ich setzte hinzu, sie habe gestern in der Ekstase erklärt, daß ich Zeuge ihres Kommunizierens sein solle. Ohne ein Wort weiter zu sagen, ließ sie sich in die Kirche an ihren Platz hinter dem Altar führen, und ich stellte mich neben ihren Stuhl. Als sie den Pfarrer die Sakristei betreten hörte, sagte sie zu mir: ›Bitte, Herr Doktor, rufen S' doch den Herrn Pfarrer, ich habe etwas allein mit ihm zu reden.‹ Ich trat in die Sakristei hinaus, richtete den Auftrag aus und schloß hinter dem Pfarrer die Türe, aus der dieser nach kurzer Zeit mit der Aufforderung wieder heraustrat, den Platz neben ihr erneut einzunehmen. Er erzählte mir, sie hätte gefragt, ob es wahr sei, daß sie in der Ekstase gesagt hätte, ich solle Zeuge ihres Kommunizierens sein. Als der Pfarrer, der selbst diese Erklärung mit angehört hatte, ihre Frage bejahte, fügte sie sich ohne weiteres, und ich hatte auf diese Weise Gelegenheit, die neue Erscheinung zu beobachten, die beim Kommunizieren auftritt, so oft sie hierbei den Heiland sieht.

Die Kommunion vollzog sich in folgender Weise: Als der Pfarrer mit dem Ziborium um die Ecke des Altars kam, geriet Therese Neumann beim Anblick der Hostie in Ekstase und zeigte höchstes Verlangen, dem Heiland entgegenzugehen, woran sie ihr Stuhl durch seine vorn schließenden Armlehnen hinderte. Ihr Gesicht strahlt, ihre Augen leuchten, die Hände sind etwas ausgestreckt, die Füße sind in Bewegung. Der ganze Körper ist gehoben, als ob sie aufstehen möchte. Der Pfarrer gab mir Anweisung, direkt vor ihr so niederzuknien, daß ich ihr genau in den Mund sehen könnte. Das geschah. Bei der Annäherung der Hostie öffnete sie weit den Mund und streckte etwas die Zunge heraus. Die Hände hielt sie vor die Brust. Der Pfarrer legte vorn auf ihre Zunge eine ganze Hostie und trat sofort von ihr zurück. Sie nahm die Zunge, auf der die Hostie sichtbar lag, ein wenig zurück, aber nur so weit, daß die Spitze noch die Unterlippe berührte und nur die Zähne des Unterkiefers verdeckte, so daß ich weiter die hintere Zungenpartie und den Gaumen sehen konnte. Plötzlich war die Hostie verschwunden. Therese Neumann streckte sofort einige Zeit hindurch die Zunge weit heraus. Der Mund war weit geöffnet, sie schloß ihn von dem ersten Öffnen an nicht, ebenso machte sie keine Schluckbewegungen von der ersten Öffnung des Mundes an. Die Hostie war in der Mundhöhle und am Gaumen, die ständig offen vor mir lagen, nicht zu sehen. Ich bemerke, daß der Pfarrer, nachdem er die Erklärung der Therese Neumann im ekstatischen Zustand vernommen hatte, ich solle Zeuge ihres Kommunizierens sein, um das neue Geschehen zu sehen, mich noch am Freitag abend von diesem unterrichtet hatte. Ich war mir also bei dem Geschehen am Samstag vormittag wohl bewußt, worauf ich genau zu achten hatte. Der Platz in der Kirche ist hell.«

Therese Neumanns Mißtrauen wird verständlich, wenn man bedenkt, daß sie sich nur ungern bei religiösen Betätigungen zuschauen ließ. Auch die Betrachtung durch Besucher ertrug sie trotz inneren Widerstrebens nur, weil sie sich einem Auftrag verpflichtet fühlte. Aus eigenen Beobachtungen (erinnerte sich Gerlich) habe er die feste Überzeugung gewonnen, daß ihr nichts Erwünschteres hätte geschehen können, als wenn die zahlreichen Besuche Fremder, besonders die des Freitags, aufgehört hätten.

Therese empfand ihren Zustand als Gnade des Heilands, der sich auch wieder von ihr zurückziehen konnte, wenn sie ihre Demut verlöre oder wenn Menschen die Erscheinungen, die sich an ihr zeigten, mißbrauchten. In den ekstatischen Zuständen ebenso wie im Wachen fühlte sie sich nur als Werkzeug: »Nicht ich spreche, der Heiland spricht aus mir« oder »Der Heiland schaut durch mich, ich bin sein Schatten.« Wie klein war gleichwohl ihr stellvertretendes Leiden gegen das Leiden des Menschensohnes, und sie bekannte es zu jeder Stunde.

Immer wieder Experimente als Nachweis der Glaubwürdigkeit

Der Samstag, es war Theresens Namenstag, verlief ohne Ekstase und Leiden. Am Nachmittag bat sie Gerlich wieder, ihr das Kruzifix gegenüber ihrem Kirchenstuhl schmücken zu helfen. Nachdem dies geschehen war (sie hatten den Eingang durch die Sakristei benützt), forderte sie ihn auf, mit ihr zum Altar vorzugehen, der wegen des bevorstehenden Kirchweihfestes besonders reich mit Blumen geschmückt war.

Auf einmal fiel Gerlich ein, daß geäußert worden sei, Therese nehme ihre Schauungen des Leidensweges Christi von den Bildern der Kreuzwegstationen in ihrer Pfarrkirche. Er wußte von ihr zwar bereits, daß sie das Kreuz Christi nicht in der Form von zwei rechtwinkelig gekreuzten Balken, sondern als großes lateinisches Ypsilon aus drei in spitzem Winkel zusammengesetzten Balken sah. Er konnte sich nicht beherrschen und unterzog sie wieder einer Prüfung: »Gell, Resl, was Sie am Freitag sehen, das schaut so aus wie die Stationen dort?«, worauf sie antwortete: »O mei, Herr Doktor, ganz anders! Dös schaut si goar niat gleich.« Hartnäckig fragte Gerlich am nächsten Tag wie beiläufig: »Na, Resl, was ist denn von den Bildern da oben eigentlich so, wie Sie es am Freitag sehen?« Die Antwort war eindeutig: »Eigentlich goar nix. A bißl ähnlich san grad no dö Soldatn.« (Professor Wutz erzählte Gerlich später, Therese habe einmal zu ihm gesagt: »Herr Professor, i mag goar koin Kreuzweg nimma anschau', so wenig stimma die Bilder mit dem zamm, was i sehg.«

Gerlich machte sich bei seinem Oktoberaufenthalt auch noch einige Notizen über die Nahrungsaufnahme der Stigmatisierten, die bevorzugter Gegenstand aller Angriffe auf Konnersreuth waren, und befleißigte sich vorsichtiger Zurückhaltung: »Ich sah Therese Neumann nie essen und trinken; auch bei der Kommunion unterblieb der Löffel Wasser, den sie früher nahm.« (Die zur Hostie genommenen Wassertropfen waren seit September weggeblieben.) »Doch erregt dies im Konnersreuther Rahmen viel weniger Aufsehen, als der Außenstehende meint. Ich habe (sic!) im Pfarrhaus des öfteren am Tisch gesessen, während sie uns beim Essen Gesellschaft leistete, ja sogar mir das Essen auf den Teller vorlegte, ohne eigentlich das Gefühl zu haben, es sei etwas ganz Ungewöhnliches, daß der Mensch da neben dir schon lange keine feste und auch keine flüssige Nahrung mehr zu sich nimmt. Denn man kann den Löffel Wasser, der, wie man mir erzählte, bis etwa zum Beginn der vorletzten Septemberwoche ihr bei der Kommunion gereicht wurde, schließlich nicht als 'Zusichnahme von Getränken' bezeichnen. Ich bin mir natürlich bewußt, daß meine Besuche in Konnersreuth mir keine Berechtigung geben, die Nahrungsfrage zu entscheiden. Nur um Mißverständnissen vorzubeugen, betone ich, daß ich nicht die geringste Beobachtung gemacht habe, die ich dahin hätte deuten können, daß eine Nahrungsaufnahme vor mir verborgen werden sollte.«

Kurz: Unermüdlich war Gerlich in seinem Bemühen, Therese Neumanns Glaubwürdigkeit, an der bei ihm vom ersten Besuch an auch nicht der leiseste Zweifel bestand, wissenschaftlich nachzuweisen, obwohl ein solcher Nachweis kaum im Bereich menschlicher Möglichkeiten lag. Freiherr von Aretin hatte auf medizinische Behauptungen und ihre Widerlegung zu keiner Stunde den ungeheuren Wert gelegt, den Gerlich ihnen beizumessen für nötig fand. Das gleiche galt von der in seinen Anmerkungen und Notizen stereotyp wiederkehrenden Nahrungslosigkeit. »In einem kleinen Dorf«, bemühte sich Aretin, nach Gerlichs Rückkehr diesen zu überzeugen, »wo jedermann den Konsum seines Nachbarn zu kontrollieren vermag, ist ein jahrelanger Schwindel noch viel gründlicher ausgeschlossen, als er es je in einer Klinik sein könnte! Die Forderung nach Einweisung Therese Neumanns in eine »neutrale« (also nicht von katholischen Krankenschwestern betreute) Klinik wurde denn auch unverdrossen von Kommunisten und Nazis wiederholt. Um die Nahrungslosigkeit zu überwachen, bedurfte es aber wirklich keines Arztes. Ihrem Nachweis widmete Gerlich ein nie nachlassendes Interesse. Die Entdeckung eines Betruges hätte freilich ein bedenkliches Licht auf Therese Neumann geworfen, wobei eine solche Entdeckung von der Frage bereits wieder ausgeschlossen worden wäre, was mit dem gewaltigen, ja undurchführbaren Aufwand, jede Nahrungsaufnahme und jede Entleerung zu verbergen, eigentlich bezweckt oder erreicht werden sollte.

Das Mirakel von Konnersreuth ließ Gerlich nicht los. Gerade das Unerklärliche fesselte den logischen Denker und scharfsinnigen Analytiker. Hatte Aretin am 3. August Konnersreuth zu einem weltweiten Begriff gemacht, so begann Gerlich die dortigen Vorgänge nach allen Richtungen auszuleuchten.

In seinem ersten, am 6. November 1927 in der Beilage »Die Einkehr« erschienenen Bericht »Erlebnisse in Konnersreuth« glomm die Glut nur noch verhalten, in der er umgebildet worden war:

»Meine ständige Bemühung, für die sich vor mir abspielenden Vorgänge natürliche Erklärungen zu finden, war ihr durchaus bewußt. Je eingehender ich Therese Neumann studiert habe, um so mehr zwingen mich meine Wahrnehmungen und Erlebnisse zu dem Geständnis, daß für mich wenigstens die bisher bekannten Erklärungsversuche nicht ausreichen. Aber nicht dies allein ist es, was auf mich einen so starken Eindruck gemacht hat. Den stärksten Eindruck machte auf mich dieser Mensch in seiner absoluten Einstellung auf die christliche Religion. Ich habe eine vollkommenere Erfüllung der christlichen Forderungen bisher noch nicht erlebt.«

Widerlegung der Suggestionstheorie

Bei all seinen Veröffentlichungen betonte Gerlich seine Objektivität als Wissenschaftler. Daher stand er den Konnersreuther Geschehnissen vor allem als Historiker, der er war, gegenüber. Er gab am 30. November 1927 (wieder in der Beilage »Die Einkehr«) einen weiteren Bericht: »Konnersreuth als historisches Problem. Eine quellenkritische Untersuchung«. Darin widerlegte er ein Gutachten des Erlanger Psychoanalytikers Dr. Gottfried Ewald, in dem die Konnersreuther Vorgänge ausschließlich mit Hysterie erklärt wurden. Gerlich brachte die Kritik mit allen Mitteln seiner überlegenen Dialektik, zugleich aber in objektivem Ton vor und wies nach, daß Therese Neumann geradezu das Gegenteil einer Hysterikerin sei (ein Nachweis, den Jahre später Josef Teodorowicz im einzelnen darlegte) und ließ an Ewalds Gutachten keinen guten Faden. Vor allem mißfiel ihm, daß Ewald über ihm bekannte oder zur Kenntnis gebrachte Tatsachen, wenn sie seiner Suggestionstheorie widersprachen, schweigend hinwegging.

Wäre der Nachweis irgend eines Betruges jemals geglückt, so wäre immer noch das Faktum unerklärt geblieben, daß Aretin sowohl als auch Gerlich die Stigmatisierte oft sinnvolle lateinische und griechische Worte sprechen und wiederholen hörten. Bei der Vision des Kreuzwegs schlossen sich sogar unzählige Worte in einer den beiden Pressemännern unbekannten Sprache an, die von Professor Wutz als aramäisch erkannt wurde. Die Vorgehensweise von Wutz war es nun, die den Erlanger Professor zu seiner Beschuldigung herausforderte, er habe Therese Neumann das Aramäische nur suggeriert. Wutz tat so, als ob er beim Visionsgeschehen dabei gewesen wäre und wiederholte das bereits von Therese Gehörte, um auf diese Weise die restlichen, in der Vision gesprochenen Worte herauszulocken. (Gerlich berichtete bereits von diesen Bemühungen des Eichstätter Professors.) Gelegentlich sprach Wutz ihr auch andere aramäische Worte und Sätze vor, die sie dann entweder als nicht gehört ablehnte oder als gehört anerkannte. Nicht nur Gerlich, auch Wutz versuchte, Therese Neumann zu »testen« und wurde bei seinen Methoden immer erfindungsreicher. So versuchte er sie mit hebräischen (also nichtaramäischen) Vokabeln oder mit grammatikalisch nicht korrekten aramäischen Formen zu täuschen. Doch Therese wehrte diese stets als falsch ab. Manchmal äußerte sie auch Wortgebilde und syntaktische Formen, die Wutz nicht kannte und deren Richtigkeit er daher bestritt, bis er sie, heimgekehrt, in Quellentexten nachgewiesen fand.

Aretin erbost sich in seiner Gerlich-Biographie besonders über Ewalds Behauptung, die Kenntnis des Aramäischen bei Therese Neumann sei durch Suggestion von Wutz zu erklären und schreibt: »Wir wußten, daß dies nicht der Fall war, weil diese Worte schon vor Wutz' erstem Auftreten in Konnersreuth vom dortigen Pfarrer Joseph Naber gehört worden waren (und auch nach Wutz' Tod weitergehend wie zu seinen Lebzeiten vernommen worden waren).«

Gerlich erkannte richtig, daß die Frage des Aramäischen unter allen unerklärlichen Erscheinungen am leichtesten zu beantworten sei. Er bat also einen anerkannten Fachmann, Dr. Johannes Bauer, Professor für semitische Philologie an der Universität Halle, nach Konnersreuth zu fahren und die dortigen sprachlichen Phänomene zu untersuchen. Besonders gelegen kam ihm, daß die Wahl bei Bauer auf einen protestantischen Gelehrten fiel. Dieser entsprach der Bitte und führte seine Untersuchungen in Abwesenheit von Professor Wutz durch. Über seine äußerst gründlichen Forschungen und eindeutig positiven Erfahrungen gab er einen wissenschaftlichen Bericht in der »Einkehr« vom 14. Dezember 1927: »Das Aramäische in Konnersreuth«. Seine entscheidende Schlußfolgerung lautete: »Die Tatsache des Aramäischen – und auf die kommt es allein an – steht also fest.«

Dem Philologen Bauer war zunächst in Konnersreuth ein etwas peinliches Erlebnis zugemutet worden. Deswegen fällt seine Objektivität umso schwerer ins Gewicht. Therese, die bei seinem Eintritt in Ekstase lag, sagte ihm auf den Kopf zu, daß er als ein vom Glauben abgefallener katholischer Priester zum Protestantismus übergetreten sei, ein Wissen, das die Stigmatisierte auf natürlichem Weg nicht erworben haben konnte. Auch Gerlich hatte keine Ahnung davon. Gewiß hätte er den Hallenser Professor diesem allzu persönlichen Empfang sonst nicht ausgesetzt und einen anderen Fachmann gewählt.

Erste Schwierigkeiten der Ecclesia docens

Wie mißtrauisch sogar die Kirche das Konnersreuther Phänomen beurteilte und sich dabei von umlaufenden gehässigen Berichten leiten ließ, möge ein in diese Wochen fallender Vorgang beleuchten: Am 14. September 1927 unterhielt sich Professor Wutz mit Kardinal Faulhaber in dessen Münchner Palais über die aufsehenerregenden Vorgänge in Konnersreuth. Faulhaber beauftragte den alttestamentlichen Philologen, ihm förmlich und ausführlich Bericht zu erstatten. Dem Regensburger Ordinariat waren die Kontakte des Professors mit Familie Neumann und Pfarrer Naber allerdings ein Dorn im Auge. Wie Matthias Buschkühl, Leiter der Handschriftenabteilung der Eichstätter Universitätsbibliothek mitteilt, wendete sich das Regensburger Ordinariat an das Eichstätter Ordinariat mit dem Ersuchen, »Wutz jegliche Betätigung in der Konnersreuther Angelegenheit, namentlich jeden Kontakt mit Therese Neumann und Pfarrer Naber von Konnersreuth, zu verbieten.« Der unerfreuliche Brief enthielt eine Reihe unrichtiger Behauptungen. Wutz leistete der Bitte seines Bischofs gleichwohl Gehorsam und unterbrach seine Kontakte mit Konnersreuth. Der Bericht über die Frage, wie lang er sich an dieses Zugeständnis halten konnte und mußte, sei dem Fortgang der Handlung überlassen.

Ein Gedanke, den Erzbischof Josef Teodorowicz von Lemberg (Lwow) wenig später nach einem (zunächst – wie bei Wutz – widerwillig angetretenen) Besuch in Konnersreuth äußerte, bezieht sich auf den unzweifelhaften Zusammenhang zwischen Mysterien, wie sie sich in Konnersreuth ereigneten, und den katholischen Traditionen einer Landschaft, in der sie sich zutragen. Davon muß hier, ehe auf die Kindheitsgeschichte Therese Neumanns im einzelnen eingegangen wird, kurz die Rede sein. Gerade wenn wir uns an den zweimaligen Religionswechsel der Heimatgemeinde Therese Neumanns erinnern, taucht eine Frage auf, die nach dem Zitat von Josef Teodorowicz Professor Johannes Maria Verweyen in seinem 1932 erschienenen Buch »Das Geheimnis von Konnersreuth« gestellt hatte: »In jedem Falle kann es nachdenklich stimmen, daß gerade hier im Bereiche des sakramental-katholisch-apostolischen Christentums solche Phänomene auftauchen, daß bisher Stigmatisation nur in Verbindung mit diesem Lebensstile vorgekommen ist. Liegt dies nur daran, daß die Bilder des Gekreuzigten und seiner Leidensstationen mit ihrer Realistik gerade in dieser Kirche frühzeitig die Phantasie zu beschäftigen beginnen? Oder hat Goethe Wesentliches getroffen, wenn er an einer allzu unbekannt gebliebenen Stelle von ›Dichtung und Wahrheit‹ seiner erstaunlichen Deutung der Sakramente als des ›Höchsten der Religion, des sinnlichen Symbols einer außerordentlichen Gunst und Gnade‹, das Wort hinzufügt: ›Der Protestant hat zu wenig Sakramente‹?«

Viertes Kapitel

Krankheit und Gnade

Auftakt

Als zuverlässigste und sorgfältigste Arbeit über die Stigmatisierte von Konnersreuth können die zwei 1929 erschienenen Bände von Fritz Gerlich gelten. Sie halten Therese Neumanns Lebensgeschichte in allen Einzelheiten fest. Bereits gegen Ende des Jahres 1927 begann Gerlich an seinem Standardwerk zu schreiben. Es fußt auf monatelangen Befragungen Therese Neumanns und ihrer Umgebung. Für die Lebensjahre Therese Neumanns bis zum Eintreffen des Münchner Chefredakteurs im Stiftland soll sein Quellenwerk Ausgangspunkt und Maßstab dieser Einzeldarstellung sein.

Therese Neumanns Geburtshaus unterhalb des Marktplatzes von Konnersreuth hieß bei den Einheimischen von jeher »Schneiderixenhaus«. Deshalb nannte man seine Bewohner »die Schneiderixen« und setzte den jeweiligen Vornamen dazu. Therese Neumann war also viele Jahre ihres Lebens einfach die »Schneiderixen-Resl«. Das Anwesen, das bis zum Sommer 1927 aus einem einstöckigen, spitzgiebelig gedeckten Haus mit Stall und Schupfen bestand, hieß früher »Schiachenhaus«, nach Gerlich vermutlich eine »dialektische Verderbung« aus »Schergen«, denn es war das Polizeigebäude. Der bayerische Staat verkaufte es an einen Schneider, den bereits erwähnten Felix Neumann, den Großvater des späteren Besitzers Ferdinand Neumann, des Vaters von Therese Neumann. Aus »Schneider-Felix« machte der Volksmund abkürzend »Schneiderix«. Im Jahre 1868 brannte das Gebäude ab. Der Besitzer Joseph Neumann, Ferdinands Vater, mußte für den Neubau Geld aufnehmen und konnte sein Anwesen nur in dem kleinen, bis 1927 bestehenden Umfang wieder aufrichten. In diesem Jahr ließ Ferdinand Neumann im Dachgeschoß einen von der »Schieß« nach hinten gerichteten Giebel aufstocken. Er war überhaupt ein fleißiger Mann, erwarb zu den zehn Tagwerk seiner kleinen Landwirtschaft noch drei hinzu. Sein Viehbestand zählte vier Kühe, die auch als Zugtiere dienten.

Der am 16. Juni 1873 in Konnersreuth geborene Schneider saß in der kleinen Stube seines Hauses, nähte, flickte, bügelte, ein wortkarger Mann, der Typ des oberpfälzischen Bauern, einfach, gerade und bar jeden Sinnes für Sensationen. Gerlich beschreibt ihn als groß und schlank mit schmalem Schädel und scharf geschnittenem Gesicht; seine grauen Haare seien ursprünglich schwarz gewesen. Die Mutter Anna, eine geborene Grillmeier, am 23. Oktober 1874 zu Neudorf, Pfarrei Konnersreuth, als Bauerntochter auf die Welt gekommen, sei – teilt Gerlich mit – erheblich kleiner, von untersetztem Typus, mit mehr breitem, nicht scharf geschnittenem Gesicht und bei seinem Eintreffen bereits ausgesprochen korpulent gewesen.

Aus der Ehe von Ferdinand und Anna Neumann gingen elf Kinder hervor: 1. Therese Neumann, geboren am 8. April 1898, 2. Maria Neumann, geboren am 19. Juni 1899, 3. Anna Neumann, 6. Juli 1900, 4. Engelbert Neumann, 30. Oktober 1901 (früh verstorben), 5. Ottilie Neumann, 14. Dezember 1902, 6. Engelbert Neumann, 11. Juni 1904, 7. Kreszenz Neumann, 31. März 1906, 8. Augustin Neumann, 13. August 1907, 9. Agnes Neumann, 2. Juni 1909, 10. Ferdinand Neumann, 24. April 1911, 11. Johann Neumann, 28. Juli 1912.

Das Geburtsdatum Therese Neumanns wird unterschiedlich angegeben. Im Geburtsregister des Standesamts Konnersreuth lesen wir:»9. April 1898, vormittags um 1 Uhr«; im Pfarrbuch steht es anders:»9. April 1898 früh 12 1/4 Uhr« (also kurz nach Mitternacht),»Tauftag 10. April, Taufzeugin Forster Theres von Waldsassen«. Die Geburtszeiten im Standesamts- und Pfarrregister sind also widersprüchlich. Die Mutter bezeichnete beide als falsch. Immer wieder erklärte sie, ihre Tochter Therese sei schon am 8. April 1898, einem Karfreitag, kurz vor zwölf Uhr nachts geboren. Therese selbst, in der Ekstase befragt, erklärte, dieses Datum sei richtig. Ihr Tauftag, der 10. April 1898, war der Ostertag. Ihre Namenspatronin war die heilige Teresa de Jesús, die sogenannte große spanische Therese; ihr Namenstag war der 15. Oktober.

Der »vorgeschichtliche« Abschnitt vom 8. April 1898 bis zum 10. März 1918

Über Therese Neumanns Kinderkrankheiten wird wenig berichtet. Gewöhnliche Krankheiten dieser Jahre wie Masern, Scharlach und Diphtherie hat sie nicht gehabt. Bis zum 10. März 1918 ist sie nie ernstlich krank gewesen.

Als Therese das dritte Lebensjahr erreicht hatte, wurde sie vorübergehend ins Haus ihrer Taufpatin Theres Forster, die in kinderloser Ehe lebte, nach Waldsassen gegeben. Der dortige Pfarrer Leopold Witt berichtete über diese Zeit in einem 1927 erschienenen Buch. Danach war Therese ein gut erzogenes, lebhaftes und gelehriges Kind. Eine Photographie des Mädchens aus dieser Zeit ist erhalten. Witt erzählt, welche Freude sie hatte, als das Christkind ihr im Forsterschen Hause die erste »Dockn« (Puppe) brachte. Therese Neumann erinnerte sich daran zeitlebens gut. Ihre Freude war zunächst groß, denn es war die erste Puppe, die sie sah. Später gestand sie Gerlich, daß das Vergnügen daran ganze zwei Tage gehalten habe. Als der Reiz der Neuheit verflogen war, entdeckte sie im Bauch der Puppe Sägspäne und zerschlug sie. Es war ihr »zu fad«, mit ihrer Dockn zu spielen,»weil sie kein Leben hatte«.

Therese wuchs in äußerst beschränkten Verhältnissen auf. Die Schulden des Neubaus nach dem Brand vom Jahre 1868 standen großenteils noch auf dem Anwesen. Rastloser Fleiß und eiserne Sparsamkeit gehörten dazu, die Zinsen aufzubringen, die Schulden abzutragen und gleichzeitig die sich rasch mehrende Familie zu ernähren. Ein Beispiel für die Not im Schneiderixenhaus: Als Therese in fremde Dienste getreten war, sah sie einmal, wie ihre Dienstherrin die Brotsuppe abschmälzte. Sie meinte, die Frau habe das Schmalz irrtümlich in die Suppe getan, und erzählte ihrer Mutter beim nächsten Besuch im Elternhaus von dieser Wahrnehmung. Die Mutter belehrte sie, daß die Brotsuppe eigentlich so angerichtet werden müsse; sie selbst hätte es nur nicht tun können, weil die Schneiderixen zu arm seien. Therese möge aber darüber vor den Leuten schweigen, da ihre Eltern sich sonst schämen müßten.

Wenn der Vater eine Schneiderarbeit fertiggestellt hatte, wurde sie von den Kindern zum Kunden gebracht. So erhielten sie hin und wieder ein paar Pfennige für die Besorgung. Diese wurden aber nicht vernascht, sondern gewissenhaft in ein Fach der väterlichen Nähmaschine gelegt. War dann einmal gar kein Geld im Haus, was oft genug vorkam, so versammelte sich die Familie um diese »Sparkasse«. Das Fach wurde feierlich geöffnet und sein Inhalt von 30 oder 40 Pfennigen im Haushalt verwendet. Sehr stolz waren die Kleinen, auf diese Weise zum Unterhalt der Familie beitragen zu können.

An ein Kirchweihfest, als wieder einmal gar kein Geld im Haus war, konnte sich Therese gut erinnern. Die Neumannkinder, die das ganze Jahr von Kartoffeln und Brot lebten, durften auf einen Kirchweihschmaus hoffen: Der Vater stellte nämlich den Festtagsrock für einen begüterten Bauern fertig. »Vom Erlös kann man Mehl und Schmalz kaufen«, dachten sie, »dann backt uns die Mutter Kirchweihkrapfen!« Das gute Stück wird abgeliefert, aber siehe, der reiche Bauer fragt nicht einmal nach der Schuldigkeit. Um die Kundschaft nicht zu verlieren, zieht Neumann stillschweigend und bekümmerten Herzens ab.

Was tun, um den hoffenden, hungernden Kindern den Kirchweihbraten zu ersetzen? Die Mutter kocht einen Hafen Mehlspatzen und gibt zum Fest geschmälzte Zwiebeln auf die Kartoffeln; eine brave alte Frau der Nachbarschaft schenkt auch noch einen Laib Brot. Niemand sonst erfährt von der Armut der zwölfköpfigen Familie, und es wird fröhlich Kirchweih gefeiert.

Therese Neumanns Eltern waren von jeher glaubenstreue Katholiken; ihren kirchlichen Pflichten kamen sie gewissenhaft nach. Politisch bekannte sich der Vater zum bayerischen Zentrum, später zur bayerischen Volkspartei. Er war aber nie politisch aktiv. In der christ-

lichen Bauernvereins- und landwirtschaftlichen Genossenschaftsbe-
wegung des Dr. Georg Heim, Reallehrers im nahen Wunsiedel,
arbeitete er mit. Streng-christlich wurden die Kinder erzogen und
daran gewöhnt, ihren Eltern aufs Wort zu gehorchen. Ihre Behandlung war gerecht, keines wurde dem andern vorgezogen. Auch
sahen die Eltern darauf, daß die Kinder möglichst unter ihren Augen
aufwuchsen. Dem Herumspielen mit Altersgenossen in fremden
Häusern wehrten sie, ebenso dem Herumlaufen auf der Straße.
Meist habe es genügt, hörte Gerlich Therese sagen, daß der Vater
sie streng ansah, um sie augenblicklich folgsam zu machen. Für
kindliche Spiele blieb nicht viel Zeit; jedes Kind mußte sich nützlich
machen, sobald seine schwachen Kräfte es gestatteten. In der Kirche
achtete der Vater darauf, ob seine Kinder auch andächtig waren.
Bemerkte er von seinem Platz auf der Empore aus, daß eines
schwätzte, mußte es zuhause nach der Kirche auf Holzscheiteln
knien. Die kleine Therese fügte sich willig in diese strenge, aber auch
gütige Erziehung und brach immer wieder, wenn sie sich daran erinnerte, wie selbstlos alle Familienmitglieder die gemeinsame Not
trugen, in den Ruf aus: War das schön!

»Zu ihren Lieblingsbeschäftigungen gehörte es«, berichtet Gerlich, »Bilderbücher zu betrachten, vor allem aber Pflanzen zu pflegen. So begann sie eines Tages, den Tassen ihrer Mutter die Henkel
abzuschlagen, damit sie Blumentöpfen ähnlicher sähen. Dann setzte
sie in die übel zugerichteten Trinkgefäße kleine Pflänzchen. Mit dieser Behandlung der Tassen bereitete sie allerdings der Mutter keine
Freude. So mußte sie sich nach anderen Behältnissen umsehen.

Bald wurde sie dazu angelernt, die jüngeren Geschwister zu
warten. Auch leistete sie gern Hausarbeit, kehrte die Stube, wusch
den Zimmerboden und die Windeln.«

In der Schule lernte sie fleißig. Abends sprach der Vater, während
er nähte, mit seinen Kindern die Aufgaben durch. Vom 1. Mai 1904
bis zum 1. Mai 1911 besuchte Therese die Werktagsschule, dann bis
zum 1. Mai 1914 die Sonntagsschule. Das Schulzeugnis mit den
Unterschriften des Königlichen Distriktschulinspektors Bäuml, des
Königlichen Lokalschulinspektors Naber und der Lehrerin Käthe
Stiefanger wurde am 3. Mai 1914 ausgehändigt. Die Noten der
Schneiderixen-Resl konnten sich sehen lassen. Religionslehre: Sehr
gut, Sachunterricht: Sehr gut, Lesen: Fast sehr gut, Aufsatz: Gut,
Rechnen: Fast sehr gut, Schönschreiben: Gut, Fortgangsnote: I.
Sehr gut.

Nicht nur an Puppen fand sie kein Gefallen, auch die Freude
anderer Kinder an Märchen teilte sie nicht. Als ihr der Vater einmal
das Märchen vom Schlaraffenland erzählte, legte sie geharnischten
Widerspruch ein. Das könne nicht wahr sein. Wenn es wahr wäre,

würden alle Menschen ins Schlaraffenland wandern. Schon im ersten Schuljahr »war's ihr fad«, wenn die Lehrerin Märchen erzählte, und sie dachte bei sich: »Was werd denn dees fir a Lug sei'?« Therese versicherte Gerlich, sie habe nie »eppas Zsammadichts«, nie Romane oder Kalendergeschichten gelesen. »Wahre Geschichten« dagegen, also Lebensgeschehnisse, habe sie gern gehört. In der Jugend las die Konnersreutherin vor allem den kleinen Katechismus, das Gebetbuch und die Schulbücher. Später, nach der Feiertagsschule, bestand ihre Lektüre vorzugsweise aus dem »Jungfrauengebetbuch«, der katholischen Zeitschrift »Notburga« für Dienstmädchen, der Zeitschrift »Rosenhain«, die sehr viel über die (damals noch nicht heiliggesprochene) kleine Therese vom Kinde Jesu berichtete, und Leonhard Goffines »Handpostille oder christkatholische Unterrichtung auf alle Sonn- und Festtage des ganzen Jahres«, das waren Auslegungen der Episteln und Evangelien, sowie Erklärungen der kirchlichen Gebräuche. Gern las Therese auch die »Philothea, eine Anleitung zum gottseligen Leben« von Franz von Sales. Alles in allem Schriften, wie sie in den meisten bäuerlichen Haushalten zu finden waren. Weiterhin studierte sie Blumenpflegebücher, denn ihre Liebe zu den bunten Sommerboten des Schöpfers war damals schon groß. Kurz: Man kann vom Lesestoff eines Menschen sprechen, dessen Lebenskreis von den zwei großen A bestimmt war: Acker und Altar.

Dabei zeigte Therese nach übereinstimmenden Angaben keinen Augenblick ein über die gewohnte Frömmigkeit eines überzeugten Katholiken hinausgehendes religiöses Verhalten. Dennoch gab es da eine Besonderheit. Am 18. April 1909 kommunizierte sie zum erstenmal. Viel später erst erfuhr man, daß die Elfjährige an diesem Tag mit einer Offenbarung begnadet worden war, von der sie damals zu niemandem ein Wort gesprochen hatte. Erst vierundvierzig Jahre später lüftete sie bei der mehrtägigen Einvernahme durch zwei Eichstätter Hochschulprofessoren dieses Geheimnis und sagte unter Eid aus: »Bei meiner ersten heiligen Kommunion erblickte ich, als mir der Priester, Pfarrer Ebel, die heilige Hostie reichte, nicht die Hostie, nicht den Priester, sondern das verklärte Jesuskind; ich sah dies aber damals nicht als etwas Außergewöhnliches an, sondern meinte, das sei bei allen Leuten so. Pfarrer Ebel, dem mein Verhalten bei der heiligen Kommunion aufgefallen war, deutete es als Zerstreutheit, machte mir anderntags Vorhalt und strafte mich vor allen Kindern. Seit der Erstkommunion erwachte in mir die Liebe zum Heiland im Sakrament und das Verlangen nach öfterer Kommunion. Da dieses Verlangen gemäß der strengeren Praxis der damaligen Zeit nicht gestillt wurde – Pfarrer Ebel ließ uns Kinder nur vierteljährlich kommunizieren –, haben wir Kinder den Heiland im Sakrament nur besucht und die geistliche Kommunion erweckt. Bei solchen Besuchen kam es, als ich an der Kommunionbank kniete, zwei- bis dreimal, vielleicht sogar öfter, vor, daß die heilige Hostie aus dem Tabernakel auf mich zuschwebte, sich nach Öffnung meines Mundes fühl- und schmeckbar auf die Zunge legte, und ich die heilige Gestalt unter Schlucken genoß. Einmal war dabei eine schon verstorbene Jugendfreundin, Theres Döhla, Zeugin des ganzen Vorgangs; mit ihr besprach ich die Sache, da sie mich deswegen beredete und sich wunderte, daß es ihr nicht auch so erging.«

Pfarrer Naber, der im September 1909 die Nachfolge Pfarrer Ebels angetreten hatte, war bis in die letzten Lebensjahre Therese Neumanns der einzige, der in diese erstaunlichen Geschehnisse eingeweiht war. Es wäre auch zuviel verlangt gewesen, die Verwandlung einer Begierdekommunion in eine sakramentale Kommunion zu begreifen. Zumindest wäre Erwein Aretins Einwand angebracht gewesen, daß Zweifel an der Glaubwürdigkeit eines wie auch immer begnadeten Gottesgeschöpfs sowohl das gute Recht jedes Menschen als das Kriterium jedes Wunders schlechthin seien.

Als Therese vierzehn Jahre alt war, gaben die Eltern sie in Dienst auf das Kounlenzen-Anwesen des damals schon betagten Max Neumann, eines nahen Verwandten des Vaters. Das Schankwirtschafts- und Ökonomieanwesen zählte zu den großen in Konnersreuth. Außer dem langgestreckten, an der Waldsassener Straße gelegenen Hauptbau gehörten dazu ein Stall mit siebzehn Stück Vieh, darunter bis zu sechs Ochsen, ein Schupfen, eine Kegelbahn, ein Garten und außerhalb des Orts an die sechzig Tagwerk Feld, Wiesen und Wald. Kurz nachdem Therese dort eintrat, übergab der greise Max Neumann Anwesen und Wirtschaft seinem 1871 geborenen unverheirateten Sohn Martin. Den Eltern Therese Neumanns war es willkommen, daß ihr ältestes Kind, später auch Maria (diese schon im Altar von dreizehn Jahren) und im Lauf des Krieges, 1917, schließlich noch ihre Tochter Anna beim Kounlenzen eintreten konnten; so blieben sie weitgehend unter ihrer Aufsicht. Den Lohn seiner Tochter Therese (im Eintrittsjahr 1912) hat Vater Ferdinand Neumann aufgeschrieben: 75 Mark Lohn, 4 Sack Kartoffel, 1 Liter Schmalz, 2 Schürz, 9 Meter Biber, Heumontur und Tuch, Weihnachtsgeschenk, Kopfbinden, Kirchweih 1 Mark.

Der Dienst beim Kounlenzen war streng, besonders als der Krieg ausbrach und Martin Neumann ebenso wie der Knecht 1916 zum Heer einrücken mußte. Therese Neumann schreckte vor den auf sie zukommenden Anforderungen keineswegs zurück. Wegen ihrer kräftigen Statur fiel ihr die Männerarbeit zu. An Lichtmeß 1917 wurde sie als Ochsenknecht eingestellt. Männerarbeit hatte ihr immer mehr Freude gemacht als Frauenarbeit. Ihrer Schwester

Maria – erzählte sie später – sei deshalb der Posten der Köchin im Diensthaus zugefallen. Therese habe erst richtig Freude an ihrer Arbeit gehabt, wenn man sie sozusagen mit beiden Armen hineingreifen ließ, vor allem wenn das Wetter schön war und man auf dem Feld arbeiten konnte. »Aufs Feld hab ich mich immer gefreut«, berichtete sie später. Leicht und froh ertrug sie alle Strapazen; sie pflügte, eggte, säte, mähte, machte Heu und band Garben. Urlauber bewunderten das Mädchen, das die schwersten Kartoffelsäcke mühelos hob. Einen Getreidesack von eineinhalb Zentner Gewicht konnte sie, ohne abzusetzen, über fünf Stiegen auf den Heuboden tragen.

Ein von den Ereignissen in Konnersreuth beeindruckter Autor war der Lemberger Erzbischof Dr. Josef Teodorowicz. Er urteilte später über Therese Neumann, sie zeige sich im großen und ganzen als starker, männlicher, cholerischer Typ, der in der wahren, steten Tugend Wurzeln gefaßt habe. Ihr Schlag sei geradezu das Gegenstück hysterischer, weibischer, verzärtelter, zur Selbstsucht und Träumerei neigender Typen. »Es hat da und dort nicht an Versuchen gefehlt, gerade Therese Neumann zu einem schwachen, eigensinnigen, launenhaften, mit einem Worte, zu einem hysterischen Typus umzubilden. Die Absicht, die bei allen diesen Versuchen durchblitzt, ist klar. Vor kurzem noch hat man sich sogar an den großen Mystikern versucht, man hat nicht einmal die große heilige Theresia verschont; ihr inneres Lebensbild mußte in den hysterischen Rahmen gezwängt werden. Man glaubte, mit dem einfachen Bauernmädchen noch schneller fertig werden zu können; aber es ging nicht so leicht, wie es scheinen mochte.«

Dabei war Teodorowicz keineswegs als überzeugter Anhänger oder leichtgläubiger Verbündeter nach Konnersreuth gekommen. Er bekennt von sich: »Da ich alljährlich zur Kur in Marienbad weilte, das kaum eine Stunde Autofahrt von Konnersreuth entfernt ist, war es mir ein Leichtes, die dort eintretenden Erscheinungen aus der Nähe zu beobachten. Trotz eifrigen Zuredens meiner Freunde, die mit mir in Marienbad weilten, wollte ich in keiner Weise mich in den Wirbel dieses Problems hineinreißen lassen, erstens aus dem Grunde, weil mich dies in der Arbeit an meinem Lebenswerk – einem Buch über Christi Leben – gestört hätte, zweitens aber deshalb, weil ich anfangs der ganzen Sache skeptisch gegenüberstand und verschiedene diesbezügliche Verlautbarungen mit Zweifel aufnahm.«

Therese verstand und liebte ihren Beruf. Auch der Vater wurde nun zum Heer eingezogen. Die Mutter hätte ihre Tochter notwendig im Haus gebraucht, benötigte aber ihren Lohn, um die Familie über Wasser zu halten. Dieser Lohn konnte sich nun besser sehen lassen als im Jahr ihrer Einstellung: 1916 verdiente sie 180 Mark, für 1918 waren 296 Mark ausbedungen.

Nachdem die Herbstbestellung besorgt und die Ernte ausgedroschen war, ging man ans Einebnen der Wiesen. Den Wasen hob man ab, die Buckel wurden abgegraben. Mit der so gewonnenen Erde füllte man die Vertiefungen aus und breitete die Wasenstücke sorgfältig darüber. Der meist schon gefrorene Boden mußte mit Eisenkeilen und Schlegeln, im Frühjahr mit dem Pickel bearbeitet werden. Auf Schlitten wurden die gefrorenen Erdballen fortbewegt.

In der Dachkammer mußte Therese ihr Bett mit einer anderen Dienstbotin teilen. Im Winter war es oft so kalt, daß der Atem am Bett anfror. In der Schankwirtschaft half Therese an Sonntagen aus, wenn Versammlungen oder Tanzvergnügungen besondere Arbeiten verlangten. Zum Tanzen sei sie nicht gegangen, erzählte sie später, aber auf dem Tanzboden habe sie oft einschenken müssen. Sie war keine Duckmäuserin; bei jedem Scherz machte sie mit. Und selbstverständlich fanden sich auch Bewerber. Doch diese begegneten bei ihr keiner Gegenliebe. »Einer von ihnen«, schreibt Gerlich, »versuchte es mit Gewalt. Sie aber sprang, als sie sich in Gefahr sah, kurz entschlossen vom Stadelboden mehrere Meter tief hinab auf die Tenne. Unverletzt lief sie davon. Der Bursche ließ daraufhin von ihr ab. Eines anderen Bewerbers erwehrte sie sich auf entschiedenere Weise. Da er ihr trotz aller Abweisungen keine Ruhe ließ, bestellte sie ihn zu einem Stelldichein abends in der Dunkelheit. Sie selbst ging mit einer Peitsche bewaffnet hin. Als der Bursche erschien, schlug sie ihm den Peitschenstiel ein paarmal derart kräftig an den Kopf, daß ihm die Neigung zu ihr verging.« Therese hatte sich nämlich den Beruf einer Missionsschwester ausersehen; sie wollte zu den »Schwarzen«, den Missionsbenediktinerinnen von Tutzing. Kleinweis legte sie ihre Ersparnisse zurück und schaffte sich von einem Teil ihres Lohns die für den Eintritt ins Kloster unentbehrliche Aussteuer an.

Ein weiter zurückliegendes »auffallendes Ereignis« (darüber berichtete sie bei der erwähnten Eichstätter Einvernahme viele Jahre später) »passierte mir während des siebten Schuljahres, als ich für Taglohn auf Gut Fockenfeld Vieh hütete: Ich betete eines Nachmittags während meines Dienstes den freudenreichen Rosenkranz, als ein Taglöhner mich überfiel, mich mit seinem eklig schmutzigen Taschentuch knebelte, mir mit seinem Schurzband die Hände fesselte und mir, als ich am Boden lag, den Rocksaum schon hochhob. In diesem Augenblick kam der Stier der Herde herbeigestürzt und verjagte den Taglöhner mit seinen Hörnern. Der Stier kam dann auf mich zu, tat mir aber, wie ich befürchtete, nichts, wartete, bis ich mich selbst mühsam von Handfesselung und Knebel befreit hatte, neigte dann seinen Kopf bis zum Boden und zog mich, die am ganzen Körper Zitternde, nachdem ich die Hörner erfaßt hatte, langsam in die Höhe; dann ließ er mich nach dem Schrecken an sich ausruhen, indem ich mich an ihn anlehnte.«

Therese bat am Ende dieser dreitägigen Eichstätter Vernehmung, daß von ihren Angaben nichts, »was heikel oder peinlich sei, auch nichts, was jemand anderen beschämen könnte«, an die Öffentlichkeit komme. Johannes Steiner, ein gebürtiger Oberpfälzer, der kurze Zeit nach Gerlich erstmals Konnersreuther Boden betrat, fühlte sich berechtigt, nachdem ein anderer Autor (Josef Hanauer), »der nichts in Konnersreuth erlebt hatte, aber alles, was dort geschah, als Betrug hinstellte«, erstmals den Wortlaut dieses Protokolls, also auch die Schilderung des Vergewaltigungsversuchs zu veröffentlichen.

Einzig der Krieg verhinderte ihren Eintritt in den Orden. Entschieden verlangte die Mutter, daß Therese mit ihrem Vorhaben bis Kriegsende warte. Diese ging gehorsam darauf ein, wollte aber keinen Tag länger mit ihrem Eintritt ins Kloster warten.

Der Brand

Am 10. März 1918, es war Sonntag, wollte Therese zur Kommunion gehen. Deshalb stand sie schon um fünf Uhr auf, um rechtzeitig mit ihrer Stallarbeit fertigzuwerden. Da in der Konnersreuther Kirche damals keine Frühmesse gelesen wurde, mußte sie bis halb acht Uhr nüchtern bleiben. Gegen sieben Uhr war sie mit dem Viehfüttern fertig und kehrte ins Wohngebäude zurück. Auf der Treppe zum Hof begegnete sie ihrem Dienstherrn. Er trat eben aus der Küche in den Hausgang. Gleichzeitig kam der Sölch Christian, ein Bauer, ins Haus, zog Martin Neumann zur hinteren Treppe, von der man den Hof überblicken konnte, und wies auf die benachbarten Dächer: »Schau einmal hinüber, Martin, was das ist?!« Martin rief erschrocken: »Oh! Oi, oi! Dees mous an Schmid sa Stodl sa!« Therese drehte sich um und sah aus dem Dach des bezeichneten Stadels Qualm aufsteigen. Sie sorgte sich um das nahe bei der Brandstelle gelegene Elternhaus. Weil das Anwesen ihres Dienstherrn offenbar nicht gefährdet war, eilte sie hin. Auf der Straße traf sie zahlreiche Männer und Frauen, die aufgeregt: »Feuer! Feuer!« riefen. Sie tat es ihnen gleich und schrie lauthals: »Feuer! Feuer! Ban Schmid brennts!«

Im Elternhaus fand sie den Vater, der erst am Abend vorher aus dem Heeresdienst in Urlaub gekommen war, noch schlafend im Bett. Sie rüttelte ihn wach: »Vata! Geht's außa, ban Schmid brennts!« Dann eilte sie rasch weiter zur Brandstatt. Vom lodernden

Stadel sah sie glühende Garben und Balken herunterstürzen. Da gruselte ihr – so beschrieb sie Gerlich gegenüber ihr Gefühl – »wie Kindern, denen der Nikolaus begegnet«. Nach ihrer beherzten Art griff sie gleich zu, zog ein Kalb und ein Schwein aus dem Stall und führte die Tiere über den Marktplatz in den gegenüberliegenden Gasthof zum Weißen Roß des Hugo Schiml. Auf dem Rückweg sah sie zu ihrer Überraschung, wie Leute auf der Waldsassener Straße zum Kounlenzen hinaufstürmten. Sie hetzte hinter ihnen her.

Eben räumte man das Heu aus dem hölzernen Schupfen, da der Wind sich gedreht hatte und geradewegs vom Brandplatz her auf diesen Schupfen zublies. Es war ungefähr halb acht Uhr. Ihr Dienstherr empfing sie ungnädig: »Wo rennst denn umanand?« Sie antwortete: »Ban Schmid woar i! Oi, haan do die brinnadn Boikn ummagfoin«, und wollte erzählen, was sie gesehen hatte. Martin Neumann herrschte sie an: »Mir haan selm in da größtn Gfoahr! Anpackt äitza!« Eilig half Therese Stroh und Heu aus dem gefährdeten Stadel zu räumen. Unterdessen griff das Feuer schon auf die Scheune des Nachbargrundstücks über, die in gleicher Richtung wie die Neumannsche hölzerne Kegelbahn stand. Es trieb der Wind jetzt glühende Fetzen Stroh und einen wahren Funkenregen auf die Kegelbahn selbst und auf den Schupfen des Kounlenzen zu, dessen hölzerne Giebelwand bereits Feuer fing. Gesindeleute und Nachbarn schleppten Wasser herbei und gossen die gefährdete Wand von außen ab, solange die Hitze und das Funkengestöber eine Annäherung gestatteten. Therese lief mit den andern um die Wette. Als die sengende Hitze des immer heftiger lohenden Feuers keine Annäherung an die Schupfenwand mehr zuließ, kam ihr blitzartig der Gedanke, am besten wäre es, wenn jemand sich auf den Dachboden des Schupfens stellte und von innen her die gefährdete Giebelwand mit Wasser angösse, damit das durchfeuchtete Holz weniger leicht anbrenne. Ihr Vorschlag wurde gutgeheißen. Martin selbst kletterte durch die Luke in den Dachboden des Schupfens hinauf. Da zu dieser Luke keine Stiege hinaufführte, wurde ein fester Hocker, auf den man beim Ausschank die Bierfässer zu legen pflegte, aus der Wirtschaft geholt und im Eck zwischen Stall und Kegelbahn unter die Luke gestellt. In einer Kette wurden die am Brunnen gefüllten Eimer weitergegeben. Weil Therese Neumann besonders kräftig war, übernahm sie die Aufgabe, vom Stuhl aus die herbeigereichten gefüllten Wassereimer dem oben auf dem Boden stehenden Mann hinaufzuheben. Gerlich schreibt: »Die Höhe von dem aus gestampfter Erde bestehenden Fußboden des zum Einstellen von Wagen und Ackergeräten benutzten Schuppens zu der Decke, in der sich die Luke befindet, beträgt 2.70 bis 2.75 Meter. Die Hocker, wie sie in der Neumannschen Gastwirtschaft noch heute Verwendung finden, haben mit ihrer Sitzfläche eine Durchschnittshöhe von 50 cm. Therese Neumann maß ungefähr 1.65 m. Sie mußte also die Eimer noch möglichst weit über ihren Kopf hinaufheben, damit der Mann auf dem Dachgeschoß des Schuppens sie erreichen konnte. Sie faßte dabei die ihr von links hinten zugetragenen Wassereimer mit der rechten Hand am Henkel, mit der linken am Boden. Bei dieser Arbeit wurde sie bald völlig durchnäßt.«

Im Lauf dieser Löscharbeit ging es aufgeregt zu wie stets in solchen Fällen, zumal sich die allgemeine Erschöpfung geltend machte. Martin Neumann wurde durch das ständige Bücken und wieder Aufrichten beim Ausgießen der Eimer stark angestrengt. Er trieb seine Gehilfin an, ihm die Eimer höher hinaufzureichen, warf ihr vor, sie höbe sie ihm nicht so weit entgegen, wie sie es bei gutem Willen und nötiger Anstrengung könnte. Therese, die sich allergrößte Mühe gab, schnaubte ihn an, sie tue, was sie könne. Unglücklicherweise hatte sie an diesem Tag ihre Regel. Sie trug nicht einen trockenen Faden mehr am Leib, das Wasser troff ihr vom Nacken, sie schwitzte und fror zugleich.

Als Therese schon über zwei Stunden ohne Unterbrechung auf dem Stuhl stehend gearbeitet hat und gerade einen vollen Eimer wieder einmal recht weit hinaufzuheben versucht, spürt sie im Kreuz plötzlich einen »Knicks, wie wenn mich was gezwickt hat«. Der Eimer entfällt ihren Händen. Ihr rechter Fuß gleitet vom Hocker ab. Sie kommt mit knapper Not auf dem Erdboden zu stehen, kann sich an der Kegelbahnwand festhalten. Eine Frau und ein Mädchen, eine Zigeunerin, die sich am Wassertragen beteiligt haben, springen herzu, um sie zu stützen.

Der Brandeinsatz am Vormittag des 10. März 1918 war Therese Neumanns Lebenswende. Ein unsachgemäß gelegter Elektrodraht hatte den Großbrand angeblich ausgelöst. Vom Schneiderixenhaus aufwärts bis zum Kounlenzen brannten alle Scheunen ab. Nur dem rastlosen Einsatz der Helfer war es zuzuschreiben, daß wenigstens die Wohnhäuser gerettet wurden.

Das »Zwicken« und der im Rücken empfundene Schmerz waren die Vorboten einer herannahenden furchtbaren Krankheit, die den Körper Theresens nicht Wochen oder Monate, sondern sieben volle Jahre aufs Lager werfen sollte.

Aus dem Schupfen wankend, spürte sie ihre Füße nicht mehr, die Zehen waren wie eingeschlafen, wie »pelzig«. Über die Stiege konnte sie nicht mehr steigen. So schleppte sie sich mit ihren durchnäßten Kleidern in den Stall, um das wegen der Löscharbeiten unversorgte Vieh zu füttern, konnte sich aber nicht mehr bücken. Unfähig zur Arbeit und seit gestern abend immer noch nüchtern, setzte sie sich zunächst an den Eßtisch, trank Kaffee und aß »Spaunzen«. Sie spürte Brechreiz. Der Kreuzschmerz verstärkte sich und strahlte in den Leib aus. Therese schleppte sich in das nahe Elternhaus, ging nach dem Eindruck von Leuten, die ihr begegneten, als hätte sie Zentnerschwere in den Beinen.

Sie ist nicht imstande, aufrecht zu gehen; sie hat gerade noch so viel Kraft, ihr Elternhaus zu erreichen, wo die Mutter ihr besorgt entgegenruft: »Was hast denn? Du kommst ja ganz krumm daher?!« Therese antwortet: »I woiß aa niat, mir tout's Kreiz weh, und i ko' nimma. Mir is' grod, wäi wenn ma mir an Striik um 'n Leib gschnürt hätt!«

Furchtbare Krankheiten und Unfälle

Vielleicht komme es, meinte sie, von der Menstruation. Vielleicht seien die Schmerzen auch eine Folge der ununterbrochenen Arbeit und Nüchternheit bis zum Mittag. Sie legte sich in der Wohnstube auf die Ofenbank. Abends ging sie wieder zu ihrem Dienstplatz. Da sie sich leidend fühlte, wollte sie gleich ihre Bettstatt in der Dachkammer aufsuchen. Sie kam nun zwar über die Stiege hinauf, mußte sich jedoch mit einer Hand am Geländer in die Höhe ziehen und mit der andern immer wieder auf die nächste Stufe stützen.

Nach einigen Tagen Bettruhe konnte sie zur Not stehen und gehen. Doch es war ihr nur in der nach links vorgebeugten Haltung möglich. Ihre Mutter ermahnte sie, sich diesen Gang wieder abzugewöhnen; man müsse sich ja mit ihr vor den Leuten schämen, denn sie gehe wie jemand, der die Abzehrung habe und mit dem es bald dahingehe. Sich zu bücken und etwas vom Boden aufzuheben, war Therese nicht imstande. Wollte sie es tun, mußte sie sich auf ein Knie niederlassen. Die Durchnässung beim Brand in der Märzkühle hatte ihr zudem einen hartnäckigen Husten beschert. Auch verstärkten sich die bereits nach dem Mittagessen am Brandtag aufgetretenen Magenstörungen. Feste Speisen verursachten ihr Brechreiz; das Genossene mußte sie von sich geben. Nur breiige Speisen, insbesondere Schleimsuppe, behielt sie bei sich – wenn sie sich nach dem Essen niederlegte. Sie magerte ab. Ihre bisherige Arbeit konnte sie nicht mehr leisten, die fünfzehnjährige Schwester Ottilie nahm ihren Dienstplatz ein. Therese machte sich trotz ihres leidenden Zustandes beim Kounlenzen weiterhin recht und schlecht nützlich, versuchte Fichtendaxen zu hacken, schlitzte sich dabei mit dem Hackmesser einmal den Ballen, ein andermal die Daumenkuppe der linken Hand.

Therese konnte die Bewegungsabläufe ihres Körpers nicht mehr steuern. Versuche, in der Neumannschen Wirtschaft mitzuarbeiten, führten wenige Wochen später – es war Anfang April – zu einem neuen schweren Unfall. Ihre Schwestern wollten am Nachmittag Frühkartoffeln legen. Sie begab sich in den unteren Bierkeller der Gastwirtschaft, wo die Kartoffeln gelagert waren. Sie füllte einen Sack mit Saatkartoffeln und nahm ihn auf die rechte Schulter. Es gelang ihr auch, fünf oder sechs Stufen zu erklimmen. Dann fiel sie rücklings über die Stiege hinunter, deren unterste steinerne Stufe doppelt breit angelegt war. Auf diese Steinstufe schlug sie derart hart mit dem Hinterkopf auf, daß sie eine klaffende, blutende Wunde davontrug. Sie wurde sofort ohnmächtig. Als Ottilie, die auf ihre Kartoffeln wartete, im Keller nachsah, fand sie ihre Schwester noch am Boden und erst halb wieder bei Besinnung. Sie schickte Therese gleich zum Essen hinein, diese aber erklärte: »I brauch nix, i glang«, und setzte sich im Stall auf einen Hocker. Sie hatte starke Schmerzen im Kopf, vor allem im Hinterkopf. »Mir tout mei Kopf so weh, daß ma d' Augn außafalln mechtn!«

Kurz darauf sah ihr Dienstherr nach dem rechten. Therese sollte mit aufs Feld, sie war dazu aber nicht in der Lage. Dann könne sie daheim bleiben, entschied er, solle aber Streu hacken. Als die andern aufs Feld gefahren waren, versuchte Therese, den Auftrag auszuführen, war aber außerstande und setzte sich erschöpft auf den Hackstock. So wurde eine Nachbarin auf sie aufmerksam, drängte sie, sich im Elternhaus niederzulegen.

Wegen ihres leidenden Zustandes verbrachte Therese einige Nächte im Elternhaus. Dort mußte sie das Bett mit ihrer Schwester Ottilie teilen, wie das auf dem Land, besonders in ärmeren Familien mit zahlreichen Kindern, vielfach üblich war. Jetzt traten auch die ersten Symptome eines äußerst lästigen Leidens auf: Darm und Blase gehorchten nicht mehr, sondern entleerten sich unwillkürlich. Die Folge waren regelmäßige Verunreinigungen an Leib- und Bettwäsche. Da sie wegen der durch das häufige Erbrechen verminderten Nahrungsaufnahme nur sehr geringfügige Ausscheidungen hatte, konnte sie diese Störungen bis zu ihrer völligen Bettlägerigkeit verheimlichen. Begünstigt wurden ihre Bemühungen durch den Umstand, daß die Mutter außerordentlich in Anspruch genommen war. Der Vater leistete wieder Heeresdienst; auf ihr lastete also die ganze landwirtschaftliche Arbeit.

Therese hielt sich nach dem Sturz von der Kellertreppe mindestens zehn Tage im Elternhaus auf. Weil ihr unveränderter Zustand offenbar ernster war als ursprünglich angenommen, brachte man sie am 23. April mit dem Pferdepostwagen zu Dr. Goebel nach Waldsassen. Der Leiter des Krankenhauses, Sanitätsrat Dr. Otto Seidl, stand im Feld. Auf die Frage, was ihr fehle, wies Therese zuerst auf die schmerzende Stelle im Rücken und fuhr von da mit beiden Händen nach vorn, wie wenn sie sich einen Gürtel anlegen wollte.

Sie erklärte, sie habe das Gefühl, daß ihr der Leib mit einem Strick zusammengeschnürt werde. Dr. Goebel überwies die Patientin ins Krankenhaus. Er behandelte sie auf Magensenkung und verordnete Bettruhe, gestrecktes Liegen und Fasten, dazu an Arzneien Eisen, Karlsbader Salz und Brom für die Nerven. Morphium erhielt sie bei besonders starken Schmerzanfällen, die regelmäßig nach Krämpfen auftraten. Ihr Zustand besserte sich nicht. Ihre Krämpfe waren regelmäßig von Bewußtseinsverlusten begleitet. Allmählich wurde dann der Körper unter kleinen Zuckungen starr. Vom Ende April 1918 an blieb die Menstruation aus, trat im Juli 1918 einmal wieder auf, um Anfang August ganz aufzuhören. Bei ihrer späteren Einvernahme erinnerte sie sich: »Die Versuche der Ärzte, die Monatsregel wieder in Gang zu bringen, blieben ergebnislos.«

Auch im Waldsassener Krankenhaus litt Therese an den geschilderten Blasen- und Darmstörungen. Es war ihr möglich, diese beschämenden Erscheinungen zu verbergen, weil sie wegen der angeblichen Magensenkung nur sehr wenig Nahrung, zeitweilig täglich nur eine Tasse Milch erhielt. Ständiger Hunger gab ihr schließlich den Gedanken ein, heimlich das Krankenhaus zu verlassen, so daß die Krankenschwestern ihre Kleider versteckten. Schließlich wurde sie von Dr. Goebel auf eigenes Verlangen am 10. Juni 1918 entlassen. Beim Abschied erklärte er ausdrücklich, daß sie noch nicht geheilt sei.

Fall von der Leiter

Daheim setzte Therese ihre Versuche, sich nützlich zu machen, fort, obwohl sich an ihrem Siechtum nichts geändert hatte. Diese Versuche führten am 1. August 1918 zu einem neuen schweren Unfall. Sie hatte es übernommen, im elterlichen Stadel Garbenbänder für die Getreideernte herzurichten. Diese Bänder wurden von Jahr zu Jahr wiederverwendet, mußten aber jedesmal frisch gedreht werden. Sie wurden im elterlichen Stadel auf einem etwa mannshohen »Bansen« (einem den halben Stadel durchziehenden Querboden) aufbewahrt, den man mittels einer Leiter erreichte. Als Therese die guten und schlechten Bänder auseinandergesucht hatte und, auf dem Rückweg vom Bansen, die oberste Leitersprosse betreten wollte, fiel sie rücklings hinunter und schlug mit dem Kopf auf dem festgestampften Lehmboden auf. Es erfaßte sie ein Krampf und sie verlor das Bewußtsein. Erst allmählich kam sie zu sich, war aber stark benommen. Beim Wiedererkennen der Umgebung sah sie sich am Boden liegen, mitten im Kreis von Kindern des Marktes, die durch das offene Tor hereingekommen waren und sie neugierig betrachteten. So wurde sie von der Mutter gefunden, die inzwischen auf dem Feld gewesen war, um Hafer zu holen. Sie hob ihre Tochter auf und brachte sie zu Bett. Mehrere Wochen mußte sie liegen.

Wie beim Sturz von der Kellertreppe hatte sie auch diesmal starke Schmerzen im Kopf und in den Augen, die nach ihrem Gefühl aus den Höhlen quellen wollten. Während ihrer Bettlägerigkeit bemerkte sie erstmals das Auftreten von Sehstörungen. Als die Bettruhe sie nämlich wieder etwas gekräftigt hatte, wollte sie sich die Zeit mit Lesen verkürzen. Dabei nahm sie ein Flimmern wahr; schwarze Punkte und Fäden zogen über ihr Gesichtsfeld, ihre Augen ermüdeten rasch. Diese Störungen – erzählte sie später – habe sie besonders deutlich beim Lesen in ihrem kleingedruckten Gebetbuch bemerkt. Aber sie traten bald auch beim Lesen von Druckschriften mit größeren Buchstaben auf. Über dieses neue Leiden sei sie richtig stutzig geworden und habe sich in ihrem religiösen Leben erheblich gestört gefühlt.

Kaum konnte sie wieder gehen, stürzte sie erneut. Das geschah im elterlichen Keller, wo sie einen Milchtopf holen wollte, der zur Kühlung in eine Wasserbutten (Gefäß aus Holzdauben) gestellt war. Um den Henkel des Milchtopfs zu erreichen, mußte sie sich in die Butten hineinbeugen. Da sie sich nicht bücken konnte, mußte sie sich aufs Knie niederlassen und ihren Oberkörper über den Buttenrand hineinbeugen. Dabei geschah es. Ein weiteresmal stürzte sie beim Bücken zu einer Mausfalle, die sie in ihrem Zimmer aufgestellt hatte. Ein drittes Mal verunglückte sie beim Jäten von Gemüsebeeten im Neumannschen Wirtsanwesen. Sie hatte sich zwar zur Vorsicht einen Schemel mitgenommen, auf den sie sich setzte, aber, indem sie sich niederbeugte, um das Gras auszureißen, erlitt sie doch den Krampf. Sie fühlte einen jähen Riß im Kreuz. Von dort verbreitete sich der Schmerz in alle Glieder, senkte sich zu den Füßen hinunter, »kletterte« in die Hände, zog die Finger unter Zucken zusammen. Dann drang er ins Genick und in den Hinterkopf. Sie habe diesen Schmerz als »einen furchtbar ziehenden« empfunden, »wie wenn innen« – sie wies auf das Rückgrat – »was zu kurz ist und angezogen wird.« Nachher sei sie ohnmächtig geworden. Einmal, nachdem sie sechs Tage ohnmächtig und im Krampf gelegen war, hielten ihr die Angehörigen eine Feder unter die Nase, um zu sehen, ob sie noch lebe, so gering war die Atmung.

Als sie wieder aufstand, hatte sie ein Gefühl im Kreuz, als gebe es ihr keine Stütze mehr. Ebenso hielt sich der Gürtelschmerz. Ihre Haltung war immer die gleiche krumme, nach links vornübergeneigte. Auch der Brechreiz beim Versuch, feste Speisen zu sich zu nehmen, blieb; ihre Hauptnahrung bestand aus »Kindermus«. Der Husten dauerte hartnäckig, verschärfte sich sogar und würgte sie wie Keuchhusten. Da keine Besserung eintrat, ließ die Mutter ihre

Tochter heimlich neben Dr. Goebel, dessen Kassenpatientin sie blieb, als Privatpatientin von einem alten Arzt untersuchen, der in der Gegend einen hervorragenden Ruf genoß. Es war dies Dr. Wilhelm Burkhardt aus Hohenberg an der Eger, der regelmäßig in Arzberg Sprechstunden hielt. Freundliche Geschäfsleute ließen Therese hin oder zurück mitfahren. Aus der Sorge vor Krampfanfällen wurde die Kranke stets von einem Angehörigen – meist war es eine Schwester – begleitet und gestützt.

Einmal hatten die Schwestern zur Rückfahrt keine Gelegenheit; so mußten sie wohl oder übel versuchen, zu Fuß heimzukommen. Da Therese stark schwitzte und sich jeweils nach einigen Schritten hinsetzen mußte, brauchten sie vier bis fünf Stunden und kamen in die Nacht hinein. Die Mädchen fürchteten sich sehr, so allein in der Dunkelheit auf der Landstraße zu wandern. Die fünfzehnjährige Ottilie, die diesmal mitging, bekam es mit der Angst zu tun, ob sie ihre Schwester überhaupt nachhause bringen werde, und ging laut weinend neben ihr her. Nach diesem nächtlichen Marsch war Therese völlig »kaputt« und mußte vierzehn Tage das Bett hüten.

Es bedeutete für sie daher eine große Erleichterung, als Dr. Burkhardt sie in Konnersreuth besuchte, sooft er dort mehrere Patienten zu versorgen hatte. Er untersuchte eingehend und lange den Rücken, strich daran mit seiner Hand herunter. Es gab ihr immer einen Riß, wenn er auf die schmerzende Stelle im Kreuz drückte. Er blickte sie aufmerksam an: sie solle ihm sagen, seit wann sie die Schmerzen im Kreuz spüre. Sie antwortete: Seit dem Brand. Einen besonderen Schmerz habe sie aber damals, bei dem Knacks im Kreuz, nicht empfunden. Therese mußte dem Arzt genau schildern, welche Bewegungen sie bei der Löscharbeit gemacht habe, und welche Folgen sie davongetragen habs. Die Blasen- und Darmstörungen verschwieg sie, weil sie sich schämte. Dr. Burkhardt nickte: »Ja, Kind, da haben wir's schon. Das kann noch lange dauern. Sie können aber auch plötzlich einmal zusammenbrechen.«

Therese sprach immer mit großer Verehrung von diesem Arzt. Sein Wesen flößte ihr Vertrauen ein. Er sei ein »braver, lieber alter Mann« gewesen und habe sich die Zeit mit ihr nicht reuen lassen. Bedauert habe sie nur immer, daß er nie genauer gesagt habe, wofür er ihr Leiden halte. Er habe ihr zwar Trost zugesprochen, aber sie habe doch beobachten können, daß er bei der Untersuchung wiederholt bedauernd mit den Achseln zuckte, wenn er meinte, sie könne es wegen ihres abgewandten Antlitzes nicht sehen. Sie wurde, berichtet Gerlich, ganz erregt und schilderte, »wie hart es ihr damals gewesen« sei, daß sie »siech« geworden war. »Denken S', Herr Doktor, ein junger Mensch, der sich auf einen Beruf freut, den er als den seinen erkannt hat. Ich wollte doch Missionsschwester werden.

Ich hätte nie gedacht, daß es anders möglich sei; ich hätt's auch durchgesetzt! Und nun das!« Sommer und Herbst des Jahres 1918 vergingen ohne Besserung ihres Zustandes.

Sturz am Kirchweihsamstag

Therese erlitt am 19. Oktober 1918, am Tag vor Kirchweih, einen neuerlichen schweren Unfall. Im Wirtshaus zum Kounlenzen gab es viel vorzubereiten. Therese übernahm von ihrer dort bediensteten Schwester Maria den Auftrag, eine Gans zu rupfen. Sie wollte ein Sieb vom Getreideboden holen, um die gerupften Federn darin sammeln zu können. Der über dem Saal gelegene Getreideboden war mit hochkantigen Balken durchzogen, an denen die (nicht von Säulen gestützte) Saaldecke hing. Therese erkletterte einen dieser Balken. Mit ihrer linken, hocherhobenen Hand suchte sie sich an einem der dort frei herabhängenden, mit Federn gefüllten Säcke festzuhalten, mit ihrer rechten langte sie nach dem Sieb. Dabei wich der freihängende Federsack aus, Therese verlor auf dem Balken den Halt, fühlte einen stechenden Schmerz im Kreuz, stürzte rücklings hinunter, schlug mit dem Hinterkopf am Boden auf und blieb ohnmächtig liegen. So lag sie ungefähr eine Stunde, bis ihre Schwestern sie fanden, »noch nicht ganz bei sich«. Sie versuchten Therese aufzurichten, schleppten sie zu einer Bettstelle der Wirtschaft; jede faßte ihr an einer Seite unter den Arm; die Beine der Willenlosen schleiften am Boden und auf der Treppe nach. Sie fühlte eine außerordentliche Verstärkung des Kopfschmerzes, auch schienen ihr die Augen wieder aus den Höhlen quellen zu wollen. Ein paar Stunden ruhte sie, dann wurde sie von ihren Schwestern, die sie wie zuvor halb tragend stützten, ins Elternhaus geschleppt. Ihre Füße ließ Therese am Boden schlurfen, wie man es bei alten gebrechlichen Leuten beobachtet. Beim Einbiegen zum Schneiderixenhaus konnte sie kaum noch sehen. Alles war verwischt. Sie vermochte ihre Mutter nicht richtig wahrzunehmen. Therese später: »I woar no damisch und bi glei as Bett ganga.« Man legte sie in eine Bettstelle der Giebelstube im ersten Stock.

Am nächsten Tag, dem Kirchweihsonntag, fühlte sie sich von Minute zu Minute elender. Sie konnte die Zimmereinrichtung nicht erkennen, wäre weit lieber liegengeblieben als aufgestanden und in die Kirche gegangen. Da sie aber ihre gewohnte Sonntagspflicht nicht versäumen und gerade wegen ihres schlimmen Zustandes beichten und kommunizieren wollte, entschloß sie sich, alle Kraft zusammenzunehmen. Noch im Bett liegend griff sie nach dem Gebetbuch, um sich auf den Sakramentenempfang vorzubereiten. Sie konnte das Buch aber nur »dumpf« sehen. Die Buchstaben erkannte sie überhaupt nicht mehr. Sie bemerkte nur, daß »etwas Schwarzes auf dem Weißen gewesen ist«. Sie legte das Buch weg, kleidete sich mit Hilfe an und ging, von ihrer Schwester Agnes gestützt, in die Kirche. Auf dem Weg sah sie alles »wie im Nebel«, obwohl ein strahlender Vormittag war. Die Gesichter der Leute konnte sie nicht erkennen. Die Kircheneinrichtung sah sie nur undeutlich. Den Weg zum Beichtstuhl und zur Kommunionbank fand sie, weil sie die Plätze genau kannte. Das Hochamt hielt sie nicht mehr aus, mußte nach Hause gebracht und wieder in die obere Stube gelegt werden.

Am Kirchweihmontag konnte sie sich beim Aufstehen nicht auf den Füßen halten, mußte sofort wieder niedergelegt werden. Ihre Sehkraft nahm im Laufe des Montags weiter ab, so daß sie in der Nacht auf den Dienstag im wesentlichen nur mehr hell und dunkel unterscheiden konnte.

Eintritt völliger Bettlägerigkeit

Am Dienstag, dem 22. Oktober 1918, mußte Therese früh morgens, kurz nach Mitternacht, auf den Krankenstuhl gehen. Beim Sitzen sackte sie zusammen und konnte sich nicht mehr aufrichten. Dabei erschienen ihr alle Farben vor den Augen. Sie mußte ins Bett getragen werden. Ihr wurde elend wie nie zuvor. Um zwei Uhr früh bat sie ihre Mutter, den Pfarrer zu holen. Als dieser sie mit den Sterbesakramenten versah, erblickte sie ihn nur mehr als eine weiße Gestalt – wegen seines Chorrocks. Die Stubeneinrichtung verschwamm im Nichts.

Die Familie war in einer bejammernswerten Lage. Der Vater stand beim Heer in Lüttich. Die Mutter, damals die hauptsächliche Ernährerin der Familie, war grippekrank. Ebenso lagen alle ihre Kinder, auch die auswärts im Dienst stehenden, krank im Elternhaus. Und jeden Augenblick schien es, als ob Therese sterben müsse. So beantragte der Bürgermeister die Beurlaubung des Vaters, der dann auch bald in Konnersreuth eintraf. Als er ans Bett seiner Tochter Therese trat, konnte sie ihn nicht mehr erkennen.

In der oberen Stube lagen außer Therese auch alle übrigen Grippekranken der Familie, von denen der Sohn Engelbert im Fieberdelirium laut sang. Die Mutter trug Therese, um sie leichter beobachten und versorgen zu können, auf ihren Armen in die Arbeitsstube zu ebener Erde hinunter. Dabei bekam Therese, der bei ihrer Schwäche der Kopf tief über den Arm der Mutter hinabsank, einen besonders schweren Krampf und wurde bewußtlos. Neun Tage lang vermochte sie ihre Augen überhaupt nicht mehr zu öffnen; zog man ihr die Lider auseinander, zeigte sich, daß die

Pupillen oben in den Winkeln der Nase verschwanden. Man sah fast nur das Weiß der Augäpfel.

Beim Nachlassen der Grippeepidemie besuchte Dr. Burkhardt seine frühere Patientin in Konnersreuth. Er untersuchte erneut ihren Rücken und stach ihr mit Nadeln an verschiedenen Stellen in die Beine. Sie spürte nichts. Therese erklärte Fritz Gerlich, sie habe in ihrem damaligen leidenschaftlichen Drang, wieder gesund zu werden, genau auf alles geachtet, was der Arzt ihres Vertrauens verordnete. Als Kur verschrieb Dr. Burkhardt Moorbäder. Die Eltern entliehen sich vom Nachbarn, dem Schmied, eine Zinkwanne und bereiteten ihr ein Bad im Zimmer. Therese schilderte später mit leichtem Grausen ihre Moorbäder. Ins Moorwasser, das ihr wegen des »Drecks« Widerwillen einflößte, wurde sie gehoben, indem man sie an den Schultern und Füßen faßte und hineinsenkte. Sie erlitt dabei regelmäßig einen Krampf und eine Ohnmacht. In der Badewanne wurde sie auf ein Stühlchen gesetzt und mit warmem Wasser abgespült. Immer noch ohnmächtig und mit im Krampf zuckenden Gliedern trug man sie zurück ins Bett. Als Dr. Burkhardt von diesem Leiden erfuhr, rief er: »Laßt es sein! Das arme Kind!« und brach die Kur ab.

Vom 22. Oktober 1918 an war Therese ständig ans Bett gefesselt. Sie vermochte sich aus eigener Kraft nicht einmal mehr aufzurichten oder aufrechtzuhalten. Anfänglich konnte sie sich wenigstens zeitweilig noch von einer Körperseite auf die andere legen, später verlor sie auch die Fähigkeit, sich zu drehen.

Wintersanfang 1918 traten die Krämpfe besonders heftig auf. Erst riß es die Kranke, »dann zog es sie zusammen, sie wurde ganz steif« und zwar »wie Eisen«, so daß der ganze Körper mitging, wenn man gewaltsam ein Glied anzuheben suchte. Manche Krämpfe waren auch von einem sehr heftigen Aufeinanderbeißen der Zähne begleitet, was im Lauf der Jahre zu Absprengungen an den oberen Schneidezähnen führte. Um das Aufeinanderbeißen der Zähne zu verhindern, band man ihr vom Hinterkopf her ein Tuch ums Kinn.

Die Mutter mußte ihrer bettlägerigen Tochter auch beim Wechseln des Hemdes helfen. Eines Tages bemerkte sie am Rücken ihrer inzwischen stark abgemagerten Tochter eine Veränderung. Sie griff ihr an die Lendenwirbel, da schrie Therese laut auf. Die Mutter sah schärfer hin, brach in die Worte aus: »Ja, was is denn dees!?« und rief den Vater. Gerlich berichtet: »Ich habe Vater Neumann selbst genau über seine Beobachtungen an der Wirbelsäule seiner Tochter befragt – es war an seinem Arbeitstisch im Konnersreuther Haus. Er nahm ein Stück Kreide und zeichnete mir auf einem Stück dunklen Tuchs, das er gerade zuschnitt, die Dornfortsätze der Wirbelsäule in Form einer punktierten Linie auf. In der Lendenwirbelgegend

99

rückte er zwei Dornfortsätze nach rechts aus und zwar nicht in schiefer Stellung, sondern waagrecht, so daß diese zwei Dornfortsätze in einer Parallellinie zu den übrigen der Wirbelsäule zu stehen kamen. Er erklärte dazu, seines Erachtens seien zwei Dornfortsätze – ›zwei Knöpperle‹ – verschoben.« Nach späterem ärztlichen Befund waren der zweite und dritte Wirbel der Lendenwirbelsäule aus ihrer normalen Lage verdreht.

Dr. Burkhardt untersuchte von Zeit zu Zeit ihren Rücken, obwohl er keinen eigentlichen Heilungsversuch mehr unternahm: »Was soll ich dich noch länger plagen, es hilft ja doch nichts!« Öfter sprach er, nach Theresens Erinnerung, bei solchen Untersuchungen vor sich hin: »Schade um solch eine Kraft!« Und wenn sie in ihn drang, sie ja gesund zu machen, da sie doch in die Mission wolle, habe er gemurmelt: »Die Energie!« Dr. Burkhardts Besuche hörten erst infolge seines Todes am 11. Februar 1919 auf.

Erblindung

Am 17. März 1919 kam zu den bisherigen Leiden die völlige Erblindung. Therese mußte eines Abends – unten in der Wohn- und Arbeitsstube wo sie nun schlief – auf den Krankenstuhl gesetzt werden. Die Mutter benützte diese Gelegenheit, um ihr Bett zu richten. Der Vater hielt sie, damit sie nicht herabfalle. Als er aus irgend einem Grund kurz aus dem Zimmer gehen und sie einen Augenblick sich selbst überlassen mußte, stürzte sie rücklings vom Stuhl. Sie schlug dabei mit dem Hinterkopf zunächst an den Pfosten der Küchentür, dann gegen den Steinboden der Küche. Mehrere Tage lag sie in einem Zustand fast völliger Bewußtlosigkeit. Immer wieder traten Krämpfe hinzu. Später erzählte sie Gerlich, sie habe von sich nichts gewußt und auch fast nichts von der Außenwelt wahrgenommen. Sie habe unerträgliche Kopf- und Genickschmerzen gehabt und gemeint, ihr quöllen die Augen aus den Höhlen, stärker als nach allen Unfällen. In der Schneiderstube gingen Kunden und Nachbarn aus und ein. Den Eltern war es peinlich, daß diese Leute Zeugen der Krämpfe ihrer Tochter wurden, zumal sie wiederholt äußerten, der Anblick sei so schauerlich, daß sie ihn nicht noch einmal erleben möchten. Die Eltern trugen ihre Tochter deshalb wieder ins Giebelzimmer hinauf. Als Therese zum ersten Mal die Augen öffnete, rief sie ihrer Mutter zu: »Mutter, dreh' doch das Licht auf!« Die verblüffte Mutter antwortete, es sei erst Mittag und ohnehin hell. Vor Therese Neumanns Augen aber war es Nacht. Sie war vollständig erblindet. Sie schaute starr mit großen, glasigen Pupillen.

Die Eltern waren davon überzeugt , daß die Erblindung bald

weichen werde, wie ja auch die Krämpfe und Ohnmachten immer wieder aufgehört hatten. Sie trösteten ihre Tochter: Das werde sich schon wieder geben. Man wartete von Tag zu Tag, daß ihr Augenlicht wiederkehren werde. Aber dieser Tag sollte jahrelang nicht kommen.

Blind, taub und stumm – eine menschliche Jammergestalt

Dr. Burkhardt, der eine sorgfältige Diagnose durchgeführt hatte, hinterließ zwar keine schriftlichen Belege, doch schließen die meisten Ärzte aus den von ihm gegebenen Vorschriften, daß es sich nur um eine Rückgratverrenkung handeln konnte. Diese Diagnose hatte auch in Fritz Gerlich einen eifrigen Verteidiger gefunden, der den Verlauf der Krankheit bis in kleinste Einzelheiten verfolgte: »Ich komme zu dem Ergebnis«, schloß er seine Diagnose, »daß die seinerzeitigen Untersuchungen von Burkhardt, nämlich die vom August/September 1918 und die vom November 1918 bis Januar 1919, zu einer richtigen Erkenntnis des Leidens der Therese Neumann geführt haben. Sie hatte sich beim Brand vom 10. März 1918 zwei Wirbel der Lendenwirbelsäule – aller Wahrscheinlichkeit nach den zweiten und dritten – verrenkt. Der Inhalt dieser Wirbel, die Kauda, und die austretenden Rückenmarkswurzeln waren geklemmt und führten zu Störungen der Bewegungsfähigkeit der Beine. Die Zerrung von Rückenmarkswurzeln infolge der Überbiegung ihres Rückgrats führte zu Brechreizerscheinungen im Magen. Der Sturz von der Kellerstiege Anfang April 1918 verstärkte die Störungen an der Kauda und brachte ihr Blasen-, Mastdarm- und Monatsstörungen. Das Anschlagen des Kopfes schuf außerdem einen Bluterguß in der Schädelhöhle aus dem ›Sinus cavernosus‹, und zwar an deren Grundfläche, wahrscheinlich in Verbindung mit einer leichteren Fissur (Riß) des Schädelgrundes (Schädelbasisfissur) vor dem Türkensattel. Das Blut ergoß sich vorwiegend auf der linken Seite der mittleren Schädelgruben, und zwar zwischen harter Hirnhaut und Spinnwebhaut. Spätere Stürze auf den Kopf, angefangen bei dem Ende Juli oder Anfang August 1918 stattgehabten Sturz von der Leiter, brachten Sehstörungen (Stauungspapillen), die sich nach dem Sturz vom 19. Oktober 1918 zu einer hochgradigen Sehschwäche steigerten, bis schließlich durch den Sturz vom Krankenstuhl am 17. März 1919 der erneute Bluterguß am Schädelgrund zu einer völligen Leitungsaufhebung der Sehnerven führte. Die verschiedenen Stürze brachten ferner Störungen anderer Gehirnnerven.«

Bei einer weiteren Diagnose ging es um die Unfallrente. Der seit

101

Kriegsende wieder ausübende Arzt Dr. Otto Seidl diagnostizierte kurzerhand auf Hysteria traumatica. Niemand, so konnte Dr. Seidl erwarten, würde von seiner Verlegenheitsdiagnose erfahren. Dr. Gottfried Ewald, Erlanger Professor der Psychiatrie, veröffentlichte sie 1927 ohne Seidls Zustimmung. Seither dient sie allen Gegnern Konnersreuths zum Beweis, daß Therese Neumann eine Schwindlerin, zumindest eine Hysterikerin gewesen sei.

Die Münchner Graphologin Elisabeth von Brasch, die später ein Gutachten über die Handschrift Therese Neumanns abgab, wußte nicht, von wem diese Schrift stammte: »Eine Frau, die auch ein Mann sein könnte. Sie hat ein großes Streben nach klarer Unterscheidung, sie liebt die Klarheit überhaupt, sie hat feste Grundsätze, sie ist ohne jede Phantastik. Sie zeigt sogar eine gewisse Furcht, sich Illusionen hinzugeben. Nur nichts sich vormachen, ist ihr Grundsatz. Auch hat sie eine ziemliche Gleichgültigkeit dem Urteil anderer gegenüber. Was man ihr sagt, das hebt sie weder noch verletzt es sie. Sie ist, wie sie ist, und dabei bleibt sie. Sie ist völlig unbeeinflußbar. Wenn sie in der Gegenwart leben sollte, wäre sie eine Inkarnation aus früheren Zeiten, so als würde sie gar nicht in die jetzige Zeit passen. Sie hat große Scheu vor der Berührung mit andern Menschen. Ihre Verschlossenheit ist nicht unwillkürlich, sondern absichtlich. Ihre Persönlichkeit hat trotz aller Festigkeit etwas Kindliches an sich, nicht im Sinne der Infantilität, sondern der Unberührtheit.«

Universitätsprofessor Dr. Hubert Urban, Direktor der Universitäts-Nervenklinik Innsbruck, urteilte: »In medizinischen Kreisen gilt das von Professor Dr. Ewald, Vorstand der Psychiatrisch-Neurologischen Universitätsklinik in Göttingen (früher Erlangen) über Therese Neumann im Jahr 1927 gefällte Urteil noch heute als Dogma. Es lautet: Hysterie. *Diese Diagnose ist falsch,* wie auf Grund eigener Beobachtungen in Konnersreuth festgestellt werden konnte. In ihrem ganzen Gehaben oder gar in ihren Worten ist keine Spur von Gereiztsein oder Affektiertheit, auch nicht der leiseste Anklang von Koketterie oder ›Hysterie‹.«

Die Anlehnung Ewalds an ein Gutachten, das nicht von ihm stammte, reichte über wörtlich wiederholte Spalten hinweg, bezog auch die Begründung des Antrags auf Invaliditätsrente ein: »Schwerste Hysterie mit Blindheit und teilweiser Lähmung. Die Krankheit wird als Unfallfolge begutachtet, da die Patientin nach allgemeiner Aussage früher ein vollkommen gesundes, äußerst kräftiges und arbeitsames Mädchen war, das wie ein Knecht arbeitete, aus einer nicht belasteten Familie stammt und erst seit dem Brand krank ist.«

Dr. Seidl mußte den Beweis erbringen, daß die Kranke im Sinne der Vorschriften der Unfallberufsgenossenschaft Oberpfalz unheilbar krank sei. Dann, und nur dann, stand ihr eine dauernde Invalidenrente zu. Für ihn ging es einzig darum, das älteste von zehn Kindern einer armen Kleinbauernfamilie, das von ihm für unheilbar gehalten wurde, in den Genuß einer Rente zu bringen. Daher verzichtete er, für die verschiedenen Krankheitsbilder, die es bot, eine einheitliche Gesamtursache anzunehmen, und faßte sein berühmt gewordenes Zeugnis in der angreifbaren Form ab. Er selbst legte diesem Zeugnis keinen besonderen Wert bei; es stellte für ihn eine von der Verwaltung geforderte Formalität ohne Folgen dar. Keines der wunderbaren Geschehnisse, die später Therese Neumann bekannt machten und so große Auseinandersetzungen zur Folge hatten, war bis dahin eingetreten, nichts deutete auf solche Phänomene hin. Seidl konnte sich befriedigt vom Erfolg seines Antrags überzeugen: Therese erhielt eine kleine Invalidenrente.

Auch das Urteil des italienischen Experimentalpsychologen Dr. Gemelli aus Mailand widersprach der These Ewalds: »Non hysterica«. Ein gleichlautendes Urteil stammte vom Nervenarzt Dr. Witry aus Metz und war das Ergebnis einer dreistündigen Untersuchung: »Keine Spur von Hysterie.« Die stichhaltigsten Argumente gegen Ewalds Unterstellung einer hochgradigen Hysterie lieferte Josef Teodorowicz: »Der Wille hat bei Therese Neumann die Oberhand über ihre Gefühle und Launen. Therese Neumann ist in jeder Beziehung ein starker Typ; sie ist versessen auf alles, was der Ausdruck strotziger Kraft ist, daher hatte sie auch nie weibliche Handarbeiten gerne. Doch fühlte sie sich am richtigen Platz, wenn es galt, Ochsen und Pferde einzuspannen. Ich hörte sie einmal mit freudigem Aufleuchten ihrer Augen erzählen, wie sie während eines tobenden Gewitters in der Kirche war, als der Sturm die Mauern erbeben machte und Regenschauer an den hohen Kirchenfenstern rüttelten. Das Toben der entfesselten Naturkräfte war für ihr Ohr die schönste Musik. Von Natur aus ist Therese eher zum Eigensinn als zur Nachgiebigkeit geneigt. Wenn es sich um etwas Wichtiges oder etwas Prinzipielles handelte, konnte sie sehr hartnäckig sein. Zuweilen konnte sie aufbrausen und mit ihren Geschwistern ehrlich streiten; sie war keine Leisetreterin, wußte sich vielmehr durchzusetzen. All das zwingt zu der notwendigen Schlußfolgerung, daß Theresens Eigenart und Wesen dem Typus der Hysterie geradewegs entgegengesetzt ist.«

Der französische Autor Ennemond Boniface, der ein viel beachtetes Buch über Therese Neumann geschrieben hat, beruft sich auf eine Unterredung mit Seidl, in deren Verlauf dieser bestätigte: »Ja! Hätte ich damals Therese Neumann gekannt, wie ich sie später nach vielen Untersuchungen kennenlernte, so hätte ich diese Dummheit niemals begangen. Wie hätte ich aber die Bedeutung eines Zeugnisses ahnen können, das für rein behördliche Zwecke ausgestellt worden war? Die Diagnose auf Hysterie ließ sich damals nach den obwaltenden Umständen vertreten. Unverantwortlich jedoch ist es, dieses Zeugnis auszuschlachten – nach erbrachtem Beweis, daß Therese Neumann auf keinen Fall hysterisch war.«

Bei Therese war im weiteren Verlauf ihrer Erkrankung das linke Bein empfindungslos geworden. Sprechen konnte sie nicht mehr, auch keinen Ton von sich geben. In den Ohren trat ein sonderbares Geräusch auf. Als Gerlich später fragte, deutete sie zur Erklärung in die Ferne: »Es war so, wie wenn ein Wind ginge.« Damals grübelte sie: »Was wird das sein? Das ist unheimlich. Das ist so was Dummes, so ein Sausen.« Dann setzte die Taubheit ein.

War niemand im Zimmer, und sie wollte jemanden herbeirufen, so stieß sie einen dicken Haselnußstecken so lang auf den Zimmerboden, bis man das Klopfen in der darunterliegenden Arbeits- und Wohnstube hörte.

Sie erkannte ihre Mutter an der Hand. Wenn ein Fremder sie berührte, erregte sie sich. Dann mußte die Mutter sie begütigend streicheln. Einmal fühlte sie warme Tropfen auf ihre rechte Wange fallen. Da merkte sie durch Tasten, daß die Mutter, über den Kopf ihrer Tochter gebeugt, weinte. Deren Jammer schnitt ihr doppelt scharf ins Herz.

Gerlich erlebte bei den vielen Gesprächen, die er mit Therese Neumann über ihre Leidenszeit führte, wiederholt, wie sie in der Erinnerung von steigender Erregung gepackt wurde, wie sie schluchzte: Mein Gott, wenn ich damals gewußt hätte, was ich alles auszuhalten haben würde, ich glaube nicht, daß ich die Kraft zum Weiterleben behalten hätte. Schließlich habe sie sich in ihr Schicksal als Gottes Fügung finden gelernt. Es habe sie vor allem der Wunsch geleitet, gehorsam und ohne Murren seinen Willen hinzunehmen. Mit rührender Dankbarkeit sprach sie von der Haltung ihrer Angehörigen, insbesondere ihrer Eltern. Als alle äußeren Mittel nichts fruchteten, verkehrten sie erst recht mit ihr, als ob sie nicht krank, sondern die alte, arbeitsbewährte Tochter sei. Wenn der Vater ein Stück Vieh verkaufen wollte, wenn man die Ackerbestellung in Angriff nahm und sich überlegte, was man auf dieses oder jenes Feld säen oder pflanzen sollte, besprachen sich die Eltern so gut es eben ging mit ihrer Tochter Therese. Wenn ein Fest gefeiert wurde, hielten sie sich stets in ihrem Zimmer auf. Aber auch an anderen Tagen leistete ihr fast immer jemand Gesellschaft. Die Kranke war der Liebling der Familie.

Das seit Ende Oktober 1918 ständige bewegungslose Liegen führte zu Aufliegewunden, sogenanntem Druckbrand. Solche Geschwüre traten erstmals im Februar 1919 auf und verließen die

Leidende nicht mehr. Dr. Seidl verordnete eine Salbe aus Perubalsam, Höllenstein und Vaseline. Er verschrieb ihr Weizenstärkepuder und Zinksalbe. Diese Geschwüre zeigten sich mit der Zeit an allen Druckstellen ihres Körpers. Am Rücken entlang, von den Schultern bis über das Kreuzbein hatte Therese oft gleichzeitig neben kleineren Wunden sechs bis acht offene Stellen von Taler- bis Handgröße. Diesen Wunden und der daraus quellenden Flüssigkeit entströmte ein sehr übler Geruch, der ihr und ihrer Umgebung fast den Atem nahm. Damit ihr der Wechsel des Hemds nicht gar so große Schmerzen bereite, löste die Mutter es mit warmem Wasser aus der Verklebung mit den eitrigen Wunden. Gegen Ende des Jahres 1919 traten bei Therese auch Magengeschwüre auf.

Josef Teodorowicz zeigte sich später von dieser Summe des Leidens erschüttert: »Es ist nicht möglich, alle Krankheitserscheinungen aufzuzählen, so mannigfaltig und zahlreich waren sie. Der Hauptsitz, von wo aus die Schmerzenswellen in den ganzen Organismus eindrangen, war das Rückenmark – der lebendige Herd ihrer unaufhörlichen Schmerzen. Nie endende Nacht lagerte sich um die arme Therese. Es bildeten sich Ohrengeschwüre, und Therese verlor das Gehör. Die Lähmung greift auch den Tastsinn an. Sogar das Atmen bereitet ihr Qualen; einerseits muß sie den widerwärtigen Fäulnisgeruch ihrer Wunden einatmen, andererseits leidet sie an derartiger Atembeklemmung, daß sie in den Erstickungsanfällen fast blau wird. Wenn doch wenigstens diese schreckliche Krankheit nicht hätte weiter vordringen wollen!

Aber nein! Sie blieb nicht an der Oberfläche des Körpers stehen, sie begann ihre blutige Wühlarbeit im Innern des Körpers; wie ein Raubtier fraß sie sich durch die offenen Wunden bis zu den Knochen durch.«

Therese von Lisieux

Es ist nun Zeit, von Therese Neumanns Bindung an ihre französische Namensschwester zu sprechen. Therese von Lisieux, als »Kleine heilige Theresia« bezeichnet, bürgerlich Thérèse Martin, mit Ordensnamen »Theresia vom Kinde Jesu«, wurde am 2. Januar 1873 in Alençon, Normandie, geboren. Im Alter von fünfzehn Jahren reiste sie nach Rom und erbat von Papst Leo XIII. die außerordentliche Genehmigung, so jung schon in den Karmel eintreten zu dürfen. Der Papst gab ihrem Drängen nach. Im April 1888 wurde sie von Marie de Gonzague in den Karmel von Lisieux aufgenommen. Bereits 1893 übergab man ihr die Sorge für die Novizinnen. 1895 brachte sie sich als »Ganzopfer der erbarmungsvollen Liebe des gnädigen Gottes« dar. Schon am 30. September 1897, also in ihrem 25. Lebensjahr, wurde sie heimgerufen. In ihrer letzten Krankheit hatte sie noch auf Geheiß der Oberin ihre Lebensbeschreibung, die »Geschichte einer Seele«, geschrieben, aus der ihre Gottes- und Nächstenliebe hell aufleuchtet. Eines ihrer ergreifendsten Versprechen lautet: »Nach meinem Tode werde ich Rosen auf die Erde fallen lassen.« Der linke Seitenaltar der Konnersreuther Pfarrkirche zeigt, wie sie ihrer rechten Hand Rosen entgleiten läßt. Im April 1923 gab es diesen Altar noch nicht.

Thérèse Martin, Heilige Therese von Lisieux, genannt Hl. Theresia vom Kinde Jesu, Seelenführerin und Fürsprecherin Therese Neumanns, vier Monate vor ihrem Tod im Jahre 1897.

Therese Neumanns Bindung an die Heilige von Lisieux wurde geknüpft, als ihr Vater im Ersten Weltkrieg ein Porträtbildchen der Kleinen Therese aus Frankreich mitbrachte. Auf der Rückseite stand in deutscher Sprache ein Bittgebet um ihre Seligsprechung. Die ab 1918 ans Bett gefesselte Therese Neumann fügte diese Bitte ihrem täglichen Gebet an. Das kleine Porträt der Karmeliterin Theresia vom Kinde Jesu hing in einem Rähmlein – und hängt heute noch – über ihrer Bettstatt. Sie empfand große Zuneigung zu dieser kindlichen Seele, die auf die gleiche Namenspatronin wie sie selbst, die Große Theresia von Avila, getauft war. Ohne daß Therese Neumann darum gebeten hatte, wurde ihr Vertrauen belohnt.

Heilung von der Blindheit

Zur Blindheit und allen übrigen Krankheiten waren, wie berichtet, Magengeschwüre gekommen, widerwärtige und gefährliche Leiden. Diese Geschwülste wuchsen beängstigend an, so daß Herz und Lunge schwer bedrängt wurden. Am 25. April 1923 hatte Therese – nach dem Bericht ihrer Eltern – tobende Leibschmerzen, Brech- und Würgreiz bis zu Atemnot und Erstickungsanfällen. In ihrer Angst erinnerten sich die Eltern, daß im Schubfach der Kommode eine Reliquie der Kleinen Therese lag, ein in einer Kapsel eingeschlossenes Haupthaar, das vom Karmeliterpater Seraphim aus dem Kloster Reisach am Inn mitgebracht worden war. Diese Reliquie nähte der Vater rasch in ein Säckchen und hängte sie seiner Tochter um. Ihr Zustand verschlimmerte sich gleichwohl immer mehr. Als man meinte, jetzt werde sie sterben, stöhnte sie plötzlich auf, griff nach einem dargereichten Kübel und erbrach eine beträchtliche Menge braunen Mageninhalts. Der Auswurf sah aus, wie wenn Blut und Eiter gemischt wären, und hatte einen stark stinkenden Verwesungsgeruch.

Weil es Mißverständnisse über die Reliquienverehrung gibt, mag hier an einen Ausspruch des Kirchenlehrers Hieronymus erinnert werden: »Wir verehren die Reliquien der Märtyrer, um den anzubeten, dem die Märtyrer zu eigen gehören.« Sie sind »Semen Christianorum« (Samen der Christen) und in jeden Altarstein eingeschlossen, auf dem das heilige Opfer dargebracht wird.

Andenken an verehrte Mitmenschen, seien es Bilder, ein Stück Kleid, eine Haarlocke, sind »Reliquien«, wertvolle Überreste, Hinterlassenschaften (von relinquere – zurücklassen). August Julius Langbehn drückt es in seinem Buch »Der Geist des Ganzen« so aus: »Reliquienverehrung vertritt eine der größten Wahrheiten, die Wahrheit nämlich, daß das Innere und Äußere der Welt eine eng verbundene Einheit bilden, daß also der Geist, der heilig ist, heiligend bis in die letzte Faser des Leibes hineinwirkt.«

Am 28. April besuchte Dr. Seidl seine Patientin in Konnersreuth. Er strahlte und lachte: Er wisse jetzt ein besonderes Augen-Heilmittel. Das Rezept, das er hinterließ, konnte an diesem Tag wegen dringender Arbeiten im Haus noch nicht nach Waldsassen zur Apotheke gebracht werden.

Therese Neumann erbrach neuerdings und vermehrt Blut. Bei früherem derartigen Magenbluten als Folge des Aufbrechens von Geschwüren hatte eine Teemischung des Naturheilkundigen Heinzl in Neustadt an der Waldnaab gutgetan. Der Vater machte sich daher am Sonntag, dem 29. April, dorthin auf den Weg. Als er sich um sechs Uhr von seiner Tochter, die wach im Bett lag, verabschiedete, konnte sie ihn wegen ihrer Blindheit nicht sehen. Sie schlief, nachdem er fortgegangen war, gleich wieder ein.

Da kam es ihr im Schlaf so vor, als ob an ihrem Kopfkissen etwas gemacht würde – »wie wenn ebbes kratzt«. Sie wachte von diesem leichten Kratzgeräusch auf – es war etwa eine halbe Stunde nach sechs Uhr morgens – und sah ihre Hände, sah ihre weiße Nachtjacke, sah das Oberbett mit seiner kleinblumigen Musterung. Sah! Sah! Ungläubig blickte sie im Zimmer herum. Dann klopfte sie mit ihrem Stock auf den Fußboden. Sie wollte ihre Mutter rufen. Theresens Schwester Kreszentia trat in die Stube. Therese erkannte sie nicht; in den mehr als vier Jahren, seitdem sie nicht mehr hatte sehen können, war ihre Schwester stark gewachsen. Kreszentia fragte Therese, ob sie nichts brauche. »Ja, d'Muatta soll auffa, aber glei!«, antwortete sie. Die Schwester rief die Mutter. Diese wurde von Therese mit dem Ruf empfangen: »Muatta, i hab was! Muatta, i kann's goa niat sagn!« Die Mutter meinte im ersten Augenblick, ihre Tochter habe wieder einmal »unter sich lassen« müssen, und schäme sich, es auszusprechen. Daher fragte sie ruhig: »Resl, was hast' denn?« Worauf diese – ein wenig verschmitzt – antwortete: »Muatta, i sehg fei!«

Diese Heilung nach über vierjähriger Blindheit ist schlechthin unerklärlich. Das Datum hatte übrigens Bedeutung für Therese und für das Geschehen: Der 29. April 1923 war der Tag, an dem die Kleine Therese vom Kinde Jesu, Karmeliterin des Klosters Lisieux, in Rom seliggesprochen wurde.

Die Mutter konnte das Neue nicht fassen. Sie rief ihrer Tochter Kreszentia zu, sie solle zum Kounlenzen hinauslaufen und eine Schwester, am besten Ottilie, hereinholen. Sie solle aber zu Martin Neumann gar nichts sagen, damit es kein Gerede gebe, wenn es doch nicht wahr sein sollte. Während Kreszentia forteilte, nahm die Mutter mit zitternden Händen einen weißblühenden Blumenstock, der am Fensterbrett stand, und hielt ihn ihrer Tochter unter die Augen. Diese griff nach den Blumen. Dann holte die Mutter einen anderen Stock mit roten Blüten und zeigte ihn ihrer Tochter. Therese griff nach den roten Blüten und meinte, beide Stöcke würden schön in die Kirche passen. Jetzt weckte die Mutter ihr jüngstes Kind, »den klein Hansl«, der im Zimmer schlief. »Hansl! Denk da, d' Resl sieht!« Hansl sprang im Hemd aus dem Bett, holte vom Fenster ein Gottesaugenstöckl und hielt es Therese hin. Diese konnte selbst in diesem Augenblick ihre Anlage zu Heiterkeit und Scherz nicht verleugnen, denn sie sagte, indem sie auf sein weißes Hemd anspielte: »Ja, Hans, kommst aus da Kirchn? Bist eppa Ministrant?« Inzwischen traf Ottilie vom Kounlenzen ein. Therese, die den Auftrag der Mutter vernommen hatte, fragte die Eintretende: »Ottil, bist du's? Mei' bist du grouß wordn die Zeit her!« Dann weinten die Schwestern zusammen vor Freude.

Die Mutter schickte ihre Tochter Ottilie nach Waldsassen zur Taufpatin, Frau Forster, um ihr zu berichten, daß Therese sehe. Dabei solle sie auch gleich die verordnete Augenarznei machen lassen. Die Arznei, die sie mitbrachte, war Scopolamin 0,01/10,0.

In Konnersreuth sprach sich das Ereignis schnell herum. Am Nachmittag bekam Therese Besuch von zahlreichen Freundinnen, die ihre Rührung und Freude teilten. Als abends der Vater zurückkehrte, erkannte ihn die Tochter sogleich, schwieg aber darüber, daß er so grau geworden war.

Am anderen Morgen setzte sich die Mutter zu ihrer Tochter ans

Bett und las in der Zeitschrift »Rosenhain«, die der Verehrung der Karmeliterin Theresia vom Kinde Jesu gewidmet war. Therese Neumann schaute in das Heft hinein und las leise murmelnd mit. Ihre Mutter war überrascht; sie empfand es als zu neu, daß ihre Tochter wieder lesen konnte. Von jetzt an las Therese auch den kleinen Druck des Diözesan-Gebetbuchs ohne Anstrengung.

Am 30. April 1923 kam Dr. Seidl, der schon von ihrer Heilung gehört hatte. Auf seinen Gruß: »Wie geht's?« antwortete sie überglücklich: »Ich kann sehen.« Dr. Seidl führte ihre erstaunliche Heilung auf die von ihm verschriebene Arznei zurück. Als er hörte, daß die Arznei erst nach der Heilung angefertigt worden sei – die Waldsassener Apotheke hatte als Datum den 29. April 1923 vermerkt –, setzte er sich und war erst einmal sprachlos. Dann fragte er Therese, wie sie nach ihrer Meinung die Sehfähigkeit wiedererlangt habe. Die Mutter antwortete an ihrer Tochter Statt: Gestern sei die Kleine Therese vom Kinde Jesu selig gesprochen worden; diese – davon sei die Geheilte überzeugt – habe ihr geholfen.

Fritz Gerlich schreibt gewissenhaft mit, was ihm die Geheilte erzählt, gibt also einen Bericht aus erster Hand: »Es war früh sechs Uhr. Der Vater trat an mein Bett: ›Resl, ich fahr jetzt.‹ Ich war wach, aber ich konnte meinen Vater nicht sehen. Er ging in der Richtung nach Mitterteich zur Bahn. Seitdem mochte eine halbe Stunde vergangen sein. Plötzlich öffnete ich die Augen. Ich sah meine Hände, die weiße Nachtjacke. ›Träume ich?‹ Ich rieb mir die Augen und blickte um mich. Ich sah wieder einmal meine Heiligenbilder an der Wand und blickte sie an wie liebe alte Bekannte nach langer Trennung. Nun trat eine weibliche Person in die Stube. ›Wer bist du?‹ fragte ich sie verwundert. Sie gab auf meine Frage eine erstaunte Antwort. Da erkannte ich sie an der Stimme. Es war meine Schwester Zenzl.«

»Wir haben um so weniger Ursache, daran zu zweifeln«, schrieb der bestürzte Aretin, »daß die intensive Beschäftigung mit dem Leben der späteren heiligen Therese von Lisieux zur hilf- und gnadenreichen Brücke in ein höheres Leben wurde, als feststeht, daß deren Feiertage zu Marksteinen im Leben der ihr innigst seelisch verbundenen Therese Neumann wurden.«

Heilung der Lähmung

Unverändert blieb Therese Neumanns Unfähigkeit zu sitzen, zu stehen oder zu gehen. Auch hielten die Krampf- und Ohnmachtserscheinungen an; ebenso blieben die Schmerzen im Kreuz mit ihren Ausstrahlungen in den Leib, die Störungen der Blase und des Darms, die Aufliegegeschwüre. In Therese Neumanns Pflege teilte sich die Mutter mit ihrer Tochter »Zenzl«, die als verschwiegen geschildert wird. Ein ekelerregender Eiter lief aus den Ohren der Gelähmten. Dr. Seidl stand von seinem Vorhaben, das rechte Ohr aufzumeißeln, schließlich doch ab, weil Therese für diesen Eingriff zu schwach war. Er verschrieb ihr unter anderem Kampfer. Da sie einen empfindlichen Geruchssinn hatte, konnte sie sich den Geruch einzelner Arzneien genau merken.

Im September 1924 bemerkte Therese starke Muskelzusammenziehungen an sich. Das linke Bein, das bisher gestreckt lag, war im Knie abgebogen und so in der Hüfte gedreht, daß der linke Fuß unter dem rechten Oberschenkel durchgezogen wurde. Der linke Fuß stand so weit seitlich ab, daß er immer eigens zugedeckt werden mußte. Das rechte Bein war gestreckt. Es lag also auf dem linken Bein. Eine solche Verzerrung des Fußes gilt heute als klassischer Beweis, daß das Rückgrat krank, das Rückenmark schwer geschädigt war. Der linke Fuß eiterte über ein halbes Jahr und besaß schließlich vom Knöchel bis zur Zehe keine Haut mehr. Der Knöchel selbst lag blank. Dr. Seidl befürchtete im April 1925 allen Ernstes, den Fuß abnehmen zu müssen und versuchte alles in seinen Kräften Stehende, um diese Entwicklung aufzuhalten. Die Familie war in tiefer Sorge. Die Eltern, zumal die Mutter, zeigten sich untröstlich über die Gefahr einer immer dringlicher werdenden Abnahme des Fußes. Therese schnitt der Jammer der Mutter noch mehr ins Herz als das eigene Unglück. Deshalb meinte sie, es werde wohl nicht gegen den Willen Gottes sein, wenn sie um eine Linderung wenigstens dieses Übels bitte. Sie täte es ja nicht für sich allein, sondern mehr um der Mutter willen. Sie betete deshalb zwar nicht gerade um völlige Heilung, aber wenigstens um eine Milderung, die den Kummer ihrer Mutter lindern könnte.

Daß Therese ihr Leiden inzwischen angenommen hatte, verdeutlicht ein Brief, den sie am 21. November 1923 an eine ehemalige Schulkameradin schrieb, die nun Missionsbenediktinerin in Tutzing war: »Ich möchte Dich fast beneiden. Aber nein, ich will doch auch in meinem Bett zufrieden sein; denn so ist es ja der Wille Gottes. Wollte er mich im Kloster haben, so hätte er mich sicherlich nicht krank werden lassen. Was der Herr tut, ist immer das beste.«

So war der 1. Mai 1925 gekommen. Zenzl hatte ihrer Schwester an diesem Abend einen frischen Verband um den Fuß gelegt. Am folgenden Abend schob sie ihr zwischen den Verband und die Wunden zwei oder drei Blätter von Rosen, die auf dem Grab der am 29. April 1923 seliggesprochenen Therese von Lisieux geblüht hatten, mit ihren Gebeinen berührt und geweiht worden waren. Vom schon erwähnten Pater Seraphim des Karmeliterklosters Reisach am Inn waren diese Blätter geschickt worden. Therese

Neumann verspürte zunächst keine Veränderung. Nach ein paar Minuten fühlte sie an der kranken Stelle ein lebhaftes Jucken. Der Schmerz war verschwunden. Als am nächsten Morgen, am 3. Mai 1925, der Verband untersucht wurde, zeigte sich, daß Blut und Eiter ihn durchdrungen und am Bettuch festgeklebt hatten. Als der Verband abgenommen war, fand man die Wunden von einer neuen feinen Haut überzogen. Die Rosenblätter waren in das Blut und den Eiter des Verbandes miteingeklebt. Auch in diesem Fall mußte Dr. Seidl, der kaum seinen Augen traute, eine ebenso vollständige wie unerklärliche Heilung feststellen.

Seit sechseinhalb Jahren – genau seit Oktober 1918 – war Therese gelähmt und ans Bett gefesselt. Mehrere Ärzte hatten nacheinander die Behandlung aufgegeben und das Übel als unheilbar bezeichnet. Therese hatte inzwischen ihr Augenlicht wieder erlangt, das war viel. Ihre Druckbrandwunde, die um ein Haar die Amputation des Fußes notwendig gemacht hätte, war geheilt. Aber der linke Fuß lag immer noch unbeweglich unter dem rechten Oberschenkel; die Gelenkversteifung machte jede Bewegung des Beins unmöglich; Therese war zu völliger Unbeweglichkeit verurteilt. Auch ihre Arme versagten den Dienst. Grausame Kopfschmerzen marterten sie. Die Ärzte begruben jede Hoffnung auf Genesung.

Heilung der Rückgratverrenkung

Als erster und am ergreifendsten berichtet wiederum Gerlich. Der heiße Hauch des unerhörten Geschehens weht uns an.

Am 17. Mai 1925 nachmittags – es war ein Sonntag, aus der Kirche drangen die Gesänge der Maiandacht herüber – saßen Therese Neumanns Eltern in der Wohn- und Arbeitsstube. Sie hatten die Tür zum Stiegenhaus offen gelassen, um besser hören zu können, wenn ihre Tochter – deren Zimmertür gleichfalls offen stand – nach ihnen rief. Therese lag allein in ihrem Zimmer im ersten Stock und betete für sich den Rosenkranz. Jetzt kam es zu einem Erlebnis, das Therese folgendermaßen schildert: Als sie beim zweiten Gesätzlein des glorreichen Rosenkranzes »Der in den Himmel aufgefahren ist« angekommen war, mußte sie an den folgenden Donnerstag denken, an das Fest Christi Himmelfahrt: »Wie wird's dene gwest sein, als der Heiland auf einmal fort war! Sie hätten ihn doch noch recht notwendig brauchen können.« Da erschien plötzlich vor ihren Augen über dem Bett ein weißes Licht. Sie erschrak heftig, wurde von unsichtbarer Hand hochgezogen und stieß einen doppelten Schrei aus: »Auh! Auh!«

Die Eltern hörten es bis ins untere Zimmer. Sie eilten – der Vater voran – sofort ins Giebelzimmer hinauf und fanden ihre Tochter, wie sie unverwandt auf etwas vor sich hinstarrte. Der Vater schrie in seiner Bestürzung auf die Tochter ein und hielt ihr etwas zum Trinken vor, weil er an einen Krampf dachte. Sie sprach auf beides nicht an und erklärte später, sie hätte nichts davon bemerkt. Sie bekam dagegen im Gesicht (schreibt Gerlich wörtlich) eine andere Farbe als die weiße Zimmerfarbe, die sie bisher gezeigt hatte. Sie wurde rötlich und frisch.

Inzwischen kam Schwester Regintrudis, eine Mallersdorferin, die als Krankenschwester in Arzberg tätig war und Therese Neumann öfters besuchte, ins Zimmer. Es war gegen halb drei Uhr nachmittags.

Pfarrer Witt veröffentlicht später die schriftlichen Aufzeichnungen dieser Schwester, denen Gerlich die wichtigsten Abschnitte entnimmt: Am Bett standen Vater und Mutter. Auf ihren Gruß erhielten sie von Therese keine Antwort; sie blickte mit lebhaft geöffneten Augen unverwandt vorwärts nach oben rechts, also mehr gegen die Wand und nicht ins Zimmer hinein, wo die Anwesenden standen. Ihr Gesicht war so »freundlich und lieb«, wie die Angehörigen es früher noch nie gesehen hatten. Der Ausdruck »strahlende Freude« besagt zu wenig. Wiederholte Fragen an sie blieben ohne Antwort.

Schwester Regintrudis fühlte ihr den Puls. Er war wie sonst normal. Auch die Atemzüge gingen ruhig und regelmäßig. Aufregung, Schreck und Angst waren ihr nicht anzumerken. Die Anwesenden hatten den Eindruck, Therese sei in einer sehr lebhaften Unterhaltung mit jemand Unsichtbarem begriffen. Sie bewegte die Lippen wie beim Sprechen, nickte auch manchmal bejahend mit dem Kopf oder schüttelte ihn wie verneinend. Mit den Händen machte sie leichte Bewegungen, wie es zu geschehen pflegt, wenn man mit jemandem spricht oder ihm etwas erklärt. Ihr Mienenspiel war reich, meist zeigte es »einen lieblichen Ausdruck hoher Freude«, dann wieder tiefen Ernst. Worte waren nicht zu verstehen. Man habe nicht das Gefühl der inneren Betrachtung, auch nicht des Selbstgesprächs oder des Gebets, sondern das einer direkten Zwiesprache gehabt. Therese Neumann »benahm sich wie zu einer Person, die ihr sichtbar gegenüberstehe« und ihr mehr gelte als »wir und die ganze Welt«. – Kurz nachdem die Krankenschwester hinzugekommen war, schrie Therese Neumann: »Herr Pfarrer!« Die Mutter fragte: »Willst du ihn?«, erhielt aber keine Antwort mehr. Die Eltern schickten darauf ihre Tochter Anna zu Pfarrer Naber.

Die Mallersdorfer Krankenschwester gab an, die Zeugen hätten gewaltig gestaunt, als Therese sich mit einem Mal ohne fremde Hilfe im Bett aufsetzte. »Doch machte sie dabei ein recht schmerzliches Gesicht. Sie griff auch unwillkürlich mit beiden Händen nach der kranken Stelle im Rücken.« Sie entblößte die Zähne und stöhnte. Die verblüffte Mutter hob das Oberbett am Fußende ein wenig auf und sah den zweiten Fuß am Ende der Bettstatt liegen. Der linke Fuß, der bisher unter dem rechten Oberschenkel hindurchgezogen war, lag ausgestreckt und befand sich in seiner natürlichen Lage.

Inzwischen war dem von der Nachmittagsandacht in den Pfarrhof zurückgekehrten Pfarrer die Botschaft ausgerichtet worden. Er dachte, die kleine Therese – an diesem Tag wurde sie in Rom heiliggesprochen – hole ihren Schützling vielleicht, und nahm deshalb das Krankenöl und die Stola mit. Als er ins Zimmer kam, wollte er den ihm entgegentretenden Vater trösten. Wie er aber Therese Neumann sah, erklärte er: »Zum Sterben ist die Therese nicht, die lassen wir ruhig liegen.«

Pfarrer Naber schilderte in der »Grenzzeitung« vom 15. April 1926, er habe sie gefunden, die Augen unverwandt auf etwas vor ihr gerichtet, die Hände danach ausgestreckt, das Antlitz freudig strahlend. Sie nickte mit dem Kopf und schüttelte ihn, als ob sie mit jemand spreche. Plötzlich setzte sie sich auf, was sie fast sieben Jahre lang nicht mehr gekonnt hatte, aber offenbar unter starken Schmerzen an der verletzten Stelle im Rückgrat. Bei der zweiten Wiederaufrichtung fühlte Therese – so erzählte sie später – abermals einen Ruck an der schmerzenden Stelle der Wirbelsäule. Auf einmal brach sie in Tränen aus. Von den Anwesenden nahm sie keine Notiz. Unter ihrem Weinen dachte sie offenbar an die Mutter und ergriff den Stock, mit dem sie auf den Zimmerboden zu stoßen pflegte. In diesem Augenblick sprach der Pfarrer sie an: »Resl, wo bist du denn gewesen?« Sie sah im Zimmer den Pfarrer, die Eltern, die Mallersdorfer Klosterschwester und ihre Schwester Anna um das Bett herumstehen, die alle, mit Ausnahme des Pfarrers, weinten. Aber statt einer Antwort erklärte Therese plötzlich mit verblüffender Sicherheit: »Was habt ihr? Ich kann jetzt sitzen und auch gehen.« Der Mutter schien das nach den vorausgegangenen Jahren unmöglich, vor allem wegen des im Gelenk versteiften und verkrümmten linken Fußes. Also schaute sie erneut nach. Der linke Fuß lag aber, wie sie bereits beim ersten Nachsehen bemerkt hatte, wieder gerade neben dem rechten, wovon sich jetzt auch die anderen Anwesenden überzeugten.

Der Mallersdorfer Schwester schien die Behauptung Therese Neumanns unfaßbar. Darum wollte sie einen kleinen Versuch machen und sagte zu ihr: »Resl, rück doch einmal höher hinauf.« Diese stützte sich mit beiden Händen auf das Bett und rückte mit Leichtigkeit nach oben. Der Pfarrer meinte darauf, man könne es ja mit dem Aufstehen versuchen, zumal Therese energisch rief: »Ach! Bringt's mir eine Montur!« (ein Kleid). Die Mutter ging hinaus, um ein passendes Kleid für ihre Tochter zu suchen; als Folge der ärztlichen Aussagen waren die Eltern überzeugt gewesen, daß Therese ihre eigenen Kleider nie wieder brauchen würde, und hatten sie an Bedürftige verschenkt.

Während der Vater noch dachte: »Aufstehen, das gibt's doch nicht; sie rutscht heraus und kugelt uns zusammen«, hörten die Anwesenden Therese plötzlich fest sprechen: »Probieren mir's halt in Gotts Namen!«, sahen sie zu ihrer grenzenlosen Überraschung sofort aus dem Bett aufstehen und sich auf beide Füße stellen.

Die aufgeregten Eltern waren zu keiner Bewegung fähig. Pfarrer Naber, der am ruhigsten geblieben war, rief in seiner Sorge, sie könnte fallen, den Anwesenden zu: »Helft's ihr doch!« und griff ihr zusammen mit der Klosterschwester unter die Arme. Auf seinen Ruf trat der Vater herzu und faßte sie unter den Armen, während der Pfarrer zurücktrat. Darauf ging Therese, von ihm und der Krankenschwester geführt, durch das halbe Zimmer und wieder zurück. Da erklärte Pfarrer Naber: »Resl, jetzt langt's!« Therese wurde wieder auf ihr Bett gesetzt. Der Vater erklärte, man hätte sie nicht stark halten, sondern nur etwas führen müssen, dann hätte sie gehen können. Da man sie noch für zu schwach hielt, um länger aufzubleiben, bat der Pfarrer sie, sich wieder niederzulegen. Dann wiederholte er seine Frage, wo sie denn vorher gewesen sei; sie müsse es ihm erzählen. Sie erklärte sich dazu bereit, aber nur ihm allein.

Als die andern hinausgegangen waren, fing sie an: Aus dem wunderbar hellen Licht habe eine überaus freundliche Stimme gefragt: »Resl, möchtest du nicht gesund werden?« Sie habe geantwortet: »Mir ist alles recht: leben und sterben, gesund sein und krank sein, was der liebe Gott will, der versteht's am besten.« Die Stimme fragte erneut: »Hättest du eine Freude, wenn du heute aufstehen und gehen und dir wieder selbst helfen könntest?« Sie antwortete: »Ich habe an allem eine Freude, was vom lieben Gott kommt. Mich freuen alle Blümlein, die Vögel oder auch wieder ein neues Leiden. Am meisten freut mich der liebe Heiland.« Die Stimme erklärte darauf: »Du darfst heute eine kleine Freude erleben. Du kannst dich aufsetzen, probier's einmal, ich helfe dir.« Bei diesen Worten wurde sie an der rechten Hand emporgezogen, sie »hat aufgemüßt«, wie sie berichtete. »Es hat mich was Kaltes gepackt.« Sie spürte einen furchtbar schmerzhaften Riß und Ruck an der bisher schmerzenden Stelle der Lendenwirbelsäule, stechend wie nie zuvor, wie wenn etwas nach links rückwärts herausgerissen werde, währenddem, ihr unsichtbar, sie jemand bei der Hand nahm. Es sei ihr gewesen, »wie wenn zwei Knochen übereinandergerieben würden. Das tut doch weh!« Es war, als wenn sie »nach links zur Wand vüregedreht« würde und »so ähnlich, als wenn was zurückgedreht wird und einschnappt, was ausgedreht war«. (In diesem Augenblick hatte Therese vor Schmerz die Zähne entblößt und aufgestöhnt.) Es habe sich die Stimme dann erneut an sie gewendet: »Aber leiden darfst du schon noch viel und lange, und kein Arzt kann dir helfen. Durch Leiden kannst du deine Opfergesinnung und deinen Opferberuf am besten zeigen und dadurch die Priester unterstützen. Durch Leiden werden weit mehr Seelen gerettet als durch die glänzendsten Predigten. Ich habe es früher schon geschrieben« – wer das »ich« sei, sagte die Stimme nicht, sondern fügte nur hinzu: »Du kannst auch gehen.«

Das Licht verschwand auf einmal. Therese merkte, daß sie in ihrem Zimmer im Bett saß. Da weinte sie aus Trauer darüber, daß das herrliche Licht verschwunden, daß es wieder trübe war!

Die Zeugen der Heilung warteten während dieser Unterredung draußen vor der Türe des Zimmers. Als der Pfarrer sie nach einiger Zeit hereinrief, erklärte ihnen Therese, der Rücken tue ihr nicht mehr weh, sie sollten doch einmal nachschauen. Die Krankenschwester sah nach. Als sie den Rücken aufgedeckt hatte, rief sie, wie aus allen Wolken gefallen: »Jesus, Maria und Joseph! Der Rücken ist auch geheilt!« – »Ja, das spür ich schon«, antwortete Therese Neumann. Kurz zuvor waren aber die Wunden noch dagewesen. Das frische Hemd, das die Mutter ihr unter Mithilfe ihrer Tochter Kreszentia am Tag vorher angelegt hatte, war von Blut und Eiter getränkt.

Die Worte: »Ich habe es früher schon geschrieben« veranlaßten Pfarrer Naber und den damaligen Benefiziaten (seit 8. März 1924 Alois Weber), dem er von den Ereignissen erzählt hatte, im Schrifttum nachzusuchen. Sie vermuteten sofort Therese von Lisieuix als Autorin, weil sie an diesem Tag, dem 17. Mai 1925 im Petersdom zu Rom durch Papst Pius XI. heiliggesprochen worden war. Allerdings lag das Buch im Konnersreuther Pfarrhof nicht vor, es mußte in Waldsassen beschafft werden. So stießen sie auf den Satz, daß »durch Leiden weit mehr Seelen gerettet werden als durch die glänzendsten Predigten« in der »Geschichte einer Seele« und zwar im 6. Brief an die Missionäre.

Was für eine Wandlung! Sie, die sieben Jahre lang ans Bett gefesselt war, ist frei! Gesprengt sind ihre blutigen Ketten. Die furchtbaren Krämpfe, die, entsetzlichen Furien gleich, ihr armes Opfer verfolgten, haben sich gelöst. Sie, die vor Schmerzen wimmerte, ist jetzt gegen das Weh gefeit! Alle halten es für unmöglich, daß Therese wirklich aufstehen kann. Doch sie steht auf.

Der unverzüglich herbeigerufene Dr. Seidl erklärte, selbst wenn man von der augenblicklichen Heilung der Eiterwunden im Rücken und der Gelenkversteifung des linken hochgeklemmten Beines absehen würde – die Tatsache, daß Therese ohne jeden Übergang nach einer sieben Jahre anhaltenden unbeweglichen Rückenlage wieder aufstehen könne, sei vollständig unglaubhaft; kein Arzt könne dafür eine plausible Erklärung geben.

Der ehemaligen Schulkameradin Babette Feigl in Amberg schilderte Therese am 30. Mai 1925 den unerklärlichen Vorgang ihrer Heilung. Dieser Brief, dem der Zauber des persönlichen Bekenntnisses innewohnt, wurde erst in den achtziger Jahren wiederaufgefunden: »Liebe Freundin, am Tag der Heiligsprechung war ich unter der Maiandacht ganz allein in meinem Zimmer. Da betete ich den Rosenkranz, war schon über den 2. Gesetzlein: der in den Himmel aufgefahren ist, über den 4. oder 5. Ave. Auf einmal wurde es arg hell vor mir, welches mich gar nicht blendete wie das elektrische, sondern meinen Augen sehr wohl tat. Im ersten Moment erschrack ich so heftig, daß ich zwei Schreie tat, so stark, daß es meine Lieben bis unten hörten (...)«. Und sie berichtet ihrer Schulfreundin Worte der Kleinen Therese, die ihr besonders im Gedächtnis haften geblieben sind, etwa diese: »Weil du ergeben bist, dies freut den Lieben Heiland besonders. Ich bin dir immer beigestanden und werde dir auch weiter helfen.«

Es ist mit Recht gefragt worden, warum die Kleine Therese ihre Konnersreuther Namensschwester auf deutsch anredete. Therese Neumann hörte Thérèse Martin deutsch reden, wie sie nur Petrus, pfingstlich übersetzt, predigen hörte. Ins Schriftdeutsche wohlgemerkt! Auch den Wortlaut der Stimme gab sie schriftdeutsch wieder, während sie sonst oberpfälzisch redete. Zweierlei Deutungen sind möglich. Therese Neumann war noch nicht auf der Höhe ihrer geschichtlichen Schauungen, die sie dereinst in fremde Zeiten und Sprachen versetzen sollten. Andererseits war sie auch keine Zeugin eines großen weltgeschichtlichen Ablaufs, nein, sie wurde unmittelbar und persönlich angesprochen. Es kann indessen vorausgeschickt werden, daß Therese Neumann die Klosterschwester von Lisieux später sehr wohl in der ihr nicht verständlichen französischen Sprache reden hörte. Nämlich dann, wenn die Heilige in ihrer eigenen Welt und Umgebung betete und sprach.

Wiedererlangung der Gehfähigkeit ohne fremde Hilfe

Obwohl Therese offensichtlich geheilt war, verlangten die Eltern, daß ihre Tochter sich noch Schonung auferlege. Sie hätte aber zu gern die Kirche besucht. Erst am Fronleichnamstag, dem 11. Juni 1925, ließ die Mutter sich von ihren Bitten erweichen. Therese kleidete sich in ein schlichtes schwarzes Gewand und verließ mit vor

Freude klopfendem Herzen – an der einen Seite auf den Arm des
Vaters, an der anderen auf einen Stock gestützt – nach dem Mittag-
essen das Elternhaus. Es war erstmals wieder seit den traurigen
Kirchweihtagen des Jahres 1918. Als die Rekonvaleszentin den
Heimweg von der Kirche antrat, standen rechts und links der kurzen
Strecke in scheuer Entfernung dicht gedrängte Menschen. Daheim
angelangt, fühlte sie, daß ihr erster Ausgang sie doch recht angestrengt hatte. An der Fronleichnamsprozession selbst konnte sie
noch nicht teilnehmen. Aber »wenigstens haben meine Lieben die
Arbeit nicht mehr so mit mir«, schrieb sie an eine ehemalige Schulfreundin, Klosterfrau in Oberschönau. »Ja, jetzt in der Heuernte
spüle ich immer ab und räume unten auch die Stube auf. Weißt, so
kleine Arbeiten kann ich schon machen. Dann geh ich spazieren in
Gottes schöner Natur. Ach, mir kommt alles so neu vor.«

In dieser Zeit versuchte Dr. Seidl eine Magenkur mit ihr, um eine
regelrechte Nahrungsaufnahme zu erzielen und ihren Körper zu
kräftigen. Doch ohne Erfolg. Sie konnte keine festen Speisen bei
sich behalten; sogar die Aufnahme breiiger Nahrung wurde immer
geringer.

So lag sie am 30. September, dem Sterbetag der heiligen Theresia
vom Kinde Jesu, nachts um halb ein Uhr noch wach im Bett und las
beim Schein der elektrischen Lampe die Litanei zu Ehren dieser
Heiligen. Da stand auf einmal das gleiche Licht wie bei der Heilung
von der Rückgratsverrenkung vor ihr, und es sprach die gleiche
Stimme zu ihr: »Resl, du darfst jetzt ohne fremde Hilfe gehen. Das
Leiden, das in die Augen fällt, darf abnehmen. Dafür aber wird
Schwereres kommen. Muntere die Leute zum Gottvertrauen auf!«
– »Aber«, erwiderte Therese, »ich weiß ja selbst nicht, ob ich auf
dem rechten Wege bin, ob ich nicht alles falsch mache.« Darauf die
Stimme: »Folge in blindem Gehorsam deinem Beichtvater und
vertraue ihm alles an! Du sollst dem eigenen Ich immer mehr abster-
ben! Bleibe immer so kindlich einfältig.«

Dann schwieg die Stimme und das Licht erlosch. Therese sah
wieder ihr gewohntes Zimmer. Nur das Gebetbuch, das sie in der
Hand gehalten hatte, lag am Boden. Sobald sie den Sinn der Mitteilung begriffen hatte, stand sie auf und – siehe da – sie konnte ohne
fremde Stütze gehen. In ihrer Freude wanderte sie gut eine Viertelstunde frei im Zimmer herum. Dann legte sie sich ins Bett, konnte
aber keinen Schlaf mehr finden. Als vom Kirchturm frühmorgens
der Englische Gruß erschallte, stand sie auf und ging ins Zimmer der
Eltern hinunter. Die Mutter fragte erstaunt, ob sie keine Hilfe brauche. Sie antwortete knapp, sie gehe jetzt in die Kirche, sie brauche
niemanden. Dabei standen ihr Freudentränen in den Augen. Wie sie
in die frische Morgenluft hinaustrat und ganz langsam vor sich

hinschritt, fröstelte sie ein wenig. Sie konnte allein, ohne Hilfe und Stock, in die Kirche gehen.

Das war nun schon eine erhebliche Besserung. Bald aber setzte ein schweres neues Leiden ein.

Heilung der Blinddarmentzündung

Am 7. November 1925 morgens erwachte Therese sehr spät und behielt, um noch rechtzeitig in die Kirche zu kommen, die naßgeschwitzte Leibwäsche an. Es war ein eiskalter Tag, so daß sie sich in der Kirche eine schwere Erkältung zuzog. Nachts traten Leibschmerzen auf, die sich so steigerten, daß sie wie betäubt lag und vor Erschöpfung drei Tage lang kaum die Augen öffnen konnte. Als sie immer elender wurde, riefen die Eltern endlich Dr. Seidl. Der Arzt kam am 13. November 1925 abends gegen sechs Uhr und stellte Blinddarmentzündung unmittelbar vor dem Durchbruch fest. An den Symptomen gab es keinen Zweifel. Dr. Seidl, ein Spezialist für Blinddarmerkrankungen, der jährlich durchschnittlich in sechzig Fällen operierte, sicherte seine Diagnose auch noch durch Palpation vom Darm aus. Er ordnete die sofortige Einlieferung ins Waldsassener Krankenhaus an. Die trostlose Mutter widersprach: Das Moidl komme ihr nicht aus dem Haus.

Sie schrie: »Wie man einen so schwachen Menschen überhaupt noch operieren will!« Auch der Vater weigerte sich, auf den Rat des Arztes einzugehen, denn er war des Wortes der »Stimme« eingedenk: »Kein Arzt kann dir helfen.« Er dachte bei sich, man werde sie morgen als Leiche heimfahren müssen. Dr. Seidl redete ihm zu, er solle vernünftig sein und um einen Wagen schauen, in dem seine Tochter liegen könne. Keine Minute sei mehr zu verlieren. Die Eltern wandten sich nun an den Pfarrer, ob es nicht besser sei, sie unter diesen Umständen überhaupt im Haus zu lassen. Der Pfarrer erklärte nach einer kurzen Unterredung mit dem Arzt, sie sollten in dem Urteil des Arztes Gottes Willen erkennen. Der Vater lief nun, um beim Wirt Schiml Pferde und einen Landauer zu besorgen. Die Mutter richtete indessen laut weinend notwendige Wäsche und ein Bett her, auf dem ihre Tochter im Wagen liegen konnte.

Über diesem Hin und Her verging etwa eine halbe Stunde. Therese war mit allem einverstanden, was kommen würde. Der trostlose Schmerz ihrer Mutter traf sie aber hart. Sie vermutete, es könne kein Unrecht sein, wenn sie sich in dieser äußersten Bedrängnis an die heilige Kleine Theresia wende, zumal diese ihr versprochen hatte: »Ich werde dir auch in Zukunft helfen.« Sie hatte schon vorher dem Arzt erklärt, sie sei sich ihrer Hilfe sicher, wenn sie nur darum bitte. Seidl, der hierin eine Versuchung sah, hatte ihr ein wenig spöttisch geantwortet: »Freilich, bei dir müßte die heilige Theresia immer Wunder wirken.« Deshalb fragte sie den Pfarrer, ob ihr Gebet keine Versuchung Gottes sei. Dieser erhob aber keine Bedenken dagegen.

Therese besaß bekanntlich eine Reliquie der heiligen Theresia vom Kinde Jesu, nämlich ein Haar, das ihr der Karmeliterpater Seraphim von Reisach am Inn geschenkt hatte. (Von diesem waren auch die Rosenblätter gekommen.) Das Haar war in eine Kapsel eingeschlossen und in einen Fleck Leinwand eingenäht. Mittels einer Schnur hing ihr das kleine Säcklein um den Hals. Diese Reliquie wurde ihr von der Pfarrhaushälterin Anna Forster auf die schmerzende Stelle des Unterleibs gelegt, während alle Anwesenden die heilige Kleine Theresia zu bitten begannen. Therese konnte vor Schmerz nicht mit ihnen beten. Sie sprach nur: »Woißt, Kleine Therese, du könntst mir helfa. Du hast mir scho öfta gholfa. Mir is' gleich. Aber hörst as doch, wäi d' Mutter dout.« Dabei wand sie sich im Bett vor Schmerzen. Urplötzlich richtete sich Therese mit einem kleinen Ruck auf, öffnete die Augen, ihr Gesicht wurde wie verklärt. Sie hob die Hände und streckte sie nach jemandem vor ihr aus, sprach einige Male »Ja« und setzte sich dann ganz auf. Der Vorgang selbst spielte sich außerordentlich rasch ab, so daß die Anwesenden Therese Neumann sofort aus der Schauung herauskommen und sich mit dem Ausruf »Wirkli?« an die früher schmerzende Stelle des Leibes greifen sahen. Therese erklärte, sie spüre auf einmal kein Weh mehr und fühle sich wie verwandelt. Auf die Frage des Pfarrers, ob die heilige Kleine Theresia vielleicht wieder dagewesen sei, antwortete sie: »Ja, und sie hat gesagt, ich solle gleich in die Kirche gehen und Gott danken. Mutter, bringts mir ein Gwand!«

Wie Therese Neumann schilderte, war ihr die heilige Kleine Theresia auch diesmal nicht sichtbar erschienen, dagegen hatte sich ihr dasselbe Licht wie früher gezeigt, und es hatte dieselbe Stimme zu ihr gesprochen: »Deine völlige Hingabe und Leidensbereitschaft freut uns. Damit die Welt erkenne, daß es ein höheres Eingreifen gibt, sollst du jetzt nicht geschnitten werden müssen. Steh auf, geh gleich in die Kirche und danke Gott. Aber gleich, gleich!« Die Stimme fuhr fort: »Du wirst noch viel zu leiden haben und dadurch mitwirken dürfen am Heile der Seelen.« Dann wiederholte sie: »Dem eigenen Ich mußt du immer mehr absterben. Und bleib immer so kindlich einfältig!« Mit der Erscheinung des Lichts hatte sich ihr eine Hand entgegengestreckt, eine Hand, nach der sie hatte greifen wollen, die sie aber nicht habe »erwischen« können. Es sei eine weiße schmächtige Hand gewesen. Die drei ersten Finger – Daumen, Zeige- und Mittelfinger – waren ausgestreckt, die anderen geschlossen. Therese rief: »Bringts mir ein Gwand!«

Besorgt widersprach die Mutter, wies auf die Dunkelheit und

Kälte des Abends hin. Da die Stimme den Befehl zum Aufstehen und zum Kirchgang durch ein »Aber gleich, gleich!« verstärkt hatte, bestand Therese auf ihrem Vorsatz. Also zog sie sich an und ging, begleitet von den Anwesenden, etwa zehn Personen, zur Kirche. Dort blieb sie zwanzig Minuten. Sie besaß die Kraft, beide Male vor dem Hochaltar eine Kniebeuge bis zum Boden zu machen. Auch während ihres Gebetes kniete sie. Selbstverständlich war Dr. Seidl vom Vater sofort über das Vorgefallene unterrichtet worden.

Gegen halb zwölf Uhr nachts dann, erzählte Therese, spürte sie ein »Rumoren im Leib«, und es erfolgte eine Ausscheidung; zuerst war es dicker, gelber Eiter, dann Blut mit Eiter gemischt und schließlich ein etwa zehn Zentimeter langes und schmales, zähes, gelblichgraues, hautartiges, vereitertes Gebilde.

Am anderen Tag fuhren Pfarrer Naber und Therese Neumann mittags mit dem Postauto nach Waldsassen zu Sanitätsrat Dr. Seidl. Er empfing sie aufs höchste erstaunt. Er entdeckte keine Spur einer Krankheit mehr. Nur die Lippen und der Gaumen waren so vollständig verbrannt vom Fieber, daß sie noch längere Zeit wund blieben. Was ihn am allermeisten überraschte, war die Augenblicklichkeit der Heilung. Denn selbst, wenn Therese auf natürlichem Weg von ihrer Blinddarmentzündung geheilt worden wäre, hätte sich an die Heilung eine lange Genesungszeit anschließen müssen, um so länger, als die Schmerzen und das Fieber heftig gewesen waren und lange angehalten hatten. Nun war aber alles in wenigen Minuten vorüber gewesen. Die große Heilung am 13. November 1925 ist für den Laien die aufregendste, für den Fachmann die problematischste.

Doktor Otto Seidl urteilte dem französischen Autor Ennemond Boniface gegenüber: »Die Blinddarmentzündung stand unmittelbar vor dem Durchbruch. Therese Neumann wollte sich auf mein Zureden auch tatsächlich operieren lassen. Ich habe in Konnersreuth noch einen anderen Krankenbesuch gemacht und bin dann rasch im Auto heim nach Waldsassen gefahren, um die Vorbereitungen zur Operation zu treffen. Da empfängt mich die Köchin mit den Worten: ›Es braucht keine Operation mehr, die Therese ist gesund und in die Kirche gegangen.‹ Tags darauf kam Therese Neumann selbst zu mir nach Waldsassen (sieben Kilometer im Postauto). Nachts war ein Durchbruch mit Blut und Eiter abgegangen. Worüber ich mich entrüste und wogegen ich Verwahrung einlege, ist, daß Männer, die meinem ehemaligen Befund auf Hysterie so große Bedeutung beimessen, daß sie mich sozusagen für unfehlbar halten, nunmehr meine späteren Diagnosen, die ich in aller Ruhe, ohne irgend eine behördliche Veranlassung und ohne fremde Absichten, aus rein ärztlichem Pflichtbewußtsein stellte, insbesondere die Diagnose der eiternden Blinddarmentzündung, als irrig verwerfen.

Und doch hatte ich gerade in diesem Fall, bevor ich beschloß, eine in sehr schlechter Verfassung angetroffene Kranke zu operieren, die ich um jeden Preis zu retten verpflichtet war, wobei ich meine ganze Verantwortung als behandelnder Arzt einsetzte, viel ruhiger überlegt und mein Urteil mit viel weniger Fehlermöglichkeiten gebildet gegenüber damals, als ich die Diagnose der Hysterie stellte. Denn wer weiß heute genau, was Hysterie ist? Blinddarmentzündungen dagegen operiere ich täglich. Da war kein Zweifel möglich. Wenn ich mich in dieser Diagnose getäuscht hätte, getraute ich mir überhaupt in meinem Leben keine mehr zu stellen.«

Dr. Seidl erging sich dann in ausführlichen fachwissenschaftlichen Erörterungen. Über eines ließ er keinen Zweifel: Es waren die Heilungen der Therese Neumann, die ihm über den mystischen Charakter seiner Patientin die Augen geöffnet hatten.

Zweckmäßigkeit der Heilungen

Es gab letzten Endes nicht einen einzigen Mediziner, der die Geschehnisse von Konnersreuth gekannt und nicht vorbehaltlos der Schlußfolgerung des Gerlichschen Quellenwerks beigepflichtet hätte: »Aus allen diesen Gründen sehe ich mich im Gewissen gezwungen, zu erklären, daß für mich gemäß jener Methode der Geschichtsforschung, die ich im Universitätsunterricht und in späteren wissenschaftlichen Arbeiten gelernt habe, die Angaben, die ich in der Lebensbeschreibung der Therese Neumann vereinigt habe, historisch und kritisch zureichend beglaubigte Tatsachen sind. Daraus ergibt sich für mich die Überzeugung, daß der Gesamtfall Therese Neumann nicht natürlich erklärbar ist.«

Erinnern wir uns: Nachdem alle Ärzte unfähig gewesen waren, Therese die geringste Erleichterung zu verschaffen, wurde sie von ihren furchtbaren Leiden, deren mehrere unheilbar erschienen, in fünf aufeinanderfolgenden Heilungen befreit. Sämtliche Heilungen trugen als gemeinsames Merkmal die Plötzlichkeit. Alle Heilungen waren endgültig. Keines der verschwundenen Krankheitsmerkmale stellte sich je wieder ein. Den drei letzten Heilungen ging eine Erscheinung der kleinen Theresia vom Kinde Jesu voraus. Jedes Mal kündigte sie ausdrücklich eine bestimmte Heilung und gleichzeitig neue Leiden an.

Josef Teodorowicz, der sich anfangs wie Gerlich (aus anderen Gründen, aber nicht minder heftig) gegen die Erfahrung von Konnersreuth gesträubt hatte, fand grundlegende Worte:

»Von der Stigmatisation ist noch keine Rede. Der Sinn ihrer großen Lebensaufgabe ist für sie selbst noch auf geheimnisvolle Weise unenthüllt. Doch sobald die stigmatischen Erscheinungen beginnen, wird auf einmal die eigentliche Bedeutung dieser planmäßigen, mit den Heilungen genau und unmittelbar in Verbindung stehenden Vorhersagen offenkundig. Die Heilungen bezwecken, zusammengenommen, ihre künftige Lebensaufgabe, die so außergewöhnlich ist, daß niemand eine solche zu erdenken imstande wäre.

In der Geschichte der Genesungen Therese Neumanns spielen die Ekstasen, die damals zum erstenmal auftraten, und die mit den Ekstasen verbundenen Visionen eine bedeutende Rolle. Diese Visionen bilden den Knotenpunkt aller ihrer Heilungen, die in der Regel von vornherein in der Vision angezeigt werden. In den Visionen ist immer eine und dieselbe Stimme hörbar, es ist die Stimme der heiligen Theresia vom Kinde Jesu. Die Vision bestimmt jenes Lebensprogramm, nach dem sich Therese so innig sehnte; sie wollte Missionärin werden. Aber sie soll Missionärin nicht durch die Tat, sondern durch das Leiden werden. Das Leiden soll nicht bloß eine Begleiterscheinung ihrer Missionsarbeit sein, sondern das unmittelbare Werkzeug selbst, ein Werkzeug zur Bekehrung und Heiligung der Seelen, und zwar so wirksam, daß es mehr Früchte bringt als das apostolische Leben eines Missionärs. ›Durch dein Leiden werden mehr Seelen gerettet‹, sagt die Visionsstimme, ›als durch die glänzendsten Predigten.‹ (So steht es im ›sechsten Brief an die Missionäre‹.) Der Leidensweg als Missionsprogramm ist einerseits begrenzt, indem er in erster Reihe Priesterseelen umfaßt, andererseits aber immer weitere Kreise zieht. Der zentrale Punkt dieser Kreise, die die ganze Welt umschlingen, ist das winzige Konnersreuth. Denn alles, was mit Therese Neumann geschehen wird, soll der Welt als Zeichen dienen. Der Lichtstrahl von Konnersreuth ist für die Welt bestimmt, damit, wie die Visionsstimme sagt, die Welt wisse, daß es eine höhere Macht gibt.

Therese Neumann sieht die heilige Theresia selbst nicht, sie sieht nur die Hand, und sie hört die Worte. Sie weiß überhaupt nicht, wessen Hand es ist, und wer es ist, der diese Worte spricht. Nicht die Gestalt, sondern das bloße Licht und die Hand wirken in dieser Erscheinung. Therese weiß ebenso wenig wie Bernadette Soubirou, wer die Erscheinung ist, obwohl Bernadette eine wunderschöne Frauengestalt erblickte; Therese Neumann aber sah nur das Licht und die Hand. Bemerkt sei hierzu, daß die Große heilige Theresia in ihrer anfänglichen Vision gleichfalls nur die Hand des Heilandes sah.

Therese wußte nichts von einem Brief, den diese Person geschrieben haben sollte, um so weniger von einem Zitat, das diesem Brief entnommen war. Das Zitat konnte sie nirgends gelesen haben, denn weder zuhause noch in der Pfarrei befand sich ein Buch, das die Lebensbeschreibung der kleinen Heiligen enthielt.

Therese und ihre Umgebung wollten um jeden Preis wissen, wer die Person war, die diese Worte geschrieben hatte. Man forschte im Familienkreis nach, auch der Pfarrer wurde zu Rate gezogen. ›Aber‹, berichtet Therese weiter, ›niemand von uns wußte, wer diesen Satz geschrieben hat. Erst am anderen Tage fand ihn der Pfarrer in den Schriften der heiligen Theresia vom Kinde Jesu, die er aber nicht selbst besaß; er hat das Buch zu leihen genommen.‹

Wie oft hatte Therese den Heiland mit ihrer Bitte bestürmt: ›O Heiland! Fünf Jahre lang will ich leiden, aber gib dafür, daß ich Missionärin werde!‹ Dann, als die Krankheit weiter um sich griff, verdoppelte sie die Leidensjahre: ›Zehn Jahre lang will ich leiden, nur gib, daß ich dadurch meinen Beruf erkaufe und Missionärin werde.‹ Es lag fürwahr etwas Rührendes in dieser wehmütigen Kindesbitte... Sie fügte sich zwar in den Willen Gottes, aber das hinderte sie nicht, in inbrünstigem Gebet an das Herz des Vaters zu klopfen und zu rufen: ›Mit Ergebung ertrage ich diese Leiden, aber gib mir dafür, o Heiland, die Gesundheit, damit ich Missionärin werde.‹

Das Bauernmädchen von Reims, Jeanne d'Arc, lauschte den geheimnisvollen Stimmen des Himmels, und diesen Stimmen folgend, entfaltete sie einen großzügigen Plan, der das Los Frankreichs im Augenblick der höchsten Not und Bedrängnis änderte; auch diese Jungfrau wäre für überspannt und unzurechnungsfähig angesehen worden, wenn das Blut der Geschichte diesen seherischen Stimmen nicht den Stempel der Wahrheit aufgedrückt hätte. Die Weisungen und ihre Verwirklichung waren so eng aneinander gekettet und von so grellem Licht beleuchtet, daß weder die unflätigen Worte eines Voltaire, noch die mißlungenen Versuche eines Anatole France, diese Stimmen Johannas natürlich zu erklären, an der Wahrheit des übernatürlichen Einflusses zu rütteln vermochten. Die Visionen Therese Neumanns sind nicht nur durch die Wunder ihrer Heilungen, sondern auch durch ihre weitere Lebensgeschichte auf Schritt und Tritt beglaubigt. Die Geschichte hat somit der geheimnisvollen Stimme das Siegel der Wahrheit aufgedrückt. Was damals, als Therese über diese Stimme Mitteilungen machte, Unsinn zu bedeuten schien, wurde nun in eine große Weissagung umgewandelt. Das Rätsel von Konnersreuth ist gewissermaßen von vornherein schon entziffert und gelöst.«

Wer Therese nun sah, konnte nicht glauben, daß dieses kerngesunde Geschöpf sieben Jahre lang bettlägerig gewesen war. Die Schriftstellerin Luise Rinser erinnerte sich später an den Eindruck, den Therese damals auf sie machte: »Sie sieht blühend aus, eine mittelgroße, fast stattliche Frau mit reiner, gesunder Haut, mit großen, klaren, ruhigen blaugrauen Augen, ohne Nervosität, ohne geistige Anmaßung.«

Die Eltern Anna und Ferdinand Neumann mit ihrer Tochter Therese (Mitte)
nach deren Heilung Ende 1925.

Therese begann wieder zu arbeiten. Wo sie helfen konnte, packte
sie mit an. Besucher, die Frömmelei von ihr erwarteten, waren enttäuscht. Sie spannte ihr Pferd selbst ein, sie fütterte und pflegte es
und arbeitete mit ihm auf dem Feld. Auffallend war ihr nüchterner
Wirklichkeitssinn. Gegen betonte Gelehrtheit war sie mißtrauisch.
Dann meinte sie trocken: »So gelehrt und so verkehrt.« Einmal
bemerkte sie: »Warum sagen Sie's so verwickelt, Herr Kaplan? Das
können S' doch einfacher sagen.« Teodorowicz wäre ihr zu kompli-
ziert gewesen.

Die Stigmatisation

Kurz vor dem Faschingsdienstag 1926, dem 16. Februar, begann
ein wichtiger Einschnitt in Therese Neumanns Leben. Am Samstag
zuvor, dem 13. Februar 1926, wurde ihr während der Messe so
übel, daß sie die Kirche verlassen und sich daheim zu Bett legen
mußte. Sanitätsrat Dr. Seidl vermutete den Anzug einer Grippe.
Er verordnete: Phenacetintabl. (0,5) 10 St.; Apomorphin 0,01,
Morph.muriat. 0,04, Ac.mur.dil. 1,0, Aqu.dest. 120,0 Liq.cort.Aur.
ad 150,0. 3-4 stdl. 1 Löffel.

124

Bis Ostern war Therese bettlägerig. Später erzählte sie Gerlich, sie habe während ihrer jahrelangen Krankheit in jeder Karwoche mehr zu leiden gehabt als im übrigen Jahr. Auch diesmal verschlechterte sich ihr Zustand bereits in der Fastenzeit. In der Karwoche war ihr Schwächezustand so weit fortgeschritten, daß sie nicht einmal mehr eine richtige Vorstellung von der religiösen Bedeutung dieser Zeit hatte.

Am 4. März 1926, in der Nacht auf den Freitag, lag sie bei großer Schwäche wach im Bett. Sie dachte an gar nichts Besonderes, wußte nicht einmal, daß es Donnerstag war. Da hatte sie ganz unvermutet eine geschichtliche Schauung. Sie sah Christus im Garten am Ölberg knien. Und sie bemerkte auch die schlafenden drei Jünger. Im selben Augenblick, als Therese den Heiland sah, fühlte sie dessen Blick – »Er hat mich gut angschaut« – und plötzlich auf der linken Seite am Herzen einen Schmerz von solcher Stärke, daß sie meinte, sie müsse sterben. Gleichzeitig begann ihr aus derselben Stelle heiß das Blut herunterzurinnen. Die Stelle blutete leise fort bis zum Freitag Mittag.

In der folgenden Woche bis zur Nacht vom Donnerstag auf den Freitag, vom 11. auf den 12. März 1926, setzte sich ihr Leidenszustand fort, ohne daß etwas Bemerkenswertes aufgetreten wäre. In dieser Nacht aber, und zwar am Freitag früh, erlebte sie ihre zweite geschichtliche Schauung. Sie sah Christus zuerst am Ölberg und später an der Geißelsäule. Gleichzeitig blutete wieder die Seite bis zum Freitag Mittag. Erst morgens hörte sie von der Mutter, daß es Freitag sei.

Die nächste geschichtliche Schauung folgte am Donnerstag/Freitag, dem 18./19.März 1926. Sie sah wieder Christus am Ölberg, dann die Geißelung und zum ersten Mal, wie Christus mit Dornen gekrönt wurde. Wieder blutete die Seite.

Am »schmerzhaften« Freitag, eine Woche vor dem Karfreitag, schaute sie auch die Kreuztragung und Christi Sturz unter dem Kreuz. Die Brustwunde blutete wieder. Therese hatte sie dank der Hilfe ihrer verschwiegenen Schwester Kreszentia bisher verbergen können. Es leitete sie dabei der Gedanke, der Mutter einen weiteren Schrecken zu ersparen. So wusch ihr Schwester Kreszentia die Leibwäsche und die Lappen, die sie auf die blutende Stelle zu legen pflegte, ohne daß die Mutter, die nicht nur dem großen Haushalt, sondern auch der Landwirtschaft vorstand, etwas bemerkte. Ebensowenig der Vater, der infolge der nahen Osterfeiertage an seine Schneiderarbeit gefesselt war. Therese hatte auch ständig ein schwarzes Tuch um die Schultern gelegt, aus Sorge, von der Seitenwunde könnten Blutflecken durch die weiße Nachtjacke dringen. Sie schützte der Mutter gegenüber, die ihr das schwarze Tuch wegnahm, weil sie »wie ein Großmutterl« im Bett liege, Frösteln vor und erreichte durch vieles Bitten, daß sie es behalten durfte.

Am »schmerzhaften« Freitag schließlich, dem 26. März 1926, entdeckte der Vater nachmittags durch Zufall das Herzstigma. Er sah seine Tochter einen Fleck Leinwand hervorziehen und heimlich im Bett verstecken. Sie bat ihn, ihr einen anderen Fleck zu geben. Nachdem sie ihn erhalten hatte, legte sie ihn achtfach zusammen und ließ ihn ebenso heimlich verschwinden. Des Vaters Aufmerksamkeit wurde wach. Er suchte in ihrem Bett, fand den ersten, den blutigen Fleck und zeigte ihn seiner Frau. So erfuhren die Eltern von der blutenden Seitenwunde ihrer Tochter, allerdings ohne an diesem Nachmittag die Wunde zu sehen.

In der Nacht vom Gründonnerstag auf den Karfreitag 1926 (am frühen 2. April) begannen bei Therese erstmals die Schauungen des Leidensweges Christi vom Gang zum Ölbaumgarten bis zum Kreuzestod. Sie dauerten bis Nachmittags drei Uhr. Im Lauf der Schauungen verschlechterte sich ihr Zustand besorgniserregend. Als Pfarrer Naber sie vormittags besuchte, machte sie den Eindruck einer schwer Leidenden. Nachmittags brachte er das Krankenöl mit. Ihr auch die Kommunion zu reichen, war bereits unmöglich. Pfarrer Naber berichtete: »Als ich sie am Karfreitag nach dem Mittagstisch mit einem weiteren Geistlichen besuchte, lag sie da wie ein Marterbild, die Augen von Blut verklebt, zwei Streifen Blut über die Wangen, fahl wie eine Sterbende. Bis um drei Uhr, der Sterbestunde des Heilands, rang sie in furchtbaren Todesqualen. Dann wurde sie wieder ruhiger.«

Als Therese nach den Schauungen in ihre gewöhnliche Verfassung zurückkehrte, schmerzten sie Hände und Füße. Weil ihre Augen von Blut verklebt waren, konnte sie nicht nach der Ursache schauen. Daher bat sie ihre Schwester Kreszentia, nachzusehen. Diese konnte nicht genug staunen: »San so Fleck drobn, so offene warme Wundn.« Es waren die Stigmen an der Oberseite der Hände und Füße. Kreszentia verband ihrer Schwester diese Wunden, verschwieg aber den Eltern ihre Beobachtung. Am Karsamstag, beim Umbetten der Tochter, konnten ihnen die Wunden allerdings nicht mehr verborgen bleiben.

Der Pfarrer kam am Ostersonntag früh, um Therese die Kommunion zu reichen. Therese, die ihr Geheimnis nur sehr ungern entdeckt sah, gehorchte seiner Aufforderung, ließ den Verband von Händen und Füßen abnehmen und ihn die Wunden sehen. Pfarrer Naber erzählte Gerlich, die Stigmen an den Füßen hätten so ausgesehen, wie wenn mit einem Messer die Haut in scharfem Schnitt herausgeschnitten worden wäre. Sie waren kreisrund. Von dem unerwarteten Anblick war Pfarrer Naber (nicht anders als es tags zuvor schon die Eltern gewesen waren) aufs höchste betroffen; es dauerte lange, bis ihm die gewohnte innere Ruhe zurückkehrte.

In der Frühe des Ostertages hatte Therese Neumann wieder eine Schauung. Sie sah den auferstandenen Christus im weißen Gewand.

Nach dem Karfreitag blieben die fünf Wunden vierzehn Tage hindurch offen. Therese mußte immer einen Verband tragen. Die Wunden waren zwar ständig feucht, bluteten aber nicht immer gleich stark. Am äußeren Rand waren sie erhöht, im Inneren ein wenig vertieft. Sie sahen frisch rot aus. Am 17. April 1926 hatte sich über ihnen ein durchsichtiges Häutchen gebildet, so daß Therese wieder ihre Hände und Füße wie früher waschen konnte. Eine Entzündung oder Eiterung war an den Wunden zu keiner Zeit bemerkbar, außer während ihrer Behandlung mit Arznei. Die Eltern meinten, die so plötzlich aufgebrochenen Wunden müßten doch irgendwie zum Heilen zu bringen sein. Mutter Neumann versuchte es mit Hausmitteln. Die Tochter kam ihr dabei bereitwillig entgegen. Therese beschrieb Gerlich später ihre damalige Einstellung zu den Stigmen und zu ihren Schauungen. Sie habe gedacht: was das jetzt wohl sein solle! Wenn das aufkomme, wenn es irgendwer sehe und wenn dann auch die Seitenwunde aufkomme, ja, wenn sie dann sogar sagen müsse, sie habe den Heiland am Ölberg gesehen, so würden die Leute sich an den Kopf greifen: »Jetz spinnt s', jetz is' anstaltsreif!« Gerlich gegenüber ereiferte sie sich: »Denken S' amal, Herr Doktor, Sie stehn in da Fräi auf und habn Löcher in die Händ, wäi Ihna da zumut is! I hab denkt, wäi i's in der Seitn kräigt hab, wäi i den Heiland am Ölberg gsehen hab, werdn die Wundn damit zsammhängen. Hab aber nicht gwußt, was das is. Hab ghofft, es werd umigeh wie die Aufliegwunden am Buckel.« Sie war daher erschrocken, als sie feststellen mußte, daß die Hausmittel der Mutter versagten.

Inzwischen war Dr. Seidl von Waldsassen eingetroffen, um die Stigmen zu untersuchen. Er stellte fest, daß die Seitenwunde einen Durchmesser von etwa dreieindrittel Zentimeter hatte, und schüttelte den Kopf. In seiner langjährigen ärztlichen Praxis habe er Ähnliches noch nicht erlebt. Er zeigte zuversichtliche Hoffnung, daß die Wunden bald heilen würden, verschrieb eine Salbe und gab genaue Vorschriften zu ihrer Anwendung. Sein Rezept vom 9. April 1926 »für Fräulein Therese Neumann, Konnersreuth, landwirtschaftliche Berufsgenossenschaft, Oberpfalz« lautete: Liqu. alumin. subacet. 1,5, Vaseline ad 30,0, Verbandgaze 1 mtr. Es war also eine ganz milde Essigsaure-Tonerde-Salbe. Als diese einige Zeit auf den Wunden lag, begannen die Hände, die Füße und die Seite stark anzuschwellen; das Blut sickerte dabei weiter aus den Wunden. Dazu stellten sich derart heftige Schmerzen ein, daß Therese meinte, sie könne es kaum noch aushalten. Die Schwellung der Seite führte außerdem zu starken Atembeschwerden. Pfarrer Naber besuchte Therese, um sich nach der Wirkung zu erkundigen. Er befahl, die Salbe trotz unerwarteter Schmerzen auf den Wunden zu lassen. »Wir wollen uns nicht nachsagen lassen, wir hätten die natürlichen Mittel nicht angewendet.«

Nach ein paar Tagen kam Dr. Seidl, um selbst nach dem Erfolg seiner Kur zu sehen. In Gegenwart des Pfarrers verband er die Wunden aufs neue mit der bestimmten Weisung, die Verbände solange unberührt zu lassen, bis er sie selbst abnähme. Dann verließ er mit dem Pfarrer zusammen das Schneiderixenhaus. Als der Geistliche wenig später zurückkehrte, hatten sich bei Therese die früheren Schmerzen eingestellt. Sie hätte die Verbände gern wieder abgenommen, wenn der Pfarrer nicht erklärt hätte, er komme in einigen Stunden wieder; man solle abwarten, was weiter geschehe. Mittlerweile nahmen die Geschwülste der Seite, der Hände und Füße ständig zu. Die Wunden bluteten stark. Drei Besucher aus der Nachbarschaft wurden vom Anblick ihrer Leiden derart ergriffen, daß sie ausriefen: »So a Schinderei!«

Abends gegen zehn Uhr kam Pfarrer Naber wieder. Angesichts der unerträglichen Schmerzen und der mütterlichen Vorstellungen entschied er, sein Gebot nicht aufrecht zu erhalten. Da es sich offenbar nicht um eine Sterbenskrankheit handelte, erschien es der Mutter unziemlich, den Arzt noch in der Nacht von Waldsassen herüberzubitten. Man beschloß, die Verbände abzunehmen, für die Nacht einfache Leinwandflecke aufzubreiten, aber am Morgen die alten Verbände wieder anzulegen. So geschah es. Rasch ließen die Schmerzen nach und verschwanden bald ganz. Ebenso schnell gingen die Schwellungen zurück.

Am 17. April 1926, ungefähr um dreiviertel zwei Uhr morgens, bestürmte Therese Neumann die heilige Therese vom Kinde Jesu, es möge ihr doch irgend ein Zeichen werden, wie man die Wunden, mit denen niemand etwas anzufangen wisse, behandeln solle: »Weißt, kleine Therese, hast mir doch schon so oft geholfen. Jetzt schau! Es ist ja nicht zum Aushalten. Bitt den Heiland! Der soll's uns kenna laun. Wenn's mit der Salbn g'heilt werden soll, ist mir's recht. Und wenn nicht, na soll er uns aa kenna laun, was mir daun solln.«

Nicht lange nach diesem Gebet fühlte sie, wie sich die auf den offenen Wunden festgeklebten Leinwandflecken lockerten. Sie weckte ihre Schwester Kreszentia, die mit ihr das Zimmer teilte, und ließ das elektrische Licht andrehen. Dann öffnete sie die Verbände. Die Leinwandflecken fielen ab. Sie klopfte mit ihrem Stock den im unteren Zimmer schlafenden Eltern und zeigte ihnen die Wunden.

Sie waren durch ein helles, wie Gelatine ausschauendes Häutchen geschlossen. Dr. Seidl äußerte kurz darauf ihr und ihrer Mutter gegenüber sein Erstaunen über die Eigenart der Wunden, die – wenn man sie in Ruhe lasse – sich weder entzündeten noch eiterten. Er verzichtete von jetzt an auf eine weitere Behandlung und wickelte nur eine Binde um die Wunden, wie es Therese später selber tat. Ihre Wunden sollten sich nie wieder entzünden; allfreitäglich brachen sie auf und schlossen sich danach wieder mit einem Häutchen.

Pfarrer Naber faßte die Ereignisse zusammen und schickte seinem Bericht für die »Waldsassener Grenzzeitung« diese Einführung voraus: »Konnersreuth, den 15. April 1926. Anscheinend sind über auffallende Vorgänge, die sich in Konnersreuth in den letzten Jahren zugetragen haben, Gerüchte im Umlauf, die der Wahrheit nicht entsprechen. Da es sich um ganz Ungewöhnliches und Erhabenes an einem scheinbar ganz gewöhnlichen Menschenkinde handelt, muß sich der in unserer Zeit steckende kritische Geist geradezu herausgefordert fühlen, und es ist zu befürchten, daß schon die kleinste Entstellung der Wahrheit ihn zu einem wegwerfenden Urteil über das Ganze veranlaßt. Deswegen halte ich es für meine Pflicht, die fraglichen Vorgänge in ihren Hauptmomenten der Öffentlichkeit einfach und schlicht so, wie sie sich vor unseren Augen abgespielt haben, vor Augen zu führen.«

Seinem Bericht fügt Pfarrer Naber eine Nachbemerkung an: »Von Vorstehendem – mit größter Zurückhaltung geschrieben, eher zu wenig als zu viel – war Unterzeichneter größtenteils Augenzeuge oder hat es von durchaus glaubwürdigen Zeugen vernommen, insbesondere von dem kranken Mädchen selbst. Die Beteiligten fühlen sich nicht berufen und berechtigt, ein Urteil über den Charakter der geschilderten Vorgänge abzugeben; sollte die zuständige kirchliche Behörde sich zu einem solchen veranlaßt sehen, unterwerfen sie sich demselben mit Bereitwilligkeit bis ins kleinste. Schließlich möchte ich noch dringend bitten, von Besuchen der Kranken, besonders längeren, absehen zu wollen.«

Luise Rinser, eine, die trotzdem zu Besuch kam, bezog sich ausdrücklich auf Pfarrer Nabers angebotene Unterwerfung: »Die Kirche hat es den Stigmatisierten aller Zeiten recht schwer gemacht, und die Geschichte der Stigmatisierten liest sich häufig wie eine Geschichte hochnotpeinlicher Prüfungen. Nie hat man den Stigmatisierten einfach geglaubt. Immer hat man sie verdächtigt, entweder des bewußten Betrugs oder des Bundes mit dem Teufel. Waren sie Mönche oder Nonnen, so hat man sie hart gedemütigt: sie mußten erniedrigende Arbeit tun, wurden ausdrücklich bestraft, von den Sakramenten ausgeschlossen und dergleichen. Lebten die Stigmatisierten nicht im Kloster, sondern in der Welt, so hat man sie – wir erinnern an die Geschichte der Anna Katharina Emmerich – von der Polizei bewachen und unter Polizeiaufsicht untersuchen lassen. Ein so bewundernswerter Heiliger wie Franz von Assisi mußte es sich sechshundert Jahre nach seinem Tod noch gefallen lassen, daß man ihn beschuldigte, seine Stigmen sich selbst durch absichtliche Verletzung oder Autosuggestion beigebracht zu haben, und selbst das Zeugnis eines Papstes, Gregor IX., dem ›die berühmten Zeichen aus dem vertrauten Umgang mit Franziskus bekannt waren‹, genügte der skeptischen Um- und Nachwelt nicht. Von der stigmatisierten Heiligen Veronica Juliani (17. Jahrhundert) wird berichtet, daß man ihr ›mit glühenden Eisen eine Öffnung in dem Haupt und eine andere am Fuße brannte... Man durchstach die Haut mit einer dicken Nadel, zog eine Schnur aus Baumwolle durch, welche die Haut offen halten und die bösen Säfte vom Haupt ableiten sollte...‹ Eine wahrhaft barbarische Behandlung, die sich schließlich als erfolglos erwies. Der Bischof selbst überwachte die Kur. Er ließ ihr (der Stigmatisierten) während der Behandlungszeit Handschuhe überziehen, die versiegelt wurden. Man traute der Sache nicht. Man nahm an, daß entweder Veronika selbst sich die Wunden beigebracht habe und nicht zur Heilung kommen ließ, oder daß ›böse Säfte‹ mit im Spiele seien. Die Behandlung blieb erfolglos, die Wunden blieben.«

Von dem Phänomen der Stigmatisation wußte Therese übrigens lange nichts. Im Religionsunterricht spielte sie keine Rolle. Zwar zeigte ein Fenster der Konnersreuther Pfarrkirche ein Bildnis des stigmatisierten heiligen Franz von Assisi, aber Therese nahm dessen Stigmata symbolisch, etwa wie das Herz auf den Herz-Jesu-Darstellungen oder die sieben Schwerter auf den Darstellungen der Mater dolorosa.

Man findet Stigmen einzig bei katholischen Mystikern, auch bei den Mystikern der Ostkirche. Es sind Abbilder, Nachbilder der Wunden des gekreuzigten Christus. Die Stigmen der Therese Neumann waren echte Wunden: Verletzungen der Haut sowohl wie des darunter liegenden Gewebes. Die Herzwunde reichte tief. Der Wundboden lag ziemlich nahe dem Herzmuskel. Bei jeder Berührung bekam Therese heftige Herzbeschwerden. Die Stigmen auf den Rücken der Hände nahmen im Lauf der Jahre viereckige Form an, ein bis eineinhalb Zentimeter im Quadrat. Die Stigmen der Handrücken und Handflächen lagen sich genau gegenüber. Man kann annehmen, daß sie auf irgendeine Weise verbunden waren. Der Eindruck entstand, es wäre hier eine knorpelige Substanz eingeschlossen, eine Beobachtung, die zu der Behauptung führte, in der Hand stecke eine Nachbildung des Kreuznagels. Die

Fuß-Stigmen machten Therese deutliche Schwierigkeiten beim Gehen; schließlich bekam sie orthopädische Schuhe verschrieben. Pater Krispin, Schuhmachermeister des Kapuzinerklosters Altötting (280 Kilometer von Konnersreuth entfernt), fertigte und reparierte sie Jahr für Jahr.

Ein gezeichneter Mensch ist etwas Außerordentliches. Welches Siegel hat seine Wunden geprägt – könnte man fragen – , welche Glut erhärtet? Einer aus dem lebendigen Körper herausgewachsenen Reliquie, unter glasdünner Haut verwahrt, ließ das Wundmal sich vergleichen, das an fünf Stellen ihres Leibes wiederkehrte.

Die Kirche ist der Überzeugung, daß das Charisma der Stigmatisierung weder als Wunder betrachtet werden müsse, noch für die Heiligkeit des betreffenden Menschen wesentlich sei. Die Stigmatisation wird als ein Zeichen angesehen, das zum Übernatürlichen offen ist. Wie weit »Natur« und »Natürlichkeit« reichen, wo also das »Übernatürliche« beginnt, ist fraglich. Warum können wir Menschen das nicht sagen? Vielleicht, weil es einen solchen Trennungsstrich nicht gibt, weil alles – Natur und Übernatur – nur *eine* Wirklichkeit ist: Gottes Wirklichkeit. Die erhabenen Geheimnisse, deren Therese gewürdigt wurde, waren freilich eine Herausforderung für das Verständnis einer aufgeklärten Welt. »Erklärungen«, wie gelegentlich sogar aus geistlichem Mund geäußerte, es handle sich bei dem von der Stigmatisierten vergossenen Blut in Wahrheit um deren eigenes Menstruationsblut oder gar um »Gickerlblut« (eines allfreitäglich geschlachteten »Gockels«) können an Plattheit nicht überboten werden.

Unzählige Ärzte haben diese seltsamen Stigmen-Gebilde untersucht, haben ihrer Patientin arge Schmerzen zugefügt; keiner vermochte den niemals vernarbenden Wunden auch nur im geringsten beizukommen. Ihnen gesellten sich in den letzten Jahren die Male der Geißelung und eine schwere Wunde an der Stelle hinzu, wo das Kreuzesholz auf der zerschundenen Haut auflag. Es traten auch Wunden am Hinterkopf auf, die, von den Haaren bedeckt, nicht ohne weiteres zu sehen waren. An Freitagen begannen sie im Augenblick des Aufdrückens der Dornenkrone – um dreiviertelacht Uhr – so heftig zu bluten, daß das weiße Kopftuch binnen weniger Minuten zum blutigen Lappen wurde.

Feste Speisen genoß Therese, nach steter Minderung der Nahrungsaufnahme, seit Weihnachten 1922 nicht mehr. Gerlich schreibt: »Nahm sie auf Drängen der Mutter gelegentlich etwas Tee oder Himbeersaft, so erbrach sie es wieder.« Seit Christi Verklärung auf dem Berg Tabor, am 6. August 1926, empfand sie Ekel vor jeder Art Nahrung: »Hunger und Durst habe ich auf Tabor gelassen.« Sie nahm nur mehr ein Löffelchen Wasser mit sechs bis acht Tropfen, um die Hostie hinunterschlucken zu können. Seit September 1927 fiel sogar dieses Löffelchen Wasser hinweg. Seither lebte Therese tatsächlich nur von der heiligen Kommunion, also von dem im konsekrierten Brot gegenwärtigen auferstandenen Herrn.

Im Jahr 1927 angekommen

Am Gründonnerstag 1927 (14. April) hatte Therese Schauungen der Schicksale Christi, die mit der Zurüstung des Osterlamms im Abendmahlssaal anhoben. Am Karfreitag endeten sie ungefähr gegen halb vier Uhr nachmittags mit der Grablegung.

Bei einer Ekstase, von der sie auf dem Sessel ergriffen wurde (schreibt Gerlich), »der der Resl, um sie der Neugier zu entziehen, hinter dem Hochaltar bereitet ist, kam eine Lichtbildaufnahme zustande, auf der das Wundmal der linken Hand durch den verdeckenden Handschuh hindurch gleich einer kleinen Sonne leuchtet. Jenes der rechten ist unsichtbar, weil diese Hand von der Kante aus aufgenommen ist. Ich habe das Bild gesehen. Von einem Plattenfehler kann keine Rede sein, ebensowenig von einer nachträglichen Retuschierung.« Gerlich schreibt weiter: »Die Aufnahme stammt vom 17. Mai 1927, dem Jahrestag der Heiligsprechung der Kleinen Therese. Sie wurde von Hauptlehrer Böhm in Konnersreuth gemacht und ist, wie mir dieser und Pfarrer Naber erzählten, auf folgende Weise zustandegekommen: Der Gottesdienst in der Kirche war bereits zu Ende, als Therese Neumann eine Schauung erhielt. Einige Bewohner von Konnersreuth hatten das Presbyterium betreten und betrachteten aus respektvoller Entfernung Therese Neumann. Plötzlich riefen einige der Betrachter: Das Stigma an der linken Hand leuchtet, es gehen von ihm Strahlen aus! Andere bestritten diese Wahrnehmung. Pfarrer Naber, der das Leuchten nicht wahrnahm, rief dem Hauptlehrer, der den Gesangschor geleitet hatte und noch anwesend war, zu, er möchte doch seinen Photographierapparat holen und eine Aufnahme machen. Dieser eilte in seine Wohnung im benachbarten Schulhaus, brachte seinen Apparat und machte eine Aufnahme (...) Ich habe die Platte (9:12 cm) genau betrachtet und stimme der Ansicht von Dr. Freiherrn von Aretin zu, daß ein Plattenfehler nicht vorliegt. Über die Angelegenheit habe ich mit ihm ein Jahr später ein Gespräch gehabt, in dem er mir erneut seine Überzeugung bestätigte, daß die Erscheinung auf der Platte nicht durch einen Fehler derselben erklärt werden könne. Seine Meinung ist mir umso wichtiger, als er seiner akademischen Fachausbildung nach Astronom ist und jahrelang beruflich an großen Sternwarten tätig war. Er hat bei dieser Tätigkeit sehr viele photographische Aufnahmen von Sternbildern gemacht und die entwickelten Platten mikroskopisch daraufhin untersucht, ob auf ihnen Plattenfehler auftraten.«

Zu Pfingsten, am 5. Juni 1927, hatte Therese eine Reihe bemerkenswerter geschichtlicher Schauungen. So sah sie zum erstenmal Petrus predigen. Im Gegensatz zu anderen geschichtlichen Schauungen hörte sie ihn – wie bereits erwähnt – in deutscher Sprache predigen und konnte die in der Apostelgeschichte verzeichneten Textstellen um bisher unbekannte Passagen erweitern, die Professor Wutz mit Erstaunen stenographisch festhielt. Dann sah Therese, wie die Apostel mit dem Volk zum Teich hinaus zogen und an die dreitausend Menschen tauften.

Die Bewußtseinsformen der Therese Neumann

In seinem zweibändigen Werk beschreibt Gerlich die verschiedenen Bewußtseinsformen der Stigmatisierten. Sein Wortlaut beruht auf der Niederschrift von Pfarrer Naber. Er glaubt sich nicht befugt, ihn irgendwie zu ändern. Er hält es aber für angebracht, »zum besseren Verständnis derjenigen, die nicht in Konnersreuth jene verschiedenen Bewußtseinsformen selbst wahrgenommen haben«, einige Ergänzungen anzufügen, die auf eigenen Erlebnissen und Gesprächen beruhen.

1. Der gewöhnliche Zustand
Therese Neumann erscheint hier als ein sehr kluger, lebhafter Mensch von gereiftem Geiste.

2. Der ekstatische Zustand
Er tritt in drei verschiedenen Formen auf: Einmal hat sie Schauungen (Visionen), und zwar

a) Geschichtliche Schauungen,
in denen sie tatsächliche Vorgänge der Geschichte des Christentums aus nächster Nähe beobachtet, zum Beispiel das letzte Abendmahl, das Verhör Christi, die Geißelung, Dornenkrönung, Kreuzigung, Grablegung, dann Erscheinungen Christi nach der Auferstehung, aber auch Ereignisse des Marienlebens, die Steinigung des Stephanus, Wunder und Tod des Apostels Johannes, ferner die Stigmatisation des Franz von Assisi und der großen Theresia, den Tod des Franz von Sales, den Engelsturz. Es kann aber auch geschehen, daß sie tätig teilnimmt, nämlich bei der Einhüllung des Leichnams Christi mithilft, einen Arm mit Binden zu umwickeln. Der erhobene – ekstatische – Zustand bringt ferner

b) Bildliche Schauungen,
zum Beispiel das Christuskind in Verklärung auf einer Wolke. Sowohl bei den geschichtlichen wie bei den bildlichen Schauungen ist Therese Neumann von der Außenwelt völlig abgeschlossen. Man

kann sie nicht ansprechen, sie ist unempfindlich gegen Berührung. Pfarrer Witt berichtet als bemerkenswert: »Wenn es da vorkam, daß sie eben zu husten begann und plötzlich eine Ekstase (›der Vorgang, den ich mit Schauung bezeichne‹, Gerlich) eintrat, dann war im Augenblick aller Husten weg. War die Ekstase vorüber, so hustete Therese fertig.« Dieser Schauungszustand ist meist äußerlich gekennzeichnet durch ein Aufrichten des Oberkörpers aus der liegenden Stellung und durch Erheben der Arme. Die Augen sind geöffnet und schauen in die Ferne. Auch schon äußerlich weicht von diesem Bild die dritte Form des ekstatischen Zustandes ab, nämlich
c) der erhobene Ruhezustand.
Er bringt Therese Neumann das Gefühl des Vereinigtseins mit Christus, die Teilnahme an dessen Glückseligkeit und Allwissenheit, soweit Christus es zuläßt. Hierbei ruht Theresens Leib aus und stärkt sich neu. Sie liegt dabei gewöhnlich in die Kopfkissen zurückgestreckt mit über der Brust gekreuzten Händen. Doch hat sie sich in diesem Zustand auch schon aufgerichtet und mit den Händen gestikuliert. Die Augen sind in diesem Zustand in der Regel geschlossen. Sie spricht im erhobenen Ruhezustand auf das lebhafteste. »Sie spricht dann«, ergänzt Boniface, »von sich selbst in der dritten Person und duzt jeden.« Der Übergang in den gewöhnlichen Zustand vollzieht sich in den äußeren Formen des Erwachens, meist mit lautem Gähnen, Strecken der Glieder, wie Menschen aus dem Schlaf zu erwachen pflegen. Von diesen Gesprächen im erhobenen Ruhezustand weiß sie im gewöhnlichen Zustand nichts. Im Gegenteil, sie nimmt an, sie habe geschlafen, und ist oft sehr verblüfft, wenn man ihr die Tatsache und den Inhalt des Gespräches erzählt.
3. Der Zustand des Eingenommenseins
von dem eben Geschauten. In ihm ist die Erinnerung fast an alles früher Gelernte oder Erlebte ausgelöscht. Es stehen ihr in diesem Zustand nur die Gedankenausdrucksmittel eines etwa fünfjährigen Kindes zur Verfügung. Dieser Zustand wurde früher Zwischenzustand genannt, weil er erstmals bei der Passions-Schauung beobachtet worden ist, die eine Reihe von Schauungen darstellt, zwischen denen dieser Zustand des Eingenommenseins eintritt. In diesem Zustand hat sie keine Kenntnis von dem Kommenden des Geschehniskreises, den sie gerade sieht. Betrifft er Vorgänge, die sie schon in einer früheren Schauung gesehen hat, so fehlt ihr daran die Erinnerung, auch wenn die Schauungen schon oft stattfanden. So weiß sie bei dem Gang Christi nach Golgatha noch nicht, daß er auch tatsächlich gekreuzigt wird. Sie deutet deshalb in Unkenntnis der Zukunft die jeweilige Schauung aus dem äußeren Eindruck, da sie ja die Sprache der gesehenen Personen nicht versteht. Das

bekannteste Beispiel hierfür ist, daß sie Judas, der durch einen Kuß Christus den Häschern des Hohen Rates kennzeichnet, um dieses Kusses willen für einen Freund des Heilandes hält und lebhaft Widerspruch erhebt, wenn man sie darauf hinweist, daß dieser Kuß das Zeichen des Verrates ist. Ihre Sprache ist in diesem Zustand unverfälschter Konnersreuther Dialekt. Hier ist noch zu bemerken, daß sie gerade in diesem Zustand eine gewisse Fähigkeit besitzt, die gehörten Sprachen mechanisch nach dem Klang wiederzugeben.

Die Nahrungslosigkeit

»In unserem Zeitalter des Wiegens und Messens ist sie es«, urteilt Aretin, »die unverdientermaßen zu einer Art Kernproblem gemacht wurde. Um ihretwillen sieht sich Therese den stärksten Belästigungen und Anpöbelungen, dem unverfrorensten Anzweifeln ihrer persönlichen Ehrlichkeit ausgesetzt. Die Nahrungslosigkeit ist für sie weder eine Form der Nachfolge Christi – den sie selbst bei der Hochzeit von Kana essen und trinken sieht – noch eine Form der Askese: sie ist einfach eine Prüfung ihrer Geduld!«

Luise Rinser weist später darauf hin, daß nach der Lehre der Physiologie kein Lebewesen längere Zeit ohne Nahrung leben kann, »ganz besonders nicht ohne Wasser. Der Wassergehalt eines Erwachsenen, der, wie Therese, etwa fünfundfünfzig Kilo wiegt, beträgt ungefähr sechsunddreißig Liter. Mit dem Atem werden täglich etwa vierhundert Gramm Wasser ausgeschieden. Dazu kommt der Wasserverlust durch Schweiß, Harn und bei Therese in beträchtlichem Maß durch die schweren Blutungen bei den Passionsleiden. Therese müßte also längst zur Mumie vertrocknet und tot sein. Aber sie ist frisch und lebendig, sie hat feuchte Schleimhäute, Speichel, eine wohlgespannte Haut. Das ist nicht nur unbegreiflich, es ist auch unglaubhaft, und man glaubte es in der Tat nicht. Darum hat man Therese 1927 unter strenge Beobachtung gestellt.«

In der Zeit vom Mittwoch, dem 13. Juli 1927 um 12,30 Uhr bis zum Donnerstag, dem 28. Juli um 13 Uhr wurde Therese Neumann laut Beschluß des Regensburger Bischofs Antonius von Henle und auf Veranlassung des zuständigen bischöflichen Ordinariats in Regensburg mit ihrer und ihrer Angehörigen Zustimmung unter Leitung von Sanitätsrat Dr. Seidl einer fünfzehntägigen Bewachung durch vier Mallersdorfer Schwestern unterzogen. Die vier Schwestern wurden vor und nach der Beobachtung vom bischöflichen Ordinariat vereidigt. Ein hinzugezogener nichtkatholischer Erlanger Psychiater, Professor Dr. Gottfried Ewald, berichtete: »Die Schwestern waren während der ganzen Dauer ihrer Tätigkeit beständig in schriftlicher, mündlicher und fernmündlicher Verbindung mit dem Arzt« (Dr. Seidl), »der selbst neunmal Konnersreuth aufsuchte und ihre Tätigkeit kontrollierte. In den Donnerstag-Freitag-Nächten war der Arzt zur Beobachtung des Ekstasebeginnes anwesend. Urin, Erbrochenes, Blut wurden teilweise nach München, teilweise nach Erlangen zur Untersuchung eingeschickt.« Die vier Mallersdorfer Schwestern machten nach Ewald »einen außerordentlich guten Eindruck und waren geschickt ausgewählt, medizinisch geschult, so daß sie durch die Erscheinungen nicht leicht düpiert werden konnten, eine frühere Operationsschwester, eine Röntgenschwester, eine Zahnarztschwester und eine stenographiegewandte Schwester. Sie ließen sich auch durch den Anblick der Ekstasen nicht verblüffen, waren beim Heraustreten des ersten Blutstropfens aus den Augen sofort mit dem Objektträger bei der Hand, haben alle Anordnungen des Kollegen Seidl aufs pünktlichste befolgt, arbeiteten stets zu zweit und ließen Therese während der vierzehn Tage keine Sekunde aus dem Auge.« Die Anweisungen an die Schwestern lauteten wortwörtlich:

»1. Die vier Schwestern sollen in zwei Wachgruppen sich teilen. Jede Gruppe bekommt ein Gruppenheft ausgehändigt, in das über jede Wache Eintragungen gemacht werden müssen.

2. Die Therese Neumann darf keinen Augenblick allein gelassen werden, weder bei Tag noch bei Nacht, weder im Hause noch in der Kirche, noch im Freien (während der Beobachtungsdauer unterblieb die Ohrenbeichte). Der Abort darf während der Beobachtungszeit nicht benützt werden, sondern alle Abgänge sollen in eine Leibschüssel entleert werden.

3. Die Schwestern haben die Therese Neumann zu waschen. Dabei darf kein Schwamm, sondern nur ein ausgedrückter, feuchter Waschlappen zur Benutzung kommen.

4. Das von den Schwestern zu reichende Mundwasser muß vorgemessen, das benützte Wasser in eine Schale entleert und nachgemessen werden.

5. Auch das zum Herunterschlucken der heil. Hostie benützte Wasser muß von den Schwestern vorgemessen werden.

6. Alle Ausscheidungen: Urin, Gebrochenes, Stuhl, müssen aufgefangen, gemessen oder gewogen und zur Untersuchung dem Arzt sofort geschickt werden.

7. Es müssen fortlaufend Körperwägungen, Temperaturmessungen und Pulsbeobachtungen gemacht werden.

8. Von dem an den Freitagen austretenden Blute müssen auf gut gereinigten Objektträgern Blutausstriche gemacht werden. Ebenso müssen an irgendeinem anderen Wochentage Blutausstriche mit dem durch Einstich in das Ohrläppchen gewonnenen Blute

gemacht und zu gleicher Zeit der Hämoglobingehalt dieses Blutes bestimmt werden.

9. Es müssen über den Beginn der Blutungen und den Verlauf der ekstatischen Zustände an den Freitagen genaueste Beobachtungen und Aufzeichnungen gemacht werden.

10. Es müssen die an den Beobachtungsfreitagen über die Herzwunde gelegten Kompressen sowie die an diesen Tagen benützten Kopftücher abverlangt und aufgehoben werden.

11. Es müssen photographische Aufnahmen von den Stigmen und, soweit dagegen sich keine Schwierigkeiten erheben, von einzelnen Ekstasen gemacht werden.

12. Es soll die Beobachtung der Schwestern auch auf das religiöse Leben sowie das Verhalten gegenüber ihren Angehörigen, gegenüber Personen aus dem nächsten Bekanntenkreise sowie gegenüber fremden Besuchern sich ausdehnen.

13. Bei allen Zweifeln oder sich geltend machenden Widerständen sollen sich die Schwestern sofort schriftlich, mündlich oder fernmündlich an den Arzt wenden.«

Die Protokolle der Schwestern lassen erkennen, mit welcher Gewissenhaftigkeit und Genauigkeit, mit welcher Unvoreingenommenheit und mit welch nüchternem Urteil die Schwestern ihre Aufgabe erfüllten.

Die Beobachtung brachte nach Ewald folgendes Ergebnis: »Die Temperatur war dauernd normal, meist wenige Zehntel über 36°, erreichte nur zweimal abends 36,9°. Auch der Puls bot wenig Besonderheiten; während der ersten Ekstase wurden 60-80 Schläge gezählt, während der zweiten sogar nur 58-62 Schläge. Die Blutausstrichpräparate ergaben normale Verhältnisse. Das Hämoglobin betrug 70, das Blutbild bot keine Besonderheiten. Das Erbrochene enthielt reichlich Blut, das großenteils Umwandlung in Hämatin zeigte. Freie Salzsäure konnte nicht nachgewiesen werden. Mikroskopisch fanden sich keine Speisereste.«

Über die Nahrungsaufnahme berichtet Ewald, daß dieser »während der ganzen Beobachtungsdauer die größte und angespannteste Aufmerksamkeit zugewendet« wurde und die Anordnungen bezüglich des Waschens, des Mundwassers und ähnlichem genau beobachtet wurden. »Trotz der angestrengtesten Beobachtung konnte nicht ein einziges Mal beobachtet werden, daß Therese Neumann, die keine Sekunde allein war, etwas zu sich nahm oder irgendwie versuchte, etwas zu sich zu nehmen. Das Bett der Beobachteten wurde nicht nur beim Beginn der Beobachtung einer strengen Untersuchung unterzogen- es wurde auch jeden Tag nicht etwa durch die Angehörigen, sondern durch die Schwestern gemacht. Weder der Arzt« – das ist Dr. Seidl – »noch die Schwestern meinten annehmen zu können, daß in Bezug auf Nahrungsaufnahme ein Beobachtungsfehler unterlaufen konnte.« Nach Ewald hat Therese Neumann während der Zeit vom 13. Juli bis 28. Juli 1927 täglich nur ungefähr den achten Teil einer Hostie, also im ganzen etwa drei Hostien im Gesamtgewicht von 0,39 g zu sich genommen. Um ihr das Schlucken zu ermöglichen, wurde ihr bei der Kommunion Wasser von ungefähr 3 ccm Menge täglich gereicht. Die Gesamtmenge betrug also ungefähr 45 ccm, mithin etwa drei Eßlöffel Wasser«. (Selbst auf diese wenigen Tropfen Wasser zum Schlucken der Hostie konnte Therese ab September 1927 verzichten.) »Gemäß den Anordnungen wurde Therese Neumann das Mundwasser von den Schwestern vorgemessen, das benützte Wasser in eine Schale entleert. Nur zweimal ergab es sich, daß das entleerte Wasser an Menge geringer war als das gereichte, und zwar am 16. Juli um 5 ccm, wobei die Schwester bemerkte, daß beim Ausspucken ›etwas daneben auf den Boden gekommen sei‹«; der gleiche Unterschied ergab sich am 17. Juli nachts.

Über die Ausscheidungen berichtet Ewald, daß Stuhl während der Beobachtungszeit nicht entleert worden war. »Sie habe sonst im Laufe des Monats Juli überhaupt noch keinen Stuhl gehabt.« Urinentleerungen hatten »am Freitag, den 15. Juli, in einer Gesamtmenge von 345 ccm und in der Zeit vom Donnerstag nachts, den 21. Juli, bis Samstag, den 23. Juli, in einer Gesamtmenge von nur 180 ccm« stattgefunden. »Erbrochenes wurde entleert am Freitag, den 15. Juli, früh 8.48 Uhr. Dabei soll es sich, wie man vermutete, nur um Blut, das von den Augen in den Mund floß, gehandelt haben.« Ewald erwähnt noch, daß in der Nacht vom Donnerstag, den 14. Juli, auf Freitag, den 15. Juli, sowohl von dem Blut, das aus den Augen wie dem, das aus der Herzwunde quoll, Blutausstriche auf Objektträger gemacht wurden. Außerdem wurde am 18. Juli Therese Neumanns Ohrläppchen Blut entnommen.

Ewald muß für die fünfzehn Untersuchungstage zugeben, daß Therese Neumanns erhebliche Gewichtsschwankungen von drei bis acht Pfund sich von selbst wieder aufhoben. Nach fünfzehn Tagen hatte sie das gleiche Gewicht wie zu Beginn der Untersuchungsreihe, nämlich 110 Pfund, also 55 Kilogramm. »Diese Gewichtszunahme aus nichts läßt sich einfach nicht erklären.«

Nachdem Professor Ewald die Unantastbarkeit der Untersuchung, die Tatsache der fünfzehntägigen Nahrungslosigkeit und der unerklärlichen Gewichtskonstanz öffentlich und wissenschaftlich autoritativ erklärt hat, schlägt er eine erstaunliche Volte und schreibt, daß er »trotz der Anerkennung der offenbar ehrlichen Bemühungen exakter Beobachtung von allen Seiten« nicht über den Eindruck hinwegkomme, »daß hier irgend etwas nicht stimmt. Ich selbst«, schreibt er, »habe bei der Annahme, daß die Beobachtung wirklich streng durchgeführt wurde, ein Loch in der Beobachtungsanordnung zwar nicht entdecken können; aber es muß ein solches doch vorhanden sein«, (in einer medizinischen Zeitschrift ergänzt er: »...weil das Ergebnis ein unmögliches ist«.)

Wir erfahren von Ewald nicht, wo er das »Loch« vermutet. »Es ist nicht recht glaubhaft«, berichtet Luise Rinser, »daß er als Mediziner annimmt, was bisweilen Laien denken: Therese habe mit raffinierter Heimlichkeit trotz aller unablässigen Beobachtung Nahrung zu sich genommen. Wieviel Nahrung wäre nötig gewesen, um innerhalb weniger Tage einen Gewichtsverlust von drei oder gar acht Pfund auszugleichen! Soviel Nahrung heimlich zu sich zu nehmen, dürfte recht schwierig sein. Oder glaubt er an Fehler beim Wiegen? Diesen Einfall lehnt er selbst ab. Bleibt also nur die Annahme, daß die Nahrungslosigkeit Thereses Betrug ist – Glied einer Kette von Betrügereien in Konnersreuth, Teil eines höchst raffinierten und komplizierten Betrugssystems.«

»In dieser Beweisführung treten vor allem die Motive hervor, welche die Familie Neumann zu solch einem ungeheueren Delikt verleiten könnten«, folgert Josef Teodorowicz: »Einen solchen Schwindel zu betreiben, der die ganze Welt in Atem hält, und zwar diesen Schwindel nicht einmal, sondern tagtäglich zu erneuern und zu wiederholen; das wäre doch ein Delikt ohnegleichen. Aber dasselbe Delikt unter dem Mäntelchen der Religion und auf Kosten derselben, also auf Kosten dessen, was dem Menschen am heiligsten ist, ohne Unterlaß zustande zu bringen, das wäre schon etwas, wovor es einem jeden Menschen schaudert. Zu diesem Delikte gehören noch die schänderischen Beichten und Kommunionen. Vor jeder näheren Erforschung drängt sich folgende Frage auf: Welches Motiv könnte diese ruhigen Dorfleute zu einem derartigen Weltschwindel verleiten? Es wären nur zwei Möglichkeiten in Betracht zu ziehen«, erwägt Josef Teodorowicz: »Ruhmsucht und Geschäft. Beide Möglichkeiten scheitern aber an der objektiven Analyse. Was die Eltern anbelangt, so ist für sie der Weltruhm Theresens zu einem häuslichen Drama geworden, und ihr ganzes Streben geht danach, die Tochter dem Weltblick zu entziehen. Der Erleichterungsseufzer des Vaters, als er die Nachricht erhielt, daß von seiten des Ordinariats die Verordnung erlassen wurde, die Bewilligung zum Besuche Konnersreuths zeitweise zu verweigern, ist in dieser Hinsicht charakteristisch: ›Endlich haben wir unsere Tochter für uns!‹

Und das Geschäft? Ich habe bereits an anderer Stelle dargelegt, daß als Norm im Neumannschen Hause der Spruch Theresens gilt: ›Ich habe nicht Blut ums Geld!‹ Die Zurückweisung eines Filmangebots durch den Vater, das ihn mit einem Male zum reichen Mann gemacht hätte, ist der beste Beleg für die Uneigennützigkeit der Neumannschen Familie.« (»Diese Geschäftemacher hätten das Haus Neumann in ein Theater umgebaut und hätten Millionen gezahlt, wenn Therese in ihrem Leidenszustande hätte gefilmt werden dürfen«, erinnerte sich Kardinal Faulhaber. »Der biedere Neumann schlug das Angebot aus.«) »Aber wenn man Therese auch eines Betruges während dieser Tage der strengen Überwachung beschuldigen wollte«, fährt Josef Teodorowicz fort, »wie wäre es möglich, daß ein solcher Betrug von den vier vereideten Schwestern und von den Ärzten nicht bemerkt würde? Des öfteren besuchte ich Pfarrer Josef Naber, den Seelsorger der Stigmatisierten, um ihn darauf aufmerksam zu machen, in welchem Maße die Nahrungslosigkeit angezweifelt werde und wie sehr man auch mich anfeinde, der ich doch davon überzeugt sei. Als ich Therese Neumann wieder einmal eine belgische katholische Zeitung vorlegte, die dagegen hart polemisiert hatte, sagte sie mir: ›Wie oft hab' ich den Heiland schon gebeten, er möge diese Nahrungslosigkeit von mir nehmen, denn die Leut' glaubn's ja sowieso net.‹ (Pfarrer Naber äußerte dazu: ›Wenn ich diese Nahrungslosigkeit bezeugen müßte, so würde ich dafür mit meinem Leben einstehen‹.)«

Die öffentliche Erörterung des Falles Konnersreuth

Daß die öffentliche Erörterung des Falles, der eine einzige Zumutung für den Geist der Moderne war, seit der Stigmatisation Therese Neumanns alle Rekorde brach, versteht sich. Der Markt wurde freitags das Reiseziel von Tausenden, die die Stigmatisierte in ihren Leiden sehen und zum Teil auch andern Tags im gewöhnlichen Zustand sprechen wollten. Ehrliches Bedürfnis mischte sich mit Neugier. Der aufmerksame Beobachter konnte erleben, daß auch Menschen, die gleichgültig oder spottend auf die Gegenüberstellung mit der Stigmatisierten warteten, beim Anblick selbst ernst und nachdenklich wurden. Gleichzeitig setzte die öffentliche Erörterung ein. Die Presse aller Richtungen beschäftigte sich mit dem Fall. Die ärztlichen Berichterstatter der Zeitungen, aber auch andere Ärzte, die zahlreich Konnersreuth besuchten, waren fast ausnahmslos in ihrem Urteil einig, es liege ein Fall von schwerer Hysterie mit bewußter oder unbewußter Täuschung in der Ernährungsfrage vor. Diese Feststellungen in breitester Öffentlichkeit konnten aber die Anziehungskraft nicht mindern, im Gegenteil, sie lenkten die Aufmerksamkeit immer breiterer Kreise auf das Geschehen. Der Andrang wurde immer stärker. Auch die Parapsychologen bemächtigten sich des Falles. Sie suchten ihn zum Teil durch Vampyrismus, also durch Kraftentnahme aus dem Körper von Personen der Umgebung oder durch Apport von Astralmaterie zu erklären. Später tauchte auch die Theorie von einem angeblichen Atmen durch die Stigmen auf. Vielen weltanschaulich radikal eingestellten Richtungen wurde der Fall immer unbequemer.

Die einsetzende Erörterung veranlaßte endlich Fritz Gerlich, Chefredakteur der »Münchner Neuesten Nachrichten«, den Vorgang selbst zu überprüfen. Am 15. September 1927, spätnachmittags, trat er zum ersten Mal über die Schwelle des Konnersreuther Pfarrhofs.

Der Kampf gegen Konnersreuth arbeitete vielfach mit starken Übertreibungen. Aus dem Ausbau eines Giebels im Neumannhaus wurde die Herstellung eines stattlichen Hauses. Die mehr als schlichten Gasthäuser in Konnersreuth verwandelten sich in Hotels. Tatsächlich hatte sich mit Ausnahme des erwähnten Giebels im Neumannhaus und des Einbaus von wenigen Zimmern im ersten Stock eines schon lang bestehenden Gasthofes nichts geändert. Auch die Preise waren landesüblich geblieben, sie hatten keineswegs jene schwindelnde Höhe erreicht, von der manche Gegner der Vorgänge in Konnersreuth sprachen. In der linksradikalen Presse verstieg sich der Kampf zu offenen Drohungen mit Gewalt, falls die bayerische Regierung sich nicht entschlösse, Therese Neumann zu internieren. An die Kirche wurde geradezu die Forderung gerichtet, sie in einem Kloster vor der Öffentlichkeit zu verschließen. Widrigenfalls würden organisierte Anhänger dieser Richtung nach Konnersreuth ziehen und selbst mit Gewalt ihre Forderungen durchsetzen.

Schließlich gipfelten die Angriffe auf Therese Neumann in Verleumdungen ihrer Person. In der zweiten Hälfte des Oktobers 1927 veröffentlichte die Breslauer kommunistische Wochenschrift »Die Tribüne« in einer Sonderausgabe folgende Erklärung: »Die ›Heilige von Konnersreuth‹ entlarvt! Aus ihrer Vergangenheit. Die Geliebte des Gauklers. Das uneheliche Kind der Heiligen. Was sagt die Kirche dazu?«

Skrupellose Geschäftemacherei führte dazu, daß ein Berliner Vorstadttheater »Ein Legendenspiel: das Rätsel von Konnersreuth« aufführte, daß man ferner die fingierte Verfilmung ihrer Schauungen in Leipzig versuchte und ihre Büste auf offenen Schaustellungen, zum Beispiel beim Münchner Oktoberfest, vorzeigte.

Das Zerwürfnis

Gerlichs Verhältnis zu Cossmann verschlechterte sich gegen Ende des Jahres 1927 zusehends. Er wurde der selbstherrlichen Haltung des »Professors« langsam leid. Auch Cossmanns Freunden Karl

Alexander von Müller und Josef Hofmiller wurde dessen Denken fremd. Immer weniger duldete Herausgeber Cossmann Widerspruch von seinem Chefredakteur. Ein handfester Krach mit Cossmann und Otto Pflaum, dem Geschäftsführer der Zeitung, führte schließlich zur Trennung. Aretin vermutete hinter dieser Trennung, besser zu sagen wäre Entlassung, eine persönliche Entgleisung Gerlichs gegenüber Cossmann, bei der angeblich der Alkohol im Spiel war. Wenn dies zutraf, war der Vorfall nicht minder als Folge unerträglich gewordener Spannungen zu werten. Gerlich sah sich außerstande, Cossmanns nationalistisch-mystischen Kurs – in diesen aufgeregten Zeiten freilich keine außergewöhnliche Mischung – zu vertreten. Er fühlte sich beengt und fürchtete mit Recht, nicht mehr schreiben zu können, wie er wollte.

Das Leben eines Chefredakteurs pflegt tagsüber mit Besprechungen und Besuchen, mit Verwaltungsarbeiten und Erledigung des notwendigen Briefwechsels so überlastet zu sein, daß eine Abspannung am Abend die natürliche Folge ist. »Besonders am Abend aber«, erinnerte sich Aretin, »häuft sich die zeitlich kurzbefristete Arbeit. In dieser Hetze nun ist es nötig, im Angesicht eines unbarmherzig vorrückenden Uhrzeigers allenfalls einen Leitartikel zu schreiben, der besonders durchdacht sein will. Es ist mehr als natürlich, daß der Organismus dann irgendeiner Aufpeitschung bedarf, die entweder in Alkohol oder Coffein oder Nikotin besteht. Gerlich, dessen Temperament keine Halbheiten und kein Phlegma kannte, hatte dieses dringender nötig als andere und hatte dementsprechend eine starke Vorliebe für guten Bordeaux, Cognac oder Sekt und erschien oft zum Abschluß der Zeitung mit einem steinernen Maßkrug, dessen undurchsichtige Wände den Augen, wenn auch nicht gerade dem Wissen der Setzer und Metteure, den Inhalt einer Flasche Sekt verbargen, ohne daß solche Anregung normalerweise sich nach außen bemerkbar machte.« Dennoch begann er sich unter Therese Neumanns Einfluß des Alkohols mit eiserner Energie zu enthalten, obwohl er zwischen dem aufwühlenden Erlebnis in Konnersreuth, wo er einen unauslöschlichen Eindruck von Freiheit, Wahrheit und Liebe empfangen hatte, und der immer drückenderen Abhängigkeit von Cossmann zerrissen wurde. Schließlich genügte es, wenn Cossmanns Blick unter den schwarzen Augenbrauen bohrender wurde, wenn die senkrechte Stirnfalte sich tiefer grub, um ihn in Wallung zu bringen. Gerlich suchte förmlich Streit, um die Fesseln, die ihn täglich härter schnürten, zu sprengen. Er überwarf sich mit seinem hochherzigen Gönner, der ihn in seine Stellung als Chefredakteur der »Münchener Neusten Nachrichten« gebracht hatte. Andererseits muß man in der Preisgabe dieser hochdotierten Position um der Meinungsfreiheit willen ein großes Opfer sehen.

Der äußere Anlaß für die Trennung war eine Beleidigungsklage des Kultusministers Franz Xaver Goldenberger gegen Gerlich. Der für die Bayerischen Staatstheater zuständige Ministerialrat Daxenberger hatte im Verlauf einer Unterredung im Kultusministerium die Beschuldigung erhoben, die »Münchner Neuesten Nachrichten« rezensierten die Bayerische Staatsoper deshalb so schlecht, weil es Cossmann nicht gelungen sei, den mit ihm eng befreundeten Komponisten Hans Pfitzner zum Intendanten zu machen. Das Gespräch wurde immer hitziger geführt; schließlich verstieg sich Daxenberger zu der Behauptung, seine Anschuldigung entspreche der einhelligen Meinung des Ministeriums. Gerlich verlor offenbar die Nerven. Er wies am nächsten Tag in den »Münchner Neuesten Nachrichten« Daxenbergers Angriffe auf die von ihm redaktionell geleitete Zeitung, hitzig und ungeduldig wie je, als »dreiste Lüge« zurück und beschuldigte seinerseits das Ministerium, Druck auf die Zeitung auszuüben. Daraufhin klagte Goldenberger.

Wenige Tage später, am 15. Februar 1928, feierte Gerlich seinen 45. Geburtstag; ein einziges Mal trank er wieder nach der Enthaltsamkeit langer Monate, warf den Fehdehandschuh und verließ die »Münchner Neuesten Nachrichten«. (Der Prozeß endete übrigens, nachdem sich Ministerpräsident Held eingeschaltet hatte, mit einem Vergleich.)

Daß Gerlich sich nach seiner Entlassung Aretin gegenüber zu dessen Verblüffung in geradezu ausgelassener, euphorischer Stimmung präsentierte, beweist die Spannung, unter der er gestanden war. Aretin selbst urteilt: »Ich habe Gerlich erst 1924 kennengelernt, als ich in die von ihm geleiteten ›Münchner Neuesten Nachrichten‹ eintrat, und nur vier Jahre in täglicher, nächster Berührung mit ihm zusammengearbeitet.« Das Verhältnis des Vertrauens und der Freundschaft entbehrte zwar ab 1928 des täglichen Umgangs, überdauerte aber Gerlichs Ausscheiden.

Gerlich wohnte im ersten Stock des Eckhauses der Richard-Wagner-Straße zur Gabelsbergerstraße. Es war ein großzügiger Bau im gemäßigten, manches Jugendstilmerkmal vorwegnehmenden, Historismus von 1875 mit Flacherker und Balkon. Ein schönes Stiegenhaus mit Handlauf und schmiedeeisernem Geländer führte zur Wohnung hinauf. Hier hatte er schon vor zwei Monaten die Arbeit an seinem zweibändigen Standardwerk über »Die Stigmatisierte von Konnersreuth« begonnen. In den kommenden anderthalb Jahren sollte die Fertigstellung dieses auf sorgfältigen Forschungen und exakten Daten beruhenden Werkes Gerlichs ausschließliche und emsige Arbeit bleiben. Er schrieb daran bis zur Rückkehr in den bayerischen Archivdienst.

Nach seinem Eintritt in die Redaktion der »Münchner Neuesten

Nachrichten« hatte er sich bekanntlich die Möglichkeit offengelassen, ins Archiv zurückzukehren. Die ausdrücklich dafür angesetzte Frist von zwei Jahren war mehrfach verlängert worden. Wenige Tage vor Ablauf der letzten Verlängerungsfrist, am 26. Juni 1928, stellte er beim damaligen Generaldirektor der bayerischen Archive, Otto Riedner, einen Antrag auf Wiederbeschäftigung. Am 1. November 1929 nahm er seine Tätigkeit im oberbayerischen Kreisarchiv (Ludwigstraße 23, später Himbselstraße 1 a) wieder auf.

Karl Otmar von Aretin, der Sohn Erweins, spricht angesichts dieser Rückkehr Gerlichs in die Archivlaufbahn von »ruhigen Gewässern«. Denn seit dem 15. September 1927 hatte sich sein Leben »durch die Begegnung mit Therese Neumann vollkommen gewandelt. Die Entwicklung der Jahre 1929/30 von der großen Koalition zum Verfassungsexperiment Brüning, dessen Auftrag eine Veränderung der Weimarer Verfassung im Sinn einer stärkeren Stellung des Reichspräsidenten war, machte Gerlich, eingebunden in das Konnersreuther Erlebnis, am Schreibtisch des Oberbayerischen Kreisarchivs mit. Erst drei Jahre nach seinem Ausscheiden aus der Redaktion der ›Münchner Neuesten Nachrichten‹ bot sich ihm eine neue Chance publizistischer Tätigkeit.«

Vorher klärte er sein Verhältnis zur katholischen und apostolischen Kirche. Denn schon vor Anbruch der dreißiger Jahre ahnte er, daß eine Zeit kommen werde, die das Lächeln von den Gesichtern wischt.

Fünftes Kapitel
Michael

Anfechtungen

Es bedarf keines Beweises, daß die Arbeit an einem zweibändigen, auf siebenhundert Seiten angelegten Quellenwerk ungeheure Arbeitskraft erfordert. Von früh bis spät saß Gerlich am Schreibtisch; kaum gönnte er sich den ablenkenden Blick hinunter auf die Fußgänger und gelegentlich vorbeirollenden Automobile der Gabelsbergerstraße, fühlte sich aber, je tiefer er »in das Thema einstieg«, umso deutlicher an der schriftstellerischen Leistung gehindert. In ihm setzte sich zwar ein ganz und gar kritischer Geist mit Konnersreuth auseinander, aber so sehr er einst gefürchtet hatte, Aretin könnte mit seiner Lobeshymne die weltoffenen »Münchner Neuesten Nachrichten« lächerlich machen, so sehr erfüllt war er nun von einem geradezu missionarischen Eifer für das Geschehen um Therese Neumann.

Seiner aufreibenden journalistischen Tagesfron ledig, fand er (bis zum Antritt geregelter Archivstunden am 1. November 1929) Zeit, sich zunächst der Erforschung des ihn vor allem Beschäftigenden zuzuwenden, dann aber seinen Kampf um Wahrheit und Recht gegen die drohende »Machtergreifung« durch den Dämon, ohne Rücksicht auf fremde Besitzer einer Zeitung, zu führen. Nicht verwunderlich, daß er gesundheitliche Beeinträchtigungen, die ihn zunehmend hemmten, auf ein Eingreifen des Bösen zurückführte, das ihn mit immer spitzfindigeren und erfindungsreicheren Methoden an der Bewältigung des gewaltigen Werks hinderte. Er betrachtete diese gesundheitlichen Einbußen, wie Kreislaufstörungen, Atmungsschwächen und Herzattacken, als Anfechtungen, die sich hier nur zaghaft ankündigten, später aber deutlicher und heftiger seinem Lebensziel in den Weg stellten, dem Streit für die Wahrheit, der ein Kampf zugleich für Konnersreuth und gegen Hitler war.

»Ich bin oft in Konnersreuth gewesen«, schrieb er in der Einleitung, »so daß eine Zusammenrechnung der Tage die Zeitspanne von rund 5 Monaten ergibt. Einmal war ich über sechs Wochen ununterbrochen dort. Ich habe von Anfang an bei allen Beteiligten das größte Entgegenkommen gefunden, obwohl meine kritische Einstellung und meine Absicht, soweit als möglich das dortige Geschehen aufzudecken, ebenso bekannt waren wie meine Nichtzugehörigkeit zum Katholizismus. Dieses Entgegenkommen hat mir einen um so größeren Eindruck gemacht, als nach der peinlich genauen Art, in der ich zu untersuchen gewohnt bin, meine Arbeit für alle Beteiligten mit viel Belästigung und Zeitaufwand verbunden war. Herr Pfarrer Naber machte es sich zu einer ganz besonderen Pflicht, mir Aufenthalt und Arbeit in Konnersreuth so weit als möglich zu erleichtern. Er nahm mich beständig als Gast in seinem

Das Haus Richard-Wagner-Straße 27 in München um 1900. Hier wohnte Fritz Gerlich von 1914 bis 1933 im ersten Stock. Seine Fenster gingen rechts vom Eck auf die Gabelsbergerstraße.

Das Haus Richard-Wagner-Straße 27 in München im Jahre 1994.

Hause auf (...) Manches widersprach auf das weitestgehende jenen Auffassungen, die ich mir im Laufe meiner Untersuchungen von einzelnen Geschehnissen, im besonderen auch von solchen ihrer Krankheit, gemacht hatte. Es hat mich manchmal Wochen und Monate gekostet, diesen meiner anfänglichen Ansicht nach unrichtigen Erklärungen auf den Grund zu gehen. Und ich habe dann jedesmal erlebt, daß der Irrtum bei mir und nicht in der Erklärung aus dem erhobenen Ruhezustand der Therese Neumann lag. Ich habe ferner in mehr als einem Fall am eigenen Leben erprobt, daß die Voraussagen, die mir durch Therese Neumann in diesem Zustand wurden, sich gegen alles Erwarten verwirklichten. Unter ihnen befanden sich auch solche, denen gegenüber ich ihr in dem betreffenden Gespräch erklärt hatte, daß ich ihre Verwirklichung für ganz unmöglich halte. Ich wäre in meinem Leben der letzten eineinhalb Jahre vor manchem schweren Schaden bewahrt geblieben, wenn ich diese Erklärungen immer gleich als richtig angenommen und darnach gehandelt hätte (...) Die große Zahl solcher Erfahrungen und das Ergebnis kritischen Forschens geben mir den Mut, diese Arbeit zu veröffentlichen. Ich habe ihr ein Geleitwort mitgegeben: *Amicus Plato, magis amica veritas* – Lieb ist mir die platonische Philosophie, lieber ist mir die Wahrheit. Das Wort trifft die geistige Lage des Verfassers. Ich kam nach Konnersreuth als Mann von fast fünfundvierzig Jahren, der seit seinem zwanzigsten Lebensjahre sich am öffentlichen Leben seines Vaterlandes tätig beteiligt und schließlich auch manche Gedanken über die Natur, die uns umgibt und von der wir ein Teil sind, ferner über Sinn und Zweck des Lebens gemacht hatte, so daß ich sagen konnte, ich hatte mir eine Weltanschauung errungen. In dieser Weltanschauung hat manches, was ich bei Therese Neumann erlebte oder erforschte, keinen Platz. Das war für mich ein Grund mehr, recht lange und so vorsichtig und mißtrauisch wie möglich diese Geschehnisse zu prüfen.«

Daß einst naturwissenschaftliche und anthropologische Studien Gerlichs Steckenpferd gewesen waren, kam ihm bei seiner Arbeit sehr zustatten. In stundenlangen Gesprächen mit Therese Neumann, die über so viel Neugier gelegentlich humorvoll-erbost war, aber dem ernsthaft-gründlichen Forscher stets geduldig Rede und Antwort stand, gelang es ihm, die unterschiedlichsten Einzelheiten, Stürze und Unfälle mit genauen Daten festzuhalten, die den behandelnden Ärzten entweder unbekannt geblieben oder von ihnen für unwichtig gehalten worden waren. Feststeht, daß mit Gerlichs zwei Bänden eine Arbeit geleistet wurde, deren Folgerichtigkeit in der einschlägigen Literatur ohne Beispiel ist. Als wichtig erschien es ihm dabei, die Behandlungsmethode des alten

Landarztes aus Hohenberg an der Eger, Wilhelm Burkhardt (1856–1919), unter die Lupe zu nehmen. So stützte er sich nicht nur auf dessen Rezepte, um herauszufinden, welche diagnostischen Erkenntnisse ihn dabei geleitet hatten, sondern forschte nach dessen in alle Winde zerstreuter Bibliothek, um aus diesen Werken zu erkennen, was Burkhardt veranlaßt haben mochte, gerade solche Rezepte zu verordnen.

Therese Neumann 1928 im Pfarrgarten von Konnersreuth, zwei Jahre nach der Stigmatisierung. Bisher unveröffentlichte Aufnahme von Pater Ingbert Naab für das Gerlich-Buch (1929).

Wenn Gerlich »Voraussagen« Therese Neumanns im gehobenen Ruhezustand erwähnt, muß ergänzend angemerkt werden, daß Therese in ihren Visionen seine Seele durchschaute, seinen Unglauben und seinen Zweifel erkannte, ihn gleichwohl annahm und keineswegs zurückstieß. Zwar warnte sie den Pfarrer, daß Gerlich nur Glauben heuchle, nichts konnte sie aber davon abhalten, sich mit seiner Seele zu befassen.

Unter die zwei Bände »Die Lebensgeschichte« und »Die Glaubwürdigkeit der Therese Neumann« setzte er am 6. August 1929 den Schlußstrich und schrieb: »Ich lege im folgenden das Ergebnis dieser Prüfung vor. Wie meine Weltanschauung sich damit abzufinden vermag, steht hier nicht zur Erörterung. Hier handelt es sich um die Tatsachen des Lebens der Therese Neumann. Wissenschaftliches Forschen – sogenannte objektive oder neutrale Wissenschaft – hat meines Erachtens sich nur von einem einzigen Gedanken leiten zu lassen, und der heißt für jede Weltanschauung: ›Du sollst nicht falsch Zeugnis reden‹.«

Heilige Nacht

Nach Gerlichs Angaben wurde Therese am 24. Dezember 1927 nachts um elf Uhr dreizehn in eine Schauung gerissen. Im Zustande des Eingenommenseins beschrieb sie die Krippe: »Der Stall is am

150

Felsen ghängt und hat ein halbschräges Dach ghabt. In dem Stall san an der Wand hinten und auf der Seiten Pfeiler gwen, fast einen Meter hoch. Hinten links an dem Pfeiler ist ein Esel angehängt gwen. Das Butzerl is in einer Krippen glegen. Woißt, nicht in einer solchen Krippen, aus denen man bei uns das Viech füttert, sondern anders. Sie ist aus Holz gwen und is auf gekreuzten Füßen gestanden. Die hintere Wand ist zwei Hand höher gwen und grad. Es san mehrer Krippen dagwen. Die, in die s' das Butzerl glegt ham, die is mehr in der Mitten und fast gegnüber dem Eingang gstanden.«

Therese Neumann fragte, wer wohl das Butzerl gewesen sei. Als ihr darauf gesagt wurde, daß es der Heiland sei, wurde ihre Freude erst recht groß. »Die Mutter ist neben dem Heiland links g'standen und hat das Kind erst an den Handerln gestreichelt, Joseph war rechts vom Kind, er hat erst die Händ gefaltet und was Lauts g'sagt, was ich nicht verstanden hab. Maria hat die Arme gekreuzt. Das Kind hat dunkelblaue Augen gehabt und gekräuselte Haar. Das Stroh, auf dem's gelegen is, ist stärker gwen als das bei uns und hübsch dunkel. An der Wand links ist Weizenstroh und solches dunkle starke Stroh aufgeschichtet gwen. (Es waren, wie sie im erhobenen Ruhezustand später erklärte, Binsen.) Da drüber ist eine graue Decken glegt gwen. Auch ein Licht haben s' ghabt. Das is von der Stalldecken heruntergehängt und hat aus einem Schnabel gebrannt.«

Gerlich zeichnet nach den Angaben von Therese Neumann den Grundriß des Stalls.

Verkündigung der Geburt Christi an die Hirten

Am 25. Dezember 1927, um 1.20 Uhr früh hatte Therese Neumann erneut eine Schauung. Wie sie im darauffolgenden Zustande des Eingenommenseins schilderte, sah sie sich vor eine Hütte versetzt, die ungefähr eine halbe Stunde südlich des Stalles und etwa fünfzig Meter links von der Straße an einem Hügel lag. Die ganze Flur war hügelig. Die Hütte war knapp zwei Meter hoch, mit Binsen schräg gedeckt und in eine Felsenecke eingefügt, so daß die Vorder-(West-) Seite mit drei dicken runden Tragstangen und die Südseite mit noch einer solchen Stange am Felsen offen waren. Die Hütte war ungefähr halb so groß wie der Stall bei Bethlehem. In der Hütte hatten acht Hirten ihr Nachtlager auf Binsen und Binsenbüscheln unter dem Kopf. Allerlei Decken- und Fellzeug lag umher. Auch befanden sich dreizehn größere und kleinere, weiße und braune Schafe, die Lieblingsschafe der Hirten, sowie ein mittelgroßer schwarzer und ein kleiner brauner Hund, beide mit langen Haaren und hängenden Ohren, in der Hütte. Um die Hütte herum waren sieben Pferche mit ungefähr fünfhundert Schafen. Plötzlich wurde es blendend hell. Alles in der Hütte schreckte auf. Furchtsam spähten die Hirten aus der Hütte heraus nach der Ursache der Erscheinung. Was war zu sehen? In einer Entfernung von etwa drei Metern und in ebensolcher Höhe stand vor der Westseite der Hütte auf einer lichten Wolke ein Engel höherer Ordnung, eine Jünglingsgestalt aus Licht in glänzend weißem Gewand mit langen weiten Ärmeln, bis zum Hals und zu den Knöcheln reichend und umgürtet.

Laut Pfarrer Nabers Tagebuch sagte Therese: »Das war einer, weißt, wie der ›Schelam lich Miriam‹« (Gabriel). (Therese bezog sich dabei auf ihre Vision vom Tag »Mariä Verkündigung« am 25. März.)

Zurück zu den Hirten: Die langen Haare des Engels fielen in der Mitte auseinander. Die linke Hand lag auf der Brust, die rechte war erhoben. Er hatte keine Flügel. Die ganze Umgebung wurde von Licht, das von dem Engel ausging, erhellt. Wie beruhigend, aber klar, freudig und feierlich, sprach der Engel zu den Hirten in deren Sprache. Zweimal wies er mit der Rechten in der Richtung nach links. Als er zu sprechen aufgehört hatte, erschienen um ihn herum viele andere Engel (gewöhnliche Engel, mehrere hundert) in gleicher Lichtgestalt auf lichtem Gewölk. Nachdem sie einen herrlichen Gesang gut ein halbes dutzendmal unter Begleitung von Musikinstrumenten (Saiten- und Blasinstrumenten) unter gespannter Aufmerksamkeit der Hirten, offenbar in deren Sprache, wiederholt hatten, entschwand die ganze himmlische Erscheinung.

Aretin ergänzte später, und auch er bezog sich noch einmal auf die Verkündigung: »Nach meinem vielleicht unzuverlässigen Erinnern hört Therese zu Weihnachten das ›Gloria in Excelsis Deo‹ nicht auf aramäisch, sondern auf hebräisch, der liturgischen Sprache der Juden. Der Vorgang der Geburt Christi ist kein Gebärvorgang im medizinischen Sinn. Maria beugt sich über die Krippe, in der plötzlich das leuchtend strahlende Kind liegt. Bei der Zeugung (Mariä Verkündigung) geht von der Hand des Erzengels ein leuchtender gelb-roter Strahl aus und verschwindet im Leib Mariä. (Beide Male also 'Intemerata Virginitas'.) Es ist der gleiche Heiland, der nach der Auferstehung durch verschlossene Türen ging.«

Die Hirten besprachen sich jetzt etwa eine Viertelstunde lang, was zu tun sei. Dann machten sie sich auf und zogen gegen Bethlehem. Die dreizehn Lieblingsschafe und die zwei Hunde liefen ihnen nach. Der Stall, in dem der Erlöser geboren worden war, gehörte den Herren dieser Hirten. In ihm hofften sie das neugeborene Knäblein zu finden. Ihre Hoffnung steigerte sich, als sie von der Straße her Licht aus dem Stallfenster dringen sahen.

Anbetung des Kindes durch die Hirten

Erst sah Therese die acht Männer mit ihren Schafen und Hunden vor dem Stall. Der anscheinend Älteste rüttelte an der Stalltür (sie war mannshoch und etwas über einen Meter breit), worauf Joseph – nach längerem Zögern – die Tür öffnete. Die Hirten erzählten, wie aus ihrem Deuten gegen Süden zu schließen war, was sie eben erlebt hatten, worauf Joseph einiges zu ihnen sprach und auf das Kind und seine Mutter hinwies. Dann führte er sie zur Krippe, in der das Kindlein lag. Die Hirten betrachteten es mit sichtlicher Liebe und Freude. Hierauf sprachen sie einige Worte zur Mutter, die bei ihrem Eintritt rechts der Krippe auf einer (wohl über Stroh gebreiteten) Decke gesessen und nun aufgestanden war. Sie zeigte unter einigen Worten den Hirten das recht frisch aussehende Kindlein und wickelte es etwas aus. Voll Staunen und Begeisterung betrachteten alle, besonders der Älteste, das Kind. Dann knieten sie alle um die Krippe nieder (»bis zur Stirn sans niedergfalln«) und beteten. Maria hielt andachtsvoll die Hände über der Brust gekreuzt; sie war in braunrotem Obergewand, wollgelbem Schleier, großem wollenen Schultertuch und Ledersandalen. Auf dem Stroh in der linken vorderen Ecke lag ein Mantel. Joseph hatte die Hände vor der Brust in Kinnhöhe erhoben und die Finger ineinandergeschlungen; er trug einen dunkelgelben Rock. Gegürtet hatten Maria und Joseph ihren Rock mit einer Binde von der gleichen Farbe. Joseph war ohne Kopfbedeckung. Seine Haare waren ziemlich schwarz und hingen etwas wirr vom Scheitel in der Mitte bis zu den Schultern hinab. Sein Bart war mittellang, dicht, nicht geteilt, und etwas heller. Der Ausdruck seines Gesichtes war ruhig, mild und freundlich. Von den Hirten war einer ziemlich alt, ein zweiter war schon bejahrt, beide graubärtig, vier standen in mittleren Jahren, waren bartlos. Den Kopf hatten vier umbunden, zwei trugen runde Hauben aus Fellen, zwei waren ohne Kopfbedeckung. Die Haare fast aller reichten bis zu den Schultern. Die einen hatten Röcke, die bis zu den Knöcheln, die anderen solche, die bis zu den Waden reichten (oberpfälzisch: ôi... ôi...: die einen, die anderen). Zum Teil waren sie nur mit ärmellosen Fellen bekleidet, die um die Lenden mit einem Strick zusammengehalten wurden. Andere trugen Röcke und dazu Felle um die Schultern. Die Füße waren bei einigen bloß, einige trugen Sandalen, einige hatten die Füße und Unterschenkel mit Binden umwickelt. Etwa sechs hatten über mannshohe, oben gebogene Stecken. Der Älteste betete mit ausgebreiteten Armen, die anderen hielten die Hände wie Joseph. Dieser Älteste trug den Kopf umbunden, hatte lange weiße Haare und einen gleichfarbigen Bart. Bekleidet war er mit einem braunen Rock bis zu den

Knöcheln, um die Schultern lag ein großes wollgelbes Fell, um die Füße waren Binden gewickelt. Alle Hirten waren sehr andächtig. Die Schafe und Hunde hatten sich zwischen sie gedrängt. Nur ein Lamm war an der zugeschobenen Stalltür stehengeblieben. Eines ihrer Schafe schenkten die Hirten der heiligen Familie. Schon bald aber gaben es Maria und Joseph wieder weg an einen sehr armen Hirten. Ein Mutterschaf mit einem Lamm, das sie später geschenkt erhielten, verkauften sie, um sich mit dem Erlös Notwendiges zu erwerben.

Verurteilung und Steinigung des Stephanus

Am 26. Dezember 1927 um 6.02 Uhr morgens wurde Therese Neumann wieder in eine Schauung gerissen. Das Spiel der Mienen und Hände war sehr lebendig. Infolge eines Katarrhs rann ihr während der Schauung die Nase und wurde geputzt, ohne daß sie ein äußeres Zeichen der Wahrnehmung gab. Um 6.12 Uhr endete die Schauung; nach kurzer Ruhe sprach sie, und zwar im Zustand des Eingenommenseins: »Ein gunger Moa (junger Mann) ist dagwest. Und oben ist einer gwest, den hab i schon oft gsehng. Dös is der, der sein'n Kittel zerrissen hat vorm Heiland. Er hat was umg'habt um die Stirn und da drauf war was einkrag'lt (einge-schrieben), was ich schon g'sehn hab. Es schaut so aus wie das, was einkrag'lt ist überm Kreuz.« (Es waren die hebräischen Zeichen für Jahwe, die der Hohepriester an der Stirn trug.) »Er hat's Kappl aufg'habt, mit so Sichln und vorn sei' Tafel und an Mantel mit Gold-fransen. Er hat was g'sagt. Der Stephanus hat nichts g'sagt, da hams ihn 'bunden. G'fürchtet hat er sich nicht, wie sie ihm die Arme über Kreuz 'bunden ham. Dann hat der Stephanus gred't und zum Himmel hinauf 'deut't. Fest hat er gred't. Der hat sich nit g'fürcht! Das hat mi gefreut. Sei Red hab ich nicht verstanden. Er hat dieselbe Sprach g'habt wie der Heiland.

Dann hams dem obern Moa eine Rolle Papier bracht. Daraus hat er g'lesen. Dann ist er aufg'standen und hat machtig g'redt. Er hat was Langs ang'habt, das hat er g'schlitzt und dabei g'schrien und noch was Machtigs g'sagt.(*Sachla dimauta* erinnerte sich Therese Neumann gehört zu haben.)

Da habn s' den Stephanus gebunden durch die Straßen g'führt; da durchi, wo auch der Heiland gangen ist.« Sie beschrieb den Weg näher. »Sie haben ihn nausg'führt, sei' Montur auszogn und ei'm gungen Moa geben. Täuscht's mi net, so war er Ende zwanzig. Der war net gut gsinnt auf den Stephanus. Dann haben s' Steiner g'nom-men, der Gunge nicht. Vorher haben s' ihre Montur auszogn, daß die Arm bloß warn. Dann habens fortwährend Steiner auf ihn g'worfen. Stephanus hat zum Himmel aufg'schaut und gebet't. Dann hat er sich hingekniet. Von alle Seiten habens Steiner g'worfen. Im Kreis sans g'standn; an G'sicht, Kopf und Händ hat er blutet. Einer nach dem andern hat g'schmissen. Eine Freud hams g'habt. Andere ham Steiner zutragen. Ein weißwollens langs G'wand hat er ang'habt, der Stephanus, und so Schuch' die mit Riemen bunden waren. Wie s' ihm dann große Steiner in die Seiten g'schmissen ham, hat's ihn so g'rissen (sie machte den Sturz nach). Da hat er bet't und *Abba...* g'sagt. Auf einmal ist er matt und gelb worden; 's G'sicht ist lang worden; er ist niederg'sunken. Der Kopf ist so niederg'sunken (sie machte die Bewegung nach). A Liacht ist von ihm aussa in d' Höh g'fahren. Dann ist er ganz niederg'sunken. Dös Liecht war a breiter Strahl von der Brust aussa und is lang in die Höch' gangen. Sobald der Liechtstrahl von seiner Brust weg ist, ist er ummig'fallen.« Der Pfarrer ergänzte aus einer früheren Vision, daß der Tod des Stephanus im gleichen Jahr anzusetzen sei wie der des Heilands.

Später hat Therese Neumann dem Pfarrer einen erläuternden Bericht gegeben: Sie sah sich in der ersten Schauung in den Hohen-Rat-Saal vor der ersten Säule links des Eingangs in der Mitte der Rückwand versetzt. Der Hohe Rat – er hatte achtundsechzig Mitglieder – war bereits unter dem Vorsitz des Kaiphas versammelt. Dieser trug heute einen Mantel – wie einen Vespermantel – mit gelbrotem Untergrund und daraufgestickten goldenen Blumen und handbreitem goldenen Saum. Stephanus wurde von zwei jüdischen Soldaten, neben denen noch zwei andere gingen, hereingeführt. Die vorn herabhängenden Hände waren ihm kreuzweis mit einem Strick zusammen- und am Leib festgebunden. Um die Mitte war ihm ein Ledergürtel gelegt, von dem rechts und links ein Strick zum Führen ausging. Er trug einen weiten, bis zu den Knöcheln reichenden wollgelben, in der Mitte mit einer Binde gleicher Farbe gegürteten Rock, der bis an den Hals reichte und lange, weite Ärmel besaß; darüber einen Rock von weißer Grundfarbe mit breitem goldenen Saum und zwei goldenen Längsstreifen links und rechts über Brust und Rücken. Der Rock war um den Hals weit ausgeschnitten; unter den Achselhöhlen wurde der vordere und hintere Teil mit weißen Bändern zusammengehalten. Er hatte schwarze Haare. Die Augen waren schwarz, das Gesicht bartlos. An den Füßen trug er Ledersandalen.

Hinter Stephanus erschienen acht Männer, offenbar Zeugen für die Verhandlung, die sich – vier links, vier rechts – neben ihm aufstellten, und zwar im untersten Raum, vor den Stufen. Zuerst redete Kaiphas zu Stephanus. Dieser erwiderte kurz mit kräftiger Stimme. Dann sprachen die Ratsherren untereinander. Nach einigen Worten des Kaiphas an die Zeugen sprachen diese ziemlich aufgeregt. Hierauf hielt Stephanus eine lange Rede, feuerrot im Gesicht, zuletzt sogar schwitzend, voll Begeisterung und furchtloser Zuversicht. Gegen Schluß der Rede wurden die Zeugen und viele Ratsherren unruhig, ja zornig, wehrten mit den Händen ab und hielten sich die Ohren zu. Nachdem sie kurze Zeit miteinander sehr aufgeregt gesprochen hatten, ergriff Stephanus neuerdings das Wort. Die Augen zum Himmel gerichtet, das Angesicht wie verklärt, sprach er mit mächtiger, feierlicher Stimme. Seine Feinde ergrimmten ganz unbändig. Kaiphas stand auf, schrie einige Worte und zerschnitt mit einem rundgebogenen Messer, das er blitzschnell hervorgezogen hatte, den Saum seines Mantels an der linken unteren Seite und machte einen Riß hinein. (Einschaltung in Pfarrer Nabers Tagebuch: »Dann ham ôi was hinkragelt / hebräische Buchstaben /, und dann hams'n ogführt.«)

Therese Neumann sah in einer zweiten Schauung, wie die Soldaten Stephanus durch ein rundbogiges Stadttor hinausführten, von den acht Zeugen und einem jungen Mann gefolgt. In kurzem Abstand gingen etwa dreißig Personen hinterdrein. Vom Tor aus zogen sie alle talabwärts zu einem ausgetrockneten Bach mit vielen Steinen. Die Soldaten nahmen Stephanus den Gürtel mit den Stricken ab und gingen fort. Nunmehr fielen die Zeugen über Stephanus her und zogen ihm das Gewand aus bis auf das Skapulier und das Lendentuch. Sein Skapulier war ein ärmelloses Unterkleid mit einem runden Ausschnitt zum Durchschlüpfen des Kopfes; der Brust- und Rückenteil wurde unter den Achselhöhlen mit Bändern und weiter unten durch das darüber zusammengebundene Lendentuch zusammengehalten. Das abgenommene Gewand übergaben sie einem jungen Mann, der es neben sich hinlegte (Saulus, Anm. des Verfassers). Dieser hatte schwarze, bis zu den Schultern reichende Haare, einen kurzen, struppigen, schwarzen Vollbart; er machte ein grimmiges Gesicht. Er trug einen enganliegenden, bis zu den Knien reichenden buntgestreiften, goldgeblumten Rock mit kurzen Ärmelansätzen, darüber einen mehrfarbigen gestreiften Mantel und an den Füßen bis zu den Knien hinauf geschnürte Sandalen aus Leder.

Hierauf zogen die Zeugen ihre Mäntel und ihr Obergewand aus und übergaben die Kleidungsstücke ebenfalls dem jungen Mann, der sie neben das Gewand des Stephanus legte. Hinter ihm gegen die Stadt zu standen etliche hundert Zuschauer. Die acht Zeugen stellten sich rund um Stephanus auf, der kniend, bald mit ausgebreiteten, bald mit über der Brust gekreuzten Armen, bald auch mit ineinandergeschlungenen Händen betete. Aus einer Entfernung von drei bis fünf Metern warfen sie nacheinander mit aus dem Bachbett gelesenen Kieselsteinen auf ihn. Seine Augen waren zum Himmel gerichtet, kein vorwurfsvoller Blick fiel auf seine Feinde. Von seinem Kopf, seinem Gesicht und seinen Armen sah Therese das Blut fließen, zweimal hörte sie ihn sehr laut beten, dann sank er nach links hin zu Boden. Kurze Zeit röchelte er noch. Dann ging ein Lichtstrahl von seiner Brust gegen den Himmel; die Steiniger schienen davon nichts zu bemerken, sie warfen weiter; von den Zuschauern vernahm Therese Neumann begeisterte Zurufe.

Apostel Johannes, dem der Giftbecher gereicht wurde und der Tote erweckte

Am 27. Dezember 1927, nachmittags um ein Uhr, hatte sie erneut eine Schauung, wobei sie sehr ausdrucksvolle Bewegungen machte. Als sie danach in den Zustand des Eingenommenseins gekommen war, fragte Pfarrer Naber, wo sie gewesen sei. Therese antwortete: »In einem Ort, aber nicht da, wo der Heiland g'west ist. Es war hügelig an dem Ort, er war nicht extra kleiner wie Jerusalem. Es war da ein großer Platz. Aber die Häuser waren anders als in Jerusalem, sie hatten viele Säulen. Und keine flachen Dächer, sondern Giebeldächer. Aber« – wandte sie sich an den Pfarrer – »woißt, net so wie bei uns.« Dabei zeichnete sie mit den Händen spitzgiebelige Dächer. »Sondern so, flacher.« Sie zeichnete mit beiden Händen die Form eines griechischen Tempeldaches. Und Buchstaben seien darauf gestanden, wie sie die zweite Zeile der Kreuzigungsinschrift hatte (also griechisch). Dann zog sie mit der einen Hand durch die Luft eine Linie zwischen den äußeren Enden dieses Giebeldaches und sagte: »Da san Balken gwest, dann Säulen nunter und Treppen nauf. Und an den größeren Häusern san unterm Giebel Manner abgebildet g'wen. Bei den kleinen aber nicht. Es ist ein großer Platz g'wen. Auf dem is ein mächtiges Haus g'standen mit Säulen und Treppen. Auf einer Seit'n hab i a Mauer g'sehn, aber die Tür hab ich net g'sehn. Viele Manner san unten auf dem Platz g'standen. Und vor ihnen einer, ein Älterer, der hat ausg'schaut wie einer vom Heiland, wie der gunge Mo« (so bezeichnete Therese im Zustand des Eingenommenseins den Apostel Johannes nach seinem Alter, in dem er während der Passionsschauungen erschien), »aber er hat an Bart g'habt.« (Und langes, dunkles, in der Mitte gescheiteltes Haar. Er trug einen bräunlich-schwarzen, in der Mitte mit einer gleichfarbigen Binde gegürteten Rock, darüber einen bis an die Hüften reichenden wollgelben Umhang, der auf der linken Schulter durch etliche Schließen zusammengehalten war.) »Der hat g'scheckert g'red't. Der Höhere is auf was g'sessen, das hat so drei Staffeln aufwärts g'habt. Die zwei haben miteinander g'redt.« (Auf dem

Kopf trug der heidnische Oberpriester eine silberfarbene stumpfke-gelige Haube mit mehreren umlaufenden Goldstreifen; er war bis zu den Knöcheln mit einem rötlichen, enganliegenden, vorne hinab mit Schließen zusammengehaltenen Rock bekleidet, und hatte darüber einen weißen, mit goldenen Blumen durchwirkten Mantel geschlagen.) »Dann san ôi dag'wesen – sie zählte auf ihre bekannte Weise zwei –, die haben s' bunden bracht«. (Es waren zwei wegen ihres Glaubens zum Tode verurteilte Christen.) »Da hat einer was bracht, das haben s' 'trunken. Na san s' hing'falln. Dann is' ausg'wen.« (Ende des ersten Bildes.)

Zweites Bild: »Na ham s' – der, der ausschaut wie der gunge Mo, und der Höchere' der droben g'sessen is, – miteinander g'redt. Na ham s' wieder so was bracht.« Der Pfarrer fragte darauf, wie das ausgeschaut habe. Sie sagte, es habe eine Form gehabt wie der Kelch in der Kirche. »Na hat der Höchere es ihm geben. Na hat er 's Kreuz drüber g'macht und zum Himmel naufg'schaut und halblaut g'sprochen. Na hat er trunken. Na hat der, der trunken hat, in die Höch zeigt und gredt. Da ist ein recht's Durcheinander unter de Leut entstanden. Dann hat der, der trunken hat, auf die, die dag'le-gen san, hindeut', und dann hat er und der Höchere wieder mitein-ander g'redt. Na is er näher zu dem Höcheren hingangen. Woißt« – sagte sie zum Pfarrer – »ihr Sprach ist schöner. In Jerusalem reden s' so batzerer (patziger, rauher). Na is der, der trunken hat, zu den Toten hingangen, hat zum Himmel g'schaut, die Händ' aufg'ho-ben, gefaltet, über jeden 's Kreuz gmacht' wieder zum Himmel g'schaut, jedem dreimal übers G'sicht g'strichen und dazu halblaut g'sprochen. Na san die zwei aufg'standen. Die Leut ham laut g'schrien. Der Höchere hat den Mantel und das, was so an ihm runterg'hängt is – woißt, wie ein Skapulier – auszogen, auf den Boden g'schmissn, ein anders G'wand ang'legt, den andern bei die Händ g'nommen, gut g'redt und zum Himmel zeigt.«

Versuche, die Sprache, die sie gehört hatte, festzustellen, hatten geringen Erfolg. Therese Neumann erzählte, sie hätte sich nichts Einzelnes merken können, weil die Worte so »z'samm'zogen g'sprochen« worden seien. Auf Gerlichs und Pfarrer Nabers drin-gendes Zureden suchte sie den Ruf der Menge nach der Erweckung der an Gift Gestorbenen nachzumachen. Es gelang ihr aber nur folgende Wiedergabe: »zo... da kommt noch was dahinter!« (zosin, sie leben, ζῶδιν! sie leben!) und: »hyie tä-u!« (Sohn Gottes.) Die große Melodik des Griechischen gegenüber dem Semitischen hatte sie schon früher mit der Bemerkung erwähnt: »Woißt, ihr Sprach ist schöner.«

Da der Apostel Johannes in Ephesus lebte, nahmen Gerlich und der Pfarrer an, er habe das Wunder auf dem dortigen Marktplatz getan. Denn nach der Beschreibung des Platzes war Therese in eine Stadt mit griechischer Bauweise versetzt gewesen. In einem später folgenden erhobenen Ruhezustand sagte sie aber, es sei auf einem Platz in Smyrna gewesen.

Tod des Apostels Johannes

Am gleichen Tag abends von 7.47 bis 7.54 Uhr wurde Therese mitten aus einem Gespräch wieder in eine Schauung gerissen. Sie zeigte sehr ausdrucksvolle Bewegungen. Nachdem sie in den Zustand des Eingenommenseins gekommen war, begann sie zu sprechen: »Heiland, hätt'st mi halt mitla(sse)n! Heiland, das is ja zuviel, das halt i nit aus, was Du mich alls erleben laßt!« Der Pfarrer fragte, was sie denn habe, worauf sie antwortete: »Der Moa is gstorbn; den ham s' mitg'nommen. Woißt, da war a ganz an alter Moa. Der hat fei kein Bett und kein Kissen g'habt wie i. Der hat (Gerlichs Sprache, statt »ist«) am Boden auf Decken g'legen. Und unterm Kopf hat er so was Zamdraahts ghabt. Da haben (san!) Manner rumg 'standen, die ham wie Herren Pfarrer ausg'schaut und ham g'weint.«

Gerlich läßt nun Pfarrer Nabers Bericht über den Tod des Apostels Johannes folgen: Johannes kam mit Maria im Jahre 35 nach Ephesus. Im Jahre 37 erhielt er ein prächtiges Haus mit sieben Räumen geschenkt, wenige Minuten südöstlich von Ephesus. Das Sterbezimmer des Johannes war das Zimmer, in dem Maria vom Jahre 37 bis 49 gewohnt hatte. Zu Beginn dieses letzteren Jahres zog Johannes mit Maria nach Jerusalem. Nach ihrem Tod kehrte er zurück. Das Sterbezimmer war ungefähr sechs Meter breit und fünf Meter tief. In der Mitte der einen Breitseite befand sich eine große runde Bogentüre, gegenüber ein ebenso großes Rundbogenfenster. Es war mit einem zweiteiligen, waagrecht braun, gelb und dunkelblau gestreiften, dem Rundbogen angepaßten Vorhang verhängt. Die Seitenwände waren hellbraun getäfelt und mit einem Blumenornament verziert, das sich in handbreiter Entfernung vom weißem, marmornen Gesimse hinzog, auf dem ein marmornes, ziemlich flaches, weißes Gewölbe ruhte. In der Mitte hing an drei goldglänzenden Stäben eine kupferne Lampe mit drei Schnäbeln. Der Fußboden bestand aus glänzendem, weißgrauem Marmor. In der Mitte des Zimmers stand ein ungefähr eineinhalb Meter langer, dreiviertel Meter breiter, rechteckiger, hellbrauner Tisch mit Kreuzfüßen. Um ihn herum standen auf der Türseite zwei gepolsterte, bis zum Boden verhängte Sessel mit seitlicher Lehne, ferner ein solcher auf der gegenüberliegenden Seite und je ein gepolsterter, bis zum Boden verhängter Sitz ohne Lehne an den Schmalseiten. Auf dem

Tisch lagen etliche gelbliche Rollen. An der linken Seitenwand hing eine große Tafel aus dunklem Naturholz mit einer Inschrift in vertieften vergoldeten griechischen Buchstaben. Ferner war eine etwa halb so große Tafel an der rechten Seitenwand und eine längere Tafel mit zwei Zeilen an der Wand über dem Fenster angebracht. In der rechten vorderen Ecke war nah über dem Boden das Lager des Apostels Johannes aufgeschlagen. Der Stoff des Vorhangs, der Sessel und des Bettlagers war der gleiche. Unter dem Haupt hatte der Apostel ein Polster von gleicher Farbe; eingehüllt war er in eine grau-, gelb-, grün- und rotgemusterte zottige Decke. Der neunundneunzigjährige Johannes hatte langes, dickes, weißes Haupthaar und einen ebensolchen Bart. Er war mit einem wollgelben weitärmeligen Gewand bekleidet, das vorne mit Schließen zusammengehalten wurde. Sein Lager war umstanden von den Bischöfen der sechs anderen kleinasiatischen Kirchen, die ähnlich wie Johannes beim Wunder in Smyrna gekleidet waren. Nur zwei trugen ein wollweißes Käppchen auf dem Kopf. Es waren ältere und sehr alte Männer, keiner unter fünfzig Jahren. Anwesend waren auch zwei jüngere Männer, die sich um Johannes viel bemühten. Sie waren ohne Überwurf; es waren Priester seiner Kirche. Eine Zeitlang betete man gemeinsam; Johannes betete vor, die anderen nach. Hierauf knieten sich die Bischöfe, dann die Priester, vor Johannes weinend nieder, legten ihre Hände auf seine Schultern, drückten ihre linke Wange an seine linke Wange, nahmen dann seinen Kopf zwischen die Hände und küßten ihn auf die Stirn, legten ihm darauf die Hände wieder auf die Schultern und küßten die rechte Wange und den Mund des Johannes, worauf dieser jedem die rechte Hand unter Segensworten auf das Haupt legte. Der zunächst stehende Bischof stützte dabei Johannes den Arm. Einer der Priester reichte ihm aus einer Schale zu trinken, indem er mit der linken Hand seinen Kopf stützte. Hierauf schaute Johannes noch einmal alle liebevoll an.

Jetzt fing Johannes zu röcheln an, die Anwesenden beteten laut. Als er den letzten Atemzug getan hatte, drückte ihm der nächststehende Bischof die Augen zu. Therese Neumann sah jetzt Johannes über dem entseelten Leib jugendlich frisch in lichter Gestalt auf einer leuchtenden Wolke, zu seiner Rechten den Heiland. So schwebten sie empor.

Befehl des Herodes
zum Bethlehemitischen Kindermord

Am 28. Dezember 1927, nach 1 Uhr mittags, hatte sich Therese ins Bett gelegt; sie fühlte sich nicht wohl. Der Pfarrer hatte ihre linke Hand ergriffen, um zu fühlen, ob sie Fieber habe. Da wurde sie plötzlich um 1.15 Uhr mitten im Gespräch in die Schauung gezwungen. Ihre linke Hand riß sich gewaltsam aus der des Pfarrers, beide Arme nahmen die erhobene Haltung an. Die ganze Schauung dauerte von 1.15 bis 1.18 Uhr. Im Zustand des Eingenommenseins erzählte sie auf Befragen: »Da is a Mo g'west und viele andere Manner. Sie san in einem großen Haus g'sessen. Oben is ein alter Mo gsessen' der hat was Funkelts rund umma um den Kopf g'habt. Auch der Mantel hat g'funkelt. Er is net groß g'west, hat aber bös und grantig dreing'schaut. Bei ihm oben san andere Manner g'sessen, ältere. Zu dene hat er g'redt. An den Seiten san wieder Manner g'standen, auch unten. Die Manner unten haben Eisen auf dem Kopf g'habt; in die Händ haben s' was Langs g'habt. Es is was Runds gwen, so lange Spieß.«

Gerlich berichtet wieder nach der Aufzeichnung des Pfarrers: Ein Saal in der Herodesburg, der nämliche, in dem der Heiland später verspottet wurde. Er war etwa zehn Meter breit, zwölf Meter lang, rechtwinkelig, mit Säulen an den vier Seiten. In einiger Entfernung von der Mauer lief auf den Säulen ein Gesimse und ein flaches Gewölbe. Alles war anscheinend aus Marmor, die Säulen aus dunklerem, aber alles ungeschliffen. Im vorderen Drittel führten etwa zwölf Stufen aus dunklem, rein polierten Marmor zum Thron des Herodes aus weißem polierten Marmor mit großer Rückwand; Sitz und Seitenlehnen waren rot gepolstert. Links und rechts des Thrones standen je sechs Sessel mit roten Polstern und geschnitzten Rückenlehnen auf dem polierten, weißen Marmorpflaster. Herodes trug ein um die Brust gefaltetes, um die Lenden zusammengezogenes, bis zu den Knöcheln reichendes weißrot-gestreiftes, golddurchwirktes Untergewand mit weiten Ärmeln und einen an der Brust geschlossenen, bis zum Boden reichenden Purpurmantel mit goldsilbern glänzender Fußbekleidung. Den Kopf schmückte ein goldener Reif mit Zacken und Edelsteinen. Das rötliche Haar reichte ihm bis zur Schulter, das Gesicht war rund und rot mit struppigem Vollbart. Herodes war ein mittelgroßer und wohlbeleibter Mann. Die auf den Sesseln Sitzenden waren besser gekleidete ältere Männer. Hinten herum und auf den Seiten standen viele Diener. Vor den Stufen harrten fünfzehn jüdische Soldaten. Nachdem Herodes mit den Zwölfen, die um seinen Thron saßen, gesprochen hatte, gab er Weisung an die Soldaten, die daraufhin fortgingen.

Ermordung der bethlehemitischen Kinder

Nach drei Minuten befand sich Therese wieder in einer Schauung, die von 1.21 bis 1.27 Uhr dauerte. Sie sah in Bethlehem einige junge Leute mit einer grauen, steifen Kopfbedeckung herumlaufen, die wie ein spitzer Kegel mit aufgebogenem Rand aussah. Sie trugen einen an der Brust eng anliegenden, um die Lenden fest zusammengezogenen, dann weit und faltig werdenden, bis zu den Knien reichenden Rock, der bei den meisten gestreift war. Sie hatten bis zu den Knien geriemte Sandalen an. (Es waren als Büttel verwendete Rekruten. Sie sollten mit Gewalt Mütter, welche Knäblein unter zwei Jahren hatten, mit diesen zusammen auf den Marktplatz Bethlehems bringen, wenn sie der Aufforderung nicht selbst nachkämen. Die Geborenen waren in einem Register eingetragen.) Auch Soldaten gingen in den Häusern herum, um nach solchen Knäblein zu suchen. Es gab Widerspruch und Widerstreben bei Vätern und Müttern. Die Soldaten ergriffen die auf den Platz gebrachten und aus den Häusern herausgeholten Kinder, die teils nackt, teils mit langen Röckchen bekleidet waren, beim rechten Arm, stießen ihnen die etwa vierzig Zentimeter langen Schwerter in die Brust und warfen sie auf den Boden. Aus etlichen Familien waren es sogar zwei Kinder.

Wie Gerlich sich erinnerte, machte Therese Bewegungen, als wollte sie eingreifen und helfen, ballte die rechte Hand zur Faust und versuchte zuzuschlagen. Als sie in das Kissen zurückgesunken war, rief der Pfarrer sie an. Da antwortete sie: »Woißt, viel Manner sind gangen, mit Eisen wie Messer, so groß (Therese zeigte die Länge an). In die Häuser san s' einigangen. Woißt, da, wo s' dem Heiland sei Mutter nicht einilassen ham – wo s' selmal die Moutta und den goutn Mô niat neiloun hamt' (bei der Herbergsuche). »Jetzt ham s' die Butzerln abg'stochen. Den Weibern ham sie s' einfach wegg'rissen. Auf an großen Platz ist 's g'wen, dann san die ein' Manner kemmen, ham die Weiber mitbracht mit den Butzerln, und haben s' die Butzerln abg'stochen. Manche haben schon laufen können. Woißt, die Messer ham s' ihnen so vorn einig'stochen. Mei, ham die Weiber g'schrien!« Auf die Frage, was sie denn geschrien hätten, antwortete sie: »*Mahada!* haben die Weiber am öftesten geschrien.« Auch sonst gab sie noch einige fremdklingende Worte wieder, die der Pfarrer aber klanglich nicht so genau erfassen konnte, daß er sie hätte aufschreiben können.

Professor Wutz – erinnert sich Gerlich –, der das Aramäische nicht nur klanglich, sondern auch sprachlich erfaßte, hatte leider schon gleich nach der Schauung des Wunders in Smyrna am 27. Dezember mittags abfahren müssen. *Mahada* ist nach seiner Mitteilung aramäisch und heißt: Was gibt es denn? Was soll das bedeuten?

Die Kinder in Verklärung

Von 1.37 bis 1.41 Uhr hatte Therese eine dritte Schauung. Ihr Gesichtsausdruck war dabei lebhaft und freudig. Sofort nach der Schauung begann sie zu sprechen: »Wo bin ich g'west? Na, jetza so was! Die Butzerl san in den Himmel zogen. Woißt, an dem Stall, wo i an Weihnachtn schon amal gwen bin, is a Hügel. Auf dem san s' so in die Höch gangen; sie ham ein liechtes Gwand og'habt. Es war weiß, net so schön wie das Gwand vom Christkind, aber genau so g'macht. Die Butzerl« (sie zeigte schräg hinauf) »san so in die Höch zogen. Woißt, es war kein Prozessionszug zum Himmel. Sie san so durcheinander g'wurlt. G'sungen ham s' auch. Ganz zart und fein! Aber i hab's nit verstanden.«

Geschöpf und Schöpfer

Es war schon der Himmelsgesang, vor dem unser irdisches Wort verstummt. Nicht müde wurde Therese, darauf hinzuweisen, wie unbeschreiblich herrlich der Sphärengesang des Himmels ist, wie kleinmütig und schwächlich einer sein muß, der das Geschöpf mit dem Schöpfer verwechselt. So sehr sie alles Geschöpfliche liebte, die Blumen und Vögel, die Bäume und Blätter, sie war sich dieses Unterschieds immer bewußt. Bezeichnenderweise hielt Teodorowicz für die einzige getreue Wiedergabe ihres Äußeren jene auf dem Vorsatzblatt von Gerlichs Werk: In schwarzer Tracht wie immer, mit einem weißen Tuch um den Kopf, sitzt sie im Baumesschatten unter Blüten, die sie so gerne hat. Ihre Gesichtszüge sind ausdrucksvoll und verraten Entschlossenheit. »In den Augen hat der kluge Bauernverstand seinen Sitz genommen, der, auf das mystische Gebiet verpflanzt, sich durch tiefe Aussprüche kundtut, Aussprüche, mit denen die Meister der Mystik und Askese wetteifern können.« Das leichte Lächeln Theresens, das fast nie aus ihrem Antlitz schwindet und ihre Seelenregungen wiedergibt, ist gepaart mit neckendem Augenspiel.

Dies ist die Frau, die Gerlich, der sich nur langsam, dafür ums so gründlicher von seinen ostelbisch geprägten zentralistisch-deutschen Vorstellungen löst, in die Tiefe des alten Glaubens einführt. Gelegentlich nahmen Frömmler an Theresens Geflüster mit Gerlich während der heiligen Messe Anstoß. Es verhielt sich aber so: Der Stettiner, der unter dem Drang der Konnersreuther Geschehnisse so stark zum Katholizismus neigte, daß er den Gottesdienst in der Laurentiuskirche besuchte, bat seine geistige Führerin um Auskunft, wann er sitzen dürfe und wann er niederknien müsse. Therese klärte ihn kurz über die heiligen Zeremonien auf und wies ihm die entsprechenden Stellen im Gebetbuch.

Den Tagebucheintrag Pfarrer Nabers vom 30. September 1928 konnte Gerlich aus dem eigenen Miterleben bestätigen: »Um 1/2 8 Uhr abends ungefähr sieht sie dann den Tod der heiligen Theresia vom Kinde Jesu, deren Sterbetag heute ist. Mit der Heiligen, die vor ihrem Tod den Heiland schaut, schaut sie ihn.« In ihrer Vision des Todes der Kleinen heiligen Theresia vernahm die Konnersreutherin (wie Gerlich erzählt) vor dem Erscheinen des Heilands noch die letzten Worte der Sterbenden, im deutschen Schriftbild wiedergegeben, folgendermaßen: »Môdiöschewusäm«. Therese hatte den gehörten Wortlaut genau behalten und gab den französischen Satz: »Mon Dieu, je vous aime!« (Mein Gott, ich liebe dich!) klanggetreu wieder,

Therese Neumann im Pfarrgarten von Konnersreuth, zwei Jahre nach der Stigmatisierung. Diese Aufnahme von Pater Ingbert Naab wurde 1929 in Gerlichs Buch veröffentlicht.

obwohl sie nie französisch gelernt oder auch nur geübt hatte.

Mit einer leiblichen Schwester der heiligen Therese vom Kinde Jesu, die gleichfalls Karmelitin in Lisieux war, wechselte sie Briefe, wobei ihr Professor Wutz Übersetzerdienste leistete.

Der Konnersreuther Kreis

Selbstverständlich blieb Gerlich, der nach der Fertigstellung seines Riesenwerks am 1. November 1929 mit dem Titel eines Staatsarchivrates 1. Klasse in den bayerischen Archivdienst zurückgefunden hatte, in steter Verbindung mit Professor Wutz in Eichstätt. Auch Therese, deren Schwester Ottilie Haushälterin bei Wutz geworden war, kam oft nach Eichstätt, verbrachte jährlich einige Wochen im Haus des Professors, umso lieber, »als sie es leid war, Schaustück zu sein« (obwohl dies ein gewichtiges Stück ihres Leidens war, dem sie nicht zu entrinnen suchen durfte). Auch ihre jüngeren Brüder Ferdinand und Hans, die das Eichstätter Gymnasium besuchten, wohnten beim Professor. Die Bischöfe von Eichstätt verkehrten im Wutz-Haus Römerstraße 4. Professoren der Eichstätter Hochschule waren mit Resl vertraut, besonders Prälat Professor Franz Xaver

Mayr und Professor Joseph Lechner. Durch die Äbtissin Mater Benedicta Spiegel, Gräfin von und zu Peckelsheim, eine gebürtige Westfälin, wurde ihr auch Sankt Walburg zur Heimat. Die im Jahre 1035 vom heiligen Willibald gegründete Abtei war unter Minister Montgelas säkularisiert und im Jahr 1835, am achthundertsten Gründungstag, von König Ludwig I. in ihre verlorenen Rechte wiedereingesetzt worden. Eine Inschrift unter dem Porträt des Königs im Sprechzimmer weist heute noch darauf hin.

Das Wutzhaus lag inmitten eines weiten, vorn mit einem Eisenzaun, seitlich mit einer Mauer und Remise begrenzten, hinten in die Landschaft geöffneten Gartens. Das Bauwerk aus dem letzten Viertel des vergangenen Jahrhunderts hatte zwei Stockwerke und einen Erkerturm. Hinter dem Fenster links im ersten Stock wohnte Therese.

Der feste Freundeskreis, der sich um Professor Wutz bildete, wurde von Gegnern wegen seiner Verbindung zu Therese Neumann »Konnersreuther Kreis« genannt. Man richtete sich – wie Therese selbst – nicht nach dem Zeitgeist der Welt. Kein Spritzer der immer mächtiger aufwallenden braunen Nazibrühe konnte diesen Kreis beflecken. Man traf sich in der getäfelten Bibliothek bei Wutz und beherzigte seinen Wahlspruch: »Ama scripturas sanctas et te amabit sapientia« (»Liebe die heiligen Schriften und die Weisheit wird mit dir sein«). Auch der Staatsarchivrat Gerlich gehörte zu diesem Kreis. Hier lernte er die Äbtissin von St. Walburg näher kennen. Kapuzinerpater Ingbert Naab, gebürtig aus Dahn in der Rheinpfalz, der den Kampf gegen die *Menschenfurcht,* »das Gespenst des Jahrhunderts«, auf seine Fahne geschrieben hatte, kreuzte seinen Weg. Der angesehene Jugendseelsorger und Guardian des Kapuzinerklosters leitete das Studienhaus Eichstätt und war in seiner Zeitschrift »Der Weg. Monatsschrift für die oberen Klassen höherer Lehranstalten« schon wiederholt gegen die Nationalsozialisten aufgetreten. In der Römerstraße traf Gerlich auch mit Erich Fürst von Waldburg-Zeil zusammen, den er schon in Konnersreuth kennengelernt hatte. Der dreißigjährige Fürst entstammte einem der ältesten oberschwäbischen Adelshäuser. Seine Schwester Walburga gehörte dem Eichstätter Benediktinerinnen-Konvent an. Sie hatte ihn auf Therese Neumann hingewiesen.

Weiter gehörten dem Kreis Pater Cosmas OFM Cap., der Konnersreuther Pfarrer Naber, die Hochschulprofessoren Lechner und Mayr an. Als Jüngster stieß der bereits erwähnte Johannes Steiner zu ihnen, damals Geschäftsführer des Verlages »Zeichenring«, in dem Ingbert Naab seine Jugendzeitschriften herausgab.

Therese Neumann lehnte den Gott und Menschen verachtenden Hitlerismus und sein »positives Christentum«, die »Herrgottsreli-

Exlibris des Hochschulprofessors Franz Xaver Wutz.
Der Scherenschnitt zeigt den Wissenschaftler beim Studium mit rauchender
Virginier und dampfender Kaffeetasse.

gion« des Nationalsozialismus, kompromißlos ab. »Wir müssen für den Heiland etwas tun!« war ihre stehende Rede. Bei einer der Zusammenkünfte im Wutzhaus forderte sie Pater Ingbert und Gerlich auf: »Ihr zwei müßt kämpfen! Vielleicht wird es nichts helfen, aber ihr müßt kämpfen!«

Gerlichs Gedanken kreisten auch in der letzten Phase seines Lebens unablässig um Therese Neumann; ihr widmete er 1931 ein weiteres Buch, das von seiner souveränen Beherrschung des Themas zeugt: »Der Kampf um die Glaubwürdigkeit der Therese Neumann«. Gerlich war von einer heiligen Unruhe ergriffen und wagte den letzten Einsatz: »Ich bin der Ansicht, daß die Zeit des defensiven Katholizismus vorüber ist und daß seine offensive Zeit gekommen ist, wenn wir die Aufgabe, die uns heute gestellt ist, nicht versäumen wollen. Und dieser offensive oder, religiös gesprochen, missionarische Katholizismus hat meines Erachtens nicht nur die Pflicht, sondern auch das Recht zur wahren christlichen Politik, jener Politik der im christlichen Naturrecht verankerten Menschenrechte.«

Gerlichs Ziel war es, das katholische Selbstbewußtsein im aufkommenden Zeitalter der Massensuggestion zu stärken. So eigenartig es klingt: Konnersreuth und Hitler standen fortan im Brennpunkt seines Interesses. Die Eindrücke von Konnersreuth, sein scharfer Blick für die Hintergründe des »Geisteskampfes der Gegenwart«, die er bei einem Vortrag auf Schloß Zeil herausarbeitete, sowie die innerdeutsche Auseinandersetzung auf dem Kampffeld der Tagespolitik, die immer stärker auf eine Entscheidung für oder gegen Hitler hinauslief, ließen den Staatsarchivrat nicht mehr zur Ruhe kommen.

Kommunismus und Nationalsozialismus

Fürst Waldburg war sich mit Gerlich darin einig, daß in Deutschland eine unabhängige Zeitung gegen den Radikalismus von rechts und links fehlte.

Er durchschaute die Ursprungs- und Wesensverwandtschaft beider Radikalismen, die er als »Auflehnungen des Bösen gegen das Böse« verstand. Er sah sie ungefähr gleichzeitig mit dem Wiener Hermann Broch als Einmündung der protestantischen Ideologie über Fichte in den Nationalsozialismus oder über Hegel in den marxistischen Kommunismus. Hetzten die Kommunisten: »Die Volksverdummung von Konnersreuth muß abgestellt werden«, so brandmarkten die Nazis das Geschehen um Therese Neumann kaum weniger höhnisch als »Betrug am Volk«. Beide propagierten das eindimensionale Weltbild der späteren DDR, ahnten keineswegs, daß der Preis für den Fortschrittsglauben eines Tages unbezahlbar werden könnte, und, wer die Erde zum Paradiese des Menschen machen will, sie zur Hölle macht. (Eines gar nicht so fernen Tages hieß denn auch der Abgangsfluch aus Moskau wie aus Berlin: »Wenn wir abtreten, tritt mit uns die Welt ab!«)

Gerlichs Widerpart war der Kommunismus in allen Schattierungen (wenngleich er »Körner der Wahrheit« im kommunistischen Programm nicht übersah, das eine Antwort auf kapitalistische Exzesse war). Bald aber witterte er den weit gefährlicheren Feind in Hitler und seiner Bewegung, die er schon von seinen frühen Redaktionsjahren her kannte. Er durchschaute mit untrüglichem Instinkt Hitlers wahre Natur und Absichten. Ihnen galt es in einem unabhängigen Presseorgan entgegenzuwirken. Fürst Waldburg wurde gebeten, die finanziellen Mittel für den Kauf einer Zeitung bereitzustellen. Den eigentlichen Anstoß gaben Therese Neumanns unnachgiebige Mahnungen. Waldburg sagte zu, obwohl seine Möglichkeiten begrenzt waren. Das Blatt sollte das klassische christliche Naturrecht vertreten.

Eine eigene Zeitung

Waldburg und Gerlich nahmen Verbindung mit Graf Pestalozza auf und erwarben dessen »Illustrierten Sonntag«. Das stark verschuldete Wochenblatt war an den Münchner Druckereibesitzer Adolf Müller gefallen, der auch das Zentralorgan der NSDAP, den »Völkischen Beobachter« druckte. Von Archivdirektor Otto Riedner erhielt Gerlich die Erlaubnis, dieses bis dahin farblose Blatt herauszugeben. Riedner stellte nur zwei Bedingungen: Sein Dienst dürfe darunter nicht leiden und seine Artikel müßten »staatserhaltenden Inhalts« sein. Es war Gerlich und seinen Freunden allerdings mehr als peinlich, eine Zeitung, mit der man die Irrlehren der Zeit bekämpfen wollte, ausgerechnet vom Drucker des »Völkischen Beobachters« herstellen lassen zu müssen. Ohne daß der Druckauftrag bei Müller verblieb, wäre das Blatt aber nicht zu haben gewesen. Gerlich erweiterte daher den Vertrag um einen wichtigen Passus: Dem Drucker war keine Einflußnahme auf die Redaktion des Blattes gestattet. Adolf Müller, der Gerlich nur als Chefredakteur der »Münchner Neuesten Nachrichten« kannte und nichts von seiner in Konnersreuth vollzogenen Wende wußte, ging darauf ein. So liefen die Druckseiten von Gerlichs Kampfblatt über dieselben Rotationsmaschinen wie der »Völkische Beobachter«. (Um den Geist des NSDAP-Blattes zu charakterisieren, sei eine Episode vorausgenommen: Als Hauptschriftleiter des »Völkischen Beobachters« in den Jahren 1921 bis 1923 hielt Dietrich Eckart es, nachdem Gerlich seine ersten Artikel gegen Hitler geschrieben hatte, für angebracht, ihm jüdische Abstammung »vorzuwerfen«. Gerlich heiße eigentlich »Gerson Ehrlich« und sei »zum mindesten« Judenfreund. »Judenzer« hieß der »Fachausdruck«, den dieser »deutsche Dichter« des werdenden Dritten Reichs gebrauchte. Dietrich Eckart, Antisemit, Schwabinger Bohemien, Mitglied der Thule-Gesellschaft und Urheber des Schlagworts: »Deutschland, erwache!« war der »Wieder-Erwecker« der germanischen Siegrune und Erfinder des Führer-Kults.)

Zur Übernahme und Herausgabe der Zeitung wurde eine Verlagsanstalt gegründet. Fürst Waldburg-Zeil, der das gesamte materielle Gesellschaftskapital stellte, zeichnete mit 50 Prozent Anteil. Fritz Gerlich wurde für seine »geistige Einlage« als Chefredakteur gleichfalls mit 50 Prozent eingetragen. Dadurch war er, wie er es wünschte, völlig unabhängig. Zur Tarnung nannte man den Verlag zunächst »Naturverlag«, um den Eindruck einer recht allgemeinen, höchstens pantheistischen Verlagstendenz zu erwecken. Der Finanzier trat nicht nach außen in Erscheinung. Im Handelsregister wurden als Eigentümer Justizrat Werner und Oberstleutnant Weippert, als Geschäftsführer der achtundzwanzigjährige Diplomkaufmann Johannes Steiner eingetragen.

Als erste Ausgabe erschien in dem neugegründeten und nun voll genannten »Naturrechtsverlag« die Nummer 37 vom 14. September 1930. Der Titel des Wochenblatts »Illustrierter Sonntag« wurde zunächst beibehalten. Die Auflage betrug 30 000 Exemplare bei 24 000 festen Abonnenten. Erst ab Januar 1931 wandelte Gerlich die Wochenzeitung behutsam in ein aufklärendes, politisches Blatt um. So trat er erst jetzt mit seinem Namen hervor und schrieb Artikel wie »Vertrauenskrise zwischen Volk und Wissenschaft« oder eine Serie zu dem sozialen Thema »Wollen auch Sie die Technik zerschlagen?« Allmählich wurde er deutlicher mit Beiträgen wie »Bankrott der Strafjustiz«, »Rechtsempfinden des Volkes« und »Kann der Marxismus strafen?« Endlich stellte er in einer ausgezeichneten Studie »Ist Kommunismus möglich?« den klösterlichen Kommunismus des Verzichts dem sozialistischen Kommunismus des Begehrens gegenüber.

Einer gesonderten Betrachtung ist Gerlichs Verhältnis zu Johannes Steiner würdig. Steiner, der von sich selbst sagte, er sei »in jenem Zipfel der Oberpfalz beheimatet, wo diese mit Ober- und Niederbayern zusammenstößt«, weshalb es ihm im Gegensatz zu Gerlich »keine besonderen Schwierigkeiten machte«, den Originalton der Stigmatisierten oder auf Wachsmatritzen und Tonbänder übertragene Gespräche mit ihr als Quelle zu benutzen, kam schon in Altmannstein, wo er am 14. August 1902 geboren wurde, beim täglichen Anblick des dortigen Ignaz-Günther-Kruzifixus zu einer bemerkenswerten Glaubensinbrunst. Im frühen Kindesalter verlor er die Mutter. Nach den Volksschuljahren legte er im Studienseminar Neuburg an der Donau das Abitur ab. Die ersten Berufsjahre führten ihn als Buchhalter zu den »Münchner Neuesten Nachrichten«. Daneben studierte er an der Technischen Hochschule Betriebswirtschaftslehre und promovierte mit einer Arbeit über Kostenplanung im Druckgewerbe. Nach Zwischenstationen in Mannheim und Kulmbach kehrte der junge Dr. rer. techn. als Leiter der Buchhaltung zu den »Münchner Neuesten Nachrichten« zurück.

Seine Berufung sah er freilich auf anderer Ebene. Schon früh war er von den gediegenen Jugendzeitschriften Pater Ingbert Naabs angeregt worden, sich im kirchlichen Bereich zu binden. Das entscheidende Gespräch zwischen ihm und Pater Ingbert fand in Konnersreuth statt, wo sich seine anfängliche Skepsis gegenüber den dortigen Erscheinungen schnell verlor. In der stigmatisierten Therese Neumann fand er den Wegweiser zur Wirklichkeit dessen, was ihm schon als Kind im Bild des Gekreuzigten von Ignaz Günther begegnet war. Und gern folgte er Pater Ingberts Einladung, die Geschäftsführung des Verlages »Zeichenring« zu übernehmen.

Die Verlagsräume im Haus Schillerstraße 28 suchte Gerlich im Frühjahr 1930 auf, weil Pater Ingbert ihn gebeten hatte, einige Artikel für sein Periodikum »Der Weg« zu schreiben. Dort traf Gerlich den ihm von den »Münchner Neuesten Nachrichten« her schon bekannten Steiner. Das Gespräch verlief angeregt. Schließlich fragte ihn Gerlich geradeheraus, ob er nicht Lust habe, die Verlagsleitung einer Zeitung zu übernehmen, die für dieselben Ziele wie Pater Ingbert, aber auf wesentlich breiterer Grundlage kämpfen wolle. Nach einer Rücksprache mit Pater Ingbert sagte Steiner zu. So war es zu ihrer engen Zusammenarbeit gekommen.

Steiners ferneres Leben war von Konnersreuth und seiner Begegnung mit Fritz Gerlich geprägt. Er sagte seinem Vertrauten ein »ungemein aggressives, cholerisches Temperament« nach. Gerlich, erinnerte er sich, war »aber auch von kindlicher Versöhnungs- und Entschuldigungsbereitschaft, wenn er einen Irrtum einsah.«

Stunde der Versuchung

Im Therese-Neumann-Archiv zu Konnersreuth werden einige bisher ungedruckte Blätter mit Aufzeichnungen Johannes Steiners über eine dramatische Begegnung mit Gerlich verwahrt. Sie seien hier erstmals veröffentlicht:

»Wir schreiben den 9. März 1931. Gerlich hatte damals gerade begonnen, in seinem neuen Blatt ›Illustrierter Sonntag‹ allgemein gehaltene Artikel (...) unter eigenem Namen zu veröffentlichen, war aber noch in keiner Weise, wie einst bei den ›Münchner Neuesten Nachrichten‹, deren Chefredakteur er bis 1928 gewesen war, in der Tagespolitik journalistisch hervorgetreten. Das war erst nach weiterer Umstellung der Leserschaft, um Abonnentenverluste zu vermeiden, in seinem Plan.

An jenem 9. März bestellt er den Geschäftsführer Steiner abends ins Café ›Arkadia‹, [ein von Oskar Stock betriebenes, zu später Stunde noch geöffnetes »Tanzcafé mit Galerie« an der Prielmayerstraße 1, Ecke Bahnhofplatz, das erst 1980 abgebrochen wurde] und eröffnet ihm, der Verlag habe infolge einer Weigerung des Fürsten Waldburg-Zeil, die Zeitung weiter zu finanzieren, keine Mittel mehr. Der Geschäftsführer sei infolgedessen gesetzlich verpflichtet, sogleich Konkurs anzumelden. Steiner weigert sich. Gerlich, von früherer Tätigkeit her Widerstand nicht gewöhnt, läßt sich ein Blatt Papier geben und schreibt darauf eine Erklärung, nach welcher Steiner sich verpflichtet, ihn aller Folgen bei Nichtanmeldung des Konkurses zu entbinden. Er hat zwar die Neigung zum Alkohol seit seinen Erlebnissen in Konnersreuth heftig bekämpft, aber in seiner Verärgerung und Aufregung trinkt er nun ziemlich stark, was sich sowohl in der fahrigen Schrift als in dem nicht vollkommenen Schlußsatz widerspiegelt. Er verlangt, daß Steiner diese Erklärung unterschreibe. Steiner macht zwei kleine Korrekturen und unterschreibt. Die anstelle der gestrichenen in Kursivschrift eingerückten Worte entsprechen den Korrekturen Steiners:

»München, 9. 3. 1931
Zwischen Herrn Dr. Hannes Steiner und Herrn Dr. Fritz Gerlich wurde unter heutigem folgendes vereinbart: Herr Dr. Steiner hat von Herrn Dr. Gerlich erfahren, daß die Naturverlag GmbH ~~über keine eigenen Mittel mehr verfügt~~ *von Fürst Waldburg-Zeil keine Mittel mehr zu erwarten hat.* Herr Dr. Steiner erkennt an, daß er verpflichtet wäre, die Zahlungseinstellung für den Naturverlag ~~zu beantragen~~ *dann zu beantragen, wenn die nötigen Ausgaben durch Eingänge nicht mehr gedeckt werden können.* Er erklärt hiermit, daß er im Bewußtsein aller strafrechtlichen und zivilrechtlichen Folgen im Vertrauen auf Konnersreuth Herrn Dr. Gerlich, der ihn auf alle strafrechtlichen und zivilrechtlichen Konsequenzen aufmerksam gemacht hat, trotz dessen ausdrücklicher Warnung von allen rechtlichen Folgen zu entbinden bei ausdrücklicher Tragweite dieser Erklärung sich verpflichtet.
München, 9. März 1931
gez. Dr. Steiner
(Handschrift Steiner:) Café Arkadia gegen Mitternacht«

Johannes Steiner fügte seinem Bericht noch einige Zeilen über seinen Eindruck von dieser Auseinandersetzung bei:

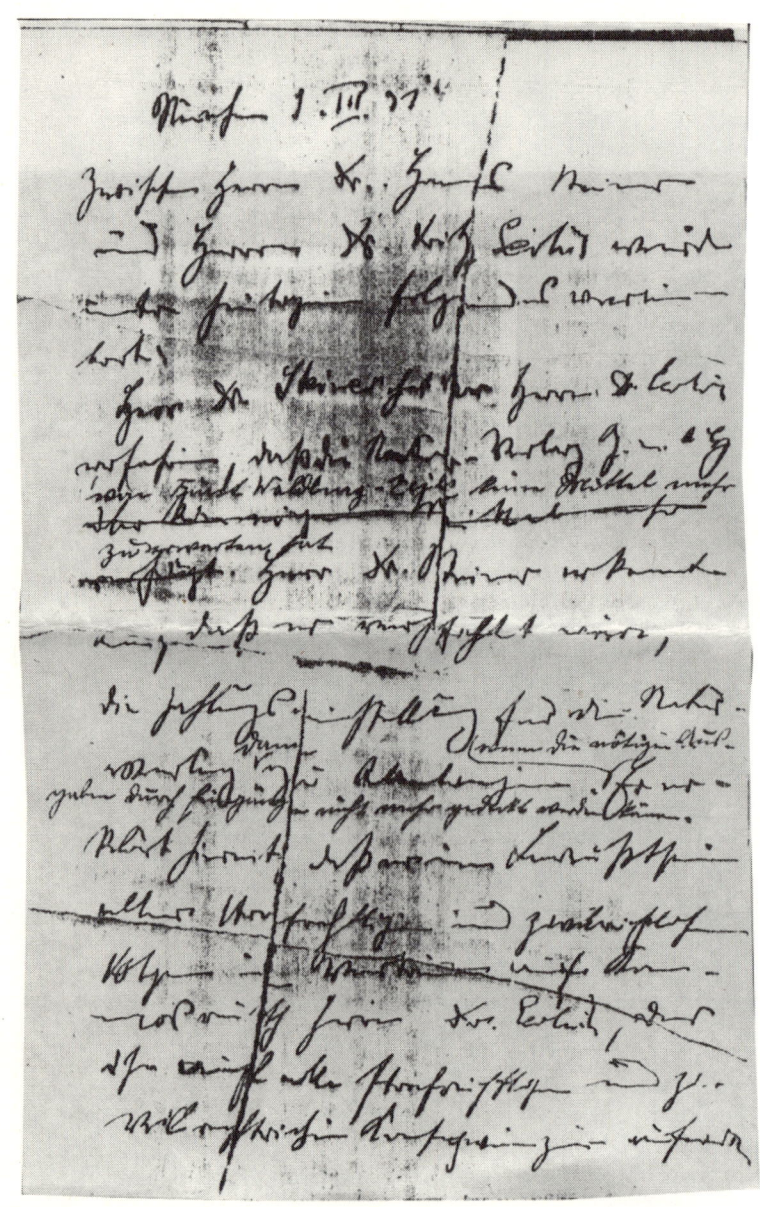

Die erste Seite des von Fritz Gerlich am 9. März 1931 im Münchner Café Arkadia aufgesetzten Vertrages mit Johannes Steiner. Das von Gerlich zerrissene Blatt wurde von Steiner später zusammengesetzt, die Rißstellen sind als schwarze Striche erkennbar.

»Fürst Waldburg-Zeil hatte Dr. Gerlich mitgeteilt, daß er nicht mehr weiterzahlen wolle. Gerlich bestellte mich ins Café Arkadia und teilte mir die Sachlage mit. Er war voller Zorn, vor allem auf Konnersreuth. Wenn der Heiland will, daß wir für ihn arbeiten, dann soll er uns auch helfen! Aber er läßt uns hängen! Usw.«

(Um wie vieles milder beschwerte sich der todkranke Komponist Anton Bruckner: »Du bist selber schuld, lieber Gott, wenn ich mein Dir gewidmetes Werk nicht mehr zustandebringe.« Gerlichs Ton war dagegen erbittert, jäh, wenig demütig.)

»Diese Stimmung hatte er schon ein/zwei Tage. Er trank stark im Café, schrieb dann die beiliegende Erklärung, daß ich ihm bestätigen solle, *ich würde im Vertrauen auf Konnersreuth* den Konkurs nicht anmelden, obwohl er mich auf alle straf- und zivilrechtlichen Konsequenzen aufmerksam gemacht hätte. Ich nahm einige Korrekturen vor und gab ihm die Unterschrift. Er schaute das Blatt einige Zeit an, dann zerriß er es. (Als er die Fetzen vom Tisch wischen wollte, steckte ich sie ein und fügte sie daheim als ›Andenken‹ wieder zusammen.) Gerlich stand, irgendwie erschüttert auf, legte seine Hand auf meine Schulter und sagte: ›Doktor, heute sind Sie der Stärkere gewesen. Ich danke Ihnen. Und nun wollen wir‹, dabei gab er mir die Hand, ›wieder tüchtig miteinander weitermachen.‹ Ich begleitete ihn heim in die Richard-Wagner-Straße.

Bleibt noch anzumerken, daß Gerlich damals mit dem Konversions-Unterricht begonnen hatte. Sichtbar steckte hinter seinem Toben der Versucher.«

Steiners Annahme scheint sich durch einen Tagebucheintrag des Konnersreuther Pfarrers Naber zu bestätigen. Am 10. März 1931 schrieb er:

»Vor einiger Zeit hatte Theres im gewöhnlichen Zustand das Gefühl, als ob gerade jemand, der den außergewöhnlichen Vorgängen hier nahestehe, recht aufgebracht dagegen sei und schimpfe. Sie hielt dann ihre Schwester Crescenz an, im erhobenen Ruhezustand zu fragen, was da los gewesen sei. Dieser wurde nun gesagt: ›Beten für Dr. (Gerlich).‹ Es kam dieser Tage mit Herrn Dr. Wutz, der letzten Samstag hier eingetroffen war, darauf die Rede und wurde auch der Tag und die Stunde festgestellt, an dem Theres jenes Gefühl gehabt (hatte). Da stellte sich heraus, daß Professor Wutz gerade zu jener Zeit bei Dr. (Gerlich) gewesen sei und schließlich, nachdem er längere Zeit dessen entrüstetes Reden gegen hier angehört, erklärt hatte, nun halte er es nicht mehr aus.«

Johannes Steiner schickt seinen Mitteilungen eine Betrachtung aus späterer Sicht nach: »Sowohl für Fürst Waldburg-Zeil, der sich gegen den Widerstand seiner Agnaten nach einiger Zeit doch zur

173

weiteren Finanzierung entschlossen hatte, als auch für Gerlich, der eben den Freund Pater
Ingbert Naab um Konversions-
unterricht bitten wollte, überdies auch, durch Ekstaseworte
angespornt und aus eigenem
Entschluß, zum schärfsten
Kampf gegen Hitler antreten
wollte, hätte eine Konkursan-
meldung einen – vielleicht nur
vorläufigen, denn wer kennt
Gottes Wege – Schlußstrich unter alle bisherigen Bemühungen
und weiteren Vorhaben gesetzt:
›Der Gerade Weg‹ (der neue
Name des ›Illustrierten Sonntags‹) und seine aufrüttelnden
Prophetien wären nicht zustande gekommen.

*Johannes Steiner, Verlagskaufmann
und Verleger, treuer Weggefährte von
Fritz Gerlich, unermüdlicher Künder
und Verteidiger der Stigmatisierten
von Konnersreuth.*

Das Aufkommen eines stark
beunruhigenden Gefühls, die
dadurch veranlaßte Befragung im ekstatischen Zustand der Therese
Neumann und die daraufhin in allem Ernst gesprochenen Worte
›Beten für Dr...‹ (Pfarrer Naber hat das von ihm gehörte Wort
›Gerlich‹ in seinem Tagebuch durch Punkte ersetzt) haben sicher
stürmisches Gebet in Konnersreuth ausgelöst und damit eine geistliche Schutzbarriere für Gerlich selbst und sein intendiertes Werk
errichtet: Diabolischer Vernichtungswille war gescheitert.

Einem tiefer fühlenden Menschen, der die Aussage eines jeden
Credo über die Erschaffung der unsichtbaren Welt ernst nimmt,
drängt sich der Gedanke auf, es hätten die ›Mächte der Finsternis‹
den Einsatz von Fritz Gerlich verhindern wollen.«

Liest man Steiners in Konnersreuth hinterlegte Blätter durch,
kann man zu einer weiteren Vermutung kommen. Vielleicht stand
hinter Gerlichs Verhalten im Café »Arkadia« auch einen bangen
Augenblick lang die Furcht vor den Konsequenzen des riesengroß
am Horizont auftauchenden Kampfes gegen das Böse.

»Jetzt sind wir soweit«

Mit der Ausgabe vom 12. Juli 1931 und mit einer Auflage von
100 000 Exemplaren eröffnete Gerlich den Kampf gegen die Nationalsozialisten »Hitler und Wilhelm II.« So leuchtete knallrot – wie

im »Völkischen Beobachter« – die Schlagzeile auf der ersten Seite.

Gerlich wußte, daß der bayerische Adel Hitler von Anfang an mit erheblich größerer Reserve gegenüberstand als der norddeutsch-protestantische Adel, selbst wenn dieser nach Bayern zugezogen war. Er wußte auch, daß die »Reichsgründung« von Versailles in dieselbe Zeit fiel, die ein Völkerschlacht-Protz-Denkmal voll betroffenheitstriefender Umfälschung der Geschichte in hundertzwanzigtausend Kubikmeter Stampfbeton gießen konnte: Eine einzige Germanisierung, Deutsch-Vereinnahmung und Verpreußung gegen »französisch-welsche Flut und frechen Übermut« – auch der Römer im Teutoburger Wald! (Dagegen half nur der von Gerlich apostrophierte Kaiser Wilhelm auf dem Kyffhäuser, Kaiser Wilhelm auf der Porta Westfalica, Kaiser Wilhelm am Deutschen Eck!) Die Entfesselung der »deutschen Volkstumskräfte« war im Leipziger Mahnmal des Jahres 1913 auf die Spitze getrieben. Dort wurde von den Deutschnationalen ein »helläugiges tapferes Geschlecht« zur »Erhaltung des reinen Deutschtums« aufgerufen. Von Ernst Moritz Arndt bis Friedrich Ludwig Jahn, von 1813 bis 1866, von 1871 bis 1913 hieß der mit seinem »Wesen zum Genesen« zwingende Aggressor immer Preußen, immer Berlin. Von der betongewordenen Ideologie des Völkerschlachtdenkmals bis zum Ersten Weltkrieg waren es nur elf Monate. (Bis zur »Machtergreifung« der »helläugigen deutschen Volkskraft«, genannt Nationalsozialismus, nur zwanzig Jahre.) Gerlich war ein Prophet. Geschickt brachte er seine Gedanken in Form eines Interviews mit Schweizer Freunden zum Ausdruck. Diese sagen zu lassen, was er dachte, war zweifellos wirkungsvoll.

»... Die Reden Wilhelms II. sind die Vorbilder der Hitlerschen Reden«

»Für Wilhelm II. waren Bismarck und Moltke bekanntlich nur Handlanger seines Großvaters. Er befahl. Die anderen Bundesfürsten waren Vasallen. Er führte das deutsche Volk ›herrlichen Zeiten entgegen‹. Er forderte den Rassenstolz der Japaner und Chinesen mit seinem törichten Gerede von der gelben Gefahr und dem noch törichteren Auftrag: ›Völker Europas, wahret eure heiligsten Güter!‹ heraus. Da er nur Schmeicheleien ertrug, so verschwanden die männlichen Männer, die einem anderen Mann nicht ewig schmeicheln können, immer mehr aus seiner Umgebung. Und noch ein Zug: Wilhelm trat nach Möglichkeit in Uniform auf. Die Heldenpose war eine Selbstverständlichkeit. Im November 1918 aber riß er aus, nachdem Millionen seiner zu herrlichen Zeiten geführten Untertanen auf den Schlachtfeldern Europas geblutet hatten.

Nun sehen Sie sich Adolf Hitler an: Die Uniform, die Heldenge-
ste, die Reitpeitsche als Marschallstab, der stets militärische Aufzug
und das Ausreißen, als der Marsch an die Feldherrnhalle im November 1923 auf Widerstand stieß: alles genau wie bei Wilhelm II.

Die Rasse-Reden, die Behauptungen einer vom Schicksal
bestimmten Überlegenheit der arisch-germanischen oder nordischen Rasse und der Schicksalsbestimmung anderer Rassen, dieser
Edelrasse zu dienen. Ist nicht Wilhelms II. Rede über die ›Gelben‹
ihr Vorbild?

Die Beschimpfung der politisch nicht mit ihm Übereinstimmenden als ›vaterlandslose Gesellen‹; hat Wilhelm II. nicht genauso
gesprochen?

Die Paraden, der Ordens- und Abzeichenflitter, der öffentliche
Pomp und Radau, die Versammlungen mit Musikbegleitung und
Tusch beim Auftreten des Befreiers, die Reden ohne Duldung eines
Widerspruchs: ›Miesmacher dulde ich nicht!‹ Das leichtfertige
Versprechen einer schönen Zukunft. Ist es nicht das Vorbild für die
herrlichen Zeiten, die den wieder ›aufgenordeten‹ Deutschen im
Dritten Reich bevorstehen, das Hitler begründen wird?

Nehmen Sie dazu das würdelose Umschmeicheln Mussolinis,
auch wenn er deutsche Volksgenossen in Südtirol knechten läßt, den
geschmacklosen Geldaufwand für die cäsaristische Außendekoration
und die prunkvolle Innenausstattung des Braunen Hauses... Man
könnte Seiten füllen, Herr Doktor, mit den Parallelen zwischen
Wilhelm II. und Hitler. Auch das Köpfe-rollen-lassen, das Bedrohen
der politisch Andersgesinnten mit Niederschießen hat ja seine Paral-
lele in ähnlichen Redensarten Wilhelms II. und seiner Mitarbeiter
aus der Kampfzeit gegen die Sozialdemokraten. Daß natürlich der
Katholik nicht national zuverlässig ist, daß jede vertiefte geistige
Kultur auf Ablehnung stößt und der Gummiknüppel die geistigen
Beweise ersetzt, rundet nur das Bild der hitlerischen Feldwebelkul-
tur, die auch dem wilhelminischen Zeitalter eigentümlich war...«

Vielleicht war es nicht ganz gerecht von Gerlich, den hemmungs-
losen und moralisch nun wirklich minderwertigen Adolf Hitler auf
eine Stufe mit Wilhelm II. von Hohenzollern zu stellen, im Effekt
war sein Vergleich treffend. »Wie sehr die Hiebe saßen«, erinnert
sich Erwein von Aretin, »beweist ein Anruf des Chefs vom Dienst
Hauptmann a.D. Wilhelm Weiß des ›Völkischen Beobachters‹ bei
Dr. Steiner noch vor Ausgabe des Blattes. Er hatte, da die Zeitung
im Hause Adolf Müllers gedruckt werden mußte, in der Setzerei
Fahnenabzüge gelesen.« Er sagte: »Ich habe da eben gesehen, daß
der Dr. Gerlich einen ungeheuren Angriff auf den Führer in der
nächsten Nummer Ihres ›Illustrierten Sonntags‹ starten will. Ja, wie
kommen Sie denn dazu! Wir haben bisher den ›Illustrierten Sonn-

tag‹ für ein uns gegenüber durchaus neutrales Blatt gehalten, und jetzt plötzlich dieser Ton! Können Sie denn das Erscheinen dieses Artikels nicht verhindern?«

Steiner erwiderte: »Es ist mir als Geschäftsführer nicht gestattet, auf die Redaktion auch nur den geringsten Einfluß zu nehmen.«

»Dann müssen Sie sich aber der Konsequenzen für Ihren Verlag bewußt sein.«

»Das bin ich. Herr Dr. Gerlich wird schon wissen, welche Ziele er verfolgt.«

»Er wird es büßen, der Führer wird sofort unterrichtet.«

Johannes Steiner unterrichtete seinerseits Gerlich, der die Drohung mit einem Schmunzeln entgegennahm: »Nun also, Doktor, jetzt sind wir soweit.«

Dämonen und Nachtgesichte

Man ginge sicherlich fehl in der Annahme, Hitler sei das Böse oder gar der Böse selbst gewesen; er war nichts als ein schwacher kranker Mensch, ein Überlebender von vier in den ersten Lebensmonaten gestorbenen Geschwistern, den der autoritäre Vater mit der Nilpferdpeitsche nahezu täglich halb ohnmächtig prügelte, einmal fast totschlug, der allerdings vom großen Widersacher zur richtigen Stunde und am richtigen Ort eingesetzt wurde. Schon im Alter von sechzehn Jahren zeigte er, wie sein Jugendfreund August Kubizek berichtet, alle später an ihm auffälligen Eigenschaften: Das Niederreden des Gegners, die Wutanfälle, die Viertelbildung. Schon in Leonding und Linz waren seine bemerkenswertesten Eigenschaften die bezwingend-stechenden Augen, der hemmungslose Redefluß, die fürchterlichen Zornesausbrüche. An den Folgen des eigenen Versagens und der eigenen Faulheit waren seiner Meinung nach immer nur die anderen schuld. Schon damals richtete sich sein Haß gegen Kirche, Klerus und Rom, gegen Habsburg und Wittelsbach, gegen Kaiser- und Königtum, gegen Besitzende und Unternehmer (»Gemeinnutz geht vor Eigennutz«), gegen Ausländer und Juden. Schon damals verfluchte er den Vielvölkerstaat Österreich-Ungarn, der ein Kleineuropa gewesen war, verabscheute das Europa der Völker überhaupt, vor allem der Völker des Südens. Auffällig war an ihm schon damals die Überhöhung des hohen Nordens, die Anbetung des Germanentums. Die Agitation des radikal antisemitischen, alldeutschen Führers der »Los von Rom«-Bewegung Georg von Schönerer war die seine:

»Gegen Juda, gegen Rom
bauen wir Germaniens Dom!«

»Das Reich!« »Das Reich wird entscheiden!« war die stehende

Rede des erst Sechzehnjährigen. Er meinte aber keineswegs das echte Reich, dessen Hauptstadt Wien gewesen war, sondern das protestantische, germanische Nord- und Pseudoreich Bismarcks, das brav deutsch denkenden Österreichern den verhängnisvollen Komplex eingeimpft hatte, von nun an leider »nicht mehr dazuzugehören.«

Hitler hat seit seinem fünfzehnten Lebensjahr nie mehr das Innere einer Kirche betreten. Wie konnte so einer als späterer Kanzler des »Reichs« die Kirche lieben? Nein, die Kirche war von ihm »zum Abschuß freigegeben« (und sollte seither immer wieder »verworfener Eckstein« sein). In seiner Gestalt war keineswegs der Satan zu erblicken, auch keine Inkarnation des gefallenen Erzengels, aber Dämonen hefteten sich an seine Fersen, überwachten seinen Weg, ließen ihn die Namen seiner Gegner auf Todeslisten setzen, ließen ihn zum verruchtesten Massenmörder der Geschichte werden. Sein Genie war es, immer das Mögliche, den Kampf gegen den Versailler Friedensvertrag und gegen die Massen-Arbeitslosigkeit, bis zur Absurdität auszureizen, den übermenschlichen Zentralstaat bis zur Selbstzerstörung aufzublähen. Das schlechthin Unbegreifliche seines bis zuletzt unangefochtenen Weges lag darin, daß er immer ganz davon überzeugt war, recht zu haben, auch bei den grausamsten Verbrechen, auch bei Vergasungen, Genickschüssen und Millionen Toten. Gottlob ist es zu »Germaniens Dom«, ist es zur Hauptstadt »Germania« – so der geplante Name Berlins – nicht mehr gekommen. Aber wieviele »Hekatomben« Blut – um in der Sprache des Wahnsinnigen zu reden – hat die Verhinderung seines teutonischen Utopia gekostet! Fritz Gerlich hat es als erster zu verhindern gesucht.

Bezeichnenderweise verfielen Gegenden und Länder, in denen der Glaube noch im Volk lebendig war, Hitlers Lügen am wenigsten. So war der Erfolg der »Neuen Kirche« in Eichstätt gleich Null. Der Niedergang des Glaubens hatte in vielen Gebieten und weiten Schichten das Gespür für Lüge und Wahrheit geschwächt (man unterschied eher nach *falsch* und *richtig*). Immer mehr Menschen, die den Glauben verloren hatten, griffen (auch in manchen Städten Bayerns, wo sich das nördliche »Strandgut« des Weltkriegs, Hugenberg, Ludendorff, Rosenberg und Konsorten ein Stelldichein gab) nach Hitlers Idolen als nach einem ersehnten Glaubensersatz. Die NSDAP konnte wesentlich stärker in protestantischen, religiös indifferent gewordenen oder schon entchristlichten Gebieten Fuß fassen. Treffend charakterisierte Goethe die Quintessenz dieser Entchristlichung: »*Den* Bösen sind sie los, *die* Bösen sind geblieben.«

Die Herausforderung Satans

Josef Teodorowicz führt eine Stelle aus dem Buch Papst Benedikts XIV. »De servorum Dei« an: »Obwohl der Satan ihr (Teresa von Avila) gewöhnlich auftrug, niemandem etwas davon zu sagen, was er ihr einflüsterte, hörte sie doch immer nur darauf, um den Gehalt ihrer Visionen gelehrten Leuten mitzuteilen.« Hier ist also die Rede davon, daß Therese von Avila ihren geistlichen Führern von den Visionserlebnissen, mit denen der Satan sie versuchte, Mitteilung machte, anderen Menschen jedoch nur, wenn der Beichtvater es ihr empfahl.

Der Teufel ist nach christlichem Verständnis ein Engel, allerdings ein von Gott abgefallener, der versucht, auch den Menschen in die Verderbnis der Gottferne zu stürzen. Auf Befragen, ob Therese von Konnersreuth unter den Anfechtungen Satans zu leiden gehabt habe, erläuterte Pfarrer Naber, ihr Seelenführer und Beichtvater: »Besonders zur Faschings- und Kirchweihzeit hat er sie gequält. Nichts weiter wollte er erreichen, als daß Therese sich vom Leiden absetze, das Mitleiden mit dem Heiland aufkündige. Dann würden alle Betrübnis und alles Schmerzende schwinden. Sie werde dann wieder heiter, lustig und fröhlich sein können wie alle anderen Menschen auch. Therese trat ihm entschieden entgegen und sagte: ›Ich will, was der Heiland will, und wenn der Heiland will, daß ich leide, dann leide ich.‹ Darauf begann er mit schändlichsten Ausdrücken auf Christus zu schimpfen, nannte ihn sogar einen Hund, der sich nur deswegen habe annageln lassen, damit ihm die Leute nachlaufen. Auch Maria hat er gelästert. Wenn es Therese gar zu arg wurde, hat sie mich rufen lassen und gebeten: ›Vertreib ihn!‹ Ich griff zu geweihtem Wasser. Darauf ließ er von ihr ab.«

Auf die Frage, wie Therese den Versucher gesehen habe, erwiderte Pfarrer Naber: »Sie hat ihn nicht gesehen, sondern gehört. Einmal freilich hat sie den Sturz der aufrührerischen Engel aus dem Himmel geschaut. Das aber war für sie so ungeheuerlich, so schrecklich gewesen, daß sie den Heiland bat, er möge sie diese Vision nicht mehr erleben lassen, diese Verwandlung der lichten Geister in Geister der Finsternis.«

Um diese Schau in Theresens Wortlaut kennen zu lernen, müssen wir den Ablauf der Geschehnisse noch einmal drei Jahre zurückdrehen.

Michael

Pfarrer Naber hatte am 29. September 1928 in sein Tagebuch geschrieben:

»Heute, am Feste des heiligen Erzengels Michael, schaut Theres

179

die Engelwelt (Jünglingsgestalten aus Licht in lichten weißglänzenden Gewändern), zwölf Erzengel an der Spitze. Erst sind die Engel noch alle schön und gut und singen – in Brudersphären. Dann entsteht ein Streiten in Mienen, Worten und Gebärden, während etwa der dritte Teil der Engel sich verfinstert und entstellt, darunter der mächtigste der Erzengel und noch vier andere Erzengel. Nun sammeln sich die lichtgebliebenen und die finster gewordenen Engel in zwei Heerlagern, die unter Führung des mächtigsten Erzengels auf der bösen und unter Führung des nächstmächtigen Erzengels auf der guten Seite mit dem Kampfruf ›Michael‹ auf dieser Seite gegeneinander heftig kämpfen, bis die guten Engel die bösen in die Tiefe verdrängt haben. Freudig singen hierauf die siegreichen Engel: ›Kadosch, kadosch, kadosch!‹ (hebräisch: heilig).«

Gerlich, der dieser Vision beiwohnte, läßt durch seinen Bericht die Wirkung auf Therese Neumann erkennen. Er bringt Rede und Gegenrede, wie sie sich im Zustand der Eingenommenheit ergaben.

Als Pfarrer Naber sie nach der Schauung anredete, erschrak sie heftig und schrie laut auf. Während der Schauung selbst hatte sie schon stärkste Zeichen der Furcht und des Entsetzens, untermischt mit Zorn, gezeigt. Sie erzählte dann: »I hab viele liachte Manner g'sehn, aber nicht den Heiland. Die lichten Manner haben sich nicht vertragen. Die oin san droben bliebn« – sie zählte auf ihre bekannte Weise sieben – »die andern ham fortgehn müssn«, sie zählte auf die gleiche Weise fünf. »Viele andere liachte Manner sind noch dag'wen, die warn aber net so machtig.« Neun Chöre Engel sah sie hinter den Erzengeln stehen. »So was hab ich im Leben noch net g'sehn. Da wird dir anderst. Das ist was Fürchterliches g'west. G'redt hams bald so wie der Heiland redt. So hin- und herg'redt ham s'.« Auf Befragen gab sie an, »ad nai« (adonai: hebräisch: der Herr) gehört zu haben. Dann fuhr sie fort: »Einer, der ärger g'wen is, der hat ang'fangt. Wie der Heiland sei Mutter in' Himmel g'holt hat, war auch so ein Machterer (Erzengel) dabei. Den mag i. Woißt, den liechten Mô, der zu dem Moidl kemma is.« (Offenbar meinte Therese den Erzengel Gabriel von Mariä Verkündigung.) »Der gehn hat müssen, is bald noch machterer gwen! Wenn i dran denk, fürcht i mi. Nacha hätt i zuschlag'n mögen.«

Befragt, wie der Kampf abgelaufen sei, erklärte Therese: »Sie ham net zug'schlagn. In die Händ hams nix ghabt. Sie ham nur gwinkt, daß die andern gehn mögen. Da möcht i net hin!« Auf die Frage, ob sie sprechen oder rufen gehört habe, antwortete sie: »Micha(el).« (Wer wie Gott) Auf eine weitere Frage sagte sie: »Wie's fort san, sans dir so worn wie der finster Mô, der amal bein Heiland g'wen is.« (Christi Versuchung durch den Satan.) »Die droben ham g'siegt. Das g'freut mi. Anfangs ham allesamt g'sunga. Wie sie aber

180

unterm Streiten warn, san die oin auf einmal finsterer und schwarz g'wen. Wie die Liechten g'siegt ham, ham sie *kadosch* immer wieder g'sungen.« Sie schloß dann: »Mir is ganz angst! Wia 's ausg'wen is, war i froh!« Immer wieder faßt sie ein Grauen, wenn man sie an diese Schauung erinnert, und sie will nichts davon hören. Den obersten der gefallenen Engel nannte sie Samiel (Sammael).

Münchens Glocken

Der Widerstand gegen Hitler festigte unter dem Einfluß von Therese Neumann Gerlichs Bindung an die Kirche. Konnersreuth war für ihn mehr geworden als ein wissenschaftlich und politisch interessanter Fall. Unter dem Einfluß der Begegnung mit dem, was für ihn zweifellos ein Wunder war, entschloß er sich zum entscheidenden Schritt. Pater Ingbert Naab war sein Katechet, Professor Wutz ein verständnisvoller Beichtvater.

Konnersreuth hatte sein Leben endgültig und von Grund auf geändert. Reuevoll bekannte er seine Sünden, gab eine in glaubenslosem Leichtsinn eingegangene außereheliche Liebesbeziehung – wirklich eine Beziehung der Liebe – auf und kehrte zu seiner Gattin zurück.

Seit er begonnen hatte, der schamlos verhetzenden Nazi-Agitation einen Spiegel vorzuhalten, wurde er mit anonymen Drohbriefen bombardiert. Von allen unbestechlich urteilenden Publizisten war er den braunen Recken der verhaßteste, ein Feind, dessen Vernichtung der Gewalt vorbehalten bleiben mußte. Solchen Zeitgenossen antwortete er im »Illustrierten Sonntag« am 2. August 1931:

»Mein Lebensweg bis zu dem heutigen Tage, wo ich Katechumene der katholischen Kirche bin, ist durch viele, viele Irrtümer hindurchgegangen. Ich bin ein Mensch, der nicht nur viel geirrt, sondern bei der Leidenschaft seines Temperaments sicher mehr gefehlt hat als die meisten seiner Zeitgenossen. Ich habe allerlei wieder gutzumachen. Aber unser Herr und Heiland Jesus Christus wird dem Manne, der wegen der offenen Aussprache seiner Überzeugung mit dem Strick um den Hals eines Tages zum letzten Urteil vor ihn hintritt, sicher vieles verzeihen.«

Als Gerlich seine nach eigenem Ermessen besonders schwere Sündenlast abgetan, das heilige Sakrament der Umkehr und Heimkehr empfangen hatte, durchströmte ihn zum ersten Mal das ganze Glück des Glaubens. Papst Pius XI., der die Ereignisse in Konnersreuth mit wachem Interesse verfolgte und über Gerlichs Schritt unterrichtet war, sandte ihm seinen Segen.

Auf den Tag drei Jahre nach der Vision des Engelsturzes, am 29. September 1931, dem Tag des heiligen Erzengels Michael, konver-

Feier der Konversion und Erstkommunion Fritz Gerlichs am 29. September 1931 im Oberen Empfangszimmer des Benediktinerinnenklosters Sankt Walburg in Eichstätt. Vorne v.l.n.r.: Benedicta von Spiegel, Therese Neumann, Sophie Gerlich, Pater Ingbert Naab. Hinten v.l.n.r.: Pater Cosmas, Pfarrer Joseph Naber, Professor Franz Xaver Wutz, Fritz Gerlich, Erich Fürst Waldburg-Zeil, Ludwig Weitmann, Professor Joseph Lechner.

tierte er im Eichstätter Kapuzinerkloster zur katholischen Kirche. Alter christlicher Sitte gemäß taufte ihn Pater Ingbert Naab nach dem Tagesheiligen Michael, auf dessen Fest Gerlichs Taufe bewußt gelegt worden war. Michael war es ja, der die Mächte der Finsternis bekämpfte – und bekämpft.

Schauplatz war der Klosterchor. Pater Ingbert maß in seiner Ansprache das Taufwasser am Wasser der Sintflut und an den zusammenstürzenden Wasserwänden des Roten Meers, österlichen Sinnbildern der Taufe, die das Böse und den Bösen abschütteln. Er fragte Gerlich, wie einst Paulus gefragt worden war: »Widersagst du dem Satan?« Gerlich antwortete: »Ich widersage.« – »Und all seinen Werken?« – »Ich widersage.« – »Und all seinem Gepränge?« – »Ich widersage.« Dann salbte ihn Pater Ingbert mit Katechumenen-Öl auf der Brust und zwischen den Schultern. Diese Salbung – erklärte er – versinnbildliche die Gotteskraft im Kampf gegen den Teufel. Dann goß er ihm aus einer Muschel das Taufwasser dreimal in Kreuzform über das niedergebeugte Haupt. »Im Namen des Vaters, des Sohnes und des heiligen Geistes.«

Unmittelbar nach der sub conditione erteilten Taufe folgte die kirchliche Trauung mit Frau Sophie, geborener Stempfle, da das Paar am 9. Oktober 1920 in München nur zivil getraut worden war.

Fritz Michael Gerlich als Erstkommunikant mit asparagusumrankter Kommunionkerze; diese am 29. September 1931 im Oberen Empfangszimmer des Klosters Sankt Walburg entstandene Aufnahme wurde noch nie veröffentlicht.

Auch Therese durfte im Betchor der Kapuziner die Konversion Gerlichs mitfeiern. Als Pater Ingbert ihr die heilige Kommunion reichte, sahen alle anwesenden Kleriker, wie sie sich aufrichtete und dem Heiland, den sie im Priester auf sich zukommen sah, ihre Hände entgegenstreckte. Gerlich sah es und sprach die von Therese einmal gehörte Bitte, als er den Leib des Herrn auf der Zunge fühlte, flüsternd nach: »Heiland, gib mir die Stärke, dir treu zu dienen.«

Seinem Freund Aretin, den er nach dieser Lebenswende einmal wieder traf, erzählte er, wie eigentlich alles begonnen habe. Und Aretin war etwas erstaunt, als Gerlich von den Glocken Münchens zu sprechen anfing. »Denn es war meinem Abgestumpftsein nie aufgefallen, daß sie in Leipzig und in Berlin wie in allen wesentlich protestantischen Großstädten des Reiches fehlten oder daß sie jedenfalls keine Rolle im Alltag spielten. Für Gerlichs Ohren aber war ihr regelmäßiges Geläute, das für uns Münchner zum täglichen Brot gehörte, etwas Auffallendes gewesen, etwas zum Nachdenken Anregendes, in einem sehr reizvollen Diesseits eine unermüdliche, nie sich erschöpfende Mahnung an ein Jenseits, über dessen Wirkung sich ein Einheimischer wohl selten Gedanken macht. Um so mehr tat es Gerlich. Er fand in der Gegenwart dieser Töne, bei deren Erzeugung der Gedanke an Menschenkraft und Menschenkunst so sehr zurücktritt, den Ausdruck eines Gleichgewichts, einer Harmonie im Wesen eines Volkes, das im christlichen Sinne sein Leben an den Schöpfer aller Dinge knüpfte.«

Im Oberen Sprechzimmer der Abtei Sankt Walburg wurde Gerlichs Konversion gefeiert. Es gibt ein Gruppenbild (s. S. 182): Vor Gemälden und Gobelins, altersdunkel verblendeten Barocktüren und einer deckenhohen Standuhr haben sich Pater Cosmas, Pfarrer Naber, Professor Wutz, Fritz Gerlich, Ludwig Weitmann (der Neffe seiner Frau), Fürst Waldburg-Zeil und Professor Lechner aufgestellt, im Vordergrund sitzen Äbtissin von und zu Peckelsheim, Therese Neumann, Frau Sophie Gerlich und Pater Ingbert Naab. Das rührendste Foto wurde im selben Interieur aufgenommen (s. S. 183): Es zeigt Gerlich als Erstkommunikanten. Es fand sich, bescheiden gerahmt, in Pfarrer Nabers Arbeitszimmer. Der etwas beleibt-untersetzte 48jährige mit Schnurrbart und Brille, altmodischem Stehkragen und gestreifter Krawatte steht vor uns im schwarzen Kommunionsanzug und hält in der Rechten die mit Asparagus-Grün umwundene, brennende Tauf- und Kommunionkerze, von der die weiße Taftschleife über seine Hand fällt.

Die Straße, welche man die Gerade nennt

Sein Leben war fortan wie ausgewechselt. Die Konversion bedeutete ihm Erfüllung und Auftrag zugleich. Sein Suchen nach Wahrheit war am Zielpunkt angekommen: »Ich fand mit mehr als achtundvierzig Jahren endlich im Katholizismus das, was ich mein ganzes Leben gesucht habe. Nämlich eine Lehre für dieses Dasein von einer absolut logischen Folgerichtigkeit, die nur einen einzigen Zwang auf den Menschen ausübt, nämlich den, daß er das katholische System als recht erkennen muß, wenn er sich nicht durch Nebenmotive ablenken läßt.« Als Auftrag leitete Gerlich aus dieser Hinsicht ab: Wege zu weisen, Dämme zu bauen, um, wenn es denn sein mußte, selbst in die Fundamente einer geordneten Welt, deren Richtmaß das Naturrecht und der darin geoffenbarte Wille Gottes ist, eingemauert zu werden.

Wenige Tage nach seiner Konversion wurde Gerlich durch Kardinal Michael Faulhaber in der Münchner erzbischöflichen Kapelle gefirmt. Aus diesem Anlaß hatte er von Therese Neumann ein großes goldenes Kreuz geschenkt bekommen, das er zum ersten Mal um den Hals trug. Als Pate legte ihm Professor Wutz – wie es Vorschrift war – seine Hand auf die Schulter. Der Kardinal baute seine Ansprache auf der Erzählung von der Bekehrung des Saulus auf und knüpfte an die Worte des Herrn zu Ananias (Apostelgeschichte, neuntes Kapitel, elfter Vers) an: »Wie der Herr zu Ananias sagte: ›Steh auf und geh in die Straße, welche man die Gerade nennt‹, so sage ich: ›Michael, geh den geraden Weg‹!« Auf diese Weise bezog sich Faulhaber auf den Titel »Der Gerade Weg«, den Gerlich seiner Kampfzeitung zu geben beabsichtigte. Der Kardinal sprach ihn bei seiner Predigt mit »Michael« an, dem Namen des Vorkämpfers der heiligen Scharen, der ihm Leitbild und Fürbitter sein sollte in seinem aussichtslosen Kampf gegen das Böse, gegen das Satanische des heraufziehenden Hitlerismus. Jedenfalls hatte Gerlich den Kampf bereits damals als den Kern seiner irdischen Mission erkannt. Und er begann ihn, seiner Verpflichtung bewußt, mit feurigem Einsatz zu führen. Die Worte des Kardinals waren ihm dabei Freude und Ermunterung. Entrüstet über die rohe Barbarei des von SA-Horden herbeigeprügelten Neuheidentums stellte er seine Zeitung »Der gerade Weg« bis zur letzten Zeile in den Dienst der Bekämpfung des Nationalsozialismus. Mit Fritz Michael Gerlich beginnt der Widerstand gegen Hitler.

Sechstes Kapitel

»Der gerade Weg«

Noch einmal Johannes Steiner

Weder Gerlichs noch Steiners Phantasie vermochte sich, als sie ihre Zusammenarbeit aufnahmen, vorzustellen, welch unfaßbares Grauen, welch satanische Brutalität sich mit dem Ruf »Deutschland erwache« erheben würden. Daß das heidnische Hakenkreuz gegen das Christenkreuz kämpfte, unterlag bald nicht mehr dem geringsten Zweifel. So sehr die Massen durch die Lüge vernebelt wurden, um so mehr entlarvte den wenigen Unbestechlichen gerade die Lüge das Teuflische dieser Macht.

Das Herz des Widerstands war und blieb Therese von Konnersreuth. Auf ihr Wort hin: »Es hängen Tausende von Seelen daran«, opferte Fürst Waldburg-Zeil im Lauf der Jahre eine halbe Million Mark für Gerlichs Widerstandszeitschrift. »Wie oft habe ich«, erinnerte sich Steiner später, »Gerlich nach Eichstätt gefahren, wo er sich Kraft, Sicherheit und neue Ideen in seinem Kampf gegen den Nationalsozialismus holte! Als Verlagsleiter dieser Zeitschrift beauftragte mich Gerlich mehrmals, nach Konnersreuth zu fahren und in der Ekstase Anfragen zu stellen. Diese ihm überbrachten Ekstase-Antworten und auch jene, die er bei eigenen Besuchen erhielt, haben ihn im Kampf gegen den Nationalsozialismus und gegen den Bolschewismus immer wieder ermutigt. Es waren Einblicke, Hinweise, die ihn dann selbst die Entscheidung treffen ließen. Worte wie: ›Schau, es geht doch da letzten Endes gegen den Heiland‹ genügten ihm. Auch Bestätigungen der Richtigkeit seines Standpunktes wurden ihm gegeben, Aufforderungen zum Vertrauen, wobei man unter dem Eindruck verschiedener Visionen allerdings daran denken mußte, daß das Vertrauen nicht auf das irdische Leben beschränkt werden dürfe.«

Versuchung Jesu

Am 22. Februar 1931 trug Pfarrer Naber in sein Tagebuch ein: »Theres schaut den Heiland in der Wüste, an einem Ort, wo Gesträuch ist, zugleich mit wilden Tieren, Löwen, Vögeln. Auch eine Quelle war an diesem Platze, aber der Heiland hat nicht daraus getrunken, sondern sich dort nur gewaschen. Den Teufel sieht sie als düstere männliche Schattengestalt. Bei der ersten Versuchung hält der Teufel dem Heiland zwei Steine hin, bei der zweiten und dritten legt er ihm den rechten Arm um den Nacken und trägt ihn an den Schultern (stoßweise) durch die Luft. Bei der zweiten Versuchung schreit der Teufel vom Fuß des Turmes, wo Leute sind, hinauf zum Heiland. Nach dieser Versuchung wollte sich der Heiland wieder in die Wüste begeben. Auf dem Weg dorthin entführte ihn der Teufel auf einen Berg, von welchem aus er ihn auf Jericho und die östliche Gegend wies. Wie ein Blitz (Theres gebraucht diesen Vergleich) fuhr er schließlich den Berg herunter und verschwand. Darauf erschienen um den Heiland viele Engel, von denen zwei ihn vom Berge heruntertrugen, unter den Armen ihn fassend. Durch Engel erhielt der Heiland jetzt auch Speise (Theres spricht von Früchten).«

Therese erlebt die Vision der Himmelfahrt Christi im Arbeitszimmer von Professor Wutz: »Mit! Mit!«

Es fällt schwer, den Inhalt dieser Vision als historisches Ereignis hinzunehmen. Beim Vergleich mit den Evangelien zeigt sich jedoch volle Übereinstimmung. Im vierten Kapitel des Matthäus-Evangeliums lesen wir, übrigens nahezu Wort für Wort mit Lukas übereinstimmend:

1. Da wurde Jesus vom Geist in die Wüste geführt, um versucht zu werden vom Teufel.

2. Als er vierzig Tage und vierzig Nächte gefastet hatte, hungerte ihn zuletzt.

3. Da trat der Versucher hinzu und sprach zu ihm: »Bist du Gottes Sohn, so sag, daß diese Steine Brote werden.«

4. Er aber antwortete: »Es steht geschrieben: ›Nicht vom Brot allein lebt der Mensch, sondern von jedem Wort, das hervorgeht aus dem Munde Gottes‹« (Deuteronomium 8,3).

5. Dann nahm ihn der Teufel mit in die heilige Stadt, stellte ihn auf die Zinne des Tempels.

6. Und sprach zu ihm: »Bist du Gottes Sohn, so stürze dich hinab;

denn es steht geschrieben: ›Seinen Engeln wird er deinetwegen befehlen, und sie werden dich auf Händen tragen, damit du nicht etwa anstoßest an einen Stein deinen Fuß‹« (Psalm 91/12,12).

7. Jesus ab sprach zu ihm: »Wieder steht geschrieben: ›Du sollst den Herrn, deinen Gott, nicht versuchen‹« (Deuteronomium 6,16).«

8. Abermals nahm ihn der Teufel mit auf einen sehr hohen Berg, zeigte ihm alle Reiche der Welt und ihre Herrlichkeit

9. und sprach zu ihm: »Dies alles will ich dir geben, wenn du niederfällst und mich anbetest.«

10. Da sprach Jesus zu ihm: »Weiche, Satan! Denn es steht geschrieben: ›Den Herrn, deinen Gott, sollst du anbeten und ihm allein dienen‹« (Deuteronomium 6,13).

11. Darauf ließ der Teufel von ihm ab, und siehe, Engel traten hinzu und dienten ihm.

Johannes Steiner kommentiert Nabers Tagebucheintrag: »Bei den drei Synoptikern« (er bezieht also auch Markus ein, der die Begegnung Jesu mit dem Satan zwar wesentlich verkürzt, aber übereinstimmend erwähnt) findet sich der Hinweis, daß Jesus, als der Geist Gottes bei der Taufe am Jordan auf ihn herabgekommen war, ›vom Geiste in die Wüste geführt wurde‹. Bei Markus lesen wir, daß Jesus dort unter wilden Tieren lebte, vom Satan versucht wurde und daß ›die Engel ihm dienten‹. Die Versuchung bestand darin, die auf ihn gekommene göttliche Macht zum Eigennutz zu gebrauchen, nämlich Steine in Brot gegen seinen Hunger zu verwandeln, oder einer breiten Volksmenge durch imponierendes Herabschweben von der Tempelzinne eitel und unnütz seine Macht über die Elemente zu erweisen, oder schließlich seiner Messias-Sendung durch Übernahme irdischer Herrschaft untreu zu werden und die Welt, statt sie heilsfähig zu machen, in die Hände des Satans fallen zu lassen. Ob diese Versuchung sich, wie beschrieben, vollzogen hat, oder ob es geistige, vielleicht visionäre Versuchungen waren, bleibt offen. Jedenfalls läßt die drastische Darstellung das Ringen der höllischen und der himmlischen Mächte, das sich ständig unsichtbar um den freien Willen eines jeden Menschen vollzieht und der Geschichte je nach der Wahl der Menschen seine Stempel aufdrückt, anschaulich sichtbar werden.

Die Versuchung steht am Anfang des öffentlichen Wirkens Jesu, im unmittelbaren Anschluß an die Theophanie bei der Taufe; sie läßt seine göttliche Natur und sein ultramaterielles Vermögen aufscheinen, die sich später noch mehrmals zeigen, zum Beispiel beim Hinabstürzen vom Felsen in Nazareth, beim Entschwinden und Seewandeln nach der Brotvermehrung, bei der Verklärung auf Tabor, die dann völlig in und nach der Auferstehung offenbar werden.«

Das Reich aus der Hölle

Mit dem Teufel, seiner bedrohlichen und suggestiven Macht, hatte Therese genug zu tun. »Von links her« sprach er auf sie ein. Oft war sie stundenlang diesen Versuchungen ausgesetzt. Pfarrer Naber vermerkt in seinem Tagebuch, daß der Satan ihr Heiterkeit und Fröhlichkeit versprochen habe. Therese habe ihn aber nicht gesehen, sondern immer nur gehört.

Es sind stets zwei Geheimnisse, die die Kirche umgeben, das Geheimnis der Gnade und das Geheimnis der Bosheit. Das Geheimnis der Bosheit spricht: Es stellt sich die Frage, ob mit dem Tod alles zu Ende ist oder ob das Wesentliche des Menschen jenseits der Todesschwelle weiterlebt? Neigt man der Annahme zu, Seele, Geist, Kraft und Körper des Menschen seien daraufhin angelegt, mit dem Tode zu enden, löst sich alles in vollendeter Klarheit: Nicht mehr einem Ziel, das außerhalb der Zeit liegt, ist nämlich dann der Mensch zugeordnet, sondern einer Lebenszeit, aus der er machen müß, was ihm möglich ist. Ein Mensch, der so lebt, kann des Schöpfers nicht nur entraten, er wird ihn als hinderlich bei seinem Vorsatz empfinden, die eigene Natur zu ihrer eigentlichen Größe zu entfalten. Seine Daseinswirklichkeit ist von gar nichts anderem als von ihm selbst abhängig.

Das Geheimnis der Gnade spricht: Solch eine Lehre stellt den Menschen unter eine Glasglocke. Er wird aller Verpflichtung gegenüber einem höheren Wesen ledig gesprochen, zugunsten einer bloß innermenschlichen Entscheidung – nicht mehr zwischen gut und böse, sondern zwischen richtig und falsch, sozial und asozial.

Das Geheimnis der Bosheit spricht: Auch die Geheime Offenbarung bestätigt: »Es wurde ihm – das heißt mir – Macht gegeben über alle Völker, Stämme und Nationen.«

Das Geheimnis der Gnade spricht: Paulus warnt uns, daß die Bosheit »mit allerlei lügenhaften Kräften und Zeichen, mit allerlei Verführung und Ungerechtigkeit unter denen wirke, die verloren gehen, dafür, daß sie die Liebe zur Wahrheit nicht angenommen haben.«

Das Geheimnis der Bosheit spricht: Aber Paulus behauptet auch, daß mein Geist »sich über alles hinwegsetzt, was Gott oder Gottesverehrung heißt, und schließlich sich selbst in Gottes Tempel setzt.«

Das Geheimnis der Gnade spricht: Christus, der Herr, sagt: »In jenen Tagen wird sich die Sonne verfinstern, der Mond wird seinen Schein nicht mehr geben, die Sterne werden vom Himmel fallen und die Kräfte des Himmels werden erschüttert werden.«

Das Geheimnis der Bosheit spricht: Gott *muß* einen Widersacher haben!

Das Geheimnis der Gnade spricht: ... der erst beim Zusammen-bruch des Weltgebäudes ganz niedergerungen werden kann.

Das Geheimnis der Bosheit spricht: Solange es die Schöpfung Gottes gibt, ist er der Angegriffene, der sich zur Wehr setzen muß. Der Schauplatz dieser Auseinandersetzung ist aber die Erde, und der Preis der Mensch.

Das Geheimnis der Gnade spricht: Der Angreifer kommt mit einem Schwall von Versprechungen, bietet immer trügerischere Vergnügungen, die zur Wirklichkeit in einem ähnlichen Verhältnis stehen wie die Wahlversprechen zur nachfolgenden Politik. Der Anreiz beim Angesprochenen läßt nach, die Form der Verführung muß immer gewaltsamer und niedriger werden.

Das Geheimnis der Bosheit spricht: Die Mittel, derer sich das in einem Menschen hervortretende Böse bedient, werden selbstver-ständlich die Maske des Guten tragen. Der Nächste wird um des Nächsten willen geliebt werden, auf keinen Fall um Gottes willen.

Das Geheimnis der Gnade spricht: Wenn die Gleichheit in der Welt vollendet ist, wird sich das Geheimnis des Bösen entschleiern und in seiner ungeschminkten Form hervortreten als Haß gegen den persönlichen Gott. Der Teufel ist dort rastlos tätig, wo der unaufhörliche Fortschritt – von Gott – versprochen wird.

Das Geheimnis der Bosheit spricht: Ich bin der Gegenspieler Gottes, ich verspreche ein irdisches Leben ohne Ende. Meine Verführungen entsprechen der Scheinblüte, die dem Sterben vorauszugehen pflegt.

Das Geheimnis der Gnade spricht: Niemals ist die Verführung, das Dasein auf Erden für das höchste Gut zu halten, wirksamer als in dem Augenblick, in dem ein Mensch es verlassen muß. Die tief-ste Bosheit des Bösen ist die Begrenzung des Lebens auf das irdi-sche Dasein, die Fesselung des Geistes an die Belange der Zeit.

Hitler

Der Teufel ist immer gegen Gott, ist es in all seinen irdischen Erscheinungen, in jeder Gestalt organisierten Verbrechens, mag es durch den Aufrührer und Umstürzler Catilina sein, durch die »Ehrenwerte Gesellschaft«, durch den Stalinstaat oder durch Hitler.

Der Versucher konnte Therese nicht täuschen, auch wenn er kein Einflüsterer mehr war, sondern, verkleidet als »Engel des Lichtes«, in Hitler und seinen Braunen auftrat.

Der spätere »Führer«, geboren am 20. April 1889, wurde 1895 in die einklassige Volksschule von Fischlham bei Lambach gegeben. Die zweite und dritte Klasse besuchte er in der Schule des Benedik-tinerstiftes Lambach, die vierte und fünfte Klasse in Leonding, wohin seine Eltern inzwischen verzogen waren. Im Jahr 1900 trat er in die erste Klasse der Linzer Staatsrealschule ein. Wegen ungenügender Leistungen wiederholte er diese Klasse im Schuljahr 1901/1902. Am 3. Januar 1903 starb sein Vater. Die dritte Klasse beendigte er im Sommer 1904 noch in Linz, besuchte aber dann im Schuljahr 1904/05 die vierte Klasse der Staatsoberrealschule von Steyr. Damit schloß er, im Alter von sechzehn Jahren, seine schulische Ausbildung ab. In den Jahren 1905 bis 1907 ging er keiner regelmäßigen Tätigkeit nach. Im Mai und Juni 1906 hielt er sich bei Verwandten in Wien auf. Im September 1907 meldete er sich zur Aufnahme in die Malschule der Wiener Kunstakademie, bestand jedoch die Prüfung nicht. Bis 1913 lebte er ohne Einkommen und Beruf bitterarm in Wien. Das von Fabrik- und Lagerhallen umgebene Männerheim an der Meldemannstraße bot ihm trostlose Unterkunft. Um nicht für die österreichisch-ungarische Armee gemustert zu werden, ging er im Frühsommer 1913 nach München. Ausgerechnet an Fronleichnam, am 25. Mai, traf er in der bayerischen Hauptstadt ein.

Wie mußte es um ein »Reich« bestellt sein, diese Frage stellt sich leider erst im Nachhinein, das einen Mann, der nicht im entferntesten der deutschen Orthographie mächtig war, der regelmäßig »daß« und »das« verwechselte, »nähmlich« und »getrofen« schrieb, kein Komma und kein Fragezeichen zu setzen verstand, wie mußte es um ein »Reich« bestellt sein, das einen Mann seinesgleichen zum höchsten Staatsamte berief! Entsprechend war es in der Tat um dieses »Reich« bestellt.

Hellsichtig hatte Carl Oskar von Soden Hitlers Wesen und Absichten schon im Jahr 1919 durchschaut. Unerschrocken hatte er an den Stätten seines priesterlichen Wirkens, in Indersdorf, Freising, Geisenhausen, München und Marzling, gegen den Volksverführer gekämpft, hatte gegen ihn von der Kanzel gepredigt, solange es noch Zeit war, die »Machtergreifung« des Dämons zu verhindern. Als er in Lebensgefahr geriet, gehorchte er Kardinal Faulhaber, der ihn eindringlich vor dem Bleiben warnte. In letzter Minute gelang es ihm, dank der Hilfe des Rechtsanwalts Joseph Panholzer, über die Schweiz ins amerikanische Exil zu entkommen. Dort vollendete er seine in München und Marzling begonnene Lebensarbeit, ein unveröffentlicht gebliebenes Buch über den »Bund als Erbe und Auftrag«. Darin lesen wir nicht ohne leisen Schauder ob so tiefen Einblicks in das Werden der Geschichte:

»Der tiefe Mangel und die ernste Schuld des deutschen Bürgertums in Österreich war der fürchterliche Minderwertigkeitskomplex, den es seit Joseph II. angesammelt hatte.

Damals hat sich Österreich zum ersten Mal von Preußen imponieren lassen. Joseph II. und sein Bürgertum wurden die Verehrer eines Staats, der ihnen an kriegerischer Tüchtigkeit (›Efficiency‹) überlegen war. Dieser Minderwertigkeitskomplex ist durch Königgrätz noch erheblich vermehrt worden und ist seither das maßgebende Element der politischen Denkart des halbgebildeten Österreichers geblieben. Preußen wurde für ihn das Idol politischen Könnens, die Hohenzollern und ihr Staat das Ideal aller politischen Zielsetzung. Georg von Schönerer, der bekannteste Typ dieser Richtung, sah in Wilhelm I. ›den‹ Kaiser. Religiös sind er und sein Kreis durch das Schlagwort ›Los von Rom‹ bekannt geworden. Daß ihre Denkart heftigsten Antisemitismus einschloß, ist klar; denn das Judentum in den Donauländern zählt ja zu der nationalen Vielfalt, die diesen Alldeutschen verhaßt war. Natürlich war ihre Einstellung auch ausgesprochen antislawisch; im nationalen Grenzkampf gegen das Tschechentum ist die alldeutsche Politik großgeworden. Die Tschechen und alle Slawen zu mißachten, war ihr Lebenselement. Der Minderwertigkeitskomplex gegenüber Preußen hat einen krankhaften Stolz gegen die Tschechen genährt; daß die Alldeutschen die Hegemonie der deutschen Minderheit in Österreich um keinen Preis aufgeben wollten, hat die deutsche Politik in Österreich gegen alle föderalistischen Lösungsversuche verhängnisvoll versteift.

Es war stets einer meiner politischen Grundsätze, die echten Preußen seien viel besser als diese verpreußten Österreicher; der Preuße, der das von Natur aus ist, wird immer weit sympathischer bleiben als der Renegat aus Österreich, der sich gegen seine eigene Natur zu preußischem Denken vergewaltigt. Mein Grundsatz ist leider durch eine sehr unangenehme Erfahrung bestätigt worden.

Es ist überaus charakteristisch, daß Hitler aus der Schicht des verpreußten Österreichertums gekommen ist und daß er Schönerer als den wichtigsten seiner Lehrer preist. Als ich im Herbst 1919 Hitler zum erstenmal in einer Versammlung des ›Bayernbunds‹ im ›Löwenbräu‹ in München in der Diskussion reden hörte, war mir nach fünf Minuten restlos klar, wes' Geistes Kind er war. Er verherrlichte die preußische Politik und verdammte alles Österreichertum; die Habsburger waren für ihn der Inbegriff der Verrottung. Seine Zuhörer suchte er für eine Art von ›Bismarckschem Föderalismus‹ gefangenzunehmen, und er war voller Hoffnung, daß Preußen Deutschland noch einmal zu einer glänzenden Zukunft bringen werde.

In den dreiundzwanzig Jahren, die seither verlaufen sind, hat mir Hitler nie mehr die geringste Überraschung bereitet; ich habe in dieser Zeit mein Urteil über ihn auch nicht um einen Grad verändert; überrascht hat bloß die Schwäche, Kurzsichtigkeit oder

Unfähigkeit all seiner Gegner, auf die er innerhalb und außerhalb Deutschlands stieß. Tatsächlich hat Hitler nichts anderes gewußt und getan, als sein alldeutsches Programm auszuführen; wer dieses Programm kannte, hatte auch nicht ein einzigesmal Grund, über Hitler und seine Politik zu staunen. Ich rechne mir das nicht als intellektuelles Verdienst an; wenn man verstand, aus welchem politischen Kreis er kam – und das hatte er damals in der rauchigen ›Löwenbräuhalle‹ mit ein paar Sätzen enthüllt – war der Mann sehr leicht zu durchschauen. Sein ganzes Auftreten war so krankhaft, daß mein menschliches Urteil sofort feststand: ›Das ist ein Psychopath‹, war alles, was ich einem enttäuschten Bewunderer, der mich nach meinem Eindruck fragte, zu sagen hatte; auch von diesem Urteil bin ich seit dreiundzwanzig Jahren keine Sekunde lang abgewichen. Der politische Fanatismus, der Minderwertigkeitskomplex und der mit ihm häufig verbundene Größenwahn sprachen so deutlich aus seinen entstellten, die innere Verkommenheit verratenden Zügen, daß es unmöglich wurde zu verkennen, wie dringend hier der Nervenarzt berufen war.«

Krankhaft verdreht finden wir, wie so vieles mehr an Hitler, daß er den österreichisch-ungarischen Vielvölkerstaat, von dem sogar Oberitaliener im nachhinein zu träumen anfingen, kaum weniger haßte als es die von ihm so heftig befehdeten Zerstörer dieses Vielvölkerstaates taten, die Schmiede des Versailler »Friedens«-Vertrages.

Die idealistischen Ursprünge des Nationalsozialismus müssen ohnehin bezweifelt werden. Zusammen mit einer der schlimmsten Untergrundfiguren wie Hermann Esser, stand Hitler während des deutschen Ruhrwiderstands von 1922/23 in landesverräterischer Beziehung zu Frankreich und wurde von französischer Seite finanziert. Woher das Geld kam, das ihm seinen Kampf um die Macht ermöglichte, war ihm gleichgültig. Von der Größe und Bedeutung des Donauraumes, von der Kulturleistung der Kelten und Romanen, vom Schicksal der heiligen Gisela, bayerischer Herzogstochter aus Regensburg, Schwester Kaiser Heinrichs des Heiligen und Gemahlin König Stephans des Heiligen von Ungarn, von den Stätten und Schwerpunkten des uralten Römischen Reichs, von Kelheim, Abbach, Regensburg, Straubing, Passau, Lorch, Wien und Gran, von Tassilo III., von Bischof Pilgrim und von Burgund, von Giselas Grab im Kloster Niedernburg und von der Stephanskrone hatte er keinen blassen Dunst. Wie sollte er auch: Die ganze Zeit war vom falschen Nordlicht geblendet. Die Entwicklungslehre eines Charles Darwin und Ernst Haeckels atheistische Evolutionslehre (die Nazi-Ideologie hatte viele Väter) vertiefte – nirgendwo anders als im spät, wenn überhaupt christianisierten Norden – die Zweifel, die schließlich bis zur Ablehnung Gottes und zum nackten Materialismus führten. So konnte um 1930 der sogenannte »weltan-schauliche Schulungsleiter der NSDAP« Alfred Rosenberg (seit 1923 Dietrich Eckarts Nachfolger als Herausgeber des »Völkischen Beobachters«), in seinem Hauptwerk »Der Mythus des 20. Jahr-hunderts« die Zerstörung der Kirche, die Abschaffung ihres Ober-hauptes, die Vertilgung der christlichen Lehre durch das kopernika-nische Weltsystem verkünden. »Alldeutschtum und Aufnordung« war der zündende Funke, der Preußens kriegerische Tüchtigkeit, sprich Pickelhaube, Schaftstiefel, Gleichschritt, Schnauzton, Drill, Koppelschloß und Schulterriemen zur Weltseuche machte. Der Begeisterungstaumel eines von Georges Clemenceau durch die Auflagen des schrecklichsten Friedensvertrages der Geschichte auf hundert Jahre in die Wüste geschickten Volkes wäre eines aufrichti-geren Politikers würdig gewesen. Aber es ist wohl so, daß zur Unwahrheit angehaltene oder zur Unwahrheit erzogene Menschen allzeit Lüge für Wahrheit halten müssen und nur noch zur Anbe-tung eines Götzenbildes fähig sind. Von Anfang an war die Lüge Bestandteil der Lehre Hitlers.

In der 1. bis 11. Auflage des Buches »Mein Kampf« wäre zu lesen gewesen, wenn man nur gelesen hätte: »Der Deutsche hat keine Ahnung, wie man das Volk beschwindeln muß, wenn man Massen-anhänger haben will.« In der 876. bis 880. Auflage desselben Buches lesen wir etwas modifizierter, aber nicht minder verräterisch: »Die Propaganda hat ihr geistiges Niveau einzustellen nach der Aufnah-mefähigkeit des Beschränktesten unter denen, an die sie sich zu rich-ten gedenkt. Damit wird ihre rein geistige Höhe um so tiefer zu stel-len sein, je größer die zu erfassende Masse der Menschen sein soll.«

Geistesverwirrte und Verbrecher

Gerlich hatte sich durch die in unbeschreiblich schlechtem Deutsch geschriebene nationalsozialistische »Bibel« durchgebissen und Hitlers entlarvende Sätze in seiner Zeitschrift abgedruckt.

Man kann über den Mut nur staunen, den Gerlich und Pater Ingbert Naab ohne Rücksicht auf den Hagel von Verleumdungen und anonymen Drohbriefen bewiesen, der über sie hereinbrach. Überwachung durch Spitzel, Öffnung der persönlichen Post, Abhören von Telefongesprächen – so kündigte sich die Diktatur an, schon ehe sie Realität war. Die Versuche, Gerlichs kämpferisches Blatt in Verruf oder gar zum Schweigen zu bringen, mehrten sich. So hatte Gerlich im Jahr 1931 gleich zwei Beleidigungsprozesse gegen die deutschnationale »München-Augsburger Abendzeitung« zu führen. Beide Male mußten die Verleumder zurückstecken. Gerlichs Kampf galt auch rechtsradikalen Randfiguren wie Alfred

Hugenberg, dessen engstirnigen Haß gegen die katholische Kirche er bei seinem Eintreten für das Bayerische Konkordat kennen gelernt hatte. Er durchschaute es als Illusion, daß in Gemeinschaft mit Alfred Hugenberg oder General a.D. Kurt von Schleicher eine Reichsreform zu ermöglichen sei, die etwas anderes wäre als eine »großpreußische«, ganz und gar antibayerische Lösung. So wenig das deutsche Kaiserreich ein »Reich« gewesen war, höchstens ein noch nicht ganz zentralisierter Nationalstaat, so wenig gab es in einer unter nationalistischem Vorzeichen angetretenen Reichsregierung einen Boden für föderalistische Politik.

Mit dem Jahreswechsel 1931/32 vollzog sich die Umtaufe des »Illustrierten Sonntags« in den schon lange geplanten und angemesseneren Titel »Der gerade Weg« (Untertitel: Deutsche Zeitung für Wahrheit und Recht).

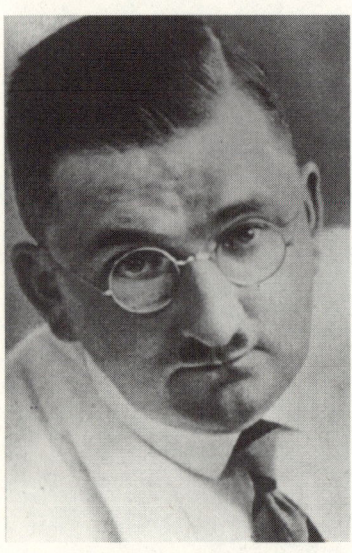

Wilhelm Winkler, Riedners Vorgänger als Generaldirektor der Staatlichen Archive Bayerns, hatte diesen Titel vorgeschlagen. In der Geschichte des deutschen Widerstands wird Gerlichs »Gerader Weg« für immer die einzige Zeitung bleiben, die vor 1933 allein mit dem Ziel gegründet worden war, Hitlers Machtergreifung zu verhindern.

Es wird in der deutschen Zeitungsgeschichte aber auch für immer eine Absonderlichkeit bleiben, daß in der Druckerei von Adolf Müller sowohl »Der gerade Weg« als auch »Der Völkische Beobachter« hergestellt wurden. Auf den Gängen, im Hof und in der Setzerei des »Münchner Buchgewerbehauses« an der Schellingstraße trafen Gerlich und seine Mitarbeiter ständig mit Hitler (solang dieser in München wohnte) und Rosenberg zusammen. Hitlers »Leibphotograph« Heinrich Hoffmann, den die Setzer wenig respektvoll »Oberspinner« nannten, spielte die Rolle des Spions.

Fritz Gerlich, der den Demagogen Adolf Hitler früh durchschaute und in seiner zum Zweck der Abwehr des Nationalsozialismus 1932 gegründeten Zeitung »Der gerade Weg« kompromißlos bekämpfte. Daß ihn das Damaskus-Erlebnis von Konnersreuth und die Konversion zum Katholizismus zu diesem aufreibenden Kampf befähigten, hat er immer bekannt.
Das Foto zeigt ihn um 1928 als Chefredakteur der »Münchner Neuesten Nachrichten«.

Von allen politischen Artikeln verschaffte er sich, sobald sie gesetzt waren, Rohabzüge des noch unkorrigierten Textes und brachte sie vor Erscheinen der Zeitung seinem Herrn und Meister Hitler.

In der Nummer 7 vom 14. Februar 1932 veröffentlichte Gerlich einen besonders scharfen Artikel. Unmißverständlich schrieb er in großen roten Lettern darüber: »Hetzer, Verbrecher und Geistesverwirrte – Führertum und Presse der Hitlerbewegung«. Die mit Schimpfkanonaden durchsetzte Sprache des »Völkischen Beobachters« brandmarkte er als Volksverhetzung:

»Und Blut ist es, was Tag für Tag in seinen stillen Stunden anklagend gegen ihn aufsteht – nämlich das Blut, das in dem von ihm täglich durch seine Parteipropaganda und -presse geschürten kleinen Bürgerkrieg vergossen wird.

Um sein Gewissen zu beruhigen, muß er uns das Theater des ›nationalen Befreiers‹ vorspielen, als ob all das eine Notwendigkeit auf dem Wege der nationalen Erneuerung Deutschlands wäre. Man sehe sich doch nur einmal die jüngsten Photographien Hitlers, das flackernde, ängstliche, suchende Auge in dem aufgedunsenen Gesicht an, das immer brutalere und sturere Züge bekommt. Dann weiß man, wie das Gewissen dieses Mannes in den Nächten ohne Zeugen mit ihm redet.«

Auch von diesem Artikel schmuggelte Hoffmann die Korrekturfahne zu Hitler. Dieser sprang auf in weißlodernder Wut und eilte zum Druckereibesitzer. Er drohte, ihm den Druck des »Völkischen Beobachters« zu entziehen, falls er noch eine einzige Nummer des »Geraden Wegs« drucke. Adolf Müller kam verstört ins Büro des Verlagsleiters Johannes Steiner. Dieser führte ihn zu Gerlich, der sich, cholerisch-heftig, auf die vertragliche Vereinbarung berief. Er habe sich beim Kauf der Zeitung diese Druckerei nicht ausgesucht, vielmehr habe er Müllers Bedingung schlucken müssen, den damaligen »Illustrierten Sonntag« weiter bei ihm drucken zu lassen. Mit aller Schärfe bestand er auf dem entscheidenden Vertragspassus, der jede redaktionelle Einmischung der Druckerei ausschloß. Müller saß kreidebleich am Verhandlungstisch und bot an, diese Nummer 7 noch fertigzustellen, aber mit einer anderen Firma im Impressum. In Vorahnung der kommenden Entwicklung hatten Gerlich und Steiner bereits Verhandlungen mit der »Verlagsanstalt vorm. Manz AG«, die Ingbert Naabs Jugendzeitschriften druckte, aufgenommen. Gerlich und Steiner sagten Müller zu, sich sofort um einen anderen Drucker zu bemühen, sofern Müller die Kosten des Umzugs von Verlag und Redaktion übernehme. Adolf Müller war so froh über diese einvernehmliche Lösung, daß er nicht nur den Umzug bezahlte, sondern auch dem bisherigen Metteur Stahl den Stellenwechsel erlaubte und Manz kostenlos die technische Ausrüstung zur Verwendung biegsamer, aufklebbarer Klischees überließ. Von der Nummer 8 an wurde »Der gerade Weg« bei der Druckerei Manz AG in der Hofstatt 4 – 6, einer Ausbuchtung des Färbergrabens, gedruckt, unmittelbar den »Münchner Neuesten Nachrichten« benachbart. Verlag und Redaktion waren im Haus Nummer 5, im zweiten Stock, untergebracht. In der Hofstatt erschienen auch der »Bayerische Kurier« und die »Münchner Katholische Kirchenzeitung«. So waren Gerlich und Steiner nicht nur vom Druck- und Mietvertrag beim »Münchner Buchgewerbehaus Adolf Müller und Sohn« an der Schellingstraße entbunden, sondern auch in ein harmonisches Umfeld versetzt. Gleichwohl verabschiedete sich Gerlich von den Setzern der Müllerschen Druckerei nicht, ohne ihnen als Dank für ihre Treue, zusammen mit seinem Redaktionsstab, einen Abschiedstrunk im nächstgelegenen Münchner Altstadtrestaurant zu geben.

Über seinem vordringlichen Kampf gegen Hitler vergaß Gerlich keinen Augenblick die Gefahr, die der christlichen Weltordnung auch vom Welt-Kommunismus drohte. Er hatte ein Buch über den Kommunismus als Lehre vom tausendjährigen Reich geschrieben und seine Kenntnis der kommunistischen Idee im Lauf der Jahre wesentlich vertieft. Man geht in der Annahme sicher nicht fehl, daß er in der Verlogenheit und im Massenbetrug Hitlers, der sein »Reich« bezeichnenderweise *auch* als »tausendjährig« empfahl, die gleichen Verführungsworte, wie die im Buch Genesis genannt werden: »Eritis sicut Deus« (»Ihr werdet sein wie Gott«) erkannte. Das Hitlerreich mußte ihm als Auflösungsprozeß erscheinen, der Gottes Widersacher dazu diente, seine Herrschaft vorzubereiten. Dementsprechend empfand er Hitlerpartei und Hitlerstaat als »Nationalbolschewismus«. Mit aufgekrempelten Ärmeln stieg er gleichsam hinein in die Arena des politischen Kampfes, um Hitler mit dessen eigener »Holzhammermethode« zu schlagen. Dem hochgebildeten Intellektuellen fiel dieser Schritt nicht leicht. (In der griechisch-römischen Kultur wurzelte sein Denken; er wußte: Wachsen kann nur, was Wurzeln hat.) Aber er fühlte sich zu dieser Schmutzarbeit verpflichtet. »Es ist ein Opfer an menschlicher Würde und ein Wagnis auch unter Kollegen. Mir ist jeden Abend zumute, wie wenn ich mich in Salzsäure hängen müßte, um von dem Dreck des Tages wieder frei zu werden!«

In diesem doppelten Bewußtsein, so handeln zu müssen und sich damit selbst tödlich zu gefährden, griff Gerlich in herausforderndem Rotdruck, mit Leitartikeln, Satiren und Karikaturen unermüdlich an, warnte, mahnte die Verantwortlichen. Er setzte nicht nur Hugenberg, sondern auch Schacht und Papen zu, schonte selbst Reichspräsident Hindenburg und Reichskanzler Brüning nicht. Seit

Eröffnung des Pressekampfes gegen Hitler stieg die Auflage seiner Wochenzeitung auf über 100 000 Exemplare, ohne daß sie allerdings aufhörte, ein Zuschußunternehmen zu bleiben. Dank guter Verbindungen stand ihm Quellenmaterial aus erster Hand, aus Hitlers engster Umgebung zur Verfügung.

Geradezu besessen war Gerlich von jeher, wenn er nach den Ursachen aller Erscheinungen suchte, und fasziniert vom Aufspüren menschlicher Motive bei Entscheidungen in Geschichte und Politik. »Wenn er sich auf eine Frage stürzte, mußte man an einen Raben denken, der eine Beute aufhackt«, erinnerte sich der Münchner Historiker Karl Alexander von Müller an seine erste Begegnung mit dem Chefredakteur des »Geraden Wegs«.

Gerlichs überragendes Können, seine leidenschaftliche Hingabe, sein durchdringender Verstand rissen alle Freunde mit. »War Gerlich einmal ins Feuer gekommen, so sprühte er nur so nach allen Seiten von Geist, Witz und Sarkasmus. Dann prägte er köstliche Sätze, Charakteristiken und Formulierungen, die nicht gerade immer druck- und salonfähig waren«, urteilte Maximilian Neumayr, der spätere Biograph Ingbert Naabs. »Witterte er Gefahr, so erhob er seine Feder wie ein Löwe seine Tatze. Auch in der Unterhaltung konnte er sich nur schwer mäßigen. Sein Reden war dann wie ein Orkan. Wenn er in innerem Aufruhr war, die Virginier in der Hand, die er zehn- bis zwanzigmal neu anzuzünden genötigt war, was nicht zur Beruhigung seiner Nerven beitrug, kannte er keine Grenzen.« Er war begeisterungsfähig, konnte aber auch verabscheuen.

Der Galgen war eine Selbstverständlichkeit im Sprachgebrauch der Nationalsozialisten. Wollte man später Gerlichs harte Sprache verstehen, mußte man wissen, was ihm und seinesgleichen von den Nazis zugemutet und angedroht war: Ein Dr. Johannes von Leers verstieg sich auf einem SA-Appell am 17. August 1931 zu der Ankündigung: »SA-Leute! Die Nacht nach dem Tage unserer Machtergreifung gehört euch! Und wir wissen alle, daß es eine Nacht vom langen Messer sein wird.« Ein Dr. Naser drohte in einer Versammlung am 19. August 1931: »Gebt uns 24 Stunden die Karabiner Deutschlands, und wir werden andere Verhältnisse schaffen.« Gauleiter Adolf Wagner sagte bei einem SA-Appell am 12. März 1932: »Unsere Gegner werden wir am Tage der Abrechnung mit Stumpf und Stiel ausrotten!«

Die Schlagzeilen für Gerlichs Leitartikel zeugen von seiner prophetischen Sicht und Sprache: 21. Februar 1932: »Konkurs des Dritten Reiches.« 28. Februar 1932: »Untermenschen im Reichstag«. 6. März 1932: »Siegreich wollen wir Hitler schlagen.«

Obwohl nicht mehr für dasselbe Presseorgan tätig, bewahrte Erwein von Aretin dem alten Verbündeten die Treue. In seiner später geschriebenen Biographie konnte er daher ein authentisches Bild Gerlichs zeichnen, wofür etwa diese Passage als treffendes Beispiel stehen möge: »Es ist keinem Menschen gegeben, einer fremden Seele bis in den Grund zu blicken, und wenige Menschen sind gerade bei Gerlich bis zu jenem inneren Kern durchgedrungen, den eine oft harte, sarkastische Schale verbarg. Wenige Menschen, die Gerlich kennen lernten, drangen hinter diesen Vorhang; denn vielen schien Gerlich zunächst in sehr geringem Maße anziehend und Sympathie erweckend. Er, der ein goldenes Herz besaß, mag unter der eigenen norddeutschen Schroffheit nicht wenig gelitten haben, ohne ihrer immer Herr werden zu können. Wem immer aber es erlaubt war, hinter diesen Vorhang zu dringen, wer immer Einblick gewann in sein innerstes Wesen, der stieß auf einen fast bis zur Naivität kindlichen Menschen, den eine klare, männliche Frömmigkeit in wachsendem Maße erfüllte. Wie durch einen Zauberwald schritt diese Seele durch die ihm bisher fremde Welt tiefsten religiösen Erlebens, das sich ihm in Konnersreuth enthüllt hatte. Er hatte die Liturgie der Kar- und Ostertage dort 1932 miterlebt und wurde, nicht zuletzt auch als Mann historischer Gedankengänge, zutiefst beeindruckt von den karfreitäglichen Fürbitten für alle Häretiker und Schismatiker, für alle Juden und Heiden und für den römischen Kaiser (1932 noch üblich). Er las erneut am Karsamstag staunend den Vers von der ›felix culpa‹, der glücklichen Schuld, die so gnadenvolle Erlösung nach sich gezogen hatte.«

Ostern also. Man schrieb den 27. März 1932. Ein österliches Ereignis ganz anderer Art gab es in München, das in grellem Gegensatz zu der trostlosen Stimmung ahnungsvoller Menschen und ihrem Bewußtsein stand, am Vorabend der Finsternis angekommen zu sein. Samstag nach Ostern, 2. April 1932: Im Kaimsaal an der Türkenstraße wurde von den Münchner Philharmonikern unter Siegmund von Hausegger Anton Bruckners Neunte in der Originalfassung uraufgeführt, eines der wichtigsten Ereignisse der neueren Musikgeschichte. Ferdinand Löwes üblicherweise gespielte Neu-Orchestrierung und die Originalfassung wurden vor geladenen Gästen und Kritikern einander gegenübergestellt. An diesem Tag siegten die Originalfassungen auch der anderen Brucknersymphonien.

Am selben Tag erreichte den Schriftleiter des »Geraden Wegs« in seiner Privatwohnung an der Richard-Wagner-Straße eine in Packpapier eingewickelte Flasche mit Tränengas. (In seiner unter Druck erzeugten flüssigen Konsistenz wirkt es wie ein »boisson gazeuse«; beim Öffnen der Flasche entweicht blitzartig das gasförmige Atemgift.) Wenige Tage später erreichte Frau Gerlich ein telefonischer Drohanruf: »Nicht mehr lang und man wird Ihrem Mann die

Därme rauslassen!« Am 3. April veröffentlichte der »Gerade Weg« Hitlers Erklärung vom 11. Jahrestag der NSDAP: »Es geschieht nichts in der Bewegung, ohne daß ich es weiß, ohne daß ich es billige. Ja, noch mehr, es geschieht nichts, ohne daß ich es wünsche.«

Die Hauptlast des journalistischen Kampfes gegen Hitler trug Fritz Michael Gerlich. Er war ein Mann, dessen Energie keine Grenzen kannte. Meistens diktierte er seine Leitartikel gleichzeitig drei Sekretärinnen. Allein die Beiträge vom Juli 1931 bis März 1933, die fast ausschließlich Kampfartikel gegen Hitler und sein System waren, entsprechen einem zweibändigen Werk von tausend Seiten.

Gerlich überschrieb seinen Leitartikel vom 24. April 1932: »Hitler, der Bankrotteur«. Aus tausenden zum »Sieg Heil!!« emporgestreckten Armen erhebt sich ein riesiger SA-Mann mit Hakenkreuz-Armbinde und ebenfalls emporgestrecktem Arm, doch die zum Hitlergruß erhobene Rechte ist ein Gerippe, und aus der SA-Mütze starrt ein Totenschädel (s. S. 204). Sein Gebrüll gefriert hinter den Zähnen zu einem grinsenden Abgrund. Wie ein Zug von Lemmingen jagt ein ganzes Volk in den Tod auf dem »Schlacht«-Feld. Erich Wilke, der dem »Geraden Weg« mit seinen Karikaturen den graphischen »Biß« gab, schrieb unter seine hellsichtige Zeichnung: »Deutschlands Befreiung im Anmarsch«.

Am 1. Mai 1932 gab Gerlich seinem Leitartikel die Überschrift: »Nationalsozialismus = zersetzter Liberalismus« und spielte nebenbei auf Hitlers »Positives Christentum« an:

»Der bayerische Führer der Hitlerbewegung, der Abgeordnete Buttmann, hat kürzlich die Geschmacklosigkeit begangen, den Wahlspruch des bayerischen Kirchenfürsten zu zitieren. ›Vox temporis, vox Dei‹: Die Stimme der Zeit ist die Stimme Gottes. Mit der Bescheidenheit, die allen Aufklärichtsanhängern eigentümlich ist, sieht er in der Stimme der Zeit natürlich den Schrei nach der Herrschaft seiner, nämlich der Hitlerpartei. Er täuscht sich.

Die ›Stimme der Zeit‹ besagt etwas ganz anderes. Sie besagt, daß es mit dem Aufkläricht vorbei ist, mag es sich nun rassisch oder proletarisch aufschminken. Sie besagt, daß die materialistisch-atheistische Verseuchung unserer Zeit vor ihrer Schicksalsstunde steht. Die ›Stimme der Zeit‹ besagt, daß das Gottesgericht begonnen hat. Der Zusammenbruch in diesem Weltkrieg, diese Revolution, diese entsetzliche Erwerbslosennot sind Teile dieses Gerichts.

Die ›Stimme der Zeit‹ besagt also: Geht in euch, streift den Materialismus und Atheismus ab und bekennt euch wieder zu Gott und seinen Geboten, damit dieses Gericht für euch nicht noch schrecklicher werde. Und die Stimme der Zeit ruft den positiv christlich Gesinnten, den katholischen Parteien zu: verkauft nicht euere Erstgeburt um ein Linsengericht bequemeren Regierens auf kurze Zeit!«

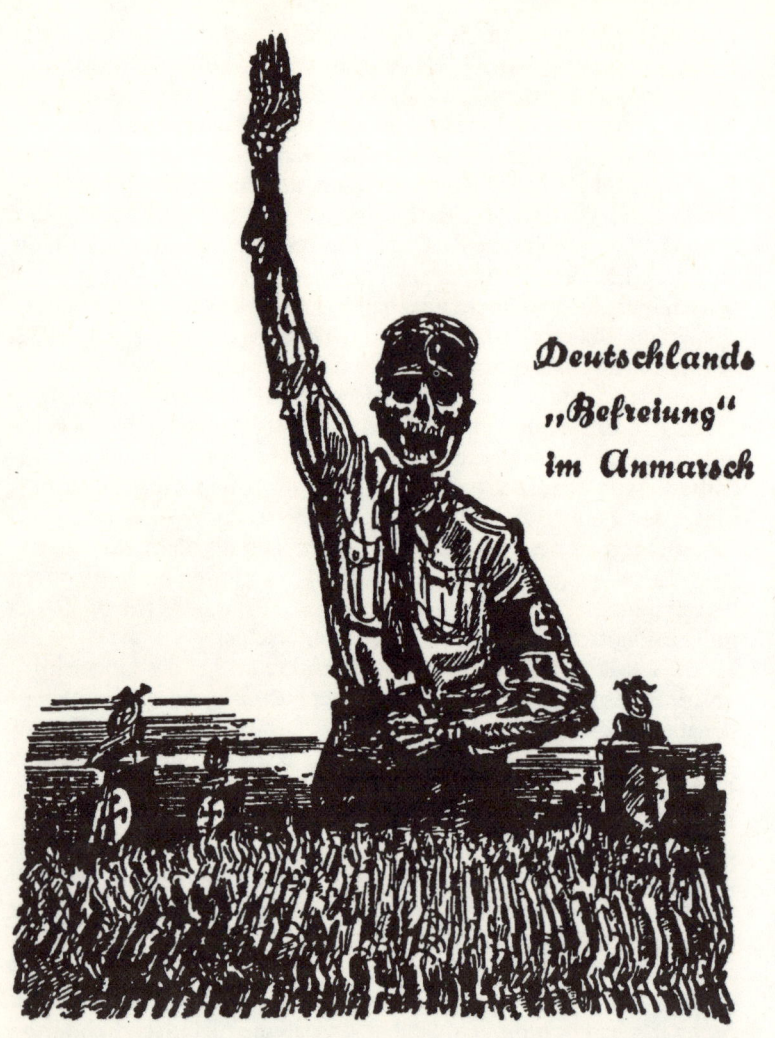

Deutschlands
„Befreiung"
im Anmarsch

Zeichnung von Erich Wilke aus »Der gerade Weg«, Nr. 17, vom 24. April 1932.

Am 12. Juni 1932 verteidigte er die Menschenrechte; er sah sie in Gefahr wie nie zuvor: »... Man hat sich bei uns, teils aus versteckten reaktionären Absichten, teils aus harmloser Unüberlegtheit seit Jahren nicht nur am Biertisch, sondern auch in solchen Zeitungen, die sich stark nach dem Biertischgeschwätz richten, in der Verächtlichmachung des parlamentarischen Systems, ja sogar der Demokratie, also der Mitregierung des Volkes, nicht genugtun können. Alle Lasten aus dem verlorenen Krieg wurden mehr und mehr als Folgen einer Mißwirtschaft der Demokratie erklärt...

Man vergaß ganz, daß wir infolge der politischen Unfähigkeit und Leichtfertigkeit gerade jener Klassen und Kasten in den Weltkrieg hineingeschlittert sind, deren Vertreter uns jetzt wieder regieren sollen...

In Wirklichkeit erhebt sich vor uns ein Kampf, der sowohl auf staatsbürgerlichem, sozialem wie religiösem Gebiet um die letzten großen Grundrechte alles Menschentums ausgefochten wird. Seine Anfänge sind tief in der Vergangenheit verwurzelt... Die Vorstellung, daß gewisse Grundrechte jedes Menschen von keiner irgendwie gearteten irdischen Gewalt gekränkt werden dürfen, hat in der *Staatsallmachtsauffassung* natürlich nicht nur keinen Platz, sondern wird von ihr geradezu als feindselig empfunden. Diese Grundrechte liegen auf dem religiösen, dem sozialen und dem staatsbürgerlichen Gebiet...«

Gerlich setzte alles auf eine Karte. In seinen Anstrengungen, die Nazidiktatur zu verhindern, gab er keinen Zoll breit nach; so forderte er die Regierung am 26. Juni 1932 unmißverständlich auf, die Totengräber hinter Schloß und Riegel zu setzen; dabei wußte er, daß es nach einem Sieg Hitlers für ihn kein Fortleben gab:

»Sperrt die Führer ein!«

»Will die Bayerische Staatsregierung der auch von der nationalsozialistischen Reichstagsfraktion anerkannten, ihr obliegenden letzten Verantwortung nachkommen, so muß sie die Quelle der Verhetzung dadurch verstopfen, daß sie die Führer der nationalsozialistischen Partei – einschließlich Adolf Hitlers – in Schutzhaft nimmt und bei der Reichsregierung ein Gesetz verlangt, wonach diese Parteiführung in Verantwortung ihrer durch Hetze oder Befehle veranlaßten Straftaten und Auflehnungen gegen die öffentliche Ordnung ins Zuchthaus kommt.

Es ist lächerlich, wenn Lausejungen und Frauenzimmer, die ihren Verstand verloren haben, schließlich im Verfolg der Demonstrationen verhaftet werden, statt daß ihnen die verdiente Tracht Prügel verabreicht wird. Es ist tief bedauerlich, wenn diese verhetzten, unreifen Menschen Schaden an Leib und Leben nehmen. Es ist aber unerträglich, daß die eigentlichen Verantwortlichen und Hetzer, nämlich Adolf Hitler selbst und die sonstige Parteiführung, wie die Abgeordneten, die Sturmtruppführer höheren und geringeren Grades, ungestraft bleiben und keine Folge aus ihrer Hetze oder ihren Befehlen zum Verbrechen zu tragen haben...

Die anständige Bevölkerung in Bayern, die Ordnung und Recht liebt, also nicht das Radaubrüdertum Hitlerscher, Hugenbergscher und sonstiger Prägung, wird der Bayerischen Staatsregierung nur dankbar sein, wenn sie mit aller Energie das Notrecht des Staates vertritt, die Gefährdung der öffentlichen Sicherheit an der Quelle verstopft und alles, was an Hitlerführung in Bayern ist, so rasch wie möglich in Haft nimmt und so lange eingesperrt hält, bis ihr die Lust an der Störung der öffentlichen Ordnung und Sicherheit vergangen ist.«

Gerlich wußte sehr wohl, daß es die Aufgabe der Propheten in Zeiten des Schreckens schon immer gewesen war, sich unbeugsam vor Land und Volk hinzustellen, wie sein Freund Ingbert Naab es ausdrückte: eine »eherne Säule« und »eiserne Mauer«. Noch nie waren Propheten mit der Mehrheit gelaufen. Immer bekamen sie furchtbar das Geschick der Vereinsamung zu spüren.

Gerlich stieß manche seiner früheren Leser vor den Kopf. Kann man zwar ihre Vorbehalte gegenüber einem Journalismus dieser Prägung verstehen, so erkennt man doch, daß in den Spalten seiner Zeitung der grauenvolle Charakter des Nationalsozialismus durchschaut wurde zu einer Zeit, als viele noch glaubten, Hitler bändigen zu können. Keinen Augenblick lang war sich der Erzbischof von München und Freising, Kardinal Michael Faulhaber, über die Bedeutung Gerlichs im Kampf gegen den Nationalsozialismus im unklaren. Anders der Rottenburger Bischof Sproll., der später von den Nazis aus seinem Amt verjagt wurde. Anfang September 1932 schrieb dieser Faulhaber, daß er den »Geraden Weg« für kein gutes Aushängeschild des Katholizismus halte. Er legte einen Brief bei, in dem der »Gerade Weg« ein katholischer Skandal genannt wurde. Faulhaber stellte sich uneingeschränkt vor Gerlich. Dieser habe, antwortete er, »in wenigen Monaten eine früher kaum gekannte Zeitung zu einem Volksblatt erhoben, das im Sturm in die Reihen der Nationalsozialisten eingebrochen ist und zum erstenmal dem ›Völkischen Beobachter‹ einen ebenbürtigen und sogar überlegenen Gegner ins Feld stellte«. Faulhaber versäumte auch nicht, auf Gerlichs Meinung hinzuweisen, daß nur eine aktive katholische Sozialpolitik die Arbeiter wieder zur Kirche zurückführen werde. »Wenn Dr. Gerlich in der Form eine scharfe Klinge schlägt und zuweilen über die Schnur haut, auch am Zentrum und seinen

Männern Kritik übt, so sind das eben Begleiterscheinungen, die im Kampf der Geister bei einem neu auf den Plan tretenden Kämpen immer wieder vorkommen werden. Als Katholik aber hat Dr. Gerlich die besten Absichten. Der hiesige Klerus ist begeistert, daß endlich auf katholischer Seite ein Mann aufgetreten ist…«

Einen Höhepunkt des kompromißlosen Kampfes gegen Hitler bildete Gerlichs berühmt gewordene Schlagzeile und Fotomontage vom 17. Juli 1932: »Hat Hitler Mongolenblut?« Gerlich untermauerte seine Untersuchung mit mehreren Zitaten des anerkannten Rassenforschers Professor Hans Günther, der vom nationalsozialistischen Kultusminister Wilhelm Frick an die Universität Jena berufen worden war. Gerlich hatte einem Buch des »Leibphotographen« Heinrich Hoffmann, »Hitler, wie ihn keiner kennt«, einige Photos entnommen und unter anderem einem Neger, der eine Negerin im Arm hält, Hitlers Kopf aufgesetzt. Gerlich kam in seiner Untersuchung, wie die sozialdemokratische »Münchner Post« später in ihrem Prozeßbericht vom 15. November 1932 schrieb, zu dem Ergebnis, »daß Adolf keineswegs dem von Günther herausgestellten nordischen Typ entspreche, sondern den ostisch-mongolischen Typ darstelle, und zwar sowohl aufgrund seiner körperlichen Merkmale, was die veröffentlichten Bilder bewiesen, als auch aufgrund seiner geistigen Einstellung, da er nicht das nordische Freiheitsprinzip, sondern den asiatischen Despotismus vertrete.«

Hoffmann verklagte Gerlich wegen »Vergehens gegen das Urheberrecht«, forderte für den Herausgeber des »Geraden Wegs« die Höchststrafe und für sich Schadenersatz in Höhe von 10 000 Mark. Gerlich druckte unbekümmert in der folgenden Nummer den Protestbrief eines Farbigen ab, der sich »im Namen der Schwarzen gegen die Verunglimpfung verwahrte, die Neger mit Adolf Hitler auf eine Stufe zu stellen«. Hoffmanns Anwalt Rienhardt beklagte sich, Gerlich hätte diesen Brief »doch anständigerweise nicht ohne Kommentar abdrucken dürfen«. Gerlich erwiderte darauf im Gerichtssaal todernst, er verstehe diesen Protest durchaus. Auch er schäme sich als Deutscher, »daß Hitler bei uns in Deutschland« frei herumlaufe.

In der Nummer vom 31. Juli 1932, die sich ausschließlich mit der Reichstagswahl beschäftigte, warnte Gerlich in einer großangelegten prophetischen Schau vor der exakt gezeichneten Zukunft, bewies aber zugleich seine politische Großzügigkeit und Unabhängigkeit:

»Der Nationalsozialismus ist eine Pest!
Wahlaufruf Dr. Fritz Gerlichs
Dem Kriege des Mittelalters folgte die Pest als eine Geißel der Menschheit. Aber diesem Kriege, den wir alle erlebt und gefühlt haben, dessen Spuren und Folgen

Revolution, Inflation, Wirtschaftskrise und Arbeitslosigkeit
heißen, folgte eine geistige Pest: Der Nationalsozialismus. Die
Übel, unter welchen die Völker leiden, können allein geheilt werden
durch
Verständigung, Versöhnung, Abrüstung und Frieden.
Nationalsozialismus aber bedeutet:
*Feindschaft gegen die benachbarten Nationen, Gewaltherrschaft
im Innern, Bürgerkrieg, Völkerkrieg.*
Nationalsozialismus heißt
Lüge, Haß, Brudermord und grenzenlose Not.
Adolf Hitler verkündigt das Recht der Lüge.
Ihr, die ihr diesem Betruge eines von der Gewaltherrschaft Beses-
senen verfallen seid, erwacht! Es geht um Deutschland, um euer, um
eurer Kinder Schicksal.
Nicht das Volk, welches von den Generalen und von Hitler, der
ihr Trommler ist, beschuldigt wird, hat den Krieg verloren: Die
Kaiserliche Regierung mit Hindenburg und Ludendorff verloren
ihn. Nicht die Parteien, welche von Hitler beschuldigt werden, sind
für den Frieden und die Reparationslasten verantwortlich, sondern
alle diejenigen, welche den Krieg begünstigten und 1917 einen Frieden vorsätzlich verhinderten. Das aber sind diejenigen, welche
heute durch Hitler wieder zur Macht kommen wollen und euch in
neue Kriege stürzen werden.
Die Parteien, welche von Hitler und seinen militärischen und
schwerindustriellen Hintermännern mit Verleumdungen überschüt-
tet werden, haben das deutsche Volk, das vor seinem völligen Untergang stand, vor der Vernichtung gerettet. *Das ist die Wahrheit.*
Wir kämpfen um einen neuen Staat: um die Rechte des Volkes,
um soziale Gerechtigkeit, um die Freiheit des deutschen Volkes, um
eine Versöhnung und Verständigung mit Frankreich, die uns allein
zu einem neuen Aufschwung helfen kann. Wir kämpfen um eine
gerechte Justiz, um
*Frieden, Arbeit und Volkswohlfahrt, um den Staat der wahren
christlichen Gerechtigkeit.*
Wir, die hier zu euch sprechen, wollen nicht an die Macht, wir
dienen keiner Partei, wir sind niemandes Sprachrohr als unseres
Gewissens. Aber wir sagen euch:
Wer nicht zur Wahl geht, versündigt sich vor Gott, er versündigt
sich an seinen Kindern und Kindeskindern.
Und wir sagen euch:
Es ist eine Gewissenspflicht jedes Katholiken, jene Parteien zu
wählen, die die unverlöschlichen Rechte seiner Kirche zu verteidi-
gen entschlossen sind: Zentrum oder Bayerische Volkspartei.
Diesen Parteien darf sich heute auch jeder Nichtkatholik anver-

trauen, denn sie vertreten die Rechte des Volkes gegen eine friedensstörende Gewaltherrschaft.

Wer sich aber dazu nicht entschließen kann, der gebe seine Stimme der Sozialdemokratie oder der Deutschen Staatspartei oder dem Christlich-Sozialen Volksdienst.

Der kommende Sonntag ist ein Tag des Kreuzzuges:

Ununterbrochen, bis der letzte Wähler an die Urne gebracht ist, seid tätig. Die Lahmen und die Kranken müssen zur Wahl. Jedes Versäumnis verwandelt sich zur Schuld, wenn die Parteien der Lüge, des Hasses und der Zerstörung zur Macht gelangen. *Lauheit ist hier Sünde.* Jeder katholische Wähler muß einen zweiten, unentschlossenen mit an die Urne bringen. Ihr sollt an diesem Tage der Politik des ›Geraden Weges‹ zum Siege verhelfen. In den Kampf!«

In derselben Nummer schrieb Gerlich:

»Wie hat der Katholik zu wählen?

Das kommende Deutschland wird ein demokratisches Deutschland sein, das sich die rechtlich empfindende Majorität des deutschen Volkes aus ihrem Bekenntnis zum Naturrecht – das heißt zu den unveräußerlichen, von Gott selbst gegebenen Menschenrechten – aufbaut.

Die von der Hitler- und Hugenbergpartei angestiftete Änderung der Reichsregierung und die von dieser betriebene Verfassungsverletzung und Entrechtung des deutschen Volkes hat uns in den letzten Tagen die Sozialistengesetz-Zeit der 70er Jahre wiederaufleben lassen.

Auch der Kulturkampf jener Jahre ist bereits in vollem Gang...

... *Wir Katholiken wären wieder soweit, wie wir waren, als Bismarck das protestantische Kaiserreich begründete: nämlich eine Bande reichsfeindlich gesinnter Römlinge, die man nur deswegen nicht aus Deutschland hinauswerfen oder gar umbringen kann, weil es leider so viele sind und man ihre Söhne ja als Rekruten und Kanonenfutter für die neupreußisch-hohenzollerische, nordisch-arische Vorherrschaftspolitik in der Welt brauchen kann.*

Katholiken! Denkt daran!

Katholiken! Denkt daran, wie es vor sechzig Jahren war!

Ihr aber, die ihr uns vorwerft, daß wir zur Vermeidung der Entrechtung der deutschen Mitbürger – der katholischen und der nichtkatholischen, die auch unsere Nächsten sind – eine Zweckgemeinschaft mit allen anderen rechtlichgesinnten, zur Abwehr des Verfassungsbruches und des Bürgerkrieges bereiten politischen Richtungen – also auch der Staatspartei und den Sozialdemokraten – vorschlagen, denkt daran, daß damals unter Windthorst, der doch sicher ein richtiger Katholik war, ebenfalls Zentrum und Sozialdemokraten für die Menschenrechte des deutschen Volkes gegen hohenzollerisch-preußische Unterdrückung in Tuchfühlung kämpften!«

Im steten Gedenken an Therese von Konnersreuth verfaßte Gerlich noch ein ganz persönliches Schlußwort: »Ich bin mit 48 Jahren Katholik geworden, nachdem ich, wie ich schon einmal in diesem Blatt bekannte, in meinem Leben viele Irrwege gegangen bin. Und ich empfinde es täglich von neuem als ein unerhörtes Glück, katholisch geworden zu sein.

Solange ich Katholik bin, habe ich noch niemals das Gefühl gehabt, ich bedürfte zum Schutze meines Glaubens der Abschließung von irgendeiner und sei es der minderwertigsten Zeiterscheinung. Vielmehr fühlte ich ständig die Kraft in mir lebendig, einer jeden Herr zu werden *und habe auch die Willenskraft, den ›Geraden Weg‹ zu schaffen, eben aus meinem katholischen Glauben entnommen.*

Der Katholizismus hat meines Erachtens nicht nur die Pflicht, sondern auch das Recht, heute die große unwiderlegbare Staatslehre der katholischen Kirche, nämlich das Naturrecht, als Kampfbanner in das Ringen um Deutschlands Zukunft hineinzutragen und jeden aufzufordern, mitzugehen, der diese große katholische naturrechtliche Staatslehre billigt, auch wenn ihm noch der persönliche Glaube an unseren Heiland und seine Kirche versagt ist.

Ich bin nicht katholisch geworden, um jetzt demütig in Deutschland darum zu bitten, daß man duldet, daß ich lebe. Ich bin katholisch geworden mit dem festen Entschluß, meine letzte Kraft dafür herzugeben, daß meinen Mitbürgern das gleiche Glück zuteil wird, das mir unverdienterweise beschieden war. Ich weiß aber, daß dieses Glück ein reines Geschenk ist. Dagegen ist es meine menschliche Pflicht als Katholik, gerade in Zeiten, wo alles Recht zusammenbricht, die Grundsätze jener Religion und jener Kirche zu bekennen, deren Mitglied zu werden ich unverdienterweise gewürdigt worden bin, und zwar *zu bekennen ohne Angst, es möchte irgendwer, der von meinem Glauben nichts wissen will, mir vorhalten, ich machte ein schwarzrotes Bündnis, oder es möchte irgendwer, der heute nicht weiß, wie er trotz seines Katholizismus den Anschluß an den Nationalsozialismus finden kann, mich anklagen, ich verwirrte die Seelen.* Ich war deutsch, ehe ich katholisch wurde, und ich bin so gut ein Kind des deutschen Volkes wie irgendeiner, der heute in Deutschland Politik macht. Ich bin heute als Katholik genauso deutsch, nur mit dem einen Unterschied gegen früher, daß ich heute unbeirrbar weiß, wie ich meinen deutschen Mitbürgern den Weg zum Heile weisen kann...«

In der gleichen Nummer schrieb Gerlich: »Wir fordern Eröffnung des Strafverfahrens durch die Staatsanwaltschaften gegen von Schleicher, Gürtner und Genossen wegen vielfacher Verbrechen des

Mordes und Totschlags in mittelbarer Täterschaft.« (Der deutschnationale Politiker Franz Gürtner war seit 1932 Justizminister des
Deutschen Reiches, seit 1934 zugleich Preußens.)

»... Es bleibt also dabei, daß die Schleicher, Gürtner und Genossen andere Ziele verfolgen, als sie dem deutschen Volk darlegen. Ihr
Motiv ist der Sturz der derzeitigen Verfassung in Deutschland. Der
jetzige Reichsinnenminister von Gayl war ja bekanntlich bereits am
Kapp-Putsch beteiligt und stand dem Hitlerputsch in München
nicht fern.

Damit ist der Beweis geführt, daß die Schleicher, Gürtner und
Genossen die öffentliche Unsicherheit in Deutschland, also die
Morde, Totschläge und schwere Körperverletzungen *wollen*. Sie
sind als mittelbare Täter anzusehen. Deshalb verlangen wir von den
deutschen Staatsanwaltschaften, daß gegen sie das Strafverfahren
wegen Mordes und Totschlags in mittelbarer Täterschaft eröffnet
wird.«

Daraufhin griff die Reichsregierung Papen ein und erreichte vom
Präsidenten Hindenburg ein vierwöchiges Verbot des »Geraden
Wegs«. Die Bayerische Staatsregierung fügte sich diesem nicht erst-
maligen verfassungswidrigen Eingriff in ihre Polizeihoheit und vollzog das Verbot. Aber immerhin konnte sich der »Gerade Weg« als
Verdienst anrechnen, daß Hitler im Verbreitungsgebiet von Gerlichs
Blatt, in den Wahlkreisen Oberbayern-Schwaben und Niederbay-
ern-Oberpfalz, trotz des Propaganda-Feuerwerks im »Völkischen
Beobachter« und trotz unbeschränkter Mittel, die dem »Führer«
nicht nur aus dem Inland zuflossen, sondern auch aus angelsächsi-
schen Rüstungskreisen, weniger als ein Viertel der Stimmen auf sich
vereinigen konnte. Ein Ergebnis, das außerhalb dieses Gebietes nur
noch in dem streng-katholischen Wahlkreis Aachen-Köln erreicht
wurde. Verglichen mit katholischen Provinzen erwiesen sich die
marxistischen Hochburgen gegenüber der Hitlerschen Propaganda
keineswegs als immun.

Je unbarmherziger der Kampf tobte, desto mehr wurde Gerlich
von seiner journalistischen Arbeit aufgesogen. Schon rein physisch
hätte er auf die Dauer die beiden Berufe des Journalisten und Archivars nicht nebeneinander bewältigen können. Generaldirektor Otto
Riedner legte ihm daher nahe, sich für eine der beiden Tätigkeiten
zu entscheiden, auch deshalb, weil »die beiden Berufe eines aktiven
Staatsbeamten und eines politischen Schriftstellers... sich für die
Dauer kaum miteinander vereinbaren lassen.« Diese Entscheidung
nahm ihm die nun alle Ordnung sprengende politische Entwicklung
ab: In Potempa bei Beuthen fielen entmenschte Nationalsozialisten
über ein paar wehrlose Kommunisten her und schlachteten sie in
viehischer Weise ab. Sie traten den am Boden liegenden Sterbenden

mit ihren Stiefeln die Kehlen ein. Die Mörder wurden zum Tode verurteilt. Hitler schickte ihnen ein Sympathietelegramm ins Gefängnis; darin bezeichnete er Papen als »Bluthund«. Kurt von Schleicher, der seine Stunde gekommen sah, lud Hitler zum Frühstück ein, um sich ihm als Reichskanzler zu empfehlen, mußte sich aber von Hindenburg sagen lassen, daß es denn doch nicht ganz der Tradition preußischer Generäle entspreche, sich mit Leuten an einen Tisch zu setzen, die Mördern Sympathie-Telegramme schickten und den Vorgesetzten jener Generäle »Bluthund« nannten. Erschrocken über Schleichers Intrigen ließ Papen die feigen Mörder von Potempa durch Hindenburg begnadigen und saß bald selbst mit Hitler an einem Tisch. Schließlich verging kein halbes Jahr, und der alte Hindenburg tat es auch.

Die Enttäuschung über Hindenburg fand Gerlich, als der »Gerade Weg« am 4. September 1932 wieder erscheinen durfte, mehrfach bestätigt: Das Zentrum hatte in dem Bestreben, die Regierung Papen zu stürzen, Verhandlungen mit der NSDAP aufgenommen. Beabsichtigt war eine Koalition »zur Beruhigung und Festigung der innenpolitischen Verhältnisse in Deutschland auf längere Sicht auf Grundlage der Wiederherstellung des Vertrauens«. Am 7. September verlautbarte der Zentrums-Pressedienst, man wolle zusammen mit der Bayerischen Volkspartei »für den unbedingten Schutz eherner und unantastbarer Grundsätze der Volksrechte alle Kräfte ohne Rücksicht auf Vergangenes in einer Front sammeln, welche Hüter des Rechts und der Verfassung sein soll«! Nun hatte sich aber Hitler durch sein Eintreten für die Mörder von Potempa eben gerade nicht zum »Hüter des Rechts« proklamiert. In einem Artikel: »Zentrum und Bayerische Volkspartei vor dem Abgrund« machte Gerlich am 11. September 1932 aus seiner Empörung keinen Hehl:

»Wir für unsere Person müssen erklären: Wir sind völlig außerstande, uns mit Leuten zur Wiederherstellung der Rechtsordnung sowie der Beruhigung und Festigung der innenpolitischen Verhältnisse zusammenzusetzen, die zur gleichen Zeit Meuchelmörder als ihre Kameraden bezeichnen. *Und wir erklären, daß wir auch nicht die geringste Gesinnungsgemeinschaft mit solchen katholischen Politikern haben, die sich mit Meuchelmordkameraden zusammensetzen und mit ihnen noch dazu, wie sie behaupten, die Rechtsordnung wiederherstellen wollen...«*

Im Herbst 1932 bekam Gerlichs nachrichtendienstliche Abteilung interessanten Zuwachs: Nach einem bewegten Agentendasein bot ihm der Halbschotte Georg Bell seine Dienste als erfahrener Nachrichtenmann und intimer Kenner der Vorgänge hinter den Kulissen der NSDAP an. Josef Hell, Redakteur des »Geraden

Wegs«, ehemaliger Kampfflieger aus dem Ersten Weltkrieg, empfand schnell Sympathie für seinen Informanten, der »alle Gaben robuster Widerstandsfähigkeit mit seelischer Weichheit vereint«. Hell erinnerte sich später: »Irgendwie war Bell unzweifelhaft eine Art Abenteurer. Er wagte manch hohen Einsatz und scheint nicht immer gewonnen zu haben. Aber niemals war er ein Falschspieler.« Auch entging Hell die Angewohnheit Bells nicht, überall »kleine und größere Depots seiner Unterlagen, Beweismittel und Dokumente anzulegen«.

Vor Jahresschluß entsann sich Gerlich dankbar der Quellen seiner Kraft und fragte in einem Leitartikel: »Wie steht es heute um Konnersreuth?« Unmittelbar an der Jahreswende schilderte er noch einmal den »Kampf um Konnersreuth«. Nach diesem Blick in die lichtesten Gefilde seines Lebens kehrte er sich widerwillig dem verhängnisvollen Jahr 1933 zu. Es gab in der Gesellschaft einen allgemeinen Rückblick, ein allgemeines Schaudern vor dem, was kommen würde. In weiten Kreisen, am deutlichsten in Bayern, erwachte noch einmal die Sehnsucht nach der Monarchie. Als norddeutscher Intellektueller und Gegner der Hohenzollern war Gerlich überzeugter Republikaner. Die Enttäuschungen des Jahres 1932, die Todeswehen der Weimarer Republik, waren an ihm nicht spurlos vorübergegangen. In einem Rückblick zur Jahreswende sprach er von politischen »Führern, die erwiesenermaßen wiederholt das Ehrenwort gebrochen haben, solchen, die sich rühmen, die geschlechtliche Perversität verbreitet zu haben« (hier spielte Gerlich auf SA-Kreise um Ernst Röhm an) »und überhaupt von Menschen mit allerlei ehrenrührigen Straftaten. Diese können sich jetzt zu Verhandlungspartnern mit den obersten Regierungsstellen über das Schicksal unseres Volkes aufschwingen!«

Erwein von Aretin erinnerte sich später: »Gerlich, der damals mit mir auch politisch wieder in engere Fühlung trat – leider fielen ein paar einschlägige Briefe von ihm in meiner Wohnung und in meinem Büro den Haussuchungen der Gestapo zum Opfer – begann Fragen über die Möglichkeit der Wiederbelebung des Heiligen Römischen Reiches Deutscher Nation zu diskutieren aus der Erkenntnis, daß die weltanschauliche Fundierung katholischer Dynastien, auch wenn einzelnen ihrer Vertreter liberalisierende Tendenzen nicht immer fernlagen, doch so stark war, daß sie die Enttäuschungen, die ihn 1932 so schwer getroffen hatten, ausschloß.

Aber im kleinen Kreise machte er aus seiner bitteren Erkenntnis kein Hehl: ›Erst müssen wir Hitler ganz durchkosten!‹«

213

Noch eine Konversion: Bruno Rothschild

Therese Neumanns Leben war, zumal bis 1933, eng an die Zeitgeschichte geknüpft, ja mit ihr verwoben. Nicht nur hatte sie maßgeblichen Einfluß auf Gruppen, die sich aus katholischer Überzeugung gegen den aufkommenden Nationalsozialismus zur Wehr setzten, wofür Fritz Michael Gerlich als markantestes Beispiel steht; viele Menschen, die zu ihr kamen, wurden bekehrt oder zu einer ihnen völlig neuen Gottesbeziehung geführt. Wiederum steht hier Gerlich an erster Stelle. Doch es gab noch andere Konversionen. Am anrührendsten ist das Schicksal des am 24. Januar 1900 in Lohr am Main auf die Welt gekommenen gläubigen Juden Bruno Rothschild, eines »geborenen Feindes des Kreuzes Christi«.

Er studierte Chemie und Pharmazie in München, praktizierte in Frankfurt, Jena und Würzburg, arbeitete als Provisor in Mainz, Lichtenfels und Germersheim. Kein Mensch konnte ahnen, daß er einst von der Synagoge zur Kirche wechseln würde. Im Gegenteil! In einer Wahlversammlung am 23. März 1924 ließ er sich zu der öffentlichen Bemerkung hinreißen, daß Jesus Christus das außereheliche Kind einer Jüdin und eines römischen Hauptmanns gewesen sei. Während seiner Tätigkeit in der Stadtapotheke von Lichtenfels hatte er Gelegenheit, einen Vortrag über Therese Neumann zu hören. Er fühlte sich von diesem religiös und naturwissenschaftlich rätselhaften Phänomen unwiderstehlich angezogen. Um die Wahrheit zu ergründen, fuhr er mit dem Rad nach Konnersreuth. Bei den Ortsbewohnern erkundigte er sich nach Therese Neumann, besuchte sie aber nicht.

Von seiner nächsten beruflichen Station Germersheim in der bayerischen Rheinpfalz aus wählte er Konnersreuth als Ferienziel. Er versah am 22. Juli 1928 noch seinen Sonntagsdienst und verabschiedete sich am 23. Juli von der Apothekerfamilie Uhl mit der Bemerkung, er wolle in Konnersreuth eine Lebensentscheidung treffen.

Am 24. Juli traf er abends um sieben Uhr in Konnersreuth ein. Der Reisetag war anstrengend gewesen; er fand keine erholsame Nachtruhe. In sein Merkbüchlein schrieb er: »Schlecht verbrachte Nacht. Um drei Uhr durch einen schweren Traum erwacht (Leiter mit Stacheln! Steine und Blöcke unten).«

Am Vormittag suchte er den Pfarrhof auf. Der Pfarrer war beim Schulunterricht. Um die Zeit auszufüllen, ging Bruno Rothschild in die Kirche. Er setzte sich vor den Theresienaltar. Dieser Altar war am 17. Mai 1928, dem dritten Jahrestag der Heiligsprechung der Karmelitin Theresia von Lisieux zu deren Ehre und als Dank für die wunderbare Heilung der »Resl« aufgestellt worden.

Gewiß ahnte Bruno Rothschild nicht, unter welch abenteuerlichen Umständen das Relief des Regensburger Bildhauers Jakob Helmer Senior an seinen Platz gelangt war. Der Altartitel des linken, der heiligen Barbara gewidmeten Seitenaltars mußte zugunsten der Kleinen Theresia, die in viel innigerer Verbindung mit Konnersreuth stand, geändert werden. Das war einfacher gesagt als getan. Spätestens am 12. Mai sollte das Werk des Bildhauers in Regensburg der Bahn übergeben werden. Am 6. Mai teilte aber das bischöfliche Ordinariat mit, es fehle die Zustimmung des Bezirksamtes. Pfarrer Naber war ratlos.

Der spätere Konvertit und Priester Bruno Rothschild als junger Mann um das Jahr 1927.

Der fristgerechte Weihe-Termin am Tag der Heiligsprechung und Heilung war in Gefahr. Da fing Fritz Gerlich zu reisen an. Der Bezirksamtmann in Tirschenreuth verwies ihn an die Regierung der Oberpfalz. Die Regierung in Regensburg verweigerte ihre Zustimmung, weil der Altarsockel »aus Konnersreuther Stein« inventarisiert sei. Den zuständigen Referenten im Münchner Landesamt für Denkmalpflege traf Gerlich nicht an. Der Konservator war unterwegs; Gerlich telephonierte hinter ihm in der halben Oberpfalz her, bis er ihn erreichte. Kein Darandenken, daß der Beamte in Regensburg das Werk Helmers in Augenschein nahm. Seine entgegengesetzte Reiseroute stand fest. Durch einen glücklichen Zufall wurde er vom Generalkonservator aber doch noch nach Regensburg beordert. Er begutachtete das Werk Helmers und genehmigte dessen Aufstellung. Davon ahnte Rothschild nichts, als er vor dem Theresienaltar saß. Man kann aber voraussetzen, daß er bereits vor seiner Reise nach Konnersreuth Aretins Bericht vom 3. August und Fritz Gerlichs Aufsatz vom 6. November 1927 in der »Einkehr« gelesen hatte.

Sonderbar ergriffen fühlte er sich an jenem Vormittag des 25. Juli 1928 vor dem Altar der Kleinen Therese. Er las die Frakturschrift in der Kartusche zu ihren Häupten: »Ich werde Gnadenrosen auf die Erde herabfallen lassen« und versank in den Anblick der Rosen selbst, die aus dem Strauß in ihrer Linken unausgesetzt quollen. Auf einmal kam es ihm so vor, als trüge sie anstelle der Rosen einen Totenschädel. Es war sicher nicht so, aber er hatte zwingend diesen

215

Eindruck. Bruno Rothschild konnte sich das Geschaute nicht erklären, befürchtete, sein eigener Tod sei nahe und hatte auf einmal Angst, er werde seine Taufe nicht erleben. Dem Tagebuch vertraute er als Merkstütze das Wort »Schädel« an.

Der Pfarrer wartete in der Tür, als Rothschild schleppenden Gangs die Kirche verließ, und winkte ihn zu sich in den Pfarrhof. Dort stand ihm der Geistliche auf seine vielen Fragen Rede und Antwort. In Rothschilds Tagebuch lesen wir: »Dann kam auf einmal Resl. Sie erzählte vom Tempel, von den Pharisäern, von Pilatus, von der Hostie, die bei ihr bleibt bis zum nächsten Morgen ...« (Nach Auflösung der sakramentalen Gestalt befiel sie ein Schwächegefühl und ein unabweisbares Verlangen nach dem Heiland.) »Beim Vorbeifahren an Kirchen in der Diaspora spürt sie die Nähe des Tabernakels und unterscheidet so protestantische und katholische.« (Professor Wutz erzählte, er sei einmal mit Therese Neumann in größerer Gesellschaft durch eine ihr unbekannte Stadt gegangen, da sei sie plötzlich vor einem Haus stehen geblieben und habe ausgerufen: »Hier ist der Heiland.« Obwohl man ihr begreiflich zu machen suchte, daß dies weder eine Kirche noch eine Kapelle sei, beharrte sie auf ihrer Aussage: »Hier wohnt der Heiland.« Man forschte nach und überzeugte sich, daß dieses Haus für durchreisende Geistliche bestimmt war und daß sich dort eine Hauskapelle mit dem Allerheiligsten befand.)

Zwei Tage später schrieb er an die Apothekerfamilie Uhl nach Germersheim: »Resl freut sich wie ein Kind auf den Tag meiner heiligen Taufe und erklärte mir wörtlich, daß ich da nun wieder würde wie ein unschuldiges Butzerl, nur daß ich halt zu schwer für sie sei, sonst wollte sie mich im Kissen zum Pfarrer tragen.«

Im Taufbuch der Pfarrkirche ist unter dem Jahrgang 1928, Seite 21, die Taufe von Bruno Rothschild eingetragen. Seine Taufpaten sind: »Wutz, Franz Xaver, Hochschulprofessor in Eichstätt/ und Neumann, Theres, Schneidermeisterstochter von Konnersreuth«. Nach Germersheim schreibt er: »Mein Taufnahme ist BRUNO PAULUS FRANZISCUS THERESIA A INFANTE JESU geworden. Gelt, fast ein fürstlich langer Name. Aber er ist nach langen Auseinandersetzungen erst so geworden. Franziscus war anfänglich nicht dabei; durch die zweite Patenschaft von Herrn Professor Wutz nahm ich am Morgen der Taufe dessen Vornamen dazu.«

Es gibt noch einen Menschen, der im Zusammenhang mit Bruno Rothschild genannt werden muß. Es ist Edith Stein, die selig Gesprochene. Beide entstammten einer strenggläubigen jüdischen Familie, beide zeichneten sich durch Fleiß und außergewöhnlich gut bestandene Examina aus, beide waren von leidenschaftlicher Wahrheitsliebe erfüllt und verfolgten aufmerksam das Gegenwartsgeschehen, beide näherten sich stufenweise der christlichen Religion, beide trennten sich unter schweren inneren und äußeren Kämpfen von der Glaubensüberzeugung ihrer Eltern. Während aber die Husserl-Schülerin Edith Stein bei der Entscheidung für die innere Umkehr Hilfe in den Schriften der »Großen« heiligen Theresia von Avila fand, wurde Bruno Rothschilds Wegbegleiterin die »Kleine« heilige Theresia von Lisieux. Beide Konvertiten erkannten schließlich in Therese von Konnersreuth ein gottbegnadetes Vorbild, empfahlen sich ihrem fürbittenden Gebet und machten sich ihre Opfergesinnung zu eigen. Beide waren sich in dem Bemühen einig, »die Menschen zu lehren, wie man es anfangen kann, an der Hand des Herrn zu leben« (das war Edith Steins Ziel), denn »die Probleme unserer Zeit lassen sich nur lösen und heilen durch Kreuz und Leid. Es hängt unsere ganze heutige Weltverfassung daran« (so schrieb Rothschild an die Familie Uhl).

Am 4. September 1928 übersiedelte Bruno Rothschild nach Konnersreuth und schrieb noch am selben Tag sein curriculum vitae für die Aufnahme ins Priesterseminar Eichstätt.

Hier ein Auszug aus dem Tagebuch vom 17. September: »Ich war bei Resls Kommunion. Danach war ich noch bei Dr. Gerlich. Dann in Neumanns Sommerhäuschen.« 20. September, Donnerstags: »Wir gingen ins Neumannhaus. Resl kam gerade von oben, die Hände unverbunden, schauerte aber vor dem Eintritt ins Zimmer plötzlich zurück (ihre Wunden brannten wohl...)« 3. Oktober, Mittwoch: »...herrliches Hochamt am Theresienaltar. Theres sitzt im Beichtstuhl, Dr. Gerlich daneben.«

Die Bekanntschaft Bruno Rothschilds mit Fritz Gerlich war eine sonderbare Fügung. Der junge Pharmazeut – auch er ein Paulus – konnte Gerlich, der gerade an seinem zweibändigen Werk über Therese Neumann arbeitete, sachkundige Hilfe leisten, etwa in der Waldsassener Apotheke durch geschicktes Verhandeln erreichen, daß er die in den Jahren 1918 bis 1921 für Therese verordneten Rezepte abschreiben durfte, und andere wichtige Dokumente zur Rekonstruktion ihrer Krankengeschichte beschaffen.

Die heilige Firmung empfing Bruno durch Bischof Leo von Mergel OSB am Fest Allerheiligen 1928 in der Eichstätter Schutzengelkirche. Von diesem Tag an lebte er als Theologiestudent in der Bischofsstadt.

Am 20. November 1929 schrieb er nach Germersheim: »...Wie Sie vielleicht schon den Zeitungen entnommen haben, erscheint jetzt das große zweibändige Werk über Therese Neumann aus der Hand von Dr. Gerlich, das nunmehr den Geisterkampf auf der ganzen Linie entfachen wird. Es wird jetzt bald heißen: Hic Rhodus hic salta! Dr. Gerlich hat eine ungeheuere Arbeit geleistet, für die ihm der gesamte Katholizismus zum Dank verpflichtet sein müßte. Das Buch erscheint bei Kösel und Pustet ab Dezember.«

Zwischen Edith Stein und Bruno Rothschild gab es eine weitere, eine entscheidende Gemeinsamkeit: Beide stellten ihr ganzes Sein in den Dienst der katholischen Kirche, Edith Stein als Schwester Teresia Benedicta a Cruce im Karmel von Köln, Bruno Paul Franz Xaver vom Kinde Jesu Rothschild als Weltpriester. Am 1. Juli 1932 empfing er im Eichstätter Dom die Priesterweihe.

Edith Stein als Helferin

Die Geschichte Bruno Rothschilds ist nicht zu erzählen, ohne seiner 1902 in Scheßlitz bei Bamberg geborenen Base Erna Herrmann zu gedenken. Edith Stein und Bruno Rothschild waren ihr auf dem Weg zur Konversion eine große seelische Stütze. Auch Edith Stein hatte – wie Bruno und Erna – eine fromme jüdische Mutter, die anfangs unter der vermeintlichen »Ab-Götterei« ihres Kindes litt. Erna berichtet in ihren Erinnerungen, die ihr der frühere Regensburger Bischof Rudolf Graber abverlangte, über die Bamberger Jahre: »Eine Klosterschwester erzählte mir von einer neuen Heiligen, der heiligen Theresia vom Kinde Jesu. Was verstand ich schon davon? Ich hörte zu, was mir Mater Petra erzählte: ›Ich besitze ein schönes Buch von ihr. Das kann ich dir, wenn du es lesen darfst, leihen.‹ Ich sagte: ›Ich frage meine Mutter.‹ Ich kam nachhause und erzählte: ›Jetzt haben die Katholiken eine neue Heilige, die heilige Theresia vom Kinde Jesu‹ (die jener Klosterschwester angeblich alle Wünsche erfüllte). – ›Armes Kind‹, sagte die Mutter, ›hole einen Stein, stelle ihn in dein Zimmer und trage dein Anliegen vor, dann wirst du sehen, daß es keine Erfüllung gibt!‹ Meine Mutter gestattete mir aber die Lektüre des Buches der kleinen Heiligen. So las ich mit Begeisterung und erbaute mich an dem Opfersinn einer so jugendlichen Seele. Je mehr ich mich vertiefte, desto mehr liebte ich die kleine heilige Theresia. Aber das Wort ›Gnade‹ brachte mir keine Klarheit. Auch ›Opfer‹, ›Heiliges Sakrament‹, ›Heilige Wandlung‹ – da blieb ich wie vor einem Berg, über den man nicht kann.«

Es kamen die Jahre, als deutsche und ausländische Zeitungen voll waren mit Berichten über Therese Neumann, die angeblich ohne Trank und Nahrung lebe. Erna fand dies lächerlich und unglaubwürdig:

»Mater Bonifatia, damals Priorin der Bamberger Dominikanerinnen, sagte eines Tages im Zusammenhang mit Konnersreuth: ›Ach, Fräulein Erna, haben Sie ein großes Glück in Ihrer Familie!‹ – ›Ja‹, sagte ich, ›leider kam dieses Unglück in die Zeitung. In ganz Deutschland, in allen städtischen Zeitungen spricht man von der

Konversion meines Vetters Bruno Rothschild. Er war Apotheker, er will Priester werden; der ist doch nicht normal, der hat doch seine Sinne verloren! Eine große Schande für unsere Familie! Ich schäme mich, einen solchen Vetter zu haben!‹ Mutter Priorin antwortete: ›Arme, blinde Erna, das ist ein Segen in Ihrer Familie, eine große Gnade, daß Gott Ihren Vetter Bruno Rothschild gerufen hat!‹ Ich ließ die Schwester sprechen und dachte mir mein Teil.«

Mutter Bonifatia gab nicht nach, ermunterte Erna täglich, sie solle doch ihrem Vetter Bruno schreiben; ein ganz kurzes Brieflein genüge. Schließlich gehorchte Erna. Und beinahe postwendend kam Antwort aus Eichstätt. Mit Bruno Rothschilds Theologiestudium in Eichstätt setzt, genaugenommen, Erna Herrmanns Konversionsgeschichte ein. Stetig wies Bruno sie auf sein Bekehrungserlebnis in Konnersreuth hin und brachte sie vorsichtig in Verbindung mit der Stigmatisierten, vermittelte ihr etwa ein »Bildchen des göttlichen Heilands« mit aufmunternden Zeilen von Theresens Hand. Er begleitete ihren Lebensweg und riet ihr, sich »an Fräulein Dr. Stein« in Speyer wegen ihres weiteren Studienganges zu wenden. »Speyer wäre für Dich sogar noch viel günstiger als Würzburg oder sonst eine Stadt in Bayern.«

Erna Herrmann bestand ihre Aufnahmeprüfung bei der Regierung der Pfalz mit Erfolg. Dann bereitete sie sich auf eine schon lange beabsichtigte Reise nach Konnersreuth vor. Edith Stein beantwortete Ernas Dankbrief: »Ihre Bildchen haben große Freude hervorgerufen. Aber damit lassen Sie's nun genug sein, liebes Fräulein Herrmann! Mir wenigstens ist es immer ein wenig schmerzlich, wenn ein Liebesdienst mit einer materiellen Gabe vergolten wird. Der Christ sagt Gott vergelt's! Und wenn er es von Herzen sagt, so ist es mehr wert als jeder andere Dank. – Grüßen Sie Herrn Rothschild und die Resl. Gnadenreiche Tage in Konnersreuth wünscht Ihnen Ihre E. Stein.«

Bruno Rothschild führte seine Base behutsam zur Konversion. Aus Eichstätt schrieb er ihr am 3. April 1930: »Meiner Ansicht nach ist es durchaus möglich, einen Glaubenswechsel vollständig geheim zu halten. In Deinem Falle ist jeder Priester bereit, in größter Stille Dich zu taufen, ohne daß dies vorläufig auch durch das Standesamt läuft. Und wenn Du in den Ferien zeitweise daheim bist, muß sich Dein kirchliches Leben doch auch geheim halten lassen, indem Du eben nur im Kloster, wo alle es geheim halten sollen, verkehrst. Es ist dies keine Glaubensverleugnung, sondern Rücksicht auf die Mutter und Sorge um ihr Leben, das man nicht aufs Spiel setzen darf, selbst nicht um dieser religiösen Fragen willen. Über all dies kann Dir auch Fräulein Dr. Stein gute Ratschläge geben, da ja auch sie eine alte, um sie besorgte Mutter besitzt. Mache Dir aber hierüber keine großen Sorgen, sondern trage diese Frage Herrn Pfarrer Naber, Konnersreuth, vor; er wird sichere und bestimmte Auskunft übermitteln, eventuell durch Therese. Reise also zuerst dorthin und besprich *alle* Deine Sorgen und Pläne mit Herrn Pfarrer und Theres; Du wirst wesentlich erleichtert und klarer sehend zurückkehren.«

Erna Herrmann reiste endlich nach Konnersreuth. In ihren schriftlich hinterlassenen Erinnerungen berichtet sie, daß Therese gleich eingangs fragte – »ob ich überhaupt die katholische Religion etwas kenne. ›Oh ja!‹ sagte ich, ›Ich bin fast zehn Jahre bei meinen Englischen Fräulein gewesen, und da wurde immer vor und nach dem Unterricht gebetet. Ich kenne das Gegrüßet seist du, Maria, ich kenne das Vaterunser.‹ Resl fragte: ›Und was noch?‹ – ›Oh, Eigentlich sehr wenig!‹ sagte ich. Resl fragte: ›Kennen Sie den Kreuzweg?‹ – ›Ach ja, das sind die Steine da, die man in Bamberg auf dem Weg zum Michelsberg den Kreuzweg nennt! Es war mir aber immer unverständlich, wenn man mir sagte, ich habe noch den Kreuzweg zu beten!‹ – ›So‹, sagte die Resl. ›Sie haben doch schon eine Ahnung vom Katholischsein.‹ – ›Ja‹, erklärte ich ihr, ›das mag vielleicht auch daher kommen, daß unsere treue Anna, die Dienstbotin in unserer Familie war, so wundervolle Legenden und anderes zu erzählen wußte, als wir klein waren. Da erinnere ich mich noch, daß sie von der heiligen Zita, der heiligen Genoveva und anderen sprach. Sie hatte auch immer zu Weihnachten einen Christbaum. Meine Schwester und ich fragten unsere Mutter. Sie sagte: ›Nein, das ist katholischer Brauch, aber nicht Brauch in unserer Religion, das müßt ihr euch aus dem Kopf schlagen!‹

Resl kam nochmals auf den Kreuzweg zu sprechen. Sie meinte, es fehle nicht mehr viel, um katholisch zu werden. ›Katholisch?‹ sagte ich, ›werde ich *nie*! So wie man geboren ist, muß man leben und sterben! Als ich der Resl gegenüber saß, war ein ziemlicher Abstand zwischen uns. Sie fragte, warum ich denn so schüchtern sei und so weit von ihr sitze, ich möge doch näher herankommen. Ich bin dann näher gerückt, aber verzagt. Ich fühlte eben, daß ich in einer anderen Umgebung war. Sie sagte: ›Mit dem Bruno bin ich per Du, und mit Ihnen, seiner Cousine, soll ich per Sie sein? – Jetzt sagen wir Du! Also, Erna, komm, setz dich auf die Ofenbank neben mich, dann können wir weiterschwätzen.‹

Am Donnerstagabend vor Mitternacht wurde ich von Herrn Pfarrer Naber in ihr Stübchen eingeladen. Ein peinlich sauberer Raum. Aus einem Wandkäfig kamen Laute zwitschernder Vögel; es herrschte eine unerklärliche, heilige Atmosphäre. Es waren, als ich ins Stübchen eintrat, auch noch einige Priester anwesend. Der Herr Pfarrer erklärte mir dann die Leiden des Heilands, seine Qualen auf dem Ölberg. Um zwölf Uhr begann bei Resl die Passion. Ich sah die ersten Blutstropfen über die Wangen rollen, erst ganz weiß, rosa und dann rot.

Wie lange ich in diesem Raum war, wußte ich nicht. Ich war erschüttert, aber immer noch fest in meiner Meinung: Ich lasse mich nicht katholisch machen, ich lasse mich nicht von Katholiken beeindrucken. Ich sterbe jüdisch und ich lebe im Glauben meiner Ahnen, meiner Eltern! In diesen Gedanken verließ ich das Stübchen der Resl und ging schlafen. Bevor ich wegging, sagte Herr Pfarrer Naber: ›Morgen früh um neun Uhr möchte gern die Resl mit Ihnen sprechen; wollen Sie dann wiederkommen?‹ Wie erstaunte ich, als ich am nächsten Morgen eine ganz lange Schlange von Menschen sah, die vor Resls Haustür standen. Als ich ans Haus kam, wurde ich sofort empfangen. Man wollte nicht haben, daß ich mich anstelle. Ich kam mir etwas beschämt vor, denn als ich ins Zimmer trat, mußten alle die Besucher aus dem Zimmer gehen und ich hatte ein komisches Gefühl, wie wenn es das Jüngste Gericht wäre. Als der Pfarrer sagte: ›So, nun sind wir allein!‹, konnte ich mir gar nicht denken, was vor sich gehen sollte. Ich stellte mich ziemlich weit entfernt vom Bett, mehr gegen die Tür, damit, wenn irgend etwas nicht geheuer ist, ich schnell entspringen kann. Pfarrer Naber schien das zu spüren. Er sagte: ›Fräulein Erna, kommen Sie näher, kommen Sie zum Fußende.‹ – Resls Gesicht war schon überall mit Blut bedeckt, die Bluttränen bildeten darauf Krusten, so daß Resl überhaupt die Augen nicht öffnen konnte und furchtbar litt. Ihre Handbewegungen führten immer wieder zum Kopf, als wollte sie Dornen aus dem Haupte ziehen. Ich sprach kein Wort. Herr Pfarrer erklärte mir nun, welche Station des Kreuzweges die Resl mitleide. Als ich näher zum Bett kam, richtete sich Resl, die mich nicht sehen konnte, auf und sagte: ›Du willst zwar nicht katholisch werden, aber der liebe Heiland hat dich so lieb, er läßt dich nicht locker, du wirst katholisch werden, der Heiland wird dir unendlich viel Freude bereiten. Du liebst sehr Kinder und wirst in Zukunft nur unter Kindern tätig sein. Sei für die Zukunft nicht bange, so lieb hat dich der Heiland!‹ Das beeindruckte mich. Wie sie dann noch einige Worte von der Zukunft sprach, durchzuckte es meinen Körper wie ein Blitz vom Himmel, der mein ganzes Inneres erfaßte, und ich war nicht mehr blind. Ich hatte ein herrliches Gefühl der Wonne. Diesen Strahl der Erleuchtung könnte ich nie schildern. Alle Zweifel, die ich bis zu dieser Stunde hatte, fielen von mir ab und damit auch der Schleier der Blindheit. Ich wollte in die Welt hinausrufen: ›Ich bin ja nun katholisch geworden – ich bin so glücklich – ich gehöre einer anderen Welt!‹

Die Taufe war für Anfang August in Speyer vorgesehen. Als Firmpatin hatte sich Edith Stein schon am 26. Juni 1930 angebo-

Edith Stein im Jahr 1931. Die 1891 Geborene promovierte bereits 25jährig mit höchster Auszeichnung zum Doktor der Philosophie. Die Jüdin trat zum katholischen Glauben über, stand in enger Verbindung mit Konnersreuth und wurde Karmelitin.

ten: »Ihre Firmpatin zu sein, würde mich sehr freuen. Auf die Teilnahme an den Tauffeierlichkeiten werde ich wohl leider verzichten müssen, weil indessen an meinem Ferienschluß andere dringliche Ansprüche gestellt worden sind. Ihre Edith Stein.«

Aus Konnersreuth schrieb ihr Bruno Rothschild am 2. August 1930: »Hier ist noch alles beim alten, morgen konvertiert hier eine ganze Familie aus Berlin. Resl läßt Dich grüßen.«

»Der Heiland will es!«

Bruno Rothschild spricht von der Familie des Musikers und Orchestersekretärs Hermann Becker aus Berlin, eines ursprünglich protestantischen, dann vom christlichen Glauben abgefallenen Freimaurers und Spiritisten. Becker selbst urteilte über sich: »Der Spiritismus wurde mir als wahr bestätigt. Widerwärtig war es mir, wenn man von göttlicher Gnade sprach. Im Frühjahr 1929 hörte und las man oft von Konnersreuth. Ich hatte zu viel über die Yogis und Fakire gelesen und war deshalb skeptisch. Meine Zweifel wurden bestärkt durch den Umstand, daß die Wunder aus dem Lager des Katholizismus gemeldet wurden. Wären die Berichte aus Indien gekommen, ich wäre ihr wärmster Verfechter gewesen.«

Die Neugier ließ Hermann Becker aber nicht los. Schließlich war es auch bei ihm die Wahrheitssuche, die ihn nach Konnersreuth trieb. »Es ließ sich dienstlich so einrichten, daß ich gelegentlich einer Reise einen Abstecher nach Konnersreuth machen konnte. Es war Sonntag. Von Arzberg eine schöne Autofahrt. Auf der Höhe ein herrlicher Blick in das weite oberpfälzische Land – und dort liegt es, anspruchslos, verträumt und arm: Konnersreuth!«

Mit pochendem Herzen gelangte er vor die Tür des Pfarrhofes. Über seine Begegnung mit Pfarrer Naber schrieb er später: »Mein Inneres war aufgewühlt. Alles, was ich sagen wollte, war plötzlich vergessen und ich begann: ›Herr Pfarrer, bitte schenken Sie einem Protestanten aus Berlin einige Augenblicke Gehör!‹ Just hatte ich diese Worte gesprochen, als mir einfiel, daß ich eine Eselei begangen hatte mit dem unfreiwilligen Eingeständnis, Protestant zu sein. Verlegen und unsicher fuhr ich fort: ›Ich erkenne in Christus zwar einen großen Eingeweihten, einen Propheten Gottes, aber den Sohn Gottes, den Heiland, den zu erkennen und zu lieben ich so heiß ersehne, ihn kann ich nicht begreifen, nicht finden! Und ich gebe mich der Hoffnung hin, daß ein kindliches, einfältiges Menschenkind wie Therese Neumann, von der ich Wunderbares gehört habe und die doch so nahe mit Christus verbunden ist, mir helfen könnte, den Weg zu Christus zu finden.‹

Ganz langsam beginnt der Herr Pfarrer zu antworten. Er sagt, daß er diesen inneren Zustand verstehe und daß wohl mancher Mensch einmal eine solche Palastrevolution in seinem Innern niederzuschlagen die Aufgabe habe. Schon mancher habe umlernen und dazulernen müssen; durch die Resl könne man in der Tat lernen. Nun erhellt sich sein Blick und, langsam zwar, aber unendlich gütig beginnt er fließender zu sprechen. Er erzählt eine ganze Leidens- und Segensgeschichte der kindlichen und gottbegnadeten Resl.«

Geschlagene drei Stunden hatte der Pfarrer Geduld mit Hermann Becker. Auf alle Fragen und Einwände wußte er eine liebevolle Antwort. Gleichwohl ging der Besucher enttäuscht aus dem Haus. Der Pfarrer hatte ihm erklärt, daß er selbst es gern sähe, wenn er mit Resl zusammenkäme. Er habe auch des Bischofs Zustimmung, in dringenden Fällen die Genehmigung zum Besuch der Resl zu erteilen. In seinem Fall könne ein Treffen aber leider nicht stattfinden, da die Resl gar nicht in Konnersreuth sei.

»Planlos lief ich im Dorf umher, ohne die Umgebung wahrzunehmen. Schließlich kam ich in ein Gasthaus, vis-à-vis von Resls Geburtshaus, wo ich ein bescheidenes Abendbrot einnahm. In großer Müdigkeit legte ich mich, ohne mich bei jemand zu melden, ins Bett.

Ich mochte wohl zwei Stunden fest geschlafen haben, als ich von meinem Wirt, der zugleich Bürgermeister von Konnersreuth war, durch heftiges Poltern an der Stubentür geweckt wurde. Verärgert über die nächtliche Ruhestörung, glaubte ich, daß ich mich noch ins Fremdenbuch eintragen solle, als der Bürgermeister durch die Tür rief: ›Ja, wo san S' denn gsteckt? Der Herr Pfarrer war selber hier und sucht Sie im ganzen Ort wie a Stecknadel, und da liegen S' im Bett und schlafen! Sie sollen sofort zu ihm kommen!‹ Ich fragte nach der Zeit und als ich hörte, daß es bereits 10 1/2 Uhr sei, sagte ich: ›Man kann doch nicht zur Nachtzeit zum Herrn Pfarrer gehen!‹ Die Antwort des Bürgermeisters: ›Der Herr Pfarrer hat gesagt, wenn wir Sie noch bis 11 Uhr ausfindig machen, dann sollten Sie zu ihm kommen.‹

Nach dieser dringenden Einladung sprang ich aus dem Bett und stand fünf Minuten später im Pfarrhaus. Der Pfarrer war nicht da. Ein Sterbender hatte nach ihm verlangt. Während seiner allerdings nur kurzen Abwesenheit genoß ich die Gesellschaft eines ausgesprochen männlich schönen und tiefgeistigen Kapuziners. Er trug eine braune Mönchskutte und hatte einen langen schwarzen Bart.« (Hermann Becker spricht von Pater Ingbert Naab.)

»Nach kurzer angeregter Unterhaltung mit ihm trat der Herr Pfarrer im schwarzen Talar ins Zimmer, und sofort zog sich der Mönch zurück. Des Pfarrers Gesicht trug den Ausdruck großer Freude. Mit strahlenden Augen trat er auf mich zu, begrüßte mich und bat mich, wieder Platz zu nehmen. Ohne Umschweife sagte er: ›Ich muß Ihnen eine erfreuliche Mitteilung machen, über deren Ursache ich selbst überrascht bin. Die Resl ist drei Wochen verreist gewesen. Ihr Bruder studiert nämlich in Eichstätt Theologie und wohnt bei Herrn Professor Wutz. Wir hörten, daß die Mutter Wutz einen Schlaganfall erlitten habe. Ohne Zögern riet ich ihr zur Reise nach Eichstätt. Heute ist sie von dort zurückgekommen, und zwar mit Herrn Professor Wutz, in dessen Wagen. Ihre Ankunft war mir vorher nicht bekanntgegeben worden; ich war über ihre plötzliche Rückkehr erstaunt. Nun hörte ich von Herrn Professor Wutz die Ursache der plötzlichen Abreise, und denken Sie, die Ursache waren Sie selbst!‹

›Um Ihnen die Sache zu erklären, muß ich etwas weiter ausholen. Die Resl lebt, wie ich Ihnen bereits heute Nachmittag sagte, seit zweidreiviertel Jahren ohne jede physische Nahrung. Jeden Morgen kommuniziert sie und empfängt die konsekrierte Hostie. Wenn sie wegen ihres Zustandes nicht in die Kirche kommen kann, bringt man ihr das heilige Sakrament des Altares ins Haus. Empfängt sie die Hostie ein wenig später als gewöhnlich, so weicht mit großer Geschwindigkeit ihre Lebenskraft. In Eichstätt empfängt Therese die heilige Hostie aus der Hand des Herrn Professor Wutz.‹ (Anmerkung: Der Professor hatte vom Bischof die Erlaubnis bekommen, zuhause zu zelebrieren und, während Resl bei ihm wohnte, das Allerheiligste im Haus aufzubewahren.) ›Es kommt auch vor, daß der Heiland, welcher gewöhnlich bis kurz vor der Kommunion bei Therese verweilt, sie früher verläßt. In solchen Augenblicken fühlt sie sich sehr unglücklich; ihr ganzes Wesen sehnt sich dann unaussprechlich stark nach dem Heiland.‹«

In der Nacht vom 29. auf den 30. April wich der göttliche Gast frühzeitig von Therese. Sie lag mit starken Herz- und Kopfschmerzen zu Bett und betete inbrünstig, der Heiland möge wieder zu ihr kommen. Die Schwestern Ottilie und Agnes waren mit im Zimmer. Therese litt so furchtbar, daß die Schwestern Professor

Therese Neumann während einer Vision, aufgenommen im Arbeitszimmer von Professor Wutz in Eichstätt. Dort verbrachte sie häufig nach Ostern einige Wochen; sie ersetzte im Haus des Professors gelegentlich ihre sonst schwarze Kleidung mit weißem Kopftuch durch ein alltägliches Gewand.

Wutz riefen. Als dieser im Zimmer erschien, war Therese bereits überraschend in ihren ekstatischen Zustand gefallen. Sie gab an, in der nächsten Woche komme ein Protestant aus Berlin nach Konnersreuth. Sie habe den Auftrag, nach Konnersreuth heimzufahren, um mit ihm zu sprechen.

Therese hatte aber nach Pfarrer Nabers Bericht nicht etwa geistigerweise kommuniziert, sondern die einzige in der Hauskapelle vorhandene heilige Hostie und damit ihren Heiland empfangen, ohne daß eine priesterliche Hand sie ihr gereicht hätte. Professor Wutz wurde in der Kommunions-Ekstase aufgefordert, sich sofort von der Wahrheit zu überzeugen, (was er denn auch tat).

»»Heute morgen‹, fuhr der Pfarrer fort, ›erklärte Therese in der Kommunions-Ekstase, daß der bereits angekündigte Protestant am selben Tag noch in Konnersreuth eintreffen werde, und daß sie deshalb heute noch heimfahren müsse. Nun ist also die Resl gekommen.‹ Eine lange Pause folgte. Dann sagte der Pfarrer: ›Und der Protestant sind Sie wohl? Sie haben es mir doch heute Nachmittag selbst gesagt... Sie sollen also morgen früh um zehn Uhr im Pfarrhaus mit ihr zusammentreffen. Ich habe zwar eine Bittprozession nach Waldsassen mitzumachen, will aber versuchen, wenn auch verspätet, dabei zu sein, wenn Sie mit Therese sprechen.‹ Zunächst war ich sprachlos, überwältigt. Die Freude über das vernommene Wunder schnürte mir die Kehle zu. Dann ging ich impulsiv auf den Pfarrer zu, ergriff seine Hände und rief freudig: ›Da hat also Gott, den ich in Christi Namen gebeten habe, mein Gebet erhört. O, wie wahr ist es doch: Bittet, so wird euch gegeben!‹

Nachdem mich Herr Pfarrer Naber ersucht hatte, über das Gehörte nicht zu sprechen, wünschte ich eine gute Nacht und verließ den Pfarrhof.«

Anderntags fand sich Hermann Becker pünktlich ein. Es schlug eben zehn Uhr, als eine Tür sich öffnete – »Die Resl, wie soll man sie beschreiben? Ein einfaches, ländliches Mädchen mit langem, bis zu den Knöcheln reichenden Rock, einer schwarzen Schürze, um den Kopf geschlungen ein weißes Tuch – auf den ersten Blick absolut keine mystische Erscheinung. Resl trat langsam auf mich zu und fragte in heiterem Tone: ›Also Sie sind doch der Protestant, gelt?‹ Ehe ich antworten konnte, fuhr sie fort: ›Ja, Sie sind's! Na, da kommen S' her und setzen S' sich. Da werd'n wir halt a bißl miteinander plaudern!‹ Wir setzten uns an den Tisch, und ich erzählte Resl in ein paar Sätzen, daß ich als ehrlicher und eifriger Sucher gern den Weg zu Christus finden möchte, daß ich es aber trotz besten Willens nicht vermöge, in Christus Gottes Sohn, ja, Gott selbst zu erkennen. ›Ja ist denn da überhaupt noch ein Zweifel möglich?‹, erwiderte Therese lächelnd, ›Christus ist doch da, ist doch dauernd um uns, bei uns, hilft uns, liebt uns, führt uns!‹«

Am 30. Juli 1929 kam Hermann Becker zum zweiten Mal nach Konnersreuth. In der Kirche, hinter dem Altar, hatte er Gelegenheit, mit der ekstatischen Therese zu sprechen. Und er trug ihr seine kaum geminderte Seelennot vor: »Was soll ich bloß tun? Ich finde keine Ruhe in meinem Innern. Ich habe das Gefühl, daß ich katholisch werden muß, wenn ich ehrlich bleiben will. Dennoch erscheint es mir unrecht, daß ich einen solchen Gedanken hege, weil doch die katholische Kirche so viel Unheil angerichtet hat, so viel Blut vergossen! Was soll ich nun tun?‹

Aus dem Munde der Resl kamen die Worte: ›Du würdest dem Heiland eine große Freude machen, wenn du katholisch werden würdest!‹ Aber nicht genug damit, Resl fuhr fort: ›Wenn du deine Frau noch ein wenig bei dir behalten willst, mußt du ihr sofort eine Hilfe besorgen!‹ Über diese beiden Sätze war ich so überrascht, daß ich nicht mehr sprechen konnte.

Nachdem Therese aus ihrer Ekstase zurückgekehrt war, berichtete ich ihr und dem Herrn Pfarrer das eben Gehörte: daß ich namentlich auch über den zweiten Satz auf das höchste erstaunt sei, da die Resl meine Frau doch gar nicht kenne, ich ihr über deren Gesundheitszustand auch nie ein Wort gesagt habe, ja nicht habe sagen können, da ich selbst solche Gefahr nie geahnt hätte. Pfarrer Naber antwortete: ›Wenn Ihnen Therese das in der Ekstase gesagt hat, so tun Sie gut, sofort ihren Rat zu befolgen, denn Sie müssen wissen: in der Ekstase spricht aus ihr Jemand, der alles weiß und sich nicht irrt.‹

Um diesen Bericht zu schließen, ist noch anzufügen, daß ich nach der Verabschiedung vom Pfarrer und von der Resl zu Fuß nach Waldsassen pilgerte. Bis zur Abfahrt des Zuges standen mir etwa 2 1/2 Stunden zur Verfügung. Montagabend, am 5. August (1929), war ich wieder in Berlin. Bereits am Dienstag meldete ich meine Kinder zum katholischen Religionsunterricht in der Schule, mich selbst aber zum Konvertitenunterricht bei dem Steyler Missionspater Balkenhol an, den mir Resl als Lehrer genannt hatte. Ein Mädchen für den Haushalt wurde sofort gesucht, bald gefunden und eingestellt.

Wenige Tage hindurch herrschte wieder köstlicher Friede. Dann aber gab ich das bisher sorglich gehütete Geheimnis, nämlich die Aussage Resls in der Ekstase zwei Berliner Freunden preis. Augenblicklich regte sich der antikatholische Geist in ihnen. Sie erinnerten an die Inquisition, an schlechte Päpste und an die Überheblichkeit der Priester, die sich höher einschätzten als die Engel.«

Bedrückend wurde die Kluft für Hermann Becker, die sich zwischen ihm und seiner evangelisch-lutherischen Verwandtschaft auftat. Niemand aus seiner Familie, keiner seiner Vorfahren war katholisch. – Der 3. August 1930 rückte heran. Die ganze Familie reiste nach Konnersreuth.

»Die Stunde des feierlichen Übertritts war gekommen. In aller Stille wurden die vorgeschriebenen Zeremonien erfüllt. Ich legte das Glaubensbekenntnis ab. Danach empfingen fünf Mitglieder der Familie das Sakrament der heiligen Taufe. Die Paten waren Therese Neumann und der Konvertit Bruno Rothschild. Am nächsten Morgen, dem 4. August 1930, empfing ich mit meinen Kindern Erika, Hildegard und Hermann die erste heilige Kommunion. Am Hochaltar feierte Herr Pfarrer Naber die heilige Messe. Resl kommunizierte mit der Familie gemeinsam hinter dem Altar. Nach eingetretener Kommunionsekstase ließ ich sie durch meine Frau fragen, ob der Heiland nun mit mir zufrieden sei. Statt einer Antwort erhielt meine Frau die Aufforderung: ›Der Vater soll selbst kommen!‹ Ich ging also zur Resl heran und vernahm nun tatsächlich, daß der Heiland zufrieden sei. Aber vorher sollte ich noch einmal aus tiefster Scham erröten. Mir wurde das (allerdings nicht bewußte) Verschweigen früherer Sünden, welche niemand, auch Therese nicht, kennen konnte, vorgehalten. Dann ergänzte sie: ›Das sagt dir der Heiland nur, damit du erkennst, daß Er alles weiß. Der Heiland hat dir alle bisherigen Sünden – hörst du – *alle* bisherigen Sünden verziehen. Nun schaue nicht mehr zurück und unterstütze die Gnade des Heilands durch ernstes Aufwärts- und Vorwärtsstreben.‹«

Nicht ahnend, was ihm das »Dritte Reich« bringen würde, dessen lange Schatten bereits über das öffentliche Leben fielen, sang er mit Inbrunst vom Erlösungswerk des Gottessohnes: »Der Heiland stirbt, erhöht am Kreuzesthron, und bricht die Macht des Bösen.«

Am Tauftag der Familie Becker sollte ursprünglich auch Erna Herrmann »aus dem Wasser und Geist geboren werden«. Als Folge einer schweren Erkrankung und Operation mußte ihre Taufe aber um ein ganzes Jahr verschoben werden. Endlich, am 13. September 1931, war der große Tag gekommen.

Vorher noch befielen sie letzte Zweifel. In ihrer Unruhe wendete sie sich an Edith Stein, um von ihr Einzelheiten über die Taufzeremonie zu erfahren. Die gütige Seelenführerin schrieb der Ratsuchenden am 8. September 1931 aus Breslau und bezog sich auf ihre eigene Konversion: »Liebes Fräulein Herrmann, natürlich habe ich das Wasser über den Kopf gegossen bekommen (das ist doch nicht schlimm und wird gleich wieder mit einem Tuch getrocknet), habe auch nie gehört, daß es anders gemacht worden wäre. Sicherlich haben Sie nicht zu fürchten, daß etwas nicht korrekt gemacht werden könnte. Es ist doch im Rituale alles ganz genau vorgeschrieben. Ich habe damals den Pfarrer, der mich taufte, vorher um das Buch gebeten und mir den Ritus ganz genau angesehen. Ich trug ein schwarzes Kleid und ließ mir dann einen weißen Mantel umlegen. Daß sich vor dem entscheidenden Schritt noch einmal alles vor einen hinstellt, was man preisgibt und wagt, liegt in der Natur der Sache. Es muß ja so sein, daß man sich ohne jede menschliche Sicherung ganz in Gottes Hände legt, um so tiefer und schöner ist dann die Geborgenheit. Daß Sie den vollen Gottesfrieden finden möchten, das ist mein Wunsch für Ihren Tauftag und für Ihr ganzes künftiges Leben. Wenn Sie Resl um ihr Gebet für meine Schwester bitten wollen, werden wir Ihnen natürlich sehr dankbar sein. Bitte grüßen Sie Resl und Ihren Vetter herzlich von mir. Ihre Edith Stein.«

Der Vetter meldete sein Kommen zur Feier der Taufe:

»Konnersreuth, 10. 9. 1931

Liebe Cousine! In aller Kürze und Eile will ich Dir nur mitteilen, daß ich kommenden Samstagnachmittag per Bahn nach Speyer kommen werde, und zwar denke ich, bis 15.54 Uhr nachmittags dorthin zu kommen. Falls Du nicht zu dieser Zeit am Bahnhof sein könntest, so hinterlasse bitte im Marthaheim, wo Du bist.

Mit bestem Gruß! Bruno.«

In der bischöflichen Hauskapelle von Speyer empfing Erna Herrmann die heilige Taufe durch Bischof Dr. Ludwig Sebastian. Zu ihrem Namen Erna wählte sie als Patroninnen die Gottesmutter Maria und Theresia vom Kinde Jesu. Therese Neumann, die eigens an diesem Tag, begleitet von Pfarrer Naber, Professor Wutz und Schwester Ottilie nach Speyer gekommen war, stand ihr als Taufpatin zur Seite. Am nächsten Tag, dem Feste der Kreuzerhöhung, wurde sie von Bischof Sebastian gefirmt. Edith Stein war vor neun Jahren, am Lichtmeßtag 1922, ebenfalls in der bischöflichen Hauskapelle, von Bischof Sebastian gefirmt worden.

Siebtes Kapitel

Die letzten Dinge

Abwehr des Dämons

In der nur noch kurzen Spanne bis zum Anbruch des »Tausendjährigen Reichs« lebte Therese im Kreise von Widerstandskämpfern. Pfarrer Naber fürchtete sich nicht, seine sonst geübte Zurückhaltung aufzugeben. Solang er lebte, konnte er sich rühmen, kein einziges Mal den Gruß »Heil Hitler« über die Lippen gebracht und kein einziges Mal die Hand zum »Deutschen Gruß« erhoben zu haben. Die schlimmen Folgen, die eine solche Weigerung nach sich zog, schreckten ihn keineswegs. Als Gerlich im »Geraden Weg« seine Leser eindringlich davor warnte, am 31. Juli 1932 ihre Stimme Adolf Hitler zu geben, erinnerte Pfarrer Naber in seiner Frühmeßpredigt vom Sonntag, dem 24. Juli, an die Pflicht aller Frauen und Männer, zur Wahl zu gehen, vor allem aber, richtig zu wählen:

»Nicht das Hakenkreuz kann uns retten, liebe christliche Zuhörer, sondern nur das Kreuz Christi. Dieses strahlt über die ganze Welt und ganz besonders hier über Konnersreuth. Wir müssen für die Liste Nr. 9 (die Liste der Bayerischen Volkspartei) stimmen. Auch wir haben einen Führer, aber einen, der nicht mit Gewalt zu uns kommt, sondern mit Güte, einen Führer, der nicht kommt, um uns zu unterdrücken, sondern um uns zu lieben. *Es wäre eine Schande für unsere Pfarrei Konnersreuth, wenn auch nur eine einzige Stimme für Hitler abgegeben würde.*«

Zwei Stunden später, im Hochamt, vertiefte Pfarrer Naber in einer weiteren zündenden Predigt seine Wahlempfehlung, entkräftete Schlagworte, die Hitler als »wahren Retter« priesen, und wies die Unvereinbarkeit der nationalsozialistischen Lehre mit der Mahnung des Evangeliums nach. Als Beleg für die Richtigkeit seiner Ausführungen verlas Pfarrer Naber einen Brief, den Fritz Gerlich zwei Tage zuvor erhalten hatte:

»Herrn Dr. Fritz Gerlich, Schmutz- und Schundhändler, Hier. Wir warnen Sie. Es naht der Tag, wo wir Ihnen Ihr schmutziges Handwerk legen werden, Sie armseliger Schmutz- und Schundhändler. Bald wird die Stunde schlagen, wo Deutschland Sie und Ihre Gleichgesinnten an die Wand stellen wird. Sie und Ihre ganze schwarze Clique sollen ein abschreckendes Beispiel werden. Wir werden einen Holzstoß aufrichten und alle Christuskreuze, die wir in Deutschland finden, mit allen Christusbildern darauf, stapeln – von diesem Christus, den eine jüdische Hure gezeugt hat – und darauf werden wir Sie selbst schmoren mitsamt dem übrigen Lumpenpack von Schwarzröcken und der ganzen Marxistenbrut. Wenn dann dieses Befreiungsfeuer zum Himmel lodert, dann wird die Geburtsstunde einer neuen Religion schlagen. Dann wird das deutsche Volk auf den Knien dem einzigen Gott auf Erden danken,

Adolf Hitler, der uns von der jüdisch-christlich marxistischen Pest befreit hat. Heil Hitler! Blut und Tod allen Marxisten und Pfaffen.«

Dieser Text, Hitlers »Weltanschauung« in nuce, wurde an der Kirchentür angeschlagen. Er verfehlte die vom Pfarrer beabsichtigte Wirkung nicht. In ihrer Entrüstung zertrümmerten Konnersreuther Wähler die Anschlagtafeln der Nationalsozialisten. Auch Wache stehende uniformierte Hitler-Anhänger konnten sie nicht daran hindern. Verspottet und verhöhnt mußten die Braunhemden abziehen. Doch die glaubenstreuen Konnersreuther freuten sich zu früh. Die Nazis kamen wieder, diesmal bewaffnet mit Pistolen und Gewehren. Drohend richteten sie ihre Läufe gegen Störer und bauten ihre Plakatständer wieder auf. Dreierlei Plakate klebten sie. Das erste richtete sich an die Frauen, das zweite an die Arbeiter, das dritte an die »Patrioten«. Alle wurden aufgefordert, geschlossen für Hitler zu stimmen.

Pfarrer Naber beschwor seine Gläubigen, ein Blutvergießen zu vermeiden. Tatsächlich blieben die Tag und Nacht bewachten Plakate der Nazis bis zum Ende des Wahlkampfes unbeschädigt. Beredt war das Wahlergebnis: 14 Stimmen für Hitler, 22 für die Kommunisten, 734 für die Bayerische Volkspartei, deren Plakat einen Arbeiter darstellte, der mit seinem Absatz das Wort »Diktatur« zertritt. Konnersreuth hatte fast ohne Ausnahme gegen Hitler gestimmt. Abweichende Stimmzettel waren von zugereisten Braunhemden abgegeben worden. Die damalige Regelung erlaubte es einem Wahlberechtigten, wenn er die erforderlichen Papiere vorwies, in jedem beliebigen Wahlbüro abzustimmen. Derart gefeit gegen den Dämon war das Stift- und Unterland, eine Kulturlandschaft.

»Selbstverständlich hatte Therese Neumann«, erinnerte sich Johannes Steiner, der die Auseinandersetzung aus nächster Nähe beobachtete, »ihren unvergleichlichen persönlichen Einfluß zur Bekämpfung des Hitlertums eingesetzt und zwar mit offenem Visier, mit der ruhigen Zuversicht eines Hirtenknaben David, der seine unscheinbare Schleuder bereithält trotz Goliaths, des Riesen, Hohn, der allzu sehr seiner eigenen Kraft vertraute.«

Schon früh sagte Therese das ebenso erbärmliche wie grauenvolle Ende des Nationalsozialismus voraus. Die Stigmatisierte war hellsichtiger als mancher Würdenträger, etwa jener höhere Geistliche, der ihr zu erklären versuchte, die Religion habe von den Nazis nichts zu fürchten, der Kirche drohe einzig von den Sozialisten und Kommunisten Gefahr, was eine auch außerhalb des deutschen »Reichs« weitverbreitete Meinung war. Therese erklärte ihm kurzerhand: »Eure Bischöfliche Gnaden sind vollkommen im Irrtum. Sie werden eines Tages noch an mich denken.«

In ihrem Buch »A message from beyond« (Eine Botschaft von drüben) berichtete Elisabeth Freifrau zu Guttenberg davon, wie es um Therese Neumann am Vorabend der Finsternis stand: »Als wir gingen, nahm sie meine Hände und sagte: ›Beten wir füreinander.‹ – ›Beten Sie für mich‹, sagte ich; denn ich dachte, ein so gesegneter Mensch brauche kein Fürbittgebet. Sie erwiderte, als hätte sie meine Gedanken gehört: ›Man muß für mich beten‹.«

Fühlende Wunden

Ein Besucher, der die Stigmatisierte auf ihre übernatürlichen Fähigkeiten prüfen wollte, brachte eine Photographie Hitlers mit. Er hielt sie in einem dicken Kuvert verborgen, dessen Lasche obendrein zugeklebt war. Therese lag in »erhobener Ruhe« mit geschlossenen Augen. Dieser Zustand gab ihr nach Gerlich »das Gefühl des Vereinigtseins mit Christus und die Teilnahme an dessen Allwissenheit, soweit er es zuläßt«. Im selben Augenblick, als ihr der Besucher das Kuvert aufs Oberbett legte, fuhr Therese auf wie von der Tarantel gestochen und schrie: »Feuer und Rauch von der Hölle!« Das Bild des »Führers« verursachte ihr durch den Umschlag hindurch dieselben wilden Schmerzen in den Stigmen, wie es ein Partikel des Golgathakreuzes tat. Ihre Wunden waren *fühlende* Wunden.

Im Passauer Nibelungenlied lesen wir, daß die Wunden der Erschlagenen aufgingen, wenn der Mörder sich dem Leichnam näherte. Therese Neumanns blutige Stigmen waren von derselben hohen Empfindlichkeit. So näherte Bischof Kašpar von Prag – berichtet Josef Teodorowicz – »während einer einfachen Ekstase den Stigmen Theresens sein Bischofskreuz, in welchem sich eine Reliquie des heiligen Kreuzes befand. Bei Annäherung dieses kleinen, unsichtbaren, in einer goldenen Kapsel verhüllten Kreuzessplitters durchzuckt auf einmal ein qualvoller Krampf Theresens Körper; ihre stigmatischen Wunden verspüren die Nähe des Marterholzes, an dem der Heiland Sein Leben ausgehaucht hat.« Solcher Schmerz entstand allerdings nur dann, wenn die Kreuzreliquie unmittelbar an die Wundmale herangehalten wurde.

So gab ein Prälat aus Posen dem Lemberger Bischof, als er hörte, daß dieser Konnersreuth besuche, ein großes Reliquiar mit auf den Wege, das in seiner Familie durch Jahrzehnte als kostbarer Schatz aufbewahrt worden war. Unter einer Glasscheibe waren verschiedene kleine Reliquien mit Namensbeschriftung der betreffenden Heiligen befestigt. Aber die kostbarste unter ihnen war die des heiligen Kreuzes. Dem Prälaten war daran gelegen, zu erfahren, ob diese Reliquie authentisch sei. Pfarrer Naber ging gern darauf ein und reichte Therese dieses Reliquiar. Freudig lächelnd wies Therese mit ihrem Finger auf einen Punkt im Reliquiar und rief: »O, da ist was vom Heiland!« Als Teodorowicz nachher diesen Punkt näher in Augenschein nahm, sah er, daß die Kreuzreliquie, an der dem Prälaten so gelegen war, sich genau an dieser Stelle befand.

Pfarrer Naber begnügte sich damit noch nicht, sondern berührte mit dem Reliquiar leise die stigmatische Wunde ihrer Hand. Sogleich wechselte der freudige Ausdruck, ihre Gesichtszüge zogen sich schmerzlich zusammen. Und sie schrie auf: »O, das tut weh!« Der Pfarrer wiederholte sein Vorgehen – und rief bei Therese dieselbe Reaktion hervor.

Therese konnte echte von vermeintlichen oder »angerührten« Reliquien unterscheiden. Pfarrer Naber legte ihr, wie Gerlich berichtet, einige gefaßte Reliquien vor, die sie, ohne die Augen aufzuschlagen, als Splitter vom Kreuz Christi bezeichnete, mit genauer Angabe jenes Teiles des Kreuzes, von dem das Partikel stammte. Oder: »Die ist vom heiligen Franz, aber sie is bloß ang'rührt.« Einmal hielt Pfarrer Naber ein vom Karmeliterpater Seraphim aus Reisach mitgebrachtes silbernes Kreuz in die Nähe ihrer Lippen. Sofort sagte sie: »Da drin is was von dem Moidl, das sie in den Hals gstochen ham, Cäcilie heißt man s'. Und dann is noch was drin von der heiligen Therese.« Der Pfarrer: »Von der heiligen Therese vom Kinde Jesu?« Therese: »Naa, von der großen Therese. Und dann sind noch drei drin. Die sind aber bloß ang'rührt.« Auf Befragen nannte sie sogar deren Namen. Als der Pater vor den Augen des Pfarrers und Gerlichs das Kreuz öffnete, zeigte sich, daß die von Therese genannten Reliquien darin enthalten waren.

Der Berichterstatter tut sich in einer nicht mehr epischen, ja nicht einmal mehr literarischen Umwelt schwer, von Dingen zu erzählen, die höchstens als Erfindung verstanden, im günstigsten Fall, wie es im Prolog des Johannesevangeliums über das Licht heißt, von der Finsternis nicht begriffen werden. Sogar Geistlichen war gelegentlich fremd geworden, was es mit der Kraft von Reliquien auf sich hat; sie verweigerten den vom Tag der Kreuzauffindung bis zum Tag der Kreuzerhöhung gespendeten Wettersegen als »magisch«, zumal den mit einem Reliquienkreuz gespendeten. Gleichwohl ist von einem Afrika-Missionar mit einem Kreuzpartikel schon einmal dem Sturm Einhalt geboten worden. (Wie mit dem Arm des Heilands dem Seesturm.) Was die Leute um Therese von Konnersreuth gegen den Sturm des Hakenkreuzes einzusetzen hatten, war gleichfalls »nur« das Kreuz.

Ekstase

Josef Teodorowicz deutet dieses Wort griechischer Herkunft als »Außer-sich-sein« und vergleicht es mit einer in verschiedenen Sprachen vorkommenden Redensart: »être hors de soi« und »odchodzić ad siebie«.

Nach außen hin entfaltete Therese, obwohl ihr die Wundmale manche Hemmnisse auferlegten, eine rege Tätigkeit. Sie war den ganzen Tag über beschäftigt, schmückte die Kirche oder besuchte Kranke und Sterbende in den umliegenden Ortschaften. Bald widmete sie sich häuslichen Tätigkeiten, bald schrieb sie Briefe oder empfing Besuche. Urplötzlich wurde sie mit halb erhobenen Armen in die Schauung gerissen. Mitten aus einer Unterhaltung heraus oder von der Arbeit wurde sie weggerissen. Einmal, als sie mit Stricken beschäftigt war, baumelte ihr während einer Schauung das Strickzeug in den Händen; sie hatte keine Zeit mehr gehabt, es wegzulegen. In diesem Zustand konnte man sie berühren oder anrufen, ihr in die weitgeöffneten Augen greifen, Therese hörte und spürte nichts. Wenn sie dabei stand, so tat sie es mit ganzen Sohlen und klagte erst hinterher über Schmerzen in den Fußwunden; sie trat sonst nur seitlich mit dem Fußrand auf. Durch ihre Visionen wurde Therese vollständig aus dem Alltagsleben entrückt. Sowie die Schauung beendet war, nahm ihre Tätigkeit genau dort ihren Fortgang, wo sie unterbrochen worden war.

Ein von rücksichtslosen Ärzten vorgenommener Versuch zeigte die gänzliche Unempfindlichkeit, in die sie von der Ekstase buchstäblich hineingetaucht wurde. Man konnte in dieser Verfassung der Unempfindlichkeit ihre sonst hochempfindlichen Wundmale drücken. Diese Ärzte richteten auf ihre geschlossenen Augen das Strahlenbündel eines 5000 Watt starken, weiß-grellen Karbon-Scheinwerfers, angeblich, um ihre Reaktion zu überprüfen und sie im nachfolgenden Ruhezustand über das dabei Empfundene auszufragen. Unglücklicherweise riß Therese ihre Augen auf und starrte in das grelle Lichtbündel. Der Arzt, der den Apparat bediente, hatte nicht die Geistesgegenwart, den Lichtstrahl sofort abzudrehen. Als man sie in der Ruhepause fragte, ob sie ein starkes Licht gesehen habe, antwortete sie todtraurig: »Nein! Christus ist gestorben; der ganze Himmel verfinsterte sich.«

Aretin schrieb in seinen Erinnerungen: »Da sie körperlich nicht sonderlich groß ist, kommt es vor, daß die Teilnehmer der geschauten Szene ihr den Ausblick auf das Geschehen verstellen. Dann biegt sie sich aus ihrer Lage heraus, um an der störenden Gestalt vorbei freie Sicht zu bekommen. So war ich zum Beispiel am Peter- und Paulstag 1929 Zeuge der Vision der Berufung Petri, bei der irgend ein Jünger des Herrn der auf einem Kanapee Liegenden den Ausblick auf die beiden Hauptpersonen versperrte. Therese beugte daher den Oberkörper, damit ihr nichts entgehe, so weit heraus, daß er schließlich vom Kanapee weg frei in die Luft ragte. Ich eilte hinzu, um den vermeintlichen Sturz auf den Boden aufzuhalten, und ergriff sie, um sie zu stützen, an der rechten Schulter. Es war unnötig. Sie stürzte nicht, aber ich erlebte das Unerklärliche, daß dieser ganze schwere Körper nicht mehr wog als eine Briefmarke!«

Die Überwindung von Zeit und Raum, wie sie der Berliner Protestant Hermann Becker an Therese Neumann bei seinem Eintreffen in Konnersreuth erlebte, war an der Visionärin beinahe täglich zu beobachten. Nicht um Unerklärliches zu erklären, sondern um ein Beispiel heranzuziehen, das keiner Erklärung bedarf, sei daran erinnert, daß es die Vergangenheit nur in unserem augenblicklichen Erdendasein gibt, in dem die Zeit als vierte Dimension eine Rolle spielt. In der Weite des Weltalls dagegen gibt es nur schwebende Gegenwart. Was für uns zur Vergangenheit oder Zukunft gehört, Gott schaut es zugleich.

Marienleben

Gerlich schrieb von Therese Neumanns visionärer Anwesenheit im Hause Joachims und Annas bei Nazareth. Sie sah sich neben der Tür in einem geräumigen Zimmer stehen. Vor den drei Fenstern sprossen grüne Pflanzen, an den Wänden waren Tafeln mit je zwei Zeilen hebräischer Schrift befestigt. Im Hintergrund sah sie zwei Statuen im Hochrelief. Die eine stellte einen alten Mann dar, der eine Tafel mit hebräischen Schriftzeichen hielt. Gerlich schreibt in Klammern dazu: Moses. Die andere stellte einen alten Mann mit Krone und Harfe dar (David). In der Mitte des Zimmers stand ein Tisch. Das weiße, gehäkelte Tischtuch war rot unterlegt. Über dem Tisch hing ein doppelschnabeliger Leuchter von der Decke. Stühle oder Sessel gab es nicht im Zimmer. Im Hintergrund sah sie Männer und Frauen, vor dem Tisch einen alten Mann (Vater Joachim), neben ihm einen Priester und zwei Diener. »Die Diener setzten ein metallenes Becken mit drei Füßen auf den Tisch; im Becken schürten sie ein Feuer an. Die Amme brachte dem Vater das Kind , Joachim überreichte es dem Priester, der es dem Vater zurückgab, worauf dieser es in ein Binsenkörbchen legte. Das Kind war mit einem roten Gewand bekleidet, über dem es ein weißes trug. Seine Füße waren nackt. Ehe die Amme es dem Vater überreichte, hatte sie dem Kinde die Brust frei gemacht. Nun stellte sie das schiffartige Binsenkörbchen auf den Tisch. Der Priester schnitt dem Kinde dreimal mit einer funkelnden scherenartigen ›Kluppen‹ Haare vom Kopf, die zusammen ein kleines Büschel bildeten. Dabei blieben die Haare in der »Kluppen«. Dann öffnete er diese über dem Dreifuß und verbrannte die Haare. Darauf reichte ein Gehilfe dem Priester ein Gefäß mit wohlriechender Salbe, mit der er dem Kinde Augen, Ohren, Mund, Nasenflügel und Brust betupfte. Das Kind hat dabei leise ‹gewergelt›. Zwischenhinein sprach der Priester singend Gebete, während alle Anwesenden schwiegen. Dann sprach der Vater zum Priester einige Worte, von denen Therese *Marjam* behalten hat. Der Priester hob darauf das Kind in die Höhe und sprach betend Worte, von denen Therese deutlich *Mirjam* verstand. Darauf reichte der Priester dem Vater das Kind zurück, der es wieder in das Körbchen legte. Währenddessen stand Mutter Anna unter der Türe und schaute durch den Türvorhang dem Geschehen zu. Das Zimmer betrat sie nicht.« (Eine Frau galt seit Moses während ihrer Wöchnerinnenzeit als unrein. Sie durfte nicht unmittelbar an religiösen Zeremonien teilnehmen. Nach vierzig Tagen – daher der Begriff »Quarantäne« – mußte sie zur Reinigungszeremonie – im Falle eines erstgeborenen Knaben zur »Darstellung« – in den Tempel kommen.) Dies war Therese Neumanns Vision am Tag Mariä Namen.

Maria kam im Alter von drei Jahren in die Tempelschule nach Jerusalem. Zehn Jahre später wurde sie entlassen und als heiratsfähig ausgeschrieben. Auf diese Ausschreibung hin meldete sich niemand. Es gab strenge Stammesvorschriften. Maria, aus dem Stamm Davids, durfte nur von einem Mann aus gleichem Stamm geheiratet werden. Erst eine zweite Ausschreibung kam Joseph zur Kenntnis. Er meldete sich.

Vom heiligen Joseph wußte Therese: »Er hat nicht etwa Balken gehauen, er hat bessere Sachen gemacht. Tische hat er machen können und auch Stühle, durchzogen mit so langem grünen Gras, das recht viel aushält und das man flechten kann, auch sonst nützliche Stücke für das Haus.«

Kardinal Kašpar aus Prag, ein Freund Konnersreuths, schrieb nach Angaben von Pfarrer Naber, der heilige Joseph sei dem Körperbau nach etwas größer und hagerer als der Heiland gewesen, »Haar und Bart trug er wirr durcheinander.« Im Zustande des Eingenommenseins gebrauchte Therese für den heiligen Joseph stets den Ausdruck: »Der guat Mô.«

Am Tag »Mariä Verkündigung« schaute Therese eine junge Frau, die fast noch wie ein Mädchen aussah. Die Frau betete in der Stube eines kleinen Hauses. Urplötzlich ist ein lichter Mann da. Er ist nicht hereingekommen, er ist einfach da. Johannes Steiner, der diese Vision miterlebte, fragte Therese, um sie irrezuführen: »Mit großen Flügeln!« Sie antwortete: »Was fallt dir ein, die lichten Männer brauchen doch keine Flügel.« Er verneigt sich vor dem erschrockenen Mädchen und spricht: »Schelam lich, Mirjam, gaseta.« Es ist der Gruß des Engels Gabriel: »Sei gegrüßt, Maria, gnadenvolle...« Dem Schreiber dieser Zeilen ergeht es wie einstmals der heiligen Mechthild, als sie gestand: »Es sind Worte, die der Liebe Stimme sang, aber der süße Herzensklang muß wegbleiben, den kann irdische Hand nicht schreiben.« Maria, immer noch tief erschrocken, aber, nach ihrer Miene zu schließen, allmählich Zutrauen gewinnend, blickt sinnend auf die Lichtgestalt. Einem Mann gleicht die Erscheinung und leuchtet aus sich selber. Der Engel spricht »etwas Mächtiges«. Das Mädchen fragt schüchtern, der Engel antwortet. Als er endet, neigt die Jungfrau ihr Haupt und sagt »Ja«. Augenblicklich sah Therese ein mächtiges Licht von oben, das in die Jungfrau hineinging. Der Engel verneigte sich nochmals und entschwebte.

»Ist Christus Gottes eingeborener Sohn, gleichen Wesens wie Gott Vater und der Heilige Geist?«, fragte einmal der Theologe Hans Peter Göbbeler. Bejaht man dies, ist die Jungfrauengeburt keine Streitfrage, »denn der Sohn Gottes kann keine zwei Väter haben.«

Der Verkündigungsengel hatte Maria berichtet, ihre für unfruchtbar gehaltene Base Elisabeth, von ihrem Mann Zacharias selbst als »vorgerückt in ihren Tagen« bezeichnet (Lukas 1,18), sei im sechsten Monat schwanger, »denn«, so sprach der Engel, bevor er schied, »bei Gott ist kein Ding unmöglich«. Sogleich entschloß Maria sich, ihre Base zu besuchen. Pfarrer Naber schrieb in sein Tagebuch unter dem 2. Juli 1928: »Therese sieht Maria und Joseph mit einem Esel, dem das Gepäck aufgeladen ist, durch eine bergige Gegend ziehen. Abends schaut sie, wie Joseph und Maria durch einen größeren Ort (Hebron) hindurch zu einem kleinen Vorort mit etwa zehn Häusern (Theres nennt ihn ›Jutta‹) kommen, wo Zacharias und Elisabeth ein Haus bewohnen, das in einem ziemlich großen, von einem Naturzaun eingesäumten Garten liegt. Elisabeth kommt Maria verschleiert entgegen. Sie begrüßen sich flüchtig, die Arme aufeinander legend und ihre rechten Wangen einander nähernd. Dann begeben sie sich durch den Garten und den Türvorhang in das Haus, währenddessen Elisabeth den Schleier zurückschlägt, und begrüßen sich nunmehr recht herzlich, indem sie die Arme aufeinander legen und einander Stirne, rechte Wange und Mund küssen, worauf von Maria ein Lichtstrahl auf Elisabeth übergeht. Diese hebt nun die Rechte und spricht begeisterte Worte, worauf Maria in kräftigem, singenden Ton viel länger als Elisabeth begeistert spricht. Hierauf begeben sie sich in einen kleineren Raum, setzen sich und essen von den von einem Mädchen gebrachten Früchten. Auch Joseph und Zacharias erscheinen und essen von den Früchten.«

Therese Neumann schaut den Heiland.

Steiner ergänzte später: Maria sei mit dem »alten Wei« durch einen schönen, rechts und links von Büschen bestandenen Weg auf den Haupteingang des Hauses zugegangen und »da hat auf einmal das alte Wei was Machtig's gsagt. Im selben Augenblick is von der Maria ein Strahl lebendigs Licht auf dös Wei übergsprungen, daß's mi glei blend't hat. Und dann hams mitnander bet't. Aber ganz was Machtig's!« Das Magnificat.

Es war die Rede von Mechthild. Auch von Anna, Maria und Elisabeth war die Rede, wie später die Rede sein wird von Martha, Veronika und Magdalena. Frauen, immer wieder Frauen. »Welche Unredlichkeit, von einer Kirche ohne Frauen zu sprechen!« äußerte Johannes Steiner später in einem Gespräch mit dem Verfasser. Alle am Leben Jesu, alle am Leiden des Heilands Teilhaftigen, seine großen Heiligen, seine Mystiker und Begnadeten waren Frauen: Therese von Avila, Katharina von Siena, Hildegard von Bingen, Maria Anna Lindmayr, Anna Maria Taigi, Katharina Emmerich, Bernadette Soubirous, Therese von Lisieux, Maria Valtorta, Faustyna Kowalska, Martha Robin, Veronica Juliani. Und Therese von Konnersreuth.

Aus dem Leben Jesu

Und das Wort ist Fleisch geworden
Johannes 1,14

Die Gesichte der Konnersreuther Stigmatisierten waren voll unbekannter Einzelheiten. Als Beispiel unter Tausenden erfahren wir aus ihrer Schau der Herbergssuche, daß Bethlehem zur Nachtzeit beleuchtet war. Die Laternen bestanden aus hohen Stangen, an denen Töpfe mit brennendem Pech angebracht waren. Nach Gerlichs Mitteilung handelte es sich um »Pfannen, die in einer Gabel an ungefähr zwei Meter hohen Pfählen hingen, in denen Feuer unterhalten wurde.«

Bei ihrer Schau der Geburt aus der Virgo sine macula sieht sie, »wie das göttliche Kind um Mitternacht den Schoß der Mutter verläßt, der unverletzt und in voller Ordnung sich alsbald wieder schließt, ohne daß Vor- und Nachwehen stattgefunden hätten«, und sie dankt Gott für die Fleischwerdung Seines Wortes in Maria. Dazu gibt es eine persönliche Bemerkung Johannes Steiners: »Als ich den Bericht über diese Aussage im erhobenen Ruhezustand zum ersten Mal las, hat er mich ungemein ergriffen. Ich war damals noch keine dreißig Jahre alt, in einem Alter, in dem man die von Elternhaus und Schule überkommene Religionslehre kritisch überprüft, und fand nun in den so prägnant formulierten Worten über die Geburt Jesu verschiedene Dogmen der Kirche genau bestätigt: Die Dogmen der

Jungfräulichkeit Mariens auch nach der Geburt Jesu (›unverletzt und in voller Ordnung‹) wie auch der Immaculata (›ohne Vor- und Nachwehen‹) als Ausnahme vom Fluch des Protoevangeliums (›in Schmerzen sollst du gebären‹), beides wichtigste Dogmen zur Mariologie.«

Die immer einmal wieder vorgebrachte Behauptung, Therese Neumanns Visionen seien »phantastische Ausschmückungen bereits bekannter Legenden oder Bibelszenen«, werden spätestens von ihrer Schau der Beschneidung Jesu, wie sie Fritz Gerlich und Pfarrer Naber überliefert haben, ad absurdum geführt:

»Maria redete – auf der linken Seite des in der Krippe liegenden Kindleins stehend – mit einer Frau rechts neben ihr. Beide kehrten Therese den Rücken zu. Unterdessen kamen durch die Stalltür drei Männer. Der ältere war ein Priester aus Bethlehem. Er war mit einem weißgelben, weitgefalteten, bis zu den Ledersandalen reichenden Rock bekleidet. Darüber trug er einen golddurchwirkten weißen Rock, der an Hals und Brust gefaltet und um die Lenden mit einer starken gelben Schnur zusammengehalten war, deren mit Troddeln ausgehende Enden links ziemlich weit herunterhingen. Dieser Rock reichte bis unter die Knie. Er war am Hals, an den Ärmel- und Knieenden mit einem Goldsaum eingefaßt. An diesem Saum hingen goldglänzende Kugeltroddeln. Auf dem Haupte trug er zwei in der Mitte von vorn nach hinten durch einen Spalt getrennte Halbkugeln, die durch ein eng anliegendes Band unten um den Kopf herum zusammengehalten wurden. Die Kopfbedeckung war weiß und golddurchwirkt. Seitlich hinten hingen handbreite Bänder gleicher Farbe herunter.

Seine Begleiter, zwei Synagogendiener, trugen einen langen, gelbblauen Wollrock, der in der Mitte mit einem Bande zusammengehalten wurde. Den Kopf hatten sie mit einem weißen, goldgestreiften Tuch umwunden, das an der rechten Seite zusammengebunden war und in zwei Streifen bis auf die Schulter hing. Sie hatten einen schwachen, schwarzen Vollbart und schwarze, nicht ganz bis zu den Schultern reichende Haupthaare. Den Eintretenden ging Joseph entgegen. Er begrüßte sie mit Verneigung und Worten.

Die drei gingen zur Krippe. Nach gegenseitiger Begrüßung der Mutter und der Frauen, nach einigen Worten zwischen dem Priester und der Mutter gingen der Priester und die Diener gegen das Fenster zu, während Maria das Kindlein entkleidete und in ein fast weißes Wolltuch bis unter die Arme wickelte. Hierauf übergab Maria das Kindlein dem herzugekommenen Joseph mit einigen Worten und ging in die Stallecke links vorn. Joseph übergab das Kindlein der Frau, die es dem Priester brachte. Dann ging er an die Seite der Mutter.

Vor dem Priester stand ein rechteckiger Tisch aus gelbbraunem Holz mit drei schräg eingesetzten, graubraunrindigen Füßen. Auf diesem Tisch waren zuvor zwei Binsenkörbchen mit Früchten (Datteln, Feigen, Aprikosen und melonenähnlichen Früchten) gestanden. Diese wurden auf den Boden gegeben. Auf der Tischplatte stand nun das von einem Diener in einem Holzkistchen mitgebrachte, aus weißgrauem Marmor gefertigte, achteckige Steinkästchen, oben mit einem eingelassenen Deckel verschlossen. Daneben lagen die von dem anderen Diener mitgebrachten zwei Schriftrollen. In dem Kästchen befanden sich drei kleine, kupferfarbene runde Gefäße und ein einbiegbares, gelbliches Messer mit krummer Spitze. Eines der Gefäße enthielt Wasser aus dem Tempelbrunnen, ein anderes Salbe, das dritte war bestimmt zur Aufnahme des ausgeschnittenen Hautteilchens. Gefäße und Messer nahm der rechts vom Priester stehende Diener aus dem Kästchen, legte sie neben die Schriftrollen, drückte den Deckel wieder auf das Kästchen, reichte dann dem Priester die in dem Kästchen mitgebrachten, jetzt neben den Schriftrollen liegenden Deckchen – erst ein rotes mit gleichfarbigen Fransen, das über das Steinkästchen gebreitet wurde, dann ein weißes Deckchen mit goldenem Saum, das nur bis zu den Fransen des roten Deckchens hinabreichte.

Vor dem Tischchen stand ein Stuhl, ähnlich einem Liegestuhl, mit Kreuzfüßen und rechteckiger Lehne aus graurindigen Stäben und buntgestreiftem Stoff. Auf diesen Stuhl setzte sich der Priester. Zuerst nahm er das Kind auf den Schoß, dann schaute er nach oben zurück zum Fenster. Er wickelte das Kind aus dem Tuch, das die Frau nahm, und legte es mit dem Oberkörper auf das bedeckte Kästchen. Die zwei nebenan knienden Diener hielten jeder ein Füßchen und Ärmchen, der rechts vom Priester reichte das Messer. Der Priester schnitt erst nicht gerade, so daß er den Schnitt verbessern und etwas auch von der äußeren Haut wegschneiden mußte. Das von der inneren Haut vorschriftsmäßig weggeschnittene Teilchen legte er in das ihm vom Diener rechts hingehaltene niederste der drei Gefäße. Nach Beiseitestellen dieses Gefäßes hielt ihm derselbe Diener das größte der drei Gefäße hin, aus dem der Priester einen wassergetränkten Schwamm nahm, mit dem er die beschnittene Stelle betupfte. Hierauf reichte der Diener das mittlere Gefäß, aus dem der Priester etwas nahm, womit er die beschnittene Stelle bestrich. Nachdem er das Gefäß zurückgelegt hatte, nahm er aus dem wieder dargereichten größeren Gefäß den Schwamm mit der linken Hand, reinigte die Finger der rechten Hand und trocknete sie mit dem Tüchlein, das die Frau nebst Wolle auf den Tisch gelegt hatte. Der Diener rechts trocknete dann mit dem Tüchlein und der Watte das heruntergetropfte Blut auf. Das Tüchlein brachte die Frau der

Mutter. Während der Beschneidung hatte das Kindlein ziemlich stark geweint. Auch die Mutter hatte geweint. Die Frau wickelte das Kindlein in das Wolltuch, in das es schon vorher gehüllt gewesen war, und trug es zur Krippe, zu welcher nun auch die Mutter trat, worauf sie beide das Kind in eine lange, gut zwei Hand breite, wollweiße Binde von den Füßchen, die sie einzeln umwickelten, bis unter die Ärmchen einhüllten. Darüber wanden sie eine dunkelrote Binde, in welche sie das Kind bis zum Halse samt Füßchen und Ärmchen hüllten. Die Frau gab das Kind der Mutter in den Arm, die Mutter reichte es dem heiligen Joseph, dieser dem nun stehenden Priester. Der legte es auf das gedeckte Kästchen, schaute zum Himmel und sprach mit ausgebreiteten Armen laut einige Worte. Dann wandte er sich an Joseph mit der Frage nach dem Namen des Kindes, worauf Joseph kurz erwiderte: Jeschua. Nun schaute der Priester längere Zeit sinnend vor sich hin. Auf ein Zeichen hielten ihm die beiden Diener eine Schriftrolle hin, aus der er laut betete. Hernach sangen alle drei mitsammen. Darauf nahm der Priester das Kind und übergab es der Frau. Die Frau übergab es der Mutter. Diese legte es auf das Steinkästchen, worauf die Mutter und der Priester über dem Kind die rechte Hand kurze Zeit mit zum Himmel gerichteten Blick, ineinanderlegten.«

Die drei Könige waren in Therese Neumanns ungemein farbiger und bis in die entlegensten Einzelheiten prunkvoller Kleidungsstücke reichenden Schau wirkliche, herrschende Fürsten. Balthasar kam aus Nubien, einem goldreichen Land, Melchior aus Arabien, einem Land, reich an Getreide und Gewürzen, Kaspar aus Medien, einem Land, gesegnet mit Harz, Weihrauch und Früchten. Die Fürsten hielten sich eigene Sternkundige, Magier. Der vom Kometen geleitete Zug holte die heilige Familie auf der Flucht nach Ägypten ein. Johannes Steiner rechnete die Stunden der Feier dieses eigentlichen, geistigen Weihnachten in der Giebelstube des Schneiderixenhauses zu den beglückendsten seines Lebens. Er schrieb: »Sie schenkten mir nüchternen Menschen ein stärkeres Gefühl der Gottverbundenheit als manche Exerzitien. Die Angriffe, die auch heute noch gegen Therese Neumann von Leuten erhoben werden, Theologen sogar, deren Verdächtigungen Reißer für eine willfährige Presse liefern, rechtfertigen, ja fordern es, daß diejenigen, die sich zu den Zeugen rechnen dürfen, ihre inneren Erlebnisse offenlegen.«

Im Anschluß an ihre Vision vom Passahfest und von der Suche nach dem zwölfjährigen Jesus im Tempel gab Therese im Zustand des Eingenommenseins eine genaue Beschreibung des Tempelgebietes: Der ganze Bezirk ist von einer starken Mauer umzogen, er wirkt wie eine eigene Ortschaft. Wenn man hineingeht, muß man sechs breite, im Halbrund angeordnete Stufen hinaufsteigen. Dann steht man vor einem großen, mit funkelnden Platten belegten Tor. Pfarrer Naber schreibt von »Bronzeplatten« und notiert am Rande: »Die sogenannte schöne Tempelpforte«. Durch dieses Tor betreten viele Leute das große Haus zum Beten. Dieses Haus ist wirklich sehr groß und voll schöner, »geschnitzter« (kunstvoll behauener) Säulen. Der Hauptraum ist so hoch wie bei uns eine hohe Kirche, hat viele Nebenräume und Gänge. Man sieht nach außen über den Berg hinunter. Dort unten stehen bedachte, nach den Seiten offene Hallen. Viel weiter unten sieht man offene Feuer brennen. Dort unten gibt es auch Höfe für das Vieh. Als Maria ein kleines Mädchen war, ist sie keineswegs durch das große Tor in den Tempel einge- treten; sie ist mit ihren Eltern von der anderen Seite her hinauf- gegangen, über eine »Drah'l-Treppen« (eine Wendeltreppe).

Die Priester, die den mitten unter ihnen sitzenden Jesusknaben anhörten, waren vor Staunen sprachlos, erklärte Therese und wählte als Vergleich einen plastischen Ausdruck ihrer Sprache: »Woißt, so, wäi ma bei uns sagt: ›Mm..., e-iza ge-i!‹«.

Die Schauung der Taufe Jesu überfiel sie im Kraftwagen von Johannes Steiner auf der Heimfahrt von Marktredwitz zwischen Pechbrunn und Mitterteich. Es war eine winterlich klare Nacht mit strenger Frostkälte. Aber Therese lüftete ihren Schal und war dem Schwitzen nahe. Im Zustande des Eingenommenseins wickelte sie sich fröstelnd in den dicken Wollschal und schnatterte: »Huscherl, is's ejtzda kalt, und grad hat mir d'Sunn so woarm af'n Buckl brennt.« Sie hatte das fließende Gewässer gesehen, durch das die Drei Könige auf ihrem Weg nach Jerusalem gezogen waren. Und sie sah den Sohn des Zacharias. Es war »der mit dem Vieh-Gwand«, der Bußprediger an der Grenze zwischen Altem und Neuem Bund. Er wollte Jesus zunächst nicht in das Wasser steigen lassen. Jesus verlangte ausdrücklich danach. Da ließ ihn Johannes zu und über- goß ihn mit Wasser. »Wie nun der Heiland wieder aus dem Wasser herausgestiegen ist, war auf einmal ein weißer Vogel aus lebendigem Licht über ihm, und man hat vom Himmel her laut reden hören, aber wie mit einer Donnerstimme. Ich bin gleich so erschrocken. Aber der Vogel aus Licht, der war schön!«

Dem Pfarrer Naber wollte sie ihre Schau der Hochzeit von Kana nicht mitteilen, weil sie starke Herzschmerzen hatte und vor Schwäche kaum sprechen konnte. Auf gutes Zureden fing sie dann doch an und begann mit einer köstlichen Probe ihrer bairisch-ober- pfälzischen Sprache: »No, dann probier ma's hoit. Ma is net glei dout. Owa amal glei aa.« (Übersetzung des Unübersetzbaren: Nun, dann versuchen wir es. Man ist nicht gleich tot. Aber manchmal doch sofort.) Als der Wein zur Neige ging, suchte die Mutter ihren Sohn auf und sprach mit ihm. Der Heiland antwortete erstaunt, aber doch freundlich. Den Sinn seiner Rede konnte Therese nicht verstehen. Johannes Steiner gibt eine Fußnote: Maria sagt zu Jesus, der Wein sei ausgegangen. Jesus antwortet laut dem griechischen Urtext des Johannesevangeliums: »Ti emoi kai soi«, zu deutsch, wörtlich: Was mir und dir? Diese Wendung wurde vielfach im falschen Sinn übersetzt: Was habe ich mit dir zu tun? Im Griechischen wie im Lateinischen schließt aber das Wort ti beziehungsweise quid das Subjekt »das« oder »dieses« mit ein. Es wäre sprachwidrig zu sagen: »quid id mihi et tibi«. Sobald man sagt: Was dieses mir und dir (nämlich, daß sie keinen Wein mehr haben), kommt man zu der wohl richtigen Deutung: »Was geht das mich und dich an?«

Die Mutter tritt nach diesem Zwiegespräch hinaus auf einen weiten Gang, wo hohe Krüge stehen. Sie haben eine schöne Form, ähneln großen Vasen, dickwandig, wie aus Stein. Therese lobte die damalige Töpferkunst: »Die habm fei ebbs kinnt!« Als die Krüge von den Dienern am Brunnen gefüllt waren, »hat der Heiland die Hände darüber gehalten, zum Himmel aufgeschaut und etwas gesagt«. Pfarrer Naber betonte, daß die Verwandlung von Wasser in Wein ein großes Wunder gewesen sei. Resl schüttelte den Kopf: Es bedeutet doch viel weniger, dem Wasser einen »andern Gschmoch« zu geben, als das Wasser überhaupt zu machen. »Wenn i nix iß und trink und doch vom Heiland leb, dann is dees doch aa nix für ihn, und doch machn d'Leut so a Wesn draus.« Pfarrer Naber darauf: »Aber Resl, daß einer aus Wasser einen Wein macht, das kann doch keiner.« Therese wiederum: »Aber daß oiner aus nix a Wasser macht, des kann erst recht keiner. Wie das der Heiland gmacht hat, war er noch beim Vater im Himmel. Und jetzt hat er denen auf der Welt halt noch bsonders helfen wollen und hat das Wasser ʻgutererʼ gmacht.« Sie schloß eine Aussage über die Dreifaltigkeit an: »Das Wasser hat der Vater gemacht. Was aber der Vater gemacht hat, das hat auch der Heiland gemacht. Der Vater hat gesagt: So soll es sein! Dann ist alles so geworden. Da war aber der Heiland in ihm dabei und der Lichterer.«

Therese sah Jesus aus einem Schiff unzähligen am Ufer versammelten Menschen predigen, sie sah auch den unbegreiflich reichen Fischfang, gegen jede Erfahrung bei Tage unternommen und so reichlich, daß noch ein zweites Schiff gefüllt werden mußte , so viele Fische verfingen sich in den Netzen. Petrus, den dies erstaunte und erschreckte, fiel vor Christus nieder und rief (Therese verstand seine Worte nicht): »Herr, geh weg von mir, denn ich bin ein sündiger Mensch!« Der Heiland aber wandelte dieses Erlebnis zum Gleichnis und erwiderte: »Fürchte dich nicht, von nun an wirst du

Menschenfischer sein.« Therese, die im Zustand kindlichen Eingenommenseins der Ausdrucksweise für gesehene Gegenstände nicht mächtig war, pflegte treffende Ersatzwörter zu prägen; in diesem Fall sagte sie für Schiff »Bretterkasten« und für Fisch »Wasserhupfer«.

Therese Neumanns Handschrift auf der Rückseite eines der von ihr gern verschenkten Bilder des gekreuzigten Heilands.

Nicht immer entsprach die Schau der Konnersreutherin den Evangelien, ein weiterer Hinweis auf ihre Unabhängigkeit. So sah sie (nach Naber) den Heiland vom Volk begleitet nach Kapharnaum ziehen. An einem Tor der äußeren Stadtmauer traten Abgesandte des Hauptmanns vor, Christus möge kommen und ihres Hauptmanns kranken Knecht heilen. Der Hauptmann stand (nach einer Einfügung Nabers, wohl als Ergebnis einer Nachfrage bei der erhoben Ruhenden) in Diensten des Herodes Antipas. Den Knecht hatte er lieb, weil ihm dieser einmal das Leben gerettet hatte. Die Abgesandten kehrten zum Hauptmann zurück und berichteten ihm, daß Jesus von Nazareth nahe. Da stiegen dem Hauptmann Bedenken auf, ob er eines solchen Besuches würdig sei. Schließlich hielt er sich nicht einmal für würdig, ihm entgegenzugehen. Daher schickte er nochmals nach ihm. Die Boten sprachen Jesus in seinem Namen mit den Worten an: O Herr, ich bin nicht würdig, daß du eingehest unter mein Dach; aber sprich nur ein Wort, so wird mein Knecht gesund. Es sind die von dreimaligem Klopfen an die Brust begleiteten Worte der Kirche, die der Gläubige zum Zeichen seiner Zerknirschung dreimal spricht (du mußt es dreimal sagen!), bevor er den Heiland empfängt. Aus dem Knecht des Bittenden wird nun seine Seele: Domine, non sum dignus, ut intres sub tectum meum: sed tantum dic verbo, et sanabitur anima mea.

Christus hob die Augen zum Himmel, breitete die Hände, wie um sie dem Knecht aufzulegen und betete. Ein weiteres Mal blickte Jesus zum Himmel auf und breitete seine Hände, nämlich über einen Jüngling aus Naim. Erst wurde von der Bahre ein korbartiges Geflecht abgehoben. Darunter kam der Tote zum Vorschein. Er war mit Tüchern umwickelt. Man entfernte die Tücher. Da wurde der

Leichnam sichtbar. Therese hörte aus dem Munde des Heilands das Wort »etpheta«, worauf der Tote Augen und Mund öffnete. Nachdem Jesus das Wort »kum« gesprochen hatte, erhob er sich von der Bahre. Die Menschen waren starr vor Überraschung. Einige riefen: »Marsiali« oder »Malsiari« (l und r waren nicht deutlich zu unterscheiden.) Therese erklärte später, der Jüngling habe Martialis geheißen; sein Vater habe ihn so genannt, einem römischen Freund gleichen Namens zuliebe; seine Mutter habe viele Weinberge besessen; er sei unter des Heilands Jünger gegangen und ein Laienapostel geworden.

Noch ein drittes Mal blickte Jesus zum Himmel auf und breitete seine Hände: Der Heiland kam, vier Tage nachdem ihn Boten zum schwerkranken Lazarus gebeten hatten, mit seiner Begleitung nach Bethanien. Martha lief ihm klagend entgegen. Er tröstete sie. Martha eilte weg. Sie kehrte zurück mit ihrer Schwester Maria und vielen Leuten aus dem Hause. »Das Moidl« (Maria) warf sich dem Heiland zu Füßen und redete weinend auf ihn ein (»Herr, wärest du hier gewesen, so wäre mein Bruder nicht gestorben«). Da weinte auch der Heiland. Und auch Therese weinte während ihrer Vision. Jesus bahnte sich einen Weg zum Grab. Es war als Höhlung aus dem leicht ansteigenden Terrain geschaufelt; eine Reihe von Stufen führte hinab. Die Platte lag fast waagrecht. Jesus deutete darauf. Martha wollte verhindern, daß die Platte entfernt werde. (Sie sagte: Herr, er riecht schon; er liegt schon vier Tage.) Der Heiland redete sie streng an, da hob man den Stein hinweg. Ein abschreckender Verwesungsgeruch scheint aus dem Grab gedrungen zu sein, denn Therese, die visionär am Rande der Grube stand, hielt sich die Nase zu. Der Heiland schaute zum Himmel auf und sprach etwas Mächtiges in das Grab hinunter: »Laasaar alla« (Lazarus komm zu dir). Da wankte der Verstorbene aus der Grabeshöhle herauf. Es war ein schauerlicher Anblick, wie der Totgewesene mit umbundenen Händen und Füßen und verhülltem Antlitz dem Grabe entstieg...

Therese schaute die wunderbare Brotvermehrung und sah Jesus wandeln auf dem See; sie sah auch das Volk auf der Suche nach dem Heiland und war dabei, als man ihn fand am anderen Ufer. Dort warf der Heiland ihnen vor, sie suchten ihn einzig deshalb, weil sie von den Broten gegessen hätten und satt geworden seien; sie sollten sich aber um die Speise mühen, die bleibe für das ewige Leben: »Ich bin das Brot des Lebens; wer zu mir kommt, wird nicht mehr hungern. Dies ist das Brot, das vom Himmel herabgekommen ist, nicht wie es die Väter aßen und starben. Wer dieses Brot ißt, wird leben in Ewigkeit. Wie mich gesandt hat der lebendige Vater und wie ich lebe durch den Vater, wird auch, der mich ißt, leben durch mich.« Therese verstand seine Worte nicht, lebte aber danach.

Über Jesu Einzug in Jerusalem berichtete Pfarrer Naber nach Therese Neumanns Visionen: Viele Fremde gingen im Zug mit. In einem kleinen Ort, wo man durchkam, gab es Bäume mit herunterhängenden Zweigen, keine schöne Rinde hatten sie (Palmen), da schnitten die Leute ganze Arme voll ab und warfen sie auf den Weg, auf dem der Heiland ritt, auch Tücher von ihren Kleidern. »Eine Frau hat einen Mantel hingeworfen und einen Umhang von ihren Moidln.« Kinder sind viele mitgelaufen; es war ein langer, langer Zug, und er rückte langsam voran. Sie haben gesungen und geschrien: bargafidam, bargafidam (oder bardafidam, es war nicht genau verständlich). Zuerst war der Zug ordentlich: Männer gingen voraus, dann kam der Heiland, gleich anschließend seine Mutter und die anderen Frauen, dann wieder Männer. Aber da, wo es auf den Berg zugeht und wo es diese Bäume gibt, sind viele Männer und Frauen vorgelaufen, um die Zweige »hinzuschmeißen«. Der Heiland hat sie hinten aufstellen lassen, er hat nicht wollen, daß so viele vorne sind, aber sie haben sich nicht mehr halten lassen. »So ist zum Schluß der Heiland bald der allerletzte worn. Er hat aber nichts dagegen gesagt, denn das war lauter Jubel.«

Der Zug rückte auf der Höhe vor, bis man in das Tal hinunter- und nach Jerusalem hineinsah. Es ging schon auf den Abend zu. Da stieg der Heiland ab; auch die anderen lagerten sich und nahmen etwas Essen zu sich; sie waren müde. Der Heiland setzte sich allein auf einen Stein. Wörtlich sagte Therese Neumann: »Jetzt kommt was net Schöns«: Der große Ort liegt unten, leuchtend in der Abendsonne, der Heiland schaut hinein, und auf einmal fängt er an zu »greinen«. Therese: »Ich hab ihn schon einmal greinen sehen, da, wie er den aufgeweckt hat, aber da hat er net so viel greint wie jetzt.«

Als sie dann eine Weile beisammen gesessen waren, und sich die Leute erholt hatten, brach man wieder auf. Sie hoben den Heiland auf das Füllen, dem man eine ganz besonders schöne Decke aufgelegt hatte. »Weißt, wo man solche schönen Decken macht?« fragte Therese. »In dem großen Haus da hinten, wo die Mutter, als sie klein war, drinnen war, nachdem sie von den Eltern über die Drah'l-Treppen hinaufgeführt worden war. Da sind viele Stuben, jede hat einen eigenen Vorhang. Und drinnen sind Webstühle und alles Zeug, was man dazu braucht. Da machen sie so schöne Sachen. Heute bin ich nicht hingekommen, aber ich habe gesehen, daß sie das dort machen, auch den schönen breiten Gürtel vom Heiland, auf dem etwas aufgekragelt war (hebräische Schriftzeichen eingestickt). Den hab ich an ihm nur heute, nie vorher und auch nie mehr nachher gesehen. Dann sind sie in den Vorort hineingezogen, wo wir neulich des Nachts auch hineingezogen sind, wo es soviel Kinder gibt, die alle geschrien haben: Slam (mundartliche Form für Schelam – Friede).

Es war Montag nach dem Palmsonntag. Therese stand beim »Haus hinter dem Berg« (Bethanien lag hinter dem Ölberg). »Das Haus liegt schön am Hang in der Sonne, oh, da ist es schön.« Es war das Haus des Lazarus und seiner Schwestern. Therese sah den Lazarus und sagte, man merke ihm noch an, daß er schwer krank, ja tot gewesen sei. Des bevorstehenden Passahfestes wegen zelteten hier viele Fremde. Wie ein Lauffeuer hatte sich die Erweckung des Lazarus herumgesprochen.

Das Haus war »umstürmt von Fremden, die alle den Lebendiggeworerer sehen und mit ihm reden wollten.« Therese sah den Heiland kommen; Apostel und Jünger waren um ihn, auch die Mutter Jesu und »das Moidl« (Maria Magdalena), »no ja, die is'ja sowieso da daheim«. Nun trat ein gutgekleideter, würdiger Mann auf, er trug einen Mantel, bestickt mit lauter »Blümeln«, und einen reichgestickten Gürtel; am Arm hatte er etwas hängen, »das hat gefunkelt«. Er war früher schwer leidend gewesen; man sah es ihm an: sein Gesicht hatte »lauter Löcherl« (es war Simon der Aussätzige, von dem Matthäus im 26. Kapitel und Markus im 14. Kapitel berichten). Er machte vor dem Heiland eine tiefe Verbeugung und lud ihn zum Gastmahl bei sich ein.

»Ui, da war ein ganz großer offener Saal, an den Seiten keine Mauer, nur Säulen, und dazwischen grüne Büsche und Bäumerl, zum Teil blühend.« Auf den Säulen ruhte ein weites Dach mit einem Lichtschacht in der Mitte, der bei Regen mit Klappen abgedeckt werden konnte. Lange Tische waren aufgestellt. Jesus ging an der Seite des Mannes hinein, die Männer nahmen mit ihm Platz. Auf der anderen Seite wurden den Frauen Plätze angewiesen. Der »Anschaffer« stellte vor den Heiland ein gebratenes Lamm hin, das dieser der Länge nach und in Stücke auseinander schnitt. Er teilte an den Gastgeber und an die Männer aus. Dann teilte der Speisemeister an die anderen Gäste aus. Auch die Frauen bekamen üppig aufgetischt. »Unter dem Essen ist der Heiland aufgestanden und hat geredet, viel geredet.«

Er hatte seinen wollweißen Rock an und saß nun wieder, mehr liegend, »auf einem halben Kanapee, das nur auf einer Seite Polster hatte«, wobei einer seiner Füße etwas herunterhing, während der andere auf dem Polster ruhte. »Auf einmal kommt ganz leise, wie furchtsam, ein Moidl von hinten her, das ist schon einmal kommen, da ist der Heiland barfuß gewesen.« Therese bezog sich auf »das Gastmahl beim Pharisäer«, das schon länger zurücklag.

Mit »Moidl« pflegte sie Maria Magdalena zu bezeichnen. Diese – so erzählte sie Gerlich in erhobenem Ruhezustand – war des Lazarus jüngste Schwester, ein schönes Mädchen mit langen blonden Haaren. Überaus lebenslustig, litt es sie nicht mehr in dem frommen Hause des Bruders zu Bethanien, sie verlangte den elter-lichen Erbteil.« Aretin fügt ein: »Der reiche Bruder kaufte ihr aus dem väterlichen Erbteil ein schönes Gut im Norden Palästinas, wo sie sich ansiedelte – die Ruinen seien noch erhalten, sagte Therese Neumann – und ein Leben führte, das in der Umgebung Ärgernis erregte. Das Haus war in Galiläa bei Magdala.« Gerlich fuhr fort: »Auf Christus wurde Maria Magdalena durch eine ihrer Sklavinnen aufmerksam. Sie interessierte sich für seine äußere Erscheinung, sie wollte ihn sehen und, nachdem sie ihn gesehen hatte, treffen. Es gelang ihr auch, aber der Heiland wandte sich von ihr ab. Das ging ihr zu Herzen und sie faßte den Entschluß, ihr Leben zu ändern.«

Nachdem Jesus auf einer Anhöhe mit Namen Gabara gegen die Sünde in jeglicher Gestalt gepredigt hatte, begab er sich zum Pharisäer Simon Zabulon, der ihn zu Tisch geladen hatte. Vor dem Haus des Gastgebers widmete er sich Armen und Kranken, auf deren Bewirtung er nachher bei Zabulon drang. Maria Magdalena hatte des Heilands Predigt gehört und war in Gesellschaft einiger anderer Frauen zu Simon Zabulon gegangen. Dort nahm sie in einem Nebengemach Platz. Nicht lang, dann schlich sie sich, dem inneren Drang folgend, fort in den Saal, wo der Heiland mit sechs Aposteln bei Simon und dessen Freunden zu Tische lag. Dort goß sie leichtflüssiges Salböl über dem Haupte des Heilands aus und verrieb es in seinen Haaren. Unter Küssen benetzte sie dann seine Füße mit Tränen, trocknete sie mit ihren Haaren und salbte sie mit dickflüssiger Salbe. Der Heiland blickte liebevoll auf sie und führte mit dem verärgerten Pharisäer Simon Zabulon das aus dem Evan-gelium des Lukas bekannte Streitgespräch. Gerlich teilt einige Worte daraus mit: »'kep' haben s' zwischennein gsagt«, »auch glaubte ich 'maju' zu hören.« Der Heiland entließ Maria Magdalena in Frieden. Bei dieser Begegnung wurde ihre Bekehrung eine end-gültige.

Erwein von Aretin schrieb über Maria Magdalena (von der »sieben Dämonen ausgefahren« waren), sie sei »in den Visionen Therese Neumanns identisch mit der Schwester der Martha. Da sie als Schwester des Lazarus, der sich schon in seinem Äußeren als Araber und Nichtjude zu erkennen gab, nicht an das jüdische Gesetz gebunden war, hat sie auch nicht nach ihm gelebt und vor allem dadurch ihren schlechten Ruf als gottlos bei der jüdischen Umge-bung davongetragen.« Anni Spiegl, die langjährige Freundin Therese Neumanns, Augen- und Ohrenzeugin erster Ordnung, schrieb in ihren Erinnerungen: »Eine besondere Liebe hegte Resl zu Maria Magdalena. Resl begegnete ihr in mehreren Visionen. Sie war schön gekleidet und geschmückt. Fußkettchen klirrten leise beim Gehen. Anfangs wollte sie nur den interessanten Mann kennenlernen, von dem die ganze Stadt sprach. Bei Magdalena war es keine plötzliche Bekehrung wie bei Paulus. Bei ihr war es Liebe, die erst geläutert werden mußte. Sie merkte bald, daß Jesus anders war als die anderen; sie suchte seine Nähe. Ihre Bekehrung war endgültig, als er im Haus des Pharisäers Simon zu ihr sagte: ›Deine Sünden sind dir vergeben, gehe hin in Frieden!‹ Nun gab es für sie keine Furcht und kein Zurück mehr.« Die Tischgenossen aber sagten für sich: »Wer ist dieser, der sogar Sünden vergibt« (was nur Gott kann)!

Zurück zum Gastmahl in Bethanien: »Heut hat er Sandalen angehabt«, so sieht es Therese, »die waren angeriemelt. Das Moidl« Magdalena hatte einen hellen Mantel an und hielt etwas darunter versteckt. Es war ihr hart, »sie hat alleweil greint, ich weiß nicht warum.« Sie trat leise hinter den Rücken des Heilands. Die Männer, die sie sahen, machten ein Gesicht, als wär's ihnen nicht recht. Sie meinten, er müsse sich umdrehen. »Aber der Heiland braucht das doch nicht, der schaut inwendig hinein. Sie hat dann den Riemen aufgemacht, und dann ist die Sohle heruntergefallen, das hat man gehört.« Sie kniete sich auf den Boden, übergoß den Fuß mit Salbe und weinte. Der Heiland drehte den anderen Fuß auch so, daß sie etwas von der Salbe darüber gießen konnte. Zum Verreiben des Salböls und zum Abtrocknen der Füße benützte sie ihren Schleier. Ein Duft nach Narde stieg von den Füßen des Todgeweihten auf.

»Direkt anglangt hat sie den Heiland net, das hab ich genau gsehn.« Die Gäste um den Heiland murrten und brummten. Der Heiland sagte etwas zu Magdalena. Sie stand auf; man meinte, sie wolle gehen. »Sie hat es wohl im Sinn gehabt, aber der Heiland hat nochmals zu ihr gesprochen, da hat sie aus dem Mantel noch etwas rausgetan, das hat so weiß und leicht färbig geschimmert wie Perlmutter. Das hat sie über dem Haupt des Heilands zerdrückt.« Therese blähte die Nase auf und sog begierig den Duft ein, der von dem Salböl der Maria Magdalena ausging. »Herr Pfarrer, ich kann gar nicht sagen, wie das gut geschmeckt hat (alt-bayerischer Ausdruck für 'gerochen'), das war kein künstlicher Gschmoch, sondern ein lebendiger Gschmoch!« Die Leute staunten, und man hat es bis zu den Frauen hinübergerochen.

Als Maria Magdalena gehen wollte, streckte Judas Ischariot seinen Arm aus, daß »das Moidl« nicht vorbeikommen konnte. Er sprach sie an, darauf begann sie wieder zu weinen. »Da ist der Heiland aufgestanden und hat etwas gesagt, das war sehr hart. Ich hab es gespürt, da hat er vom Sterben geredet. Das, was der Heiland gesagt hat, haben die Leute nicht recht begriffen (»Sie hat im voraus meinen Leib zum Begräbnis gesalbt«, Markus 14,8). Dann, es hat gar nicht lang gedauert, ist der eine erregt aufgesprungen, hat das Moidl und den Heiland wild angeschaut und ist furtgrennt (Judas

Ischariot). Es ist schon Nacht geworden. Es haben Schnabellichterl gebrannt.«

Erwein von Aretin urteilte über Maria Magdalena, die sich an diesem Abend gefürchtet hatte: »Die Identität der Maria Magdalena, die Zeugin der Kreuzigung und der Auferstehung ist, mit der Sünderin von Lukas 7,36 und der Maria von Bethanien, der Schwester des Lazarus, scheint, gegenüber allen Ableugnungen, in den Visionen Therese Neumanns festzustehen.«

Der Verräter ging hin zu den Hohenpriestern. Das Geschehen der Passion war eingeleitet. Immer Donnerstags gegen Mitternacht (ausgenommen in liturgisch freudigen Zeiten wie Weihnachten bis Septuagesima und in der Osteroktav, auch an Freitagen, auf die ein Festtag fiel) wurde Therese in die Ekstase erhoben und wohnte dem Leiden Christi bei. Die liturgische Bindung war so streng, daß die Leiden ausfielen, wenn Therese sich am Laurentiusfeste in Konnersreuth und am Sankt Wolfgangsfeste in der Diözese aufhielt. Nur zweimal wurde sie auswärts vom Leiden »überrascht«, weil sie mit »Freiheit« für den kommenden Freitag gerechnet und auswärtige Besuche angesetzt hatte. Der eine Fall ereignete sich in Schloß Zeil, der andere in Eichstätt.

Leiden erlöst die Welt

Bei der Giebelstube im Schneiderixenhaus handelt es sich um einen Lebensbereich, wie er biederer kaum gedacht werden könnte: Alles reinlich und hübsch, links das Bett mit hohen Polstern, rechts ein Sofa und einige Sessel, an der Stirnwand ein Hausaltar (vom gleichen Jakob Helmer wie der Theresienaltar). In einem hohen, in die Wand eingelassenen Bauer fristen Vögel ihr zwitscherndes Dasein, darunter flößeln Goldfische im gläsernen Aquarium... Und inmitten das Weltereignis.

Therese sah die Zubereitung zum letzten Abendmahl. »Der Heiland hat Blut an die Tür hing'schmiert und 's Feuer g'schürt. Na hams schwarzbraune Teller bracht, net recht rund, und koine Gabeln wie wir, so Kratzerl! Messer ham s' aa ghabt. Vorn Heiland is a grouß' glegn.« Dann sei der Heiland mit »die Manner umeinandergangen«. Dazu sei gesungen worden. »Der Heiland hat a'gfangt, die andern san mit G'sang eing'falln. Der Heiland hat hell vürg'sungen. Dabei sans aa vor die Tür aussiganga.« Auf die Frage, was denn gesungen wurde, nannte sie die Worte: Halleluja, Eloim, Adonai! »Der Heiland hat dene Manner d'Fäiß gwaschn. Oiner hat zuerst net wolln, nacha hätt er sich den Kopf aa waschn lassn (Petrus). Therese blickte ehrfürchtig nach oben, dann finster und widerwillig zur Seite, dann wieder froh nach oben. (Vor den Wand-

lungsworten in der heiligen Messe sprechen die Priester:... et eleva-
tis oculis in caelum...) Jesus blickte vor der Wandlung des Brotes
und Weines zum Himmel. Therese folgte seinem Blick. Sie berichtete weiter: Der Heiland sprach »etwas Großes« (die Einsetzungs-
worte) »und hat jedem was geben, oiner is davon, der mit die rotn
Haar. Der Heiland hat was gsagt, da is er davon. Der Heiland hat
zu ihm gsagt (so verstand es Gerlich): »tr nagola« und »satana«.
»Der Heiland hat dene Manner zu trinken gebn.«

Als Judas aus dem Abendmahlssaal davonstürmte – »so finsterer
schaut er drein« -, erläuterte der Pfarrer: »I mein, Resl, der wird den
Heiland fangen«, worauf sie eine lebhafte Probe ihrer urwüchsigen
Sprache gab: »Naa, sei doch g'scheit!«

Einmal schilderte sie Gerlich den Gang zum Ölbaumgarten:
»Der Heiland is mit dene Männer über eine kleine Bruckn gangen.«
(Sie überquerten den Bach Cedron–Kidron.) »Woißt, den Berg
links nauf. Na sans in den Garten gangen. Da is erst ein kleins Häusl
kemmen, dann ein größeres Häusl, na san die oin Männer dabliebm
und der Heiland is mit die andern weitergangen.« Sie zählte auf ihre
Weise die Zurückgebliebenen als acht, die Begleiter als drei. Dann
verlangte sie nach dem Pfarrer und sprach jammervoll: »Ich hab
soviel Weh!!«

Bei Friedrich von Lama, der in den »Konnersreuther Jahr-
büchern« regelmäßig über Therese berichtete, lesen wir, daß
Therese die drei Jünger im Ölbaumgarten sah. Sie lagen oder schlie-
fen aber nicht, wie es gewöhnlich dargestellt wird, sondern saßen an
Steine gelehnt und waren ganz kraftlos. Als die Häscher gefragt
wurden: »Wen sucht ihr?«, antworteten sie: »Jeschua Nasarija«.
Dieser erwiderte: »Ana«. Im eingenommenen Zustand sagte
Therese über das Krähen des Hahns: »Der Gickerl hat be-igt« (Im
Erdinger Holzland heißt es: »begazt«). Vor Pilatus schrie die aufge-
hetzte Menge: »schelappo!« (kreuzige ihn!)

Nachdem Jesus Blut geschwitzt hat, sieht sie das zweite Geheimnis des schmerzhaften Rosenkranzes, die Geißelung. Sie schaut
einem dieser geißelnden Unmenschen zu: mehrmals wartet er
darauf, daß der Heiland seufzt, um ihm dann in den geöffneten
Mund zu spucken. Therese sieht nun das dritte Geheimnis. Aber die
Dornenkrone war nicht aus regelmäßig geschlungenen Dornen-
oder Wildrosenzweigen geflochten, wie überliefert; sie war ein
unförmiger Hut aus orientalischem Akanthus mit langen, spitzigen
Dornen. Sie wurde mit Knütteln eingeschlagen, damit kein Söldner
sich bei der Berührung selbst verletze. Der gebückt wankende
Dornengekrönte im zerfetzten roten Mantel zittert, erregt bei Pilatus Mitleid. Immer wieder ruft der Prokurator zum Volk hinunter,
aber dort unten schwillt nun das Toben gegen den Heiland zum

Orkan: »Salabu! Salabu!!« Widerspruch Leistende werden von der Menge überschrien. Die Henkersknechte höhnen: »Schelam rabusah« (›Heil, Euer Gnaden!‹ Übersetzung Teodorowicz). Das Gebrüll und Wogen der Masse gegen den Außenseiter mutet wie eine Vorwegnahme des Gebrülls und Gewoges im Hitlerstaat an.

Das Kreuzholz hat – entgegen der Tradition – keineswegs die uns bekannte Form; es besteht aus drei noch nicht ineinandergefügten, mit Stricken zusammengebundenen Hölzern, einem langen unbehauenen Stamm und zwei kürzeren behauenen Balken. Noch am Kreuzigungsplatz beruhigt sich Therese: »Sie ham ihn halt a Bauholz aufitragn lassen!« Sie entrüstet sich über die Unwilligkeit und Ungeschicklichkeit Simons von Cyrene, der den zweiten Sturz des Herrn verschuldet, und hört Jesus »Immi« (meine Mutter) seufzen. Einer der »Lausbuben«, die den Henkern das Werkzeug tragen, zeigt ihr, als er bemerkt, daß es sich um die Mutter Jesu handelt, aus einem Kästchen hohnvoll die Kreuzigungsnägel. Auf Golgatha werden die drei Balken zusammengefügt, nämlich in der Form eines großen Ypsilon.

Der unbehauene Stamm wird auf der Oberseite bis zu dem für die Fersen markierten Punkt entrindet und geglättet. Es werden drei Mulden eingehauen, eine für die Dornenkrone, eine in der Leibesmitte und eine für die Fersen. Unterhalb der Fersenmulde wird ein Holzstück zur Abstützung der Füße angenagelt. An den für die Hände markierten Stellen sind Löcher vorgebohrt, für die Füße ein drittes. Oben weist der Stamm einen Einschnitt auf, in den vor der Aufrichtung die Inschrifttafel gesteckt wird. In den felsigen Boden – der Golgathahügel besteht aus Kalkstein – wird ein senkrechtes Loch zur Aufnahme des Kreuzes geschlagen. Dann wird Jesus auf das an der Erde liegende Kreuz geworfen und um die Hüften angebunden. Der rechte Arm wird in der Nähe des Handgelenks an den Kreuzbalken gebunden, dann der Nagel durch die rechte Hand in das vorgebohrte Loch getrieben. Dann streckt man ihm den linken Arm aus, die Hand reicht aber nicht bis zu dem für den zweiten Nagel vorgesehenen Loch. Die Henker haben keine Zeit, von vorn anzufangen. Sie befestigen daher ein Seil am linken Handgelenk Jesu. Zwei Mann ziehen kräftig, allmählich kommt die Hand über das Loch zu liegen. Therese sieht, wie unter der Wucht des Ziehens die Schulter aus dem Gelenk springt. Und jetzt nageln sie wieder.

Da Jesus an Fersen und Gesäß abgestützt und obendrein angebunden war, zog an den Händen weit weniger Gewicht, als wenn der Leib nur mit drei Nägeln an einem glatten Holz befestigt gewesen wäre. Die anatomischen Bedenken, daß die Handflächen, wenn die Nägel durch die Handmitte getrieben wurden, ausgerissen sein müßten, fallen weg. Doktor med. Hynek, Prag, meinte ursprünglich, die Annagelung hätte durch die Handwurzeln erfolgen müssen. Als er von der Konnersreuther Darstellung hörte, revidierte er seinen Standpunkt. Mehr noch, er wurde ein Anhänger und Befürworter Konnersreuths, der in seinem Buch »Konnersreuth à la lumière de la science médicale et psychologique« schreiben konnte: »Die Ekstase dieses armen Mädchens trägt etwas Unermeßliches, Unendliches und Ewiges zur Schau. Dieser Eindruck wird immer und immer mächtiger in mir.«

Josef Teodorowicz schrieb mit bewegenden Worten: »Therese vernimmt in ihrem Zimmer das furchtbare Getöse der Menge, das Geschrei der Feinde Christi, das Gerede des Pöbels und der Soldaten, sowie das leise Flüstern der Jünger. Es hat etwas Erschütterndes an sich, daß man gleichsam nur durch eine dünne Scheidewand von dem großen Ereignis getrennt ist, das sich hier in diesem Bauernhaus eines weltvergessenen Dorfes zuträgt.

Therese fühlt sich, wie man aus ihren Worten merkt, in dieser Umgebung, die auch für den Gelehrten fremd ist, wie zu Hause; diesbezüglich gestellte Fragen beantwortet sie mit einem Anflug von Witz und Laune. ›Sogar wenn du mich dort einsperrtest (im Tempel), fände ich den Weg, wohin ich entkommen könnte.‹ Gemeint ist der Weg nach Golgatha, nicht der, auf welchem sich der Marterzug Christi bewegte, sondern ein anderer, kürzerer, ihr bekannter.« (Professor Wutz erzählte einmal, er habe in seinem »liber interpretationis« über den Tempel von Jerusalem geschrieben. Er habe drei Jahre daran gearbeitet. Manches sei ihm schon aus dem Gedächtnis entschwunden gewesen, was ihm dieses Mädchen in Erinnerung brachte.)

»In Jerusalem ist sie mit allen Winkeln so vertraut wie in ihrem Konnersreuth. Auch in der sie umgebenden Menschenwelt bewegt sie sich frei. Es sind durchaus keine Schattengestalten, die vor ihren Augen vorüberziehen, keine stummen Bühnengestalten oder etwa Kinobilder, es sind lebende Menschen in ihren altertümlichen Trachten, die ihr nahestehen, mit deren Lebensweise, Plänen und Ränken sie vertraut ist.

Ich fragte mich wiederholt, ob meine eigenen Auffassungen mich nicht etwa unwillkürlich und unbewußt allzu weit in das Geschaute hineingetrieben und es auf diese Weise vergrößert und aufgebauscht hätten. Ich unterzog also meine Beobachtungen einer gründlichen Prüfung – aber das Geschaute beharrte in seiner Unumstößlichkeit und Erhabenheit.«

Erwein von Aretin erinnerte sich: Die Freitagsekstasen »sind von einer Regelmäßigkeit, daß man die Uhr danach richten könnte; in der Tat hat die Reichspostverwaltung im Jahre des größten Andrangs 1927 die Postautofahrten nach Waldsassen so eingerichtet, daß die Besucher von Konnersreuth die erschütternde Vision des Todes Christi um 12.50 Uhr (gleich 15 Uhr der Ortszeit von Jerusalem!) noch miterleben konnten. In diesen Visionen ist Therese Neumann« (im Gegensatz zu anderen Visionen aus dem Leben Christi und der Heiligen) »nicht nur Zuschauerin, sondern Mit-Leidende.« Sie zeigte die Merkmale eines qualvollen Erstickungstodes, den man sich nicht erklären konnte, bis der erwähnte Doktor Hynek aus Prag nachwies, »daß der Kreuzestod tatsächlich ein Erstickungstod war! Um ihre sichtbaren Qualen zu lindern, haben fürsorgliche Freundeshände, durch ihre Atemnot erschreckt, im Zimmer eine sinnvolle Ventilation eingebaut; auch pflegte man in diesem Stadium der Vision die Fenster aufzureißen, bis man endlich erfuhr, daß die Atemnot Bestandteil der Teilnahme an der Passion sei. Ebenso zeigte es sich regelmäßig, daß Therese plötzlich unter der Hitze zu leiden anfing und dann versuchte, das Oberbett fortzuwerfen. Auch hier mußte man erfahren, daß es nicht die Hitze im Konnersreuther Zimmer war, sondern die Aprilsonne in Jerusalem vor bald 2000 Jahren, die nach dem Gang durch die kühlen Straßen der Stadt vor den Toren« plötzlich mit Macht auf die Teilnehmer herunterbrannte.

»Es war Freitag, 8. Juli 1927. Die Füße der Therese Neumann blieben unbedeckt und man sah sie unter den Hammerschlägen der Kreuzigung schmerzhaft zusammenzucken. Bald bildete sich an einem der Fußstigmen ein wachsender Tropfen dunklen Blutes, wuchs, wuchs und löste sich schließlich von der Wunde. Die Schwerkraft hätte eindeutig befohlen, daß er gegen die Fußwurzel hätte fließen müssen. Aber der Tropfen tat es nicht, sondern floß fast senkrecht in die Höhe in der Richtung auf die Zehen, wie er es vor fast 2000 Jahren an Christi Kreuz getan hat! Es gibt auf Erden keine Macht, die einen freifließenden Tropfen zwingen kann, in die Höhe zu fließen, auch nicht die Allerweltszauberin Hysterie.«

Gehen wir mit Dr. Theodor Witry, einem Facharzt für Nerven-erkrankungen aus Metz, am Freitag, dem 3. Juni 1932, zu Therese hinauf. Die von ihm verwendeten Fachausdrücke sollen uns nicht stören. Er berichtet uns: »Der Erzbischof von Prag saß in einem Lehnstuhl neben dem Bett der Resl.« (Witry meint Kardinal Kašpar von Prag, der in seinem Erzbistum keinen leichten Stand hatte; die erste tschechoslowakische Republik war betont antikatholisch und bereitete bereits den Genozid am katholischen Bekennertum vor, dessen sich der Kommunismus der zweiten Republik auf entsetzliche Weise schuldig machen sollte.) »Herr Pfarrer Naber wies mich an, mich gleichfalls ganz nahe an das Bett zu stellen, um genau beobachten zu können... Kein Laut im Zimmer, nur eines der Vög-lein im Bauer, welche Resl so liebt, piepste hie und da vorsichtig...

Vor mir saß Resl, die ich gestern abend noch munter und frisch gesehen hatte, im tiefsten physiologischen Elend. Der ganze Körper, ihre ausgestreckten Arme, das Gesicht waren schmal und abgemagert. Die Person da im Bett, die ich die Tage hindurch beobachtet hatte, die ich am folgenden Montag untersuchen konnte, war auf die Hälfte zusammengeschmolzen. Ein weißes Tuch war um ihren Kopf gebunden. Ich sah, daß das Blut aus den Kopfstigmen sickerte, die Kopfhaare und ihre Kopfhaut bedeckte und in den Halsausschnitt der Nachtjacke floß.

Die Stigmata der Hände bluten nicht und sind noch so, wie ich sie 1931 gesehen hatte. Die Hände sind weißgelb, die Finger dürr und lang. Das Gesicht ist weiß, beinahe grau; es ist so klein, langgezogen wie das eines fünfzehnjährigen tuberkulösen Mädchens im Endstadium. Alle Muskeln sind gleichsam seit gestern abend um die Hälfte atrophiert; die Gesichtsknochen starren straff unter der fahlen Haut. Die Augen sind in ihre Höhlen zurückgesunken. Man glaubt, sie erlöschen; unter den beschwerten, leicht angeschwollenen Lidern sieht man noch die Form des Augapfels, der aber kleiner geworden ist. Die Pupillen sind stark erweitert. Das klare leuchtende Blau der Augen von gestern ist heute in ein trübes Schiefergrau übergegangen.

Die Resl hebt oder wendet den Kopf seitwärts von Zeit zu Zeit, langsam, mit einer sichtlichen Schwierigkeit. Aus den Augenwinkeln und über den Rand der unteren Bindehäute fließt das Blut seit Stunden in zwei roten Rinnsalen, die zirka zwei Zentimeter breit sind. Es ist frisches geraniumrotes Blut und es ergießt sich unter der Nachtjacke in den Hals, auf die Brust, Schicht über Schicht.

Das Herzstigma, das mit einer dicken Schicht Verbandmull unter der Nachtjacke bedeckt war, hatte den Verband und die Jacke durchblutet, und immer drängte frisches Blut langsam daraus nach. Der arteriellrote Flecken auf der Nachtjacke war von der Größe einer Männerhand. Ich war nahe genug bei der Stigmatisierten, um zu sehen, daß es sich nicht um eine serosanginolente Flüssigkeit, sondern um frisches, arterielles Blut handelte.

Die Passion Christi geht ihren Weg weiter. Die Lippen der Resl sind fast weiß geworden. In dem halbgeöffneten Mund sehe ich die graurote, trockene Zunge, die sich langsam vorstreckt und die gesprungenen Lippen leckt. Sie dürstet, wie es Christus in der eben ablaufenden Vision dürstet...

Als die Vision vom Tode des Heilands am Kreuze sich näherte, konnte ich ganz deutlich das Cheyne-Stocke'sche Respirationsphänomen beobachten. In den Atmungspausen sah ich auch eine Verengung der Pupillen eintreten... Als ich das Zimmer der Resl betrat, konnte man eine sehr lebhafte Tätigkeit des Herzmuskels

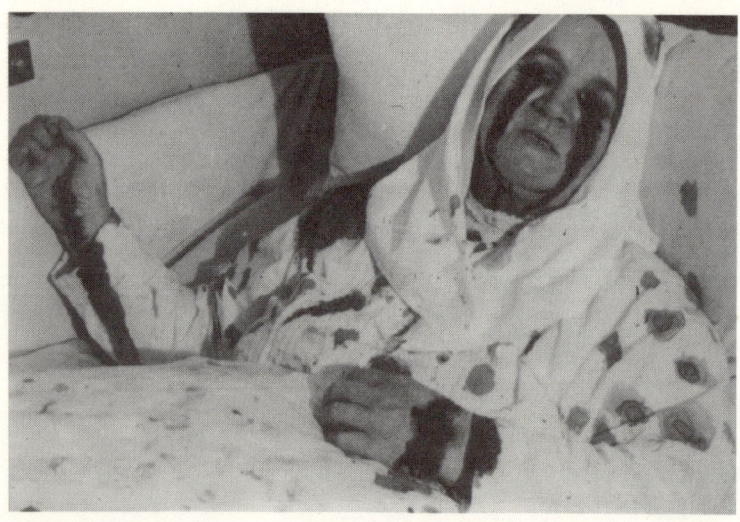

Karfreitag 1953: Alle Stigmen bluten. Die Jacke zeigt Blut von den Geißelungs-
wunden, das Kopftuch von den Wunden der Dornenkrönung. Aus den Augen
fließt Blut seit der Vision des Betens am Ölberg.

beobachten, die ungefähr eine halbe Stunde anhielt. Je mehr Chri-
stus sich dem Tode näherte, desto ruhiger wurden die Herzstöße.
Als das Ende Christi nahte, sah ich keine Bewegung mehr in der
Herzgegend. Die Stigmata bluteten aber bis zum Ende weiter.

Die Nase der Resl war nach und nach wächsern und spitz geworden. Ich konnte genau unterscheiden, daß der Augapfel gegen das
Ende der Passion hin Form- und Volumenveränderungen zeigte,
indem die Oberfläche der Cornea kleine Höcker und ungleiche
Vertiefungen aufwies. Das schmutzige Schieferblau der Augen
zeigte dort und da kleine weiße Flecken, die ich vorher nicht
bemerkt hatte. Der Blick der Resl war ganz trübe geworden. Sie
hatte Augen, wie man sie bei Toten, die an schwerer Erschöpfung
gestorben sind, sieht.«

Was Witry nicht beobachten konnte, schilderte Therese dem
gewissenhaft notierenden Gerlich, und noch einmal entfernte sich
die Schau der Konnersreuterin von der Überlieferung: »Als der
Heiland am Kreuz hing, sah man zwischen seinen Armen und den
Kreuzbalken hindurch, aber nicht so, wie man bei uns unter den
waagrechten Kreuzbalken durchsieht, so daß die Balken oben und
die Arme unten sind, sondern umgekehrt.«

Unter dem Kreuz tritt Johannes auf die Mutter Jesu zu und stützt
sie. Therese sieht auch Maria Magdalena stehen. »Das Moidl ist
ganz nah am Kreuz gwen und voll Blut worn.« Finsternis tritt ein.

Therese hört genau, welche Worte sich dem Heiland im Todeskampf entringen: »Eloi, Eloi, lema schebaktani.« In der Fieberglut
röchelt er: »Aes-che.« Letzte Kraft saugt er aus dem Essigschwamm
und ruft: »Salem kulechi.« (Schalem kolochi) Und nach einer Weile
des Verfalls: »Abba, be jadach afkidh ruchi!«

So erlebte Aretin die Vision der letzten Atemzüge des Heilands:
Bei der »Schauung des Todes Christi liegt Therese, einige Stunden
völlig als Leiche anzusehen, schneeweiß mit dicken Bächen geron-
nenen Blutes aus beiden Augen mit jener seltsam spitzen Nase in
ihrem Bett, die für Leichen charakteristisch ist.«

Witry schilderte seine Beobachtung so: »Therese hatte die stundenlang ausgestreckten Arme sinken lassen, aber sie saß noch im
Bett. Das Gesicht war schmerzhaft verzogen. Als sie dann die letzten Worte Christi am Kreuz hörte, fiel sie plötzlich, lautlos, zurück
in die von Blut benetzten Kissen. Ich konnte keine Spur von Atem,
noch von Herztätigkeit bemerken. Die Stirn bedeckte sich mit
Schweißperlen. Therese lag da wie eine Tote...«

Die Sprache und Professor Wutz –

Eine Deduktion

Gerade die Schlichtheit war es, die den Eichstätter Professor Franz
Xaver Wutz bestach, als er mehr zufällig als beabsichtigt nach
Konnersreuth ins Schneiderixenhaus kam. Erstaunlich war seine
Empfindung dennoch, hatte es der Barockliebhaber und Kunst-
freund hier doch mit einem Leben ohne Kunst, ohne Märchen,
Dichtung und Roman zu tun (die von keiner geringeren Wirklich-
keit sind als Musik, Malerei und Bildhauerei). Verdichtungen in
Wort, Musik und Farbe waren Therese fremd, nicht fremd freilich,
wenn diese Kunst »Wirkliches« darstellte, das Leben Jesu und seiner
Heiligen: Kirchliche Kunst. Unaussprechlich war ihre Freude auch
an der unmittelbaren Schöpfung Gottes, an der vielgestaltigen
Natur, an Blumen, die sie im kleinen Hausgarten und später in
einem an der Mitterteicher Straße gelegenen Grundstück mit
Sommerhäuschen zog – als Kirchenschmuck.

Einfach und gerade wie ihr Geschmack war auch ihr Wesen, und
von einer unübertrefflichen Wahrheitsliebe. Jede Art von Unwahr-
haftigkeit und Verstellung war ihr ein Greuel. Gerlich schrieb: »Sie
hat eine ausgesprochene Abneigung gegen Menschen, die ein
betont getragenes Wesen, Selbstbewußtsein, Berufswürde und
Ähnliches zur Schau stellen. In dem fortwährend auf ihrem Antlitz
schwebenden Lächeln spiegelt sich ihre Freude, eine Freude, die
eines gewissen Humors nicht entbehrt.« Bekannt sind ja die mit

französischem Scharfsinn gewürzten Worte des heiligen Franz von Sales, daß der Heilige, der traurig ist, ein trauriger Heiliger sei.

Der Professor, der auf seinem Exlibris als Scherenschnitt gezeigt ist, mit Stapeln von Büchern am Boden, eingemerkten Folianten und Oktavbänden am Tisch, ins Studium eines aufgeschlagenen Wälzers vertieft, mit Hakennase und qualmender Zigarre, mit einer Tasse Kaffee auf dem Hocker, der Duftwolken entsteigen, begann seine Untersuchung erst, nachdem er sich überzeugt hatte, daß Therese aramäisch sprach. Doch er war weder Meister noch Lehrer, sondern ein gelehriger Schüler, der immer nur fragte, ohne etwas hinzuzugeben. Jedem Wort lauschte er gewissenhaft nach, um das Gehörte sofort in Kurzschrift niederzulegen. Manches derbe Wort seiner Meisterin mußte er über sich ergehen lassen, wenn er ihrer Meinung nach den gehörten Wortlaut nicht getreu wiedergab.

Immer einmal wieder versuchte er Therese zu korrigieren: »Resl, das hast du falsch verstanden, es muß doch so geheißen haben« und sprach ihr sein Aramäisch vor. Therese aber antwortete unerbittlich: »Nein, so hat es nicht geheißen.« Immer wieder mußte Professor Wutz feststellen, daß Therese recht hatte.

Unaufhörlich stößt man auf Einzelheiten, die sich nicht natürlich erklären lassen: Als das Wort »aes-che« fiel, wollte es Professor Wutz nicht glauben. »Nicht wahr, Resl, der Heiland hat gesagt: 'Sachana' (mich dürstet)?« – »Nein«, erhielt er zur Antwort, »so hat er nicht gesagt.« – »Wie hat er dann gesagt?« – »Er hat so olber gesagt: Aes-che.« (Sie leckte dabei die Lippe und sagte: »Siehgst, das hat er aso gmacht!«) Wutz war über diese Antwort betroffen. Niemand hatte bisher das Wort »aes-che« rekonstruiert, weil es eine Verbalform war, während die Judäer mit Partizipien sprachen. »Aes-che« heißt: »Ich dürste«, den Judäern war die Form »sachana« – »ich bin durstig« – geläufiger. Wutz schlug in Spezialwerken nach und fand, daß es das Wort »aes-che« für »ich dürste« gab. Es war ein neuhebräisches Wort.

Unter Eid erklärte Fritz Gerlich: »Sie unterscheidet genau zwischen Hebräisch und Aramäisch. So zum Beispiel bei der Namensgebung Mariä, wo sie von Marias Vater Joachim den Namen ›Mariam‹ hört und von dem funktionierenden Priester das hebräische Wort ›Miriam‹.«

Der Verräter begrüßte Jesus nach Therese mit den Worten: Schlama Rabbuni (»Sei gegrüßt, Meister«), während gerade an dieser Stelle sowohl bei Matthäus als bei Markus »Rabbi« steht.

Bei Josef Teodorowicz lesen wir: »Das Sprachverzeichnis ist bei Therese Neumann wirklich überwältigend. Wenn ich dieses großartige Bestandsverzeichnis von alten und neuen Sprachen, von Sprechweisen und Mundarten betrachte, komme ich zu dem

Schluß, daß man von dem Sprachwunder bei Therese Neumann leichter und schneller die richtige Vorstellung gewinnt, wenn man nicht nur dem Aramäischen, sondern dem ganzen Block dieser Spracherscheinungen seine Aufmerksamkeit zuwendet.

Ich fragte Professor Wutz, woran er denn erkenne, daß Therese Neumann zwischen der klassisch aramäischen Sprache eines Kaiphas und der galiläischen Volkssprache eines Petrus unterscheide. Professor Wutz antwortete mir, daß die sprachliche Eigenart des Petrus bei Therese sogleich zum Vorschein komme, wenn sie seine Worte wiedergibt. ›Diese aramäische Eigenart‹, sagte mir der Professor, ›habe ich an zwei Merkmalen erkannt: Petrus spricht U-Laute wie o; ku wie ko, oder statt mann (was ist denn) mano. Sodann spricht Petrus die Konsonanten und Gutturale entsetzlich schlecht aus. So hat man in Jerusalem nicht gesprochen, und deshalb hat ihn die Magd des Kaiphas sogleich an der Sprache erkannt.‹«

Ähnlich urteilte Erwein von Aretin: »Die grammophonartige Wiedergabe geht so weit, daß mein im Aramäischen wirklich gänzlich ungeübtes Ohr die starken Unterschiede zwischen der gepflegten Sprache des Hohenpriesters und der merkwürdig gutturalen, bäuerlichen Stimme des von ihm verhörten Petrus deutlich erkennen konnte. Diese gutturale Stimme, die etwa an das Sprechen der Tiroler erinnert, vergißt sich nicht leicht. Diese Tatsache der Wiedergabe ganzer aramäischer Sätze wurde 1927 von dem Hallenser Universitätsprofessor Bauer nachgeprüft und bestätigt.«

Professor Bauer faßte sein Urteil so zusammen: »Die Worte waren, abgesehen von der ma(g)gera-Gruppe, alle ohne weiteres verständlich, obwohl ich in keiner Weise darauf vorbereitet war, was zu erwarten stand. Es handelt sich zweifellos um richtiges Aramäisch, wie es wohl zu Christi Zeiten gesprochen werden konnte.«

Es kamen Wörter vor, die selbst Kenner der aramäischen Sprache in Verlegenheit brachten. Als die Jünger den Verräter nahen sahen, riefen sie (nach Therese Neumann) voll Entrüstung: Magèra aisebua gannaba, gannaba (Dieb) magèra aisebua! Es ist darin das vulgär ausgesprochene »Magèra« enthalten, ein Lehnwort aus dem griechischen »machaira«, das an der entsprechenden Stelle im Lukas-Evangelium 22,49 steht. Die griechischen Lehnwörter verlieren regelmäßig bei »ch« ihre Aspiration: »chartes« (griechisch) lautet »qartisa« auf aramäisch.

Als die Leute, die dem Zug auf Golgatha folgten, den Schwarm in eine Seitengasse einbiegen sahen, fragten sie: »Macheda, meschehana, merkana«, »Wo denn? Was ist denn los?«

Zum anderen Schächer sprach der Heiland vom Kreuz: »Amen, Amen, amarna lach b(j)am' atte emmi b pardessa«, das ist aramäisch: »Wahrlich, wahrlich, ich sage dir, heute wirst du mit mir im Para-

263

diese sein.« Diesen Satz gab Therese nach den Aufzeichnungen von Professor Wutz in zwei Bruchstücken wieder. Denn es ist, nach Professor Bauer, »selbst einem Sprachforscher nicht möglich, einen längeren Satz in einer ihm unbekannten Sprache richtig wiederzugeben. Er wird höchstens den Anfang und den Schluß behalten.«

Professor Wutz unterhielt sich mit Therese über die ihr besonders nahegehende Mißhandlung des Heilands, um allmählich wieder zu den Aussprüchen überzuleiten und zu fragen: »Was hat denn der lieb Heiland zu den Mannern hinunterg'sagt?« Therese Neumann erwiderte: »Abba schaboc labon (lahon)« (Vater vergib ihnen).

Kreuzabnahme und Grablegung

Man zog die Nägel heraus, band Jesu Leichnam los und ließ ihn heruntergleiten. Die Leiter sah nicht aus wie gewöhnliche Leitern: Es war eine starke Stange mit rechts und links abwechselnd eingesetzten, etwas schräg nach oben stehenden Stiften. Die Gottesmutter saß auf einem Teppich und lehnte sich an einen Stein. Man legte ihr den toten Jesus in den Schoß. Therese erzählte, Maria habe sorgfältig die Dornen aus dem Haupte Christi gezogen. Therese atmete mit geblähten Nasenflügeln; sie spürte den schweren Duft der Salbe, mit der Maria Magdalena, noch im blutbespritzten Kleid, die Linnen bestrich, die den Heiland umhüllen sollten. Zwei römische Soldaten (der eine, der die Seite Christi durchstoßen hatte, und der andere, der gesagt hatte: »Das ist wahrhaft der Gerechte«) waren auch dabei, außerdem Josef von Arimathäa und Nikodemus. Einer von den Soldaten trug die Fackel voran, als man mit der Leiche zum Grabe ging.

So sehr die Konnersreuther Visionen liturgiegebunden waren, im Fall der österlichen Festgeheimnisse nahmen sie gewissermaßen die spätere kirchliche Regelung voraus, die sich dem tatsächlichen Ablauf anpaßt. Therese schlief am Karsamstag, war den ganzen Tag über nicht ansprechbar, schlief durch bis zum Ostermorgen.

Auferstehung

Es ist aber der Tod nicht, sondern die Auferstehung, der Sieg über Verfall und Verwesung das Zentralgeheimnis des christlichen Glaubens. Gerlich sowohl als Pfarrer Naber lassen uns in ihren Aufzeichnungen die Osterfreude miterleben. »Um fünf Uhr morgens«, schrieb Gerlich, »erhob sich Therese aus dem seit Karfreitag andauernden tiefen Schlaf. Sie schaute in fünf Bildern die Auferstehung des Heilands und die sich anschließenden Vorgänge im Grabgarten: Maria Magdalena und drei Frauen am Grab, Petrus und Johannes beim Grab, die Erscheinung des Heilands vor Maria Magdalena und den Frauen. Therese möchte das Herz zerspringen vor Freude.«

Nach ihren Visionen ist Jesus zuerst seiner Mutter erschienen, worüber in keinem Evangelium erzählt wird. Sie war, auf das tiefste betrübt, an der Stelle der Kreuzigung stehen geblieben, als die anderen Frauen zum nahegelegenen Grab weitergingen. Da erschien ihr kurz, ohne Worte, nur aufs innigste sie anblickend, in unaussprechlichem, überirdischem Glanz der Auferstandene. Erst unmittelbar darauf kam es zu den in der Heiligen Schrift berichteten Vorgängen am Grab.

Die Erde erzitterte, mit verklärtem Leib glitt Christus aus der Felsenwand heraus (»er is net blutig gwen«), der Stein vor dem Grab fiel, von einem »lichten Mann« berührt, auf die Seite. Ein zweiter lichter Mann schwebte von oben her in das Grab hinein. Die Wächter stürzten taumelnd auf ihr Angesicht, nur einer konnte sich an seinem Spieß fangen und wieder aufrichten: Es war jener, der dem Heiland die Seite durchbohrt hatte.

»Der Heiland war g'heilt an de Händ und Füß; wo's blutig gwen is, hat's g'leuchtet.« Pfarrer Naber fragte: Sind nicht erst die lichten Männer gekommen und haben den Stein weggewälzt, und ist dann der Heiland herausgekommen? Therese darauf: »Das Erdbeben, der Heiland durch die Felswand oben heraus, die lichten Manner dagewesen, der Stein weg – das war alles eins.« Naber fragte wieder: Ist denn der Heiland nicht aus dem Grabeingang herausgekommen? Therese darauf: »Da hätt er sich ja 'vürebe-ign me-in' (vorbeugen müssen)! Er ist oben durch die Felswand ganz aufgerichtet herausgekommen. Und wie der Heiland gestrahlt hat! Aber doch hat man gesehen, daß er aus Fleisch war, und seine 'We-i' (Wundmale) haben geleuchtet.« (Gerlich dachte an das einmalige kurze Aufleuchten der Wundmale bei Therese zurück.) »Jedes Wundmal hat eine eigene 'Helln' gehabt. Und sein Gewand war auch wie aus Licht, aber nicht gerade herunterfallend, sondern wie in der Mitte abgebunden.« (Pfarrer Naber fragte wieder: Hast du denn die Herzwunde auch leuchten sehen, wenn er ein Gewand angehabt hat?) »Sein Gwand war licht und nicht von dieser Welt; es hat die Herzwunde hell durchgeleuchtet. Ach, war das schön! Der lichte Mann hat den Stein 'anglangt', und da is der (Stein) davon wie ein Papier. Ach, war das alles mächtig!«

Therese sah sich wieder vor dem Grab. Auf einmal kam das »Moidl« (Magdalena) mit weiteren drei Frauen (»die ham den Heiland g'wickelt g'habt«). Der Anblick, der sich ihnen bot, schreckte sie. Grauenerregend sah es aus, »wie die Männer so verdreht umeinanderglegen sind«. Die Frauen zögerten, aber Magdalena und eine andere, »eine lange«, faßten Mut und näherten sich vorsichtig, einige Gefäße (Magdalena auch ein Lichtlein) schützend unter ihrem Umhang, an den totenstillen Wachen vorbei, dem Grab. Mit Kraftaufwand schoben sie das noch geschlossene »innere Türl« zurück (nach Therese war es »rot, wie von Kupfer«). Magdalena ging nun ein paar Schritte vor, sah den Heiland nicht, jedoch einen lichten Mann. Der sprach sie an. Sie lief hinaus, rannte so schnell sie konnte den Berg hinauf und durch die ganze Stadt bis zu dem Haus, in dem sich die »Manner vom Heiland« (Apostel und Jünger) eingesperrt hatten. Magdalena mußte mehrmals an die Tür schlagen, bis ihr geöffnet wurde. Petrus und Johannes machten sich eilends auf den Weg zum Grab. »Na sans grennt. Der gunge Moa (Johannes) voraus. Wie's am Garten ankemma san (der gunge Moa war ehnder da), hat er gwart und den mit dem Bart (Petrus) vorauslassn. Der is ei' ins Grab, hat die Montur vom Heiland ang'langt, die is laar gwen.« Die Tücher sind am Boden gelegen, »wie wann was außakrocha waar«. Nur das Tuch, mit dem der Kopf eingebunden gewesen war, lag abgesondert. »Da is der ander aa hinein. Die Manner san no daglegn. Die san tout gwest. Oiner i's scho besser beinand gwest, woißt, der den Heiland g'stochen und nacha zum Grab tragn hat (Longinus). Das Moidl is g'laufen kommen und hat ins Grab g'schaut. Helle Haar hat s' g'habt. Dös hab i sehn können; 's Tuch is ihr wegen dem Laufn hinterg'rutscht. Licht hat s' koins mehr g'habt. Die Manner (Petrus und Johannes) san aufgestandn und fortgangen. Der oine is vor den Garten und hat g'spitzt, als ob er den Heiland hätt schaun wollen. (Es war Petrus, dem, als er beim Garten angekommen war, plötzlich kurz und wortlos der Heiland erschienen war. Diese Begegnung hatte ihn offenbar, wegen seiner Verleugnung im Hof des Hohenpriesters, tief bedrückt.)

Noli me tangere

Maria Magdalena schaute wieder in das leere Grab hinein, sah wieder die zwei lichten Männer am Kopf- und Fußende, wo der Heiland gelegen war, und weinte. Sie lief suchend im Garten umher. Da sah sie einen Mann vor sich, den sie für den Gärtner hielt. »Wo habt ihr ihn hingelegt«, fragte sie den vermeintlichen Gärtner. »Die Sonn hat g'scheint, is da ein Mo gangen in hellem Gwand. Dös war in der Mittn abgebunden. Dös Moidl redt mit dem Mo. Glaubst mir's net, aber es is wahr: Auf einmal is der Mo der Heiland gwest, so strahlend schön, wie er aus dem Grab gekommen war, und hat g'sagt: Marjam!« Da stürzte Maria Magdalena auf die Knie und rief (Therese verstand so): »Rabboni!« Das Mädchen wollte zum Heiland hin, er aber hob eine Hand in leiser Abwehr und wies mit der anderen zum Himmel. Dabei sprach er gütige Worte, von denen sich Therese »Abba« merkte. Unmittelbar nach diesen Worten »is er weg gwen«. Magdalena lief noch einmal zu den Frauen, die im Garten standen, schaute erneut in das Grab und »is dann grennt und grennt, wieder zu den Häusern.« Therese beschreibt immer neu, wie schön der Heiland gewesen sei. Ob wir wohl auch einmal so schön werden?, fragte sie und meinte: Je näher wir zum Heiland hindürfen, desto mehr werden wir auch von dem Licht, das von ihm ausgeht, erfaßt werden und mitleuchten.

Genau erinnerte sich Johannes Steiner später eines Besuchs mit seinem Schützling Therese in der Wallfahrtskirche Kappel. Diese der Heiligsten Dreifaltigkeit geweihte Kirche hat über ihrem Kleeblattgrundriß drei halbrunde Konchen, von denen eine Gott dem Vater, eine dem Sohn und eine dem Heiligen Geist gewidmet ist. Bei der Betrachtung des Auferstehungsgemäldes fing Therese zu reden an und äußerte Vorbehalte gegen die Kunst, sogar gegen die kirchliche: »Was ist das alles gegen die Wirklichkeit! Sind halt nur armselige Farben! Wenn man dagegen den Heiland wirklich aus dem Grab hat herauskommen sehen, so ganz selbst aus lebendigem Licht, mit seinen noch heller strahlenden Wunden, dann kann man so etwas gar nicht mehr anschauen!«

Emmaus

Therese sah Jesus mit beiden Jüngern auf dem Weg nach Emmaus. Lange war sie im Zweifel, ob der Dritte, den die Beiden in die Mitte nahmen, wirklich der Heiland sei. »Na hat er was g'sagt zu dene Manner« und sie konnte sich an das Wort »geora« erinnern. Dem Mann, der dem Heiland ähnelte, hingen die Ärmel bis zu den Fingern vor, weshalb sie die Hände nicht sehen konnte. »Der wie der Heiland ausschaute, hat erzählt!« Sie gab die Worte: »Meschéjam saléba« wieder.

Sie schilderte auch den Eintritt der Drei in ein kleines Haus (es geht schon auf die Nacht zu), wo ihnen zu essen gebracht wurde, eirunde flache Fladen, die längs und quer geriefelt waren. Außerdem Fische (»Wasserhupfala«). »Die hams aufs Brot glegt. Und Messer hams ghabt, die waren aufgebogen. Damit hams Stücke von dene Wasserhupfla abgeschnitten. Gegessen hams mit die Händ. Na hams trunken. Zuletzt hams was gessen, wo ›Viecherl neihupfen‹ (Honigwaben).« Diese werden ausgesogen, bis ein kleiner Wachsballen in der Mundhöhle bleibt. »Jetz hab i vergessen: Wie die zum Essen angfangen ham, is der Heiland gstanden, hat die Händ übers Brot g'halten, dann hat er das Brot in die Höch g'hoben und hat's brochen. Da haben s' ihn kennt.« Auch sie selbst hat ihn jetzt erkannt. Und plötzlich hat man auch die Wundmale hell aufleuchten sehen. »Dann is der Heiland g'schwebt, hat a bißl Brot mitgessen – und is fortgwest. Weggwest is er wie nix.«

Therese erzählt weiter: »Weißt du, wann ihnen das Licht aufgangen ist? Wie sie den Heiland in sich gehabt haben! Der Heiland hat das genauso gemacht wie neulich nachts, da hat er doch auch selber austeilt.« (Sie meinte die Apostelkommunion am Gründonnerstag.) Gemäß dieser Vision wäre das Brotnehmen, -segnen, -brechen und -austeilen an die Emmausjünger eine echte zweite Kommunionspendung, die Jesus vollzog. Im Augenblick des Kommunizierens konnten ihn die Jünger erkennen. In der Zeit, als das Lukas-Evangelium entstand, hatte sich in der christlichen Gemeinde bereits der Ausdruck »Brotbrechen« eingebürgert.

Einsetzung des Bußsakraments

Therese sah wieder den Abendmahlssaal. »Auf einmal is der Heiland dagwest.« Auf die Frage, was er gesprochen habe, erklärte sie: »Schelam lachon! Ana lateru.« – Friede sei mit Euch! Ich bin es. – »Die Manner ham ihn kennt. Einer hat hinglangt an den Heiland. Auch an seine Seitn.« Sie luden ihn ein, sich zu ihnen zu setzen. Er setzte sich wirklich nieder. Aber sie wollten immer noch nicht glauben. »Sie haben gemeint, es ist etwas nicht richtig« und brachten ihm deshalb zu essen. Der Heiland nahm etwas davon und aß. Er redete längere Zeit ernst mit ihnen. Auf einmal stand er auf und erhob sich etwas vom Boden. »Der Heiland hat auf die Manner hing'haucht und was g'sagt. Und er hat es so gemacht: h, h!« – Therese hauchte stark – »Er hat sie angehaucht, zum Himmel aufgeschaut, nochmals etwas gesagt, dann die Hände über alle gebreitet. Da ist was Mächtiges geschehen; ich hab es gespürt.« (Christus sprach: Von denen ihr nachlasset die Sünden, denen sind sie nachgelassen; denen ihr sie behaltet, denen sind sie behalten.)

Therese sah die Mutter Jesu (über die Berichte des Evangeliums hinaus) mit Johannes noch einmal den Weg abschreiten, auf dem Jesus zur Kreuzigung gegangen war. Die Beiden folgten seinen Spuren in trauriger Erinnerung und sprachen an den betreffenden Wegstellen davon, was sich hier ereignet hatte, beteten also gewissermaßen den ersten Kreuzweg. Pfarrer Naber notierte: »Mitleidvoll küßten sie dort, wo der Heiland das dritte Mal gefallen war, den Boden.« Gleichfalls im Tagebuch Pfarrer Nabers finden sich Notizen über die Begegnung des Heilands mit Apostel Thomas: »Acht Tage darauf waren seine Jünger wieder drinnen im Haus. Thomas war bei ihnen. Er hatte bei der ersten Erscheinung Jesu am Auferstehungsabend gefehlt. Als er zurückkam und ihm die Apostel von der Erscheinung Jesu erzählten, sagte er jene berühmten Worte, die

Therese Neumann während einer Vision im Studierzimmer von Professor Wutz in Eichstätt.

ihn in der Geschichte zum Zweifler stempelten: »Wenn ich nicht an seinen Händen das Mal der Nägel sehe und nicht meinen Finger in das Mal der Nägel und meine Hand in seine Seite lege, glaube ich es nicht.«

Zwei sprachlich von Therese nicht festgehaltene Ereignisse liegen zwischen der Einsetzung des Bußsakraments und Christi Himmelfahrt: Bei der dritten Begegnung mit seinen Jüngern sprach Jesus dreimal(!) die Aufforderung: »Weide meine Lämmer« und führte Petrus auf diese eindringliche Weise in das Amt des Oberhirten ein. Am Tag seines Heimgangs zum Vater stiftete er die Taufe mit der zugehörigen Formel »Im Namen des Vaters und des Sohnes und des Heiligen Geistes« als verbindliches Initiationssakrament.

Christi Himmelfahrt

Gerlich schrieb, Therese habe sich selbst mit zahlreichen Menschen auf einen Berg hinaufgehen sehen: »Alle gehen barfuß, der Heiland geht auf der Erden, er schwebt nicht. Er hat ein weißes Gewand an, weißer als Schnee. Die Wunden leuchten. Auch die Brustwunde leuchtet. Viele Leut waren oben auf dem Berg: dem Heiland sei Mutter, das gunge Moidl, jener, der lebendig worn is, dann der, der dem Heiland am Kreuz einigstochen hat.« Sie zählte weiter auf: Die drei (Frauen), »die den Heiland zusammengewickelt haben«, Soldaten, die an seiner Gefangennahme beteiligt gewesen waren, auch die Frau des Pilatus. »Ich habe die jeweiligen Beschreibungen leider nicht notiert, aus denen einzelne Personen zu erkennen waren, da Therese sehr rasch erzählte. Sie berichtete ferner, der Heiland habe zu den Anwesenden gesprochen, zuerst zu den Aposteln, dann zu allen zusammen, zuletzt noch eigens zu seiner Mutter. Dann is der Heiland aufig'schwebt. Die Händ hat er über die Leut g'hobn. Die Sonn war in seinem Rücken, wie er aufg'fahren is. Hinter seinem Rücken ist die Sonn aufgegangen. War das ein schönes Bild! Alle Manner ham greint. Es is ihnen hart gwest. Liechte Manner san gschwind von oben kommen. Die liechten Manner ham eine andere Montur anghabt wie der Heiland. Die Wunden vom Heiland ham gleucht. Er is immer kleaner worn. Na is eine liechte Wolken kemma, na hab i nix mehr gsehen.« Zur allgemeinen Verwunderung hatten sich die Fußspuren des Heilands in den Stein, von dem er sich erhoben hatte, eingeprägt. Johannes bemerkte die Spur als erster. »Dann ist die Mutter hin und das Moidl, und alle anderen, und sie haben die Spur geküßt. Der eine Fuß war mehr eingedrückt als der andere.«

Erwein von Aretin folgerte: Das Wort des heiligen Paulus von der zentralen Stellung des Wunders bei der Auferstehung Christi ist nicht umsonst gesagt. »Und ich teile, völlig aus eigener Erfahrung, die Meinung, daß das Wunder hundertmal mehr Menschen überzeugt, als je einem Denkvorgang möglich ist. Daher hat Christus so viele Feinde.«

Pfingsten

Das Pfingstfest galt auch im Alten Testament als Hochfest. Man feierte es als Erntedankfest und Gedächtnisfest für die Gesetzgebung auf dem Sinai. Das Wort »Pfingsten« kommt aus dem Griechischen: (πεντακοστή, »Der fünfzigste« (Tag) nach dem Passahfest, seit Christi Erlösungstat nach dem Auferstehungstag – wie »Pfinsta« (von den Römern nach Baiern gebrachtes griechisches Wort) »der fünfte« Tag der Woche, der Donnerstag. Uralt ist die Gnadengabe der Sprachen in der Kirche. Mit der Ankunft des Heiligen Geistes tritt die Kirche ihre Herrschaft in der Welt an.

Nach Gerlichs Aufzeichnungen sah Therese am Pfingstsonntag – ungefähr um halb neun Uhr – die zwölf Apostel (Matthias erkannte sie sofort als neu Hinzugekommenen) mit Maria und einer größeren Anzahl anderer im Abendmahlsaal versammelt und beten. Plötzlich erhob sich ein gewaltiges Sturmesbrausen; eine große Feuerzunge erschien oben an der Decke des Saales. Diese Zunge löste sich dann in dreizehn kleinere Zungen auf, die sich über die Häupter Mariens und der Apostel verteilten. Dann hörte Therese die Apostel in verschiedenen Sprachen reden, und schließlich Petrus draußen vor dem Saal an die Zusammengekommenen in schriftdeutscher Sprache eine kraftvolle Predigt halten.

Aretin kommentiert Gerlichs Schilderung: »Dort ereignete es sich zum ersten- und einzigenmal, daß Resl die Predigt des Petrus *deutsch* verstand und vollständig deutsch wiedergeben konnte, während schon die nächsten Worte wieder aramäisch und ihr daher unverständlich waren. Es war nach zweitausend Jahren die Wiederholung des Pfingstwunders von jener Predigt, die ein jeder verstand in seiner Sprache, und die, wenigstens dem Sinne nach, vollkommen übereinstimmte mit dem in der Apostelgeschichte 2,14 ff. wiedergegebenen Text.«

Die Petruspredigt wurde von den hochdeutsch sprechenden Lippen der Therese auf ein Tonband übertragen. Sie unterbrach sich immer wieder, um Zwischenbemerkungen über ihre optischen Eindrücke zu machen, diese allerdings in unverfälschtem Konnersreuther Dialekt: »Na hat er ausgesetzt. Na hat er wieder angfangt. Wieder hat er ausg'setzt. Alle Leit ham gredt und warn aufgregt. Er hat recht laut gredt. A poarmoi hat er die Haar, die eahm da Wind ins Gsicht triebn hot, zruckstreifa me-in. Na hat er wieder angfangt.« Was für eine Komposition, selbst in den allerkleinsten Einzelheiten! Sie sprach Petri Predigt von Anfang bis Ende durch, erweiterte sie gelegentlich sogar um Wendungen, die in der Apostelgeschichte nicht aufgezeichnet sind, und streckte den Zeigefinger (gleichzeitig mit Petrus) auf die von ihr geschauten schuldigen Hohenpriester: »...*ihr* habt ihn durch die Hände der Gottlosen gepeinigt, ans Kreuz geschlagen und getötet.«

In der Regel stellte Therese, die von den getreu wiederholten Worten vieles nicht verstanden hatte, einige Fragen: »Wer ist Joel?« Man antwortete ihr: Ein Prophet aus dem Alten Testament. »Und was heißt Erzvater David?« Antwort: Das ist der König David. »Was bedeutet: Seine Hülle befindet sich bei uns bis auf den heutigen Tag?« Antwort: Gemeint sind seine Gebeine, so wie wir Reliquien haben. »Aha. Und was ist es mit seinem prophetischen Geist und seiner Verheißung?« Antwort: Er hat vom Heiland vorausgesehen, Jahrhunderte voraus, daß ihm der Tod nichts anhaben kann.

Pfarrer Naber trug in sein Tagebuch weitere Einzelheiten der Schau ein: Dann sind sie hinuntergegangen, Petrus und alle anderen mit. Einer hat etwas Flüssiges gehabt und so was Weißes wie

Salz, aber nicht locker, sondern »zusammenpappt« (wohl Salzstein). Unten hat er die Hände über den Teich gehalten, hat das Wässerige hineingeschüttet und auch den weißen Brocken hineingeworfen. Der Teich war so angelegt, daß man einsteigen konnte, mit Staffeln, ähnlich der Stelle, wo der Heiland getauft worden war. Dann hat Petrus angefangen, »da habe ich aber gar nichts mehr verstehen können.« Auf der einen Seite des Teichs und auf der anderen Seite sind große Hallen. Und was ist in diesen Hallen? »Lauter weiße Monturen (Gewänder) mit schwarzen Bandeln um den Hals, an den Ärmeln und unten herum. So wie Hemden. Weiß, eigentlich wollgelb, und schwarz eingesäumt.« Alle, die getauft waren, haben ein solches Kleid bekommen. So ging es lange Zeit hin. Da hat man genau gekannt, wer getauft ist und wer noch nicht. Die Getauften sind mit diesen Gewändern herumgelaufen. Die Apostel, über die das Feuer gekommen war, sind nicht getauft worden, die *haben* getauft. Nicht nur Petrus, sondern alle, die das Feuer »kre-igt ham«. Schalen waren schon da, die Leute wurden eingetaucht und dabei wurde noch Wasser über sie hinuntergeschüttet. Um Mittag war es sehr heiß; Petrus war immer beim Teich, und sie haben alle immer getauft. Zwischenfrage: Hast du welche gekannt? Antwort: Ja, viele. Den Lebendigworer (Lazarus) und die aus seinem Haus, die lange Schwarze (Martha), das Moidl vom Grab (Magdalena) und no oine, die war so sonderbar, net dumm, aber a bißl eigen (Anna) und no oiner, der ihnen so gholfen hat (Hausverwalter oder Diener). Auch die, die dem Heiland auf dem Weg das Tuch gereicht hat (Veronika) mit zwei Madln, und das Weib, das dem Heiland in der Nacht hat helfen wollen, die ihm etwas Funkelndes geschickt hat, die auch schon bei der Himmelfahrt dabei war (Pilatus' Frau). Dann den, der vom Pferd gesprungen ist und gerufen hat: »Amen, amen« und noch was dazu. (»Wahrlich, wahrlich, hier stirbt Gottes Sohn«). Den auch, der dem Heiland die Seite durchstochen hat (Longinus), und Soldaten von denen, die Ordnung gehalten haben, viele. Groß und klein wurde getauft, auch Kinder waren dabei.

Gerlich erinnerte sich: » Um 1/2 11, 12 und 1/2 2 Uhr sah sie immer noch taufen.« Pfarrer Naber fuhr in seinem Bericht fort: Vormittags und auch am Nachmittag hat es keinen Widerspruch gegen die Taufen gegeben. Wohl aber auf den Abend zu. Petrus und Johannes waren am Nachmittag, während die anderen Apostel weitertauften, zum Tempel hinaufgegangen. Therese wiederholte sich: »Da gehen runde (um ein Kreissegment angeordnete) Stufen hinauf. Droben ist ein schönes Tor mit funkelnden Platten. Herrlich! Da sitzen Leute zum Betteln.« Gerlich vollendete die Beschreibung: »Therese schaute, wie der Lahmgeborene an der schönen Tempelpforte geheilt wurde, und wie er dann mit den beiden

Aposteln im Tempel jubelte, während die Feinde der Sache Christi ergrimmten. Schließlich ließen sie die zwei Apostel fesseln und ins Gefängnis werfen. Zweimal während der Nacht durfte Therese die Apostel im Gefängnis schauen. Sie beteten. Die Verhandlung vor dem Hohen Rat am Pfingstmontag endete mit der Freilassung der beiden Apostel. Sie gingen zum Abendmahlssaal, wo sie von den anderen zehn freudig begrüßt wurden.«

Hernach wurde unter Sturmesbrausen das Abendmahl gefeiert wie am Gründonnerstag. An der Stelle des Heilands stand aber jetzt Petrus.

Privatoffenbarungen

Durch alle Jahrhunderte ziehen sich Berichte über Gesichte begnadeter Mystiker. Karl Rahner schrieb in seinem Buch »Prophezeiungen und Visionen« unter anderem: »Hat es aber zur Begründung der alttestamentlichen und christlichen Offenbarungsreligion solche Phänomene gegeben, dann kann auch nicht a priori und grundsätzlich bestritten werden, daß es auch in der *nach*-christlichen Zeit solche Erscheinungen geben kann. Da in Christus die letzte und endgültige Offenbarung und Selbsterschließung Gottes vorliegt, werden solche nachchristlichen Offenbarungen Gottes einen wesentlich verschiedenen Charakter haben müssen, aber das ist kein Grund, zu meinen, daß solche Kundgebungen Gottes überhaupt nicht mehr sein könnten. Sie treten ja auch auf in der Kirche der apostolischen Zeit und werden dort durchaus als eine mit dem Geistbesitz verbundene, also in der Kirche bleibende Gabe betrachtet...«

Therese gab Texte in lateinischer und griechischer Sprache wieder. Sie unterschied sogar die Mundarten dieser Sprachen. Beim Martyrium des heiligen Laurentius bemerkte sie, daß Laurentius das Latein anders sprach als der Praetor. An Worten des Apostels Johannes – der in das Faß siedenden Öles geworfen wurde –, gab sie wieder: Ἰησοῦς Χριστός, θεοῦ υἱός, εγώ βίος. (Jesus Christus, Gottessohn, ich, Leben). Den Richter schilderte sie so: »Auf dem Stuhl is oiner g'sessen ohne Bart, ohne Kopfhaar. Auf dem Stuhl war 'a Vogl wia a Krau' (Krähe).« In dem »Kessel« sei ein »olber schmeckats Wasser« (übel riechendes Wasser – heißes Öl) gewesen. (»Der Moa« sei »von selber wieder außi g'stiegn«.)

Solches Denken an die Heiligen der Frühkirche und an die ersten Blutzeugen ist nach Pfarrer Nabers Überzeugung für einen Christen wichtig, weil es an den Sieg der Kirche über den Unglauben erinnert und von ihrer Dauer kündet. »Kein Besitz des Gedächtnisses ist Ballast.«

Obwohl kaum ein Mensch, Therese selbst am wenigsten, wußte und weiß, daß es im provençalischen Tarascon eine Marthakirche gibt, wo nach der dortigen Überlieferung die heilige Martha begraben liegt, sah sie die Landung der vom jüdischen Hohen Rat verurteilten Lazarus-Geschwister an der französischen Küste, weckte auf, was Schlaf hielt in der Zeiten Schoß:

Therese sah, wie Lazarus, dessen älteste, halb blöde, nach dem Weggang Mariens aus Bethanien auch Maria genannte Schwester Anna, ferner Martha, Maria Magdalena und ihr treuer Diener auf einem segel- und ruderlosen Schiff ins Meer hinausgestoßen wurden, aber wohlbehalten auf einer Insel (Halbinsel?) an der Südküste Frankreichs landeten. Von dort brachten Lazarus und der Diener Magdalena ans feste Land. Heute noch findet man an der Südküste der Camarque die Wallfahrtskirche »Les Saintes Maries«, die dort stehen soll, wo die Geschwister angetrieben wurden. Während beide zurückkehrten, bestieg Magdalena eine Erhebung, wo sie in einer Höhle sich für die noch übrigen mehr als dreißig Jahre ihres Lebens niederließ. Magdalena lebte von den eßbaren Gewächsen des Bodens und dem Wasser aus der Quelle neben der Höhle. Von ihren Verzückungen sah Therese die letzte: Magdalena war etwas über den Boden erhoben, hatte die Hände gegen den Himmel gestreckt und schaute dessen Herrlichkeit. Therese sah auch Martha in einem Haus in Südfrankreich (Tarascon) sterben, wo sie mit Frauen eine Art klösterlichen Lebens geführt und ihren Bruder Lazarus betreut hatte. (Auf Lazarus, der als Patron der Krankenhäuser und Spitäler gilt, führt man die Bezeichnung »Lazarett« zurück.)

Am Fest Pauli Bekehrung sah Therese, wie Saulus von Kaiphas zur Verfolgung der Christen angespornt wurde, wie er mit starker Begleitung gegen Damaskus ritt, im Glanz eines wunderbaren Lichtes vom Pferd herab zu Boden geworfen wurde und mit jemand Unsichtbarem sprach, der »redete wie der Heiland«. Blind wurde Saulus nach Damaskus geführt. In einem weiteren Bild sah Therese einen älteren Mann erscheinen, der Saulus die Hände auflegte. Seine Blindheit schwand. Sie sah auch noch, wie Saulus getauft wurde und predigte. In das Taufwasser wurde nach ihrer Schau etwas Flüssiges und etwas wie Salz hineingeschüttet.

Neunhundert Jahre später lebte und wirkte Sankt Wolfgang, Patron der Diözese Regensburg, zu der Konnersreuth gehört. Es war ein Zeitalter, das man das tristeste der Papstgeschichte nennen muß. Nicht weniger als fünfundzwanzig Päpste verbrauchte dieses zehnte Jahrhundert. Jene, die die höchste Würde der Kirche bekleideten, erwiesen sich ihrer – mit Ausnahmen – höchst unwürdig: Nicht verwunderlich, denn sie waren, statt von gläubigen, sittenreinen Kardinälen gewählt zu sein, von Adelsparteien eingesetzt worden, die einander bekriegten, die den kaum aufgestellten Papst einer anderen Partei ermorden ließen, um ihren eigenen Günstling auf den päpstlichen Thron zu bringen. In Kämpfen rieb sich Sankt Wolfgang auf. Therese schaute, wie der Heilige von einem Wagen weg, der mit zwei Pferden bespannt war, todmüde in eine kleine Kirche gebracht wurde (St. Othmar in Pupping bei Eferding), wo die Straße heute nicht anders vorbeiläuft als am 31. Oktober 994), wie er dort ausruhte und Ermahnungen gab, wie er am Altar betete, wie er die Kommunion und die letzte Ölung empfing, wie er starb und wie seine Seele in lichter Gestalt gegen den Himmel zog. Die Salbung der Hände – so erklärte Therese auf Befragen – sei in der Weise geschehen, daß die aufeinandergelegten Hände mit *einem* Kreuz auf dem Rücken gesalbt wurden.

Therese sah auch den heiligen Franz von Sales sterben, hörte ihn seine letzten Worte sprechen und gab sie in französischer Sprache wieder. Sie beschrieb nach Gerlichs Niederschrift genaue Einzelheiten seines Sterbezimmers: Ovaler gelber Tisch mit einem Fuß in der Mitte, dabei vier braun gepolsterte Sessel mit Rücken- und Seitenlehne. Auf meterhohen Säulen geschnitzte Büsten des Evangelisten Johannes und des Apostels Paulus. Bilder mit Goldrahmen, darstellend Geburt und Auferstehung Christi. Großer, schwerer, bunter, etwa drei Meter von der Türe bis zur Bettwand reichender Teppich. Fußboden aus weißgrauem polierten Marmor.

Franz von Sales hatte nur mehr am Hinterkopf einen Kranz dunkelblonder Haare und einen mittellangen graumelierten Vollbart. Auf dem Kopf trug er ein schwarzbraunes Käppchen, bekleidet war er mit einer bräunlichen, am Hals von einer braunen Schnur zusammengehaltenen Jacke. Aus deren weiten Ärmeln schaute etwas Weißes heraus. Um sein Lager standen ein Diener in schwarzem Frack, zwei Geistliche in Talar und Cingulum; um die Schultern hatten sie einen kleinen schwarzen Kragen, am Hals einen weißen umgeschlagenen Kragen. Nacheinander kamen erst ein Mann mittleren Alters mit buntem Rock und grauem Mantel hinzu, der mit Franz herzliche Worte wechselte, später zwei ältere Männer, die nur ein paar Worte mit ihm sprachen, seinen Segen durch Handauflegung empfingen und wieder hinausgingen. Hierauf erschien eine Mutter in mittleren Jahren mit drei Kindern im Alter von etwa acht bis zwölf Jahren. Diesen Kindern legte Franz die Hände auf, worauf sie mit ihrer Mutter wieder gingen. Schließlich knieten sich die noch Anwesenden zu Boden und beteten laut. Endlich kniete jeder einzeln vor den Bischof hin, um seinen letzten Segen zu empfangen. Dieser legte mit Hilfe eines Dieners jedem die rechte Hand aufs Haupt und sprach einige liebevolle Worte. Bald darauf verschied Franz ruhig. Ein handbreiter Lichtstreifen schwebte von seiner Brust hinweg nach oben.

Ein gewisser Dr. Rendu aus Lyon ließ Aretin den Nachweis zukommen, daß Therese Neumanns Vision vom Tode des heiligen Franz von Sales, wie sie Gerlich aufgezeichnet hatte, falsch sei: Der Heilige sei nicht in einem prunkvollen Gemach gestorben, sondern in einem Kloster-Gärtnerhaus; dort erinnere eine Marmortafel an das Ereignis.

Aretin wurde von Johannes Steiner folgendermaßen zitiert: »Ich hatte darüber mit Dr. Rendu eine Korrespondenz, von der Therese Neumann nichts wußte, und wollte die (sich bietende) Gelegenheit benützen, um die Wahrheit festzustellen. Dies geschah so: Pfarrer Naber schlug im Missale den Tag des Heiligen Franz von Sales auf, nahm in Theresens gehobener Ruhe deren Zeigefinger und fuhr mit ihm über die Schriftzeichen. Therese sprach mit geschlossenen Augen: »Da wird jetzt darüber gestritten, ob er aa da gstorben is.« Pfarrer: »Es wird gesagt, daß du uns was Falsches erzählt hast, und daß er nicht in einem so schönen Zimmer, sondern in der Gärtnerwohnung gestorben ist.« Therese Neumann: »Naa, des stimmt net. In der Gärtnerwohnung hat er gwohnt, bis er krank worden is. Dann ham s'n in a grouß' Haus ei'tragn, und da is er nacha gstorbn.« Pfarrer Naber: »Kann man das heut noch feststellen?« Therese: »Ja, dees is scho irgendwo aufkragelt. Das wird scho rauskommen.« Pfarrer: »Weiß heute schon einer, wo das gefunden werden kann?« Therese: »Ja, dersell große Pater, der vurigs Jahr da war.« (Gemeint war der österreichische Salesianer-Provinzial P. Dr. Franz Reisinger, der in Konnersreuth gewesen war; er bereitete eine Gesamtausgabe der Werke und eine Biographie des Heiligen vor.) Soweit Aretin.

Johannes Steiner fuhr fort: »Nun wollte ich aber nicht nur Hypothesen bauen. Daher ging ich den Dingen auf den von Aretin vorgezeichneten Spuren forschend nach.« Hier das Ergebnis: Die Marmorschrifttafel wurde erst am 10. Mai 1858 vom Seelsorger der Pfarrei »Franz von Sales« angebracht, und zwar an der nächsten Hausmauer, weil das eigentliche Haus in der napoleonischen Zeit, um 1800, abgebrochen worden war. Unbestritten ist jedenfalls, daß Franz von Sales, der vertriebene Bischof von Genf, vornehme Wohnungsangebote ausschlug, daß er beim Heimsuchungskloster von Lyon wohnen wollte und unter den dortigen Möglichkeiten, wie oft, das geringste Zimmer wählte, nämlich im Gärtnerhaus. Fast einen Monat lang wohnte Franz im Gärtnerhaus und empfing dort Besuche; das hatte sich in der Öffentlichkeit eingeprägt.

Mutter de Chaugy, eingekleidet 1627, schrieb in ihrer Chronik von der Gründung des ersten Klosters zu Lyon: »Dieses Zimmer (das Sterbezimmer) war Teil eines kleinen Hauses, das die Mutter de Blonay gekauft hatte als Wohnung für den Beichtvater.« Franz von Sales ist in der Tat in einem Zimmer dieses Beichtvaterhauses am 28. 12. 1622 gestorben. Mutter Aimée de Blonay, Oberin in Lyon in den entscheidenden Jahren 1620 bis 1626, hat dieses Zimmer nach 1622 in ein Oratorium umgewandelt. Der blutbesprengte Tisch, auf dem der Leichnam des heiligen Franz bei der Leibesöffnung lag, blieb im Oratorium und mußte vor der Verehrung durch die Gläubigen geschützt werden. Es ist der bei Gerlich genannte ovale Tisch.

Therese sah auch Einzelheiten aus dem Leben der Bernadette Soubirous. Die Heilige starb, erst 35jährig, am 18. April 1879 mit einer Abwandlung des Ave auf den Lippen: »Heilige Maria, Mutter Gottes, bitte für mich arme Sünderin.« Zwölf Jahre später genehmigte Papst Leo XIII., des großen Volksandranges wegen, das »Fest der Erscheinung Mariens« für die Diözese Tarbes, zu der Lourdes gehört. Pius X. dehnte Fest und Offizium auf die ganze Kirche aus. Bernadette wurde 1925 selig- und 1933 heiliggesprochen. Ihr Leib ist unverwest. Am 11. Februar 1929 berichtete Pfarrer Naber von einer Vision der Therese Neumann. Gerlich übernahm diesen Bericht.

»Theres schaut, wie die Unbefleckte der seligen Bernadette Soubirous erscheint, wie sie diese das heilige Kreuzzeichen andächtig machen lehrt, wie diese Wasser aus dem Boden gräbt, sich damit wäscht und davon trinkt, wie sie Weihwasser gegen Maria sprengt, wie Maria schließlich mit gefalteten Händen und zum Himmel gerichtetem Blick ruft (ungefähr nach Gehör aufgezeichnet): Sche sui la Conceptio(u)ne immaculade(ae).«

Da die von Therese Neumann gehörten Worte keinem korrekten Französisch entsprachen und so, wie sie gesprochen wurden, von keinem Menschen erwartet wurden, ging man der Sache nach und stellte fest, daß sie dem Pyrenäen-Dialekt entstammten.

Bei Therese Neumann erschöpfte sich die Sprachengabe in der äußeren Wiedergabe der gehörten Worte. Auch Bernadette Soubirous verstand nicht, was Maria zu ihr sprach. Bei Bernadette ist nicht die bloße ekstatische Vision, sondern das von ihr in der Ekstase gehörte Wort zum Beweis der wahren Schau geworden.

Achtes Kapitel

Wider die Menschenfurcht

Pater Ingberts Herkommen

Bevor Johannes Steiner die kaufmännische Leitung des »Geraden Wegs« übernahm, führte er die Geschäfte des Verlages »Zeichen-ring« in der Münchner Schillerstraße 28, am Eck der Pettenkofer-straße. (In den sechziger Jahren wurde ganz München umnumeriert und die Bezifferung der Schillerstraße »umgedreht«; ein gutes Stück Tradition und Forschungsgrundlage wurde so zerstört.) Zur eigen-artigen Benennung dieses Verlages war es schon gegen Ende des Ersten Weltkrieges gekommen. Pater Ingbert Naab hatte damals begonnen, Männer um sich zu scharen, die im Zeichen Mariens, als »Ring um das große Zeichen der Apokalypse«, die Seelsorge für die studierende Jugend fördern wollten. Diese Vereinigung e.V. legte sich einen eigenen Verlag zu, in dem die Jugendzeitschriften »Das große Zeichen«, »Der Meeresstern«, »Der Weg«, »Frohe Fahrt« und »Das neue Leben« erschienen. Spiritus Rector des Unterneh-mens war Pater Ingbert Naab, ein Mann von schier unfaßbarem Arbeitseifer.

Hier seien die Spuren seines Erdenlebens nachgezeichnet, bis zum Zeitpunkt, an dem sie mit Fritz Gerlichs Lebensbahn zusam-mentreffen. Dies ist schon deshalb notwendig, weil sie in scharfem Gegensatz zum Werdegang seines fast gleichaltrigen späteren Widersachers Hitler standen.

Naab wurde am 5. November 1885 in Dahn, Bezirksamt Pirma-sens, also im Herzen der bayerischen Rheinpfalz, geboren und am 8. November auf den heiligen Karl Borromäus getauft. Sein Vater war ein strenger, zugleich von tiefer Religiosität geprägter Erzieher, der das bäuerliche Tagewerk mit Gebet begleitete. Seine Mutter, die aus dem benachbarten Erfweiler kam, gehörte dem Dritten Orden des heiligen Franziskus an. In dieser bäuerlich-frommen Familie wuchsen vier Geschwister auf.

Nach Gymnasialjahren im Konvikt von Speyer und Exerzitien im Kloster Königshofen bei Straßburg, wo der glimmende Funke seiner Liebe zur Kirche aufloderte, traf Karl Naab am 31. Dezember 1902 in Burghausen ein. Dort wollte er im Tertiarklerikat der bayerischen Kapuziner seine Gymnasialausbildung abschließen. Den Provinzial hatte kurz vorher das Glasgemälde des heiligen Ingbert in der Pfarr-kirche von St. Ingbert/Saarpfalz beeindruckt. So wollte er den nächsten eintretenden Pfälzer »Frater Ingbert« nennen. Auf diese Weise erhielt Naab seinen Klosternamen. Er war am Ziel seiner Wünsche angekommen, der lang ersehnten strengen Ausbildung bei den Kapuzinern! Wenn es freilich nur das Lernen gewesen wäre! Er mußte sich die Ausbildung teuer erkaufen, denn es wiederholten sich jene schmerzhaften Gallenkoliken, die ihn schon früher oft gepeinigt hatten; hinzu kamen die Anstrengungen der klösterlichen Tagesordnung mit Breviergebet und mitternächtlichem Chorgebet. Sein Leiden warf ihn mehrere Wochen aufs Lager. So rieten ihm seine Vorgesetzten, besorgt, er könnte das Abitur nicht bestehen, zur Rückkehr nach Speyer. Im Konvikt gewöhnte er sich schnell wieder ein, hielt sogar – ohne Erlaubnis des Rektors – im nächstgelegenen vorderpfälzischen Winzerdorf einen öffentlichen Vortrag über den »Kampf der Kirche gegen die falsche Kultur«. Im Sommer 1905 machte er das Abitur.

Gleich darauf bat er erneut um Aufnahme in das Noviziat bei den Kapuzinern. Der damalige Provinzial P. Viktrizius Weiß antwortete: »Kommen Sie nur ins Noviziat nach Laufen, es freut mich, daß Sie Ihrem Beruf trotz mancher Schwierigkeiten treu geblieben sind.« Noch in den Sommerferien 1905 warb er einige Mitschüler für Exerzitien in dem von Kapuzinern geleiteten Exerzitienhaus von Königshofen bei Straßburg, wo einst seine schlummernde Berufung geweckt worden war. Er begleitete die Knaben dorthin und reiste dann über Konstanz, Lindau und München weiter nach Laufen. An der Klosterpforte schenkte er den Rest seiner Reisekasse einer armen Frau. Dann trat er in das Kapuzinerkloster ein.

Dort erhielt er im Anschluß an das mitternächtliche Chorgebet vom 7. auf den 8. September 1905 den Ordenshabit und nun seinen endgültigen Ordensnamen Ingbert. Sinn des Noviziatsjahres war es, den Ordensberuf durch strenge, asketische Erziehung im Geiste des heiligen Franziskus zur Reife zu bringen. P. Ingbert erzählte später, daß ihm gerade das mitternächtliche Aufstehen schwer gefallen sei. Wie ein Wankender stieg er nachts von seiner Zelle in den Chor hinab, wenn ihn der Hammer oder die Ratsche aus dem besten Schlaf geschreckt hatte. Von einer Wand des Ganges torkelte er zur anderen vor Müdigkeit. Berufszweifel hatte er keinen Augenblick. Am Fest Mariä Geburt, am 8. September 1906, legte er seine Profeß ab.

Der Weg zum Priestertum führte schließlich ins Kapuzinerkloster nach Eichstätt. Oft kniete er in der Kirche zum heiligen Kreuz, am liebsten in dem 1140 erbauten, früher zum Schottenkloster gehörigen Heiligen Grab. Am 30. Dezember 1906 erhielt er die Niederen Weihen. Über seinen Weg zum Priestertum erzählte er später einmal: »Ich muß einen Beruf haben, der mich mit vielen Menschen zusammenführt... Was aber sind alle anderen Berufe gegenüber einem tüchtigen Priester... Wäre unser Glaube eitel, dann wollte ich irgendwie anders auf die Menschen einwirken, auf die Masse, dort, wo ich Leidenschaft und starke Glut entfachen könnte! Wie von selbst steht in diesem Zusammenhang immer wieder der Sozialismus vor mir. Warum zieht es mich zu den Armen, zu den Unterdrückten?.. Vor mir steht das Wort und die Feder.«

Der Bubenpater

Am 30. November 1909 wurde er zum Subdiakon und am 31. Dezember 1909 zum Diakon geweiht. Mit seiner im Pastoraljahr gehaltenen Probepredigt »Über das selige Sterben« erregte er Aufsehen. Am 29. Juni 1910 empfing er im Eichstätter Dom die Priesterweihe.

Der Neupriester, der von August 1910 bis Oktober 1912 in Laufen an der Salzach seelsorgerisch tätig war, legte in der Gnadenkapelle zu Altötting ein Gelübde ab, dessen Wortlaut er dem P. Provinzial mitteilte: Erstens all seine Kraft der männlichen Jugend zu widmen, zweitens sich in allem für die Rechte der Kirche einzusetzen, sei es auch mit dem eigenen Blut. – Hierin stand er in der Nachfolge des großen Kurfürsten und Marienverehrers Maximilian. Bereits 1913 äußerte Pater Ingbert: »An unserer Jugend verzweifeln und sie als unverbesserlich hinzustellen, das heißt, einen Frevel gegenüber der Gnade Christi begehen.« Sein Beichtstuhl in der Sankt Magdalenakirche, Altötting, ganz vorn am Portal, war der von Schülern meistbesuchte. Pater Ingbert wurde »Studentenvater« und »Studentenfreund« genannt.

Anfang März 1914 versetzte ihn die Ordensleitung in die Stadt St. Ingbert. Man vertraute ihm die Seelsorge im Kloster und in der Umgebung, sowie die Leitung des Dritten Ordens an. Mehr als 23 000 Beichten hörte er hier in einem einzigen Jahr. Seine Sorge um die Jugend, besonders um die Schüler höherer Lehranstalten, brachte ihm die Bezeichnung »Bubenpater« ein. Im selben Jahr 1914 veröffentlichte er zwei Schriften: »Die Jünglingskongregation« und »Praktisches Christentum«. Gleichfalls 1914 legte er seine Erfahrungen mit Schülern in dem vierhundert Seiten starken Buch »Der Gymnasiast« nieder.

Das Provinzkapitel berief im August 1916 den erst dreißigjährigen Pater Ingbert als Lektor der Theologie und Magister der Kleriker nach Eichstätt. Hier galt er als Freund und Berater der Schüler des Bischöflichen Knabenseminars, der Lehrerbildungsanstalt und vieler Studenten des Priesterseminars. Im Oktober 1916 wurde er Präses der Eichstätter Studentenkongregation, deren Mitgliederzahl bereits nach zwei Monaten auf das Vierfache wuchs. Der Direktor des Studienseminars in Neuburg an der Donau holte den Pater zu Einkehrtagen. Im Sommer 1919 besuchte er die Akteure der Rätezeit, die in Eichstätt und Niederschönenfeld in Untersuchungshaft saßen. Ernst Toller, von dem P. Ingbert stets mit besonderer Hochachtung sprach, verehrte ihm sein Werk »Die Wandlung« und las ihm Gedichte vor. Zwei wegen Mordes zum Tod verurteilte Zwanzigjährige begleitete er auf ihrem letzten Gang.

Pater Ingbert Naab – Seher, Kämpfer und Beter. Herausgeber vieler religiöser Jugendzeitschriften und unermüdlicher Warner vor dem heraufziehenden Hitler-Terror in Fritz Gerlichs Wochenzeitung »Der gerade Weg«.

Im August 1921 ernannte die Ordensprovinz den Pater zum ersten Direktor eines neu gegründeten Ordensseminars in Regensburg. Zwei Jahre später wurde er – gemäß dem kapuzinischen Grundsatz des häufigen Ortswechsels – zum Guardian des Klosters Mariahilf in Passau berufen. In diese Zeit fallen seine meisten Zeitschriftengründungen. Da deren Betreuung und Vertrieb für jeden weltlichen Verlag zu risikoreich gewesen wäre, gründete er an Pfingsten 1923 den Verein »Zeichenring e.V. zur Förderung der literarischen Seelsorge für die studierende Jugend« (Ring um »das große Zeichen« der Apokalypse). Aus diesem Verein ging der Verlag »Zeichenring« mit Sitz zunächst in Eichstätt, später in München, hervor. Ende Mai 1924 gründete Ingbert Naab die Zeitschriften: »Meeresstern« und »Der Weg«. Richtete sich der »Weg« an die oberen Klassen der höheren Lehranstalten, so war die 1925 gegründete Zeitschrift »Frohe Fahrt« für die mittleren und unteren Klassen bestimmt. Mußten die Mitarbeiter für die Spalten der »Frohen Fahrt« Nachrichten aus den Bereichen der Technik und Natur, des kirchlichen Lebens und gehobener Unterhaltung liefern, so hatte der »Weg« Erklärungen zu den Evangelien, geschichtliche, literarische und musikalische Themen zu bieten. Ungeduldig erwarteten die Leser von Heft zu Heft jede Fortsetzung der Erzählungen von Karl Dahner (wie sich Ingbert Naab nach seinem Geburtsort nannte.)

Allen von Pater Ingbert Naab herausgegebenen Zeitschriften war eines gemeinsam: Sie sollten Denkübungen sein. So warnte er bereits nach dem Hitlerputsch vom 8./9.November 1923 in seinem Blättchen »Das große Zeichen«: »Es ist ganz klar, daß ein Katholik nie Anhänger der Hitlerbewegung sein kann und überhaupt der sogenannten Deutsch-Völkischen Bewegung vollständig ablehnend gegenüberstehen muß.« In der Passauer Studentenkongregation hielt er bereits 1923 Vorträge über »Nationalismus und Rassenwahn«. Am 28. April 1924 warnte er in der Passauer Donauzeitung vor den Gefahren des Völkischen Blocks: »Wir gratulieren der kommenden Menschheit zu diesem völkischen Staat! Da war die alte Sklaverei noch eine humane Einrichtung. Wir als Katholiken aber lieben und verteidigen die Freiheit.« Unbeirrt warnte er in derselben Zeitung am 1. Oktober 1924: »Die zerstörerischen Menschen und die Naiven werden gemeinsam das große Unglück heraufführen.«

Am 3. August 1926 übernahm P. Ingbert neuerdings die Stelle des Klerikermagisters und Vikars im Kapuzinerkloster Eichstätt. Vom Provinzkapitel wurde er zum zweiten Definitor in den Rat des Provinzials gewählt. Wenig später berief man ihn zum Guardian in Eichstätt, zum ersten Generalkustos und zum Landespräses der Marianischen Studentenkongregation in Bayern.

Als ein Tagungsreferent einmal die These vertrat, man dürfe von den Jugendlichen keineswegs zu viel verlangen, weil sie sonst ganz wegblieben, hielt Pater Ingbert Naab dagegen: »Alles verlangen! Ganzen Einsatz fordern! Alles – oder sie werden auch das Wenige nicht leisten! Auch in Kirche, Ritus, Liturgie keinen Fußbreit Boden dem Zeitgeist preisgeben. Man verliert so auch den Rest.« Angesichts der liberalen, antiklerikalen Haltung des Bayerischen Lehrervereins forderte er die katholischen Junglehrer kompromißlos auf, sich von dieser Vereinigung fernzuhalten. Und immer wieder feuerte er den von den Völkischen umworbenen Nachwuchs an: »Es glaube keiner, daß er die Jugend gewinnt, wenn er mit ihr bloß von Dummheiten spricht. Ganz falsch!«

Widerstreben gegen Konnersreuth

Allein schon durch seine nahe Verbindung mit Professor Wutz konnten dem streitbaren Kapuzinerpater die Vorgänge in Konnersreuth nicht verborgen bleiben. Gleichwohl trug er keinerlei Verlangen, jemals hinzufahren. Bei aller Tiefe seiner Religiosität und aller Lebhaftigkeit seines Empfindens für außernatürliche Phänomene hatte er hier starke Hemmungen. Monatelang hielt ihn etwas Bestimmtes zurück. Trotz wiederholter Einladung ging er nicht nach Konnersreuth. Er hatte zwar aus der Ekstase der Therese Neumann ermutigende Antworten auf eine briefliche Anfrage erhalten, die er nach langem Zögern an sie gerichtet hatte. Aber kein Drängen der Freunde konnte seinen inneren Widerstand überwinden. Pater Ingbert erklärte dies später mit seiner Scheu, er könnte in der Ekstase der Therese Neumann Erschreckendes über seine Zukunft erfahren. Von seinen eigenen Ahnungen, daß er keine fünfzig Jahre alt werden würde, wußte er, wie belastend sie wirkten.

Eines Tages nahm ihn Professor Wutz einfach mit. Im Schneiderixenhaus wurde der Pater Zeuge außerordentlicher Vorgänge. Noch am Abend seiner Rückkehr erzählte er einem seiner Mitbrüder erschüttert von dem Erlebten. Zwar hielt er sich mit Beschreibungen der beobachteten unerklärlichen Dinge zurück, doch nicht mit seinem Geständnis, daß ihn die ursprüngliche, natürliche, kindliche und demütige Art Theresens tief beeindruckt habe. »Man kann jetzt ganz anders beten. Man lernt viel mehr mit dem lieben Gott vereint zu sein.« Er faßte es als Gnade auf, Zeuge solcher Erlebnisse sein zu dürfen, war aber sicher, diese Gnade mit neuen Leiden bezahlen zu müssen. »Der liebe Gott hat immer diese Methode, und der Heiland hat es bei den Aposteln genauso gehalten.«

Seit seinem ersten Besuch in Konnersreuth sprach Pater Ingbert in seinen Klostervorträgen, aber auch vor den Studenten viel öfter als bisher vom Heiland, pflegte zu sagen: »Der Heiland hat es auch so gemacht«, »der Heiland würde da freundlich lächeln«, »der Heiland würde da scharf dreinfahren«, »der Heiland will, daß ich gegen diese Mißstände auftrete, der Heiland will, daß ich vor diesen Gefahren warne.«

Naabs Biograph Maximilian Neumayr dachte zurück: »In der Verehrung der heiligsten Eucharistie trat für ihn jetzt insofern eine gewisse Wendung ein, als er nicht mehr so sehr vom ›Allerheiligsten‹ sprach (als wäre es eine Sache), sondern mehr vom ›Heiland‹, der wirklich, wahrhaft und wesentlich hier zugegen ist. Jetzt empfahl er den neugeweihten Diakonen viel eindringlicher, bei der Austeilung der heiligen Kommunion die Worte: ›Corpus Domini nostri Jesu Christi custodiat animam tuam in vitam aeternam‹ als besonderen Wunsch für den Kommunikanten und als Gebet zu Jesus Christus zu sprechen. Vor allem wurde ihm durch Konnersreuth ein Ideal, dem sein Denken und Fühlen von Jugend auf gegolten hatte, das Ideal der Sühne, des sühnenden Leidens und Büßens, noch um ein Bedeutendes klarer und verpflichtender. Freilich gab es auch Stunden, da er sich an den Kopf griff wie ein aus dem Traum Erwachender: Ist das alles Wirklichkeit? Ist es nicht doch Suggestion und Hypnose? Bin ich im Ernst Zeuge von Dingen solch säkularer Art? Oder bin ich nicht doch das Opfer einer Täuschung geworden? ›Am schmerzlichsten ist dabei‹, erklärte er, wenn er davon sprach, ›zu wissen: es ist Versuchung, und sich dabei doch nicht helfen zu können.‹ Aber dann waren seine Erlebnisse in Konnersreuth wieder von so überwältigender Art, daß er ihrer mit ungeteiltem Herzen froh werden konnte. Er wurde persönlich Augenzeuge von Vorgängen, die selbst im Leben der großen Heiligen selten sind. Er sah in Konnersreuth im letzten doch die Entscheidung über wesentliche Fragen katholischen Glaubens und Lebens.«

»Was will unser Herrgott mit Konnersreuth«, fragte er dann und gab sich selbst Antwort: »Konnersreuth *muß* nicht sein, aber wenn unser Gott etwas Wundersames wirkt, so werden wir nicht so kühn sein dürfen, um nicht zu sagen so unverschämt, daß wir erklären, wir brauchen diese Wunder nicht, uns genügen die Wunder Christi. Wenn unser Herrgott Wunder wirkt, dann weiß er warum, und dann soll sie die Menschheit in Demut annehmen und dankbar sein, daß sie geschehen.«

Der Tod Mariens

Pater Ingbert Naab wurde Zeuge eines unerklärlichen Vorgangs, über den Fritz Gerlich am 15. August 1928 berichtete. Therese Neumann schaute den Tod Mariens, den sowohl Pfarrer Naber als Johannes Steiner ungefähr sechzehn Jahre nach dem Tode Jesu, während des Apostelkonzils, ansetzen.

Maria blieb nach der Himmelfahrt des Heilands noch einige Jahre bei Johannes in Jerusalem, der hier und in der Umgebung wirkte. Dann zogen sie gemeinsam nach Ephesus, wo sie einige Jahre später (während sich die Urkirche – nach Paulus – als »Licht in der Finsternis« ausbreitete) in einem wenige Minuten südwestlich der Stadt gelegenen, geschenkt erhaltenen Haus Wohnung nahmen. Etwa dreiviertel Jahr vor ihrem Tode, der ihr geoffenbart worden war, sprach Maria den Wunsch aus, die Stätten in Jerusalem, die durch das Wirken und Leiden ihres Sohnes geheiligt waren, nochmal zu verehren. Johannes zog mit ihr nach Jerusalem. Sie ließen sich miteinander in einem Gemach neben dem Abendmahlssaal nieder. Auf höheren Antrieb kamen die Apostel zu Mariens Tod nach Jerusalem.

An einem Samstagmorgen waren sie bei Maria versammelt. Jakobus der Ältere fehlte (er war im Jahre 44 auf Befehl des Herodes Agrippa enthauptet worden), Thomas war noch nicht eingetroffen. Dagegen war unter ihnen der temperamentvolle Paulus, den Therese von anderen Visionen her kannte (sie nannte ihn wegen seines oft heftigen Auftretens »Stamperer«), und ein weiterer Mann, den die Apostel als ihresgleichen behandelten; Therese hatte ihn bis jetzt in keiner Vision gesehen. Wie Pfarrer Naber meinte, könnte es sich um den heiligen Barnabas gehandelt haben. Die Apostel sprachen mit Maria über Jesus. Die Sehnsucht nach dem Heiland war bei ihr auf einmal so übermächtig, daß sie ganz schwach und blaß wurde und in den Armen des Apostels Johannes (ihres zweiten Sohnes) verschied.

Im selben Augenblick sah Therese die Seele Mariens als lebendige, aber unkörperliche Lichtgestalt dem Körper entsteigen. Die Apostel standen traurig um den entseelten Leichnam. Johannes

287

schloß Maria die Augen und den Mund. Er küßte sie auf die Stirn, die rechte Wange und den Mund, was auch die übrigen Apostel taten. Dann wurde der Leichnam zur Bestattung vorbereitet. Frauen salbten und umwickelten ihn mit Binden und banden scharf riechende Kräuter mit ein. Währenddessen gingen Petrus und der jüngere Jakobus in das Cedrontal hinaus, um nach dem Grab zu sehen, in das Mariens Leichnam gelegt werden sollte. Es hatte keinen Vorraum wie das Grab des Heilands, nur eine Tür. Noch am selben Tag, einem Samstag, wurde der Leichnam dort beigesetzt. Man versiegelte das Grab. Die Angabe »Samstag« stammte nicht aus dem Erfahrungs- und Schauungsbereich der Therese, sondern wurde auf Befragen im erhobenen Ruhezustand gemacht.

Assumptio

Johannes Steiner, der unermüdliche Künder Konnersreuths, brachte Pater Ingberts Erlebnisse zu Papier. Und er fügte gelegentlich Gerlichs Wortlaut ein: Therese sah sich vor das Grab Mariens versetzt. Es ist früher Sonntagmorgen. Weit und breit ist kein Mensch zu sehen. Auf einmal kommt Helligkeit von oben. Zwei Engel schweben mit der Lichtgestalt der Seele Mariens herab. Therese erkannte den einen: Es ist der, »der gesagt hat ›Schelam lich Mirjam‹«, also der Verkündigungsengel *Gabriel.* Den anderen kannte sie nicht. (Nach ihrer Angabe im erhobenen Ruhezustand war es der Schutzengel Mariens.) Die drei Lichtgestalten schweben, ohne durch die verschlossene Tür behindert zu sein, in das Grab hinein. Sie erscheinen sofort wieder, aber Maria ist nicht mehr eine durchsichtige Lichtgestalt, sondern kommt mit ihrem nun wieder lebendigen, verklärten Leib heraus, strahlend und mit einem Gewand aus Licht umkleidet. Es glänzt wie frischer Schnee in der Sonne.

Die Engel führen Maria, sie mit einer Hand unter dem Arm stützend, mit der anderen ihren Rücken berührend, und tragen sie in die Höhe. Dieses Tragen ist jedoch mehr Ehre als Notwendigkeit, irgend eine Schwere haftet offensichtlich nicht mehr am Leibe Mariens.

Der Blick Theresens folgte den Gestalten. Plötzlich steigerte sich der Freudenausdruck in ihrem Angesicht: Es erscheint von oben her Christus in unbeschreiblichem Glanz mit dem himmlischen Hof, unzähligen Engeln und Heiligen. Der Heiland schwebt Maria entgegen, neben ihm, unkörperlich, aber zu erkennen, der heilige Joseph. Beim Zusammentreffen übernimmt der Heiland mit dem heiligen Joseph anstelle der Engel das Geleit, um sie, bei deren Fiat sich Himmel und Erde vermählten, unter dem Jubel der seligen

Scharen, die zu Hunderten, in unirdischer Schönheit singend und musizierend, den Heiland begleiten, als Königin des Himmels und der Erde einzuführen.

In einer sonst bei weitem nicht so heftigen Erregung nahm Therese Anteil an diesem Geschehen. Sie sprang auf und rief: »Mit! Mit!«, streckte den emporschwebenden Gestalten die Hände nach und erhob sich auf die äußersten Zehenspitzen, so daß man unwillkürlich nachsah, ob sie noch auf dem Boden stehe.

Der lateinische Ausdruck *Assumptio* entspricht übrigens genauer dem Vorgang der »Aufnahme« Mariens in den Himmel (im Gegensatz zu »Ascensio« für die »Auffahrt« Christi) als der deutsche Sprachgebrauch, der beide Feste »Himmelfahrt« nennt.

Der beim Tode Mariens noch abwesende Apostel Thomas traf – es war inzwischen Montag geworden – in Jerusalem ein. (In einer Tonaufnahme wurde er von Therese »Netglaumwöllerer« genannt.) Am Dienstag sollte das Grab Mariens nochmals geöffnet werden. Thomas verspätete sich wiederum. Therese sah die Apostel zum Grab kommen, sah sie das unverletzte Siegel prüfen. Nach der Entsiegelung und Öffnung der Tür blickten sie sich erstaunt im Grab um. Sie fanden keinen Leichnam, lediglich die Leichentücher, die an ihrem Platz lagen, wie wenn sie den Leichnam noch immer umschlössen. Schon waren sie auf dem Rückweg, als Thomas eintraf. Da ihn die Erklärung der Mitapostel nicht befriedigte, gingen alle nochmals zum Grab. Therese, lächelnd, hob den Zeigefinger und tupfte zweimal nach unten. Sie hatte es, wie sie nachher im Zustande des Eingenommenseins erzählte, dem Apostel Thomas nachgetan, der mit seinem Zeigefinger die noch gewickelt stehenden Binden, um sich von der Leere der Hülle zu überzeugen, an zwei Stellen niedergetupft hatte.

Die Apostel machten einander auf einen dem Grab entsteigenden unirdischen Wohlgeruch aufmerksam; Therese zog diesen unbeschreiblichen Duft mit leicht geblähten Nasenflügeln ein. Ihre Handbewegungen und Mienen wiesen immer wieder nach oben. Auch der Blick der Apostel richtete sich nach oben. In angeregten, freudigen Gesprächen verließen sie den Grabplatz, konnten sich nicht genug über das versiegelte Grab, die unversehrte Tuchwicklung, den unirdischen Wohlgeruch verwundern. Sie gaben ihrer Überzeugung, daß Maria leiblich dem Grab entstiegen und in den Himmel aufgenommen worden war, als (in der Tat bis in die Apostelzeit hinabreichende) Tradition an die Kirche Christi weiter, »die sie«, wie Johannes Steiner ergänzte, »durch die Jahrhunderte treu bewahrt und im Heiligen Jahr 1950 mit der Eingliederung in die marianischen Dogmen besiegelt hat.«

In Konnersreuth stieß Pater Ingbert sommers 1929 auf Johannes

Steiner, der eben an seiner Dissertation arbeitete. Es war ein Wiedersehen, denn der Pater kannte Steiner vom Studienseminar Neuburg her. Spontan bot er ihm die Leitung der nach München verlegten Geschäftsstelle des Zeichenring-Verlages an.

Die Immaculata der Apokalypse

Als Höhepunkt seiner Erlebnisse in Konnersreuth erfuhr Pater Ingbert vom »Großen Zeichen«. Die Schau, deren Einzelheiten Pfarrer Naber am 8. Dezember 1930 in sein Merkheft schrieb, wurde ihm Bestätigung und Auftrag: Heute schaut Theres die Unbefleckte am Himmel in glänzend weißem, bis zu den Knöcheln, den Handgelenken und dem Hals reichenden Gewand, hinter sich von der Mitte des Hinterkopfes bis zur Mitte der Waden die Sonne, unter den Füßen nach oben offen die Mondsichel, in weitem Kreis um das Haupt zwölf Sterne, die Hände seitlich etwas erhoben und wie entgegenstreckend. Maria spricht zu Therese: »Liebes Kind, werde nicht müde, dem Heiland Seelen näher zu bringen, indem du recht geduldig ausharrst im Leiden.« Hörbar erwidert Theres: »Ja.«

Äußerst selten sprach Therese während einer Vision irgendwelche Worte, wie etwa bei der Assumptio Mariens: »Mit! Mit!« Pfarrer Naber hob deshalb hervor, daß Therese hörbar, gewissermaßen als Gelöbnis, die Aufforderung des »Großen Zeichens« mit »Ja« beantwortet habe.

Es war nicht so, daß Pater Ingbert erst jetzt angefangen hätte, in seinen Presseerzeugnissen gegen die tödliche Gefahr, die vom erstarkenden Nationalsozialismus ausging, anzukämpfen. Doch er hatte vom Tag der Schau des »Großen Zeichens« an die Kraft, mit Leib und Blut für die Verteidigung der Wahrheit einzustehen. Im selben Dezember 1930 erschien sein Periodikum »Der Weg« in erneuerter Aufmachung, nannte sich nun »Monatsschrift für aufgeschlossene Menschen«. Im ersten, auch als Sondernummer zu beziehenden Heft übte er sich – auffallend parallel zu Gerlich – mit einer Studie über »Die Brüder Kommunisten« auf die kommende größere Aufgabe ein. Hier beschäftigte er sich ebenso kritisch mit den Lehren des Kommunismus wie mit den sozialen Erscheinungen, die diese Ideologie nach seiner Meinung unvermeidlich machten. Im »Brief eines aus der Kirche Ausgetretenen« ließ er die Verbitterung der Millionen Arbeitslosen jener Tage aufleuchten. Seine im »Weg« behandelten Themen und Überschriften waren zeitlos und hochaktuell zugleich: Christ und Staat. Christ und Juden. Du und das Mädchen. Führertum. Die Presse. Die Rassenfrage. Heilige und Verbrecher. Die Wirtschaft des Teufels. Die Kirche und das Geld. Sport und Seele. Die Massenpsychose. Warum

werden die deutschen Protestanten nicht katholisch? Unter dem
Titel: »Die katholische Beichte« schrieb er im Bewußtsein, daß es
sich bei der Buße um ein Zentralsakrament der Kirche handle:
»Wissen Sie um das größte Opfer, das sich mit der Verwaltung des
Bußsakramentes verbinden muß? Wer nicht selbst ein ständiges
Gebets- und Bußleben führt, wird auch nicht viele andere zur Buße
und Bekehrung führen. Unser Heiland hat die Seelen erlöst durch
sein bitteres Leiden und Sterben. Wir sollen die Erlösung vermitteln
helfen. Wir werden das am besten tun, wenn wir mit dem Heiland
ständig den Kreuzweg der Sühne gehen. Die Menschen um Sie
werden davon keine Ahnung haben; es genügt, daß der Heiland
darum weiß.«

Gegen Ende der Weimarer Verfassungsepoche, in der man mit
Recht eine bizarre Karikatur des Bismarck-»Reichs« gesehen hat,
eine Zeit geistiger Verwirrung, Verschwommenheit, Grundsatzlo-
sigkeit und sozialer Not, wurde Pater Ingbert Naab zum Seher des
drohenden Verhängnisses. Im Dezember 1930 stellte er sich zum
offenen Kampf und machte mit seinem Leitspruch: »Habt keine
Angst vor den Mächten dieser Welt!« seine Zeitschrift »Der Weg«
zum Vorläufer des »Geraden Wegs«. Der erste Vorstoß richtete sich
gegen Alfred Rosenbergs »Mythus des 20. Jahrhunderts«, ein Buch,
in dem der Gottesglaube Seite für Seite verhöhnt und beschimpft,
grundlegende Fragen des Christentums und der Moral als Irrlehren
abgestempelt, Haß gegen Christus und die Kirche gesät und
jedwede christliche Sittlichkeit – wie Naab sich ausdrückte – verspottet würden. Es frage sich, ob Rosenberg als Wortführer der Partei
und Schriftleiter des »Völkischen Beobachters« in seiner Gesinnung
ein anderer Mensch sein könne als in seinem Hauptwerk. Jedenfalls
werde im »Völkischen Beobachter« dieses »Buch der Gottesläste-
rungen« mit Worten des höchsten Lobes empfohlen. Pater Ingbert
fuhr fort: »Und was sagen die nationalsozialistisch gesinnten Katholiken und positiven Protestanten? Wenn es ihnen wirklich um die
Ehre ihres Glaubens und um ihre eigene persönliche Ehre zu tun ist,
dann haben sie in die Redaktion des ›Völkischen Beobachters‹ in
München in die Schellingstraße zu marschieren und dafür Sorge zu
tragen, daß Alfred Rosenberg so rasch wie möglich zum Hauptbahnhof München transportiert wird, wo man ihm ein Billet mit
dem Schnellzug nach Rußland besorgt, woher er zu uns kam... und
wohin er paßt: zum russischen Bolschewismus und Religionshaß.«

Wegen verschiedener Vorhaltungen sah sich Pater Ingbert veranlaßt, seine Stellungnahmen zur politischen Lage zu rechtfertigen:
»Es ist ein großer Irrtum zu meinen, ich sei unter die ›Politiker‹
gegangen und hätte meine anderen Aufgaben zurückgestellt... Mit
dieser Tätigkeit verlasse ich die mir als Priester zugewiesene Aufgabe

in keiner Weise. Ich bin mir vielmehr bewußt, daß ich vor unserem Herrgott ein Deserteur wäre, wollte ich mich dieser Aufgabe entziehen. Nicht jeder Priester wird die gleiche Aufgabe haben. Wenn mir aber Gott Kraft und Gnade gegeben hat, so muß ich seiner Stimme folgen, ob ich Lust habe oder nicht. Es ist eine der schändlichsten Irrlehren: Politik habe mit Religion nichts zu tun.«

Ist Hitler ein Christ?

Unter diesem Titel nahm Pater Ingbert im Februar 1931 den Parteiführer selbst aufs Korn: »Schon meine Fragestellung wird für viele Anhänger Hitlers eine geradezu beleidigende Herausforderung sein. Sie sind ja felsenfest überzeugt, daß sie durch die Unterstützung der nationalsozialistischen Idee auch dem Christentum den besten Dienst erweisen.«

Im Kapitel »Persönlichkeit und völkischer Staatsgedanke« seines Buches »Mein Kampf« kam Hitler auf den Rassegedanken und die Bedeutung des Blutes zu sprechen. Pater Ingbert zitierte daraus: »Volk ist nicht gleich Volk und Mensch ist nicht gleich Mensch. Die blutmäßigen Bestandteile machen die großen Unterschiede unter den Völkern und unter der gleichen Rasse auch wieder tausendfältige Differenzierungen unter ihren Angehörigen aus. Die völkische Weltanschauung muß dem besten Volk die Erde geben und innerhalb dieses Volkes den besten Köpfen die Führung.« Um Hitlers Anschauung zu verdeutlichen, zitierte Pater Ingbert auch noch aus Hitlers Äußerungen über die Neger, S. 478 f.: »Von Zeit zu Zeit wird in illustrierten Blättern dem deutschen Spießer vor Augen geführt, daß da oder dort zum ersten Mal ein Neger Advokat, Lehrer, gar Pastor, ja Heldentenor oder dergleichen geworden ist. Während das blödselige Bürgertum eine solche Wunderdressur staunend zur Kenntnis nimmt, voll von Respekt für dieses fabelhafte Resultat heutiger Erziehungskunst, versteht der Jude sehr schlau, daraus einen neuen Beweis für die Richtigkeit seiner den Völkern einzutrichternden Theorien von der Gleichheit der Menschen zu konstruieren. Es dämmert dieser verkommenen bürgerlichen Welt nicht auf, daß es sich hier wahrhaftig um eine Sünde an jeder Vernunft handelt, daß es ein verbrecherischer Wahnwitz ist, einen geborenen Halbaffen so lange zu dressieren, bis man glaubt, aus ihm einen Advokaten gemacht zu haben, während Millionen Angehörige der höchsten Kulturrasse in vollkommen unwürdigen Stellungen verbleiben müssen; daß es eine Versündigung am Willen des ewigen Schöpfers ist, wenn man Hunderttausende und Hunderttausende seiner begabtesten Wesen im heutigen proletarischen Sumpf verkommen läßt, während man Hottentotten und

Zulukaffern zu geistigen Berufen hinaufdressiert. Denn um eine Dressur handelt es sich dabei, genauso wie bei der des Pudels, und nicht um eine wissenschaftliche Ausbildung. Die gleiche Mühe und Sorgfalt auf Intelligenzrassen angewendet, würde jeden einzelnen tausendmal eher zu gleichen Leistungen befähigen...«

Pater Ingbert merkte dazu an: »Die Tatsache, die wir diesen Zeilen entnehmen, ist eine ernst-traurige. Nach Hitler gibt es jetzt noch ›Menschen‹, die keine Menschen sind. Sie können infolgedessen auch nicht gebildet werden und das, was man bei ihnen Bildung nennt, ist nichts anderes als Tierdressur. Wir müssen wohl annehmen, daß Hitler noch nie unter Negern verweilt hat, sonst hätten sie ihm wohl einige Begriffe von der Wirklichkeit beibringen können. Es kümmert ihn auch weiter gar nicht, etwa Leute zu fragen, die jahrzehntelang in Afrika als Missionare und Lehrer gewirkt haben, wie sie die geistigen Fähigkeiten der Neger einschätzen. Ihm genügt einfach seine sogenannte Wissenschaft, die die Abstammung des Menschen vom Tier lehrt und mit der er an der auch jetzt noch sich vollziehenden Menschwerdung festhält. Ob das irgendwie wissenschaftlich erweisbar ist oder blankes Phantasieprodukt darstellt, danach fragt der große Mann nicht. Er merkt auch nicht, daß er mit seinen Theorien um 30, 40 Jahre zu spät daran ist, denn etwa vor dieser Zeit hat man derartige Phantasiegebilde als Wissenschaft ausgegeben.«

Pater Ingbert machte seinen Lesern überdies klar, daß Hitlers Ansicht über die Entwicklung des Menschengeschlechts nicht »auf seinem Mist gewachsen«, sondern von anderen »germanischen Mannen« mit bewundernder Verehrung übernommen worden war. Ihre Lehre schien ihm geeignet, einzig die »arische Rasse«, besonders »das Germanentum als das Beste in der Welt zu erweisen und damit dem deutschen Volk die Herrschaft über die Erde zu garantieren.« Pater Ingbert fuhr fort: »Es kümmert Hitler sehr wenig, wie sich die geschichtlichen Geschehnisse tatsächlich vollzogen haben. Er weiß offensichtlich gar nichts von der Höhe der altbabylonischen Kultur, deren Träger doch Semiten waren, und von so vielem anderen. Aber er findet für seine Theorie einen glänzenden Ausweg. Nach dem Beispiel seines Freundes Rosenberg erklärt er einfach alles zu Ariern, was kulturschöpferisch gewirkt hat. Nach Hitler blieb der Arier Herr, solange er ›den Herrenstandpunkt‹ rücksichtslos aufrechterhielt. Dann fiel die Scheidewand zwischen Herr und Knecht. ›Der Arier gab die Reinheit seines Blutes auf und verlor dafür den Aufenthalt im Paradies, was er sich selbst geschaffen hatte‹ (S. 324).«

Pater Ingbert verwies auf die Schöpfungslehre und betonte: »Es gibt keine Halbaffen, die jetzt noch den Tieren irgendwie gleichzu-

Adolf Hitler. Skizze zu einem verschollenen Portrait von Leo Samberger aus dem Jahr 1932/33: »Eine Mischung aus Verbrecher und Wahnsinnigem« (Franz Xaver Wutz).

stellen wären. Ebenso verwirft das Christentum die Ungleichheit der Menschen in ihren Rechten und Pflichten. Der Heiland ist für alle gestorben, und alle sind für den Himmel bestimmt, auch die Neger, die Hitler als Halbaffen erklärt. Es hat kein Mensch von vornherein auf Grund seiner Rasse das Recht, über andere zu herrschen, so etwa wie die Katze die Maus frißt, wir sind vielmehr alle bestimmt zu Kindern Gottes und zu Brüdern. Aber Hitler gibt die Lehre von der Gleichheit der Menschen als jüdische Erfindung aus und beschimpft damit das Christentum genau so, wie es sein Bundesgenosse Rosenberg tut, der in seinem Buch ›Der Mythus des 20. Jahrhunderts‹ seinen ganzen Spott und Zorn an dieser paulinischen Lehre ausläßt. Nach Hitlers Theorie wäre jede Missionierung der Neger und anderer verwandter Stämme von vornherein ein Unsinn, ein verbrecherischer Wahnwitz, denn Missionierung ohne Unterricht und Bildung ist unmöglich. Doch der Heiland hat sein Evangelium für die ganze Welt bestimmt und hat seinen Aposteln den Auftrag gegeben: ›Lehret alle Völker‹. Hitlers Rassenlehre ist vom wissenschaftlich biologischen Standpunkt aus pure Einbildung, von der Geschichte her gesehen eine willkürliche Konstruktion, bei der der Wunsch der Vater des Gedankens ist, und vom christlichen Glauben aus volles Heidentum.«

Im nächsten Abschnitt seines Berichts zitierte Pater Ingbert Hitlers Ausführungen im »Völkischen Beobachter« Nr. 181 vom 7. August 1929: »Nicht in der Bevölkerungszahl liegt der Wert oder Unwert, sondern in den Qualitäten des Einzelnen, nicht der summarische Wert ist entscheidend, sondern der spezifische Wert. Wenn Sie Europa mobilisieren wollen gegen diese Gefahr, dann nicht durch Vermengung mit minderwertigen Objekten, sondern wenn das Volk unter die Führung eines Staates fällt, der bewußt nach Rassegesetzen handelt. Nun führt die Verweigerung der Auswanderung zum umgekehrten Ziel, zur Verhinderung der Menschenvermehrung im Inneren. Wir stemmen uns entgegen der offiziellen Ansicht, daß diese Frage eine Zahlenfrage wäre. (sic!)

Deutschland verliert jährlich 300 000 bis 400 000 Menschen. Würde Deutschland jährlich eine Million Kinder bekommen und 700 000 bis 800 000 der schwächsten beseitigen, dann würde am Ende das Ergebnis vielleicht sogar eine Kräftesteigerung sein. Das Gefährliche ist, daß wir selbst den natürlichen Ausleseprozeß abschneiden und dadurch uns langsam der Möglichkeit, Köpfe zu bekommen, berauben. Nicht die Erstgeborenen sind die Talente oder kraftvollen Menschen. Der klarste Rassenstaat der Geschichte, Sparta, hat diese Rassengesetze planmäßig durchgeführt.«

Empört erwiderte Pater Ingbert (man bedenke: im Februar 1931, als der Holocoust noch zu verhindern war, als Weltpolitiker das Scheusal unterstützten, ja sogar mit ihm paktierten, als betrüblicherweise allzuviele Frauen Hitler, der den Haß lehrte, als Faszinosum verehrten): »Zu was untersteht sich dieser Mann, getrieben vom Evangelium seiner Rassenlehre und der Zukunft Deutschlands, so wie er sie sieht? Er schlägt allen Ernstes vor, vier Fünftel der deutschen Kinder alljährlich zu ermorden, damit nur starke Individuen übrigbleiben. Er scheut sich nicht, allen Ernstes Methoden zu empfehlen, die der Bauer in seinem Kuhstall anwenden kann, der das stärkste Kalb zur Aufzucht stehen läßt und die schwächeren Kälber dem Metzger zum Schlachten übergibt. Er schreckt nicht davor zurück, in einem christlichen Land das barbarische Sparta als das Ideal des Rassestaates vorzustellen. Die Spartaner ließen den neugeborenen Knaben von staatlichen Beamten besichtigen, die dann darüber entschieden, ob er so kräftig und wohlgebildet war, daß sich seine Erziehung lohnte. War das nicht der Fall, so wurde der Knabe in der Schlucht des Taygetos ausgesetzt. Man fand, es sei viel besser für das Kind und für den Staat, daß es starb, als daß es am Leben blieb, wenn es von Natur nicht gesund und lebenstauglich war. Hitler hat ganz vergessen, daß die erste Bestimmung des Menschen darin besteht, daß er in den Himmel kommen kann. Er aber sieht die Ehre des Menschen darin, daß er so kräftig ist, um einmal Krieg führen und so entweder siegen oder dem Staat als Kanonenfutter dienen zu können. Wahrhaftig, wenn Herr Hitler statt des berühmten § 24 des nationalsozialistischen Programms: ›Die Partei als solche steht auf dem Boden des positiven Christentums‹ den Wortlaut gewählt hätte: ›Die Partei als solche bekennt sich zum barbarischen Heidentum‹, dann wäre das richtig und ehrlich gewesen. So aber ist es objektiv ein Unfug und eine Rohheit ohnegleichen, den Mord von Hunderttausenden von Kindern vorzuschlagen und dabei von positivem Christentum zu faseln.«

Am Ende seiner Untersuchung resümiert Pater Ingbert: »Überblicken wir alles Dargelegte und fragen wir noch einmal: Ist Hitler ein Christ? Leider muß unsere Antwort lauten: Nein!«

Das Beispiel der Propheten

Im »großen Zeichen« war der leider so gänzlich unzeitgemäße Kampf gegen Hitler eröffnet worden. Der »Weg« war in mehrfacher Hinsicht ein Vorläufer des »Geraden Wegs«, nicht nur nach seinem Namen, sondern auch inhaltlich. Pater Ingbert schrieb seine gegen Hitler gerichteten Artikel noch eindringlicher für den »Geraden Weg«, feilte an ihnen noch gewissenhafter. Auch darin drückte sich Kontinuität aus, daß Johannes Steiner nach dem Besuch Gerlichs in der Schillerstraße – mit Pater Ingberts Einverständnis – zum »Geraden Weg« wechselte. Er selbst schrieb von einer merkwürdigen Fügung, »die diesen Tag für mich zum besonderen Gedenktag gemacht hat. Ich hatte, schon seit meiner mehrjährigen Tätigkeit im Hause der ›Münchner Neuesten Nachrichten‹ mit Gerlich bekannt, das Glück, in jungen Jahren von ihm die Verlagsleitung (seiner) Wochenzeitung ›Der gerade Weg‹ angetragen zu bekommen.« Steiners Begegnung mit Pater Ingbert am Leidensbette Therese Neumanns begründete sein unverzagtes Eintreten für Konnersreuth. (Von hier ging zwei Jahre später auch Steiners Verbindung mit dem Kunsthistoriker Dr. Hugo Schnell zum »Schnell und Steiner Verlag« aus.)

Die Schicksalsspuren Ingbert Naabs biegen an dieser Stelle in die Lebensbahn Fritz Gerlichs ein. Dem heraufziehenden Nationalsozialismus trat er nun zusammen mit seinem Kampfgefährten Gerlich und, bestärkt durch die Ekstaseworte aus Konnersreuth, entgegen.

In ihrer Unerschrockenheit gingen beide Männer davon aus, daß ihr Einsatz gegen den Nationalsozialismus »die Sache Gottes« und damit auch »die Sache der Menschen« sei. Blutrünstigen Drohungen und wohlmeinenden Warnungen setzte Pater Ingbert entgegen: »In unserem Kampf für die Wahrheit haben wir das Beispiel der Propheten vor Augen. Ihre Aufgabe war es, in Zeiten größter Katastrophen sich mit unbeugsamem Mut vor Land und Volk hinzustellen, eine ›eherne Säule‹ und ›eiserne Mauer‹. Die Propheten laufen nie mit der Mehrheit. Sie bekommen im Gegenteil das Geschick der Vereinsamung furchtbar zu spüren. So durfte sich Jeremias nicht fürchten, ›sich zu sehr zu exponieren‹... Die ganz Schlauen ziehen es vor, den Ausgang abzuwarten. Die Propheten aber müssen den geraden Weg weitergehen ohne Rücksicht auf Zustimmung oder Ablehnung.«

Die ASTA-Wahlen der zerfallenden Weimarer Republik verdeutlichten, wie sehr die nationalsozialistischen Gruppen im Vordringen waren. Es regten sich zwar an Hochschulen in überwiegend katholischen Gebieten immer noch Widerstandskräfte, doch verfünffachten die Nazis 1930 etwa in Leipzig ihre Sitze. Pater Ingbert schrieb am 30. August 1931 in seinem ersten Artikel für Gerlich, vier Monate vor der Umbenennung des »Illustrierten Sonntags« in »Gerader Weg«:

»Die völkische Bewegung hat in mehr als einer Beziehung das Erbe des alten Liberalismus übernommen, wenn sie sich auch noch so wild dagegen gebärdet. Dazu der stark antirömische Einschlag, der insbesondere im Norden Deutschlands wenig verheimlicht wird. Es erklärt dieser Umstand auch, daß ausgesprochen protestantische Gegenden dem Nationalsozialismus weit mehr zugeneigt sind als die katholischen Teile des Reiches.«

Schon in einer der nächsten Ausgaben, am 18. Oktober 1931, wandte sich Pater Ingbert mit dem Artikel: »Herr Hitler, sind Sie ehrlich oder ein Falschmünzer im großen?« unmittelbar an den Parteiführer: »Wissen Sie denn nicht, daß Rosenberg sich dafür ausspricht, daß die Kruzifixe verschwinden? Seit wann kann man sich denn ein Christentum ohne den Gekreuzigten vorstellen? Wenn Sie einen Kampf für die christliche Kultur beginnen wollen, dann gehen Sie einmal mit Ihrer Reitpeitsche in die Redaktion des ›Völkischen Beobachters‹ und treiben Sie in gerechtem Zorn Ihren Freund Rosenberg vom Redaktionstisch weg!... Herr Hitler, Rosenberg ist für Sie das Erkennungszeichen. Entweder verstehen Sie nicht, was er sagt, dann wären Sie einer der größten Dummköpfe, oder Sie haben nicht den Mut, gegen ihn vorzugehen, dann sind Sie ein Feigling, oder es ist Ihnen im Ernst gar nicht um den Kampf für die christliche Kultur zu tun, und Sie machen mit dem Wort nur Reklame bei der mächtigen Schar der Dummen, dann sind Sie ein großer Falschmünzer.«

Ein offener Brief

Das Wahlergebnis vom 13. März 1932 blieb hinter den Erwartungen der Nazis zurück. Die Stimmenzahl für Hitler hatte sich zwar gegenüber der Reichstagswahl am 14. September 1930 von sechs auf elfeinhalb Millionen erhöht, so daß der braune Terrorist fast ein Drittel aller deutschen Stimmen auf sich vereinigen konnte, doch die Gefahr, daß Hitler durch einen überwältigenden Wahlsieg handstreichartig die Macht ergreifen könnte, war gebannt. Schon in den frühen Morgenstunden des 14. März verbreitete der »Völkische Beobachter« ein Extrablatt mit Hitlers neuem Wahlaufruf: »Der erste Wahlkampf ist beendet, der zweite hat mit dem heutigen Tag begonnen. Ich werde auch ihn mit meiner Person führen.« Auf den 10. April 1932 wurde der notwendige zweite Wahlgang festgesetzt, für Pater Ingbert ein Grund, sich der verbreiteten Hysterie entgegenzustemmen und die Öffentlichkeit aufzurütteln. Er resümierte das Wahlergebnis und schrieb im »Geraden Weg« vom 20. März 1932 an Hitler selbst:

»Sehr geehrter Herr Hitler!
Es ist nicht mein Beruf, Politik zu treiben. Ich habe das auch in diesem offenen Brief nicht im Sinn. Aber Ihre politische Tätigkeit hat eine Seite, die zutiefst in das Gewissen hineingreift, in die Verantwortung vor Gott. Daran sollen Sie in diesen Zeilen erinnert werden.

Als Sie in der Nacht vom 13. auf den 14. März hier in Eichstätt im Waldschlößchen waren, um, bewacht von zwanzig SA-Leuten, sich mit einem Freund Ihrer Bewegung zu besprechen, da kamen Sie müde und abgehetzt von Ihrer angestrengten Vortragsfahrt, doppelt müde und zerschlagen vom Ausgang der Wahl. Es wäre nicht notwendig gewesen, sich hier bewachen zu lassen, denn in unserer ›schwarzen‹ Stadt tut Ihnen kein Mensch etwas, wenn auch Ihre Presse das bewußte Verleumdungswort von der ›schwarz-roten Mörderbande‹ geprägt hat. Die Leute in der Stadt sagten: ›Hitler ist auf der Flucht‹. Sie waren nicht auf der Flucht, denn niemand hat Sie verfolgt. Sie konnten am Morgen ruhig in München Ihren müden Aufruf erlassen. Und doch sind Sie immer auf der Flucht: auf der Flucht vor Ihrem eigenen Gewissen. Sie gönnen sich keine besinnliche Stunde mehr und so kommt das Gewissen nicht mehr zu Wort.

Rastlos werden Sie in ganz Deutschland herumgejagt. Mit Mühe können Sie den Ort Ihres nächsten Redezieles erreichen. Die physischen Kräfte sind in denkbar höchster Anspannung und Ihr Aussehen ist naturgemäß angegriffen. Ihre Nerven lassen eine ruhige Gewissensprüfung nicht mehr zu.

Wo Sie hinkommen, werden Sie umschmeichelt, und der Rausch der Begeisterung, der Sie in Ihren Versammlungen umwogt, läßt Sie kaum mehr zu der Frage kommen, ob Ihre Arbeit vor Gott bestehen kann, denn Sie sind des Glaubens: Deutschland steht auf meiner Seite. Ihre Presse verherrlicht Sie in einer widerlichen Weise. Sie gelten als der große Erlöser aus der Not. Sie selbst sind auch davon überzeugt, denn Sie schreiben Ihrer einzigen Persönlichkeit all die Eigenschaften zu, die dazu erforderlich sind, Deutschland wieder aufzubauen. Sie brauchen in Zukunft nichts mehr, was Sie bindet. Ihr Wille soll für Deutschland genügen, und Ihr Befehl soll allein die Wege weisen. Hat Sie Ihr Gewissen schon einmal daran erinnert, welcher Grad von Selbsteinschätzung in diesem Urteil liegt? Wer aus Ihrer Gefolgschaft wagt, diesen Glauben zu zerstören?
Herr Hitler, wer hat Sie denn gewählt?
Leute mit antirömischem Affekt! Sie sind in der römisch-katholi-

schen Kirche getauft und erzogen. Man hat nie gehört, daß Sie formell aus der Kirche ausgetreten wären. Einer Ihrer Abgeordneten hat allerdings im Sportpalast in Berlin erklärt, daß jeder ein gemeiner Lügner und Lump sei, der behaupte, Sie seien römisch-katholisch. Niemand, der Ihre Gedankengänge und Ihre Taten kennt, wird annehmen, daß Sie dem Glauben Ihrer Kirche treu geblieben sind. Sie sind noch nie der Behauptung Arthur Dinters (des Leiters der ›Deutschen Volkskirche‹, Anm. d. Verf.) entgegengetreten, der von Ihrem Bekenntnis erzählt, daß die katholische Kirche nichts zu lachen haben wird, wenn Sie einmal an die Macht kommen. Man kennt Ihre Richtung, und deswegen setzen gewisse Kreise des Protestantismus gerade auf Sie alle Hoffnung. Wenn Sie die Verteilung der Wahlresultate auf der Landkarte verfolgen, dann merken Sie ganz genau, daß es die protestantischen Gegenden sind, die Sie als ihren Mann betrachten, wenigstens was die Bürgerschaft betrifft. Die Arbeiterschaft hat Sie abgelehnt. Der sozialistischen Arbeiterschaft ist der Protestantismus egal. Bei ihr spielt dieses Moment keine Rolle. Ihre Zukunft liegt im Norden, Herr Hitler. (Das Ergebnis der Reichstagswahl vom 31. Juli 1932 sollte diese Feststellung noch deutlicher belegen, Anm. d. Verf.) Gewiß gibt es auch Katholiken, die Ihnen ihre Stimme gaben. Aber das sind Katholiken, die Sie sicher selbst nur mit eigentümlichen Gefühlen betrachten werden, weil sie offensichtlich nicht sehen, wo Ihre Richtung hintreibt. Männer wie Rosenberg und Stark könnten doch diese Katholiken belehren. Auch Herr Goebbels, der in Exkommunikation lebt (Sie wissen das ja als sein Trauzeuge), könnte diesen Katholiken die Augen öffnen. Herr Hitler, unter uns: Was halten Sie denn von den Katholiken, die Sie gewählt haben? Blindes Stimmvieh, wie? Sie lächeln zustimmend. Ich will Sie nicht daran erinnern, daß Sie sich als getaufter, aber mit dem Glauben der Kirche zerfallener Katholik einmal selbst fragen müßten: Kann ich vor meinem Gott bestehen? Doch das mögen Sie mit dem ausmachen, der Sie richten wird.

Wer hat Sie gewählt?

Die Masse der Suggerierten. Sie wollten die Massensuggestion, Sie sprachen davon, daß man den Massen einen fremden Willen aufzwingen, daß man sie fanatisch und hysterisch machen muß. Sie betreiben dieses Geschäft jetzt seit mehr als zehn Jahren. Ihre Presse ist nur auf Suggestion eingestellt. Es wird behauptet und behauptet, bis der Mensch ganz dumm und blöd wird. Es wird unterschlagen und unterschlagen, gelogen und gelogen. Sind Sie nicht für diese Methode verantwortlich? Auch die Propaganda kennt Gesetze des Gewissens.

Wer hat Sie gewählt?

Die wirtschaftlich Zusammenbrechenden. Sie erhoffen von Ihnen die Rettung. Der Bauer, der vor der Gant steht, der Geschäftsmann, der sich nicht mehr hinaussieht. ›Schlechter kann es nicht mehr werden‹, sagen sich diese Menschen. ›Jetzt war Hindenburg 7 Jahre an der Reihe und hat nichts fertig gebracht. Jetzt probieren wir es einmal mit dem Hitler. Wenn der auch nichts fertig bringt, dann jagen wir ihn wieder zum Teufel.‹ So ungefähr ist die Psychologie der Zusammenbrechenden, Herr Hitler. Ihre Wahl ist bei vielen eine Verzweiflungstat, doch nicht die letzte! Es bleibt noch der Bolschewismus.

Wer hat Sie gewählt?

Die Feiglinge, die ihre Stellungen nicht verlieren wollten. Es hatten sich schon eine Menge Menschen auf Sie eingerichtet, vor allem unter denen, die im Dienste des Staates stehen. Sie trauten sich bereits seit Wochen kaum mehr, etwas zu tun, was ihnen als feindselig oder nur als unfreundlich gegen Ihre Partei hätte ausgelegt werden können. Sie wollten doch ihre Stellung behalten, wenn einmal Hitler zur Macht kommt.

Herr Hitler, Sie haben mit Ihrer Hundspeitsche und mit den Drohungen Ihrer Presse eine feige Gesellschaft herangezogen! (Hitler ging selten ohne Reitgerte oder Hundspeitsche, vermutlich um seine Komplexe zu überspielen, Anm. d. Verf.) Ich gratuliere zu diesen freien deutschen Männern des Dritten Reiches. Was denken Sie denn selbst über diese Leute? Müssen Sie nicht innerlich dreimal 'Pfui!' über jeden sagen?

Wer hat Sie gewählt?

Die Stellenjäger und zukünftigen Parteibuchbeamten. Haben Sie sich schon darüber Gedanken gemacht, wie viele unter Ihren Leuten damit rechneten, daß sie im kommenden Dritten Reich sichere Anstellung erhalten und zwar auf Grund ihrer Begeisterung für Ihre Person? Wie viele so dumm waren, zu meinen, schon der 14. März bringe ihnen den Garantieschein ihrer Versorgung?... Herr Hitler, wer hat mehr als Sie und Ihre Presse eine Masse herangezogen, die ganz den Hoffnungen einer ausschließlichen Parteiprotektion verfallen ist? Wo bleibt hier Ihr Gewissen?

Wer hat Sie gewählt?

Menschen, die sich ihren Zahlungsverpflichtungen entziehen wollten. Wie viele Beispiele dieser Art sind mir bekannt geworden! Es gab Leute, die ihre Gläubiger mit dem Hinweis abspeisten: ›Ich zahle nichts mehr. Es kommt jetzt bald der Hitler dran, dann brauch ich nichts mehr zu zahlen.‹ Wissen Sie auch um solche Praktiken? Hat Ihre Parteikasse auch damit gerechnet, daß der 14. März die veränderten Verhältnisse sieht und daß dann bald die neue Gesetzgebung die alten Belastungen hinwegfegt? Haben Sie sich aber überlegt, welche Unmoral in die Masse hineingetragen wurde mit dieser unsauberen Spekulation auf das Dritte Reich?

Wer hat Sie gewählt?

Die Untermenschen des Mordes und der Bedrohung des Nebenmenschen.

Der Ausdruck ist hart, aber nur zu wahr. Sie wissen doch selbst, wie ständig aus Ihren Reihen heraus Andersdenkende bedroht werden. Der Galgen ist eine Selbstverständlichkeit im Sprachgebrauch vieler Ihrer Anhänger. Weiß sich einer nicht zu helfen, dann heißt es einfach: ›Warte nur! Im Dritten Reich kommt die Rache! Da wirst du an die Wand gestellt!‹ Haben Sie nicht selbst zu diesen Bedrohungen Anlaß gegeben? War die Redensart vom ›Köpferollenlassen‹ nicht der Auftakt zu all diesen rohen Bedrohungen? Und dieses Untermenschentum geht herunter bis in die Reihen der Knaben, die von Politik soviel wissen wie ein junges Kalb von der Wissenschaft. Ging da eines Tages in unserem friedlichen Eichstätt Dompropst Wohlmuth zum Zelebrieren in den Dom. Da stand heraußen eine Reihe von Buben. Sie grüßten alle. Nur einer nicht. Der Mesner fragt ihn: ›Warum grüßt denn du nicht?‹ Und die Antwort? ›Den grüß ich nicht. Der wird an die Wand gestellt, wenn wir drankommen.‹ Wissen Sie, wie man diese Verhetzung heißt? Kann Ihr Gewissen dieses Jugendverderben verantworten?

Was sagen Sie zur Propaganda des Hasses? Ihr Hauptblatt ›Der Völkische Beobachter‹ brachte am Mittwoch, den 16. März (Nr. 76, Seite 3), einen Aufsatz aus der Feder des Gunter d'Alquen: ›Der Kampf geht weiter‹. Dort stand zu lesen: ›Jetzt kommt zu unserer Liebe, die der Sinn unserer Mühen, die der Grund unseres Kämpfens ist, der Haß, der Haß gegen alles das, was gegen uns steht... Unsere besten Truppen stellen wir nun in den ersten Graben. Wir gehen zur Offensive über, jetzt werden keine Gefangene gemacht, jetzt wird kein Pardon mehr gegeben. Wir stoßen vor, der kleinste Trichter, der schmalste Grabenfetzen, alles wird ausgefegt, zerschlagen, ausgebrannt. Wir springen ihn an, den Feind, bei Nacht, bei Tag, bei Sonne und Nebel, wir schlagen ihn, wo wir ihn treffen.‹ Das ist die Sprache der Irrsinnigen. Und das positive Christentum? Evangelium des Hasses? Herr Hitler, was sagt Ihr Gewissen?

Ihre große Schuld!

Herr Hitler, auf Ihrem Gewissen lastet die Schuld an der Zerreißung Deutschlands. Sie wollen das Volk einigen? Meinen Sie denn, daß diese Kampftaktik ein Volk zu einigen vermag? Einigen können Sie das Volk, wenn Sie alle anders Gesinnten totschlagen lassen, sonst aber nicht... Sie wissen, daß Sie in absehbarer Zeit auf legalem Weg nicht zur Macht kommen können. Ihre Garden sind aber in einen solchen Wahn hineingetrieben worden, daß Sie es nicht mehr fertig bringen, sie in ruhiger Stimmung zu halten. Was werden Sie tun? Versuchen Sie den Leuten Vernunft beizubringen? Dann sind Sie erledigt. Oder treiben Sie die Massen weiter in phantastische Hoffnungen hinein?

Ihr Aufruf kündigt das an. Dann müssen Sie auch alle Folgen dieser wahnwitzigen Suggestion auf sich nehmen. Kann das Ihr Gewissen tragen? Fürchten Sie nicht, daß die Toten gegen Sie aufstehen werden, um Sie in den einsamen Nächten anzuklagen?

Was rein politisch zur Lage zu erörtern wäre, habe ich nicht berührt. Ihrem Gewissen mag das Gesagte genügen. Wir predigen nicht das Evangelium des Hasses, sondern das der Liebe, auch Ihnen gegenüber. Zur Liebe gehört in erster Linie, daß wir Ihnen die Wahrheit sagen, auch wenn sie bitter ist. Wir reden nicht der Lüge das Wort und lehnen sie genauso scharf ab, wenn sie Ihnen gegenüber gebraucht wird, als wenn sie irgendeinen anderen schädigt. Sie dürfen nicht erwarten, daß wir die göttlichen Gebote weniger energisch betonen, wenn sie dem Dritten Reich unangenehm werden.

Herr Hitler, vergessen Sie nicht das Gewissen! Und wenn Sie es erforscht haben, dann treten Sie vor Deutschland hin und sprechen Sie Ihr großes Schuldbekenntnis, so wie Sie es vor Gott dem Allwissenden erkennen. Ihre Anhänger haben in München ein Flugblatt hinausgegeben, in dem für den 13. März der Psalmvers zitiert wurde: ›Richte mich, o Gott, und entscheide meine Sache gegen ein unheiliges Volk. Von dem Menschen des Unrechtes und des Truges errette mich!‹ Wir empfehlen Ihnen diesen Psalmvers als tägliches Morgen- und Abendgebet. Fragen Sie aber zuerst, wo das unheilige Volk steht und wer der Mensch der Ungerechtigkeit und des Truges ist. Als junge Priesterkandidaten wurden wir belehrt, wir sollten bei der heiligen Messe, so oft wir diesen Vers beten, an uns selbst denken, damit uns unser Herrgott von allem Selbstbetrug und von aller Ungerechtigkeit reinige. Es kann Ihnen nur nützen, wenn Sie dem gleichen Gedanken Raum geben.

P. Ingbert Naab, O.Min.Cap.«

Mit diesem ganz kurzfristig verfaßten offenen Brief hatte Pater Ingbert alles das zum Ausdruck gebracht, was ihn Tag und Nacht beschäftigte und quälte. Fritz Gerlich bezeichnete ihn der Ordensleitung gegenüber als »größte journalistische Leistung, die« ihm »je unter die Augen gekommen« sei. Der Verfasser versäumte nicht, Hitler selbst ein Exemplar zuzustellen.

Ein zeitgenössisches Foto zeigt Hitler an seinem Schreibtisch im Hotel Kaiserhof in Berlin, vor sich ein Exemplar des »Geraden Wegs«, der zu seiner ständigen Lektüre gehörte. Trotz deutlicher Titelzeile ist nicht kenntlich, ob der Leser gerade diese Nummer vom 20. März 1932 vor sich liegen hat. Jedenfalls kaufte die überraschte und empörte Parteileitung die gesamte Auflage in einer Blitzaktion auf. Doch schon am selben Abend erschien der gefürchtete offene Brief in mehreren Berliner Zeitungen; ihnen war der Text fernmündlich durchgegeben worden. Am 10. April konnte die Redaktion ihren Lesern in einer umrahmten Anzeige berichten, daß innerhalb von acht Tagen 1 250 000 Exemplare des Briefes als Flugblätter verkauft worden waren und über tausend mehrheitlich überparteiliche Zeitungen mit einer Gesamtauflage von 20 Millionen den Aufsatz abgedruckt hatten. Der Eichstätter Kapuzinerpater wurde in allen Städten des Reiches, von Königsberg bis Freiburg, von Flensburg bis Berchtesgaden bekannt und wie Fritz Gerlich den Nationalsozialisten ein Todfeind.

»Was mag sein, wenn der Mob losgelassen wird?«

Stöße von Briefen erreichten Pater Ingbert in den folgenden Tagen. Es gab viel freudige Zustimmung, doch aus einem Berg von Schmäh- und Drohbriefen schlug ihm eine Welle des Hasses entgegen. Seinen Lesern bot er in der nächsten Nummer einige Beispiele. Ein Schreiber aus Breslau richtete seinen Schmähbrief »an den Gift und Galle speienden Zentrumsraben Pater Ingbert Naab, Eichstätt« und fuhr fort: »Ihr so stinkender offener Brief an den hochedlen Adolf Hitler im schwarzen Schmutzblatt, genannt ›Schlesische Volkszeitung‹ (dort war der offene Brief abgedruckt, Anm. d. Verf.), hat bei allen anständig denkenden Katholiken und Protestanten Abscheu und Ekel und Empörung über soviel Gemeinheit im Ordenskleid hervorgerufen. Pfui, pfui, pfui – schämen Sie sich, elender Hetzer, Lügner und Verleumder. Sie sind das Anspucken nicht einmal wert.«

Ein besonders gemeiner Drohbrief vom 9. April 1932 aus Mainz kündigte an: »Es wird eine Abordnung unserer SS-Leute Dich baldigst aufsuchen und Dir den Gewissensstrang an die Gurgel anlegen aber bestimmt verlasse Dich Bombenfest darauf Du wirst bald die Gerechtigkeit spüren und Deinen scheußlichen Mund schließen müssen.«

Pater Ingbert knüpfte an diese »Auslese« naheliegende Erwägungen: »Was aber mag sein, wenn der Mob losgelassen wird? Es gibt immer noch Leute, die der Ansicht sind: Wenn Hitler an der Macht ist, geht die Sache ganz anständig. Gewiß, es gibt viele Anhänger, die ein anständiges Regiment erhoffen und wollen. Was fängt er aber mit seiner Mistjauche an? Was wird dieser Auswurf von ihm erwarten und verlangen? Siegen die Anständigen oder die Schurken? Werden überhaupt je anständige Menschen mit derarti-

gen Leuten zusammenarbeiten können – in einer Partei?? Der edle
Freiheitsheld Adolf Hitler möge sich seine Regimenter einmal
gründlich ansehen!«

In der Nummer vom 1. Mai 1932 ließ Pater Ingbert einen Historiker des Jahres 1980 rückblickend über die Jahre 1931 und 1932
urteilen: In der Hitlerbewegung sah man nach dem Urteil dieses
fingierten Historikers vor allem im deutschsprachigen Norden ein
Mittel, um den politischen Einfluß des Katholizismus zu lähmen.
»Gewisse protestantische Kreise waren sogar der Auffassung, die
Hitlerbewegung könne die Vollendung der Reformation und die
religiöse Einigung Deutschlands bringen. Man hatte sich durch das
Bekenntnis zum ›positiven Christentum‹ blenden lassen und übersah dabei, daß dieses Bekenntnis ein leeres Spiel mit Worten war, bei
dem sich jeder etwas anderes denken konnte.« – Nachdem sich
Ingbert Naab wiederum auf Rosenbergs Forderung, die Kruzifixe
aus Kirchen, Schulen und Straßen zu entfernen, bezogen hatte, ließ
er seinen Historiker fortfahren: »Den schwersten Fehler der damaligen Zeit machte der politische Protestantismus. Durch die Beto-
nung des Kampfes gegen Rom wurde die Einigkeit des christlichen
Volkes schwer bedroht. In den Wahlkämpfen wurde teilweise eine
Hetze entfacht, wie man sie seit den Reformationszeiten nur selten
erlebt hatte. Diese Kreise merkten nicht, daß sie durch ihre Einstellung Deutschland dem Chaos entgegentrieben.«

Der imaginäre Historiker, hinter dem Pater Ingbert selbst stand,
sah die folgende Entwicklung in den dunkelsten Farben.

Ehe sich die Schale des Zorns über Bayern, den deutschen Sprachraum, die ganze Welt ergießt, ehe das Grauen in die Mitte dieses
dramatischen Berichtes rückt, muß der Leser sich noch einmal anderen, bereits eingeführten Schauplätzen und Personen zuwenden.

Die Machtübernahme der Nationalsozialisten setzte eine Gewalt-
spirale ohne Ende in Gang: Zuerst wurden die Männer verschlun-
gen, die dem Rad der Geschichte in die Speichen greifen wollten,
dann die Städte Europas von Guernica und Rotterdam bis Coven-
try und Warschau, von Hamburg und Heilbronn bis Dresden und
Nürnberg, von Berlin und Hannover bis Köln, Darmstadt, Frankfurt und München in Schutt und Asche gelegt. Es wurden vom
gefräßigen Rachen der »Vorsehung« Millionen Bombenopfer und
ganze Armeen zermalmt, wurden weitere Millionen in den Konzentrationslagern zu Tode gequält, vergast und durch die Verbren-
nungsöfen gejagt: Die Menschheit in ihrer Gesamtheit als »Lebens-
unwertes Leben«! Eine All-Euthanasie der geschundenen Kreatur!

Die Abstände zwischen Pater Ingberts verzweifelten Aufrufen
wurden knapper und knapper, aber je gellender er seine Warnungen
hinausschrie – »Die Partei mit der christlichen Maske!« – »Die Män-

ner um Hitler!« – »Die Flammenzeichen rauchen!« –, der Diktator war in keinem einzigen Fall mit Pater Ingberts Ratio zu packen, sein Glanz und Ende, sein Kommen und Gehen, sein Aufstieg und Fall waren Wege, aus dem Augenblick die Ewigkeit zu machen, rational weder begreifbar, noch wahrscheinlich verhinderbar.

Der Priester Bruno Rothschild stirbt

Sein letztes Lebenszeichen gab Bruno Rothschild ein halbes Jahr nach der Priesterweihe, am 21. Dezember 1932 aus Konnersreuth. Er schrieb an seine Kusine Erna Herrmann nach Speyer: »Zum Weihnachtsfeste auch Dir beste Segenswünsche. Möge das gute Christkind, wenn es bei der Wandlung in der Heiligen Nacht wieder Fleisch und Blut annimmt und zu uns vom Himmel herniedersteigt, auch Dir Gnaden und Segen spenden, auf daß wir es immer aufrichtiger lieben und um seinetwillen bereit sind, die Opfer und Mühseligkeiten des neuen Jahres gern und geduldig zu tragen und ihm aufzuopfern. Dies wünscht Dir zum Weihnachtsfeste

Dein Vetter Bruno.«

Am selben Tag starb der Vater des jungen Priesters in Lohr. Von dessen Beerdigung trat Bruno seine Rückreise nach Konnersreuth an, wo er noch am Heiligen Abend priesterliche Dienste im Rahmen der Christmette übernehmen sollte. Er meldete den Zeitpunkt seiner Rückkehr telephonisch an. Im Pfarrhof, wo er im rechten Zimmer zu ebener Erde wohnte, war sein Gabentisch mit Kelch und Meßgewand vorbereitet.

Auf dem Nürnberger Hauptbahnhof war Bruno Rothschild eben im Begriff, in den Zug nach Waldsassen umzusteigen, als er einen schweren Herzanfall erlitt. Er konnte noch sterbend »Heiland!« flüstern, dann brach er tot zusammen. Die Bahnhofsuhr stand auf halb drei.

Ein ehemaliger Eichstätter Kurskollege Rothschilds, Kaplan Andreas Bauch, berichtete später: »Am Heiligen Abend 1932 wurde ich – ich war damals Kaplan in dem Nürnberger Vorort Eibach – von der Polizei angerufen, ob ich einen Priester namens Bruno Rothschild kenne. Es sei ein Geistlicher an Herzschlag auf dem Hauptbahnhof Nürnberg tot zusammengesunken. Er trage ein Primizbildchen bei sich. Man wisse aber nicht, ob er es selber sei, oder ob er es nur geschenkt erhielt. Ich fuhr sofort mit der Straßenbahn zum Hauptbahnhof und fand meinen Mitbruder in einem oberen Raum des Bahnhofes aufgebahrt. Sofort konnte ich ihn identifizieren. Ich verständigte telefonisch Konnersreuth, das Bischöfliche Generalvikariat Eichstätt und die Angehörigen Rothschilds.

Nun entspann sich ein dramatischer Kampf um die Leiche des Verstorbenen. Die jüdischen Angehörigen – Bruno kam eben von der Beerdigung seines Vaters, wo es anscheinend eine aufregende Begegnung gegeben hatte, weil er zum ersten Mal als katholischer Priester dort eintraf – wollten um jeden Preis eine Beerdigung in Konnersreuth verhindern, weil Bruno dort katholisch geworden war. Ich verhandelte im Auftrag des Generalvikars Dr. Karl Kiefer und in ständiger Fühlungnahme mit Therese Neumann mit einem jüdischen Verwandten aus Berlin. Man einigte sich auf eine Zwischenlösung. Schon war ein Grab auf dem katholischen Friedhof Nürnberg-Reichelsdorf bestellt, wohin man Bruno dann gebracht hatte. Da entschied der diensttuende zweite Staatsanwalt am 26. Dezember abends, daß die kirchliche Oberbehörde den Begräbnisort bestimmen könne. Daraufhin wurde die Leiche am 27. Dezember nach Konnersreuth gebracht, wo sie abends sechs Uhr eintraf…

Als Bruno im Pfarrhof aufgebahrt war – ich war persönlich Zeuge –, trat Therese Neumann zum ersten Mal vor den Toten und geriet dann in Ekstase. Ihr Gesicht strahlte auf. Sie erzählte danach, daß sie Bruno in der Herrlichkeit des Himmels gesehen habe, daß dieser ihr sagte, er sei unendlich glücklich und wäre nur kurze Zeit im Fegefeuer gewesen. Aber diese kurze Zeit sei ihm wie eine Ewigkeit erschienen.

Ich persönlich habe es als göttliche Fügung empfunden, daß der schon seit Jahren an einem schweren Herzleiden erkrankte Mitbruder kurz vor der Machtergreifung durch die Nationalsozialisten in die Ewigkeit geholt wurde. Er hätte zweifelsohne Bitteres erfahren müssen, nachdem sich ›Der Stürmer‹ in gehässigster Weise bereits mit ihm befaßt hatte.« Sicherlich wurde ihm Bitterstes erspart, nämlich der Tod in der Gaskammer.

Ergreifend für die Trauergemeinde war es, zu beobachten, wie Therese Neumann an der offenen Grube von Bruno Abschied nahm. Er hatte ihr gegenüber bei einem Gang über den Friedhof geäußert, er wolle einmal hier begraben sein. Zum letzten Mal gab Therese ihm das Weihwasser, zum letzten Mal rief sie wie sonst seinen Namen. Mit tränenüberströmtem Gesicht wendete sie sich vom Grab.

Später schrieb sie an Erna Herrmann: »Der gute Bruno! Mir war es furchtbar! Der Heiland nimmt doch immer das Liebste. Und Bruno war ein so lieber, edler Priester, an dem man seine Freude haben mußte. Aber der gute Heiland hatte ihn noch lieber. Und wir sagen halt, wenn oft auch mit schwerem Herzen: ›Heiland gern‹. Liebe Erna, ich weine oft stundenlang, obwohl ich ihm die Ruhe gönne. Hab oft schrecklich Zeitlang nach ihm. Wenn was Besonderes vorkommt, denke ich: Wenn Bruno kommt, dies muß ich ihm aber doch erzählen. Doppelt groß dann der Schmerz, wenn ich mir sage, er ist ja nimmer unter uns, er ist ja schon daheim. Ich denke halt, der liebe Heiland holte ihn zur rechten Zeit.«

Er holte ihn zur rechten Zeit, denn, als dieser Brief geschrieben wurde, Anfang März 1933, war das drohende Schicksal, das Männer wie Fritz Gerlich und Ingbert Naab abwenden wollten, unabwendbar.

Die Gebeine Bruno Rothschilds wurden später, nach dem Tode Pfarrer Nabers, umgebettet und in ein gemeinsames Priestergrab gelegt. Seinen kleinen Schädel hielt der Pfarrnachfolger in Händen, ehe er ihn bedachtsam in die Kiste legte, wie wenn es der Schädel wäre, der Theresia von Lisieux einst – als der Konvertit vor ihrem Altar kniete – aus den Rosen spendenden Händen geglitten war.

Neuntes Kapitel

Mit glühenden Zangen
aus lebendigem Leib

Der Schrecken greift um sich

So verliefen die letzten Monate des »Geraden Wegs«: Das Wahlergebnis vom 31. Juli 1932 hatte keine Mehrheitsbildung im Berliner Reichstag ermöglicht. Hindenburg ließ den glücklosen Papen am 3. Dezember 1932 nach sechs Monaten Kanzlerschaft fallen und ernannte General Kurt von Schleicher zum Nachfolger. Dieser hoffte, die NSDAP mit Hilfe des Nazi-Abweichlers Gregor Strasser spalten zu können. Hitler setzte sich aber durch, Strasser wurde seiner Parteiämter enthoben. Papen, der in den ersten Tagen des Unglücksjahres 1933 über Schleichers Kopf hinweg mit Hitler verhandelte, ließ Hindenburg wissen, daß der Naziführer sich an einer Koalition beteiligen würde. Gerlich schrieb, als die erste Kombination eines »nationalen Kabinetts« mit Hitler und Hugenberg an die Öffentlichkeit drang, am 22. Januar 1933:

»Wir haben schon vor längeren Monaten einmal den Gedanken ausgesprochen, daß das Schicksal des deutschen Volkes, das heißt die Gewinnung einer besseren Zukunft offenbar über einen furchtbaren Zusammenbruch führen müsse. Denn alle Gründe gegen die Politik des letzten Jahres, die man vorträgt, erwiesen sich als wirkungslos. Wir sehen in dem neuen Kabinett der ›nationalen Konzentration‹ nichts weiter als den Übergang vom schleichenden zum offenen Zusammenbruch des jetzigen Deutschen Reiches. Wir endeten damals mit den Worten ›Gott sei uns gnädig‹; wir haben heute dem nichts hinzuzufügen.«

Am 25. Januar 1933 wurde Gerlich noch deutlicher. Unter dem Titel »Berlin geistig eingegast!« wiederholte er ein Wort aus Otto Strassers »Schwarzer Front« vom 22. Januar 1933, »die es wissen muß!, daß ›keine Partei, keine Organisation Deutschlands so infam, so ehrabschneiderisch, so feig, so schurkisch handelt wie die Hitlerpartei!‹ Wir haben es seither wahrhaftig erfahren, wie richtig diese Charakterisierung war!« (Otto Strasser, Gregors Bruder, ging wenige Tage, nachdem er Hitler so vernichtend gebrandmarkt hatte, ins Exil.)

Kurt von Schleicher, der dank Papens »Nachhilfe« scheiterte, trat nach 54 Tagen Kanzlerschaft am 27. Januar zurück. Hindenburg ernannte am 30. Januar Hitler zum Reichskanzler. Dieser leistete am 21. März seinen Eid am Sarkophag Friedrichs II. von Preußen (seines kultisch verehrten Idols) in der Potsdamer Garnisonskirche. Ein denkwürdiger Fall: Der pervertierte Österreicher verbeugt sich am »Tag von Potsdam« vor Hindenburg und empfängt am Sarg des Preußenkönigs die Würde des Reichskanzlers.

In der neuen Koalitionsregierung war die NSDAP unter Kanzler Hitler mit Innenminister Frick, mit Goebbels und Göring vertreten.

Goebbels bekam am 13. März das »Ministerium für Volksaufklärung und Propaganda« eingeräumt, Göring bekleidete vom 28. April an das Amt eines Ministers für Luftfahrt und blieb zugleich preußischer Ministerpräsident.

Gerlichs Artikel: »Deutschlands Leidensweg« vom 1. Februar 1933 endete: »Denn das ist das Furchtbare an unserem heutigen Schicksal: Wir glauben, den Weg zur Befreiung, zu Erlösung von unserm Elend dadurch finden zu können, daß wir die Irrtümer, die Fehler übersteigern und denjenigen, der mit dem stärksten Brustton der Überzeugung die größten Irrtümer vertritt, als den Führer zur Befreiung bejubeln.«

Gegen die Koalitionsabsprache mit dem deutschnationalen Hugenberg ließ Hitler am 1. Februar den Reichstag auflösen und für den 5. März Neuwahlen ausschreiben. Die nationalsozialistische Propaganda beherrschte den Wahlkampf, der Terror der SA und SS prägte das Straßenbild.

Joseph Goebbels kam auf den perfiden Gedanken, das Reichstagsgebäude im Einvernehmen mit Göring durch ein SA-Kommando anzünden zu lassen und die Schuld daran den Kommunisten in die Schuhe zu schrieben, um für jegliche Gewaltmaßnahme freie Hand zu haben. Einen Tag zuvor, am 26. Februar, veröffentlichte Gerlich den Plan des SA-Führers Ernst Röhm, sich die gesamte Polizeigewalt im Reich anzumaßen. Röhm sollte als Generalstaatskommissar die widerspenstigen süddeutschen Länder, vor allem Bayern, durch die Einsetzung von Reichskommissaren dem Berliner Terror unterwerfen. Dieser Plan war Gerlich durch den bereits erwähnten Georg Bell zugespielt worden. Gerlich gab in seinem Artikel der Hoffnung Ausdruck, daß die Reichsregierung »ohne Säumen diesen Planungen unverantwortlicher Elemente und Provokateure innerhalb der SA und SS ein Ende bereite.« Als Antwort brannte der Reichstag. Immerhin unterblieb die Einsetzung von Reichskommissaren bis nach den Wahlen; Hindenburg gab sogar Bayern sein Wort, er werde diesem Vorhaben keinesfalls zustimmen. Bereits am Tag nach dem Reichstagsbrand erließ Hitler eine »Verordnung zum Schutz von Volk und Staat«, wenig später eine weitere »Verordnung gegen Verrat am deutschen Volk und hochverräterische Umtriebe«. Jedes Grundrecht war aufgehoben, das Verbot der KPD nachträglich begründet.

Am 1. März 1933 war Gerlich durch Bells Nachrichtendienst in der Lage, den »Aufmarsch der SA gegen Berlin« im Wortlaut abzudrucken. Rücksichtsloser Waffengebrauch gegen alle Feinde der Bewegung wurde vorgeschrieben, den Parteigenossen nahegelegt, in der Nacht nach der Wahl die Straßen zu meiden, »damit dieselben keiner Gefahr ausgesetzt werden«. Hindenburg sollte für die

Dauer dieses Tages von der Reichswehr nach Döberitz eskortiert werden, damit er die »Nacht der langen Messer« nicht störe, auf die sich das Mordgesindel schon lange freute. Beabsichtigt war ein »Akt des spontanen Volkswillens« (wie er fünf Jahre später bei den Juden-Pogromen erneut praktiziert wurde).

Am Wahltag, dem 5. März 1933, gab Gerlich noch einmal seinem Freund Ingbert Naab das Wort. Es war dessen letzter Beitrag für den »Geraden Weg«. Unmittelbar nach dem Reichstagsbrand wählte er den Titel: »Die Flammenzeichen rauchen«. Denkende Menschen, so der Pater, »die sich den brüllenden Lautsprechern, den roten Fahnen, den betäubenden Heilrufen, den lodernden Fackeln und den riesigen Transparenten nicht beugen, sondern sich daran erinnern, daß sie ihren Verstand nicht umsonst von ihrem Schöpfer erhalten haben, protestieren bei dieser Wahl gegen die alle Wahrheit vergewaltigende Behauptung, daß sich die echten Deutschen nur im Lager der sogenannten nationalen Einheitsfront befinden... Das Recht ist nicht Sache der Willkür. Wir verankern das Recht in den Geboten Gottes. Und diese Gebote gelten für alle. Wer für dieses Recht kämpft, der kämpft für die Freiheit, auch für die Freiheit des deutschen Volkes! Wenn wir also am 5. März keine Stimme der nationalsozialistischen Bewegung geben, wenn wir die Linksfront ebenso ablehnen, wenn wir für die Parteien eintreten, die sich der göttlichen Rechtsordnung beugen wollen, dann kämpfen wir für das Recht, auch für das deutsche Recht!«

Selbstverständlich ging der Herausgeber des »Geraden Wegs« am Sonntag, dem 5. März 1933, zur Wahl. Der Reichstagsbrand hatte den Braunen einen Vorwand geliefert, gegen ihre Gegner mit offenem Terror vorzugehen. Drohungen und Gewalt überschatteten die Abgabe der Stimmzettel. Ludwig Weitmann, der Neffe von Gerlichs schwerleidender, halbgelähmter Frau, brachte das Ehepaar Gerlich am 4. März im Auto nach Innsbruck. Im bayerischen Grenzort Kiefersfelden gingen die beiden am kommenden Morgen zur Wahl, kehrten aber gleich nach Innsbruck zurück. Therese Neumann, die in der Ekstase eine tödliche Gefahr für Gerlich schaute, ließ ihm durch die Staatsarchivsekretärin ins Innsbrucker Hotel übermitteln: »Gerlich soll draußen bleiben! Gerlich soll in Innsbruck bleiben!«

Leider mißachtete er diese Warnung. Vom Wahlausgang erschüttert, folgte er einer inneren Stimme, die ihm seine Rückkehr nach München als notwendig nahelegte. Einer von Gerlichs Mitarbeitern – Curt Graf Strachwitz – erinnerte sich später: »Am Nachmittag des 6. März war der gesamte Redaktionsstab des ›Geraden Wegs‹ damit beschäftigt, die nächste Ausgabe des Blattes, die in der Nacht gedruckt werden sollte, vorzubereiten. Dr. Gerlich hatte telephonisch sein Eintreffen zum Redaktionsschluß angekündigt. Allein die Stunden vergingen! Wir warteten mit steigender Ungeduld und Sorge auf das Erscheinen des Herausgebers. Endlich kam die Nachricht, daß der Wagen Dr. Gerlichs zwischen Rosenheim und München in den Straßengraben geraten war, daß alles gut abgegangen sei und daß wir Dr. Gerlich in der Redaktion erwarten sollten. Er kam gegen 10 Uhr abends an, und dann erfuhren wir erst, daß er schon mittags von Innsbruck abgefahren sei, daß es aber eine Panne nach der anderen gegeben habe und schließlich noch einen kleinen Unfall... Wir dachten damals über diese Fahrt mit Hindernissen nicht weiter nach. Später schien es mir aber, als wenn die Vorsehung unserem lieben Doktor einen deutlichen Fingerzeig hätte geben wollen, er solle doch ja nicht nach München zurückkehren. Leider hat Dr. Gerlich das böse Omen nicht zur Kenntnis genommen...«

Demselben Mitarbeiter vertraute Gerlich »halb ironisch, halb schwermütig« an: »Wir werden wohl die ersten sein, die sie an die Laternenpfähle hängen werden.«

Das Wahlergebnis schockierte: NSDAP 43,9 Prozent, SPD 18,3 Prozent, Zentrum und BVP 13,9 Prozent, KPD 12,3 Prozent, DNVP 8,0 Prozent, DVP 1,1 Prozent, Deutsche Staatspartei 0,9 Prozent. Hitler eroberte zusammen mit Hugenbergs Deutschnationaler Volkspartei knapp 52 Prozent der Stimmen im ganzen Reich. Das war die absolute Mehrheit im Reichstag. Bayern blieb weit unter diesem Durchschnitt.

Fritz Gerlich, Hitlers »Feind Nr. 1«, ging seinen Weg zu Ende. In den Nachtstunden des 6. und frühen 7. März schrieb er seinen letzten Leitartikel: »Das Mandat der 52 Prozent«. Wir beobachten an Gerlichs spätester öffentlicher Äußerung eine aus dem Kampf gegen das großpreußische Kleindeutschland erklärliche Rückbesinnung auf das alte Römische Reich, sah er doch in der Hitlerbewegung »das Zeichen des geistigen und politischen Zusammenbruchs, die offene Loslösung von der menschlichen Kultur der letzten zwei Jahrtausende, einen Schritt in die Barbarei mit lebensvernichtender Auswirkung.« Er schloß mit Worten der Entsagung: »Jedenfalls möchten wir nicht zu denjenigen gehören, die die ›Wechsel‹ – nämlich die Stimmzettel dieser Wahlmehrheit – einzulösen verpflichtet sind.« Es hatte die systematische Vernichtung der Juden, die Euthanasie, den Aderlaß von Stalingrad, es hatte das unglaubliche Blutopfer Millionen Gefallener noch nicht gegeben. Aber Gerlich sah alles voraus. Das von diesem System in die Welt gesetzte Unrecht, wußte er, würde nach hundert Jahren immer noch nicht gutgemacht sein.

Herkommen aus Schottland

Es ist hier wichtig, einige Lebensdaten des Nachrichten-Informanten Georg Bell einzuschalten. Der gebürtige Oberbayer war von einem Elternteil her schottischen Blutes. Er behauptete, im Dienste des britischen »Secret Service« dem berühmten T.E. Lawrence dabei geholfen zu haben, den Kurdenaufstand gegen Kemal Atatürk zu organisieren. Dieser Aufstand hatte zu einer grausamen Ausrottung großer Teile des kurdischen Volkes geführt. Später arbeitete Bell in Bulgarien, was ihm eine vorzügliche Kenntnis des Balkans einbrachte. Er war Verbindungsmann zwischen britischen Kreisen und der NSDAP, konnte erstaunliche Dokumente mit Röhms eigenhändiger Unterschrift vorweisen. So verlangten französische und britische Geldgeber von Röhm, da ihnen Hitler offenbar kein annehmbarer Partner war, sich binnen zwei bis drei Monaten an die Spitze der NSDAP zu stellen; eine deutliche Forderung. Der SA-Stabschef, der eine Bürgerkriegsarmee in Millionenstärke aufgebaut hatte und bereit war, den Führer der NSDAP fallen zu lassen, beauftragte seinen Verbindungsmann Bell damit, weiter zu verhandeln. »Am 29. V. 31 habe ich...«, erinnerte sich Bell, »Paris und London verständigt, daß Röhm die Bedingungen annimmt und versuchen wird, sie zu erfüllen.« In einem kleinen Kreis verschworener SA-Führer des Braunen Hauses an der Brienner Straße gewann der Gedanke Umrisse, Röhm den Weg in der Partei mit Gewalt freizumachen. Bell stand als Feind Hitlers dem Verschwörerkreis nahe. SA-Sturmbannführer Julius Uhl, der in der obersten SA-Führung den Posten eines Referenten bekleidete, erklärte sich bereit, Hitler aus dem Weg zu räumen. Er galt als hervorragender Pistolenschütze. Inzwischen erregte allerdings die eigenmächtige Politik Röhms das Mißfallen Hitlers. Wie noch so oft, kam er auch diesem Angriff auf sein Leben zuvor. Er mußte sich – wie Siegfried – für unverwundbar halten. (Kein Attentäter fand – wie einst Hagen – die verletzliche Stelle des Lindenblatts.)

Aus den Jägern wurden Gejagte. Nach der Aufdeckung eines geplanten Mordanschlags des ehemaligen SA-Standartenführers Emil Danzeisen auf Röhm und Bell zog sich der SA-Stabschef von seinem Weggenossen zurück, sei es, weil er ihm mißtraute, sei es, weil er es mit der Angst zu tun bekam. »Am 19. IV. 1932« hatte Bell nach seinem eigenen Bericht »eine große Aussprache mit Röhm. Die Angriffe der Gegner innerhalb der Partei hatten sich so verstärkt, daß dieser es für geboten hielt, jede Tätigkeit zunächst einzustellen. Insbesondere war Röhm durch den geplanten Mordanschlag auf ihn und mich schwer erschüttert. Auch machte die vollständige Beschneidung seines Etats jede weitere Tätigkeit unmöglich. Das Mißtrauen seiner Parteigenossen ... wuchs in dem Grade, daß jede Tätigkeit für Röhm unerwünscht erschien.«

Überdies wurde Bell von den »unglaublichen Zuständen« in der Reichsleitung der NSDAP abgestoßen. Am 8. Oktober 1932 verließ er die Partei und wendete sich dem Herausgeber des »Geraden Wegs« zu. Den Hitlerleuten ging ein Mann mit hervorragenden Kontakten verloren, schlimmer noch, ein Mann, dessen Wissen um Parteigeheimnisse Sprengkraft hatte. Bell war es gewesen, der die Verbindung zu Sir Henry Deterding, den Chef der »Royal Dutch/Shell-Gruppe«, geknüpft und erreicht hatte, daß der englisch-holländische Erdölmagnat sich bereit erklärte, mit den Nazis zusammenzugehen. »Das Ergebnis der Besprechungen«, bezeugte später Erich Fürst von Waldburg Zeil, der das von Bell sichergestellte Original des Vertrages in Händen gehalten hatte, »war ein Übereinkommen, das die Finanzierung der SA durch Deterding gewährleistete. Dafür versprach die Partei nach der Machtergreifung Vorteile auf dem Gebiete des Absatzes von Erdöl-produkten in Deutschland auf Kosten der bis dahin stark gepflegten gleichen russischen Interessen.«

Bells Absicht war es, gegen die Nationalsozialisten dort einzu-schreiten, wo ihre Abwehr noch möglich war, zum Beispiel in Bayern. Sein Nachrichtendienst erwies sich immer als zuverlässig. Bewundernd sah Redakteur Hell, wie er »sich immer neu auf eine Fährte setzte, wo es galt, greifbare Unterlagen für ernsthaft Vermu-tetes zu beschaffen.« Die Informationsbriefe, die er seit November 1932 regelmäßig aus Berlin schickte, strotzten von lächerlichen Details über die Verhandlungsführung des Kabinettchefs Hitler. »Der Eindruck, den Adolf auf alle Minister machte, (war katastro-phal,) und die Mitglieder konnten nur mit Mühe ihre Haltung bewahren... Frick ist jetzt Adolfs Zeremonienmeister, Göring platzt vor Größenwahn.«

Abschied von Konnersreuth

Im erhobenen Ruhezustand war Therese Neumann ansprechbar. Das Wissen, das in solchem Zustand vermittelt wurde, überstieg bei weitem das ihr im Normalzustand zur Verfügung stehende Geistes-gut. Sie redete in dieser Verfassung merkwürdigerweise Schrift-deutsch. Die Person des mit ihr Sprechenden wurde durchschaut. »Man mußte sich, wenn man schon im Vertrauen auf die Über-natürlichkeit der Quelle eine Frage stellte«, so schrieb später Johan-nes Steiner, »der Herkunft der Antwort aus einem transzendenten Bereich bewußt sein und folglich damit rechnen, daß die Antwort möglicherweise selbst die Schranke des Todes übersprang.« Schon in den ersten Anfangsjahren der Hitler-»Bewegung« sagte Therese: »Bemüht euch nicht, ihr werdet darüber nie etwas erfahren. Daß es nicht gut ausgeht, wißt ihr sowieso.« Therese machte viele Voraussagen, die das Schicksal einzelner Menschen im »Dritten Reich« betrafen. So prophezeite sie Dr. Gerlich seine Verhaftung. Luise Rinser fragt sich: »Warum hörte er nicht auf Thereses Warnung? Es lag in seinem Temperament sowohl wie in seiner Absicht, keine Vorsicht walten zu lassen. Wahrscheinlich auch war Thereses Voraussage keine Warnung zur Vorsicht, sondern eine Botschaft, die ihn nicht überraschte. Vielleicht sogar kam dies alles einer geheimen Sehnsucht nach dem Märtyrertum entgegen«, das er tragen wollte wie sein Heiland.

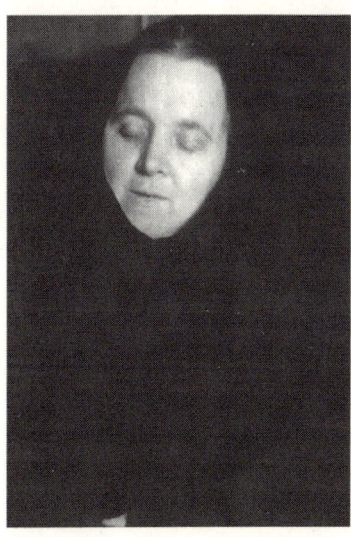

Therese Neumann im ekstatischen Gebet der Ruhe während der heiligen Messe zwischen Wandlung und Kommunion. Aufnahme in der Osterwoche.

Therese war die beste Kennerin des innersten Seelenlebens ihres Vertrauten Fritz Gerlich nicht nur als Folge ihrer Begnadung, sondern auch als Folge ihres im Lauf der Jahre ins Riesengroße gewachsenen Erfahrungsschatzes über ihn, der ihr ein oft lästiger Quälgeist endloser Vernehmungen gewesen war. Gegen seine Neugierde hatte ihre natürliche Zurückgezogenheit oft genug aufbegehrt. Sie erkannte jedoch die tiefe und ehrliche, geradezu grenzenlose Hingabe an den Schöpfer, das felsenfeste Vertrauen dieses Mannes auf Seine Liebe und barmherzige Hilfe so klar, daß sie für ihn eine an Verehrung grenzende Achtung empfand. »Gerade ihr«, erinnerte sich Erwein von Aretin aus Gesprächen mit Therese, »hatte Gerlich sein Herz anvertraut wie sonst wohl keinem Menschen. Als Gerlich wenige Wochen vor seiner Verhaftung zum letztenmal von Konnersreuth Abschied nahm, kniete er... vor dem Pfarrer nieder, um sich von ihm seinen Segen für den letzten, schweren Teil seines Weges geben zu lassen. Auf Erden hat ihn Therese seither nicht mehr gesehen.«

Ein letzter Versuch

Georg Bell befürchtete, daß es als unmittelbare Folge des »Mandats der 52 Prozent« nach preußischem Vorbild nun auch in Württemberg und Bayern zur Einsetzung von »Reichskommissaren« kommen werde. Er tat alles in seinen Kräften Stehende, um diese Gleichschaltung zu verhindern. Das Original des Geheimvertrages zwischen dem Erdölmagnaten Sir Henry Deterding und dem Stabschef der SA, Ernst Röhm, hielt er in Händen. Das Dokument, das die Verbindungen der Nazis mit ausländischen Geldgebern aufdeckte, konnte zum Verhängnis für Hitler werden. Da Hindenburg offenbar nichts davon wußte, ein Privatmann aber, selbst mit glaubwürdigstem Material, schwerlich beim Präsidenten vorgelassen wurde, wäre es nach Gerlichs Überlegungen von Vorteil gewesen, wenn Fürst Waldburg-Zeil die Regierungschefs Bayerns und Württembergs dazu hätte bewegen können, amtlich bei Hindenburg mit diesem Material vorstellig zu werden.

Bell spekulierte ähnlich: Wenn der Eindruck erweckt werden könne, daß die Macht in der Partei bereits der SA zugefallen sei, entstünde eine Situation, die Hitlers Führungsschwäche bloßlege. Die ungeheuerliche Information würde darüber hinaus bei den Deutschnationalen zum Krach mit den Nationalsozialisten und unter Umständen zum Austritt aus der Regierungskoalition führen. Nach jedem Strohhalm griffen die drei Männer, um Hitlers totale Machtergreifung abzuwehren.

Nachdem der Versuch des Fürsten, mit dem bayerischen Ministerpräsidenten Held ins Gespräch zu kommen, gescheitert war, traf Waldburg sich mit Gerlich und Bell in der Redaktion. Von dort nahm er sie im Auto mit nach Stuttgart. Waldburg, der Geldgeber des »Geraden Wegs«, der am Tag, als er von der Ernennung Hitlers zum Reichskanzler erfuhr, sein Testament gemacht hatte, schrieb später in seinen bisher unveröffentlichten Memoiren: »Am Mittwoch, dem 8. März, fuhr ich mit Gerlich und Bell über Zeil nach Stuttgart. Der Umweg war angebracht, da wir uns schon verfolgt und beobachtet wußten. Von Zeil aus rief ich Staatspräsident Bolz an, dessen traurige Stimme sagte: ›I glaub, 's ischt scho alles umsonscht. Bei uns hängt d'Hakenkreuzfahn aus'm Ministerium.‹ Vergebens machte ich ihm (später in Stuttgart) klar, daß die Entscheidung über das Schicksal des Reiches in diesen Stunden in Berlin falle und daß die Pflichten in Württemberg bereits bedeutungslos seien; wichtig sei jetzt nur, ob die SA oder die Reichswehr mit der Polizeigewalt im Reiche betraut werde... Er wies verzweifelt seinen Terminkalender vor, da stand nun leider klar verzeichnet, daß der arme Mann zwei Tage darauf in Friedrichshafen einen Bahnhof einweihen mußte, und um dieses historischen Friedrichshafener Hafenbahnhofs willen ist die Reise (nach Berlin) auch richtig unterblieben... Nochmals machte ich einen Versuch am Donnerstag Morgen, den Staatspräsidenten umzustimmen. Der Justizminister war zugegen, aber es war nichts mehr zu erreichen. Derweilen schrieb ein Polizeimann bereits die Nummer meines Wagens auf, der vor dem Ministerium stand... Die Lage wurde bedrohlich, auf der Straße wurde demonstriert. Rasch verließen wir das Hotel, und da wir beobachtet wurden, brachte ich Gerlich und Bell auf dem Umweg über Münsingen, Blaubeuren nach Ulm auf die Bahn.«

Der Fürst kehrte in seinem roten Mercedes zum Schloß Zeil zurück, Bell und Gerlich passierten im »D 120« die bayerische Staatsgrenze. Knapp zwei Stunden später verließen sie die Arkaden des Münchner Hauptbahnhofs und eilten zu Fuß in die Hofstatt.

Das Ende des Freistaats Bayern

Seit Jahren kämpfte auch Erwein von Aretin gegen die drohende Hitlerdiktatur. Anders als Gerlich sah er in der Rückkehr zur bayerischen Monarchie die letzte Möglichkeit einer Rettung vor den Nazis. Es war kein utopischer Gedanke, lag doch der Tag, an dem König Ludwig III. ins Exil nach Anif ging, erst ein Jahrdutzend zurück. In einem zur Reichspräsidentenwahl 1932 veröffentlichten Artikel hatte Aretin sein Wissen von der kriminellen Vergangenheit vieler führender Nationalsozialisten ausgebreitet. Nun drängte die Zeit. Nikolaus Cossmann ließ das Januarheft 1933 seiner »Süddeutschen Monatshefte« unter dem Titel »König Rupprecht« erscheinen. Die Auflage war verdoppelt worden und gleichwohl in wenigen Tagen vergriffen. Staatsrat Fritz Schäffer, Leiter des Bayerischen Ministeriums der Finanzen, sah (wie die Sozialdemokraten und Juden) im Schritt zur Monarchie den letzten Weg zur Rettung. Übrigens waren es bei den bayerischen Juden keine Gefühlsgründe, warum sie der Rückkehr zur Monarchie einen »langen Tag« des Gebets widmeten. Wußten sie doch, daß sie nie vorher soviel Ruhe und Achtung genossen hatten wie unter den bayerischen Königen. Auch die bayerischen Sozialdemokraten hatten im Parlament geschlossen für die Monarchie gestimmt.

Es galt also, den Kronprinzen, der völlig zurückgezogen lebte, in der Öffentlichkeit so darzustellen, daß der »Rückgriff« auf ihn als naheliegend, wenn nicht selbstverständlich erschien. Diesem Zweck diente eine Ovation für den Kronprinzen im bayerischen Nationaltheater. Aretin erinnerte sich: »Für eine Aufführung der Operette ›Der Vogelhändler‹ am 10. Februar 1933 baute die Regie einen Aktschluß zur Huldigung für einen Fürsten aus, der durch eine Flut weißblauer Fahnen zum bayerischen Fürsten gestempelt wurde. Der Kronprinz war als Zuschauer im Theater anwesend (er saß in der Königsloge), und als die genannte Szene kam, begannen einige vorher bestimmte, im Raum verteilte Leute zu klatschen. Aber was nicht vorgesehen werden konnte: dieses Klatschen hatte die Wirkung einer Atombombe. Das gesamte Theater sprang von den Sitzen auf, und die jubelnde, tosende Huldigung hielt die ganzen zwanzig Minuten der vorgesehenen Pause zwischen den Akten an. Zwanzig Minuten sind eine sehr lange Zeit! Hitler war erst zehn Tage im Amt; die Gestapo steckte noch in den ersten Anfängen, und die Leute hatten noch den in der Demokratie selbstverständlichen Mut ihrer Überzeugung. Jeder wußte, daß sich die Demonstration gegen Hitler richtete; ihr Toben war ein Scherbengericht, das die Stadt an jenem Unglücksmenschen vollzog, der sie, seinem verlogenen Wesen entsprechend, ›Hauptstadt der Bewegung‹ nannte!«

In ihrem Buch »Beim Namen gerufen« erinnerte sich Elisabeth Freifrau zu Guttenberg: »Nach Jahren intensiver und mühevoller Vorarbeit sollte endlich der Tag kommen, an dem in Bayern das Königshaus wieder regieren würde. Im Münchner Hotel ›Vier Jahreszeiten‹ war das ›Hauptquartier‹, die Zentrale der Königsbewegung. Schon seit Wochen waren Enoch und ich dort mit Sekretärinnen und Mitarbeitern, unter ihnen der alte Graf Stauffenberg und Erwein von Aretin...

Die Arbeit in der Zentrale im Hotel ging meist bis spät in die Nacht. Endlich schien alles im Lot. Am Abend des 20. Februar 1933 war ich todmüde ins Bett gefallen. Enoch würde noch lange ausbleiben. Endlich, mitten in der Nacht, erschien er in der Tür und kam im dunklen Hotelzimmer auf mich zu: ›Es ist erreicht. Morgen wird Rupprecht als Generalstaatskommissar von Bayern die Staatsgewalt übernehmen.‹ Enoch war völlig erschöpft, aber ich hatte ihn noch nie so strahlend gesehen. Er setzte sich an mein Bett, umarmte mich und wiederholte sein glückliches: ›Es ist erreicht‹.

Er berichtete, daß am Morgen um zehn Uhr der Ministerpräsident im Leuchtenberg-Palais, wo der Kronprinz wohnte, ihm im Beisein von Ministern, Politikern und den Führern der Königsbewegung während eines Staatsaktes das Amt des Generalstaatskommissars anbieten werde. Die Truppe sei bereit, mögliche Unruhen von seiten der Nationalsozialisten in Schach zu halten. Beim Rundfunk wären die Platten zur Hand, um im ganzen Land ›Großer Gott, wir loben Dich‹ und die bayerische Königshymne erklingen zu lassen. Von allen Kirchen sollten die Glocken läuten.«

Hier setzen wieder die Erinnerungen Aretins ein: »So versammelten sich am Dienstag, dem 21. Februar, in einem Raum des Erdgeschosses im Palais des Kronprinzen (Leuchtenbergpalais) jene

Männer, die von der geplanten Aktion wußten. Auch der Kronprinz war anwesend. Da ließ sich Ministerialrat Freiherr v. Stengel melden, um eine Botschaft von Ministerpräsident Dr. Held zu überbringen. Nachdem er vorher erklärt hatte, daß er nach der Ausrufung des Generalstaatskommissars zurücktreten werde, stellte Held nunmehr in letzter Stunde die Bedingung, daß das gesamte Ministerium im Amt belassen werden müßte. Das hieß, daß der Generalstaatskommissar nur dazu verwendet werden sollte, ein Ministerium zu decken, das schon seit Jahren keine Mehrheit im Landtag besaß.«

Der Kronprinz hätte also, statt eine Regierung auf breitester Basis zu bilden, die verfassungswidrige Diktatur Hitlers nur durch seine eigene ersetzen sollen. Es blieb ihm nichts übrig, als Freiherrn von Stengel mit dem Bescheid zurückzuschicken, daß man auf seine Bedingung nicht eingehen könne. Eine Chance wurde durch Unentschlossenheit vertan. (Aretin resümierte zwar: »Die Preisgabe der bayerischen Militärhoheit, auf die man in Bayern 1919 eingegangen war, rächte sich bitter: Hätte sie noch bestanden, hätte Bayern, wo hinter den Nationalsozialisten keinerlei parlamentarische Mehrheit stand, dem Reich als Widerstandskern gegen den Nationalsozialismus einen nicht hoch genug zu veranschlagenden Dienst erweisen können«, aber man hätte sich im Vorgriff auf die Ereignisse der folgenden Jahrzehnte auch mit einer Wiederherstellung der bayerischen Unabhängigkeit begnügt haben können. Das Spiel mit der Monarchie war schön, aber zwecklos. Hätte die Bayerische Staatsregierung im Januar 1933 Bayerns nur 62 Jahre unterbrochene Unabhängigkeit erklärt, wäre dieser uralte europäische Staat zwar dennoch überrannt worden wie wenig später Österreich, er wäre aber vor Europa und der Welt anders dagestanden. Er hätte 1945 – wie Österreich – an seiner – zuletzt bestandenen – Souveränität anknüpfen können. Daß dieser Gedanke nicht aus der Luft gegriffen war, bewiesen die Nazis wenige Wochen später mit ihren Anklagepunkten gegen Aretin und dessen Vertraute.)

Ernst Röhm, der tagtäglich dröhnte und tönte: »Bayern ist das einzige Land, das mit der Entwicklung im Reich nicht Schritt gehalten hat!« (Vielleicht war es schon damals gar nicht so schlecht, »Schlußlicht« zu sein!) traf am 9. März 1933 um 8 Uhr 20 mit Gauleiter Adolf Wagner im Nachtschnellzug »D 50«, aus Berlin kommend, auf dem Hauptbahnhof in München ein. Trübes, kühles Vorfrühlingswetter. Abordnungen der SA und SS stehen bereit. Ministerpräsident Heinrich Held soll noch am selben Morgen gestürzt, und Franz Ritter von Epp Generalstaatskommissar in Bayern werden. (Dieser, als königlich bayerischer Generalleutnant ehedem Kommandeur des bayerischen Infanterie-Leibregiments und nun ausgerechnet Hitlers Paladin, könnte im nachhinein, ähnlich wie der kaiserliche Offizier Horty in Ungarn, des Hochverrats bezichtigt werden.) SA-Abteilungen erwarten den Befehl zum Sturm auf die bayerische Hauptstadt. Aber Ministerpräsident Held in seinem Amtssitz, dem bayerischen Außenministerium am Promenadeplatz, ist, als Röhm, Wagner und Reichsführer-SS Heinrich Himmler, alle demonstrativ in Uniform, bei ihm eindringen, keineswegs zum Rücktritt bereit. Auch der Ministerrat, dessen Entscheidung die Drei abwarten müssen, widersetzt sich ihrem Ansinnen. Es wird Abend. Auf dem Marienplatz – just unter der Patrona Bavariae – versammelt sich eine riesige Menschenmenge; der Betrieb der Trambahnlinien, die den Marienplatz kreuzen, muß eingestellt werden.

Als um sechs Uhr abends immer noch keine Entscheidung gefallen war, schufen die Nazis vollendete Tatsachen. Unter dem Toben des Pöbels hißten zwei nationalsozialistische Stadträte, Max Amann und Christian Weber (Hausknecht im »Blauen Bock«), an der ersten Turmgalerie des Rathauses die Hakenkreuzfahne. Amann trat mit Hakenkreuzarmbinde an die Balustrade und verkündete, daß Ritter von Epp als Generalstaatskommissar eingesetzt sei und in Bayern die Macht übernommen habe.

In Wirklichkeit ist Held aber zu dieser Zeit noch im Amt. Röhm bittet nun Reichsinnenminister Frick telephonisch, dieser möge per Depesche der Reichsregierung »zur Erhaltung von Ruhe und Ordnung in Bayern« Generalstaatskommissar Epp einsetzen. Die Übermittlung des Telegramms verzögert sich wider Erwarten bis viertel nach acht. Vorher protestiert Held, der längst über den Inhalt dieses Telegramms unterrichtet ist und von der Presseabteilung der Reichsregierung erfahren hat, Ritter von Epp werde nicht mehr, wie ursprünglich vorgesehen, als Generalstaatskommissar, sondern laut Verfügung des Reichspräsidenten als *Reichs-Kommissar* in Bayern eingesetzt, gleichfalls telegraphisch, bei Reichskanzler Hitler. Als Antwort trifft Fricks Telegramm ein. In einer ersten Amtshandlung betraut Reichskommissar Epp noch in der Nacht zum 10. März 1933 Reichsführer-SS Heinrich Himmler mit der »Leitung des Polizeipräsidiums in München«.

Der bayerische Gesandte in Berlin, der eine Beschwerde der Bayerischen Staatsregierung über die Einsetzung des Reichskommissars abgab, mußte feststellen, daß Reichspräsident von Hindenburg am Vormittag des 10. März von der angeblich von ihm verfügten Einsetzung eines Reichskommissars in Bayern keine Ahnung hatte. So ist die Erkenntnis vielleicht nicht unwichtig, daß die Einsetzung des Reichskommissars und die Zerstörung des Staates Bayern auf der Lüge des Einverständnisses Hindenburgs beruhte.

Als Folge wurde die Ludwig-Maximilians-Universität, eine der ältesten und ehrwürdigsten Stätten des Geistes, durch aufmarschierende SA-Männer »gesäubert«. SA-Männer verschickten Post mit dem Briefkopf der Alma Mater. Wenig später wurde der Bayerische Rundfunk in »Reichssender München« umbenannt. Man erinnert sich, daß schon der sechzehnjährige Hitler seinem Jugendfreund Kubizek damals in Linz wohl im Gedenken an die beneideten »Reichsdeutschen« von einem »Reichsstraßenbauer« und einem »Reichsbühnenbildner« vorgeschwärmt hatte. Das Programm wurde nun konsequent, grausam und hirnvernagelt durchgeführt: »Reichsbauernführer«, »Reichsdramaturg«, »Reichsjägermeister«, »Reichsgartendirektor«, »Reichsbildberichterstatter«, »Reichspostkartenverleger«... Bis zur Errichtung des Konzentrationslagers Dachau am 22. März war kein weiter Weg mehr.

»Die Hitler kommen!«

Therese Neumann erlebte die unmittelbar bevorstehende Festnahme ihres Biographen visionär.

Gerlich traf zusammen mit Bell am 9. März gegen 18 Uhr in der Redaktion des »Geraden Wegs« ein. Der Weg vom Hauptbahnhof ums Altheimer Eck zur Hofstatt war eine Art Spießrutenlaufen durch die von der SA aufgeputschten und »empörten« Volksmassen gewesen. Gleichwohl blieb Gerlich die Ruhe selbst. Er berichtete seinen engsten Mitarbeitern, dem Sekretär Ludwig Weitmann, dem Österreich-Experten Curt Graf Strachwitz und Major a.D. Josef Hell, von der erfolglosen Fahrt nach Stuttgart, bat um die neuesten Zeitungen und setzte sich an seinen Schreibtisch, »als wenn nicht das Geringste vorgefallen wäre«, so erinnerte sich später Graf Strachwitz.

Gerlichs Gleichmut wirkte auf die Mitarbeiter gespenstisch. Jeder wußte, wie gefährdet er war, denn Hitler haßte ihn wie keinen zweiten. Johannes Steiner, Verlagsleiter des »Naturrechtsverlags G.m.b.H.« riet ihm zur augenblicklichen Flucht in die Schweiz. Alles war vorbereitet. Ein Koffer mit dem Notwendigsten war gepackt. Ein schnelles Auto, Marke Chrysler, stand vollgetankt im Hof. Sogar an Geld war gedacht. Aber Gerlich wehrte entschieden ab: »Und Sie alle soll ich als Geiseln hierlassen? Daß Sie für mich büßen müßten? Versuchen Sie nicht, mich zu überreden! Ich bin bereit, für das, was ich geschrieben habe, *mit meinem Leben einzustehen!* Ich werde meinen Schreibtisch nicht verlassen!« Die tapfere Gefolgschaft wurde durch Gerlichs mutiges Beispiel gestärkt und blieb trotz des bevorstehenden »Sturmes« an ihrer Arbeit für die am nächsten Morgen in den Satz gehende neue Nummer.

Gerlich überflog die Zeitungen, blieb dort und hier hängen, legte die Blätter beiseite und holte die vom Württembergischen Ministerpräsidenten ausgeschlagenen Trumpfkarten aus der Aktentasche, um sie in seiner eigenen Zeitung auszuspielen. Rasch sah er noch die Druckfahnen der vorbereiteten Ausgabe durch und vertiefte sich in seinen Leitartikel, den er zur bisher schärfsten Waffe gegen Hitler schmieden wollte. Nach Erwein von Aretins und Fürst Waldburgs späterem Zeugnis behandelte dieser Leitartikel folgende Themen: Den Vertrag der SA mit Sir Henry Deterding, die nationalsozialistischen Geheimpläne zur Vernichtung der Kirchen, die Nennung von Kronzeugen für Hitlers Mord an seiner Nichte Geli Raubal, Aussagen über die Hintergründe des Reichstagsbrands und Eröffnungen über die Absicht Röhms, Hitler zu beseitigen.

Die sich nun überstürzenden Ereignisse faßte Verlagsleiter Steiner in einer Darstellung zusammen, die sich nicht nur auf sein eigenes Erinnern stützte, sondern auch mit drei anderen Augenzeugen, Gerlichs Neffen Dr. Weitmann, Redakteur Hell und Metteur Stahl, beraten wurde. Überdies berücksichtigte sie die genauen schriftlichen Aufzeichnungen der damals 25jährigen Sekretärin Gerlichs, Amalie Breit, vom 11. März 1933.

»Am Donnerstag, dem 9. März 1933, um 7.15 Uhr abends, stürzte die Hausmeisterin die Treppen herauf und schrie: ›Die Hitler kommen!‹ Die Sekretärin Breit hörte im Gang den Ruf und sprang alarmierend in die Räume.« (Amalie Breits Ergänzung: Gerlich saß neben Graf Strachwitz am Schreibtisch, rauchte eine Virginier und las eine Druckfahne mit dem Aufsatz: »Die Prätorianer«. Mit halblauter Stimme wiederholte er den letzten, von Strachwitz geschriebenen Satz: »Die Prätorianer waren die Totengräber des römischen Imperiums.« Da stürzte Weitmann herein und rief: »Tür zusperren! Licht abdrehen! Die Nazis kommen!«)

»Man sah aus dem Gangfenster eine größere Truppe von SA-Leuten ungeordnet auf das Verlagsgebäude unter Heil-Rufen zustürmen. Die Korridortüre wurde geschlossen; Georg Bell rannte auf den Dachboden; gleich darauf stürmte es die Stiege herauf, Stiefel polterten gegen die Tür: ›Aufmachen oder wir schlagen die Türe ein!‹ Ich (Steiner) öffnete sie und wurde sofort von dem ersten gerammt: ›Weg da, wir haben Befehl, hier zu stürmen und auszuräumen. Wo ist der Gerlich, die Sau?‹ Allgemeines Schweigen. ›Wir werden ihn schon kriegen, los!‹ Und es ergossen sich ungefähr 50 teils mit Pistolen bewaffnete SA-Männer in die Räume. Nun hatten aber das Vor- und Arbeitszimmer Dr. Gerlichs vom Treppenhaus her einen eigenen Eingang. Das hatte zur Folge, daß man Gerlich längere Zeit nicht fand. Es wurde aber ›ausgeräumt‹, d.h. alles geschriebene und gedruckte Material von Redaktion und Verlag auf Lastkraftwagen geschüttet und abgefahren. Verschlos-

sene Schreibtische und Schränke wurden aufgesprengt und aufge-
trampelt.«

(Amalie Breits Ergänzung: Dr. Gerlich und Graf Strachwitz saßen
während all des Lärms still in ihrem dunklen Zimmer.)

Steiners Fortsetzung: »Mit einem Male kam eine Redaktionsse-
kretärin schreckensbleich herein und berichtete: ›Jetzt ham s' den
Herrn Doktor g'fund'n‹.« (Über die folgenden Sekunden schrieb
Strachwitz später: »Ich drehte das Licht auf und öffnete die Tür. Im
Nu füllten zwei Dutzend Braunhemden, darunter eine Anzahl
halber Kinder, die beiden Zimmer. Fast jeder hatte die Pistole in der
Hand, und man hätte glauben können, sie seien auf der Suche nach
verwegenen Schwerverbrechern. Dr. Gerlich stand ruhig an seinem
großen Diplomatenschreibtisch, beide Hände auf die Tischplatte
gestützt, in der Haltung eines Staatsmannes, der eine Deputation
zudringlicher Querulanten empfängt. Seine selbstbewußte, kühl-
verbindliche Haltung entwaffnete fürs erste die ›Soldaten Hitlers‹.«

Strachwitz wurde, wie er sich erinnert, ins Nebenzimmer abge-
drängt, so daß Gerlich den SA-Leuten allein gegenüberstand. Jetzt
prasselten Faustschläge in sein Gesicht. Steiner fährt fort: »Ich
sprang sofort zu ihm hinüber – einer schrie vom Fenster in die
Hofstatt hinunter: ›Jetz hammern g'fund'n. I hob'n glei a so in
d'Fotzen nei g'haut daß eahm d'Soß owagrunna is!‹ – und fand
Gerlich blaß und matt, den Kopf zurückgebeugt und blutüberströmt in einem Sessel. Auch Hell, Weitmann und Fräulein Breit
kamen sofort nach. Später fanden sich auch noch weitere Redak-
tionsmitglieder und der Metteur Stahl ein. Mindestens eine Stunde
lang strömte nun ununterbrochen SA und auf den Straßen befind-
licher Pöbel durch das Zimmer Gerlichs, alles Neugierige, die ihn in
seiner Lage sehen wollten und verhöhnten.«

(Steiner wischte Gerlich, was er hier nicht erwähnt, mit seinem
Taschentuch das nachquellende Blut vom Gesicht. Später soll er
dieses Taschentuch Therese Neumann zeigen, die ihn ermahnt, es
gut aufzubewahren. Sechzig Jahre später ist Steiner noch in der
Lage, es guten Freunden vorzuweisen.)

(Amalie Breit nahm sich Gerlichs fürsorglich an. Sie ergänzt:
»Während ich mich bemühte, mittels Wasser und Handtuch die
Blutflecken von Herrn Dr. Gerlich zu entfernen, traten immer
wieder SA-Leute ins Zimmer, wobei ihrerseits folgende Ausdrücke
fielen: ›Jetzt hat sie's die alte Sau! Da hockt er jetzt, der Schweine-
kerl! An der Wand hat er's Madonnenbild – das ist doch das reinste
Sakrileg‹ und anderes mehr.«)

Steiner schreibt weiter: »Die anderen wurden dabei von den
Posten – in jedem Zimmer waren zwei aufgestellt worden – stets
scharf beobachtet und durften außer einwandfrei ersichtlichem

Privateigentum nichts mehr an sich nehmen. Fräulein Breit und Dr. Weitmann wußten aber neben Dr. Gerlich, daß sich im Zimmer noch äußerst gefährliche und für die NSDAP wichtigste Akten befanden: Gerlich hatte eben vor dem Sturm den Leitartikel der nächsten Nummer diktiert und sich dabei der Abschriften jener Dokumente bedient, die in Stuttgart auf Bolz so starken Eindruck gemacht hatten. Der Artikel befand sich in und an der Maschine, die Akten in der Mappe Gerlichs. Es ist beinahe lustig, zu lesen, wie diese Akten vor den Augen der SA verschwanden. Fräulein Breit schreibt in ihren Aufzeichnungen vom 11. März 1933, also unter frischestem Eindruck: ›Ich hatte schrecklich Angst, daß man den Artikel und dessen Unterlagen fände. Über die Maschine hatte ich gleich, als ich ins Zimmer kam, den Mantel des Herrn Dr. Gerlich geworfen und die Mappe mit dem Fuß hinter den Schreibtisch geschoben. Da man mir gleich zu Anfang versicherte, alles, was mein Eigentum sei, könnte ich an mich nehmen, tat ich nun so, als ob dies meine Mappe sei, nahm sie vor den Augen der beiden SA-Posten, die an der Türe standen, an mich, setzte mich damit auf die Ottomane und begann auffällig an einem Butterbrot des Herrn Doktor herumzuessen, um klarzulegen, daß dies meine Mappe sei. Ich wollte damit verschwinden. In diesem Augenblick wurden die beiden Posten durch Leute nach draußen gerufen. Herr Dr. Weitmann eilte auf mich zu, ich riß die Unterlagen aus der Tasche (sowie den Leitartikel aus der Schreibmaschine) und gab sie ihm, der damit sofort hinter der Kastentür verschwand und sie dort unter seine Weste schob. Herr Dr. Gerlich ging im Zimmer auf und ab, und bis die Posten wieder kamen, war die Aktenmappe leer‹…«

Erich Fürst von Waldburg Zeil merkte später zu Steiners Bericht an: »Die in der Redaktion bei dem Sturm am Abend des 9. 3. 33 gefundenen und beschlagnahmten Dokumente wurden samt und sonders rasch und radikal ohne Durchsicht auf der Polizeidirektion in München vernichtet. Die in Frage kommenden Dokumente aber waren zum Teil durch den Fürsten Waldburg-Zeil im Original schon in Sicherheit gebracht, die Abschriften, die Gerlich seinem Artikel zugrunde zu legen im Begriff war, sind, wie erwähnt, durch Weitmann verborgen und wegen ihrer Gefährlichkeit (in einem unbeobachteten Augenblick auf der Toilette) vernichtet worden.«

Steiner fährt fort: »Etwa nach 22 Uhr, als Gerlich gerade aus seinem Zimmer über den Treppenhauskorridor in die Verlagsräume ging, kamen drei Zivilisten über die Treppe herauf, von denen der Wortführer als Max Amann, Geschäftsführer des Eher-Verlages und des ›Völkischen Beobachters‹ erkannt wurde. Er schrie sofort Gerlich an: ›Kennen Sie mich, Sie haben mich persönlich angegriffen (Gerlich hatte in einer Nummer mit entsprechenden Glossen ein

Bild von Amanns Luxusvilla am Tegernsee gebracht), jetzt ist der Tag der Rache da!‹ Und tat einen mächtigen Schlag in Gerlichs Gesicht. (Die zersplitternde Brille verletzte Gerlichs Auge erheblich, Anm. d. Verf.) Einige SA-Männer zogen mit herauf und stellten sich sofort als Schützer Amanns in Bereitschaft, für den Fall, daß irgendeine Gegenwehr erfolge. Gerlich wurde in die Verlagsräume geschoben, Dr. Weitmann konnte ihm nachdrängen und neben ihm Stellung nehmen. Amann versuchte, wobei SA-Männer mit Pistolen im Anschlag auf Gerlich dastanden, von ihm die Quellen der Informationen aus dem Nazilager zu erfahren. Auf die Aussageverweigerung hin wurde Gerlich erneut, und dann auch Weitmann, schwer mißhandelt. Draußen hatte man Geschrei und Schläge gehört. Als Amann mit seinen Leuten nach etwa 10 Minuten mit blassem, vor Erregung zuckendem Gesicht wieder zum Vorschein kam, standen die anderen Mitarbeiter vom ›Geraden Weg‹ vor der Türe zu Gerlichs Zimmer. Amann erkannte den Schriftleiter Hell, trat auf ihn zu und schlug ihn auch mitten ins Gesicht. Hell streckte einen Arm abwehrend aus, worauf Amann schrie: ›Was, er will sich noch wehren, der Hund, rein damit!‹ Hell wurde zu Boden geschlagen, worauf die Gruppe abzog.

Gerlich und Weitmann erschienen, blaß und blutunterlaufen, wieder bei den anderen. Man redete nicht mehr viel. Gegen 11 Uhr drang wieder Lärm von der Treppe her; Gerlich sagte stöhnend: ›Jetzt geht's nochmal an.‹ Es kam der Adjutant Röhms mit einigen Leuten. Gerlichs Getreue wurden aus dessen Zimmer getrieben, hörten aber, wie er angebrüllt wurde: ›Wo haben Sie das Material über Röhm her?‹ Gerlich antwortete: ›Das ist mein Redaktionsgeheimnis.‹ Man hörte darauf: ›Das werden wir Ihnen schon herausholen.‹ Und schon wieder klatschten Schläge auf Dr. Gerlich. Er schwieg jedoch beharrlich, worauf die Rotte wieder abzog.

Dann kam jemand und erklärte den Anwesenden: ›Ihr seid verhaftet. In einer Stunde gibt's eine Kugel in den Bauch, damit ihr noch Zeit habt, darüber nachzudenken, was es heißt, den Führer zu beleidigen.‹ In der Tat kam nach Mitternacht ein Kommando, das alle abholte und zur Polizei in die Ettstraße brachte. Dr. Gerlich, den sein Neffe Dr. Weitmann nicht allein ließ, wurde mit diesem in einem Kraftwagen hingefahren. Hell, Jochner, Metteur Stahl und Dr. Steiner wurden (durch den Färbergraben) zu Fuß dorthin eskortiert. Johlender Pöbel bespie die Männer auf ihrem Weg. In der Polizei sahen sie bereits Gestalten wie Heydrich und Himmler durch die Gänge toben. Sie wurden in ein Vorzimmer geführt, in dem Gerlich und sein Neffe schon saßen. Dr. Gerlich jedoch wurde sehr bald abgeholt und in Einzelhaft gebracht.«

So weit Steiners Augenzeugenbericht. Gerlich wurde mit zer-

Eingang zum Polizeipräsidium an der Münchner Ettstraße, wo Fritz Gerlich – ausgenommen ein kurzer Stadelheim-»Aufenthalt« – vom 9. März 1933 bis zum 30. Juni 1934 als Gefangener Hitlers einsaß.

schlagenem Gesicht, verletztem Auge und blutverspritzter Kleidung in die Zelle 35 im dritten Stock des Hochsicherheitstrakts des Polizeipräsidiums gebracht. Gerlichs Leben hinter Gittern begann, wie im Haftbuch vermerkt, am 10. März um 0.15 Uhr. Seine Begleiter benützten den allgemeinen Wirrwarr und brachten sich – vorläufig – in Sicherheit. Unter ihnen befand sich außer Major Hell auch Johannes Steiner. Dieser notierte: »Da man sich um die Wartenden längere Zeit nicht kümmerte und sie Dr. Gerlich nicht weiter helfen konnten, hielten sie es für geraten, sich möglichst unauffällig zu entfernen, bevor man sich für ihre Namen interessierte und ihnen einen ›Aufenthalt‹ zuwies. Torkontrollen gab es in dieser Nacht des Durcheinanders und des Machtwechsels nicht, und so kamen wir aus dem Hause.«

Die Feststellung ist vielleicht nicht unwichtig, daß die Nazis Gerlich und seinen »Geraden Weg« als ihre allergefährlichsten Gegner einschätzten. Erst später besetzten sie das Gewerkschaftshaus in der Pestalozzistraße und verwüsteten dann die Redaktionsräume der sozialdemokratischen »Münchner Post« am Altheimer Eck.

Lostrennung Bayerns vom Reich...

Aretin, der aus einem rückwärtigen Fenster des Verlagsgebäudes der »Münchner Neuesten Nachrichten« in die Hofstatt blicken und beobachten konnte, wie die SA, die noch keinerlei Befugnis hatte, den Platz absperrte, über die Stiegen des Manz-Verlages hinauf-»stürmte«, Berge von Akten aus dem Gebäude schleppte und in einen Lastwagen stülpte, erinnerte sich: »Da die SA bei ihrem zweiten Marsch in die Stadt uns von der Straße aus zurief: ›Nächsten Montag kommt ihr dran!‹ – gewann das Geschehen an der Hofstatt für uns umso aktuelleres Interesse.«

Alle ausländischen Zeitungen berichteten über den Terror der Nazis. Ganz München sprach von Gerlichs Festnahme. Kaum saß er in seiner Zelle, durchsuchte ein SA-Rollkommando in aller Frühe seine Wohnung an der Richard-Wagner-Straße 27. Fürst Waldburg-Zeil, um Gerlichs Leben tief besorgt, brach nach München auf. Er traf sich mit Graf Strachwitz, Ludwig Weitmann und Major Hell zur Lagebesprechung im Café »Arkadia« am Hauptbahnhof, riskierte sogar seine Festnahme, als er sich in Begleitung Hells, dessen Gesicht von schwersten Mißhandlungen gezeichnet war, zum Sitz des Ministerpräsidenten am Promenadeplatz begab und nach Gerlich fragte.

Erwein von Aretin, der Mann mit dem weichen Schnurrbart und den auffallenden Tränensäcken des Herzleidens, fühlte sich am Sonntag, dem 12. März, von den Fahnenwäldern auf den Straßen aus der Fassung gebracht. Er konnte sich dabei eines naheliegenden Gedankens nicht erwehren: »Daß die reichliche Röte der (national-sozialistischen) Fahne, die von der sowjetischen nur durch das Abzeichen des Heidentums unterschieden ist, den Leuten damals nicht schon mehr verriet, zeugte für die Verwirrung der Köpfe.«

Begreiflicherweise gehörte er als Chef des innenpolitischen Ressorts zu den ersten Redakteuren des Verlages Knorr & Hirth, die festgenommen wurden. Am 13. März klingelten die Verfolger um 7 Uhr früh an der Haustür des Rondells Neuwittelsbach Nr. 3, Eingang Romanstraße. »Im Zimmer, in dem ich schlief, öffnete sich die Türe, und die Jungfer meiner Frau flüsterte heiser vor Aufregung: ›Die Polizei ist da!‹ Ich stand gleich auf und ging in die Bibliothek, wo ein Mann in Zivil auf mich zutrat, mich nach meinem Namen fragte und mir nach Vorweisung meines Ausweises erklärte, er müsse eine Haussuchung vornehmen. Es waren drei Leute in Zivil, die sich, nachdem ich ihnen alle verlangten Schlüssel gegeben hatte, sofort an die Arbeit machten. Soviel ich erkennen konnte, waren zwei davon alte Kriminalkommissäre, der dritte aber, ein ganz junger Mann, der das Abzeichen der SS trug, schien mit der Arbeit sehr wenig vertraut und unsicher. Sonst waren noch vier bis fünf schwerbewaffnete SA-Leute in Uniform und Stahlhelm mit Gewehr und Handgranaten da und fühlten sich nicht ganz wohl in ihrer Haut.«

Aretin wurde am 13. März 1933 hinter Schloß und Riegel gesetzt. Wenige Tage später trafen sich auf dem Gefängniskorridor fast sämtliche Mitarbeiter des Verlages. Chefredakteur Büchner drückte Aretin die Hand: »Ist es nicht schön, daß wir uns hier treffen, um unser 25jähriges Dienstjubiläum bei den MNN zu feiern?« Der Reporter Werner Friedmann war da, die frühere Sekretärin Gerlichs bei den »Münchner Neuesten Nachrichten« (jetzt Feuilletonredakteurin) Dora Federschmidt, außerdem Walter Tschuppik (Chefredakteur der »Süddeutschen Sonntagspost«) und schließlich Cossmann selber, der während eines Kuraufenthalts am Portal der Bad Wörishofener Klosterkirche verhaftet worden war.

Die gesamte Führungsmannschaft des Verlages Knorr & Hirth war ausgeschaltet. Leo F. Hausleiter und ein baltischer Romanschriftsteller mit Namen Paul Edmund von Hahn übernahmen als NS-Kommissare den Verlag an der Sendlinger Straße. Aretin erinnert sich: »Hausleiter war längere Zeit im Archiv der ›Münchner Neuesten Nachrichten‹ tätig gewesen. Daß er Hauptinhaber einer nicht sehr florierenden Ofenfirma war, erfuhr ich erst viel später. In dieser Firma war der spätere Stellvertreter des Führers, Rudolf Heß, Prokurist gewesen. Ihm verdankte Hausleiter wohl seine durch Vorkenntnisse nicht weiter begründete Machtstellung. Hausleiter erhielt ebenso wie Hahn Blanko-Haftbefehle(!), die er nur auszufüllen brauchte, wenn ihm jemand nicht paßte.« Die Karriere Hahns endete bald. Bereits am 12. Mai kam ihm Hausleiter zuvor, ließ ihn festnehmen und ins Polizeigefängnis bringen. Von dort kam er ins Konzentrationslager Dachau.

Die gegen »Aretin, Cossmann und Genossen« bei SS-Standartenführer Reinhard Heydrich vorgebrachten Beschuldigungen lauteten: »Lostrennung Bayerns vom Reich, Anschluß an Österreich mit dem Ziel der Errichtung einer Donauföderation, bolschewistische Umtriebe, Hetze, Freimaurertum, Meinungsmanipulation, Beschäftigung von Juden und deutschfeindlicher Elemente, Korruption und Veruntreuung.«

Erwein von Aretin konnte sich nicht versagen, die Vorwürfe »Separatismus« und »Donaumonarchie« als Umschreibungen für den als Verfolgungsgrund »seit ein paar hundert Jahren« nicht mehr zu nennenden Katholizismus zu bezeichnen. Als er vier Tage nach Gerlich den gleichen Gang tat, wurde er im 4. Stock eingesperrt. So kam es, daß er den alten Gefährten, der im 3. Stock saß, in den langen kommenden Monaten so gut wie nie sah. Aretin gibt von seiner Haft im Polizeigefängnis an der Ettstraße Schilderungen, die für Gerlichs Haft ergänzende Gültigkeit haben. Aretin wurde einem Aufseher übergeben, »der«, schreibt er, »ganz mechanisch und ohne weiteres Interesse die Zelle 47 aufschloß und hinter mir wieder mit einem Geräusch versperrte, das gut kennenzulernen mir die Gelegenheit nicht fehlen sollte. Ich setzte mich zunächst noch im Mantel auf einen Hocker – Stühle gab es keine – und sah mir meine Umgebung an. Die verhältnismäßig große Zelle, die zwei im oberen Teile aufklappbare Fenster besaß... enthielt drei Betten, die alle drei schon durch Mitgefangene besetzt waren... War einmal Ruhe und hörte man nicht das Horst-Wessel-Lied mit viel Gefühl gesungen, so quälte einen die Uhr am Glockenturm des Polizeigebäudes. Es gibt kein infameres Schlagwerk als dieses, das von einem sadistischen Landesamt entworfen zu sein scheint, grell und mit der mephistophelischen Eigenart, daß der zweite Schlag der helleren Glocke ein ganz klein wenig nachhinkt. Daneben wirkte das tiefe Dröhnen der Frauenkirche wunderbar beruhigend...«

Aber die »Beruhigung« trog. Draußen waren die Straßen von den Braunhemden der SA überschwemmt, gab es stiefeldröhnende Aufmärsche und johlende Menschenmassen.

Bells vergebliche Flucht

Beim Sturm auf den »Geraden Weg« hielt sich Georg Bell, der mit Fritz Gerlich vom Hauptbahnhof gekommen war, noch in den Redaktionsräumen auf. Er gab sich über den Grad seiner Gefährdung keine Illusionen hin. Für eine Flucht war es zu spät. Als er die Stiege nach unten nehmen wollte, sah er bei einem Blick durchs Gangfenster sechzig oder siebzig schwerbewaffnete SA-Männer, darunter einen Adjutanten Röhms, auf die Haustür zustürzen. Er hörte sie bereits im Treppenhaus gröhlen und poltern. Da machte er kehrt, stürmte, ihnen voraus, die Stiege hinauf, erreichte mit wenigen Sprüngen die Speichertür: Gottlob, die Klinke gibt nach! Wenige Augenblicke später stiefeln SA-Männer hinter ihm her, sind ihm hart auf den Fersen. Bell zieht die eiserne Tür sperrangelweit auf und verbirgt sich im engen Raum zwischen Tür und Wand. Männer mit angezogenem Kinnriemen stürzen herein.

Krachend werden Schränke aufgebrochen. Wo steckt der Kerl! Jeden Winkel durchstöbern die Uniformierten. Nur die Tür, hinter der Bell kaum zu atmen wagt, übersehen sie. Noch lang, nachdem die Häscher abgezogen sind und unten im zweiten Stock wüten, harrt Bell klopfenden Herzens. Endlich verläßt er sein Versteck, schwingt sich aus einer der hinteren Gauben, kriecht über die Dächer, gelangt ins Nebenhaus, klingelt an einer Wohnungstür –

331

man wähnt sich in einem Groschenroman –, verläßt kaltblütig mit zwei zum Ausgehen gekleideten jungen Mädchen das Haus, scherzt mit ihnen und schlängelt sich an den SA-Posten vorbei in die Freiheit.

Nicht nur SA-Stabschef Ernst Röhm war daran interessiert, Bell, der Kenntnis von den Geheimplänen im Kampf um die Führung in der NSDAP hatte, in seine Gewalt zu bekommen, auch SS-Standartenführer Reinhard Heydrich, der das politische Referat der Münchner Polizeidirektion leitete, versuchte, des Mitwissers von Röhms Verrat habhaft zu werden. Schließlich wurde auch SA-Sturmbannführer Julius Uhl für Bell, der um Uhls Bereitschaft, Hitler aus dem Weg zu räumen, wußte, zu einer tödlichen Gefahr.

Der Redakteur des »Geraden Wegs«, Major a.D. Josef Hell, dessen engster Mitarbeiter Bell gewesen war, hielt sich seit dem 14. März in Durchholzen am Walchsee auf, hart hinter Kufstein. Er logierte dort im Gasthof Blattl und riet Bell, der auf abenteuerlichen Zickzack-Fluchtwegen in Salzburg, Bregenz, Feldkirch und Kufstein Station gemacht hatte, aus Innsbruck in sein sicheres Versteck am Walchsee zu kommen. Bell war, unmittelbar bevor sich die Ereignisse zuspitzten, mit Gerlich in Konnersreuth gewesen. Therese hatte den Gast nicht vergessen. Jetzt ging bei Hell ihre briefliche Warnung ein: »Er soll im Ausland bleiben!« Das tat Bell freilich, doch die Verfolger kamen zu ihm.

Zunächst nahmen die Nazis in Krottenmühl am Simssee Bells Braut und seine künftige Schwiegermutter als Geiseln fest. Ein Freund der Familie, Paul Konrad, wollte Bell (um dessen Leben zu retten) überreden, sich freiwillig zu stellen, und verriet – sein tödlicher Fehler – den Unterschlupf des Gejagten am »Zahmen Kaiser«.

Am 3. April fuhr ein »Rollkommando« unter Leitung des SS-Sturmführers Erich Sparmann in einem Wagen der Münchner Polizeidirektion los. SA-Sturmbannführer Julius Uhl stieg in Kiefersfelden zu. Ohne Rücksicht auf die Grenze brauste der Wagen geradewegs bis Durchholzen.

Major Hell wird Zeuge, wie sich Bell damit einverstanden erklärt, nach München zu reisen, um sich dort für die Politische Polizei zur Verfügung zu halten. Aber er stellt Bedingungen, verlangt, nach Hells Aufzeichnungen, »daß er in München nicht sofort in Schutzhaft genommen werde, sondern sich nur jederzeit zur Verfügung der Polizei halten müsse. Außerdem weigert er sich, mit seinen Verfolgern im Auto nach München zu fahren, da er sich auf keine Experimente mit der SA einlassen wolle, die er zu genau kenne, besteht darauf, in Kufstein den nächsten Zug zu nehmen.« Die Verhandlungspartner gehen darauf ein, Bell kleidet sich für die Fahrt um. Hell ist allein mit ihm im Zimmer.

Draußen gab es inzwischen eine lebhafte Diskussion. Uhl befürchtetete, daß Heydrich aus Bells Mund von seiner Bereitschaft, einen Anschlag auf Hitler zu verüben, erfahren könnte. Da Bell sich weigerte, im Wagen mitzufahren, entschloß er sich, den gefährlichen Agenten nicht erst, wie vorgesehen, auf der Autofahrt, sondern an Ort und Stelle zu »liquidieren«.

Major Hell erinnerte sich ein Leben lang an die nun folgenden schrecklichen Sekunden: »Bell hatte sich, anscheinend um Schuhe anzuziehen, in die rechte Hälfte des Zimmers nahe der Tür begeben, und zwar in gebückter Haltung. Im selben Augenblick wurde die Tür aufgerissen, und ein etwa 40jähriger, brutal aussehender, etwas blasser Mann mit struppigem, möglicherweise aufgeklebtem Schnurrbart (Julius Uhl) streckte, auf der Schwelle stehend und mit dem rechten Fuße in das Zimmer springend, die Pistole in der rechten Hand haltend, den Arm aus und gab meiner Erinnerung nach mehrere Schüsse gegen den gebückten Oberkörper Bells ab.«

Es waren fünf Schüsse. Zwei Schüsse verletzten die Lunge, zwei das Herz, ein Schuß ging durch die Aorta. Das war der Schuß, der den Tod herbeiführte. Den Rest des Magazins verfeuerte Uhl auf den Tatzeugen. Hell, der ehemalige Fliegermajor, wich gewandt den Schüssen aus, erhielt einen Treffer in den Oberschenkel. »Der Mörder sprang zurück und schloß die Tür bis zu einem Spalt. Ich sah nur noch den Kopf und die Pistole, die genau auf meinen Kopf gerichtet war. Da krachte ein Schuß, der mir aber nur die Haare an der rechten Kopfseite streifte, da ich den Kopf blitzartig etwas nach links beugte.« Das Magazin war verschossen, die SA-Mannschaft hatte wegen der nahen Grenzpolizei Eile. »Ich stürzte sofort nach unten und sah noch, wie ein sechssitziges, älteres schwarzes Auto mit Celluloidwetterschutz anfuhr und wegraste.«

Zum Schicksal Georg Bells ist eine Äußerung nachzutragen, die sich in einem Brief Simon Schorers (der dem Kreis um Gerlich nahestand) an Johannes Steiner findet: »In Sachen Bell hätte ich noch zu sagen: Vielleicht ist es für Sie interessant, daß Bell sich beim Pfarrer von Durchholzen zum Konvertiten-Unterricht gemeldet hatte. Er wollte katholisch werden. Den Anstoß hierzu hatte eine Unterredung mit Wutz in Eichstätt (Ende 1932) gegeben, bei der er (Bell) nach seiner eigenen Aussage das erstemal von der Existenz Gottes und gott-menschlicher Beziehungen hörte.«

Leute, die als Bestien zu qualifizieren sind.

Gerlich ist Untersuchungshäftling im Münchner Polizeipräsidium. Beim Eingang zum Sicherheitstrakt liegen seine »Effekten« im Kastenfach. Aus der stählernen Zellentür mit Schablonenaufschrift

»35« ist die »Kostklappe« geschnitten und ein Guckloch. Drinnen, auf einer Fläche von vier Quadratmetern, die harte Pritsche mit Strohsack, auf einem Eisengestell Wasserkrug und Schüssel, im Eck das stinkende Abortloch, hoch oben ein vergittertes winziges Milchglasfenster. Es ist die schlechteste Zelle im ganzen Polizeigefängnis.

Gerlichs Festnahme und Haft erregte im Ausland beträchtliches Aufsehen. Die Bischöfe von Chur und St. Gallen versuchten sein bereits verspieltes Leben zu retten. Die österreichische und schweizerische Presse brachte spaltenlange Berichte über sein Schicksal. Am 16. März veröffentlichten die Schweizer Zeitungen eine gemeinsame »Nachschrift der Redaktion«: »Es ist dafür gesorgt, daß dieser Bericht weiteste Verbreitung findet. Die Reichsregierung wird gezwungen sein, Stellung zu beziehen. Sie kann sich mit einer Ableugnung begnügen. Dann identifiziert sie sich mit den Leuten, die als Bestien zu qualifizieren sind. Und zudem ist der Zustand Dr. Gerlichs Beweis für die Barbarei der SA-Leute. Gibt sie die Mißhandlung zu, distanziert sie sich von der Bestialität der Peiniger und stößt viele aus der SA aus (...), dann wird man darin die Möglichkeit sehen, mit einem Regime diplomatischen Verkehr zu pflegen, das ernst genommen werden will. Andernfalls wäre es Pflicht der anständigen Presse des Auslandes, den Fall Gerlich nicht ruhen zu lassen! Die Barbarei würde sich zu nahe an unseren Grenzen breit machen, als daß uns das gleichgültig sein könnte!«

Solche Worte treffen Heydrich und seine Mitarbeiter ins Mark. Heydrich, in Halle an der Saale geboren, Leiter der neugeschaffenen Bayerischen Politischen Polizei (BPP), wird ein Jahr später an die Spitze des Geheimen Staatspolizeiamtes (Gestapo) in Berlin treten. Noch am Schreibtisch sitzt dieser eiskalte Vertreter der kleindeutsch-großpreußischen Geschichtslüge (Deutschtum ist gleich Preußentum) als zackiger Soldat, in schwarzer Uniform, den bleichen Totenschädel über dem Stirnschild.

Gerlich fühlte und wußte, daß er lebend nicht mehr freikommen würde. Einem Leidensgefährten erklärte er schon drei Tage nach seiner Festnahme: »Ich weiß, man wird mich ermorden. Ich weiß durch Georg Bell, daß Hitler erklärt hat, ich würde zu denjenigen zählen, die, wenn er an die Macht kommt, aufgehängt werden. Geben Sie mir das feierliche Versprechen, falls ich hier den Tod finde und falls Sie lebend aus dieser Hölle kommen, die Öffentlichkeit über Folgendes aufzuklären: Ich weiß durch Georg Bell, Nachricht vom 5. März 1933, daß Goebbels den Reichstagsbrand inszeniert hat und daß Göring diese Idee verwirklicht hat. Ferner weiß ich, daß Hitler mit eigener Hand seine Nichte Geli erschossen hat. Geben Sie mir Ihr Ehrenwort, in der Öffentlichkeit zu erklären, daß ich, wie immer die Nachricht von meinem Tod lauten möge, als überzeugter Katholik den Selbstmord verabscheue und niemals Selbstmord begehen werde.« Tatsächlich waren am 7. März 1933, also erst vor fünf Tagen, die Unterlagen mit Nennung aller Kronzeugen in Gerlichs Hände gelangt, nach denen er den sicheren Nachweis hätte führen können, daß Hitler seine Nichte eigenhändig getötet hatte. Bell selbst hatte Hitler im Dienste der Partei aus seinem Nürnberger Fluchtversteck nach München zurückgeholt, nachdem das Verschwinden der Mord-Akten von Frick vermittelt worden war.

Für Aretin bedeuteten Gerlichs Erkenntnisse nichts wesentlich Neues. Im vierten Stock des Münchner Polizeigefängnisses war sein Zellennachbar ein preußischer Hauptmann, Paul Röhrbein, der unmittelbar nach der Machtübernahme festgenommen, zuerst in Moabit interniert und schließlich nach München gebracht worden war, »eine«, wie Aretin selbst mitteilt, »dem Alkohol verfallene Desperado-Natur widerwärtigster Prägung, der jedem, der es hören wollte, erzählte, wie er jenen Trupp von SA-Männern angeführt habe, der den Reichstag in Brand steckte, und daß er eine Reihe von Feme-Morden begangen habe, die im Auftrag der Partei auszuführen waren. Allzuviel Wissen war im Dritten Reich lebensgefährlich. Göring hatte dafür gesorgt, daß dieser Mitwisser, wie alle anderen, sofort bei der Machtübernahme hinter Schloß und Riegel gesetzt wurde. Röhrbein kam im Sommer 1933 in einen Dachauer Bunker, Tag und Nacht angekettet, dann nach Stadelheim, wo ich ihn anfangs 1934, getrennt von den übrigen, wiedersah. Als Röhrbein wiederum nach Dachau eingeliefert werden sollte, schnitt er sich die Pulsadern auf, wurde aber geheilt und dann doch noch nach Dachau gebracht... Was aber Hitlers Nichte Geli (Raubal, Anm. d. Verf.) betrifft, die im Jahre 1932 von Hitlers Wirtschafterin, Frau Bauer, in Hitlers Wohnung am Prinzregentenplatz erschossen aufgefunden worden war – es wurde Selbstmord vorgetäuscht und von Berlin aus (noch vor der Machtübernahme) durchgesetzt, daß der Staatsanwalt die Untersuchung des Falles einstellte und die Presse über ihn nichts bringen durfte – so traf ich im Sommer 1933 mit deren Klavierlehrer (Adolf Vogl, Anm. d. Verf.) zusammen. Auch er war durch sein allzugroßes Wissen hierher gekommen. Ihm, für den der musikliebende Professor (Paul Nikolaus Cossmann, der eine Zeitlang die Zelle mit Aretin teilte. Anm. d. Verf.) ein besonderes Interesse hatte, gelang sogar das Kunststück, im Professor die letzte, von mir in keiner Minute des Lebens geteilte Illusion zu zerstören, Hitler sei ein von nationalen Impulsen getriebener Idealist, und nicht einfach ein roher, psychopathischer Lump. Auch Vogl hatte diese Illusion lange geteilt und zählte zu den ersten Mitgliedern der Partei. Hitler ging in seinem Hause aus und ein. (Auf den Tierfreund Cossmann machte schon die Erzählung Eindruck, wie

Hitler, der so oft als Tierfreund photographierte Mann, mit seiner Peitsche seinen Hund zu mißhandeln pflegte!) Da Vogl in den schlechtesten finanziellen Verhältnissen lebte, ließ Hitler seine bei ihm wohnende Nichte, die Tochter seiner Schwester, bei Vogl Klavierunterricht nehmen und gab dafür Vogl monatlich hundert Mark. Eines Tages kam diese Nichte verzweifelt zu Vogl, zu dem sie größtes Vertrauen hatte, und gestand ihm, sie sei von Hitler in der Hoffnung.«

Vogl erzählte Aretin und Cossmann, Hitler habe sie unbarmherzig getötet, als sie durch ihn (den Bruder ihrer Mutter) geschwängert worden war und er ein Bekanntwerden dieser Tatsache (also eine Minderung seines Ansehens) befürchtete.

»So sehr mir Professor Coßmann leid tat«, schreibt Aretin weiter, »der gerade an diesem Tage« (dem Tag der Festnahme in Bad Wörishofen) »seinen 64. Geburtstag feierte..., so wußte ich, daß er gleich nach Büchners und meiner Verhaftung sich angeboten hatte, als für das Haus Knorr & Hirth allein Verantwortlicher in Haft zu gehen, um uns dadurch zu befreien. So furchtbar es für den glühenden deutschen Nationalisten sein mußte, von einer Regierung verfolgt zu werden, die sich national zu nennen die Frechheit hatte: Cossmann war ein Mann, für dessen überlegenen Geist auch die Haft schließlich nicht das Ende aller Dinge war.«

Einmal noch traf Professor Cossmann seinen ehemaligen Chefredakteur Gerlich, mit dem er vor ihrer Trennung im Streit so gut befreundet gewesen war. Überraschend und nur ein einziges Mal begegneten sie sich im Gang vor den Zellen des Polizeigefängnisses an der Ettstraße. Sie umarmten sich und riefen wie aus einem Mund: »So also finden wir uns wieder.« Es kamen ihnen beiden die Tränen, und natürlich war alles Trennende vergessen. Leider gingen ihre Wege sogleich wieder auseinander.

Nie kam ein Wort des Hasses über Gerlichs Lippen. Und seinem ersten Brief an die Gattin vom 21. März 1933 entnimmt man keinen Hinweis auf ausgestandene Qualen:

»Liebste Sophie!
Es geht mir gut. Ich durfte heute die hl. Kommunion empfangen und bin sehr getröstet. Ich lese fleißig im Neuen Testament. Das Meßbuch habe ich erhalten, besten Dank, ebenso die Wäsche. Krägen bräuchte ich. Schau, daß kein von der Wäscherei eingerissener dabei ist. Bring auch wieder Schnupftabak (Saarbrücker). Ich hoffe, daß es Dir gut geht. Halte Dich am Gebet und vertraue weiter fest auf den Heiland. Denen, die Gott lieben, dienen alle Dinge zum besten. In der Gegenwart erkennen wir es nur oft nicht um unserer Schwachheit willen. Sei herzlich gegrüßt und geküßt! Grüße auch

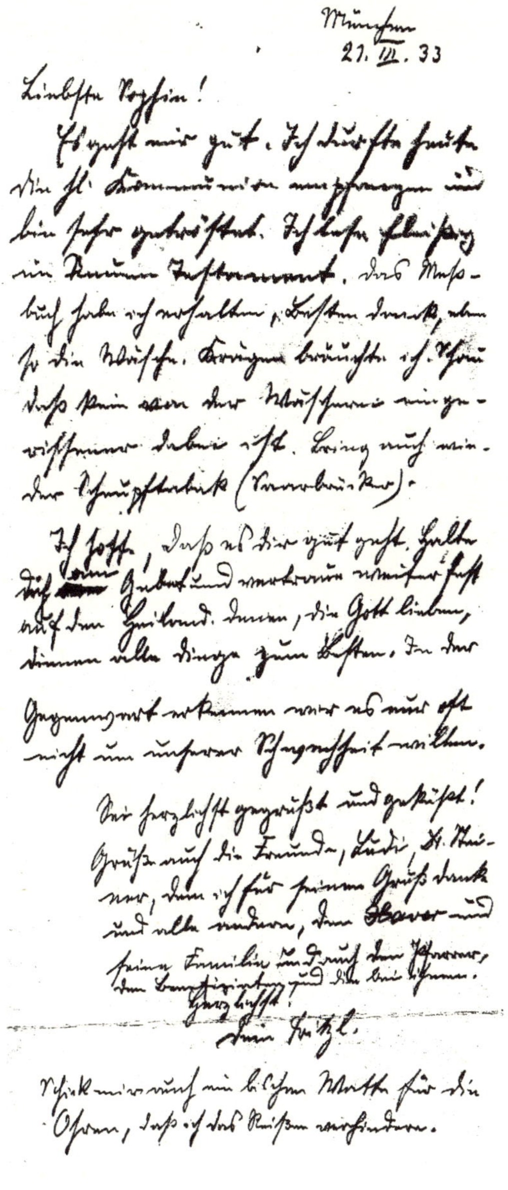
München
21. III. 33

Liebste Sophie!

Es geht mir gut. Ich durfte heute die hl. Kommunion empfangen und bin sehr getröstet. Ich lese fleißig im Neuen Testament. Das Meßbuch habe ich erhalten, besten Dank, aber [illegible] die Wäsche. Morgen bräuchte ich [illegible]. Schau daß kein [illegible] von der Wäsche ungewaschen dabei ist. Bring auch wieder [illegible] ([illegible]).

Ich hoffe, daß es Dir gut geht. Halte dich [illegible] an Gebet und vertraue weiterhin fest auf den Heiland. Denen, die Gott lieben, dienen alle Dinge zum Besten. In der Gegenwart erkennen wir es nur oft nicht um unserer Kurzsichtigkeit willen.

Dir herzlichst gegrüßt und geküßt!
Grüße auch die Freunde, Ludi, Dr. [illegible], dem ich für seinen Gruß danke, und alle anderen, dem Xaver und seiner Familie und auch den Schwestern, den [illegible] und die bei ihnen.
Herzlichst!
Dein Fritzl.

Schick mir auch ein bißchen Watte für die Ohren, daß ich das Reißen verhindere.

Erste und zweite Seite des aus dem Gefängnis an der Ettstraße geschriebenen Briefes von Fritz Gerlich an seine Frau.

die Freunde, Ludi, Dr. Steiner, dem ich für seinen Gruß danke, und alle anderen, den Xaver und auch den Pfarrer, den Benefiziaten und die bei ihnen.

Herzlichst Dein Fritzl
Schick mir auch ein bißchen Watte für die Ohren, daß ich das Reißen verhindere.«

Zur Erklärung: Ludi ist Ludwig Weitmann, der Benefiziat heißt Härtl. »Saarbrücker« ist ein südlich der Donau gebräuchlicher grobkörniger, wohlfermentierter Inlandsschnupftabak von Lotzbeck in Ingolstadt.

Ein Märtyrer der katholischen Kirche

Der Innsbrucker »Volksruf« ging in seinem am 10. Mai erschienenen Bericht: »Wo ist Dr. Gerlich?« irrtümlich bereits von dessen Tod aus: »Wegen seines mannhaft katholischen Eintretens für Recht und Gerechtigkeit mußte Dr. Gerlich sterben. Denn Dr. Gerlich ist tot, auch wenn hundertemale andere amtliche Meldungen kommen, die besagen, es gehe ihm gut. Gewiß geht es ihm gut, wenn er tot ist, denn dann befindet er sich nicht mehr in den Händen seiner Peiniger. Ist er aber nicht tot, warum läßt man ihn dann nicht frei, daß er sich der Welt zeigt? Warum läßt man ihn nicht selber schreiben, ob er lebt und wie es ihm geht? Da man dies von Hakenkreuzseite nicht tut, so straft man die amtlichen Aussprengungen, Dr. Gerlich gehe es gut, selbst Lügen. Wir werden nicht ruhen und rasten, bis wir Klarheit in den Fall Gerlich gebracht haben, bis wir wissen, ob aus dem Zeugen der katholischen Wahrheit ein Blutzeuge des Glaubens und der Gerechtigkeit geworden ist. Ist Dr. Gerlich tot – und alles spricht dafür –, dann ist er ein Märtyrer der katholischen Kirche, gefällt vom Hakenkreuzterror.«

Die Nationalsozialisten sind empört, fühlen sich in die Enge getrieben. Der deutsche Generalkonsul in Innsbruck wird mit Schreiben vom 16. Mai gedrängt, bei der Redaktion eine Berichtigung durchzusetzen: »Dr. Gerlichs Gesundheitszustand ist gut.« In Wirklichkeit liegt Gerlich an diesem Tag schwerverletzt, fiebrig und phantasierend in seinem Loch. Wie er so hilflos hingestreckt ist, fühlt er sich zurück in die Tage seiner Ankunft in der bayerischen Hauptstadt versetzt. Damals empfand Gerlich den leichten Hauch von Weihrauch, der aus den offenen Portalen der vielen Kirchen mit ihrer kühlen Luft in die Straßen wehte, als eigenartige Mahnung. Als er dann im Sommer 1902 zum ersten Mal die große Fronleichnamsprozession erlebte, die damals noch den ganzen barocken Prunk der Kirche mit jenem eines hochkultivierten Hofes vereinte, war er, der Vernunftmensch, widerstrebend beeindruckt gewesen. Daß eine religiöse Haltung nicht davor zurückschreckte, sich auf der Straße zu bekunden, wie es etwa bei diesen Prozessionen die Münchner Studenten taten, das war ihm eine neue Erfahrung. Dann das unausschöpfliche Erlebnis von Konnersreuth! Er war, wie er später selbst bekannte, »durch viele, viele Irrtümer hindurchgegangen, bis er die helle Wahrheit fand«. Er war, trotz der oft beklagten Hitze seines Temperaments, von weichem Gemüt und in hohem Maße liebesfähig. Als er sich mitten in die Mystik von Konnersreuth hineingestellt sah, war es ihm, gleich Paulus, »wie Schuppen von den Augen gefallen«, war seines Herzens Glut entzündet worden. In seinem, irdisch gesehen, großen Unglück vermochte er daher, beglückt und beseligt, mit Tränen der Liebe in den Augen zu sprechen: »Du weißt, daß ich alles nur für Dich getan habe. Du bist ja bei mir, wie soll ich da meine Lage als Unglück empfinden! Du hast mir so gute Freunde gegeben, die das Gleiche wollen, sei auch bei ihnen! Und laß mich recht bald ganz bei Dir sein! Du, mein Heiland!« Den Widerstand gegen Hitler hatte ihn Therese von Konnersreuth gelehrt. Mehr noch hatte er ihr zu danken: Das Apostolat des Leidens. Konnersreuth war ihm das einzige Mittel gegen die Tücke des Bösen, ein Hoffnungsstrahl gegen die Arglist Satans.

Nun lag er da, bleich und blutend, und er hatte erhalten, was er in seiner Zeitung 1932 herausgefordert hatte: »Man droht uns mit Folter und Galgen. Meine Herren Völkischen! Sie können mir keinen größeren Gefallen tun, als wenn Sie ausführen, was Sie sich vorgenommen haben. Denn Sie vergessen eines: Dieses irdische Leben ist kurz und Ihre Macht reicht nicht weit!«

Die Folterungen

Nun hatte er, was er mit seiner Unbeugsamkeit mitherausgefordert hatte. In der Wiener »Reichspost« vom 24. Januar 1934 erschien der anonyme Bericht eines Mithäftlings aus dem Münchner Polizeipräsidium, der Gerlichs Angaben folgte: »In der Nacht vom 15. auf den 16. Mai erfuhr die stumpfe Monotonie der Haft eine schauerliche Unterbrechung. Gegen zwei Uhr morgens erschienen drei SS-Leute im Gefängnistrakt und erzwangen von den beiden diensthabenden Wachtmeistern, denen sie keinen schriftlichen Befehl vorweisen konnten oder wollten, die Herausgabe des Gefangenen von Zelle Nr. 35. Dr. Gerlich wurde geweckt, mußte sich anziehen, dann wurden ihm die Augen verbunden, und fort ging es treppab, treppauf durch das weitläufige Labyrinth der Polizeidirektion. Schließlich wurde der Gefangene von seinen Begleitern in einen Raum gestoßen, wo man ihm die Binde von den Augen nahm. Er sah sich allein auf einem Podium, geblendet durch das Licht mehrerer

Scheinwerfer, die es ihm unmöglich machten, die Gesichter der zahlreichen Uniformierten, deren Umrisse er wahrnehmen konnte, zu erkennen. Es begann ein Verhör, das den Zweck verfolgte, Dr. Gerlich die Namen jener Personen (›Komplizen‹) zu entreißen, die ihn über die Vorgänge innerhalb der NSDAP und der KPD so zutreffend informiert hatten. Nachdem diese Szene unter wütenden Drohungen und Beschimpfungen eine Weile gedauert hatte, rief eine Stimme aus dem Dunkel des Hintergrundes: ›Schluß jetzt – los!‹

Von Fäusten gepackt, wurde Gerlich auf einen Tisch geworfen, festgehalten und mit Gummiknüppeln und Lederriemen geprügelt. Was er in diesen Minuten, abgesehen von der seelischen Qual, an körperlichen Schmerzen zu erdulden hatte, kann nur der sich ungefähr vorstellen, der Gelegenheit hatte, die Wirkungen einer solchen Tortur auf den menschlichen Körper aus unmittelbarer Nähe zu untersuchen. Dr. Gerlich schien der Bewußtlosigkeit nahe.«

So weit ein kurzer Ausschnitt aus dem Bericht eines unbekannt gebliebenen Mithäftlings. Ganz tief innen fühlte sich Gerlich, als die Folterknechte einen Augenblick innehielten, ins Jahr 1928 zurückversetzt: »Professor Wutz, mit dem ich am Gründonnerstag von Eichstätt im Auto gekommen und der von der Wagenlenkung sehr ermüdet war, schlief sitzend ein. Während ich die Schauungen aufschrieb, sah ich mich nach ihm um und habe den Vermerk auf meinem Schreibblock gemacht: Wutz schläft im Zimmer. Am Gründonnerstag abends 10h27 wurde Therese Neumann in die erste Schauung gerissen. Sie dauerte bis 10h31. Die Stigmen waren runzelig erhoben. Sie sah Christus auf der Straße mit zehn Aposteln; Petrus und Johannes waren vorausgeschickt...

In der Schauung von 11h40 bis 11h43 sah sie das zweite Beten auf dem Ölberg. Ihre Augäpfel begannen sich einzubluten. Die oberen Lider schoben das Blut auf das Unterlid. Nach Beendigung der Schauung fiel Therese wie immer in das Kissen zurück. Ein Blutstropfen trat in den rechten inneren Augenwinkel über. Aus dem linken äußeren Augenwinkel begann ein Tropfen herunterzurinnen.

Um 11h50 hatte sich das blutige Tränen so weit verstärkt, daß der erste Blutstropfen vom Gesicht auf die Nachtjacke fiel. Aus dem linken Auge drang ein zweiter Blutstreifen hervor. Plötzlich sagte sie: ›Was krabbelt denn da an meinem Hals?‹ Es lief ihr nämlich ein Blutstropfen in den Hals. Das Gespräch wurde durch die vierzehnte Schauung von 12h04 bis 12h05 abgebrochen, während der das Augenbluten sich verstärkte. Sie sah die Häscher kommen und Judas...

In der siebzehnten Schauung von 12h26 bis 12h27, während der

340

sie die Fortführung Christi durch die Häscher sah, begann das Stigma des linken Handrückens zu bluten. Am Rand nach dem Handgelenk zu begann die Oberfläche aufzureißen. In dem blutenden Teil war etwas wie eine Luftblase bemerkbar. Das Blut war dunkelrot. Von 12h37 bis 12h38 hatte sie die achtzehnte Schauung. Das Stigma der rechten Hand blutete, und die Stigmen der Fußrücken bluteten ebenfalls. Das Stigma des linken Handrückens war vor dem ersten Bluten noch rissig gewesen. Dann war es einheitlich offen, es floß hellrotes Blut heraus und über den Handrücken. Sie stöhnte lange wegen ihrer Schmerzen an der Stelle der Herzwunde. ›Da wird's so schwer.‹

Sie zeigte sich im nachfolgenden Zustand des Eingenommenseins sehr erschöpft und von der Hitze belästigt. Sie wollte ihren Kittel ausziehen und erklärte mir, ich sollte jetzt fortgehen, damit sie ihren Kittel ausziehen könne. Ich aber wollte doch beobachten und dachte mir, ich könnte bei ihr den Eindruck, daß ich fortgegangen sei, dadurch erwecken, daß ich für einen Augenblick den Kopf drehte und ins Zimmer hinein sprach. Der Täuschungsversuch entging ihr nicht.

Die einundzwanzigste Schauung währte von 1h05 bis 1h08 am Morgen des Karfreitags. Christus wurde vor Kaiphas geführt, wie aus ihren Erzählungen im Zustand des Eingenommenseins zu entnehmen war. In diesem Zustand stöhnte sie immer wieder schmerzlich auf: ›Heiland, i kann nimmer!‹ Während dieser Zeit begannen die Handstigmen erneut zu bluten. Dabei war zu bemerken, daß deren Oberfläche sich etwas senkte, wenn das Blut herabfloß.

1h37 trat ein erhobener Ruhezustand auf. Sie sprach mit der gewohnten Frische und erzählte, der Heiland stärke sie jetzt. In diesem Gespräch kam sie auch auf meinen Versuch, sie zu täuschen, zurück und machte mir ernste Vorhaltungen. Ich sollte doch derartige Versuche lassen. Ich wüßte doch und hätte es genügend erlebt, daß ich alles zu sehen bekäme, was zu sehen sei. ›Sieh einmal‹, sagte sie, ›der Heiland nimmt's genau. Wenn du mit einer Lüge die ganze Welt gewinnen könnt'st, was hätt'st dann davon? Was ist denn die Welt wert?‹

Dann riet sie uns, auszurasten. Wir seien zu müde von der Fahrt; wir sollten um sieben Uhr wiederkommen. Wir verließen darauf ihr Zimmer. Die Müdigkeit infolge der mehr als achtstündigen Autofahrt und des jetzt bereits dreistündigen schärfsten Beobachtens machte sich geltend. So bin ich ihrem Rat gefolgt.

Ich traf sie am anderen Morgen im erhobenen Ruhezustand. Aus den Augen und Händen floß stark frisches Blut. Die Stigmen der Hände waren ebenfalls frisch blutig. Um das Stigma selbst war ein Blutkranz angetrocknet. Der Kranz war rissig und rollte sich an einzelnen Stellen auf. Offenbar war der Vorgang folgender: Durch das Überlaufen des Blutes über den Rand des eigentlichen Stigmas bildete sich dieser Blutkranz, der an der glatten Haut, die sich um das Stigma wie ein Mondhof befindet, antrocknete. Bei späteren Blutungen des Stigmas floß jeweils erneut Blut auf diesen Kranz und hob beim Auftrocknen die darunterliegende schon getrocknete Blutschicht von dem straff gespannten Hauthof des Stigmas ab. Dabei platzte dieser Blutkranz.«

Das schmerzhafte Leiden Therese Neumanns und Fritz Gerlichs Folterqual ergänzen und bedingen einander. Gerlich, der Rationalist, hatte einst, was er für Religion hielt, im kühlen Kopf gehabt. Erst in Konnersreuth ging ihm auf, daß Religion mehr mit Opfer und Blut zu tun hat, als er bisher geahnt hatte.

Die blutigen Mißhandlungen, denen er in der Nacht auf den 16. Mai ausgesetzt war, alarmierten seine Mithäftlinge in der Ettstraße. Stefan Lorant, Chefredakteur der »Münchner Illustrierten Presse«, der in der Zelle neben Gerlich saß (er sollte am 25. September 1933 aus der Haft entlassen werden) gab in seinem Buch: »Ich war Hitlers Gefangener« die packendste Schilderung dieser Vorgänge:

»Der gleiche Satz wurde wieder und wieder in sein Ohr geschrien: ›Haben Sie Ihre Informationen von Dr. Bell erhalten?‹ Dr. Gerlich blieb bei seinem demonstrativen Schweigen. ›Wir werden dich schnell zum Reden bringen. Du Hund!‹ Noch einmal fünfundzwanzig Schläge gingen auf Dr. Gerlich nieder. Der Unglückliche, der inzwischen fast bewußtlos geschlagen war, stolperte zu seinem Stuhl zurück. – ›Wollen Sie jetzt sprechen?‹ Dr. Gerlich saß ruhig da, ohne zu antworten.« Wieder wurde er auf den Tisch geworfen und geprügelt, bis er in Ohnmacht fiel. Der Wiener Bericht setzt an dieser Stelle wieder ein: »Man schob eine Pistole unter seine Hand und ließ ihn (der allmählich wieder zu sich kam) allein mit den Worten: ›Erschieß dich, du Schwein!‹ Doch der gepeinigte Mann schoß nicht, er betete.«

Wir wissen nicht, was er betete; es könnte das Stoßgebet aller Märtyrer aus dem 13. Markuskapitel gewesen sein: »Ihr werdet gehaßt sein von allen um meines Namens willen. Wer aber ausharrt bis ans Ende, der wird gerettet werden.« Und gewiß hörte er aus weiter Ferne Therese vom letzten Leiden des Heiligen Stephan reden: »Sie haben ihn also nausgführt und sei Montur auszogn. Dann ham s' Stoiner gnommen. Dann haben s' auf ihn gworfen. Stephanus hat zum Himmel aufgschaut und hat stehend bet't. Dann hat er sich niederkniet. Von allen Seiten ham s' Stoiner gworfen. Im Kreis san s' gstanden; an G'sicht, Kopf und Händ' hat er blut't. Einer nach dem andern hat g'schmissn. A Freid ham s' ghabt. Andere ham Stoiner zutragn. Und wie s' ihm dann große Stoiner in die Seitn g'schmissn ham, hat's ihn so g'rissn. Da hat er bet't und Abba g'sagt. Auf einmal is er matt und gelb worn.«

Der Wiener Bericht fährt fort: »Als seine Peiniger zurückkehrten, wütend darüber, daß sie ihn nicht auf billige Weise losgeworden waren, fingen sie von neuem zu prügeln an... Die letzten Worte, die er hörte, waren: ›Genug für heute, wir holen ihn ein anderes Mal – und dann wird Schluß gemacht!‹«

Aus Stefan Lorants Erinnerungsbuch erfahren wir den Fortgang: »Kaum hatten die beiden SA-Männer, die den fast bewußtlosen Mann abführten, das Treppenhaus erreicht, warfen sie ihn die Treppe hinunter. Während Dr. Gerlich, der extrem kurzsichtig war, auf dem Boden lag und versuchte, das Geländer zu erreichen, um sich hochzuziehen, trat einer der SA-Männer mit seinen schweren Stiefeln mit voller Wucht auf Gerlichs Hände. Dr. Gerlich fiel die Treppe hinunter. Der SA-Mann schrie hinter ihm her und trat ihn mit seinen Reitstiefeln: ›Mach, daß du verreckst, du Hund!‹

Als Dr. Gerlich seine Zelle erreichte, war er über und über mit Blut bedeckt. Er sprach ein Gebet als Dank für seine Rettung. Er lebte.

Sobald Inspektor Frank am frühen Morgen davon hörte, welche brutalen Methoden diese Nacht angewandt worden waren (der Wachtmeister hatte den Gefangenen Nr. 35 halbtot auf seiner Pritsche gefunden), besuchte er Dr. Gerlich in seiner Zelle und versprach, eine strenge Untersuchung dieses Vorfalls in die Wege zu leiten. Dr. Gerlich wurde zum Arzt gebracht. Seine Wunden wurden versorgt. Er mußte einen Bericht diktieren über die Ereignisse der vergangenen Nacht. Seine Hände waren verletzt. Er konnte nicht selber schreiben.

Der Bericht war drei Seiten lang. Ich bin gespannt, ob er von irgendeinem Nutzen sein wird. Ich glaube kaum, daß die Schuldigen bestraft werden... Die SA betrachtet diese Art von Aktion als völlig in Ordnung. Ostberg, der Gefängnisdirektor, der Standartenführer der SS ist, sagte nur, als er den halbtoten Dr. Gerlich heute früh in seiner Zelle sah: ›Das geschieht Ihnen ganz recht.‹«

Die schweren Mißhandlungen wurden den Freunden Gerlichs durch eine Aussage Therese Neumanns im Übergangszustand nach den Visionen bestätigt. In diesem Zustand sogenannter kindlicher Eingenommenheit war Therese, wie Gerlich in seinem zweibändigen Werk über Konnersreuth ausgeführt hatte, fähig, geweihte Gegenstände, verborgene Dinge und Reliquien zu erkennen. In diesem Zustand näherte Johannes Steiner gegen Ende Mai 1933, ohne vorher darüber mit Therese im natürlichen Zustand gesprochen zu haben, das Taschentuch ihren Fingerspitzen, mit dem er Dr. Gerlich am Abend der Gefangennahme das Blut aus dem Gesicht gewischt hatte. Augenblicklich rief Therese: »Ja, gell, dein Kamerad, den hams so behandelt! Aber woißt, das, was ihr – in der Redaktion – erlebt habts, war noch lang net das Schlimmste. Da drin erst! Da hams 'n erst zug'richt! Heb dir's ja gut auf!«

Petrus will dem sicheren Tod entgehen

Als Gerlich in seiner Zelle wieder zu sich kam, mußte er an Therese Neumanns immer etwas ablehnende Haltung gegenüber Petrus denken, dem sie den Gewaltstreich gegen Malchus und vor allem die Verleugnung übelnahm, auch, daß er nicht den Mut besessen hatte, sich wie Johannes unter das Kreuz zu stellen. In gewöhnlichem Zustand allerdings sprach Therese stets mit Ehrfurcht von Petrus. Am 14. April 1928 schaute sie den schon sehr alten Petrus in einer Vision, erlebte mit, wie er in Rom taufte, die heilige Kommunion austeilte und die Getauften nach Ablegung ihrer weißen Gewänder firmte. Gesprochen wurde griechisch.

Gerlich selbst hatte eine Schauung vom 29. Juni 1928 schriftlich festgehalten: Ungefähr um 4 Uhr nachmittags sah sie den über 80 Jahre alten Petrus durch ein Tor Roms mit Reisestab und -tasche hinauswandern. Plötzlich kam ihm der Heiland entgegen mit leuchtenden Wunden und fragte ihn ernst: »Petre quo vadis?« (Petrus, wohin gehst du?) Verlegen brachte Petrus nur die Gegenfrage hervor: »Quo vadis tu, Domine?« (Wohin gehst du, Herr?) Der Herr antwortete: »Vado cruciari pro te« (Ich gehe, um für dich gekreuzigt zu werden) und verschwand.

Therese hatte diese Begegnung gesehen, hatte auch den Wortlaut vernommen, aber nichts vom Sinn des Zwiegesprächs verstanden. – Traurig wendete sich Petrus zur Rückkehr. Hierauf sah die Visionärin Petrus und Paulus vor dem Richterstuhl des Kaisers Nero stehen, der von einem mächtigen Hofstaat umgeben war und verächtlich auf die Apostel herab schaute, die – besonders Paulus – mit Freimut und Begeisterung für Christus sprachen. Mit Stricken gebunden, wurde jeder in ein eigenes Gefängnis geführt, wo sie an einer Hand und einem Fuß mit einer Kette am Boden festgehalten und von zwei Soldaten innerhalb und zwei Soldaten außerhalb der Tür bewacht wurden. In einer weiteren Schauung sah Therese den Apostel Petrus im Gefängnis zu Jerusalem und die Vorgänge, wie sie die Epistel dieses Tages berichtet: Petrus wurde durch einen Engel aus dem Gefängnis befreit. Auffallend war ihr die Verschiedenheit der Ketten, mit denen Petrus in Rom und in Jerusalem gefesselt war. Abends ungefähr um 9 Uhr sah Therese Neumann, wie Petrus gegeißelt wurde. Man band ihn an ein Kreuz unserer Form (nur der Querbalken war nicht ganz rechtwinkelig) mit Händen und Füßen, band ihn um die Knie, den Unterleib und die Brust; dann wurde das Kreuz aufgestellt, so daß Petrus mit dem Kopf nach unten hing. Es war bereits Nacht, als er starb. In Form eines Lichtstrahles sah Therese Neumann die Seele dem Leib entschweben und von einem »lichten Mann« nach oben geleitet werden.

30. Juni 1928: Abends sah Therese Neumann den Apostel Paulus in Ketten nochmals vor Nero, wo er hochbegeistert sprach. Paulus – das Urbild aller Konvertiten – sollte mit Petrus gekreuzigt werden, worauf er zum Vollstreckungskommando voller Stolz sprach: civis Romanus sum – ich bin römischer Bürger – an solchen durfte keine verächtliche Todesstrafe vollstreckt werden. Daraufhin wurde er nochmals zu Nero geführt, der dann das Urteil auf Enthauptung abänderte. »Er wurde weiter fortgeführt an einen ›sumpfigen Platz‹ (Petrus war am Vortag auf einem Hügel gekreuzigt worden), dort bis auf das Hüftkleid ausgezogen und enthauptet. Vor der Enthauptung betete Paulus kniend und schaute dabei den Heiland vor sich auf einer lichten Wolke, die Hände ihm entgegenstreckend. Nach der Enthauptung entschwebte die Seele des Paulus als lichter Strahl seinem Leibe.«

1868 wurde dort von den Mönchen eine Eukalyptuspflanzung angelegt, um die durch die Sümpfe verpestete Luft zu entgiften.

Mit blau angeschwollener, bis auf die Knochen entzündeter Hand

Die Wiener »Radiopost« schloß ihren Bericht: »Obwohl am nächsten Morgen die ganze Stadt über die Folter des Dr. Gerlich tuschelte, geschah behördlicherseits nichts, keine Entschuldigung, keine Bestrafung der Übeltäter, keinerlei Zusicherung, daß derartige unerhörte Vorfälle sich nicht wiederholen würden. Als aber die ausländische Presse Berichte über die Mißhandlungen des Dr. Gerlich und anderer Gefangener brachte, wurde Gerlich genötigt, eine Erklärung zu unterschreiben, daß ihm nichts fehle und daß er sich einer guten Gesundheit erfreue. Als Gegenleistung für diese Unterschrift, welche mit einer zitternden, blau angeschwollenen, bis auf die Knochen entzündeten Hand geleistet werden mußte, stellte man die baldige Entlassung aus der Haft in Aussicht.«

Ein Mann des Gebetes

Als die Nationalsozialisten diesen Pressedarstellungen widersprachen, ließ der »Volksruf« nicht locker und fragte am 24. Mai, warum, wenn Gerlich lebe, seine Frau ihn nicht sehen dürfe. Auch die »Neue Zürcher Zeitung« hakte nach. Durch diese immer unangenehmer werdende Diskussion sah sich die Politische Polizei Heydrichs genötigt, am 28. Juni 1933 eine ausführliche Erklärung über den Gesundheitszustand Gerlichs zu verbreiten. Fritz Gerlich ertrug die Haft mit bewundernswerter Haltung. Selbst später, im Hochsommer, gelangte kaum ein Lichtstrahl in sein nördlich gelegenes Verlies. Doch er beklagte sich nicht, sagte sogar zu einem Mitgefangenen, der im gleichen Stockwerk untergebracht war: »Wer sich als katholisch bekennt, muß auch den Mut finden, die Folgen seiner Lebensauffassung auf sich zu nehmen und mit freudigem Herzen die Leiden zu ertragen.« Die Wärter zeigten Mitleid mit ihrem prominenten Häftling, brachten ihm einen kleinen Tisch und einen Stuhl. Nur während der Reinigungszeiten war ein »Spaziergang« auf dem Korridor erlaubt, auf dem Kiesel-Terrazzo zwischen den beidseits hochgezogenen Ölsockeln. Mithäftlinge, die von Gerlichs Zeitung wußten, bezeichneten diesen dunklen Gang scherzhaft-schmerzlich als »Geraden Weg«.

Aus den Erzählungen desselben Mitgefangenen, der sich gelegentlich mit Gerlich bei den erwähnten »Spaziergängen« auf dem Korridor unterhalten konnte, zitiert Erwein von Aretin:

»Er sprach über das, was er in der Gefangenschaft erlitten hatte und noch erlitt, nur sehr selten und sehr wenig. Mir war, als ich ihn zum ersten Mal sah, aufgefallen, daß er am Kopfe und besonders um die Augen blaue Flecken hatte, die offenbar von Schlägen herrührten. Ich frug ihn, wie er dazu gekommen sei. Er gab mir zunächst den kurzen Bescheid, daß dies von seiner Gefangennahme herkomme, ohne aber eine nähere Aufklärung beizufügen. Erst später, als wir vertrauter geworden waren, erzählte er mir, daß er bei seiner ersten und einzigen Vernehmung dermaßen geschlagen worden sei, daß er beständig auf dem Boden umherkugelte, daß man ihn mit dem Kopf an die Wand stieß und am Fußboden mit Stiefeln traktierte, so daß schließlich sein ganzer Körper voller blauer Flecken war und Wochen brauchte, bis er wieder ein normales Aussehen erlangte. Daß ihn diese Behandlung innerlich empörte, war selbstverständlich, und doch brachte er es fertig, keinen Haß gegen die Übeltäter in sich aufkommen zu lassen.

Wer Dr. Gerlich nur äußerlich kennenlernte, hätte ihn nie für einen Mann des Gebetes und der Betrachtung gehalten; und doch war er es in hohem Maße. Jeden Morgen, wenn er wußte, daß kein Aufseher zu erwarten war, kniete er in seiner Zelle und betete. Einmal, als mich ein Aufseher in aller Stille plötzlich zu einem kranken Gefangenen rief, sah ich ihn beim Vorbeigehen dort knien und habe mich an seiner tiefen Frömmigkeit sehr erbaut. Als ich ihm dann unter vier Augen erzählte, daß ich ihn im Gebet gesehen hätte, wurde er zuerst etwas verlegen, dann aber ging er aus sich heraus und schilderte mir mit begeisterten Worten, wie diese Zwiesprachen mit Gott für ihn die schönsten Stunden des Tages seien.

Tagsüber streute er manches stille Stoßgebet unter seine übrige Lektüre. Er hatte sich auch eine geistige Lesung verschafft, an der er mit ganzer Seele hing: die Nachfolge Christi des Thomas von Kempen. Aus ihr las er jeden Tag ein Kapitel.

Später hatten wir die Möglichkeit, wöchentlich einmal zu kommunizieren. Tiefste Erbauung bot dabei Dr Gerlich. Da trat so ganz zutage, mit welcher Liebe er an dem göttlichen Heilande hing; wie dieser das Zentrum seines Denkens, Lebens und Empfindens war. Diese Liebe zu Jesus war ihm bei seinem Konnersreuth-Erleben aufgegangen. Er hatte sie auch bei den dort eng Beteiligten und so auch bei seinem Katecheten P. Ingbert Naab erkennen können, und sie glühte in ihm wie ein heiliges Feuer.«

Verlagsleiter Johannes Steiner, der einst in einem Kaffeehaus am Hauptbahnhof Zeuge gewesen war, wie Gerlich der Versuchung des Verderbers widerstanden hatte, brachte seinem gefangenen Freund am Karsamstag 1933 einen Strauß blühender Mandelzweige und Forsythien, dazu ein Körblein mit geweihten Ostergaben, ein paar gefärbte Eier, Fladen und Schinken, ins Gefängnis, worauf Gerlich wie so oft, wenn eine Gabe für ihn am Gefängnistor hinterlassen wurde, einen herzlichen Dankesbrief schrieb: »Mit Ihren lieben Ostergaben haben Sie nicht nur mir eine große Freude bereitet. Ich gedenke Ihrer und Ihrer Angehörigen täglich im Gebete.«

Das Ermächtigungsgesetz

»Wie es am 23. März 1933 dem Demagogen, Taktiker und Lügner Hitler gelang, zu einem wenigstens scheinlegalen Ermächtigungsgesetz zu kommen und das Parlament auszuschalten«, schrieb später der Jurist Otto Gritschneder, »ist ein höchst lehrreiches staatsrechtliches und zeitgeschichtliches Schurkenstück.«

Mit einer Mehrheit von 288 nationalsozialistischen und 52 deutschnationalen Abgeordneten, also einer Mehrheit von 340 Sitzen (bei insgesamt 647 Reichstagssitzen), hätte Hitler regieren können. Dennoch verlangte er ein Ermächtigungsgesetz, für das er über die NSDAP und die Deutschnationalen hinaus auch die Zustimmung des Zentrums mit BVP und der bürgerlichen Mittelparteien erreichte. Allein die SPD mit 94 anwesenden Stimmen stimmte geschlossen dagegen.

Der Gefahr einer Beschlußunfähigkeit entging Göring als Reichstagspräsident, indem er als »anwesend« alle Abgeordneten gelten ließ, »die unentschuldigt fehlten oder von der Teilnahme an der Sitzung ausgeschlossen werden konnten«. Schon mit dieser »Änderung der Geschäftsordnung« hatte der Reichstag den Boden der Verfassung verlassen. Über die bedrohliche Atmosphäre der Reichstagssitzung vom 23. März urteilte später der schwäbische SPD-Reichstagsabgeordnete Chefredakteur Josef Felder: »Neben den Sitzen der SPD-Abgeordneten im Reichstagsplenum standen uniformierte SA-Leute mit umgeschnallter und geladener Pistole. Sie zischten uns während der Verhandlungen und Reden immer wieder Drohungen zu, die wir durchaus ernst nehmen mußten: ›Ihr kommt auch noch dran. Wir machen Kleinholz aus euch, ihr Lumpen und Schufte, ihr Hochverräter!‹.«

Mit dem Ermächtigungsgesetz war Hitler der entscheidende Durchbruch zur Alleinherrschaft als »Führer« gelungen. Dem Verbot der KPD nach dem Reichstagsbrand am 27. Februar 1933 folgte das der SPD am 22. Juni. Die übrigen Parteien wurden der Reihe nach zur Selbstauflösung gezwungen. Bis Ende Juni 1933 hatte Innenminister Gauleiter Adolf Wagner zweitausend Mitglieder der Bayerischen Volkspartei hinter Gitter gebracht. Als Schlußstrich unter die Parteiengeschichte wurde am 5. Juli 1933 die Selbstauflösung des Zentrums erzwungen. Damit hatten sich die wesentlichen Prophezeiungen Pater Ingberts erfüllt.

Bald wurde die protestantische Kirche durch die Wahl eines »Reichsbischofs« gleichgeschaltet (gegen den sich Dietrich Bonhoeffer, Direktor des Predigerseminars der »Bekennenden Kirche«, erhob, der dann auch von den Nazis ermordet wurde).

»Es war unheimlich«, schrieb Elisabeth zu Guttenberg, »wie rasend schnell und mit welcher jeden Widerstand lähmenden Übermacht Hitlers Tyrannis zu unüberwindlicher Stärke heranwuchs. Es war, als räumten dämonische Kräfte ihr jedes Hindernis aus dem Weg.« Eine Welle von Verhaftungen ging durch das Land. Kronprinz Rupprecht richtete noch am 10. April 1933 einen ernsten Appell an Hindenburg in Berlin, mußte aber dann, um selbst der Verhaftung zu entkommen, ins Exil nach Italien gehen. Seine Familie unterlag der »Sippenhaft«; an zwölf Mitgliedern des Hauses Wittelsbach kühlte Hitler sein Mütchen in den Konzentrationslagern Sachsenhausen, Buchenwald und Flossenbürg. Auch Erbprinz Albrecht machte die bittere Erfahrung der Konzentrationslagerhaft.

Der Zeitzeuge Erwein von Aretin erkannte, daß es sich hier um eine echte Revolution handelte, »einen Kampf des Teufels gegen Gott, bei dem es für das Königtum keine Wahl geben dürfte. Die bisher in der Geschichte unbekannte Verlogenheit dieses Umsturzes zeigte den Vater der Lüge als seinen Vater. Sie ist als etwas Metaphysisches, Satanisches zu bewerten.«

Pater Ingbert Naab auf der Flucht

Vom Stefanitag 1932 bis in die ersten Märztage 1933 hatte Pater Ingbert ein schweres Leiden durchzustehen. Der Eichstätter Bischof Konrad Graf Preysing besuchte den Bettlägerigen fast regelmäßig anschließend an seinen nachmittäglichen Spaziergang im Kapuzinerkloster. Sie besprachen die politischen Ereignisse und beratschlagten, was noch zu tun sei. Am 19. Februar schrieb ihm Pater Ingbert: »Wir haben in Hitler eine Zusammensetzung von Betrüger und Narr.« (Professor Wutz war deutlicher, er sprach von einer Mischung »aus Verbrecher und Wahnsinnigem«.)

Zu Pater Ingberts geplantem Aufsatz über die zusammenbrechenden Gegenparteien Hitlers: »Die zerbrochenen Knochen« kam es nicht mehr. Nach Bayerns Gleichschaltung und Fritz Gerlichs Festnahme drängten ihn die Ordensoberen, sich doch wenigstens für einige Zeit in Sicherheit zu bringen. Also übersiedelte Pater Ingbert am 10. März in das abgelegene Kloster Maria Birnbaum bei Aichach. Für den Fall, daß ihn die Häscher Hitlers dort aufspüren würden, war alles für eine Flucht über die Klostermauer vorbereitet. Seinen Eichstätter Guardian Pater Cosmas und Johannes Steiner bat er, ihren Besuch keinesfalls zu wiederholen, um das Kloster und sich selbst nicht in Gefahr zu bringen.

Ein Ausspruch der Konnersreuther Therese stärkte ihn: »Den Klöstern, die auf das Herz Jesu vertrauen, wird nichts geschehen.« Er richtete sich, wie Gerlich, am Beispiel des kühnen und kämpferischen Stephanus auf. Allerdings: Wenn er daran dachte, wie todesmutig sich dieser erste Blutzeuge der Kirche bewährt hatte, hielt es ihn keinen Tag länger in der Einsamkeit. Am 31. März ging er wieder furchtlos durch die Gassen Eichstätts. Er stieg auch wieder auf die Kanzel und predigte gegen Revolution, Aufruhr, Empörung.

Dann mußte er neuerdings untertauchen, zunächst einige Zeit beim Freund Wutz, in dessen Hauskapelle er täglich die heilige Messe feiern konnte. So ging das ein paar Wochen fort unter Drohungen von der Straße: »Der Kuttenhund kommt uns nicht mehr lebendig heraus! Den holen wir uns schon noch!«, bis am 27. Juni die überstürzte Flucht nötig wurde. Zwei Kleriker brachten in einem großen Gemüsekorb, der oben mit Salat, Blaukraut und Sellerie zugedeckt war, Pater Ingberts Bücher und Manuskripte zu Professor Wutz. »Jetzt, Xaver, mußt Du mir helfen. Jetzt muß ich fort. Jetzt ist es endgültig!« Wenige Minuten später waren sie im Wagen des Professors unterwegs nach Berching. Die dortigen Franziskaner nahmen den flüchtigen Pater nur unter Furcht und Bangen für kurze Zeit auf. Dieser erfaßte die Gefahr, in der er schwebte, noch immer nicht.

Wutz erging es nicht besser: Kaum war er mit Pater Ingbert aus der Garage gefahren, klingelte bei seiner Haushälterin Ottilie Neumann das Telephon. Pater Cosmas am anderen Ende der Leitung stammelte atemlos, Professor Wutz dürfe heute nicht zurückkommen, weil gegen ihn und Pater Ingbert Haftbefehle erlassen worden seien. Kaum hatte Ottilie aufgelegt, sah sie draußen vor dem Haus SA-Posten aufziehen. Auch das Kapuzinerkloster und sogar das Krankenhaus waren umstellt.

Als Wutz gegen sieben Uhr abends nichtsahnend von Berching zurückkam, eilte Ottilie zum Wagen: »Herr Professor, fort! Umkehren! Sie werden verhaftet!« Mit erhöhter Geschwindigkeit fuhr Wutz an den verdutzten SA-Posten vorbei und raste ohne festes Ziel nach Norden. Mitternachts traf er bei den Eltern Neumann in Konnersreuth ein. In der Nacht noch fuhr er weiter nach Waldsassen zu seinem Freund Ingenieur Stöhr, den er seit den zwanziger Jahren vom Jurastraßenbau her kannte. Stöhr, der nun Funktionär der nationalsozialistischen Bewegung war, würde ihm helfen können! Doch der Empfang des nächtlichen Besuchers war alles andere als freundlich. Da Stöhr des Professors feindselige Einstellung gegen den Nationalsozialismus kannte, machte er ihm heftigste Vorwürfe; zumal als der Name Pater Ingberts fiel, bekam er einen Wutanfall. Erst als Wutz wortlos gehen wollte, lenkte er ein: »Bei Pater Ingbert läßt sich nichts machen. Für ihn werde ich unmöglich etwas erreichen können. Sie hassen ihn. Pater Ingbert hat der Bewegung am meisten geschadet. Du aber, Xaver, bleibst vierzehn Tage hier, dann gehst du wieder nachhause.« Wutz lehnte diesen Vorschlag ab. So erklärte Stöhr sich bereit, am nächsten Tag mit ihm nach München zu fahren. Dort erwirkte er bei der Gauleitung einen Schutzbrief, in dem der Eichstätter Kreisleiter Dr. Krauß beauftragt wurde, für die Sicherheit des Professors zu sorgen. Eine kleine Weile bekam Wutz nun Ruhe vor den (wie er sie nannte) »braunen Stinkstiefeln«.

Kaum hatte Pater Ingbert eine Nacht in Berching verbracht, als Therese ihn warnte, er könne keine Stunde länger bleiben. Ein Arzt brachte den Pater nach Dietfurt. Bereits zwei Stunden nach ihrer Abfahrt erschien die Geheime Staatspolizei zur Hausdurchsuchung.

Kurze Zeit später war auch das Dietfurter Versteck nicht mehr sicher. Therese drängte wieder auf Wechsel. Von Freunden war geäußert worden, Pater Ingbert möge wenigstens Bayern verlassen. Vertraute des Eichstätter Professors brachten Zivilkleider und führen Pater Ingbert über Nürnberg ins Württembergische. Erst auf der Fahrt reifte sein Entschluß, das Kapuzinerkloster Ave Maria bei Deggingen anzusteuern. Dort wurde der Pater brüderlich aufgenommen. Als Professor Wutz zu Besuch kam, glaubte er ihn hier geborgen. Doch kurz darauf erklärte Therese, jetzt gebe es für den

Pater keine Sicherheit mehr im Hitlerreich, er müsse fort in die Schweiz.

Das von Therese vermittelte Ehepaar Rudolf und Gerda Roßmann aus Gauting erklärte sich bereit, ihn über die Grenze zu bringen. Doch erst als er auf das besorgte Drängen des Bischofs von Eichstätt und seines Freundes Wutz hingewiesen wurde, willigte er ein. Bartlos, mit blauem Sportanzug und falschem Paß trat Pater Ingbert seine Reise am 5. Juli an. Auf den Tag vor dreiundzwanzig Jahren hatte er seine Primiz gefeiert. Im Kloster Sankt Walburg beteten die Benediktinerinnen um Gottes Schutz für den Pater. Gegen Abend erreichte das Fluchtfahrzeug über Meersburg und den See die Grenze bei Konstanz. In Erwartung der damals äußerst strengen deutschen Paßkontrolle ging Pater Naab Arm in Arm mit Gerda Roßmann auf und ab und versuchte den Eindruck eines heiter plaudernden Weltmannes zu machen, während die andern vor Angst bebten. Die Grenzkontrolle wurde ohne nennenswerte Schwierigkeit überstanden. Gegen halb elf Uhr nachts erreichte der Fluchtwagen das Kapuzinerkloster auf dem Wesemlin in Luzern. Dort wurde der Flüchtige von P. Ignatius Dossenbach empfangen, der den bayerischen Pater von früher her kannte. Als die Helfer, die im Hotel übernachtet hatten, Pater Ingbert am nächsten Morgen besuchten, bedankte er sich bereits wieder als Kapuziner im Habit. Weil es für ihn auch in der Schweiz zu gefährlich war, als P. Ingbert aufzutreten, wählte er den Klosternamen »Peregrinus« – Wanderer, Fremdling. Unter diesem Namen meldete er sich noch am selben Tag in einem Brief an Kardinal Faulhaber.

Dank an die bayerische Sozialdemokratie

Erwein von Aretin wurde bald nach seiner Einlieferung ins Polizeigefängnis an der Ettstraße nach Stadelheim verlegt, in die Zelle 70 im zweiten Stock, die erträglich möblierte »Prominentenzelle«, wo nacheinander Ludwig Thoma, Kurt Eisner, dessen Mörder Graf Arco und Hitler gesessen hatten. Am Tag vor Christi Himmelfahrt bekam Aretin den aus Dommelstadl bei Passau gebürtigen Vorsitzenden der bayerischen Sozialdemokratie und früheren Innenminister Erhard Auer zum Zellengenossen. Er war wenige Tage zuvor in einer Stadtratssitzung schwer mißhandelt und von den Nazis an Händen und Füßen aus dem Saal geschleppt worden. Kaum hatte er die Zelle betreten, platzte er heraus: »Wie hätten Sie eigentlich die Monarchie machen wollen?« Als Aretin antwortete: »Mit Hilfe des § 64 der Bayerischen Verfassung!«, rief er volltönend: »Genau so wollten wir's auch machen!«

Freiherr von Aretin erinnerte sich später dankbar an die mit

Erhard Auer verbrachten Stunden: »Die Gespräche mit Auer, der mir sein ganzes bewegtes Leben erzählte, waren ungewöhnlich interessant, namentlich die über die Revolutionsnacht 1918 und sein Verhältnis zu Eisner, den er glühend haßte. Hoffentlich kommt Auer dazu, seine Erinnerungen selbst niederzuschreiben. Ich muß aufrichtig bekennen, daß ich in meinem ganzen Leben keinen handfesteren, jeder Phrase abholderen Patrioten kennengelernt habe. An der Person Ludwigs III. hing er mit einer Art aufrichtiger und unerschütterlicher Hinneigung, die noch den ganzen Tag nach der Umsturznacht durch Zeitgewinnen hoffte, dem König den Thron zu retten. Auers Wohnung, die schon von den Eisnerleuten ein paarmal gründlich demoliert worden war, ferner beim Hitlerputsch 1923 brutal zerstört wurde, war auch jetzt wieder vollkommen demoliert. Am Beispiel Auer war deutlich zu sehen, wie engstirnige Vorurteile des Bürgertums an der Radikalisierung der Sozialdemokratie eine große Schuld trugen. Marxist zu sein, lehnte Auer mit aller Entschiedenheit ab. Ihm sei eher Lassalle der Führer. Er denke gar nicht an Internationalismus und habe deswegen mit der norddeutschen Sozialdemokratie, die wirklich marxistisch beherrscht sei, genau dieselben erbitterten Kämpfe, wie sein Onkel Ignaz Auer und Vollmar sie gehabt hatten.«

Fritz Gerlich war als Chefredakteur des »Geraden Wegs« im Juni 1932 dazu übergegangen, für den Freistaat Bayern eine Koalition aus Bayerischer Volkspartei und SPD zu fordern. Damit hatte er viele seiner Freunde, auch Aretin, erschreckt. Erst nach den Gesprächen mit Erhard Auer begriff der Freiherr, daß er 1932 der bayerischen Regierung in den »Münchner Neuesten Nachrichten« lieber zum Anschluß nach links als zur Zusammenarbeit mit Papen, dem »Unglück im Cutaway«, dem Steigbügelhalter Hitlers, hätte raten sollen.

Aretin sieht Gerlich zum letzten Mal

Für Gerlich lief jetzt alles auf eines hinaus: Am 1. September wurde er aus dem Staatsdienst entlassen. Seinem Archivdirektor Dr. Otto Riedner muß man bescheinigen, daß er sich mit bemerkenswerter Zivilcourage vor den als Staatsfeind beschimpften Gerlich stellte. Nicht nur, daß er ihm »größte Dienstwilligkeit« bescheinigte, er besaß die Unerschrockenheit, Gerlichs Tätigkeit für den »Geraden Weg« zu verteidigen: »Der Oberarchivrat Dr. Gerlich hat, was auch seine grimmigsten Feinde nicht leugnen können, trotz wechselnder Umgebung und Kampfgenossenschaft das, was er für richtig hielt, leidenschaftlich und furchtlos vertreten, ohne sich um Angriffe, Spott oder Hohn zu kümmern. Die Wochenzeitung ›Der gerade

Weg‹ bot keinen Anlaß zur Klage. Sie war katholisch und richtete sich 1. gegen den Bolschewismus, 2. gegen den Nationalsozialismus und 3. gegen den Kapitalismus. Gegen die bayerische Regierung hat sich sein Kampf nicht gerichtet.«

Gerlich wurde am 27. Juli für eine Woche nach Stadelheim verbracht. Als er am 4. August in die Ettstraße zurückkehrte, trug er sich trotz aller Bitterkeit der Haft sogar wieder mit Zeitungsplänen. Auf Kassibern, die Johannes Steiner als Begleitperson der gehbehinderten Frau Sophie in einer Ausgabe des Alten Testaments durchgeschmuggelt hatte, verständigte man sich über den Entwurf eines Titelblatts. Vorsorglich hatten Steiner und Gerlich bereits vor dem Schlag der Nazis gegen den »Geraden Weg« Decknamen vereinbart: Gerlich hieß »Deinhard« (nach der von ihm bevorzugten Sektmarke), »Lapidior« (der »Komparativ« von Stein) war Steiners Chiffer, »Jakob« galt für Therese Neumann.

Einmal noch begegnete Gerlich seinem alten Mitarbeiter Erwein von Aretin, dem er das Erlebnis von Konnersreuth zu verdanken hatte. Es war am 7. November 1933, auf dem Gang im dritten Stock. Als Aretin über die Treppen herunterkam, so erinnerte er sich später, »ging im dritten Stock auf dem Gang einsam Dr. Gerlich spazieren. Er sah mein Gepäck und rief mir zu: ›Na, wohin?‹ Als ich antwortete: ›Dachau‹, wurde er weiß wie die Wand und nickte mir nur traurig zu. Ich habe ihn seither nicht mehr gesehen.«

Von seinem Aufenthalt in Dachau gab Aretin später erschütternde Einzelheiten preis: »Rings um mich drängten sich plötzlich vier bis fünf SS-Leute in grünen Arbeitskitteln – und begannen mich zu beschimpfen. Ob ich etwa immer noch die Monarchie haben wolle – ich erwiderte, daß mir (deren) Vorteile jetzt erst recht einleuchteten –, und was die Kaiserin Zita mache – ich erwiderte, da sei ich überfragt –, und sie wollten mir schon austreiben, mit dem Faulhaber das »Volk« zu verraten. Schließlich verstand sogar ich, daß jetzt die Sache ernst werde. Ich habe in meinem ganzen Leben keine Köpfe von so tierischer Roheit gesehen. Plötzlich brüllte mich ein ganz junger, schwarzer Kerl von höchstens siebzehn Jahren an, ich solle gefälligst aufstehen und eine tiefe Kniebeuge machen. Ich dachte an ›Erschießen bei Widersetzlichkeit‹ und sah mich um: nur rohe, verzerrte Gesichter. Also machte ich halt eine tiefe Kniebeuge. Ich liebe (Kniebeugen) schon nicht, wenn meine Hosen weit genug sind. Diese platzte sofort, aber da half nun gar nichts mehr, ich saß in meiner tiefen Kniebeuge, wie mir schien, eine Ewigkeit, bis ich es einfach nicht mehr aushielt und der Länge nach auf den Zementboden stürzte. Sofort hatte ich den entsicherten Revolver des Burschen im Gesicht, und die Faustschläge und Fußtritte hagelten nur so, bis ich wieder in der tiefen Kniebeuge dasaß. Das Spiel gefiel den Leuten zusehends. Jetzt bekam ich Stöße mit dem Knie ins Rückgrat, bis ich wieder glücklich dalag und mich trotz des Hagels an Schlägen und trotz des Revolvergefuchtels etwas verschnaufte. Dann ging das Spiel von neuem an, viermal, fünfmal, sechsmal. Die Leute schlugen einem weit ausholend mit der Faust ins Gesicht, so wie man es auf besonders drastischen Bildern von der Geißelung Christi im deutschen Mittelalter dargestellt findet... Ich kam auf den luminösen Gedanken des hl. Stephan, den ich plötzlich aus innerster Seele begriff...«

Am nächsten Mittag beim Essenfassen dann das gleiche Grauen: »Der 17jährige Rohling, der mein Hauptfeind war, empfing mich schon an der Türe der Küche und alles ging wieder los. Als ich (...) am Boden lag, kam der Bursche auf die geniale Idee, mich meine Kniebeugen auf einem lehnenlosen, etwa fünfzig Zentimeter hohen Hocker machen zu lassen, von dem mich natürlich seine Tritte und Schläge sehr bald auf den Zementboden heruntergeworfen hätten, wobei der Bruch eines Knochens, wenn nicht des Genicks das wahrscheinliche Ende gewesen wäre. Nur das Zureden eines andern ließ ihn davon Abstand nehmen. Ich faßte schnell mein Essen, um schleunigst in die Baracke zurückzugehen.«

Geradezu sadistisch muten die Quälereien an, denen Kirchenbesucher ausgesetzt waren: »Als am 9. Juli der erste Gottesdienst in Dachau gewesen war, wurden in unmittelbarem Anschluß daran seine Besucher in den Wald geführt, in zwei Reihen einander gegenübergestellt und gezwungen, einander ins Gesicht zu spucken und sich wieder abzulecken(!). Dann mußten sie sich ins Gesicht hauen, und schließlich wurde jeder einzelne von einem SS-Mann weiter in den Wald geführt und verprügelt.«

Entmutigt fragte sich der kranke und gequälte Aretin, ob der Tag jemals kommen würde, an dem er anderen von diesem namenlosen Elend erzählen könnte. Gleichwohl mochte er auch diese schreckliche Erfahrung nicht missen. »Einmal schon in meinem Leben hatte ich – 1927 in Konnersreuth – das sichere Bewußtsein, in die ungeheure Weite der göttlichen Wirklichkeit einen Blick tun zu dürfen. In diesen vierzehn Monaten der Haft war es ganz genau das gleiche.«

Dabei zweifelte Aretin keinen Augenblick daran, daß die von den Kommunisten praktizierte Todfeindschaft gegen das Christentum in keiner Nuance vom giftigen Haß der Nazis abwich. Daß der in Paul Nikolaus Cossmanns Veröffentlichungen am artikuliertesten gefürchtete und bekämpfte Kommunismus von einem »Volksbetrug Konnersreuth« sprechen mußte, überraschte ihn nicht, kannte er doch dessen »dialektisch-materialistische« Fortschrittsgläubigkeit und diktatorisch-proletarischen Anspruch auf ein »Tausendjähriges

Reich«. Es kam nur darauf an, wer wen zuerst ausschaltete (am besten umbrachte), um ans Ziel zu kommen. 1917 und 1919 saßen die Kommunisten am längeren Hebel, 1933 die Nazis. Daß die eine Ersatzkirche die andere auszurotten suchen mußte, liegt in der Natur ihres Anspruchs. Die KZ's und Gulags waren keine Entgleisungen, sondern dem System immanent. Das wußte Aretin. Umsomehr mußte ihn ein Erlebnis mit kommunistischen KZ-Häftlingen verwundern. Eines Tages nämlich nahm ihn einer dieser Kommunisten auf die Seite und bat ihn zu seinem größten Erstaunen, ihm einen Abend lang über Konnersreuth zu erzählen. Aretin ging darauf ein, bat ihn aber, daß er es nicht weitersage. Der Kommunist versprach, daß er nur einen Freund mitbringe, im übrigen aber schweigen werde.

»So fand am nächsten Abend mitten zwischen Karten- und Schachspielern vor zwei Kommunisten ein Vortrag über Konnersreuth statt, der freilich von der falschen Meinung ausging, meine beiden Zuhörer seien Katholiken. Sehr erstaunt war ich, als gegen Ende meiner Ausführungen einer der beiden, tief beeindruckt von dem Gehörten, frug, wo das Kind von Therese Neumann sei. Die Frage war deshalb interessant, einmal, weil sie zeigte, wie fest der Glaube an die kommunistische Presse war, die bekanntlich Therese Neumann die Mutter eines heimlich in Bamberg geborenen Kindes sein ließ, andererseits aber zeigte, daß an diesen einfachen Leuten die Perfidie der Lüge vollkommen abglitt, weil sie in der Existenz dieses Kindes durchaus nichts Herabwürdigendes sahen. Beide Zuhörer dankten mir und baten mich, Fragen an mich stellen zu dürfen, die ihnen später wohl noch einfallen würden. In der Tat haben mich beide in den nächsten Tagen beiseite gezogen und mich Dinge gefragt, die nicht nur zeigten, wie gut sie meiner Erzählung gefolgt waren, sondern vor allem auch, wie ungeheuer ihr waches Interesse an der Sache war.«

In den ersten Januartagen 1934 wurde Gerlich in den vierten Stock, auf Zelle 46, verlegt. Hier war er mitten unter den politischen Gefangenen, die er mit seinem hellen Geist entzückte und mit seinem unerschütterlichen Gottvertrauen aufrichtete. Er stärkte in ihnen durch sein Beispiel den Willen zum Durchhalten; wenn sie ihm auf dem Korridor begegneten, wußten sie, daß ein Todgeweihter vor ihnen stand. Gerlichs SS- und SA-Quälgeister täuschten sich, wenn sie glaubten, sie hätten ihn erledigt: Welche bereits ins Überirdische hinüberspielende Kraft noch in ihm steckte, bezeugte der Kapuzinerpater und Gefängnisseelsorger Sigisbert Greinwald aus dem Kloster Sankt Anton am Südfriedhof. Seit Ende August brachte er ihm jeden Mittwoch die Heilige Kommunion und unterhielt sich mit ihm etwa eine halbe Stunde lang. Hauptgegenstand ihrer

Gespräche war Gerlichs Plan, die Offenbarungen Therese Neumanns an den Visionen der seligen Krescentia von Kaufbeuren, Katharina Emmerichs und anderer Mystikerinnen zu messen. Er hatte vor, all diese Offenbarungen mit den Berichten der Evangelien zu vergleichen. In seinen Studien unterstützte ihn der Pater, indem er ihm »Das Leben Jesu« von Franz Michael Willam verschaffte. Pater Sigisbert bewunderte Gerlich von Begegnung zu Begegnung ergriffener, für den das Gefängnis einen unvergleichlichen Ort der Läuterung und Klärung bedeutete. »Von Politik«, vermerkte der Ordensmann in seinem Jahresbericht 1933/34, »redete er fast nie, selbst dann nicht, wenn die Zeitungen, die er regelmäßig erhielt, dazu Gelegenheit geboten hätten. Auch kam ihm nie ein Wort des Hasses gegen seine politischen Feinde über die Lippen. Was sie ihm angetan hatten, war seinerseits längst schon verziehen. Der ehemals so starke politische Kämpfer war im Gefängnis ein demütiger, kreuztragender Jünger Jesu geworden.«

Schon bald nach seiner Festnahme hatte Gerlich alles geregelt, was im Fall seines Todes zu regeln war, hatte sein Testament an den Freund und Firmpaten Franz Xaver Wutz geschickt und hinzugefügt »Wegen der Lebens- und Pensionsversicherungen sind gewisse Umstellungen wie Feingold statt Dollar etc. notwendig... Dir schicke ich es, um Sophie nicht zu beunruhigen. Hebe es bitte gut auf.« So sorgte Gerlich für die finanzielle Sicherheit seiner Frau nach seinem Tod. Übrigens meldete sich noch einmal Hitlers »Leibphotograph« Heinrich Hoffmann: Er forderte von Gerlich durch Pfändung ins Gefängnis 140 Mark plus vier Prozent Zinsen...

Alle Versuche, Fritz Gerlich freizubekommen, sei es beim Reichsstatthalter Ritter von Epp, sei es beim Reichspräsidenten Hindenburg, schlugen fehl. Er wußte zuviel und die Macht seiner Feinde war zu groß. Mochten sie auch uneins unter sich sein: In ihrem Haß gegen ihn und in ihrer Furcht vor seinem Wissen waren sie sich gleich. Und Hitler sah in ihm seinen »Feind Nr. 1 «.

Teresia Benedicta a Cruce

Wie ging es mit Erna Herrmann, der Konvertitin, weiter? Während Gerlich bereits als Häftling in der Ettstraße saß, schrieb ihr Therese Neumann einen Brief aus Konnersreuth: »Wohl ist jetzt Fastenzeit, wo ich kaum den Arm gebrauchen kann, wegen der Schulterwunde. Aber ich kann Dich doch nicht zappeln lassen. Nur ein paar Worte wollen wir plaudern... Schreibe mir ruhig, wenn Du etwas auf dem Herzen hast. Wenn ich auch wenig schreibe, deshalb darfst Du nicht meinen, ich will nichts wissen. Dem ist nicht so, (ich) bin immer um Dich besorgt! (Ich) vergesse Dich nie! Sei nur recht verständig, anspruchslos und bescheiden. Hab den guten Heiland recht lieb und bringe gerne jedes Opfer für ihn. Bruno ist jetzt froh um jedes Opfer, das er gebracht. Und nun der Heiland mit Dir. Deine Patin Resl.«

Zwar bestand Erna die Lehramtsprüfung im Frühjahr 1933, bekam aber wegen ihrer jüdischen Abstammung keine Anstellung. Alle Bemühungen schlugen fehl. Mit Hilfe des Speyerer Bischofs Dr. Ludwig Sebastian und des belgischen Bischofs van Reckem gelang es endlich, für Erna eine Stelle als Handarbeitslehrerin am Sankt-Theresia-Gymnasium in Eeclo, Belgien, zu finden. Auch Ernas Freundin Edith Stein hatte nach Hitlers Machtergreifung wegen ihrer jüdischen Abstammung Schweres zu erdulden. Aus brennender Sorge rief die Kirche ein außerordentliches »Heiliges Jahr« aus. Edith mußte ihre Tätigkeit als Dozentin am »Deutschen Institut für wissenschaftliche Pädagogik« in Münster aufgeben. Sie hielt ihre letzte Vorlesung am 25. Februar 1933. Bis kurz vor ihrem Eintritt in den Kölner Karmel schenkte sie jede freie Stunde ihrer Mutter und Schwester in Breslau. Erschütternder Abschied von den gläubigen Jüdinnen! Der Entschluß, Karmelitin zu werden, kam nicht von ungefähr. Seit Jahren zeichnete die Konvertitin, die längst einen unsichtbaren Schwesternschleier trug, ihre Briefe mit einem großen lateinischen PAX. Wir finden sie wenige Wochen später bei ihrer Lebensentscheidung, dem Eintritt in den Kölner Karmel am 14. Oktober 1933 (wie einst Bruno Rothschild vor dem Konnersreuther Altar der heiligen Therese von Lisieux), wartend und kniend, so schreibt sie, »in der Kapelle dicht neben dem Altar der Kleinen Heiligen Theresia. Es kam über mich die Ruhe eines Menschen, der an seinem Ziel angelangt ist.«

Einer Einladung aus dem Kölner Karmel zur Einkleidung der Unbeschuhten Karmelitin Schwester Theresia Benedicta a Cruce am 14. April 1934 kann Erna Herrmann, die neuerdings erkrankt ist, nicht folgen. Später gelingt es ihr, nach dem Einmarsch der deutschen Wehrmacht in Belgien – sie hat inzwischen den Witwer Firmin Haven geehelicht – unterzutauchen und zu überleben. Ihrer Freundin Theresia Benedicta a Cruce ist ein anderes Schicksal vorbehalten.

Der Röhm-Putsch

Am 17. Mai 1934 wurde Erwein von Aretin unerwartet aus der Haft entlassen. Dieses Datum traf sich mit einem Besuch Frau Gerlichs bei ihrem inhaftierten Mann. Fürst Waldburg-Zeil und Professor Wutz begleiteten sie. Der Besuch war eigentlich später geplant gewesen, aber der Fürst sah bei seiner guten Kenntnis der Verhältnisse ein innenpolitisches Gewitter heraufziehen. Er wußte von einem ehemaligen Reichswehroffizier, Röhm habe diesem wörtlich gesagt: »Wenn wir erst an der Macht sind, den Hitler, dieses Rindvieh, werden wir bald abgetakelt haben.« Er wußte auch, daß Hitler diese Äußerung kannte. Der Fürst forderte Gerlich auf, sich doch endlich an seinem Bruchleiden operieren zu lassen. Daß er ihn auf diese Weise der unmittelbaren Gefahr entziehen wollte, verbarg er schlecht. Als der beaufsichtigende Beamte für einen Augenblick das Zimmer verließ, flüsterte der Fürst Gerlich zu, daß es zwischen Hitler und Röhm in Kürze zum großen Krach kommen werde. Gerlich durchschaute Waldburgs Absicht. Statt eine Operation strikt abzulehnen, bat er seine Frau: »Schenke doch dem Fürsten zwei Bücher: ›Das Leiden im Weltplan‹ und ›Die Kirche der Märtyrer‹!« Er hatte den festen Vorsatz, dem Tod nicht aus dem Weg zu gehen. Er wußte, daß er ihm nicht ausweichen konnte.

Wie Hitler die Ermordung seines alten Kampfgefährten Röhm perfide und intrigant vorbereitete, schildert Wilhelm Seutter von Lötzen: »Röhm strebte an, Reichswehrminister zu werden und die SA zur Reserve der Reichswehr zu machen; man denke dabei nur an das ungeheure Menschen-Reservoir der SA. Begreiflicherweise befürchtete die Reichswehr deswegen, unter den Einfluß der SA bzw. der Partei zu kommen und zur Parteitruppe degradiert zu werden. Diese Befürchtung hatte Hitler klug ausgenützt und die Generalität zur Probefahrt des Panzerkreuzers »Deutschland« eingeladen. Bei dieser Führerbesprechung auf hoher Nordsee wurden der Röhm-Putsch und seine blutige Niederschlagung bereits vorentschieden. Es wurden die Voraussetzungen geschaffen, daß Hitler überhaupt diese Gegenaktion starten konnte; denn ohne die Rückendeckung der Reichswehr hätte er diesen harten Schlag gar nicht führen können. Den (karrieresüchtigen) Generälen wurde vor Augen geführt, wie vorteilhaft es für sie wäre, wenn der gefährliche Röhm vernichtet würde, abgesehen von den Avancement-Möglichkeiten bei der beschlossenen Aufrüstung.«

Hitler hatte in früheren Verfahren gegen Röhm als Zeuge ausgesagt, sein Stabschef sei kein Homosexueller. Weil es nun in sein Konzept paßte, entrüstete er sich über den »unverantwortlichen Jugendverderber«. Seine Methode – im Dritten Reich gang und gäbe – war es, den politischen Gegner moralisch zu vernichten, um vor dem Volk seine »Liquidierung« zu rechtfertigen. Das Gewitter entlud sich am 30. Juni 1934.

Elisabeth zu Guttenberg schreibt in ihren Erinnerungen: »Wir saßen im Musikzimmer in Guttenberg und hörten über das Radio schöne Musik. Plötzlich stoppte die Übertragung. Die harte, scharfe Stimme des Ansagers verkündete die Sondermeldung: ›Revolte gegen den Führer in München! Ein Komplott gegen die Regierung. Hitlers bester Freund Röhm ist der Anführer des verräterischen Komplotts.‹ Dann wieder Radiomusik, jetzt aber Marsch- und Kampfmusik, immer wieder von Ansagen unterbrochen: ›Röhm und seine fragwürdigen Freunde wurden in Wiessee bei München festgenommen. Röhm ist im Münchner Polizeipräsidium verhaftet. Es sind noch andere mit ihm am verbrecherischen Komplott beteiligt. Des Führers überlegener Instinkt erkannte noch rechtzeitig das Komplott. Die Abtrünnigen werden ausgemerzt und alle vernichtet.‹

›Es scheint‹, sagte Enoch, ›daß es schon jetzt beginnt, daß der Drache sich selbst zerfleischt.‹

Plötzlich hörten wir schwere Schläge gegen das große Tor, dazu laute Stimmen. Nach ein paar Minuten erschien Wagner (der Hausmeister) in der Türe, aschfahl im Gesicht brachte er kaum die Worte hervor: ›Vierzig SS-Männer sind im Hof. Sie verlangen den Herrn Baron.‹ Wir konnten kaum ein Wort wechseln, denn gleich hinter Wagner erschien der Leiter des SS-Trupps mit zweien seiner Leute, alle in ihren schwarzen Uniformen. Der Gestapo-Mann ging auf Enoch zu: ›Im Namen des Führers verhafte ich Sie, Freiherr Georg Enoch zu Guttenberg. Lassen Sie Ihre Sachen packen.‹... Auf dem Weg durch die Gänge sahen wir, daß vor jeder Tür ein SS-Mann postiert war. Ich betete und betete. Die SS-Autos warteten im Hof.«

Reinhard Heydrich war führend an der schnellen Abwicklung der Röhm-Affäre und an der anschließenden großen Mordaktion beteiligt. Über seinen Schreibtisch liefen alle Todeslisten. Sein Ziel war es, die Macht der SS auf Kosten der SA zu stärken. Aretin erinnerte sich: »Ich erlebte in München am Radio die furchtbaren Meldungen der ersten sieben Morde, deren Rohheit den Geist von Dachau zum erstenmal durch den Äther trug.«

Am Sonntag, dem 1. Juli, abends brachte der »Reichssender München« schamlos die Meldung von der Ermordung Röhms. In derselben »Prominenten-Zelle« Stadelheims, in der Thoma und Eisner, Aretin und Erhard Auer gesessen waren, wurde Röhm, der die Pistole, die man ihm auf den Tisch gelegt hatte, nicht in die Hand nahm, von einem SS-Kommando erschossen. Blutüberströmt brach er zusammen.

Die Neige des Kelchs

Von Alfons Beer, Katechet der Pfarrei Heilig-Kreuz in Giesing (nach dem Krieg Stadtpfarrer der Münchner Pfarrei »Maria, Königin des Friedens« an der Untersbergstraße) besitzen wir das eindrucksvollste Zeugnis über Gerlichs letzte Tage. Beers Jugendorganisation war zerschlagen worden, Versammlungen waren ihm verboten. Also rief er seine Burschen am 28. Juni 1934 im Walde zusammen. Einer spielte Verräter, der Versammlungsort war plötzlich von SA umstellt, Beer wurde festgenommen. Am 29. Juni, dem Peter- und Paulstag, überführte ein SA-Kommando den jungen Seelsorger in die Ettstraße. Seine Zelle lag im Winkel eines Mauervorsprungs, der Zelle Gerlichs gegenüber, so daß er aus dem Fenster ins Fenster der Nachbarzelle schauen konnte. Die im Gegensatz zu SS- und SA-Gepflogenheiten barmherzigen Wachtmeister ließen die Stahltüren, um den Insassen die drückende sommerliche Hitze in den Zellen zu ersparen, oft stundenlang auf dem Gang offen. So kam Beer mit Gerlich, den er bisher nur seinem Namen nach gekannt und geschätzt hatte, ins Gespräch. Gerlich bot ihm sofort Geld fürs Mittagessen an und ließ sich Beers Geschichte ausführlich erzählen. Dann schilderte er dem Geistlichen alle Stationen seines eigenen bewegten Lebens, sprach über die Gewißheit der Gottheit Jesu Christi und seines immerwährenden Seins um uns. Staunend erkannte Beer, bis zu welchem Grad innerer Vollendung Gerlich in der langen Zeit seiner Haft gediehen war. (Später bekennt er, dieser Tag habe ihm noch mehr gegeben als der Tag seiner Priesterweihe.)

Am Abend erläuterte Gerlich seinen Mithäftlingen das Projekt einer internationalen katholischen Nachrichtenzentrale, dem er nach seiner Entlassung alle Kraft widmen wolle. Offenbar versuchte er seine Zuhörer – einen verhafteten SS-Mann aus Köln, einen Münchner Juden, einen Fabrikbesitzer aus Deutz und Alfons Beer – nur zu unterhalten, wußte er doch, daß er seine Absicht nie würde verwirklichen können.

Am 30. Juni, einem Samstag, vertiefte Gerlich gegenüber Beer seinen Plan. Da kam gegen Mittag völlig verstört ein Wachtmeister gelaufen und brachte mit stockendem Atem die ersten Berichte vom »Röhmputsch«, von Festnahmen und Erschießungen. Gerlich wurde kreidebleich und schien kurz die Selbstbeherrschung zu verlieren. Die Logik seines scharfen Verstandes zeigte ihm blitzschnell sein Schicksal. Er zog sich in seine Zelle zurück, um sich zu fassen. Nachmittags zeigte er sich wieder auf dem Gang und besprach scheinbar ruhig die eingehenden Meldungen. Mit eiserner Energie überwand er seine Todesangst. Als die schweren Glocken der Frauenkirche den »Engel des Herrn« herüberdröhnten, zog er sich zum Gebet in seine Zelle zurück. An einem 30. Juni hatte er bei Therese die Vision von der Hinrichtung des heiligen Paulus erlebt. Seine verbürgten letzten Worte zu den Mithäftlingen waren: »Heute nacht sterben viele! Man muß für sie beten!«

Eine halbe Stunde vor Mitternacht gab es auf der Treppe Gepolter. Schreckensbleich stürzte der Gefängnisaufseher Josef Fischer herauf, trieb die letzten in der lauen Sommernacht Auf- und

Abwandelnden in ihre Zellen. Alfons Beer konnte in seinen vier Wänden hören, daß Gerlichs Zelle aufgesperrt wurde. Er hörte den Befehl schnarren: »Zusammenpacken und mitkommen!« Durch sein Fenster konnte er beobachten, wie Gerlich seine Habe in ein Köfferlein packte. Der Abschiednehmende hatte seine Ruhe völlig wiedergefunden. Das goldene Kreuz, das ihm Therese zur Firmung geschenkt hatte, trug er an einer feinen Kette auf der Brust, einen Rosenkranz hielt er um die Hand geschlungen. Zwei SS-Leute führten ihn aus der Zelle. Dann war wieder Ruhe im Haus.

Drunten im Hof stiegen die beiden SS-Männer mit ihrem Opfer in ein schwarzes Auto. Im Fond saß ein Mann, stellte sich knapp vor: »Röhrbein«. Am linken Handgelenk trug er, wie Gerlich bemerkte, einen Verband aus Mull. Der dreiundvierzigjährige Hauptmann a.D. Paul Röhrbein, der mit einem SA-Trupp den Reichstagsbrand gelegt hatte, war Sommers 1933 im Konzentrationslager Dachau unter schrecklichen Bedingungen wochenlang in Einzelhaft gesessen. Als er hörte, daß er von Stadelheim, wo ihm Aretin begegnet war, nach Dachau zurückgebracht werden solle, hatte er sich die Pulsadern aufgeschnitten.

Das Auto mit Fritz Gerlich und Paul Röhrbein erreichte das Konzentrationslager Dachau erst nach Mitternacht. Es war schon Sonntag, der 1. Juli 1934. Die Berichte über die folgenden Ereignisse sind widersprüchlich. Der SS-Kompanieführer Johann Steinbrenner erklärte später: »An Dr. Gerlich kann ich mich erinnern. Empfindungsmäßig glaube ich, daß Dr. Gerlich mit einem angeblichen Offizier der Landespolizei während der Dunkelheit auf dem sogenannten Schießstand erschossen worden ist. Er soll ein großes goldenes Kreuz gehabt haben. Dieses Kreuz habe ich noch vor der Erschießung von Dr. Gerlich gesehen, weil er dieses auf der Brust getragen hatte. Wohin dieses Kreuz gekommen ist, ist mir... unbekannt.«

Die Tatsache, daß das Konzentrationslager Dachau politisch nicht zur Gemeinde Dachau, sondern zur Gemeinde Prittlbach gehörte »und daß die Opfer jener Nacht in das dortige Sterberegister eingetragen wurden«, so erinnert sich Aretin, »hat bei Gerlich und vielen anderen zur Legende geführt, sie seien nicht in Dachau, sondern schon auf der Fahrt dorthin ermordet worden.« Die sicherste Quelle scheint eine später (hier leicht gekürzte), am 4. Mai 1949, in Schliersee zu Protokoll gegebene Darstellung des Dachauer Häftlings Hugo Fritz Lübben zu sein, der damals in der Dachauer SS-Kantine gearbeitet hatte:

»... Im Offizierskasino fanden damals häufig interne Besprechungen statt, an denen oft Persönlichkeiten wie Himmler, Heydrich, Prinz Auwi (August Wilhelm von Preußen) und andere teilnahmen, die nicht selten bei ihrem Durchgang durch den Kantinenraum auch einen von uns Gefangenen ins Gespräch zogen. Manche der fremden Gäste unterhielten sich bei ihrem Fortgehen noch ganz ungeniert über interne Angelegenheiten, weil sie uns nicht immer gleich als Gefangene erkannt hatten. In der Kantine hatten wir nämlich manchmal ähnliche Drillichjacken an wie die SS... Zu den täglichen Stammgästen gehörten der Adjutant des damaligen Lagerkommandanten Eicke, Sturmführer Weiprecht, Stabsführer Kollas, der politische Leiter des Lagers, Mutzbauer, wozu sich dann manchmal noch der Arrestverwalter Kantschuster und häufig auch die bekannte Blutordens-Trägerin Schwester Pia (Eleonora Baur) gesellten. Da ich meistens in ihrer unmittelbaren Nähe war und sie auch oft bedienen mußte, war ich nicht nur Zuhörer ihrer Unterhaltungen, sondern wurde auch mehrmals angeredet.

Am Tage des Röhmputsches (30.Juni 1934) wurde zur ›Siegesfeier‹ noch Freibier gespendet, insgesamt wurden an dem Abend 14 Hektoliter Bier ausgestoßen, und wir Gefangenen wurden erst gegen 2 Uhr ins Gefangenenlager zurückgeführt. Am andern Tag ging es natürlich sehr lebhaft zu, man unterhielt sich nicht nur über die Ereignisse, sondern man stöberte auch die Postkartenbestände, die Sammlungen von Zigarettenbildern usw. durch, um alles von den ermordeten Verbrechern (Röhm usw.!) zu säubern, wobei das große Porträt Röhms im Offizierskasino natürlich den Anfang gemacht hatte. Nachmittags hatten sich an dem Tisch in meiner Nähe eingefunden die berüchtigte Schwester Pia, der Stabsführer Kollas, der Arrestverwalter Kantschuster sowie die Scharführer Uhl (nicht zu verwechseln mit SA-Sturmbannführer Julius Uhl) und Hörmann von der Kantinenverwaltung. Die Unterhaltung drehte sich um die Ereignisse des 30. Juni, und es ist verständlich, daß ich dieser Unterhaltung mit besonderer Aufmerksamkeit folgte. Es interessierte mich weniger, wie sich das Schicksal der norddeutschen Nazibonzen abgespielt hatte, als aber das Schicksal (Gustav) von Kahrs und Dr. Fritz Gerlichs erwähnt wurde, wurde meine Aufmerksamkeit besonders angeregt. Während von Kahr anscheinend schon auf dem Transport ermordet wurde, hat Dr. Fritz Gerlich aber nach den Angaben des Arrestverwalters Kantschuster das Lager Dachau noch lebend erreicht.

Neben den SS-Scharführern unter dem Spitznamen der ›Boxer‹ und ›Iwan der Schreckliche‹ war der Arrestverwalter Kantschuster für mich der scheußlichste Begriff des brutalen Sadisten. Unauslöschlich hat sich mir auch der Eindruck eingeprägt, als er dann schilderte, wie er zum Wagen gegangen sei, in dem Dr. Gerlich eingeliefert wurde, und zu ihm gesagt habe: ›So, jetzt mußt du arbeiten, du Hund!‹, worauf Dr. Gerlich ›ganz frech‹ gesagt hat:

›Ich bin ja froh, wenn ich arbeiten kann!‹ Kantschuster schilderte dann mit entsprechenden Gebärden: ›Na ham mir'n außa aus'm Wagn und in d' Zelln eini, und na ham mir draufbrennt, und zsammgsackt is er wiar a Mehlsackl!‹«

Therese Neumann hat oft berichtet: Bevor sie in den Höhepunkt ihrer Leiden eintrat, habe sie der Heiland einen kurzen Augenblick lang »gut angeschaut«. Immer, wenn der Heiland sie unvermittelt »gut anschaute«, folgte bitterstes Leiden. Der in die Augen eines Menschen gerichtete Blick des Heilands war Aufforderung zur Kreuzesnachfolge. Wie mehrfach in ihren Visionen beobachtet, war dieser Blick immer der Anfang vom irdischen Ende eines Menschen. »In diesem Blick verheißt uns Jesus das Leben und weist uns den Weg des Todes.« Also kann angenommen werden, daß in der Zehntelsekunde jenes »Zusammensackens wie ein Mehlsack«, im Augenblick dieser »Bluttaufe«, die Endlosigkeit eines guten Blicks des Heilandes lag.

Es gibt noch die etwas abweichende Darstellung, Gerlich sei nicht rücklings und unerwartet erschossen worden, sondern habe in einer selbst rohe SS-Henkersknechte beeindruckenden Haltung dem Tod betend ins Angesicht gesehen, habe sein Kreuz gehalten und es sterbend geküßt.

Lübben endet seinen Bericht: »Übel ist mir geworden bei dieser Schilderung und bei den Eindrücken, mit welcher Befriedigung die Zuhörer diese Schilderung zur Kenntnis nahmen. Als Kantschuster mit Kollas und Hörmann fortgegangen war, habe ich das Geschirr vom Tisch geräumt. Ich konnte es nicht unterlassen, in vorsichtiger Form darauf hinzuweisen, daß das Ausland den Fall Dr. Gerlich doch wahrscheinlich als vorsätzlichen Mord bezeichnen würde. Auf die Frage der Schwester Pia: ›Warum?‹ bemerkte ich, daß Dr. Gerlich doch von der ersten Stunde an in der Ettstraße gesessen hätte und darum nichts mit dem Röhmputsch zu tun haben könnte. Noch nie in meinem Leben habe ich einen solch würgenden Ekel, einen solchen Abscheu verspürt, als wie ich dann aus dem Munde einer 42jährigen Frau, der ›Schwester Pia‹, die Bemerkung hörte: ›Das war doch die beste Gelegenheit, ihn umzulegen!‹«

Wohl die schönsten Worte fand Erwein von Aretin für seinen toten Freund: »Während draußen die unmenschliche Phantasie seiner betrunkenen Mörder in dem rachegestillten Gedanken an den gefällten Feind schwelgte, der in der qualvollen Verzweiflung völligern menschlicher Verlassenheit einsamem Sterben entgegenging, scheint es mir wahrscheinlich, daß dieser Vorort von Himmel und Hölle, der sich Dachau nannte, kaum einen glücklicheren, sterbensbereiteren Menschen gesehen hat als den Mann, der sich anschickte, die Siegespalme als ewigen Lohn entgegenzunehmen.«

Die Nacht der langen Messer

In der Nacht vom 30. Juni auf den 1. Juli 1934 starb auch Hauptmann Paul Röhrbein, Anführer jenes SA-Trupps, der das Berliner Reichstagsgebäude in Brand gesteckt hatte. Er ahnte voraus, was ihm in Dachau zugedacht war. Der »Röhmputsch« diente Göring dazu, sich seiner Mitwisser zu entledigen. Es glückte ihm ohne Ausnahme.

Selbstverständlich starb auch SA-Sturmbannführer Julius Uhl, der Hitler erschießen sollte und Bell erschoß. Es wurden keineswegs nur Anhänger Röhms umgebracht, sondern Gegner oder mutmaßliche Gegner aus verschiedenen, vor allem christlichen, sozialistischen und konservativen Kreisen. So wurde, wie Lübben erwähnt, Gustav von Kahr, Präsident des Verwaltungsgerichtshofes, bayerischer Ministerpräsident und königlicher Generalstaatskommissar zur Zeit des niedergeschlagenen ersten Hitler-Putsches (1923) »hingerichtet« (als Vollstrecker der Rache Hitlers trampelten brutale SS-Schläger den 72jährigen Mann zu Tode), genauso wie in Preußen Hitlers Vorgänger als Reichskanzler, der glücklose General Kurt von Schleicher. Es gab keine Gegen-Aktion der Wehrmacht; sie stand schon ganz unter dem Einfluß des Nazi-Apparats. Auch Gregor Strasser, der die Parteiorganisation im Norden aufgebaut und Hitler unschätzbare Dienste erwiesen hatte, wurde ermordet, ebenso Friedrich Beck, Direktor des Münchner Studentenhauses, und Otto Ballerstedt, Leiter des Bayernbundes (in dessen Versammlung Hitler nach dem Zeugnis Carl Oskar von Sodens gesprochen hatte). Karl Zehnter, Pächter des »Bratwurstglöckls«, mußte sterben, weil er Ohrenzeuge von Gesprächen des Stammgastes Röhm mit Goebbels gewesen war. Der Oberkellner und der Zapfmeister wurden gleich »miterledigt«. Bei Rechtsanwalt Alexander Glaser genügte als Todesurteil, daß er im Prozeß gegen einen Nazi-Bonzen dessen Gegner vertreten hatte; er wurde vor seiner Wohnung an der Münchner Amalienstraße erschossen.

Statt eines Berichts über diese Blutjustiz ohne Gerichtsverfahren druckte die Londoner »Times« kommentarlos eine frühere Rede Hitlers ab, in der ein Passus durch Fettdruck hervorgehoben war: Hitler hatte, lügnerisch wie immer, vorgegeben, den politischen Mord zu verabscheuen. Ganz unten stand in Kleindruck: »Please turn over« (Bitte wenden) und es erschien auf der nächsten Seite ebenso kommentarlos die vollständige Verlustliste vom 30. Juni 1934: Zweitausend Namen mit Beruf und Adresse. Eine deutlichere Charakterisierung der NS-Herrschaft als Mörder-Organisation hat es nicht einmal im Lauf der Nürnberger Prozesse gegeben.

Aber das Morden ging weiter, nicht nur in Stadelheim und im Konzentrationslager Dachau, sondern in allen deutschen Straflagern und auf offener Straße. Es war nicht nur eine einzige Nacht der langen Messer, es waren viele, viele Bartholomäusnächte, wochenlang floß das Blut, bis schließlich sogar Göring, einer der Urheber, ein Machtwort sprach: »Jetzt muß Schluß sein!«

Als Gerlichs Frau am 2. Juli bei der Polizei anrief, um ihren Besuch in der Ettstraße anzumelden, wurde ihr erklärt, sie könne »heute nicht kommen«. Wenige Tage später erhielt sie die Todesnachricht.

Es reichten die Leichenwägen der Stadt bei weitem nicht aus, um alle Ermordeten aus dem Konzentrationslager Dachau abzuholen. So wurden die Speditionsfahrzeuge eines Möbeltransportgeschäfts gemietet. (Freilich setzte man sich über die Bedingung hinweg, daß keine Leichen in diesen Fahrzeugen befördert werden dürften.) Im Dunkel der Nacht wurden die Särge mit den blutigen Überresten der Ermordeten vor dem Krematorium des Ostfriedhofs abgeladen und rasch im Inneren des Gebäudes aufgestapelt. Drei Tage später wurden die Dachauer Toten den Flammen übergeben. An den Urnen wurden keine Namen angebracht; niemand wußte, welche Urnen wessen Reste bargen. Erst im Herbst kam der Gestapo-Befehl: »Die Aschenurnen sind nunmehr den Angehörigen hinauszugeben – gegen Bezahlung der Verbrennungskosten – wenn sie sich darum bewerben.«

Karl Höß, Oberinspektor der Städtischen Friedhofsverwaltung, ein rechtlich denkender Mann, fragte seinen Vorgesetzten, was zu tun sei, da die Hinterbliebenen doch von der Verwaltung wissentlich getäuscht werden müßten. Die Antwort war vielsagend: »Wir dürfen nicht darüber sprechen, sondern müssen halt irgendeine Urne hinausgeben.«

Höß war überzeugter Katholik und weigerte sich, an diesem nie wieder gutzumachenden Betrug mitzuwirken. Zudem sah er in Gerlich einen christlichen Märtyrer, dessen Reste einmal zu kirchlichen Ehren kommen könnten. Mit allen Mitteln galt es, diesen Betrug zu verhüten. Höß war ein guter Organist. Er entsann sich Pater Sigisbert Greinwalds, des Gefängnisgeistlichen, den er oft nach Stadelheim begleitet hatte, um beim sonntäglichen Gottesdienst Orgel zu spielen. Diesen bat er in seiner Not um Rat. Pater Sigisbert verständigte die Witwe; diese wendete sich an Professor Wutz in Eichstätt mit der Bitte, in Konnersreuth nachzufragen. Von Therese Neumann kam der Rat, auf den Empfang der Urne zu verzichten, weil sie auf keinen Fall Gerlichs Asche enthalte.

Die Asche Gerlichs ruht in einer der nach dem Krieg im Krematoriumskeller aufgefundenen rund viertausend Urnen, die gemeinsam auf dem Friedhof am Perlacher Forst beigesetzt wurden.

Die Lösung des Leidensproblems

Selig der Mann, der in der Versuchung standhält. Denn wenn er sich bewährt, wird er die Krone des Lebens empfangen, die Gott denen verheißen hat, die ihn lieben.
Jakobus 1,12

Der Witwe blieb nichts von ihrem ermordeten Mann. Auf einen Koffer mit Wäsche verzichtete sie. Eine blutige Brille, die ihr gezeigt wurde, war nicht die des Ermordeten. Seine goldene Taschenuhr und das goldene Kreuz, das er auf der Brust getragen hatte, waren erwartungsgemäß verschwunden. Vermutlich war das Kreuz eingeschmolzen worden wie das Zahngold späterer Hingerichteter. Die goldene Uhr hatte wohl ein SS-Wächter brauchen können; vermutlich haben ihm die Finger nicht einmal gebrannt, als er den Deckel aufschnappen ließ. In Gerlichs Heimatkirche Sankt Bonifaz hielt Abt Bonifaz Wöhrmüller am 28. Juli das Requiem.

In ihren Erinnerungen zitiert Elisabeth zu Guttenberg Worte ihres Gatten Enoch über seine Gefangennahme: »Bei meiner Einlieferung in Zelle 46 wußte ich nicht, daß es die Zelle war, aus der Tage zuvor der mutige Gerlich zu seinem Martyrium geführt worden war. Die Wachen, alte Gefängniswärter von früher, waren sehr freundlich und offen zu mir. Sie alle waren tief beeindruckt von der Haltung Gerlichs. Einer sagte wörtlich: ›Für uns ist er ein Heiliger. Wie er Marter und Tod auf sich genommen hat, war heiligmäßig.‹« Enoch fuhr fort: »Wirklich, es war, als ob man in seiner und meiner Zelle noch die Atmosphäre der Heiligkeit spüren könnte. Für seine Mitgefangenen war er der Spender von Hoffnung und Trost und vor allem Glauben.«

In dem bereits erwähnten Brief Simon Schorers (Generalbevollmächtigter des Fürsten Waldburg-Zeil) an den Verleger Johannes Steiner finden sich auch bemerkenswerte Sätze über Gerlich: Er »hat die Lösung des Leidensproblems, wie es in Konnersreuth gestellt war, neben P. Ingbert am konsequentesten unter den Freunden durch die Tat verwirklicht. *Von 1927 an steht Konnersreuth im Mittelpunkt seines Denkens und Handelns. Das ist für alles äußere Geschehen seines Lebens in diesen letzten Jahren der Schlüssel...*«

Die Ebene des Kampfes in Gerlichs »nationaler« Zeitung »Die Wirklichkeit« war eine zeitliche, die Ebene des Kampfes im »Geraden Weg« war die Ewigkeit. »Wäre Gerlich für seinen Kampf in der ›Wirklichkeit‹ erschossen worden«, schreibt Aretin, »so wäre ein mutiger Politiker gefallen; der Mann, der für den ›Geraden Weg‹ in den Tod ging, war ein Märtyrer, ein Blutzeuge im ewigen Kampf Sankt Michaels gegen die Feinde Gottes.«

»Der gerade Weg« diente Gerlich nach dem Urteil Kardinal Ratzingers als Werkzeug: »Das mystische Erleben in Konnersreuth hatte ihn hellsichtig und mutig gemacht – und wir müssen die Schranken der Transzendenz durchbrechen, wenn wir sagen: Der Tod war sein Lohn.«

Welche Ironie des Schicksals: Als Gerlich sich besten Glaubens in der »Wirklichkeit« für einen Irrtum einsetzte, lohnte es ihm die irdische Welt mit dem sagenhaft-unwahrscheinlichen Aufstieg zur größten Schlüsselstellung der deutschen Presse, zum Chefredakteur der »Münchner Neuesten Nachrichten«. Als er im »Geraden Weg« für die Wahrheit eintrat, lohnte es ihm dieselbe irdische Welt mit monatelangem Gefängnis, mit Folterung und bitterem Tod.

Was ist also die Bilanz? Das Blut der Geschichte hat der seherischen Stimme Therese Neumanns und ihrem ekstatischen Leiden den Stempel der Wahrheit aufgedrückt. Aber Gerlichs Einsatz war doch erfolglos – mag einer sagen. Wer so urteilt, übersieht die unsichtbare Welt. Therese sprach so: »Auch wenn ein Kampf aussichtslos herschaut, der Heiland siegt immer.« Pater Ingbert sagte es anders: »Ich weiß ja, daß alles nichts genützt hat. Aber es mußte gesagt werden, damit man hinterher sich nicht darauf hinausreden kann, man wäre auf den Irrtum nicht aufmerksam gemacht worden. Irdische Erfolglosigkeit ist Prophetenlos.«

Erschütternde Erkenntnis: Die Virulenz der satanischen Kräfte, deren Exponent Adolf Hitler war, konnte nicht mit schärfsten Zeitungsartikeln wirkungslos gemacht werden. – Auch die Hölle ist Gottes Geheimnis.

Gerlich steht neben Pater Delp, der in der Art seines Widerstandes anders als Gerlich, in der Zielrichtung aber gleich, Hitlers teuflischer »Endlösung« die christliche Lösung entgegenstellte und mit seinem Blut besiegelte.

Die Geschwister Scholl oder die Männer des 20. Juli betraten die Bühne der Geschichte als Spätberufene. Gerlich erhob seine Stimme laut, als es noch Zeit war, unbeschreibliches Unheil von Europa abzuwenden. Schuld an der Vergeblichkeit seines Rufes war aber nicht nur Hitler, sondern auch das Volk: Ein Volk ängstlicher oder gleichgültiger Zuschauer, ein Volk fanatischer Deutschnationaler oder religiös Indifferenter. Gerlich faßte seine letzte Hoffnung, bevor er für immer schweigen mußte, in diese Worte: »Wir haben schon vor längeren Monaten einmal den Gedanken ausgesprochen, daß das Schicksal des deutschen Volkes, das heißt die Gewinnung einer besseren Zukunft offenbar über einen furchtbaren Zusammenbruch, nämlich über den der preußischen Geschichtslegende und des kleindeutschen Reiches führen müsse.«

Am Ende floß Gerlichs Denken in das »Größte von allem« ein, das ihm in Konnersreuth strahlend hell wie die Morgensonne aufgegangen war, in die Liebe – nach Franz von Sales Voraussetzung der Demut –, in die Liebe zu seinem Schöpfer, Herrn und Erlöser. Seit er eines Nachts mit Erwein von Aretin stundenlang in der Ludwigstraße auf- und abgewandert war, nannte er ihn »Heiland«.

Zehntes Kapitel

Kreuz und Hakenkreuz

Konnersreuth im Dritten Reich

Nicht geleugnet sei, daß die augenblickliche Befreiung von oft bitterer Not viel dankbares Volk zu Hitleranhängern machte, darunter auch genug irregeführte Bayern. Immerhin hatte der »Retter« mit seinem Programm die endlosen Schlangen vieler Millionen Arbeitsloser von den Straßen gefegt, hatte überlasteten Müttern billige »Pflichtjahr«-Hilfen in den Haushalt gebracht und junge Männer für den Arbeitsdienst eingekleidet. Aber um welchen Preis! Der Entwässerung von Mooren oder dem »fortschrittlichen« Autobahnbau konnte zeitbedingte Urteilslosigkeit noch zustimmen, daß aber die öffentliche Arbeitskraft nahezu ausschließlich einer fieberhaften militärischen Rüstung diente, daß die Jugend in der Hitlerjugend (HJ) und dem Bund Deutscher Mädel (BDM) von Kindesbeinen an verstaatlicht war, daß im »Lebensborn« rassereines Parteivolk herangezüchtet wurde, konnte nur unerlaubter Kurzsichtigkeit verborgen bleiben. Das große Verbrechen war vorhersehbar und sichtbar.

Hitler verfügte über eine stets auf dem neuesten Stand gehaltene persönliche Liste zu Ermordender; sie umfaßte nicht nur seine Gegner, sondern auch die Meuchler seiner Gegner, was zur Folge hatte, daß die Listen der Mitwisser nie ein Ende nahmen. So sollte – als der Holocoust an der Kirche noch nicht auf die Zeit nach dem »Endsieg« verschoben war – die SS-Kavallerie Division »Florian Geyer« alle Geistlichen des Vatikans ermorden. Nach ausgekostetem Blutrausch war dann die Beseitigung aller SS-Zeugen durch Fallschirmspringer der Panzerdivision »Hermann Göring« geplant.

Kein Zweifel: Das Untergangsszenarium war vorgegeben. In Konnersreuth aber schien der Gang der Ereignisse stillzustehen. Mochte Hitler in gnadenlosem Wahnsinn toben, mochte seine feige Kumpanei schäumen und rasen, mochte auch später die Jugend der Welt im grausigsten aller Kriege verbluten, pünktlich wie der Uhrzeiger setzten hier jeden Donnerstag die Leidensvisionen ein. Wenig drang nach außen, denn alle Veröffentlichungen über Konnersreuth waren in Acht und Bann getan. Drei Gerüchte hingegen wurden von der Nazipartei ausgestreut und von der Presse geflissentlich verbreitet: Erstens: »Der Schwindel von Konnersreuth« habe aufgehört. Zweitens: Therese sei eine glühende Anhängerin Hitlers geworden. Drittens: Therese sei gestorben.

Mit dem ersten Anlauf im Jahr 1933 und erst recht 1934 hatte Hitler alle Mitwisser seiner Verbrechen und alle Männer im Umkreis Therese Neumanns ausgeschaltet. Unübersehbar blieb, daß er das eigentliche Kraftzentrum des christlichen Widerstands, Therese Neumann selbst, unangetastet ließ. Gleichwohl glaubten untergeordnete Dienststellen der Partei, sie könnten gegen die Stigmatisierte nicht hitzig genug vorgehen.

Als Therese einmal allein im Haus war, klopfte die Gestapo heftig ans Tor. Therese öffnete das Fenster: »Was wollt ihr?« Harte Stimmen durchschnitten die Stille: »Machen Sie auf!« – »Ich darf nicht. Nur mein Vater hat hierzu das Recht.« – »So werden wir die Tür einschlagen!« Therese schloß empört die Fensterflügel: »Dann seid ihr richtige Einbrecher!« Inzwischen traf der Vater ein. Er mußte die Polizeibeamten einlassen. Sie wollten den Berg an Therese gerichteter Briefe einsehen und forderten die Empfängerin auf, ihr Zimmer zu verlassen. Therese widersetzte sich: »Ich gehe nicht hinaus. Ich will sehen, was ihr hier tut!« Schließlich zogen die Eindringlinge ab, nahmen aber mehrere Säcke Briefe mit. Am nächsten Tag erschienen sie wieder, um Therese einem Verhör zu unterziehen. Vater Neumann fertigte sie an der Tür ab: »Geben Sie sich keine Mühe, meine Tochter ist nicht daheim.« Er sprach die Wahrheit, seine Besucher aber fuhren ihn an: »Sagen Sie uns augenblicklich, wo wir sie finden oder wir schlagen Ihnen die Fenster ein!« Der alte Dorfschneider antwortete seelenruhig: »Dann werden wir neue einsetzen lassen.« Jetzt wurden die Nazis wütend: »Wenn das so ist, stecken wir Ihre Bude in Brand!« Kaltblütig antwortete Vater Neumann: »Dann werden wir sie halt wieder aufbauen.« Die Eindringlinge faßten ihn grob am Arm und bekräftigten, sie hätten keine Schwierigkeit, ihre Drohungen in die Tat umzusetzen. Einige Tage später erblickte Therese, die soeben nach einer Ekstase das Bewußtsein wiedererlangt hatte, an ihrem Lager zwei grinsende SS-Männer.

Auch an humorvollen Begebenheiten fehlte es nicht. Alle Briefe, die im Schneiderixenhaus eingingen, wurden streng zensiert. Die untergeordneten Beamten, die sich mit dieser Prüfung zu befassen hatten, waren aber der traurigen und frommen Lektüre bald überdrüssig. Es ging immer um dasselbe: Befreiung von körperlichen und geistigen Leiden; es waren endlos aneinandergereihte Verzweiflungsrufe und Bitten um Gebete. Bald begnügten sie sich mit dem Aufschneiden der Umschläge, ohne den Inhalt eines Blickes zu würdigen. Der Offizier, der die mißgelaunten Zensoren befehligte, war zufällig eifriger Briefmarkensammler. Die Marken auf den Umschlägen interessierten ihn mehr als die Briefe. So konnte er auf billige Weise seine Sammlung vervollständigen; kontrolliert wurde überhaupt nicht mehr.

Sehr zum Ärger der Hitlerpartei schloß der einst viel besuchte Tanzsaal des Schiml-Wirts aus Rücksicht auf das Kreuzesleiden im gegenüberliegenden Schneiderixenhaus seine Pforten. Beim Angelusläuten stand alles Leben still. Das fiel besonders im Speisesaal auf.

Sowie die Glocken erklangen, schwiegen die Gäste; Messer und Gabel wurden beiseite gelegt, jeder folgte dem Beispiel des Gastwirts, der leise seinen Angelus betete. Dieses Schauspiel konnte man im Markt dreimal am Tag erleben. Das persönliche Leben verlief in liturgischen Bahnen. Besucherinnen der Stigmatisierten änderten sogar, noch ehe sie Konnersreuths Boden betraten, ihre unter Umständen zu freie Kleidung und erschienen vor ihr ohne Schminke – wie es einst Tertullian gefordert hatte. Soviel Frömmigkeit war den Vertretern der »neuen« und »jungen Zeit« ein Dorn im Auge. Eines Tages hinderten sie den Pfarrer am Betreten der Schule. Selbstverständlich war es ihm auch auf der Kanzel verboten, ein Wort gegen die »Bewegung« zu sagen; jede verdächtige Formulierung wurde sorgfältig notiert. Verleumdungen und Denunzierungen waren organisiert. So brachten die Braunhemden eine neue Lehrerin in Konnersreuth unter, die es ausgezeichnet verstand, rechtschaffene Frömmigkeit und eine besondere Verehrung der Kleinen Theresia vom Kinde Jesu vorzutäuschen; anders konnte sie das Vertrauen der Konnersreuther Bevölkerung nicht gewinnen. Insgeheim war die Dame eine fanatische Nationalsozialistin und zuverlässige Agentin der Gestapo. Ihre Rolle bestand hauptsächlich darin, die Einwohner, besonders Therese, auszuhorchen und mit Nummern zu versehen. Im Bedarfsfall konnten Verdächtige ohne Nennung des Namens, nach unauffälliger telefonischer Mitteilung, festgenommen werden. Therese hatte die Nummer 412.

In aufrechter nationalsozialistischer Gesinnung tat sich der Schulamtsanwärter und Hilfslehrer Eduard Lobmeyer besonders hervor. Sein Brief an den Gauleiter Fritz Wächtler vom 31. Dezember 1937 spricht Bände. Besonders am Pfarrer und an den Gläubigen ließ er seine Wut aus: »Hier geht es um wahrlich mehr als um bloße mystische Angelegenheit! Es kann nicht der Wille unseres Führers sein... jene Volksbetrüger und Volksverderber noch länger ihr Spiel treiben zu lassen... Wie steht das Volk hier zum Reich? Im Herbst vorigen Jahres ergossen sich die Geistlichen in wahren Hetzpredigten gegen das neue Reich, insbesondere gegen die Gemeinschaftsschule. Nahezu 70 Prozent stimmten dagegen... Mindestens 4 Sonntage lang dankte die Geistlichkeit öffentlich ihren ›Freunden‹ und belastete das Gewissen der anderen mit einer ›schweren‹ Sünde. (Das) ›Schwarze Korps‹ zu lesen ist auch eine solche Sünde... Hat nicht die Reaktion wieder Recht bekommen bei der Fronleichnamsprozession? Wohl die Mehrzahl zieht hier vor jedem öffentlichen Kruzifix oder Marterl den Hut herab oder bekreuzt sich. Tägliche Kommunion und ofte, ja sehr ofte (sic!) Beichte mag wohl in Deutschland seinesgleichen suchen. Warum läßt man weiterhin den Pfarrer Naber immer noch in die Schule? Der Pfarrer hat noch nie das Wort ›Heil Hitler‹, auch nicht vor oder nach dem Schulunterricht über die Lippen gebracht. Meinen Schulkindern ist von Benefiziat Plecher in der Schule der Auftrag erteilt worden, ihn selbst auf der Straße nur mit Händedruck und ›Gelobt sei Jesus Christus‹ zu grüßen. Der Zwist in meinen Kindern! Ich gebe natürlich nicht nach, denn wir grüßen nur mit ›Heil Hitler‹. Es müßte von dem Erlaß des Bayr. Innenministeriums Gebrauch gemacht werden können, der dem Geistlichen das Recht zum Unterricht nimmt... Es ist Zeit. Der Pfarrer ist 65 Jahre alt. Unserer Jugend wird das Wunder der Volksgemeinschaft vorenthalten. Wir wähnen uns manchmal gar nicht im neuen Deutschland Adolf Hitlers. – Wir glauben an das kommende Recht und... hoffen...

Heil Hitler!
gez. Lobmeyer, Hilfslehrer«

Einen der damals an Kinder ausgeteilten kirchlichen Monats-Fragezettel hatte Lobmeyer zur Selbstdarstellung umfunktioniert. Während er alle Fragen (Habe ich mein Morgengebet andächtig verrichtet?, die Heilige Messe besucht?, den Heiland in der hl. Kommunion empfangen?, den Heiland in der Kirche besucht?, mein Abendgebet andächtig verrichtet?) in der für jeden Tag vorgesehenen Spalte mit einem Minuszeichen (für Nein) beantwortet hatte, wurde die von ihm zusätzlich angefügte Frage: »Habe ich die Pfaffen verflucht?« für jeden Tag mit fünf Pluszeichen (für Ja) beantwortet und unterfertigt als »Tätigkeitsbericht für Monat März«.

Aber es gab in solcher Zeit, als einer vom andern verraten wurde, als keiner mehr offen zu reden wagte, einen Ort, wo jeder seine Sorgen um die Kirche, um das Volk, um die Jugend loswerden konnte. Es war das Neumannhaus am Unteren Markt. In diesem Haus sprudelte ein Kraftquell für alle, die den Kampf gegen Hitler und seine Partei aufnahmen.

Geplante Einlieferung in eine »neutrale« Klinik

Hierher kamen Bischöfe aus aller Welt, nicht nur aus Regensburg und München, sondern auch aus Wien (Kardinal Piffl), Gran, Innsbruck, Lemberg, Prag, und holten sich Mut. Hier gab es eine, die nie in den bitteren Jahren der Unfreiheit, sei es wo auch immer, die Hand zum »Deutschen Gruß« erhob. Therese schrie es einmal hinaus: »Nie! Nie! Nie!« Als man sie krank zur Wahl holte, wählte sie offen mit Nein! Und nach Österreichs »Anschluß« scheute sie sich nicht, Kardinal Innitzer, der mit den Nationalsozialisten paktierte, zu schreiben, er habe damit der Religion und Kirche keinen guten Dienst getan.

374

Umso erstaunlicher, daß Hitler alles, was aus diesem Haus hervorging oder mit ihm zusammenhing, erbittert bekämpfte und ausrottete, aber Therese selbst unangetastet ließ. Und er übte solche Zurückhaltung, obwohl kein Mensch so sehr wie die religiös und politisch zweifach tätige Therese Neumann der nationalsozialistischen Propaganda im Wege stand. Es hat ja tatsächlich Pläne der Partei gegeben, sich ihrer Feindin Nummer 1 zu entledigen. Eine heftige Verleumdungswelle (die angeblichen »Wunder von Konnersreuth« seien erfunden und künstlich erzeugt) sollte den Vorwand liefern, Therese »zur Beobachtung« in eine »neutrale« Klinik einzuliefern. Dort wäre ihr nach einigen Wochen »Beobachtung« die berühmte Spritze verabreicht worden, die fernere Auseinandersetzungen überflüssig machte.

Hinter dem Ansinnen der Einlieferung in eine »neutrale« Klinik verbarg sich allerdings eine längere Vorgeschichte. Schon Gerlich – seinerzeit über die kommunistische Forderung der »Internierung Thereses« empört – hatte sich gegen eine Wiederholung der Untersuchung vom Jahre 1927 ausgesprochen. Im Gegensatz dazu äußerte Nuntius Pacelli (später Papst Pius XII.) Aretin gegenüber den Wunsch nach einer neuerlichen Untersuchung aus der Überlegung, es könnten dadurch Ungläubige bekehrt werden. Aretin hatte dem Nuntius damals widersprochen, da er den unbeugsamen Widerstand des Vaters kannte. Bei der ersten Untersuchung 1927 hatten die Ärzte nämlich intimste Körperteile »auf jungfräuliche Unversehrtheit« untersucht, was den schlichten Vater in verständliche Wut brachte. Einer der Ärzte ging sogar so weit, als Therese in Ekstase lag, ihre stigmatisierten Hände mit Gewalt zusammenzupressen und ihr – nach der Rückkehr ins Bewußtsein – heftige Schmerzen zu verursachen. Ein anderer träufelte ihr, ebenfalls während ihrer Ekstase, eine schädliche Flüssigkeit in die Augen. Ein anderer Fachgelehrter führte einen derart grellen, nur mit einer Schutzbrille erträglichen elektrischen Lichtschein an ihre Augen, daß sie davon in gewöhnlichem Zustand erblindet wäre.

Der Vater war auch über die Art und Weise der öffentlichen Berichterstattung verärgert. Entgegen den Abmachungen brach Professor Ewald die ärztliche Schweigepflicht und gab einen ausführlichen Bericht an die Presse. In diesem Bericht standen Dinge, wie etwa, daß die Schamhaare Therese Neumanns »normal« seien, die nicht an die Öffentlichkeit gehörten. Der Vater stellte sich neuerlichen klinischen Eingriffen an seiner Tochter auch aus einem anderen Grund entgegen: Er war davon wohlunterrichtet, welch abscheulichen (und ergebnislosen) Torturen Katharina Emmerich unterworfen worden war. Diese Qualen wollte er seiner Tochter ersparen. Im übrigen war das Regensburger Ordinariat nie darauf eingegangen, die bereits 1932 zurückgeforderten photographischen Platten mit Aufnahmen von Thereses Brustwunde herauszugeben.

Es war Therese bei der ersten Untersuchung so viel Kraft abverlangt worden, daß man sich nicht hätte wundern müssen, wenn auch sie eine zweite verweigert hätte. Sie war dazu aber im Gehorsam gegen die Kirche bereit. Sie wollte sich in alles fügen, sollte sie auch ein ganzes Jahr hindurch unter ärztlicher Aufsicht bleiben müssen. Deshalb erwog sie in einem Brief an Bischof Buchberger sogar, ihr Elternhaus gegen den Willen des Vaters heimlich zu verlassen und sich in eine Klinik zu begeben. Sie fragte freilich auch, wo sie nach der Untersuchung ihr weiteres Leben verbringen solle, da der Vater sie ohne Zweifel nicht mehr im Elternhaus aufnehmen würde. Der Bischof riet ihr, in erster Linie dem Vater gehorsam zu sein, aber zu versuchen, dessen Zustimmung zu gewinnen. Daran war jedoch nicht zu denken.

Seit Jahren äußerten Ärzte, man werde zur Feststellung des Charakters der Stigmen Schnitte machen müssen, man werde, wenn Therese keine Nahrung durch den Mund aufnehme, untersuchen, wie sie auf Ernährung durch den Darm oder auf intravenöse Traubenzuckerinfusion anspreche, man werde sie eingipsen müssen und dergleichen mehr. »Da sollen wir sie«, erregte sich Vater Neumann, »wo sie doch so oft in Zuständen ist, bei denen ihr Bewußtsein ausgeschaltet ist, einer Klinik ausliefern! Wo man heute nicht weiß, was in einer Klinik passiert!« Professor Wutz beriet mit Vater Neumann die Bedingungen, die er zum allermindesten stellen müsse. 1. Es darf nicht experimentiert werden. Therese darf nur beobachtet werden. 2. Die Mutter oder eine leibliche Schwester darf während der ganzen Beobachtungszeit bei Therese im Zimmer bleiben und wohnen, um für das Elternhaus zu überwachen, daß nicht mit ihr experimentiert wird. 3. Es muß gewährleistet sein, daß Therese täglich kommunizieren kann.

Auf solche Forderungen einzugehen hätte den immer deutlicher zutage tretenden Absichten widersprochen. Zudem sagte Hausarzt Seidl bei einer Gerichtsverhandlung unter Eid aus, daß zu Vater Neumanns Ohren unmißverständliche Drohungen von seiten einzelner Ärzte gelangt seien, wie beispielsweise diese: »Wenn wir sie erst einmal auf unserer Klinik haben, machen wir ihr katholische Einspritzungen, daß sie daran denken soll.« Kurz, der Vater bangte um das Leben seiner Tochter.

Die Forderung ihrer »Einlieferung in eine Klinik« tauchte immer wieder auf. Man sprach nicht mehr von »Beobachtung«, auch nicht von »Untersuchung«, sondern von »Einlieferung«. Gegner wie der Naziarzt Dr. Aigner scheuten sich nicht einmal, das von der

SS herausgegebene »Schwarze Korps« für die Durchsetzung ihrer Meinung in Anspruch zu nehmen, »Der Umstand, daß die Konnersreuther Angelegenheit«, schrieb er mit lupenreinem Nazi-Vokabular »längst den privaten Charakter verloren hat und in Form einer geistigen Epidemie weiteste Volkskreise erfaßte, fordert nun vom Standpunkt der Volksgesundheit und der Volksaufklärung aus ein unerbittliches Eingreifen. Wissenschaftliche Aufklärung und Entfernung des Infektionsherdes tut not. Wir begegnen auch bei anderen Epidemien der Rivalität der Theologen mit dem zuständigen Fachmann. Bei diesen Konflikten

Vater Ferdinand Neumann. Aufnahme um 1939.

wird mit Hilfe der Staatsautorität immer der geeignete Ausweg gefunden, der im Interesse der Volkshygiene geboten ist. Das Wohl der Volksgemeinschaft steht auf dem Spiel, die Wissenschaft kann sich selbst nicht mehr uninteressiert erklären... Der geistige Arbeiter hat jetzt seine Pflicht gegenüber der Volksgemeinschaft zu tun. Auch die Stigmatisierte hat ihr Eigenwohl dem Gemeinwohl unterzuordnen.«

Therese Neumann war also nach Dr. Aigners Dafürhalten schuld an einer neuen Hinwendung zur Kirche. Aigner nannte dies eine »geistige Epidemie«, bezeichnete Therese als deren »Infektionsherd« und folgerte: »Das Wohl der Volksgemeinschaft steht auf dem Spiel.« Thereses »Entfernung... tut not.« Dies sei »im Interesse der Volkshygiene« geboten; Volkshygiene war aber ein Parallel-Begriff zur »Rassenhygiene«. Laut Aigner war die ganze »Staatsautorität« gefragt.

Die erneute Bestätigung eines Wunders zugunsten der katholischen Kirche hätte der Geisteshaltung der neuen Machthaber nicht entsprochen. Wenn trotzdem so heftig die Forderung nach »Einlieferung in eine neutrale Klinik« erhoben wurde, konnte die Befürchtung nur in eine Richtung gehen. »Fürwahr, dies ist bereits ein verzweifelter Ausweg«, urteilte Josef Teodorowicz. »Der Einfall einer Kontrolle in ›neutraler Klinik‹ stellt ein wissenschaftliches Absurdum dar, da jede Klinik als neutral gilt, solange man ihr keine Fälschung nachgewiesen hat. Aber das Abmessen des wissenschaftlichen Wertes der Experimente nach den Ansichten des Experimentierenden, noch bevor man diese Experimente angetreten hat, muß den Glauben und das Vertrauen in jegliches Endergebnis dieser wissenschaftlichen Forschungen untergraben. Wohin geraten wir denn mit einer derartigen These? Für einen Rationalisten könnten die Forschungen eines Pasteur keinen wissenschaftlichen Wert haben, da dieser ein gläubiger Katholik war. Ich verurteile den Erfinder der neutralen Klinik nicht – aber es muß zugegeben werden, daß diese Erfindung ihm keine große Ehre einbringt.«

Auch Luise Rinser nahm an, daß hinter dem Ansinnen, Therese in eine »neutrale« Klinik »einzuliefern«, sich die Absicht verbarg, sie wie so viele Millionen anderer unbequemer Zeitgenossen zu »liquidieren«: »Es starb sich damals rasch und unauffällig an ›Lungenentzündung‹ oder durch ›Euthanasie‹.« Dann stellt sie die bemerkenswerte Frage: »Warum eigentlich hätte man überhaupt eines solchen Umweges bedurft? Man konnte Therese doch einfach verhaften und als ›Asoziale‹, die sie innerhalb des ›Arbeits-Staates‹ war, in ein Konzentrationslager stecken. Warum tat man es nicht?«

Hatte Hitler Angst?

Hitler soll Therese Neumann persönlich in »Schutz« genommen haben, um die »Vorsehung« nicht herauszufordern. Jedenfalls beauftragte er Regierungspräsident von Holzschuher, alle erforderlichen Maßnahmen zu ihrer und ihrer Eltern Sicherheit zu ergreifen. Es gibt heute Menschen, die Hitlers »Schutz« in Abrede stellen. Ein Zweifel ist allerdings kaum möglich, bedenkt man, wie leicht die Nazis mißliebige Personen verschwinden ließen. Ohne diesen Umstand, soviel steht fest, hätte Therese Neumann das Dritte Reich nicht überlebt.

Hitler fürchtete die Unruhe, die eine Beseitigung Therese Neumanns ausgelöst hätte, zumal im katholischen Stiftland, wo sie seit langem hohes Ansehen genoß und wo seine Weltanschauung so gut wie keine Anhänger gefunden hatte. Zudem befürchtete er die schlechte Wirkung ihres verdächtigen Todes auf das katholische Ausland, insbesondere auf Italien.

So einleuchtend all diese Gründe sein mögen, die unerfindliche Wahrheit bleibt, daß Hitler eine geheimnisvolle Angst vor Therese Neumann hatte. In dieser Angst steckte, seiner Geistesart gemäß, ein gutes Stück Aberglauben. Er fürchtete ihre geheime Kraft. Er fürchtete, es könnte ihm Unheil bringen, wenn er ihr Leben antastete. So kam es, daß der nationalsozialistische Regierungspräsident Holzschuher auf seinen Fahrten von Regensburg nach Berlin regelmäßig mit großem Gefolge in Konnersreuth haltmachte und sich nach Therese Neumanns Befinden erkundigte, um dem »Führer« Bericht erstatten zu können.

Hitler war abergläubisch und innerlich abhängig von Wahrsagern und Astrologen. Das Geheimnisvolle um Therese flößte ihm Furcht ein. Seine eigene Todesbereitschaft lag allerdings verborgen unter einer Schicht Spießbürgerlichkeit. Aber immer wieder zerbrach diese Schicht. Elisabeth zu Guttenberg erlebte es 1936 auf dem Nürnberger Reichsparteitag: »Uns ganz nahe betrat Hitler seine Rednertribüne. Es war das erste Mal, daß ich ihn aus der Nähe sah. War das der Riese? War das ein Genie? Ich hatte erwartet, daß er eine starke, wenn auch böse Ausstrahlung hätte. Davon war nichts zu spüren. Ich konnte ihn sehr genau beobachten. Für mich war er ein Mann mit sehr unsympathischen Gesten, ausdruckslosem, sehr unvornehmem Gesicht. Ich fragte mich: Wo war die anfeuernde Gewalt, die, wie es hieß, von ihm ausging? Sein ganzes Wesen machte auf mich den Eindruck von Leere, ja merkwürdigerweise von Kleinbürgerlichkeit. Dann begann er seine Rede. Betroffen sah ich da, wie dieses Gesicht, wie seine ganze Erscheinung sich veränderte, als ob eine Zauberei ihn verwandelte. Was er zu sagen hatte, waren dieselben Phrasen, dieselben Lügen wie immer, aber mit einer merkwürdigen hypnotisierenden Kraft vorgetragen. Die Menge raste, schrie vor Begeisterung, brüllte ›Heil! Heil!‹ Fraglos war es eine dämonische Kraft, die aus dieser Stimme sprach. Die Rede endete, es erklang das so oft mißbrauchte ›Deutschland, Deutschland über alles‹, gefolgt von dem abstoßenden Horst-Wessel-Lied. Von der Tribüne stieg wieder der kleinbürgerliche, mittelmäßige Mann, der sie betreten hatte. Mir wurde an diesem Tage bewußt, daß Hitler besessen sein mußte, daß seine Macht die Macht eines anderen war, daß die hypnotische Anziehungskraft, die er auf Menschen ausübte, die Macht des Bösen war.«

Auch Therese war durch das Gepränge der Fahnen und Farben, das Heilgebrüll der Menschenmassen, den Pomp und Prunk der Naziregisseure nicht über die Sprache der Gewalt hinwegzutäuschen, über das Übervollnehmen des Mundes, über das Hohle und Brutale dieses Brüllen-Überbrüllens! Therese wußte von Anfang an, daß *alles* untergehen mußte. Im dritten Jahr des Dritten Reichs erschreckte dann die triumphale Beisetzung der im Novemberputsch 1923 Erschossenen an den Stufen der neu errichteten »Ehrentempel«. Die pseudoreligiösen und blasphemischen Sprechblasen Hitlers hallten über die Granitplatten-Wüste: »Sie sind AUFERSTANDEN!! Sie haben die EWIGE WACHE am Königlichen Platz bezogen!!« »Ewige« Flamme und Ehrenwache mit Stahlhelmen! Rituelle Trauermusik, Trommelwirbel, schwarze Fahnen, Böller, lodernde Pylonen mochten selbst französischen Diplomaten ein bewunderndes »Magnifique!« entlocken. Anders urteilte Therese.

Pater Ingbert-Peregrinus ließ die Eichstätter Freunde ohne Nachricht. Erst Mitte August 1933 hörte Professor Wutz, daß der Pater sich in Stans, Nidwalden, aufhielt. Mit seiner Haushälterin Ottilie und einem befreundeten Arzt fuhr er hin. Der Abschied von den Besuchern war für Peregrinus, den das Heimweh plagte, bitter: »Xaverl, ich komme hier um, weil ich nichts tun kann und weil man in Deutschland von seiten der Kirche nichts tut gegen Hitler. Ich bin todunglücklich, weil nichts geschieht! Und es müßte doch etwas getan werden!«

Ab September 1933 war Peregrinus Konventuale des Klosters Maria Sorg im Egerland. Unermüdlich arbeitete er am dritten Band seines Handbuchs der Homiletik. Bis Ostern 1934 hoffte er die »Pastoral für Kapuziner« fertigzustellen. Seine eigentliche Aufmerksamkeit galt nach wie vor den Verhältnissen im Hitlerreich. In Briefen schrieb er sich seine Sorge von der Seele: »Trotz tausend Friedensversicherungen stehen sehr dunkle Wolken am Himmel. Die Entladung ist nur eine Frage der Zeit.« Besonders empörte er sich über die bei Abiturienten eingeführte »schamlose und grauenhafte« Gesinnungsprüfung »nach Charakter und nationaler Zuverlässigkeit«. In einem anderen Brief klagte er über die einheitliche Feiertagsregelung. »Überall Eintopf und Eintopfgerichte.«

Anfang März 1934 führte ihn sein Weg nach Prag. Von dort machte er einen Abstecher nach Vöcklabruck, wo ein ehemaliger Mitbruder vom Kloster Maria Sorg, P. Benno Auracher, vor kurzem beerdigt worden war. Der Rastlose übernachtete bei seinen Mitbrüdern in Innsbruck, ohne anzudeuten, woher er kam und wohin er ging. In Luzern, wo er am 13. März eintraf, wurde ihm das erbetene Kloster Solothurn als künftiger Aufenthalt bewilligt. In Solothurn fand er am 21. März die Erlaubnis des Ordensgenerals vor, am Pfingstfest 1934 der Heiligsprechung Bruder Konrads in Rom beiwohnen zu dürfen. Dort nächtigte er im Hospiz der Kapuziner. Auf dem Rückweg erkrankte er in Lugano schwer. Kaum hatte er sich in Solothurn ein wenig gekräftigt, stürzte er sich wieder in die Arbeit, verfaßte im Lauf von vier Wochen vierundzwanzig Predigten, warnte die deutschen Bischöfe in einer Denkschrift und summierte: »...daß die Hitlerregierung die gesamte katholische Presse totgeschlagen hat, daß sie blindwütig das katholische Vereinswesen vernichtet, daß sie die Glaubenspredigten von Kirchenfürsten als Zentrumspolitik bezeichnet, daß sie katholischen Vereinigungen außer Gebet überhaupt nichts mehr gestatten will, daß sie sich mit ihren Rasseideen über christlichen Glaubensmut und schwerste Gewissensbedenken mit Brutalität hinwegsetzt, daß sie Menschen zwingt, gegen die Forderungen der christkatholischen Moral die Sterilisation vollziehen zu lassen, daß sie den Wahrheitsbegriff von Grund auf verfälscht und jede objektive Wahrheit als Unsinn bezeichnet, weil ja nur das wahr sein kann, was nach ihrer Auffassung Deutschland nützt... Auch die Jugend ist nicht entfernt in dem Maße im Hitlerlager, wie vielfach angenommen wird. Unter der Jugend finden wir die Mutigsten und Konsequentesten, denn der Materialismus und die Rücksicht auf das Geld haben ihre Seele noch nicht so sehr angefressen, wie das bei einem Teil der älteren Generation der Fall ist. Aber wie lange wird das so bleiben, wenn wir die Anstrengungen der Bewegung betrachten, gerade die Jugend restlos zu erfassen und mit dem neuen Geiste zu durchdringen? Hier liegt der Brennpunkt des Kampfes...

Noch ist es Zeit. Was aber wäre, wenn die Regierung Hitler in der bisherigen Weise noch fünf Jahre weiter arbeiten könnte? Wir wissen nicht, wie lang Hitler dank der Langmut Gottes noch Zeit hat und ob nicht eine gewaltige Katastrophe, rascher als man ahnen möchte, diesen neuen Turm von Babel zerschlägt. Wir halten es für wahrscheinlich. Aber weil wir es nicht sicher wissen können, muß jetzt geschehen, was die Interessen der Seelen verlangen.«

Pater Ingbert konnte (oder wollte) es nicht wissen: Mit blutigem Terror setzte Satan der Kirche Gottes bei weitem nicht so wirksam zu wie mit »schöner Kleidung und Wohlstand, mit Versprechungen und üppigen Gütern der Erde«. Die Evangelisten berichten von den Versuchungskünsten des Teufels.

Nichts drückte Pater Ingbert schwerer nieder als die Nachricht von der Ermordung seines Freundes Fritz Gerlich in der Nacht auf den 1. Juli 1934. Und heftig wie nie zuvor erbitterte es ihn, daß Deutsche die ihnen drohenden unermeßlichen Gefahren immer noch nicht wahrhaben wollten. »Die Verhältnisse werden nur anders«, befürchtete er in einem Brief, »wenn Krieg kommt. An eine große innere Umstellung kann ich nicht glauben.« Nach der Röhm-Affäre mit ihrem Heer von Toten und nach der Ermordung des österreichischen Kanzlers Engelbert Dollfuß am 25. Juli 1934 war es ihm unfaßbar, daß immer noch Menschen herumliefen, die in Hitler den Messias Deutschlands erblicken wollten. »Das sind lauter schwere Strafen Gottes. Weil Deutschland Gott weithin untreu geworden ist, hat Gott die Geister verwirrt. Die Menschen werden unsagbar dumm, wenn sie von Gott verlassen sind, auch die Gescheitesten unter ihnen. Ich lese jetzt mit Vorliebe im Alten Testament, weil ich hier das finde, was uns die Wege Gottes in der jetzigen Zeit wunderbar klar enthüllt. Nur eine ganz schwere Katastrophe kann Deutschland wieder zur Besinnung rufen. Bis jetzt hat es die Stimme Gottes nicht gehört und noch weniger verstanden.«

Als Fazit hämmert er seinen Lesern ein, daß der Mensch darauf nicht verzichten könne, nach den Geboten Gottes zu leben. Ein Volk aber, das treulos geworden sei gegen Gott, könne von den Politikern nicht mehr gerettet werden.

Die freudigste Unterbrechung seines Alltags erfuhr Pater Ingbert-Peregrinus Mitte September 1934, als unerwartet Professor Wutz an der Klosterpforte stand. Seine Haushälterin Ottilie Neumann und ihre Schwester Therese waren mitgekommen. Wie von Flügeln getragen war ihr Gespräch. Beim Abschied überkam den Pater zum wiederholten Mal alles Elend des Verbannten: »Ich will heim zu meinen Leuten. Ich kann nicht mehr in der Fremde sein. Ich muß arbeiten. Ich muß kämpfen. Lieber daheim in Haft sitzen. Aber hier halte ich es nicht mehr aus!« Professor Wutz konnte ihn auch dann kaum von seinem Drängen abbringen, als er ihm vor Augen hielt, was ihn bei einer Rückkehr erwartete. Ein schwerer, ein erschütternder, ein letzter Abschied!

Wenig später hatte Therese eine eindrucksvolle Vision. Noch einmal sah sie den alten liebvertrauten Dr. Fritz Gerlich. In der festen Folge von Visionen, die ihr Leben durch den Lauf des Kirchenjahrs begleiteten, zählten von jeher jene zu den bezwingendsten, die sie am Allerheiligentag von der himmlischen Seligkeit und am darauffolgenden Allerseelentag vom Ort der Reinigung hatte. Am 1. November 1934 geschah es, vier Monate nach Gerlichs gewaltsamem Tod, daß sie ihn, den sie zu ihren treuesten und besten Freunden gezählt hatte, in der Schar der Auserwählten deutlich erkannte. Bei ihm traf in reinem Sinne zu, was man von den Blutzeugen sagt, daß er sein Leben hingegeben und so in Christus gerettet hatte. Noch eine andere Vision wurde ihr geschenkt: sie sah voraus, daß Pater Ingbert einstmals dort sterben werde, wo im Jahre 1901 der glimmende Funke seiner Neigung zum Ordensleben hell aufgelodert war, bei den Kapuzinern von Königshofen. Noch schien dies unmöglich, denn das Kloster Königshofen lag im Elsaß.

Aber Therese behielt wieder einmal recht. Pater Ingberts Aufenthalt in Solothurn war trotz des Decknamens schon wieder viel zu bekannt. Aus Konnersreuth kam eine Warnung. Am 30. November traf der beantragte französische Paß ein. Doch eine neue schwere Erkrankung verzögerte seine Abreise. Am 22. Dezember 1934 kam er in Königshofen bei Straßburg an. Dort wurde er mit Freuden aufgenommen. Es war das Kloster, in dem er sich entschlossen hatte, Kapuziner zu werden. Anfang und Ende schlossen sich zu einem Kreis.

In Königshofen überblickte er die letzte Phase seiner Krankheitsgeschichte: »Es tröstet mich immer das Andenken des Propheten Jeremias, der 41 Jahre lang umsonst geredet hat, bis das schwere

Unglück eintraf. 1931 hielt ich im Dom zu Eichstätt über diese mir so verwandte Gestalt die Fastenpredigten. Ich weiß natürlich, daß ich mich nur im kleinsten Ausmaß mit ihm vergleichen kann. Ich wollte nicht prophezeien und habe nicht prophezeit. Ich maß die Dinge nur nach dem, was vor mir lag. Wollte Gott, ich hätte *nicht* richtig gesehen, so aber kam alles nur zu genau.«

Niedergedrückt von der Ermordung Gerlichs und aufgezehrt von einem in seinem dunklen Gemütsleben begründeten Leberleiden, legte sich Pater Peregrinus hin zum Sterben. Am 27. März 1935, vormittags um neun Uhr, erteilte ihm der Pater Provinzial die Krankensalbung. Er konnte nicht mehr schlucken. Nachmittags verließ ihn das Bewußtsein, über Nacht wachte ein Pater an seinem Bett. Am 28. März gegen vier Uhr verfiel er in eine große Unruhe, gegen acht Uhr setzte Atemnot ein, um 11,22 Uhr hatte er ausgekämpft. Er starb, noch ehe er das fünfzigste Lebensjahr erreicht hatte. Am 30. März wurde Pater Ingbert in Königshofen beerdigt. In der Todesanzeige schrieb die bayerische Kapuzinerprovinz: P. Ingbertus a Dahn in iniquitate temporum Peregrinus factus et nominatus.

Der Heimgegangene war ein großer Beter gewesen. Vor jeder Predigt sprach er zu seinem Heiland: »Ich bitte Dich um eine große, tiefe Ehrfurcht gegenüber allen unsterblichen Seelen, für die ich jetzt reden soll. Ich bitte Dich um Bewahrung vor jeder Selbstgefälligkeit, vor jeder Verzagtheit und vor jeder Härte.« Fragen wir nach seiner Festigkeit im Einsatz für die Kirche, nach seiner klaren Sicht und Wertung, nach seiner Furchtlosigkeit und seinem Mut, so stoßen wir zwangsläufig auf das Schlüsselerlebnis in Konnersreuth. Hier hatte er seine stärkste Gotteserfahrung und seine innigste Liebe zu Christus empfangen. Hier erst wurde ihm die Beziehung zum »Heiland« gegenwärtige Wirklichkeit. Seit Konnersreuth war das ganz persönlich geführte Gespräch mit dem Heiland Quelle seiner Kraft.

Die polizeilichen Ermittlungen gegen P. Ingbert mit einer ausgesetzten hohen Belohnung für Hinweise, die zu seiner Ergreifung führten, hörten in Eichstätt erst auf, als die Todesurkunde vorgelegt wurde.

Wiederentdeckung des bayerischen Barocks

Auf der Suche nach einer neuen Lebensgrundlage holte sich Johannes Steiner Rat bei Therese. Das Wagnis einer abermaligen Zeitungsgründung redete sie ihm aus. Dagegen empfahl sie ihm eine Zusammenarbeit mit dem ebenfalls arbeitslosen Kunsthistoriker Dr. Hugo Schnell aus Waldsassen. Beide freundeten sich an und gründeten den Verlag Schnell und Steiner. Eigentlich sollte er »Dreifaltigkeitsverlag« heißen, doch die »Reichsschrifttumskammer« erhob dagegen, wie zu erwarten, Einspruch. Gleichwohl blieb das Programm kirchlich-konservativ. Fraglos eine Neuheit stellten die von beiden gemeinsam herausgegebenen »Kirchenführer« dar, eine zündende Idee, die der katholischen Kunstpublizistik als Hilfsmittel gegen die heidnische Volkstumsideologie des Nationalsozialismus diente. Die Stoßrichtung wurde bald erkannt. So berichtete die Geheime Staatspolizei, Leitstelle München, nach Berlin, daß dieser Verlag sich seit Jahren mit der Herausgabe von sogenannten »Kirchenführern« beschäftigt habe. »Die Schriften zeigten auf der Titelseite deutsche Städte- und Landschaftsbilder und waren außerdem mit entsprechendem Aufdruck der Städte- und Ortsnamen versehen. Sie ließen in ihrer raffinierten Aufmachung in keiner Weise den wahren Charakter erkennen und gaben vor allem zu Verwechslungen mit Werbeschriften des *Reichs*fremdenverkehrsverbandes Anlaß. Die Inhaber des Verlages Dr. Steiner und Dr. Schnell waren vor der Machtergreifung zu den gehässigsten Gegnern der nat.soz. Bewegung zu rechnen.«

Im Verlauf eines fünfstündigen Gestapo-Verhörs, dem Steiner unterzogen wurde, tauchte schließlich die Frage auf, woher Gerlich die Kraft und den Mut geschöpft habe, so ausdauernd gegen den Nationalsozialismus zu schreiben. »Das kann doch ein Mensch nicht aus sich allein«, vermutete der vernehmende Beamte richtig. Steiner, der im Café »Arkadia« an der Prielmayerstraße Zeuge einer ihn, sooft er daran zurückdachte, erschreckenden Herausforderung und Versuchung Satans gewesen war, nickte.

Der Gedanke mit den Kirchenführern blühte und gedieh. Viele Kunstwerke, vor allem Bayerns, wurden hier erstmals einem breiteren Publikum vorgestellt. Von Schnell und Steiners Kirchenführern ging die Wiederentdeckung des Bayerischen Barocks aus. Im Lauf der Jahre erschienen gegen zweitausend Nummern mit einer Gesamtauflage von über fünfzehn Millionen. Die Arbeitsteilung war immer dieselbe: Steiner besorgte Photographie und Drucklegung, Schnell kümmerte sich um den kunstwissenschaftlichen Wortlaut.

Natur und Übernatur

Pfarrer Naber hielt Inhalt und Geheimnis der von ihm erfragten Schauungen in zwei Tagebüchern fest. Gewissenhaft stellte er sich, besonders was das raum- und zeitüberspringende Wissen seines Beichtkindes betraf, die Wahrheitsfrage: »Ich habe mir noch jedes Wort über Therese Neumann überlegt, um ja nicht zu viel zu sagen, ich scheue mich aber auch nicht, der Wahrheit offen Zeugnis zu geben. Ohne jegliches Besinnen würde ich für die Wahrheit der außerordentlichen Erscheinungen bei Therese Neumann, wie ich sie beobachte... mein Leben daran setzen.«

Er scheute sich keineswegs zu erproben, ob an ihren Schauungen die Phantasie mitwirke. Am Festtag des heiligen Benedikt flüsterte er Therese ein, sie möge doch die schöne und rührende Abschiedsszene des Heiligen von seiner Schwester Scholastika sehen. »Bitte den Heiland, Resl, daß du diesen Abschied sehen kannst!« All sein Bemühen war vergebens. Ein andermal wollte er wissen, ob sie eine schon zustandegekommene Vision beeinflussen, das heißt, ihre Dauer hinauszögern könne. Therese hatte wie alljährlich auch 1937 ihre selige Freude an der Vision des Allerheiligenfestes, in dem sie den Himmel offen und alle Heiligen in ihrer Glorie sah. Als die Schau sich ihrem Ende zuneigte, drang der Pfarrer in sie: »Resl, bitte den Heiland, du möchtest diese Vision noch ein bißchen länger betrachten!« Therese bemühte sich, dieser Bitte nachzukommen, doch alle Anstrengungen waren vergeblich: Keine Sekunde länger vermochte sie die Vision hinzuziehen.

Geheimnisvolle Erlebnisse mit dem Herrenleib, mit Engeln, mit Armen Seelen

> Was hülfe es dem Menschen, wenn er die ganze Welt gewönne und nähme Schaden an seiner Seele?
>
> *Matthäus 16,26*

Pfarrer Naber erzählte einmal: »Wenn wir miteinander in fremde Gegenden fuhren, konnte Therese bei jeder Kirche sagen, ob es eine katholische sei, das heißt, ob der eucharistische Heiland in der Kirche gegenwärtig sei oder nicht. Am Anfang haben wir, namentlich Professor Wutz, durch Aussteigen die Angaben überprüft. Nie stellte sich ein Irrtum heraus.«

Ebenso erkannte sie sofort, ob Personen, die zu Besuch kamen oder denen sie im Dorf begegnete, vor kurzem kommuniziert hatten. Johannes Steiner begleitete einmal Therese zur Kappel hinauf, um nachzusehen, ob die Renovierung des Hochaltars schon beendet sei. »Als wir hineinkamen, sah ich kein Ewiges Licht und neigte deshalb nur das Haupt zum Gruß. Resl dagegen machte eine tiefe Kniebeuge und mahnte mich: ›Da is fei das Allerheiligste herinnen!‹ Ich sagte: ›Resl, da ist ja kein Ewiges Licht da.‹ Sie antwortete: ›Aber der Heiland ist herinnen.‹ Da machte ich auch, im Vertrauen auf ihre Worte, eine Kniebeuge. Nach einiger Zeit kam der Pfarrer von Münchenreuth und erzählte uns, nachdem der Tabernakel fertig sei, habe er heute früh das Allerheiligste wieder eingesetzt, allerdings hätte Öl für das Ewige Licht gefehlt, das er gerade mitbringe.«

Ums Jahr 1932 kam Therese mit Pfarrer Naber einmal von der Nachmittagsandacht in den Pfarrhof. Sie wurde heftig erregt und rief: »Da ist ja der Heiland herinnen.« Pfarrer Naber lachte: »Resl, da täuschst du dich aber!« Sie beharrte: »Doch, ich spür es; er ist ganz in der Nähe hier!« Sie ging stracks auf einen Stoß Briefe zu, die ungeöffnet auf dem Tisch lagen. Sie suchte nicht lang herum, sondern zog rasch ein blaues Geschäftskuvert heraus. Pfarrer Naber öffnete es: Da lag, in ein Stück Papier eingeschlagen: Eine Hostie. Keine Zeile war beigegeben, kein Absender, nur die Anschrift stand auf dem Umschlag: Fräulein Theres Neumann, Konnersreuth. Post-stempel Waldsassen.

Die Aufklärung ließ nicht lang auf sich warten. Andeutende Bemerkungen lenkten den Verdacht auf einen Waldsassener Porzel-lanmaler. Er hatte als Liebhaber-Gärtner gelegentlich im Pfarrer-garten gearbeitet. Ursprünglich Protestant, hatte er aus allerlei Skrupeln mehrfach hin und her konvertiert. Wie er gestand, hatte er die heilige Hostie nach der Kommunion aus dem Mund genom-men und in seinem Zweifel, ob dies mehr als Brot sei, nach Konners-reuth geschickt. Der eigentliche Beweggrund, warum er einen ebenso sakrilegischen wie törichten Weg zur Behebung seiner Glau-benszweifel wählte, ist nie herausgekommen. Der Täter hatte jeden-falls in Waldsassen herumerzählt, er habe die konsekrierte Hostie nach dem Kommunionempfang in einem seitlichen Durchgang der Stiftskirche aus dem Mund in ein Tüchlein genommen. Später bereute er seine Tat; er versuchte sie durch Stiftungen und gute Werke zu sühnen.

Mit Recht bemerkte einmal Johannes Steiner, daß der Schutzen-gel-Glaube für unsere Zeit, insbesondere für Christen außerhalb des katholischen Weltbereichs, zu einem frommen Märchen abgesun-ken sei. »Auch glaubenstreue Katholiken suchen der Erörterung dieses Glaubensthemas auszuweichen, obwohl sie in jedem Credo das Vorhandensein der unsichtbaren Welt und Gott als deren Schöp-fer bekennen. Die Technisierung unseres Zeitalters, die materialisti-sche und rationalistische Überlagerung des gläubigen Weltbildes führen weg vom Gedanken an die Schutzgeister. Eine Unzahl von Engel- und Engleinfiguren in der Barockzeit hat vielleicht eine gewisse Übersättigung eingeleitet, die Verkitschung und Versüßli-chung der Schutzengeldarstellungen im 19. Jahrhundert haben als Reaktion eine Abwendung von solchen Bildern und Vorstellungen herausgefordert. In Konnersreuth werden wir nun plötzlich wieder zum Engelbild, und zwar zu einem kraftvollen, flügellosen Engel-bild hingeführt, zu strahlenden Lichtgestalten, die mitten unter uns invisibiliter leben und wirken. Der Michaelsgedanke der Unantastbarkeit göttlicher Macht, der Gabrielsgedanke kraftvoller Ankündigung des göttlichen Wortes wird ergänzt durch den Raphaelsgedanken liebevoller Begleitung durch Leben und Tod!«

Therese sah ihren Schutzengel im Zustande der Eingenommenheit als »lichten Mô« (wie sie sich ausdrückte) zu ihrer Rechten stehen. Dieser sprach nur für sie hörbar. Sie nahm seine Worte mechanisch auf wie fremdsprachige Texte. Sie sah im gleichen Zustand auch zur Rechten jedes Besuchers, ohne ihn selbst sehen zu können, eine körperlose Lichtgestalt, einen »lichten Mann«, den sie gelegentlich »mächtiger« nannte »als ihren eigenen«. Pfarrer Naber, der mit einigen Besuchern an ihrem Lager stand, richtete die Frage an sie: »Resl, wieviel Leute sind herinnen im Zimmer?« Es dauerte einige Zeit, bis Therese darauf einging. Dann fing sie zu zählen an, zeigte mit der Hand zunächst neben sich und sagte: »Oiner«, dann deutete sie der Reihe nach rechts neben jeden Anwesenden und zählte auf: »Oiner und no oiner und no oiner...« Sie vergaß keinen, obwohl sie in ihrem Zustand keinen sehen konnte. Nachdem sie fertig war, fragte der Pfarrer: »Resl, was hast du denn gezählt?« Sie erwiderte: »Die lichten Manner.«

Wenn Therese an ein Sterbelager gerufen wurde, sah sie einige Zeit nach dem Hinscheiden die Seele in einer dem Verstorbenen ähnelnden Lichtgestalt aus dem Leib emporsteigen. Dann sah sie Christus kommen und die Seele richten. Der Heiland erschien, begleitet von lichten Seelen, die dem Verstorbenen, solange sie lebten, besonders nahe gestanden und inzwischen in die Seligkeit eingegangen waren. Der Verlauf war immer folgender: Es erschien der Heiland mit verklärtem Leib, hellstrahlend, begleitet von unkörperlichen Lichtgestalten, und blickte die Seele des Verstorbenen liebreich an. Diese wurde mehr oder weniger hell und erkannte von einem Augenblick auf den anderen, daß dieser Zustand völliger Gerechtigkeit entsprach. (»Man wird für sein Leben zur Verantwortung gezogen.«) Der Richter und seine Begleitung entschwanden, die Seele blieb einsam zurück. Nur selten sah Therese den Heiland bereits überirdisch lächelnd kommen, die Seele des Verstorbenen sofort ganz licht werden und mit entschweben. Sie selbst rief dann: »Mit! Mit!« und streckte die Arme aus.

Therese hatte im Zustand gehobener Ruhe gelegentlich auch Kenntnis vom Schicksal der Armen Seelen im Fegfeuer, denen beim »Angelus« ein zusätzlicher, mit kleiner Glocke geläuteter Gebetsgruß zugedacht war. Allerdings blieb Pfarrer Naber in diesem Punkt außerordentlich zurückhaltend, weil Befragungen solcher Art von der Kirche nicht gewünscht wurden (und werden). Manche ihrer Bezeichnungen muteten die Zuhörer geradezu ergötzlich an, so nannte sie die Armen Seelen im Fegfeuer »Bettelkatzerln«. Mit ihrem dürstenden Verlangen nach heilendem und heiligendem Gebet glichen sie kleinen Kätzchen, die um Brot und Milch schreien. Längst Verstorbene konnte sie am Ort ihres irdischen Wirkens schauen; dabei handelte es sich oft um Menschen, die sie nicht gekannt hatte. Gleichwohl vermochte sie diese Menschen genau zu beschreiben, deren Fegfeuer kein allgemeiner Ort, sondern ein Zustand war. (Als die Reformatoren des 16. Jahrhunderts das Purgatorium leugneten, vergewaltigten sie nicht nur die seit sechzehn Jahrhunderten ungebrochene Tradition der christlichen Kirche, sondern zerschnitten auch die Bande zwischen Erde und Himmel, zwischen der Seele im Fleisch und der von ihrem irdischen Gefäß befreiten Seele. Die Frage bleibt bestehen: Wenn ich für meinen Bruder auf dieser Erde beten kann, warum kann ich nicht weiter für ihn beten, wenn er die Schwelle zur Ewigkeit überschritten hat? Zerstört der Tod nicht den Leib allein und läßt die Seele unversehrt?) Immer verbrachte Therese, soweit es ihre Gesundheit nur zuließ, die Nacht von Allerheiligen auf Allerseelen in der Kirche und betete unaufhörlich die Allerseelen-Ablässe.

Hellsehen

In der Verfassung gehobener Ruhe hatte Therese die Gabe der Voraussicht. Sie legte dabei Kenntnisse an den Tag, die nach Ansicht mancher Theologen nur von Gott selbst herrühren konnten. Fritz Gerlich, ein Mann, der nicht, wie es Menschen gewöhnlich tun, gleichsam mit hängender Zunge der Tagesmeinung hinterherlief, ein Mann, dem für seine Wahrheitsliebe »das Haus angezündet wurde«, wandelte, so sah es Therese, in der Schar seliger Geister. Als Johannes Steiner ihr einmal das in seinem Verlag – nach dem Krieg – als Buch erscheinende Manuskript Aretins über Gerlich an die Finger brachte, tastete sie danach und sagte lächelnd: »Der ist schon lang beim Heiland.« In seinem zweibändigen Werk über die Stigmatisierte hatte Gerlich Beispiele für Thereses Gabe der Voraussicht gegeben:

Es war anfangs Dezember 1927. »Professor Wutz und ich fuhren an einem Regentage im Auto von Eichstätt nach Konnersreuth. Die letzte größere Ortschaft vor dem Ziel ist Mitterteich. Als wir dort die Straße hinauffuhren, war es ungefähr halb acht Uhr abends, also zu jener Jahreszeit schon völlig dunkel. Der starkpferdige Wagen führte uns rasch vorwärts, als wir plötzlich, vielleicht fünfhundert Meter vor Konnersreuth, ein Kleinauto auf uns zukommen sahen, von dem man in der Dunkelheit nur bemerkte, daß es schwache, trübgelbe Scheinwerfer hatte. Der Wagen fuhr an uns vorüber und hielt dann. Wutz sah das im Spiegel. Da er ein hilfsbereiter Fahrer ist, sagte er zu mir: ›Du, da ist scheint's was passiert, wir müssen umkehren und nachschauen.‹ Wenige Sekunden später aber fuhr er erleichtert weiter: ›Nein, das brauchen wir erfreulicherweise bei diesem schlechten Wetter nicht, der Wagen hat sich verfahren, er dreht jetzt um.‹ Kurz darauf waren wir in die Straße von Konnersreuth eingebogen und hatten den kleinen Wagen aus dem Gesicht verloren. Wir fuhren am Pfarrhof vor, und ich stieg aus, um zu veranlassen, daß das Hoftor zum Einfahren geöffnet wird. An der Haustür öffnete auf mein Läuten der Pfarrer selbst. Ich begrüßte ihn und erklärte ihm, ich würde gleich hinausgehen, das Hoftor zu öffnen. Er antwortete mir: ›Gehen Sie doch erst hinein zur Resl, sie liegt in der Ekstase‹, wie wir damals den erhobenen Ruhezustand noch bezeichneten. ›Sie hat schon gesagt, daß Sie und der Professor und ihr Bruder Hans heute abend kommen und freut sich sehr, Sie zu sehen.‹ Es war an einem Freitag Abend.

Ich öffnete die neben der Haustür befindliche Türe des Zimmers, in dem Therese Neumann im Bett lag, und begrüßte sie. Sie antwortete: ›Da bist du ja wieder! Geh nur gleich hinaus und sag deinem Kameraden, er hat ein schlechtes Licht am Auto. Er soll gleich wieder umdrehen und heimfahren, daß ihm nichts passiert. Denn es ist Nacht.‹ Ich antwortete: ›Draußen ist der Professor Wutz mit seinem Chrysler, du kennst ja den Wagen, der hat ausgezeichnete Scheinwerfer.‹ Sie lächelte und sagte: ›Ja, der auch. Draußen ist aber noch ein Kamerad von dir, der hat ein schlechtes Licht am Auto und du sollst ihm sagen, daß er wieder heimfahren soll, damit ihm nichts passiert in der Nacht.‹ Ich antwortete: ›Resl, da draußen ist außer dem Wutzschen Wagen kein Auto, und was soll das überhaupt für ein Kamerad sein?‹ Antwort: ›Das wirst sehen. Du kennst ihn. Er ist aus Eb...‹ (Ebenhof oder Ebnath; Gerlich bleibt einige Buchstaben schuldig; Anm. d. Verf.) Darauf sagte ich: ›Resl, jetzt hab ich dich endlich einmal! Ich kenne keinen Menschen aus Eb... und draußen ist kein Kamerad, draußen ist nur der Wutz. Die Scheinwerfer am Auto sind ausgezeichnet, und wir denken gar nicht daran, heute Nacht weiterzufahren.‹ Da begann sie zu schmunzeln und sagte: ›Weißt du, du glaubst ja nur das, was du mit Händen greifen kannst. Also jetzt paß auf! Jetzt geh endlich naus! Draußen ist ein Kamerad von dir, er ist aus Eb... und du kennst ihn. Er ist mit seinem Auto da. Er hat ein schlechtes Licht am Wagen und er soll wieder heimfahren. Und das sagst ihm jetzt!‹ Mir blieb darauf nichts weiter übrig, als kopfschüttelnd hinauszugehen. Als ich die Haustüre des Pfarrhofs öffnete, stand neben dem Wutzschen Wagen, den ich vor wenigen Minuten verlassen hatte, ein zweites Auto mit gelblichen, trüben, kleinen Scheinwerfern. Der Fahrer, der gerade ausstieg, erblickte mich im Lichtschein des Eingangs vom Pfarrhof und rief mir zu: ›Grüß Gott, Herr Doktor!‹ Mir wurde etwas merkwürdig zumute: Das Auto war da, schlechte Scheinwerfer hatte es zweifellos, und sein Fahrer tat so, als ob er mich kenne. Ich trat auf den Mann zu und sah: Es war ein Ingenieur aus Eb....., den ich ein einziges Mal in meinem Leben vor zwei Monaten in Eichstätt gesehen hatte. Er war ein Freund von Professor Wutz. Er war in Konnersreuth zu Besuch gewesen, war uns auf der Straße nach Mitterteich begegnet und hatte den Wutzschen Wagen erkannt. Er lenkte das kleine Auto, das stehen geblieben war, dann umgedreht hatte und hinter uns hergefahren war. Dabei hatte er so viel Zeit versäumt, daß wir ihn aus den Augen verloren hatten. Jetzt blieb nur noch die Frage zu lösen, wie der Begriff Kamerad zu verstehen sei. Die Erklärung fand sich darin, daß er wie ich Protestant ist.

Als ich nach diesem Erlebnis zu Therese Neumann in das Zimmer zurücktrat, sah ich ein spöttisches Gesicht mit geschlossenen Augen auf mich gerichtet, und sie rief mir zu: ›Na, stimmt's?‹

Auf der Rückfahrt im Auto von einem Besuch in Bamberg bei Nacht und strömendem Regen geriet Therese Neumann, die sich in Begleitung ihrer Mutter und des Pfarrers Naber befand, in den erhobenen Ruhezustand. Sie sagte dem Fahrer, Professor Wutz, der auf einer ihm unbekannten Abkürzungsstraße fuhr, die einzelnen Ortschaften an, denen sie sich jeweils näherten, so daß dieser die Strecke überprüfen konnte. Als sie gerade an den letzten Häusern einer Ortschaft vorbeifuhren, deutete sie auf ein Haus und sagte: ›O mei, da sind jetzt vier kleine Butzerln unten in der Stube, die beten. Und die Mutter sitzt dabei und weint. Das sind bitterarme Leut, da ist der Vater vor wenigen Wochen g'storbn.‹ Sie berichtete dann noch, die Beerdigung hätte in der Gegend Aufsehen erregt, weil die Kameraden – Eisenbahner – den Sarg getragen hätten. Wutz merkte sich das Haus, da er wegen der Nachtzeit, des Wetters und Therese Neumanns Zustand nicht sofort halten und aussteigen wollte. Nach fünf Wochen hatte er Gelegenheit, wieder dorthin zu fahren und sich zu erkundigen, wer in jenem Haus wohne. Da hörte er, daß es die Witwe eines Eisenbahnarbeiters sei, der vor acht Wochen gestorben war und seine Witwe mit fünf Kindern in größter Not zurückgelassen hatte. Das Kleinste war noch ein Wiegenkind.

Ein Pater kam nach Konnersreuth, um ein Experiment zu machen. Er hatte drei Briefumschläge vorbereitet. In dem einen befand sich eine gutbeglaubigte Reliquie; der andere enthielt einen Gegenstand, mit dem eine Reliquie berührt worden war; im dritten war irgend ein neutraler Gegenstand verborgen. Er wollte die drei Umschläge geschlossen Therese Neumann im erhobenen Ruhezustand vorlegen, um zu prüfen, ob sie den Inhalt erkennen könne.

Pfarrer Naber befragte Therese in diesem Zustand, ob es dem Pater erlaubt sei, die Umschläge vorzulegen. Er war etwas überrascht, als die Erlaubnis zum Experiment gegeben wurde. Noch überraschender aber war die Lösung. Als der Pater in die Tasche greifen wollte, um die Umschläge herauszuholen, sagte Therese Neumann plötzlich: ›Brauchst gar nicht hineinlangen, du hast deine Kuverten daheim vergessen.‹ Und so war es auch.«

Herzenskunde

Im Zustand erhobener Ruhe besaß Therese die Gabe, Gedanken zu lesen und in die tiefsten Geheimnisse eines Menschen einzudringen. Unzählige Besucher empfingen von ihr Offenbarungen über ihr eigenes Inneres. Unzählige gingen von ihr weg und waren bis auf den Grund ihrer Seele aufgewühlt.

Josef Teodorowicz erinnerte sich zeitlebens an einen entsprechenden Vorfall bei Therese: Sie lag im erhobenen Ruhezustand – es war Freitag um neun Uhr früh -, da fing sie unvermittelt laut zu jammern an. Auf die besorgte Frage des Pfarrers klagte sie: »Hier ist ein Abtrünniger gewesen, er hat den Heiland verraten.« Wenn es wahr sein sollte, fragte sich Teodorowicz inmitten der Besucher, wer kann es beweisen? Im selben Augenblick trat ein Geistlicher auf ihn zu und bestätigte, was Therese gesehen hatte. Jener abgefallene Priester, der mit ihm nach Konnersreuth gekommen war, hatte eben das Zimmer verlassen.

Der oberpfälzische Journalist Albert Panzer nahm an einer theologischen Bildungstagung in der Benediktiner-Abtei Neresheim teil. Mit dem für die Tagung verantwortlichen Benediktiner kam er über Konnersreuth ins Gespräch. Der Pater sagte: »In Konnersreuth war ich auch einmal, und zwar während des Krieges. Ich kam auf Urlaub von der Ostfront. Sie wissen ja, wie so ein Soldat damals aussah: Heruntergekommene Uniform, ganz und gar unattraktiv. Als ich mich, von Prag herkommend, der Grenze bei Schirnding näherte und feststellte, daß das Konnersreuth benachbarte Arzberg nicht mehr fern ist, entschloß ich mich, hier auszusteigen und einen Abstecher nach Konnersreuth zu machen. Man ließ mich in das Haus der Stigmatisierten ein. In ihrem Zimmer waren noch andere Besucher versammelt. Plötzlich sagte Therese, die mich noch nie gesehen hatte: ›Da ist ja auch ein Pfarrer unter uns. Bitte grüßen Sie Ihren Abt herzlich. Ich kenne ihn sehr gut und weiß, daß er den Heiland sehr lieb hat. Sagen Sie ihm, wenn er Sorgen hat, soll er es mich wissen lassen, ich will dann für ihn beten‹.« Die Betroffenheit des Rußland-Soldaten war verständlich.

Eine Arme Schulschwester aus dem Fremdenheim »Notre Dame«

an der Karlsbader Straße, am Ortsausgang von Marienbad, wo Teodorowicz wohnte, hörte, daß er nach Konnersreuth fahren wollte. Sie bat ihn, Therese Neumann einen Brief zu übergeben. Der Erzbischof fragte, ob sie Therese kenne. Die Schwester verneinte es. Er gab den Brief, über dessen Inhalt er nichts wußte, Therese, während sie sich im Zustande kindlicher Eingenommenheit befand.

Im Nu erfaßte sie durch bloße Berührung dessen Inhalt. Sie wußte weit mehr als einer, der den Brief gelesen und sich auf den bloßen Wortlaut beschränkt hätte. Sie wußte auch, was im Brief nicht enthalten war und was in den geheimsten Seelengründen der Briefschreiberin schlummerte. Sie gab zu erkennen, daß die Schreiberin ein bedauernswerter Mensch sei, und enthüllte das zerrissene Seelenleben der Schwester. Nach Hause zurückgekehrt, fragte Teodorowicz die Schwester nach dem Inhalt ihres Briefes. »Ich habe Therese bloß um ihr Gebet ersucht, weil ich mich auf geistige Übungen vorbereiten will.« Seine Frage, ob sie sonst nichts geschrieben habe, beantwortete sie zögernd. Als er nun Theresens Äußerungen wiederholte, wurde sie bestürzt und gab zu: »Ich habe innere Kämpfe durchzumachen und befinde mich genau in der Verfassung, die Therese angegeben hat.« Schließlich erzählte sie Näheres über ihr Schicksal. Die Schau der Stigmatisierten wurde in allen Einzelheiten bestätigt.

Bischof Joseph Schrembs von Cleveland, gebürtiger Bayer (Oberpfälzer), besuchte im Dezember 1927 auf einer Reise nach Rom auch seine Heimat. Friedrich von Lama teilt mit, was der Bischof (in seinem Buch »Das Mädchen von Konnersreuth«) über einen Aufenthalt in Konnersreuth verzeichnete: »... Es waren sehr wenige Personen im Zimmer, denn niemand darf sie jetzt ohne Erlaubnis des Bischoff von Regensburg sehen. Es waren vorher Tausende, die an ihrem Bett vorüberzogen während der Stunden ihrer Qual, aber die Diözesanbehörden setzten dem ein Ende. Als wir uns dort einfanden, war mit Ausnahme von Father MacFadden (dem Kanzler des Bischofs) und mir niemand zugegen als der Pfarrer, ein Soldat an der Tür (Theresens Bruder) und der Vater des Mädchens. Die Mutter ging ein und aus. Gerade um diese Zeit traf es sich, um 11 Uhr, daß die Mutter in meiner Nähe stand. Nun hatte das Mädchen nicht gewußt, daß die Mutter da war. Auch ich hatte es nicht gewußt, aber das Mädchen, das aus der Vision zurückkam, sagte plötzlich zu ihrer Mutter: ›Liebe Mutter, weißt du, der Mann, der dir zunächst sitzt (das war ich selbst), stammt aus diesem Land. Er wohnte einmal hier in der Umgegend, aber jetzt wohnt er weit weg in dem Land über dem großen Wasser und oh! Er arbeitet so hart. Er plagt sich, ohne an seine Gesundheit zu denken oder für sich zu sorgen. Er arbeitet so viel für den Heiland (zu meinem

Troste setzte sie hinzu:) und der Heiland hat ihn sehr lieb. Weißt du, Mutter, ich habe ihm etwas zu sagen, aber ich kann es nur ihm allein sagen. Ihr müßt alle aus dem Zimmer gehen.‹ So begannen denn alle das Zimmer zu verlassen. Father MacFadden saß neben mir. Er hatte natürlich den Nachteil, daß er nicht verstand, was vorging, außer wenn ich es andeutete. Er stand auf und wandte sich der Türe zu, als das Mädchen zu mir sagte: ›O nein, der andere Mann, der neben dir sitzt, kann dableiben. Es macht nichts. Er versteht ja doch nichts.‹ Daher kam Father MacFadden zurück und wurde der einzige Zeuge jener seltsamen Unterhaltung, die zwischen dem Mädchen und mir stattfand. Dreiviertel Stunden drang sie in die tiefsten Tiefen meiner Seele hinab. Sie sagte mir Dinge, die in meiner Brust verschlossen bleiben, die ich aber bis zu meiner Sterbestunde nicht vergessen werde. Sie sprach sogar über den Zustand meiner Diözese. Sie bezeichnete mir gewisse Dinge, welche Personen betrafen, mit denen ich täglich zusammenarbeitete. Einige Personen beschrieb sie bis ins einzelne, so daß ich meinen Finger auf sie legen konnte und ganz genau wußte, von wem sie sprach. Father MacFadden war der einzige Zeuge davon. Er sah die Wirkung, die es auf mich machte, als ich mehr als einmal in Tränen niederkniete.«

Als Beispiel für die vielseitige Gabe Theresens führte Teodorowicz einen Fall an, der ihm von einer allgemein verehrten und hochgebildeten Person erzählt wurde, von der Oberin eines Frauenklosters:

»Die Oberin hatte sich auf einem Zettel alle Fragen aufgezeichnet, die sie Therese Neumann während ihres ekstatischen Zustandes vorlegen wollte. Sie hatte mir dieses Zettelchen gezeigt. Es standen darauf einige zwanzig Fragen, besser gesagt Merk- und Schlagworte, die außer der Oberin niemand hätte entziffern können. Die Oberin legte dieses Zettelchen der Therese während ihres ekstatischen Zustandes auf die Füße, ohne weiter ein Wort zu sagen. Therese beginnt jetzt, die Fragen der Reihe nach zu beantworten, ohne überhaupt das Zettelchen anzuschauen, noch zu berühren. Punkt für Punkt, Frage für Frage wird erledigt. Endlich wendet sich Therese mit den Worten an die Oberin: ›Willst du mich noch um etwas befragen?‹ Die Oberin, die die Fragen selbst nicht alle innehatte, wollte auf das Zettelchen schauen. Doch Therese kam ihr zuvor und sagte: ›Dort ist keine Frage mehr, die ich nicht schon beantwortet hätte.‹ Diese Fragen, die ohne längeres Überlegen beantwortet wurden, betrafen die mannigfaltigsten und heikelsten Dinge: Gesundheitszustand, Krankheit und Genesung, Beruf und Berufsgnade, Rat in mystischen Gebetszuständen, die Art der geistigen Leitung, und zwar alles über ausdrücklich genannte und

Therese völlig unbekannte Personen; alles stand kunterbunt auf dem kleinen Papierstreifen: Mystik und Reichtum, Gesundheit und Gnadenberufe, innere und äußere Seelenleitung, Gemütsart und Eigenschaften dieser Personen, die Widerspiegelung dieser Eigenschaften auf Amt und Beruf, die Bestimmung des Augenblicks und der Zukunft. Schon die Art, wie die Antworten gegeben wurden, die Kürze und Klarheit, der entschiedene Ton, der kein Zögern zuließ, überraschten. Alle Antworten waren scharf und bestimmt, auch wenn sie die Lösung verwickelter Schwierigkeiten oder gar Zukünftiges betrafen; alles erwies sich als richtig und zutreffend. Das war um so auffallender, als manche dieser Antworten der Überzeugung und der Erwartung der Fragenden ganz entgegenstanden.«

Eines Freitags in einer Pause zwischen zwei Etappen der Passionsvision rief Therese in erhobenem Ruhezustand ihrem Vater zu: »Paß auf, jetzt kommt ein Mann die Straße herauf und geht an unserem Haus vorbei; er hat einen großen Hund bei sich. Ruf ihn, er soll hereinkommen.« Tatsächlich, wenige Stunden später kam ein Mann mit einem Schäferhund gegangen. Vater Neumann, der ihn durch das Stubenfenster beobachtete, ging hinaus und forderte ihn auf, zu Therese hereinzukommen. Verdutzt und unschlüssig kam der junge Mann ins Haus. Wie es Therese immer tat, wenn sie jemandem etwas Persönliches zu sagen hatte, bat sie die Anwesenden aus dem Zimmer. Erst nach langer Zeit verließ der junge Mann das Neumannhaus, tränenüberströmt. Er ging zur Kirche, verlangte nach einem Geistlichen und beichtete. Wenige Tage später traf bei Therese der Brief einer Frau ein, die sich erschüttert für die Hilfe bedankte, die ihr Sohn in Konnersreuth gefunden hatte. Er habe, schrieb sie, schon vor Jahren mit der Kirche gebrochen, was der unaussprechliche Kummer ihres Lebens gewesen sei. Vor kurzem habe sie ihn um eine Fahrt nach Konnersreuth gebeten. Der Sohn habe zunächst abgelehnt, aber dann, um sie nicht noch mehr zu betrüben, zum Schein zugesagt; er wollte nämlich nur hinfahren, aber keineswegs zu Therese gehen. Er konnte nicht aus. Therese fühlte ihm ins Herz und holte ihn zu sich.

Von einem ähnlichen Fall berichtete Vater Neumann selbst. Eines Freitags hatte sich der glaubenslose Münchner Journalist Josef Stockert in die Warteschlange vor der Tür eingereiht, ein geistiger Verwandter Fritz Gerlichs, der den »Schwindel von Konnersreuth« aufdecken wollte. Es wurde ihm die Wartezeit bereits zu lang; damit hatte er nicht gerechnet. Auf einmal trat Vater Neumann aus der Tür, musterte die Warteschlange und entledigte sich des Auftrags, den ihm seine Tochter oben in der Stube gegeben hatte: »Der ungläubige Journalist, der hier wartet, soll heraufkommen!«

Die Pfarrkirche Sankt Laurentius von Konnersreuth im Winter.

Stockert traute seinen Ohren nicht, kam trotz heftiger Beschämung mit, fiel am Lager der Stigmatisierten auf die Knie, weinte über ihre Wunden und legte bei Pfarrer Naber seine Lebensbeichte ab. Stockerts Denken wandelte sich von diesem Tag an. Jahre später veröffentlichte er die Schau eines »riesigen Tieres mit Geschwüren und Eiterbeulen«. Es war das Tier des Unglaubens, das mit seinen Vordertatzen auf dem Bayernlande stand.

Gewinn und Verlust

Auch die im Jahre 1936 niedergeschriebenen – hier ausschnittweise angeführten – Erinnerungen des mecklenburgischen Ministerialrats Paul Schondorf geben Zeugnis von einer Umkehr. Johannes Steiner teilte sie mit: »Ich hatte Therese Neumann am 6. August 1931 persönlich kennengelernt. Dabei hatte ich ihr kindlich frommes, keineswegs frömmelndes, ihr kluges, temperamentvolles und dabei humorvoll frohsinniges Wesen schätzen und lieben gelernt. Ihre Leiden in der Ekstase, der ich am 7. August 1931 beiwohnte, hatten mich tief erschüttert. Mit solchen Gefühlen kehrte ich in mein norddeutsches, rein protestantisches Heimatland zurück... Immer häufiger beschäftigten sich meine Gedanken mit der Persönlichkeit der Therese Neumann. Immer kamen sie dann zurück auf die nicht wegzuleugnende Tatsache ihrer Stigmatisation. Um diese Tatsache war nun einmal nicht herumzukommen.«

Gründlich verunsichert fragte er sich: »Wer war denn eigentlich diese meine Umgebung, mein Verkehr? Christi Kommen in die Welt sei völlig unnötig gewesen, hatte zum Beispiel einmal in größerem Kreis ein sogenannter guter Freund, einer der höchsten Beamten unseres Landes geäußert. Wer von allen meinen Bekannten besuchte noch die Kirche? Waren sie nicht alle, aber auch alle, unkirchliche oder gar unchristliche Protestanten, abgefallene Katholiken, Freimaurer und dergleichen? Konnte man mit ihnen überhaupt ein religiöses Thema erörtern? Einmal nur versuchte ich, das Thema Konnersreuth zu berühren. Das spöttische Lächeln als Antwort erstickte in mir jede Fortsetzung dieses Gesprächs.«

Aus Therese Neumanns Leidensgeschichte wußte Paul Schondorf, welche Rolle darin die »kleine« heilige Therese vom Kinde Jesu spielte. Er besorgte sich also die »Geschichte einer Seele« (wie Thérèse Martin ihre Lebensbeichte genannt hatte). Er las das Buch und legte es wieder beiseite; er empfand es als »zu süßlich«, nicht nach seinem Geschmack. Erst als er sich nach Wochen zum zweiten Mal in das Buch vertiefte, ging ihm das Verständnis für die Zartheit und Reinheit dieser Heiligen auf. Aus dem Rosenregen nach ihrem Tode, den sie verheißen hatte, wagte er in seinen Gebeten um eine

Knospe für sich zu bitten. Hatte er in Konnersreuth den Begriff des Leidens erschütternd vor Augen geführt bekommen, so konnte er jetzt in dem kalten Predigt-Gottesdienst, nach allem, was hinter ihm lag, eine innere Befriedigung nicht mehr finden, keine Erfüllung in einer Konfession, die sich vor allem durch das »kein« auszeichnete: Kein Opfer, kein Geheimnis, keine heilige Messe, keine Wandlung, keine Kultsprache, keine Heiligen, keine Litaneien, kein Kloster, kein Rosenkranz, kein... kein... Kurz, es zog ihn zum katholischen Meßopferdienst; er ging nicht mehr in seine Kirche.

»Ich hatte in Konnersreuth unter dem Kreuz gestanden und mea culpa, mea culpa, mea maxima culpa gesprochen. Ich war ein anderer geworden. Die andächtige Geschlossenheit der Gemeinde beim katholischen Gottesdienst, ihre seelische Vereinigung mit der priesterlichen Handlung am Altar, besonders im Augenblick der Wandlung, packte mich immer von neuem. Mit Tränen in den Augen nahm ich an diesen kirchlichen Feiern teil, ein Hunger ergriff meine Seele, wenn ich die Gläubigen zur Kommunionbank schreiten sah.«

Schondorf kehrte in seine mecklenburgische Heimat zurück, aber nicht für lang. Unvermittelt und unangemeldet tauchte er neuerdings in Konnersreuth auf: »Am Donnerstag, den 24. August (1933), wurde ich mittags von Herrn Pfarrer Naber empfangen. Dieser sagte, er sei auf mein Kommen vorbereitet, denn Resl habe ihm schon des Morgens nach der heiligen Kommunion (im ekstatischen Zustand der erhobenen Ruhe) von mir gesprochen und ihm gesagt, es würde heut jemand kommen, den solle er freundlich aufnehmen. Mittags gegen ein Uhr ging ich zu Resl in das Neumannsche Haus. Froh bewegt betrat ich mit ›Grüß Gott‹ Resls Zimmer. Groß war auch ihre Freude, aber noch größer wurde sie, als ich ihr sagte, daß ich diesmal mit einer ganz anderen Gesinnung käme als das erstemal vor einigen Jahren. ›Ich weiß‹, sagte sie, ›Sie wollen etwas Ganzes.‹ Am Sonntag, den 27. August, nahm ich am Hochamte teil. Anbetend und dankerfüllt beugte ich inmitten dieser frommen Konnersreuther Gemeinde zum erstenmal meine Knie vor dem eucharistischen Heiland...«

Schondorf kehrte gestärkt in seine norddeutsche Heimat zurück. »Am 12. September besuchte ich den mir bereits seit einer Reihe von Jahren gut bekannten Leiter unseres katholischen Pfarramtes, erzählte ihm von meinem Besuch und meinen Erlebnissen in Konnersreuth, von meiner neuen Gesinnung und bat ihn, mir zum Übertritt in die katholische Kirche den erforderlichen Unterricht zu erteilen...«

Es gehörte Mut dazu, gegen alle Opportunität, im Jahr der »Machtergreifung«, katholisch zu werden. Am 3. Oktober 1933 erhielt Schondorf den Besuch des evangelischen Landesbischofs.

»Er kam auf Veranlassung meiner Schwester, um mich von dem geplanten Schritt abzuhalten. Es wurde mir in einer gründlichen Aussprache nicht schwer, meinen Standpunkt und meine Absicht zu verteidigen. Er sah die Zwecklosigkeit seiner Bemühungen ein. Wehmütig sagte er mir beim Abschied, es wäre seine letzte Amtshandlung gewesen. Die neue politische Bewegung hatte ihn seines Amtes als Landesbischof enthoben. Wir schieden voneinander in freundschaftlichsten Formen. Die Auseinandersetzungen mit den eigenen Blutsverwandten, die keinem Konvertiten erspart bleiben, sind auch an mir nicht vorübergegangen. Wird in einem protestantischen Lande jemand in angesehener Stellung katholisch, ist er dabei gar schon 60 Jahre alt, so ist das ein Ereignis, vor dem man hoffnungslos steht, und das für eine bekannte und geachtete Familie, die es trifft, einer Schande gleichkommt. Man sucht nach den Gründen, die dieses Ereignis herbeigeführt haben könnten, denkt an Beeinflussung durch den Verkehr mit einem katholischen Geistlichen oder gar an geistige Störung. Auf den Gedanken, daß es noch einen anderen Grund, eine andere treibende Kraft geben könnte, kommt man überhaupt nicht. Dieses Kapitel ist so traurig für mich, daß ich darüber schweigen will. Ich sah, wie gegen meinen Willen und ohne mein Zutun eine Mauer um mich gezogen wurde, aufgerichtet aus Mitleid, Mißtrauen, Abneigung und Verständnislosigkeit. All dies konnte mich nicht beeinflussen, im Gegenteil, ich richtete meine Blicke nur noch bewußter und fester auf mein Ziel. Am 30. Dezember 1933 trat ich nach gründlicher Unterweisung zur Heiligen Kirche über.«

Ein mißtönendes Lied von den Auswirkungen seines Übertritts zur katholischen Kirche konnte auch der Berliner Hermann Becker singen. Sein Schicksal nach der Machtergreifung Hitlers war bitter. Zunächst war der Geschäftsführer des »Deutschen Musikerverbandes« dank Wilhelm Furtwänglers Fürsprache von der »Reichsmusikkammer« übernommen worden. Als Goebbels aber von seiner Konversion zur katholischen Kirche erfuhr, verlor er im Juni 1936 von heute auf morgen Amt und Stellung.

Hierognosie – Erkennen von Reliquien, Weihen und Segnungen

Wenn man Therese irdische Überreste eines Heiligen vorlegte, bezeichnete sie diesen Heiligen zuverlässig. Es konnte ihr, so zahlreich derartige Erfahrungen waren, kein einziger Irrtum nachgewiesen werden.

Wie Professor Wutz mitteilte, versuchte ein Priester, nachdem die von ihm vorgelegten Reliquien zutreffend bezeichnet worden waren, dieselben Stücke durch einen anderen Geistlichen ein zweites Mal vorlegen zu lassen. Therese sagte zu Pfarrer Naber im erhobenen Ruhezustand: »Schau nach, es steht einer draußen, der möchte etwas vorlegen, was schon bezeichnet worden ist. Sag ihm, der Heiland läßt nicht mit sich experimentieren.« Pfarrer Naber richtete dem draußen Wartenden seinen Auftrag aus. Dieses Erlebnis hinterließ bei dem Priester einen nachhaltigeren Eindruck, als wenn ihm ein zweites Mal das Gleiche gesagt worden wäre.

Bischof Lisowski, der zusammen mit Erzbischof Teodorowicz nach Konnersreuth gekommen war, reichte Therese sein Bischofskreuz. Blitzartig durchzuckte ihr ein schmerzhafter Krampf Gesicht und Körper; besonders verkrampften sich ihre Hände, denn das Bischofskreuz barg einen Splitter des heiligen Kreuzes. Darauf reichte ihr Bischof Lisowski seinen Bischofsring. Eine plötzliche Verwandlung! Ihr Antlitz verklärte sich, sie lächelte, sie spielte wie ein Kind mit dem Ring, versuchte etwas aus dem Ring herauszunehmen. »An dem Äußeren«, sagte sie, »ist mir nichts gelegen, aber das Innere! Es ist das Moidl, das mir den Weg gezeigt hat, wie ich dem Heiland gefallen soll.« Tatsächlich umschloß dieser Ring eine Reliquie der heiligen Theresia vom Kinde Jesu. Als Bischof Lisowski sich bereiterklärte, ihr die Reliquie zu überlassen, wehrte sie ab: »Ich habe ja eine, warum soll ich denn alles nehmen. Behalte das für dich, ich mißgönne es dir nicht.«

Solches Feingefühl bewies Therese auch bei anderen Christusreliquien, etwa Fäden des Schweißtuchs oder des Heiligen Rocks. Eigentümlich mutete es jeden Zeugen an, daß Therese auf ähnlich schmerzliche Weise wie bei der Vorlage von Kreuzpartikeln bei der Berührung mit Wäschestücken reagierte, die mit ihrem eigenen Blut getränkt waren.

Bruder Ferdinand Neumann erzählte Johannes Steiner von einem Freitagsleiden im Jahr 1933: »Je acht Personen durften für eine Zeitlang zu den Passions-Visionen ins Zimmer der Resl. Nach dem Hereinkommen einer neuen Gruppe fiel Resl plötzlich mitten während ihrer Vision in die Polster zurück und sagte: ›Da ist etwas von der Mutter!‹ Man schaute sich verwundert und etwas ungläubig an, aber sie gab nicht nach. Da trat ein Franziskanerpater – aus Rom, wie sich herausstellte – auf Pfarrer Naber zu und sagte: ›Sie hat schon recht, ich habe etwas dabei, da wollte ich bitten, es vorlegen zu dürfen. Aber nun sehe ich ja die Bestätigung schon von vornherein.‹ Er nahm etwas aus seiner Kutte und wollte es Pfarrer Naber in die Hand geben. Dieser sagte, er möge es nur selber zur Resl hinbringen. Bevor ihr der Pater die Reliquie noch an die Hand gebracht hatte, griff Therese vom Bett heraus danach, nahm sie fest in beide Hände und wollte sie – im Zustand der Eingenommenheit – nicht mehr zurückgeben. Sie sagte dann, es sei ein Stück von einem Schleier der Muttergottes, und gab anschließend auch einen Bericht über den Weg, auf dem die Reliquie in die Hand der derzeitigen Besitzer gekommen sei. Der Pater erklärte, man habe es in Rom trotz eines alten Dokumentes, das er bei sich hatte, für unwahrscheinlich gehalten, daß diese Reliquie echt sein könne. Er war außerordentlich erfreut und überließ Therese, die wieder im gewöhnlichen Zustand war, ein Teilstück dieses Schleiers. Therese verschenkte ein paar Stücklein davon, die sie in St. Walburg in Eichstätt hatte fassen lassen, an besonders nahestehende Personen.«

Zwei Jahre später, 1935 oder 1936, kam Bruder Ferdinand auf Besuch ins Elternhaus. In seiner Rocktasche hatte er ein Exemplar des »Völkischen Beobachters« stecken. Da er sich vor seinen Eltern genierte, dieses Blatt überhaupt bei sich zu haben, hatte er es zusammengefaltet; es war in der Tasche völlig verborgen. Er trat an das Bett seiner Schwester, die nach einer Vision im Zustand »erhobener Ruhe« lag. Eben leuchtete auf ihrem Antlitz noch der Widerschein des Glücks, da fuhr sie jäh auf, griff nach Ferdinands Tasche, zog die Zeitung heraus und zerfetzte sie, ohne sie sehen zu können. Dabei blieb sie stumm und war sich ihrer Handlung unbewußt.

Visionäre Teilnahme an Gottesdiensten

In Pfarrer Nabers Tagebuch findet sich unter dem 14. Dezember 1930 ein sonderbarer Eintrag: »Vergangene Woche bin ich in dringender Angelegenheit in Berlin gewesen. Äußerst ungern bin ich gefahren. Zwei Mal hat Theres meiner Messe in Berlin in entrücktem Zustand beigewohnt. Davon erzählte sie mir gleich nach meiner Rückkehr. Sie sprach, obwohl sie die Kirche, in der ich zelebriert habe (St. Ansgar) nie gesehen, auch nicht im Bild, und nie davon gelesen und gehört hatte, doch ganz zutreffend davon, über ihre Größe und Einrichtung, besonders die des Altars. Sie erzählte, ich hätte einmal den Tabernakel nicht aufgebracht, und der Ministrant mir erst Anweisung geben müssen. Das zweite Mal habe mir ein Herr Pfarrer ministriert. Tatsächlich hatte man mir beim ersten Zelebrieren ein Säckchen an den Altar mitgegeben, in dem ich beim Öffnen auf einen Schlüssel stieß. Mit ihm öffnete ich zum Zweck der Kommunionausteilung die Tabernakeltür. Da ich aber hinter der äußeren Holztüre noch eine Metalltüre vorfand, zog ich den Schlüssel von der geöffneten Holztüre, um damit die Metalltüre zu öffnen. Nachdem ich mich einige Zeit vergeblich bemüht hatte, kam der Ministrant und sagte, daß für die innere Tür ein eigener Schlüssel im Säckchen sei. Bei der zweiten hl. Messe, der Theres beiwohnte, hat mir, da kein Ministrant zur Stelle war, tatsächlich der Pfarrer von St. Ansgar ministriert.«

Des öfteren, wenn Therese das Elternhaus nicht verlassen konnte, wohnte sie der heiligen Messe in der Konnersreuther Pfarrkirche visionär bei. Dabei war sie nicht nur Zeugin des Fortgangs der Messe, sondern sah auch den Blumenschmuck und beobachtete das Verhalten der Kirchenbesucher. Selbst von Eichstätt aus durfte sie visionär am Sonntagsgottesdienst in ihrer heimischen Pfarrkirche teilnehmen. Beim ersten Auftreten dieser Schauungen notierte Professor Wutz den ihm von Therese berichteten Inhalt der Konnersreuther Predigt und bat Pfarrer Naber, ihm mitzuteilen, worüber er gesprochen habe. Seine Notizen und die Angaben des Pfarrers stimmten überein.

Bilokation

Schon als Pater Ingbert noch lebte, war es einmal vorgekommen, daß Therese ihn bei seinen Exerzitien in der bayerischen Rheinpfalz stärkte. Er sah sie, während er seine Ansprache hielt, eine Dreiviertelstunde lang in ihrem schwarzen Kleid und weißen Kopftuch hinten in der Kirche stehen. Therese war aber von Eichstätt nicht fortgegangen. Sie hatte nur zu ihrer Schwester Ottilie gesagt: »Heut fängt Pater Ingbert mit seinen Exerzitien an. Da wollen wir fest für ihn beten.«

Pater Ingbert war alles andere als ein leichtgläubiger Phantast, so darf man dieses Erlebnis, von dem er nach seiner Rückkehr den Freunden des Konnersreuther Kreises erzählte, für glaubwürdig halten.

Elisabeth zu Guttenberg erzählt von einem Erscheinen der befreundeten Therese Neumann inmitten des Münchner Doms. Ganz deutlich sah sie Therese in ihrem schwarzen Kleid, mit ihrem weißen Kopftuch, im Mittelgang des Domes stehen. Nach Ende der Messe verfehlten die Freiin und ihre Töchter Therese an den Ausgängen, mußten sie wohl übersehen haben. Die Familie wunderte sich, daß Therese nicht gewartet hatte. Durch Erwein von Aretin erfuhr man, daß Therese augenblicklich im Eichstätter Wutzhaus wohne. Elisabeth fuhr hin. Als Therese zusammen mit Pfarrer Naber aus der Hauskapelle des Professors trat, machte ihr die Besucherin Vorwürfe: »Ach Resl, Sie waren in München. Und Sie haben nicht einmal angerufen!« Darauf antwortete Therese erstaunt: »Aber ich war doch gar nicht in München.«

Elisabeth zu Guttenberg fährt in ihrem Bericht fort: »Als wir nachher im Arbeitszimmer des Professors saßen, wandte sich Pfarrer Naber an mich: ›Sie haben sich nicht getäuscht, als Sie die Resl im Dom sahen. Sie hat nämlich die Gabe der Bilokation. Schon öfters ist sie an einem fernen Ort erschienen. Sie selber weiß es gar nicht, wenn ihr das widerfährt.‹ Ich hatte noch nie gehört, daß es so etwas wie Bilokation gebe. Professor Wutz schaltete sich ein und erzählte, daß ihm die Resl selbst einmal erschienen sei. Er sollte auswärts, weitab von Konnersreuth, einen religiösen Vortrag halten und hatte Resl ersucht, für ihn zu beten, da sein Vortrag sehr wichtig sei. Als er zu sprechen anfing, sah er sie unter den Zuhörern sitzen. ›Da dachte ich‹, fuhr er fort, ›ich habe doch nur ihr Gebet gewollt und hätte ihr niemals zugemutet, so weit hierher zu fahren.‹ Auch er hörte später, daß Therese gar nicht dagewesen war und selbst nichts von ihrer dortigen Anwesenheit gewußt hatte.«

Ein Arbeiter aus der Gegend von Konnersreuth war brotlos geworden; nach vielen vergeblichen Versuchen, wieder Arbeit zu bekommen (von denen Therese wußte), beschloß er, sich das Leben zu nehmen. Er wollte sich unter einen fahrenden Zug werfen. Mit dem festen Willen, seinen schrecklichen Plan auszuführen, begab er sich nachts an eine einsame Stelle, wo die Bahn durch den Wald fuhr. Er hörte das Schnauben des herannahenden Zuges. Er sah ihn schon kommen. Ohne Zögern wollte er auf die Gleise hinuntersteigen – da fühlte er sich jäh von einer festen Hand zurückgezogen. Er erschrak, denn er hatte geglaubt, allein zu sein, und wandte sich um. Therese Neumann stand vor ihm, sah ihn mitleidvoll an und zeigte ihm die Wundmale ihrer Hände. Währenddessen brauste der Zug an ihnen vorbei. Therese hatte Konnersreuth in dieser Nacht nicht verlassen.

Il mio incontro

Federico von Rieger, ein Mailänder Maler, besuchte Therese und war tief beeindruckt von ihren unerklärlichen Gaben. »Danach stellten sie Jesus auf die Füße, zogen ihm sein weißes Hemd über den Kopf, wodurch die Dornenkrone auf den Boden fiel. Du mußt wissen«, so zitierte er in seinem Buch: »Il mio inocontro con Teresa Neumann« die Seherin, «es war keine Dornenkrone, wie sie immer von den Malern gemalt wird, sondern wie ein großes Vogelnest, das ihm auf den Kopf gedrückt wurde, so daß ein langer Dorn die Haut durchbohrte und vor dem linken Auge heraustrat.«

Federico von Rieger bezog sich in seinem Buch auf den uralten Kampf der Civitas Diaboli gegen die Civitas Dei, die End-Auseinandersetzung zwischen Babylon und Jerusalem. Er stellte sich, während er Thereses Schau verfolgte, die Brust eines Menschen als Monstranz des Herzens vor, als Schale mit kostbarem Inhalt, als Muschel mit Perle. Wie kann, fragte er sich, ein junges Mädchen, das nur so viel weiß, wie sie in der Konnersreuther Dorfschule gelernt hat, das Wissen der Fachleute überbieten, etwa einen Kenner

Palästinas über den Weg, den Christus vom Gerichtshof bis zum Kalvarienberg gegangen ist, sogar über die Einrichtung im Prätorium oder über die Flora auf den Hügeln belehren?

Das Dorfkind, das nie in seinem Leben einen Palast gesehen hatte, beantwortete Fragen nach dem Plan und Aussehen des Tempels von Jerusalem eingehend und erwies sich als wohlbewandert in der damaligen Baukunst. Sie sah wuchtige Steinsäulen, sie schaute den Brandaltar, sie war entzückt von dem zierlichen Nikanor-Tor.

Ein Streiter für Konnersreuth

Nach seiner Freilassung verteidigte Aretin die Stigmatisierte gegen alle (zum Teil auch kirchliche) Angriffe. Am 22. April 1937 äußerte er in einem Brief seine Überzeugung, daß Konnersreuth geradezu ein Prüfstein für den deutschen Katholizismus sei. Keinen Angriff auf Therese ließ er unerwidert, obwohl er mit seiner Beweisführung als KZ-ler einen schweren Stand hatte. Zudem war er durch ein von den Nazis auferlegtes Schreibverbot an öffentlichen Wortmeldungen stark gehindert. Sein Buch: »Bindung und Bekenntnis«, das er 1937 unter dem Pseudonym Thomas Fischer in der Schweiz erscheinen ließ, wurde, nachdem der wahre Autor entdeckt war, der sich vor allem durch seine Erzählungen über Konnersreuth verraten hatte, im Hitlerreich sofort verboten. Ein von Professor Wutz im November 1937 veranlaßter Artikel, in dem Aretin zusammenfassend alle Angriffe auf Therese Neumann beantwortete, konnte im Februar 1938 (in letzter Minute vor dem »Anschluß«) dank der Vermittlung von Fürstbischof Dr. Waitz in der Salzburger Kirchenzeitung erscheinen.

Am 10. März 1938, es war ein Donnerstag, besuchte Aretin nach langer Zeit wieder einmal Therese Neumann. Seit seinem letzten Besuch im Jahre 1930 wies ihr Zimmer manche Verbesserungen auf. Die Brüder Hans und Ferdinand hatten es durch den Anbau eines Erkers erheblich erweitert. Zwischen beiden Fenstern war ein größerer, sehr ansehnlicher Altar aufgestellt worden, ein Werk des Regensburger Bildhauers Jakob Helmer senior, der schon den Theresienaltar geschnitzt hatte. (Kardinal Faulhaber hatte ohne Bedenken an diesem Altar die heilige Messe gelesen, um sein besonderes Empfinden für die Konnersreuther Geschehnisse zu bekunden.) In einem etwa eineinhalbstündigen Gespräch bezeichnete sie Aretins Errettung aus den Gefahren der Jahre 1933/34 als ein sichtbares Wunder; sie hatte mit seinem Tod gerechnet. Tatsächlich war er in Dachau mit knapper Not einem Erschießungskommando entkommen.

Wie jeden Donnerstag beichtete Therese in den Abendstunden. Aretin erhielt im Pfarrhof das kleine Zimmer rechts vom Eingang zugewiesen, in dem Fritz Gerlich immer gewohnt hatte. Der Pfarrer und seine Haushälterin, Therese Neumanns Schwester Maria, erzählten ihm noch eine kleine Geschichte. »Wie ich schon wußte, hatte in Konnersreuth ein jüdischer Apotheker *Rothschild* konvertiert, der auch bei seinen Aufenthalten immer in diesem Zimmer gewohnt hatte und mit mancherlei Schwierigkeiten katholischer Geistlicher geworden war... In diesem Zimmer war die Leiche eine Nacht aufgebahrt gewesen. Therese Neumann hatte in dieser Nacht die Leiche zweimal, um an ihr zu beten, besucht, war aber beim zweiten Mal von einer Vision überfallen worden, in der der Tote ihr erschien und mit ihr über das Paradies sprach, in dem er behauptete, sich nach ganz kurzem Fegfeuer zu befinden. Als damals Therese Neumann erwachte und vor sich die wachsbleiche Leiche des Mannes liegen sah, mit dem sie sich eben noch wie mit einem Lebenden unterhalten hatte, erlitt sie davon doch eine Art Schock und war diese Nacht nicht mehr in das ihr ein wenig unheimliche Zimmer getreten. Auch ich kann nach dieser Erzählung nicht leugnen, daß ich, als mich der Pfarrer und die Haushälterin mit freundlichem Gutenacht-Gruß verließen, das Gefühl hatte, schon in gemütlicheren Schlafzimmern übernachtet zu haben.«

Am Freitag fiel dem Besucher wieder auf, daß Therese die Brustwunde wie alle Stigmatisierten auf der linken Seite trug, während Kruzifixe diese Wunde auf der rechten Seite zeigen. Große Blutflecken waren wie bei seinem ersten Besuch vor elf Jahren durch Verband und Nachthemd gedrungen. »Was das Bild der Leidenden von jenem des Jahres 1927 unterschied, waren zwei Umstände: damals bluteten die Stigmata an den Händen nicht, während diesmal an beiden Händen nach rechts und links breite Blutbahnen aus den Hand-Stigmen zu erkennen waren. Ebenso blutete die rechte Schulter so heftig, daß auch hier die Spuren durch Verband und Hemd drangen, eine Erscheinung, die nur in der Fastenzeit auftreten soll. Die Handstigmen haben übrigens gegenüber 1927 sich gewaltig verändert. Sie waren damals runde Wunden in der Größe etwa eines Pfennigstücks, während sie heute am Handrücken (im Handteller fand ich keine Veränderung) große, genau abgezirkelte *Quadrate* von über 1 cm Seitenlänge sind. Für die Furchtbarkeit des Anblicks mag als Maßstab dienen, daß die etwa vier Frauen, die zugleich mit uns im Zimmer waren, fassungslos schluchzten.«

Eine Mischung aus Verbrecher und Wahnsinnigem

Über den Tod von Dr. Fritz Gerlich und Pater Ingbert hinaus blieb der Eichstätter Freundeskreis zusammen. Das Haus von Franz Xaver Wutz an der Römerstraße war Treffpunkt so unerschrockener Männer wie der Professoren Joseph Lechner (eines hartnäckigen Publizisten gegen den Nationalsozialismus) und Franz Xaver Mayr oder des Dompfarrers Johann Kraus. Trotz Überwachungen und Hausdurchsuchungen wirkte man weiter und hielt enge Verbindung zum Kapuzinerkloster. Regelmäßig am Freitag stieß Dr. Schorer, Generalbevollmächtigter des Fürsten Waldburg-Zeil, dazu, später kam auch der Eichstätter Bischof Konrad von Preysing, einer der Hauptführer des katholischen Widerstands gegen die nationalsozialistische Kirchenpolitik. Die Zusammenkünfte dauerten oft bis tief in die Nacht hinein.

Seit Hitlers Machtübernahme war der Kampf gegen Religion und Kirche voll entbrannt. Alle katholischen Jugendverbände wurden verboten. Die Eichstätter setzten der Partei erbitterten Widerstand entgegen. Zur ersten offenen Auseinandersetzung kam es, als die HJ (Hitlerjugend) das Christusbanner der katholischen Jugend am Hauptplatz mit Mistgabeln aufspießte. Ein katholischer Jugendführer wurde festgenommen und nach Dachau gebracht. Anni Spiegl, Eichstätter Geschäftsfrau, Freundin Therese Neumanns, wurde einem fünfstündigen Gestapo-Verhör unterzogen. Sie konnte sich, ohne einen ihrer Freunde und Kampfgefährten zu gefährden, klug verteidigen und wurde, was niemand, sie selbst am wenigsten, zu hoffen gewagt hatte, mit einer scharfen Verwarnung freigelassen. »Nach meiner ersten Feuerprobe«, schrieb sie recht lebendig in ihren Erinnerungen, »wurde ich oft ins Wutzhaus eingeladen. Im Arbeitszimmer des Herrn Professor saßen wir beisammen, Resl in ihrer Nische mit dem Strickzeug. Herr Professor war recht gesprächig. Es bleibt mir unvergeßlich, wie er mir seine neue Übersetzung des Hohen Liedes vorlas. Das Wutzhaus wurde auch bewacht und bespitzelt. Sein großer Bernhardinerhund, der Haus und Garten schützen sollte, wurde vergiftet. Eines Tages war auch dort Haussuchung vom Keller bis zum Speicher. Herr Professor Wutz fragte die Gestapo, was sie eigentlich suche und was sie wollten? ›Hier im Haus muß eine Geheimdruckerei sein!‹ Da öffnete Herr Professor lächelnd die 00-Türe und sagte: ›Dies ist meine Geheimdruckerei, eine andere habe ich nicht.‹«

Man möchte es nicht für möglich halten: Professor Wutz besaß ein Hitlerporträt. Und sogar aufgehängt hatte er es. In seiner Eitelkeit ließ Hitler sich gern von bedeutenden Künstlern porträtieren.

So auch von dem berühmten Münchner Porträtmaler Leo Samberger (s. S. 294). Doch dieser hatte Hitlers Wesen als wahrer Porträtkünstler mit untrüglichem Blick in die Abgründe der Seele so abstoßend herausgearbeitet mit wirr in die bleiche Stirn fallender Haarsträhne, gesträubtem Schnurrbart und flackerndem Blick, daß Gauleiter Wagner, für dessen Repräsentationsräume das Porträt bestimmt war, befand: »Wir können dieses Bild unmöglich aufhängen. Wenn es der Führer sieht, bekommt er einen Tobsuchtsanfall.« Das Bild wurde verkauft. So gelangte es auf Umwegen in den Besitz des Eichstätter Professors. Es gefiel ihm, denn es zeigte Hitler so, wie er ihn sah, als (nach Freunden gegenüber gebrauchten Anmerkung) »Mischung aus Verbrecher und Wahnsinnigem«.

Der Professor betrieb seine Forschungen immer rastloser. Mit starkem Kaffee und schwarzen Virginierzigarren trotzte er seinem Körper unmenschliche Leistungen ab, als ahne er, daß er nicht mehr lange zu leben habe und vorher seine Ernte in die Scheuer bringen müsse. Nebensächliches Kleinwerk wie Aufsätze zur Textkritik, die in der »Biblischen Zeitschrift« erschienen, ließ er nun beiseite, sammelte seine letzte Kraft für das einzige große Werk, in dem er seine Methode systematisch darlegen und gegen Kritik absichern wollte: »Systematische Wege von der Septuaginta zum hebräischen Urtext«. Abschließend wollte er Zug um Zug die einzelnen alttestamentlichen Bücher seiner Methode unterziehen und herausgeben. Durch eine Reihe hochherziger Spenden von geistlicher Seite wurde der finanzielle Grund gelegt. Endlich konnte 1937 bei Kohlhammer in Stuttgart ein erster Teil der »Systematischen Wege« als Band I der »Eichstätter Studien« erscheinen.

Unterdessen wurde Wutz sterbenskrank. Ein Kuraufenthalt in Bad Ditzenbach Ende 1937 brachte ihm zwar eine Linderung der Zuckerkrankheit, jedoch auf Kosten des Herzens. Er lag einmal bereits im Koma, doch besserte sich sein Zustand überraschend. Er konnte nach Eichstätt heimkehren.

Bekanntlich sah Therese, wenn sich ihr ein Priester mit der konsekrierten Hostie in der Hand näherte, nicht mehr den Priester, sondern ein leuchtendes Licht und inmitten Christus selbst. Kurz vor des Professors Tod geschah es, daß bei einer solchen Vision der Heiland sich umdrehte und den Professor, der Therese die heilige Kommunion reichte, gut anblickte. Therese erschrak heftig: »Das Gutanschauen kenne ich, da will der Heiland immer etwas Großes.« Aretin bestätigt: »Als ich in den ersten Dezembertagen in Bad Ditzenbach bei ihm war, wo er Heilung suchte, hatte er mir erzählt: Als er Therese Neumann die heilige Kommunion reichte, habe diese wie gewöhnlich den Heiland in Person auf sich zukommen sehen. Der Heiland habe im Schreiten einen Augenblick gestockt und mit einem liebevollen Gesicht ihn, Wutz, den Therese plötzlich daneben stehen sah, zu sich hergewunken.«

Auf der Rückfahrt von Konnersreuth machte Aretin am Freitag, den 11. März 1938, abends in Eichstätt bei Professor Wutz Station, dem Manne, »der mich vor elf Jahren nach Konnersreuth geführt hatte und der dank seines überragenden Geistes all die Jahre hindurch zwar nicht der Seelenführer Therese Neumanns gewesen war, aber doch ihr fürsorglichster, liebevollster Mentor, der Mann, der von allem Geschehen in Konnersreuth, schweigsam und nur schwer zum Reden zu bewegen, die umfassendste und kritischste Kenntnis hatte.«

Später erinnerte er sich: »Wir haben damals am 11. März ohne allzu große Sorgen von ihm Abschied genommen. Acht Tage darauf, am 19. März (1938), dem Tage des heiligen Joseph, des Patrons des guten Todes, hat der Herr seinen demütigen Diener Wutz endgültig zu sich gerufen, meinen großen und guten Freund.« Professor Wutz starb ganz plötzlich um zwei Uhr nachmittags im Garten seines Hauses an einem Herzanfall. Ein zufällig anwesender Priester spendete ihm die letzte Ölung.

Sein Tod kam für Therese allzu plötzlich und traf sie schwer. Ihr einziger Trost war, daß er durch seinen Tod einer unausweichlichen Festnahme entgangen war.

Am Dienstag, dem 22. März 1938, wurde Wutz zu Grabe getragen. Dompfarrer Kraus segnete ihn ins Grab. Der Friedhof wurde Stätte einer unwiederholbaren Kundgebung. Neben den Verwandten, Angehörigen und Freunden des Toten sowie seinen Kollegen, hatten sich der Bischof von Berlin (der frühere Eichstätter Bischof Preysing), die Äbte von Sankt Stephan in Augsburg und Scheyern, mehrere hundert Priester und eine unübersehbare Volksmenge eingefunden. Auch die Gestapo hatte es nicht lassen können, an der Beerdigung des von der Partei gefürchteten Geistlichen teilzunehmen. Bischof Konrad Graf von Preysing hielt am darauffolgenden Tag das Pontifikalrequiem.

Noch eine Zukunftsschau

An eine ihn selbst betreffende Zukunftsschau der Stigmatisierten erinnerte sich Aretin. Am Sonntag, dem 24. Juli 1938, als er sich für einige Tage im württembergischen Hohenstein aufhielt, besuchte ihn unangesagt Erich Fürst zu Waldburg-Zeil. Er kam im Auto von Konnersreuth, um ihn im Auftrag Therese Neumanns zu warnen: Eine Hausdurchsuchung der Gestapo stünde bei ihm in den nächsten Tagen bevor. Therese hatte ihrem Besucher nicht gestattet, diese Warnung brieflich zu schicken. Aretin konnte gerade noch die gefährlichsten Schriften aus seiner Münchner Wohnung verschwinden lassen, als auch schon die Gestapo vorfuhr, das Haus durchsuchte und ihn wieder einmal festnahm. Vom 26. Juli bis zum 3. August war er im Wittelsbacher Palais inhaftiert. Sein Zellennachbar, ein Kommunist aus Augsburg, brach nach mehreren Vernehmungen völlig zusammen und konnte nur durch Aretins Zuspruch vom Selbstmord abgehalten werden.

Der verpreußte Österreicher

Einer vom Schlage Pater Ingberts und Gerlichs war Marzlings Pfarrer Carl Oskar von Soden. Unerschrocken predigte er gegen das Nazi-Regime und wurde erstaunlich lange Zeit nicht für voll genommen. Aber 1939 wurde seine Lage todernst. Bevor er (da er sich dem zwangsläufigen Martyrium nicht gewachsen fühlte) Hals über Kopf fliehen mußte und auf Kardinal Faulhabers Rat hin über die Schweiz, Portugal und Brasilien in die USA emigrierte, faßte er seine Gedanken, die exakt an Gerlichs Überlegungen anknüpfen, in einem Buch zusammen. Auch er warnte vergeblich vor den katastrophalen Folgen eines großpreußischen Nationalstaats mit der »deutschen Hauptstadt« Berlin: »Hitler kannte das erste Reich lediglich in der Karikatur, die Friedrich II. von ihm entworfen hatte. Wahrscheinlich ist seinem Geist nicht ein einzigesmal die Möglichkeit aufgetaucht, daß es außer der großpreußischen Staatsidee, zu der Friedrich II. den Grund legte, noch eine andere politische Form für Deutschland geben könne. Er war ein naiv unkritischer Gefangener des Bismarckischen Denkens. Natürlich, der *verpreußte Österreicher*, als den wir ihn kennengelernt haben, kannte keinen anderen Weg als den Bismarckschen. Demgemäß ist Hitlers Politik mit der Folgerichtigkeit des Monomanen darauf abgestellt, das großpreußische Programm zu verwirklichen. Nachdem das für Deutschland mit der Annexion Österreichs weitgehend erreicht war, ging er zu seiner Anwendung auf Europa und die Welt über. Immer handelt es sich um den gleichen Gedanken einer Hegemonie der norddeutschostelbischen Rasse und des von ihr gebildeten Staates über die übrigen ›minderwertigen‹ Deutschen und die anderen Völker ihres ›Lebensraums‹.«

Überflüssig zu erwähnen, daß Soden mit der »norddeutschostelbischen Rasse« die von Hitler immer wieder beschworene, in ihrer Bedeutung maßlos überschätzte germanische Rasse meinte. Der Einfall der Germanen ins römische Weltreich war aber, nach einer Stelle bei Teodorowicz, der Zusammenprall der ersten Stufe der Menschheitsgeschichte, des Jägers, mit der zweiten und dritten Stufe, des Sammlers, des Körndl-Bauern, des Brot-Essers. Richard

Wagner läßt seinen unbegabten Germanen Siegfried bei dem (in germanischer Überheblichkeit als Zwerg verspotten) Kelten Mime wie so manch andere Künste auch die Metallbearbeitung lernen. (Vom Germanentum bekam der noch keltoromanisch geprägte Süden auch 1634 und 1637 einen skandinavisch-nordisch-rasserei-nen Begriff.)

Weiter charakterisierte der Priester Soden den Diktator Hitler so: »Er beherrschte nur *eine* Kunst: die schlechten Eigenschaften der Menschen auszunützen, ihre Bestechlichkeit, Habsucht, Feigheit, ihren Neid, ihren Ehrgeiz, ihre sexuellen Schwächen, ihre Inferiori-tätskomplexe. Damit hat er leichte Erfolge erzielt; denn es ist stets einfacher, die Menschen zu ihrer Schlechtigkeit zu erniedrigen als sie zum *Guten* emporzuziehen und dieses Gute zu entfalten.«

Der Zweite Weltkrieg begann – wie Soden vorausgesehen hatte – mit dem Einmarsch der »norddeutsch-ostelbischen Rasse« in ihren »Lebensraum«. Dabei wurde der alte Zwiespalt Preußen-Polen, der ein Zwiespalt Protestantismus-Katholizismus war, auf deutschspra-chige Völker übertragen, die damit nie etwas zu tun gehabt hatten.

Enoch zu Guttenberg, der nicht wie Soden geflohen war, sondern als Offizier in dem 1939 entfesselten ungerechten Krieg an der Front stand, schüttete der Gattin sein Herz aus: »Es ist schwer, dir zu sagen, wie mir ums Herz ist. Ich kann es kaum fassen, wie sich Deutschland so furchtbar versündigen kann, diesen Krieg entfacht zu haben, der ganz Europa gefährdet. Das Schlimmste ist für mich, daß ich und die Söhne auf der falschen Seite dieses sinnlosen Kampf-fes streiten müssen. Du weißt, daß ich mein Leben lang bewußt gegen das Böse gekämpft habe. Diejenigen, gegen die wir nun kämpfen müssen, stehen aber auf der Seite des Guten. Das Schlimm-ste ist, daß nicht nur ich, sondern meine Männer, die ich zu führen habe, vielleicht in den Tod führen muß, mit mir auf der falschen Seite kämpfen müssen. Es ist sehr schwer, in diesem Dilemma einen Weg zu finden.«

Die Gattin suchte ihn zu beruhigen: »Enoch, wenn es jemand gibt, der keinen Teil hat an dieser Schuld, dann bist du es. Du hast dein Leben eingesetzt, um diese Schuld zu sühnen.«

Er gab sich nicht zufrieden: »Ja, aber ich fühle diese Schuld jetzt in erschreckender Klarheit. Alle haben wir in Deutschland teil an ihr – auch du und ich. Wir haben nicht genug getan, um gegen das Böse zu kämpfen. Wir haben zu lange gewartet, zu lange auf eine Wende gehofft.«

Er büßte seine Schuld, starb lang vor Kriegsende qualvoll an den Folgen einer kriegsbedingten schweren Verletzung. Die Witwe fuhr nach Konnersreuth, um bei Therese ihr Herz auszuschütten. Als die Freifrau dort ankam, war Therese gerade zu einer Kranken gegangen. »Nach einiger Zeit kam sie, die Augen auf mich gerichtet, aus denen Tränen des Mitleids flossen. Sie wußte alles schon, setzte sich zu mir, nahm meine Hände. ›Ich weiß, ich weiß‹, sagte sie, und ich fühlte, wie sich in ihrer Nähe der Schmerz meines Herzens zu lösen begann. Ich erzählte ihr von Enochs Sterben, vom Licht, das ihn umgeben hatte. Ihr brauchte ich nicht viel zu sagen; sie verstand mich beinahe ohne Worte. Allein das Wissen, daß sie oft schon teilgehabt hatte an dem Leben, in dem ich Enoch jetzt wußte, am eigentlichen Leben jenseits des Todes, war mir eine Beruhigung. Wir hatten ein langes Gespräch über den Sinn des Lebens, den Sinn des Todes, den Sinn des Leides. Es war schön, wie dieses Landkind, das nie eine philosophische Ausbildung gehabt hatte, all die schwierigen Fragen klar und logisch beantwortete, einfach, in der Einfalt aller wirklichen Größe: ›Jedes Opfer, jedes Leid, angenommen im Glauben, ist Teilhabe an der Erlösungstat Jesu und ist so Teil des Kampfes gegen das Böse, der uns aufgetragen ist. Gerade in unseren Tagen, wo die Kräfte des Bösen so übermächtig sind, müssen wir bereit sein zum Kampf. Sehen Sie das Sterben Ihres Mannes und Ihr Opfer in diesem Licht, und gehen Sie ruhig Ihren Weg – dankend und liebend.‹

Resl sah noch viel klarer als ich die Mächte der Finsternis, aus denen die Kraft des Nationalsozialismus kam. ›Beten, beten, lieben und leiden‹, sagte sie. Dann fuhr sie fort: ›Wissen Sie, vor lauter Sorge um die Söhne müssen Sie nie vergessen, welches Glück Ihre Töchter bedeuten. Ihnen zuliebe müssen Sie ins einfache Leben zurückfinden, und Sie dürfen die Seligkeit Ihres Mannes nicht trüben durch Ihre Verzweiflung.‹

Diese Stunde mit Therese war beglückend. Sie gab mir Kraft und stärkte mein Wissen um Leben, Tod und Leid.«

Eine breite Blutspur

Wir verließen Edith Stein bei ihrer Einkleidung im Kölner Karmel. Ein Jahr darauf, am 21. April 1935, legte sie die zeitliche Profeß ab. Am 21. April 1938 gelobte sie ewige Profeß. Nach der »Reichskristallnacht« gegen die deutschen Juden übersiedelte sie aus Sicherheitsgründen – am 31. Dezember 1938 – in den Karmel von Echt, Holland. Hier schrieb sie weiter an ihrem philosophischen Werk. Im Lexikon für Theologie und Kirche wird sie als »Mystikerin« bezeichnet. (Sie suchte die Lehre Thomas von Aquins mit der Methode der Phänomenologie neu zu begründen.) Der Friede in Echt war trügerisch. Nachdem deutsche Truppen 1940 in Holland eingefallen waren und bevor auf der Wannseekonferenz die Ausrottung sämtlicher europäischer Juden beschlossen wurde, fiel Edith Stein am 2.

August 1942, einem Sonntag, den Nationalsozialisten in die Hände. Sie wurde nach Auschwitz verschleppt und starb zusammen mit ihrer Schwester Rosa am 9. August 1942 in der Gaskammer.

An Professor Paul Nikolaus Cossmann, Herausgeber der »Süddeutschen Monatshefte« und Vorsitzenden des »Arbeitsausschusses« der Knorr & Hirth GmbH, erinnerte sich Johannes Steiner: »In den schmachvollen Tagen, da Professor Cossmann – inzwischen Katholik geworden (auch sein Leben war von der Erfahrung Konnersreuths geprägt) – mit dem Zionstern auf dem Mantel herumlaufen mußte und nach Beschlagnahme seines Einfamilienhauses in Zell bei Ebenhausen (seine bescheidene Stadtwohnung Königinstraße 103/III war kurz- und kleingeschlagen worden; Anm. d. Verf.) in ein Münchner Sammellager gesteckt worden war, lud ich ihn jede Woche einen Tag zu mir in die Wohnung ein. Es waren leider nur wenige Tage, dann wurde er nach Theresienstadt abtransportiert.«

Steiners Frau erinnerte sich: »Er hielt seine dünne Aktenmappe immer an die Brust, um den Judenstern zu verdecken.« Bei dem von Steiner erwähnten Sammellager handelte es sich um das »Zwischenlager« von Berg am Laim. In Theresienstadt wurde der über Siebzigjährige, als eine Ruhr-Epidemie ausbrach, gezwungen, die Latrinen zu reinigen. Dieser Befehl hatte alsbaldige Ansteckung und qualvollen Tod zur Folge. Aretin ergänzte: »Den Tod eines der gescheitesten und edelsten Männer, denen je zu begegnen ich das Glück hatte.« Cossmann starb am 19. Oktober 1942 und kam damit seinem Tod in der Gaskammer zuvor. Edel war Cossmann auf jeden Fall, denn er hatte in entschiedener Nachfolge Christi seinen Feinden verziehen. Aretin schrieb denn in Anspielung auf Cossmanns Vornamen: »Auch ein Paul(us)!«

Zu den todesmutigsten Gegnern des Dritten Reichs zählten auch Männer wie Kardinal Clemens August von Galen, Bischof von Münster, der nach Gerlichs Beispiel gegen Rosenberg schrieb, und Pater Rupert Mayer. Zu Blutzeugen wurden die Patres Delp, Wehrle und Lichtenberg. Viele Nachrichten, die im vatikanischen Generalstaatssekretariat eingingen, stammten von dem damaligen Münchner Domkapitular Johannes Neuhäusler, der dafür im KZ Sachsenhausen büßen mußte. Reinhard Heydrich bekannte mit Recht: »Unter den überstaatlichen Mächten hat sich der politische Katholizismus immer erneut als Hauptgegner erwiesen.«

Friedrich Ritter von Lama, dessen Brüder Severin und Camill geistlichen Standes waren, berichtete ab 1927 ständig über Konnersreuth. Er veröffentlichte 1929 die »Konnersreuther Chronik« und ab 1930 sieben »Konnersreuther Jahrbücher«, in denen er die dortigen Ereignisse in allen Einzelheiten aufzeichnete. Sein

Buch: »Therese Neumann von Konnersreuth« gehört nach wie vor zu den Standardwerken über die Stigmatisierte. Naziarzt Dr. Eduard Aigner behauptete in einem »Aufruf an die Volksgenossen«, Therese Neumanns Wunden seien künstlich erzeugt (Menstruations- oder Gockelblut), ihre Nahrungslosigkeit schlichte Betrügerei, kurz, er bezichtigte Friedrich von Lama der Lüge. Im folgenden Beleidigungsprozeß sagte auch Fritz Gerlich aus. 1937 wurde dem unbequemen Friedrich von Lama jede schriftstellerische Tätigkeit verboten. Wegen Eintretens für Konnersreuth, Kritik an der nationalsozialistischen Politik und verwandtschaftlich-»konspirativen« Verhältnisses zum österreichischen Kaiserhaus war er mehrmals eingesperrt und ab Frühjahr 1943 ständig in Stadelheim inhaftiert. Am 9. Februar 1944 wurde er ermordet. Als Todesursache gab die Gestapo nach bewährtem Muster »Herzschwäche« an. Auch er fiel dem Haß der Nationalsozialisten zum Opfer, der in Hitlers Haß gegen alles, was ihm im Wege stand, seine Wurzeln hatte. Dieser Haß war schlechthin infernalisch, rational nicht mehr erklärbar.

Zurück zu Christus

Noch eine weitere Gestalt sei aus dem Gewimmel der von Therese Betroffenen und Getroffenen für einen Augenblick herausgehoben.

Es ist gewiß eine eigenartige Fügung, daß vier der mutigsten Kämpfer für Konnersreuth und gegen Hitler das Ende des Krieges und des Nationalsozialismus nicht erlebten. Fast noch eigenartiger, daß alle vier nahezu demselben Geburtsjahrgang angehörten: Ingbert Naab 1885, Franz Xaver Wutz 1882, Fritz Gerlich 1883. Auch der bereits erwähnte Johannes Maria Verweyen war 1883 geboren.

Der aus Kleve am Niederrhein stammende Bonner Philosophieprofessor durchlief, seit er aus der katholischen Kirche ausgetreten war, aufregende Lebensstationen, die etwa folgendermaßen überschrieben werden könnten: Gottesleugner, Logenbruder, Okkultist, Esoteriker, Krishna-Anhänger, reumütiger Heimkehrer zur Kirche, entschiedener Konnersreuth-Bekenner, furchtloser Nazi-Widerstandskämpfer, namenloses KZ-Opfer.

Welch weiter Weg von der Aufklärungstätigkeit für einen religionslosen Moralunterricht und dem folgerichtigen Austritt aus der katholischen Kirche am 21. März 1921 bis zum 18. September 1931, als Verweyen die Freitagsekstase bei Therese Neumann erlebte! Dabei hatte er nur ein parapsychisches Phänomen gesucht, fand sich aber zu einem an die Wurzeln gehenden Umschwung im Glaubensleben veranlaßt. Fortan gab es für ihn keine Zweifel an Therese Neumanns Nahrungslosigkeit und an der Übernatur der

Konnersreuther Erscheinungen. 1932 veröffentlichte er sein Buch: »Das Geheimnis von Konnersreuth«. In den folgenden Jahren entfaltete er eine rege Vortragstätigkeit über die Stigmatisierte. Am 2. Februar 1936 bat er – völlig unzeitgemäß – um Wiederaufnahme in die römisch-katholische Kirche.

Gleichlaufend neben seiner von Therese geförderten Rückkehr zur Kirche klärte sich sein Verhältnis zu den Nationalsozialisten. Er sprach kühn von »Verblendeten und Verbrechern«, von »irregeleiteten Trieben« und »zügelloser Wildheit«.

Im April 1934 wurde ihm die Lehrbefugnis an der Bonner Universität entzogen. Früh sah er das baldige Ende des Nationalsozialismus voraus: »Es ist nur eine Frage der Zeit, bis die rächenden Dämonen herankommen.« 1937 unterschrieb er sein Todesurteil als Verfasser des tiefgläubigen Buches »Zurück zu Christus«, in dem er mit den braunen Machthabern schonungslos abrechnete.

Als verklärter Beter tröstet und begeistert er seine Mithäftlinge Jahre hindurch im KZ Sachsenhausen. Der Lagerarzt meint es gut mit dem beliebten Professor und streicht ihn Anfang Februar 1945 von der Transportliste der für Bergen-Belsen bestimmten Todgeweihten. Doch Verweyen widersetzt sich mit dem Hinweis, er habe noch eine Mission an seinen Schicksalsgefährten zu erfüllen.

Missionär des Leidens wurde auch er, Beistand seiner Schicksalsgefährten im Todeslager, inmitten des Grauens ein Künder von Gottes Herrlichkeit. Abgemagert und ausgemergelt starb Professor Verweyen am 21. März 1945 mit dem Bekenntnis auf den Lippen: »Konnersreuth ist voll Licht.«

... und die Pforten der Hölle werden sie nicht überwältigen

Immer abstoßender zeigte die nationalsozialistische »Weltanschauung« ihre antichristliche Fratze. Die helläugig-blondzopfige »Germanisierung« schritt voran, die nordischen Götter sollten allen Ernstes wieder verehrt werden – Mathilde Ludendorff, die Gattin des »deutschgläubigen« preußischen Generals, ließ dem Germanengott Odin einen Tempel errichten -, die Klosterschulen mußten schließen. Elisabeth zu Guttenberg wurde gewarnt: ihr Name stehe auf einer Gestapo-Liste wegen allwöchentlicher religiöser Zusammenkünfte in ihrem Haus, an denen Professor Kurt Huber teilnahm. Man riet ihr, München vorübergehend zu verlassen. So machte sie sich auf den Weg ins erzkatholisch-antihitlerische Freiburg, wo schon der aus der Nazihochburg Thüringen geflohene jüdische Bildhauer Richard Engelmann Unterschlupf gefunden hatte. »Vorbei an zerstörten Städten, Warten in zerbombten Bahnhöfen, überall Menschen in Not und Jammer. Die Grausamkeit des

Terrors hatte einen Höhepunkt erreicht, die Konzentrationslager waren überfüllt.« Der von Anfang an offenkundige Mordcharakter des Regimes mußte in die Hölle von Stalingrad (330 000 Tote), mußte in den Holocaust münden. Mit Millionen Blutopfern verselbständigte sich der Untergang. Von den Plakatsäulen aber schrie die Parole der Verzweiflung: »Alle Räder rollen für den Sieg!«

Die Widerstandsbewegung hatte ihre Wurzeln in der Religion, wurde von Männern verschiedener christlicher Gruppierungen geführt. Der evangelisch getaufte Münchner Student Hans Scholl und seine Freunde begeisterten sich für die Schriften des französischen Dichters Georges Bernanos, etwa für sein »Tagebuch eines Landpfarrers« und seinen Roman »Die Sonne Satans«. Bernanos war der führende Kopf des »Renouveau Catholique«, einer Erneuerungsbewegung, in der versucht wurde, religiöse Spiritualität und politisch-soziales Engagement zu verbinden.

Scholl hatte in München den Publizisten Carl Muth kennengelernt. Seine Monatsschrift »Hochland«, ein Forum kritischer Katholiken, wurde 1941 verboten. Über Muth, dessen Privatbibliothek Scholl monatelang ordnete, kam auch die Bekanntschaft mit dem Philosophen und Schriftsteller Theodor Haecker zustande. Haecker wiederum, befreundet mit Karl Kraus, war 1921 zur katholischen Kirche konvertiert. Ab 1938 erteilten ihm die Nazis Publikationsverbot. Seine heimlich am bedrohten Schreibtisch entstandenen »Tag- und Nachtbücher« gaben ein erschütterndes Zeugnis vom hypertrophen Preußentum Hitlers und vom Hausfriedensbruch wütender SS-Horden bei Tag und Nacht.

Als Theodor Haecker am 10. Juli 1942 zum erstenmal vor dem Freundeskreis der Weißen Rose aus dem Buch »Schöpfer und Schöpfung« las, kursierte gerade deren viertes Flugblatt. Hans Scholl hatte es verfaßt; man glaubt aber darin Haecker zu hören, und posthum bekam wieder einmal Fritz Gerlich recht: »Der imperialistische Machtgedanke muß, von welcher Seite er auch kommen möge, für alle Zeit unschädlich gemacht werden. Ein einseitiger preußischer Militarismus darf nie mehr zur Macht gelangen. Nur in großzügiger Zusammenarbeit aller europäischen Völker kann der Boden geschaffen werden, auf welchem ein neuer Aufbau möglich sein wird. Jede zentralistische Gewalt, wie sie der preußische Staat in Deutschland und Europa auszuüben versucht hat, muß im Keim erstickt werden. Das kommende Deutschland kann nur föderalistisch sein. Nur eine gesunde föderalistische Staatenordnung vermag heute noch das geschwächte Europa mit neuem Leben zu erfüllen.«

Eindeutig ist auch die von Professor Kurt Huber, Volksmusikforscher und Kiem-Pauli-Freund, Lehrer und Mentor der Geschwister

Hans und Sophie Scholl, auf einem Flugblatt veröffentlichte Klage: »Eine Führerauslese, wie sie teuflischer und bornierter zugleich nicht gedacht werden kann, zieht ihre künftigen Parteibonzen auf Ordensburgen zu gottlosen, schamlosen und gewissenlosen Ausbeutern und Mordbuben heran, zu blinder, stupider Führergefolgschaft.« Am 22. Februar 1943 wurden die Geschwister Scholl in Stadelheim mit dem Fallbeil hingerichtet, am 13. Juli endete Professor Huber unter demselben Fallbeil. Auch alle ihre Freunde starben auf dem Schafott. Eine Auslese der Besten büßte ihren Widerstand gegen Hitler mit dem Leben. Aber die Tage der Massenmörder waren gezählt.

Exakt ein Jahr später, am 20. Juli 1944, wurde Elisabeth zu Guttenberg, die Vertraute Professor Kurt Hubers, Zeugin eines neuen, vielfachen Grauens: »Wir saßen in Guttenberg im Musikzimmer, um am Radio Nachrichten zu hören. Wir hatten schon längere Zeit nicht mehr die häßliche Stimme Hitlers gehört. Aber in der Nacht vom 20. zum 21. Juli hörten wir mit Entsetzen seine lauten Worte: ›Eine ganz kleine Clique ehrgeiziger, gewissenloser und zugleich verbrecherischer, dummer Offiziere hat ein Komplott geschmiedet, um mich zu beseitigen und zugleich mit mir den Stab der deutschen Wehrmachtführung auszurotten.‹

Um Gottes Willen! Mein Herz stand still vor Entsetzen. Mißlungen, Mißlungen! Da hatte die langersehnte Stunde geschlagen. Aber Hitler lebte und würde weiter toben. ›Es ist ein ganz kleiner Klüngel verbrecherischer Elemente, die jetzt unbarmherzig ausgerottet werden!‹ Der ›kleine Klüngel‹, von dem Hitler sprach, waren Tausende heldenhafter Männer, die ihr Leben aufs Spiel gesetzt hatten, um Deutschland zu erretten, von der Tyrannis zu erlösen.

Hitlers Rache war furchtbar. Blut floß in Strömen, das Blut derer, die leben sollten, um ein neues Deutschland aufzubauen. Die wahren Helden der Nation mußten den schmachvollsten Tod sterben – gehenkt an den Metzgerhaken von Plötzensee.

Die Gestapo hatte den Befehl bekommen, ganze Familien, die mit einem der Männer des 20. Juli verwandt waren, zu verhaften. Die Sippenhaft! Am Tag nach dem Attentat kam die Nachricht über das Radio, daß Hitler befohlen hatte, alle, die den Namen Stauffenberg trügen, in Haft zu nehmen. Großer Gott, alle unsere Freunde, die meisten Männer der Familie gehörten dem Widerstand an!«

Hitler, der die Todeszuckungen der auf seinen Befehl gehenkten Opfer filmen ließ und sich an der Vorführung dieser Filme immer wieder weidete, gebärdete sich in seinen längst eingeleiteten eigenen Todeszuckungen »viehischer als jedes Vieh«! Die Zahl »Hingerichteter« vermehrte sich mit jedem »Schicksalsjahr« arithmetisch. Der Versuch, in letzter Minute doch noch zu einem Frieden zu kommen, kostete sechstausend Menschen das Leben. Hitlers Werk war eindeutig gegen Jesus Christus gerichtet. Es mußte untergehen und die halbe Welt mit in den Untergang reißen. Dem Fürsten der Hölle konnte jedoch, nach einem Wort Petri, der Sieg nicht gehören. »Die Pforten der Hölle werden Seine Kirche nicht verschlingen.«

»Bei Annäherung der Amerikaner«, fährt Elisabeth zu Guttenberg in ihrem Bericht fort, »wurden alle sogenannten prominenten Gefangenen von Buchenwald nach Dachau transportiert. Alle wurden in Lastautos gesteckt... Pastor Niemöller, Léon Blum, Schuschnigg, General Halder, in einem weiteren Fahrzeug Admiral Canaris, General Oster, Bonhoeffer und andere. Von diesen trennten wir uns in Regensburg. Sie wurden nach Flossenbürg verbracht und dort am 9. April hingerichtet. Gehenkt, nackt aufgehängt zum Ergötzen der Schergen.«

In Konnersreuth entwickelten jüngere Anhänger Hitlers, besonders Mitglieder der Waffen-SS, einen Haß auf Therese Neumann, der in dem Maß heftiger wurde, in dem die Glorie des »Führers« verblaßte, der die Stigmatisierte offensichtlich schützte. Nach dem Zusammenbruch der deutschen Wehrmacht loderte ihr Zorn hellauf. Da sie sich beim raschen Vorrücken der dritten amerikanischen Armee des Generals Patton gezwungen sahen, das Stiftland zu räumen, faßten sie einen verzweifelten Plan.

Am 20. April 1945 nahm eine Abteilung deutscher Panzerkraftwagen Aufstellung auf dem Unteren Markt im Halbkreis um das Neumann-Haus. Mit gezogenen Waffen stürmten schwarz Uniformierte das Gebäude und forderten die sofortige Auslieferung Therese Neumanns. Die schreckensbleichen Eltern stammelten wahrheitsgemäß, niemand wisse, wo sie sich aufhalte. In der Tat hatte Therese, die das Eindringen der SS-Männer vorausgeahnt und um ihre schreckliche Absicht gewußt hatte, unbemerkt ein Versteck aufgesucht. Dies war zu einem Zeitpunkt geschehen, als noch niemand an die Möglichkeit einer Beschießung Konnersreuths gedacht hatte. Die Ergebnislosigkeit seiner Suche im Neumann-Haus erbitterte den Zugführer der SS-Einheit. Nachdem alle Nachforschungen auch in den umliegenden Bauernhöfen erfolglos geblieben waren, drohte er mit der Beschießung Konnersreuths, falls das Versteck Therese Neumanns nicht unverzüglich verraten werde.

Nach kurzer Frist rückten die SS-Männer mit Panzerfahrzeugen und leichter Artillerie in Richtung Groppenheim-Kappel. Von der Höhe verschossen sie ihre restliche Munition zielgenau auf den Markt. Gleichzeitig bezogen Amerikaner, die im Ort nicht übergabewillige SS vermuteten, auf den Höhen im Westen Stellung. Ein amerikanischer Aufklärungsflieger, der über Konnersreuth kreiste, wurde von der SS abgeschossen. Daraufhin eröffneten auch die Amerikaner das Feuer. Diese doppelte Beschießung hielt mehrere Stunden an. Bald war der Ort ein einziger großer Brandherd. Fünfzig Gebäude, rund ein Drittel der Ansiedlung, sanken in Schutt und Asche. Auch das Schneiderixenhaus erhielt mehrere Treffer, wurde aber nur leicht beschädigt. Alle Geschoße platzten zu ebener Erde. Von der Familie, die – ausgenommen Therese – dichtgedrängt im ersten Stock beisammen saß, wurde niemand verletzt. Eine Wand vor dem Stall brach in Stücke; alle fünf Kühe konnten später unversehrt aus dem Schutt befreit werden.

Therese Neumann hatte inzwischen mit vierzehn Kindern im Keller der Pfarrscheune Unterschlupf gefunden. Hier hatte der Pfarrer vorsorglich ein unterirdisches Versteck nicht nur für Personen, sondern auch für den Kirchenschatz und wertvolle Akten vorbereitet. Ein kleiner Verpflegungsvorrat war angelegt worden. Therese wußte, hier würden sie inmitten des Trommelfeuers am sichersten sein. Wie überall, wo die Nazis wichen, mußte gleichsam »durch-die-Front-hindurch-gegangen« werden. Man überdauerte auf einem Streifen Niemandsland. Auf einmal entstand über dem Eingang der Scheune ein verdächtiges Knistern. Rechtzeitig erkannte Therese, daß es nicht regnete – sondern brannte. Binnen Sekunden ging das Haus in Flammen auf. In rasender Hast reichte sie ein Kind nach dem andern durch die Klappe des Notausschlupfs hinauf, kam selbst mit bereits angesengten Kleidern davon. Es war höchste Zeit gewesen. Kaum waren die Untergeschlüpften im Freien, brach das Gebälk der Scheune in den Flammen zusammen, ein Funkenregen stob über den mit Schutt und Scherben bedeckten Platz, Aschenflocken trieben den Geretteten ins Gesicht.

Nach dem Verglimmen der Glut stellte sich heraus: Im Stadel war alles verbrannt; aus der Asche kratzte man klägliche Reste geschmolzener Meßkelche und Monstranzen. Fast noch schwerer wog die Einbuße Tausender von Briefen und mehrerer Kisten mit sorgfältig vom Pfarrherrn aufbewahrten Dokumenten über sein Beichtkind; sie sollten späteren Forschern als unanfechtbare Quellen dienen. Dreißigjährige, Tag für Tag sorgfältig aufgezeichnete Beobachtungen gingen für die Geschichtsschreibung der christlichen Mystik verloren.

Die am 20. April in den Abendstunden einrückenden Amerikaner versuchten das immer noch um sich greifende Feuer einzudämmen und eine völlige Vernichtung des Marktes zu verhindern. Gleichzeitig trafen sie Vorkehrungen zum Schutz von Therese Neumann. Ein amerikanischer Kriegsberichterstatter bedauerte öffentlich das Geschehene. Konnersreuth hätte nach einem Auftrag der Armeeführung »wenn irgend möglich geschont werden sollen«.

Weil den vorrückenden Truppen aber Widerstand entgegengesetzt worden sei, hätten sie keine andere Wahl gehabt. In den ersten Tagen der Wirren stellten die Amerikaner Tag und Nacht vor dem Neumannhaus Doppelposten auf. In den umliegenden Wäldern trieben sich immer noch versprengte SS-Trupps herum; eine überraschende Entführung, zumindest ein Anschlag, war zu befürchten.

In diesen Tagen, als die braunen Machthaber nach einem Wort von Goebbels »die Tür hinter sich zuschlugen, daß man es in der ganzen Welt hallen hörte«, (Hitler: »Wir können untergehen, aber wir werden eine Welt mitnehmen!«), verhinderte in München die »Freiheitsaktion Bayern« letzte ungeheuerliche Bluttaten der verzweifelten Braunen, besetzte das Münchner Funkhaus und strahlte, als der Deutschnationalismus endzeitlich-traurige Triumphe feierte, ein betont bayerisches Programm aus. Angesichts vieler erst jetzt in ihrer abstoßenden Scheußlichkeit an den Tag gekommener Verbrechen fragte Elisabeth zu Guttenberg einen jungen Amerikaner: »Soll man dem Gerücht Glauben schenken, daß die Gestapo aus Menschenhaut Lampenschirme anfertigen ließ?« – »Gerücht?«, meinte dieser. »Ich kann Ihnen solche Lampenschirme zeigen.«

Am 8. Mai, dem Tag »Michaels Erscheinung« (Dië in Apparatione S. Michaelis Archangeli), kapitulierte das Hitlerreich.

In der bayerischen Hauptstadt fanden sich zur Gründungsversammlung der »Bayerischen Heimat- und Königspartei«, die der Münchner Arzt Max Lebsche ins Prinzregententheater berief, Tausende ein. Wenig später gründete Ludwig Max Lallinger die Bayernpartei.

Nach Konnersreuth strömten wieder Menschen von fern und nah, Einheimische und Ausländer. Das Unerklärliche und Wunderbare begann die Welt wieder gleichermaßen zu beunruhigen und zu trösten.

Aus den Fenstern wehten die Fahnen weiß und blau.

Elftes Kapitel

Die Opferseele

Das Paradies von dieser Welt – die Hölle

Dieser Satz kann als Axiom gelten: Die Welt wäre Adolf Hitler nicht losgeworden, wenn es keine Generäle gegeben hätte. George S. Patton war ein amerikanischer General. Er hätte sogar – als amerikanische Ausnahme – die alte Unabhängigkeit Bayerns wiederhergestellt, wenn seinem Vorhaben eine übergeordnete offizielle Rücksichtnahme auf den roten Diktator nicht entgegengestanden wäre. Und er wäre mit seiner dritten Armee weit nach Osten vorgestoßen, wenn ihn dieselbe politische Rücksichtnahme nicht bei Konnersreuth, Waldsassen und Eger festgehalten hätte.

Die geschichtskundige britische Politik war weit von solchen Rücksichten entfernt. Ein unüberbrückbarer Gegensatz trennte sie von der amerikanischen Mitteleuropapolitik. Im Widerspruch zu Churchill hatte Roosevelt Länder wie Polen, Ungarn und die Tschechoslowakei der sowjetischen Machtsphäre überlassen. Schon am 13. April suchte Außenminister Eden den amerikanischen Botschafter zu überzeugen, wie wichtig es wäre, Prag durch die amerikanische Armee zu befreien. Gleich nachdem die dritte Armee unter General Patton die Westgrenze der Tschechoslowakei erreichte, appellierte Churchill (am 18. April) an den eben gewählten Präsidenten Truman, »die alliierten Armeen sollten ohne Rücksicht auf Demarkationslinien operieren«. Doch Truman zeigte kein Verständnis für Churchills Auffassung. Sir Winston traf am 24. April – die dritte US-Armee stand bereits eine Woche tatenlos an der tschechoslowakischen Grenze – mit Eisenhower zusammen. Doch dieser erklärte, er halte Prag für kein militärisches, geschweige ein politisches Ziel.

In ganz anderen Dimensionen dachte um den 26. April das amerikanische State Department. Aber dessen alarmierende Einschätzung der Gefahr machte auf Truman keinen Eindruck. Er antwortete am 1. Mai zur Enttäuschung Churchills: »Wenn es die Situation erlaubt, wird unsere Bewegung gegen Pilsen und Karlsbad gerichtet sein. Ich versuche jeden Schritt zu unterlassen, den ich militärisch für unklug halten würde.«

Nachdem Truman am selben Tag seine Meinung überraschend geändert hatte, zögerte Eisenhower drei weitere wertvolle Tage. Erst am 5. Mai, nach 18 Tagen des Abwartens (!), durfte Patton die tschechoslowakische Grenze überschreiten. Seine zwei Armeekorps legten in 18 Stunden 140 Kilometer zurück, ohne auf deutschen Widerstand zu stoßen, und erreichten am 6. Mai frühmorgens Holoubkov, 24 Kilometer östlich von Pilsen. Ein Befehl General Bradleys, des Kommandeurs der 12. Armeegruppe, deren Bestandteil die dritte US-Armee war, verbot Patton die Linie Karlsbad-

Pilsen-Budweis zu überschreiten. Churchill appellierte am 7. Mai abermals an Eisenhower, keine Absprache mit dem sowjetischen Oberkommando zu respektieren und Prag zu besetzen; es bestehe nicht die geringste Gefahr, irgendwo auf Russen zu stoßen, weder in Prag noch in Ostböhmen. Gleichzeitig ersuchte Churchill Truman, er möge Eisenhower den entsprechenden Befehl geben. Eisenhower hielt es nicht einmal für notwendig, Churchill zu antworten, obwohl es auch am 7. Mai noch nicht zu spät gewesen wäre und obwohl er an diesem Tag den von Churchill gewünschten Befehl Trumans endlich in Händen hatte: Patton müsse bis zur Moldau und entlang dem ganzen Stromlauf vorrücken. Er habe einen starken Brückenkopf östlich der Moldau zu bilden, damit Amerika eine stärkere Position gegenüber der Sowjetunion bekomme und nach Kriegsende mit Moskau eine günstige Regelung für Mitteleuropa aushandeln könne. Nicht einmal jetzt war es zu spät: Patton hatte gegenüber den Russen einen Vorsprung von 18 Stunden in Nordböhmen, 42 Stunden in Prag und mehr als zwei Tagen in Ostböhmen. Doch Eisenhower lehnte es ab, dem Befehl des Präsidenten Folge zu leisten. Für die dritte US-Armee wäre es ein leichtes gewesen, Prag zu besetzen und tief in die Tschechoslowakei vorzudringen. Nach einem weiteren Tag des Zögerns war es endgültig zu spät. Erst acht Stunden bevor die sowjetischen Panzerspitzen in einem Vorstoß von Berlin aus die Vororte Prags erreichten, wurde Eisenhower einsichtig. Sein politischer Berater, Robert D. Murphy, betrachtete Eisenhowers Versäumnis, Prag zu besetzen, als dessen schwersten politischen Fehler überhaupt.

Nicht auszudenken, was dem deutschen Sprachraum, vor allem Prag, erspart geblieben wäre, wenn Mitteleuropa, aufgrund anderer militärischer Grenzen, hätte anders geordnet werden können.

Churchill, der Historiker, ging sogar so weit, eine keineswegs utopische Wiedervereinigung Bayerns, Österreichs und Ungarns entlang der Donaulinie ins Auge zu fassen, als endgültige Heilung vom kleindeutschen Großpreußenreich. »Zu dieser Zeit«, erinnerte sich Elisabeth zu Guttenberg, »gab es noch die reale Möglichkeit einer Wiedereinführung der bayerischen Monarchie, die amerikanischerseits bejaht wurde. Sie wurde aber leider bald wieder von den Amerikanern selbst fallengelassen«, weil die Leute, die dem »Edel-Kommunisten« Roosevelt geistig folgten, wiederum statt auf die Stimme der Geschichte, auf den roten Diktator hörten, der den Yankees einredete, eine Wiederkehr der Monarchie sei eine Wiederkehr des »Faschismus«.

»Es war uns klar«, schrieb Elisabeth zu Guttenberg weiter, »der Kampf war mit dem Ende des Nationalsozialismus nicht ausgekämpft. Vom Osten her wuchs die Gefahr des militanten Kommunismus – auch er eine diabolische Pseudo-Religion!« Sowohl Hitlers als auch Lenins Ideologie wurzelte in der Aufklärung, »in der Abkehr der Massen von Gott«.

Wie Stalins Panzer von Berlin aus nach Schlesien und Böhmen vorstießen, so hatte von Preußen aus schon einmal ein Unglück seinen Ausgang genommen, hatte Friedrich II. das Heilige Römische Reich, das Abendland und Europa, in den Abgrund gerissen. Mit ihm hob der von Fontane beklagte »preußisch-deutsche Übergang« an. Der Menschenverächter Hitler konnte später *nur* von Preußen aus diese Zerstörung vollenden. Und nur mit Preußen (nicht etwa mit Polen oder mit Österreich) konnte die marxistisch-leninistische UdSSR eine »DDR« schaffen, die am Ende des zwanzigsten Jahrhunderts in den »deutsch-deutschen Übergang« münden sollte. Hatte es hier vor 1933 eine Glaubensindifferenz gegeben, so wuchs hier *seit* 1933 und erst recht seit 1945 eine Wüste der Glaubens*losigkeit*. Im »real existierenden Sozialismus« der DDR erklärten sich Museumsdirektoren bereit, nicht mehr »vor Christus« und »nach Christus« unter ihre Antiken zu schreiben, sondern »v.u.Z.« und »n.u.Z.«! Welche Kleinlichkeit, wenn sie schon (was auch französische Revolutionäre vergeblich versucht hatten) die christliche Zeitordnung nicht umstoßen konnten, das Wort Christus zwar zu scheuen wie der Teufel das Weihwasser, aber die Zeitenwende selbst nicht anzutasten! Wahrlich, des Beweises, daß der Kommunismus wie der Nationalsozialismus Front gegen das Christentum machte, bedurfte es nicht mehr nach solchen Praktiken. Der Meister der Lüge, der von der Substanz der Schöpfung lebte, beherrschte die rote Ideologie. Die Prager, deren Unglück, genau genommen, 1919 mit der Sprengung ihrer Mariensäule am Altstädter Ring begonnen hatte, mußten die Greuel der Kommunisten »ausbaden«, mußten einen vermeintlichen »Frühling« neuerdings von kommunistischen Panzern niederwalzen lassen. Christus starb hier jeden Tag.

Ivan Slavík, der als bekennender Katholik die besten Jahre seines Lebens in kommunistischen Gefängnissen schmachtete, schrieb aus heißem Herzen den Hymnus »Die Hände des gnadenreichen Prager Jesuleins«, erschienen im zweiten Jahr nach der Befreiung vom Kommunismus. Darin heißt es programmatisch: »Gebt mir meine Hände, damit ich darin die Erde heben kann und die Sterne und alle Räume des Alls. Ließe ich einen Augenblick in meiner Liebe nach, es würde die Welt ins Nichts gleiten, ins leere Loch. Gebt mir meine Hände, damit ich euch regiere, denn ich bin der König, und wenn ihr mich absetzt, werdet ihr nicht das Paradies erschaffen – das nicht von dieser Welt sein kann –, sondern die Hölle.« ... ve snaze vytvořitráj – jenž není z tohoto světa – pozemské peklo vytvoříte.

Aber unmißverständlich warnte Therese von Konnersreuth, gerade weil sie ihre Sympathie für soziale Vorhaben nie verheimlichte, vor den Ursachen: »Ihr sprecht und predigt immer gegen den Bolschewismus, aber ihr tut nichts für die Unglücklichen. Die kommunistischen Irrtümer können nur durch die christliche Tat bekämpft werden. Dazu gehört in erster Linie, daß für die Familien menschenwürdige Wohnungen gebaut werden.«

In den Augen der Besatzer

Wir sind der Geschichte vorausgeeilt. Ein amerikanischer Armeepfarrer erinnerte sich später an den Einmarsch in Konnersreuth: »Unsere 90. Infanterie-Division war in vorderster Linie, als wir das bayerische Konnersreuth eroberten. Es war ein Samstag (21. April); wir bekamen Nachricht, daß ein Teil unserer Division schon im Ort eingetroffen sei. Wir zweigten von der Hauptstraße ab und kamen zum Dorf Konnersreuth. Es lag auf ebenem Boden und rauchte noch vom Artilleriefeuer, mit dem wir es am Tag zuvor beschossen hatten. Es war weitgehend zerstört. Wir gingen zur Rückseite des Neumann-Hauses, und dort, in einem kleinen Garten, fanden wir Pfarrer Naber, der eben mit einem anderen katholischen Feldgeistlichen, Pfarrer Kerns, sprach. Eine Weile stand ich da und hörte mir Pfarrer Nabers Antworten an. Besorgt wegen der verstreichenden Zeit wandte ich mich schließlich an eine kräftige junge Frau im Hintergrund. Sie war schwarz gekleidet und trug ein weißes Kopftuch. Ich ging zu ihr und sagte auf Deutsch: ›Sie sind wohl die Mutter von Therese Neumann, ja?‹ –›Nein, ich bin Therese Neumann‹, kam die Antwort, und sie streckte ihre Hände aus, um die Male auf Handfläche und Handrücken zu zeigen. Sie waren von einer dunklen Membrane überzogen und merkwürdig eckig – die Stigmata – die Zeichen von Passion und Tod unseres Herrn.«

Therese Neumann (1898–1962).
Aufnahme aus den vierziger Jahren.

Anrührend gibt uns der Amerikaner eine erste Schilderung ihres Zimmers nach dem »Tag X«: »Ich wollte gern Thereses Vögel sehen, also nahm sie mich mit nach oben. Ihr Schlafzimmer ist am Ende der Treppe, ein größerer Raum, hellgrün gestrichen. Ihr Bett ist in einer Ecke, mit einem Federoberbett aufgebauscht – eine bayerische Eigenheit. An der Wand gegenüber vom Bett, einer Außenwand, war eine sich nach außen vorwölbende Nische. Dies war ein Vogelkäfig. Es müssen sechs kleine Vögel in diesem Käfig gewesen sein. Zwei kleine Bäumchen, eine Schüssel mit Wasser und viel Moos war auch darin, und die Seitenwände waren mit Waldszenen bemalt.

Die Wand am Kopfende ihres Bettes hatte zwei Fenster. Dazwischen steht ein schöner Altar. Hier hat Kardinal Faulhaber eine heilige Messe zelebriert, wurde mir erzählt. Der Altar ist, wie alle Altäre in Bayern, barock mit einer Menge Gold daran und ist dem Heiligsten Herzen Jesu geweiht. An der Wand, am Fußende ihres Bettes ist noch ein Schrein, zu Ehren der ›Kleinen Therese‹. An der Wand neben ihrem Bett sind Plaketten unseres Herrn und der heiligen Mutter, darunter hängen mehrere Reliquien.«

Die amerikanischen Besatzungssoldaten waren von einer ganz unmittelbaren und – wenn man so will – naiven Frömmigkeit. Es gibt Fotografien von den sich an den Freitagen wieder bildenden Menschenschlangen am Unteren Markt. Es kamen Arbeiter, Wissenschaftler, Angestellte, Ärzte, Mönche, Hausfrauen, Katholiken und Protestanten, Buddhisten, Ungläubige, Fromme und Suchende. Es herrschten aber die Uniformen der Befreier vor. Amerikaner waren es auch, die mit einem Hubschrauber das neue Turmkreuz auf den Turm der wiederhergestellten Pfarrkirche Sankt Laurentius hoben.

Das Stiftland begann sich zu erholen. Viele Egerländer, die nach ihrer Flucht oder Vertreibung eine neue Heimat suchen mußten, ließen sich hier, gleichsam vor ihrer Haustür, nieder. Gerade deshalb konnten sie ihre Sitten und Bräuche dauerhaft bewahren. Im Stiftland sind egerländische Traditionen zugleich stiftländische Merkmale.

Steiners Offizin

Johannes Steiner, in seinen frühen Lebensjahren Weggefährte Ingbert Naabs und Fritz Gerlichs, hatte 1936 geheiratet. Seine Gattin, die gebürtige Sophie Haberl, eine Lehrerin, schenkte ihm drei Söhne. Die junge Ehe wurde von ständigen Verhören überschattet, denen Steiner in der Gestapo-Zentrale an der Briennerstraße unterzogen wurde. Am ersten Tag des Zweiten Weltkriegs wurde er zur Wehrmacht eingezogen. Zum Glück überstand er das Grauen des Krieges ohne Schaden. Ungebrochen und fest auf Gottes Fürsorge vertrauend kehrte er aus der Gefangenschaft im Elsaß nach München zurück. Hier fand er, was bis zum letzten

Kriegstag zweifelhaft gewesen war, Frau und Kinder unversehrt in seiner alten Jugendstilvilla an der Von-der-Pfordten-Straße in Laim. Er hatte das »Tausendjährige Reich« überlebt. Sein in der Nazizeit begonnenes Kirchenführer-Programm konnte er bald über die Grenzen Bayerns hinaus nach Österreich, nach Südtirol und in die Schweiz, später auch nach Böhmen und Ungarn, ausdehnen. Im liebvertrauten Waldsassen, wo sich zwischen den lang gezogenen Grenzhügeln für die Wondreb eine Pforte nach Böhmen öffnet, erwarb Steiner eine Druckerei, eine richtige »Offizin«. Seitdem konnte er Therese Neumann immer wieder im nahen Konnersreuth besuchen, um sich mit ihr und Pfarrer Naber zu beratschlagen.

Teresa von Avila und Sankt Laurentius

Es war wieder still geworden in Konnersreuth, auffallend still. Der einstige »Adolf-Hitler-Platz« hieß wieder »Marktplatz«. Und inmitten plätscherte der »Räierkastn« seinen alten Sang: Eine öffentliche Wasserstelle, an der sich Menschen begegnen und Neuigkeiten austauschen konnten. Nach dem Wiederaufbau der zerstörten Fassaden hatte sich nichts am Eindruck der Bescheidenheit des alten Marktes geändert. Kardinäle kamen und gingen, Konnersreuths Erscheinungsbild blieb unberührt. Es gab keine Bretterbuden mit Bildern und Andenken, keine Verkaufsstände für Devotionalien, Gebetbücher und Schnitzereien. Nur an den Freitagen versammelte sich wie eh und je eine riesige Menschenmenge in schweigender Erwartung vor dem Neumann-Haus. Jeder harrte geduldig in der langen, um viele Hausecken gewundenen Schlange, bis die Reihe an ihn kam, einen Blick auf die visionäre Stigmatisierte zu werfen.

Neben der »Kleinen Therese«, ihrer Seelenführerin, verehrte Therese Neumann, wie wir gehört haben, besonders ihre Namenspatronin Theresia (spanisch Teresa) von Avila, mit Klosternamen »Theresia von Jesus«. Als jüngstes von elf Geschwistern wurde sie am 28. März 1515 in Avila geboren. Mit fünfzehn Jahren in die Obhut der Augustinerinnen gegeben, kehrte sie 1532 aus Gesundheitsgründen ins Elternhaus zurück. 1535 trat sie aus eigenem Entschluß ins Karmelitinnenkloster »der Menschwerdung« von Avila ein. Sie erkrankte schwerer als je zuvor und wurde zum »innerlichen Gebet« geführt. Es häuften sich mystische Erlebnisse; so schaute sie ihre geistliche Verlobung. Da erwachte das Mißtrauen ihrer Freunde. Zur Bestätigung der Wahrhaftigkeit ihrer Empfindungen durfte sie Verzückungen erfahren, von denen die Durchbohrung ihres Herzens die erregendste war.

Sie wuchs zu einer hervorragenden Prosaschriftstellerin heran, reformierte kraftvoll den Karmelitinnenorden, gab ihren zahlreichen Gründungen strenge Regeln und hob, in Verbindung mit ihrem Beichtvater, dem heiligen Johannes vom Kreuz, dank ihrer bezwingenden Ausstrahlung den geistigen Anspruch des Ordens. Dafür mußte sie harte Anfeindungen von seiten der kirchlichen Obrigkeit hinnehmen. Johannes vom Kreuz kam ins Gefängnis, Gründungen und Regeln wurden 1574 anulliert. Aber bereits 1580 wurde ihr Ansehen wiederhergestellt, so daß sie nach dem Empfang der Sterbesakramente dem Schöpfer dafür danken konnte, als »Tochter der Kirche« hinscheiden zu dürfen. In Alba, wohin sie in ihren letzten Lebenstagen noch hatte reisen müssen, hauchte sie am 4. Oktober 1582 ihre Seele aus.

Therese Neumann schaute das Sterben ihrer Patronin in eindrucksvollen Bildern. Schon 1614 wurde Teresa selig, am 12. März 1622, zusammen mit Ignatius von Loyola, Franz Xaver und Philipp Neri, heilig gesprochen.

Besonderer Verehrung erfreute sich bei Therese der Konnersreuther Kirchenpatron Laurentius, Erzdiakon Papst Sixtus des Zweiten. Laurentius hatte, als Kaiser Valerian die Christen besonders grausam verfolgte, den ihm väterlich gesinnten Papst Sixtus, der erst ein Jahr vorher zum Pontifex erwählt worden war, auf die Richtstätte begleitet und sein Haupt fallen sehen. Gemäß dem letzten Willen des Papstes verteilte er den Kirchenschatz an Leidende und Arme. Kaiser Valerian, der selbst nach den Schätzen gierte, schäumte vor Wut. Er ließ Laurentius geißeln, auf einen eisernen Rost binden und diesen über glühende Kohlen stellen. Laurentius redete auf seinem feurigen Marterbett, bevor er den Geist aufgab, noch eindringlich und begeistert von Christus. Dies geschah am 10. August 258. Zweiundsiebzig Jahre später ließ Kaiser Konstantin über dem Grab des Märtyrers die Kirche San Lorenzo fuori le mura (außerhalb der Stadtmauer) erbauen. In einem antiken Sarkophag auf dem Boden der Krypta ruhen seither die Gebeine des heiligen Laurentius zusammen mit denen des heiligen Stephanus. Deswegen werden beide Erzdiakone auf den Altären oft gemeinsam gezeigt.

Pfarrer Witt von Waldsassen fixierte in seinen Schriften das erste Auftreten dieser Vision: »Am Feste des heiligen Laurentius, welcher Pfarrpatron von Konnersreuth ist und einer der Lieblingsheiligen des alten Zisterzienserklosters Waldsassen, sah Therese seinen Martertod auf dem glühenden Roste... Therese selbst wußte diese Schauung anfangs überhaupt nicht zu deuten. Sie sagte nur immer, sie habe einen jungen Mann gesehen, der aber nicht der göttliche Heiland gewesen sei. Die Umgebung war eine ganz neue, unbekannte. Desgleichen war die Sprache eine andere, als Therese sie sonst von Christus und den Aposteln gehört hatte. Therese plagte sich zunächst vergeblich, wie sie das Gesehene benennen solle. Erst

Pfarrer Naber verhalf ihr zur Deutung. Er las ihr aus dem Brevier (Die 10. Augusti S. Laurentii Martyris) einige Worte des heiligen Laurentius vor, und Therese bestätigte, so habe er gesagt. Daß das römische Brevier die wichtigen Worte des großen römischen Heiligen treu bewahrt hat, ist sehr leicht glaubhaft.« (Die Überlieferung, etwa des Wissens um die Grabstätte Sankt Stephans oder um die letzten Worte des heiligen Lorenz auf dem Rost, reicht zweifellos in tiefere Schichten hinab als mancher Exeget sich träumen läßt.)

In dem erwähnten Bericht über ihre Vision hob Therese Neumann übrigens hervor, daß Laurentius bei einbrechender Dunkelheit gemartert wurde, damit alles Volk das »Schauspiel« über den glühenden Kohlen, das gräßliche Verschrumpeln und Verschmoren in Feuergarben und Schwaden, möglichst eindrucksvoll erleben konnte und vom Christentum abgehalten wurde.

Es schlagen Abschiedsstunden

Zum großen Schmerz der Stigmatisierten starb am 9. Dezember 1949 ihre Mutter Anna Neumann im Alter von 75 Jahren. Durch die außergewöhnliche Gabe ihrer Tochter Theresia hatte sie ein schweres Leben gehabt. Dreiunddreißig Jahre lang hatte sie für die Pflege und in der Sorge um ihre Tochter gelebt, hatte über die Arbeit in Haus und Landwirtschaft hinaus für die Besucher dasein müssen, die zu Tausenden in die Stube ihrer leidenden Tochter drängten.
Begreiflicherweise war sie im Umgang mit Fremden häufig zurückhaltend und schweigsam. Wenn aber jemand in Bedrängnis und Not geriet, konnte er mit ihrer Hilfe rechnen. Therese und Schwester Ottilie hatten die Tugend der Nächstenliebe von ihrer Mutter vorgelebt bekommen. Unter großer Anteilnahme der Bevölkerung wurde sie auf dem Konnersreuther Friedhof zur letzten Ruhe gebettet.
Bereits zehn Wochen später, am 20. Februar 1950, verabschiedete sich neuerdings eine Frau, die aus dem Leben Therese Neumanns nicht wegzudenken war: Mater Benedicta Spiegel von und zu Peckelsheim OSB, Äbtissin des Benediktinerinnenklosters Sankt Walburg in Eichstätt. Äbtissin Benedicta war eine hochgebildete Frau, vornehm und von stattlichem Aussehen. Sie sprach ein Französisch des siebzehnten Jahrhunderts, wie sie es bei den Klassikern gelernt hatte. Das gab ihrer Ausdrucksweise einen unvergleichlichen Reiz. Sie war geschätzt und geliebt bei Hoch und Nieder. Immer wenn Therese in Eichstätt wohnte, war sie auch Gast in St. Walburg. Unzählige Photographien geben Zeugnis von dieser Freundschaft. Therese und Mater Benedicta sind auf einem Grup-

Therese Neumanns Eltern im Jahre 1948.

penbild zu sehen, das aus Anlaß der Konversionsfeier Fritz Gerlichs im Oberen Audienzzimmer aufgenommen wurde. Gegen Kriegsende hatte Mater Benedicta mutige briefliche und telephonische Absprachen mit Engländern und Amerikanern getroffen. Ihr Verhandlungsgeschick hatte entscheidend dazu beigetragen, daß die Stadt vor der Zerstörung bewahrt blieb. Nun wurde ihr Leib in die dunkel vom Schnee abgehobene Erde des Klosterfriedhofs gesenkt. Freundin Therese schaute ihr in die schmale Grube nach. Mater Benedicta ruht unter einem der vielen, in gleichen schlichten Formen geschmiedeten Grabkreuze.

Auch Freiherr Erwein von Aretin verabschiedete sich. Nach 1945 hatte er seine Tätigkeit als Politiker und Journalist wieder aufgenommen. In den ersten Nachkriegsjahren wurde er nicht selten durch seine mutige Haltung gegenüber den Amerikanern zum Tagesgespräch. Die noch stark kommunistisch orientierten Leute im Schlepptau Roosevelts und Morgenthaus, die den Kurs der ersten Besatzungszeit bestimmten, konnten mit einem »Junker« wenig anfangen, der seine Meinung offen sagte und freimütig bekannte, Monarchist zu sein. Entsprechend bitter waren seine Erfahrungen, von denen auch Wilhelm Seutter von Lötzen ein Lied singen konnte.

Die »Freiheitsaktion Bayern«, vor deren Münchner Büro die Aufnahmewilligen Schlange standen, wurde als »reaktionär« von der ersten Generation der Besatzungsmacht verboten. Kaum anders erging es Lebsches »Bayerischer Heimat- und Königspartei«, die

429

sich eines derartig stürmischen Zulaufs erfreute, daß der neugegründeten, damals noch »Bayerischen Christlichen Sozialen Union« angst und bang wurde. Josef Müller (»Ochsensepp«), fränkischer Rechtsanwalt, entsann sich seiner guten Beziehungen zu den Sowjets und fuhr eilig nach Karlshorst ins russische Hauptquartier. Dieses wendete sich schon anderntags an die damals noch von »Stalins großer Demokratie« überzeugte amerikanische Besatzungsmacht mit der unmißverständlichen Mahnung, in ihrer »Zone« keine solch »reaktionären Umtriebe« zu dulden. Lebsches Bayerische Partei mußte daraufhin unter der Drohung einer Zwangsauflösung ihre Werbe- und Organisationstätigkeit einstellen. General Patton aber, der seine Vision von der bayerischen Souveränität gegen Widerstände verwirklichen wollte, wurde unter nie ganz geklärten Umständen von einem amerikanischen Lastwagen »aus Versehen« überfahren.

Ein drittes Mal sammelten sich patriotische Bayern zu einer Neugründung, nannten sie diesmal knapp und kräftig »Bayernpartei« und steigerten sie in der Wählergunst zur bisher härtesten Konkurrenz für die CSU. Der Müller-Zögling Strauß machte ihr später im Zusammenwirken mit einem als »Old Schwurhand« verspotteten Jungpolitiker namens Friedrich Zimmermann und einer an den Haaren herbeigezogenen »Spielbanken-Affäre« den Garaus.

»Bayern war schon nach dem Zusammenbruch durch die bewußt bevölkerungsvermischende Methode der vergangenen Hitler-Ära ziemlich überfremdet«, schrieb Wilhelm Seutter 1964, »aber doch bei weitem nicht in dem Maß wie heute, vor allem in der sprunghaft wachsenden bayerischen Hauptstadt. Von den Heimatvertriebenen und späteren Zonenflüchtlingen kann niemand erwarten, daß sie sich von heute auf morgen für die bayerische Königskrone begeistern, die ja gar kein Begriff für sie ist. Auch die im Zuge des Wiederaufbaus und Wirtschaftswunders eingeschleusten Norddeutschen, die hier gut verdienen und durch gegenseitige Protektion oft in führende Stellungen gelangt sind, blieben ein Fremdkörper, ohne Wunsch und Bestreben, sich einzugliedern und typisch bayerische Wünsche zu verstehen oder wenigstens zu tolerieren... Bei Wahlversammlungen geschah es, daß die Redner der CSU mit aller Entschiedenheit für oder gegen die Einführung eines bayerischen Staatspräsidenten agitierten. Es kam zur Abstimmung über diese Frage. Die Anhänger Josef Müllers stimmten geschlossen dagegen. Es ist ein Hohn, daß mit einer einzigen Stimme Mehrheit die große Idee der Wiedereinführung einer überparteilichen Person an der Spitze des Staates Schiffbruch erlitt. Nicht zu Unrecht wurde seinerzeit darüber gewitzelt, daß diese eine folgenschwere Stimme von Frau Deku stammte, einer der treuesten Müller-Anhängerinnen, welche wenige Wochen, nachdem sie Bayern solchen Schaden zugefügt hatte, in ihre norddeutsche Heimat zurückkehrte...

Es dürfte nicht mehr bekannt sein, daß damals daran gedacht war, das Amt des Staatspräsidenten dem Sozialdemokraten Wilhelm Hoegner anzuvertrauen, dem Schöpfer der dritten bayerischen Verfassung von 1946, während das Amt des Ministerpräsidenten Alois Hundhammer übertragen werden sollte. Beide so verschiedene Männer hätten sich ausgezeichnet ergänzt aus einer großen Gemeinsamkeit echten und vitalen Bayerntums.« Während Hoegner den Hitlerterror in der Schweiz überstand, überlebte ihn Hundhammer, der 1933 gleich Aretin das Dachauer KZ-Grauen kennengelernt hatte, als bescheidener Schuster in der Verborgenheit eines Hinterhofs an der Landwehrstraße. Ein Mann doppelte Sohlen und richtete schiefgetretene Absätze auf, der (nach seiner Entlassung aus der Kriegsgefangenschaft) im Frühjahr 1946 als Humanist reinsten Wassers nach Washington reiste, um dem zuständigen Regierungsbeamten Homers Odyssee in der Originalsprache solang auswendig »um die Ohren zu hauen«, bis das von der Besatzungsmacht als »elitär-reaktionär« verbotene bayerische Gymnasium wieder zugelassen wurde. »Hundhammer (der leidenschaftliche Hitlergegner) trat in der Nachkriegszeit offen für die Staatsnotwendigkeit der unverrückbaren alten bayerischen Dreiheit ein: Christentum, Bayerntum und Königtum... Nachdem der Bayerische Staat gegen den Willen des Parlaments (1949) gezwungen worden war, das Grundgesetz anzunehmen, ist es vollkommen unverständlich, wie sich ein Konrad Adenauer erdreisten konnte, vor Studenten in Würzburg ins Blaue hinein zu behaupten, ›daß der Föderalismus uns von der Besatzungsmacht aufgezwungen worden sei‹. Das genaue Gegenteil war der Fall.« (W. Seutter). Kurz, die Welt eines Erwein von Aretin zerbrach Stück um Stück. Alle in den zwölf Jahren der Barbarei genährten Hoffnungen hatten getrogen.

Noch zweimal, im August 1946 und im Herbst 1948, machte Aretin einen Besuch in Konnersreuth. Kein noch so tiefsinniges Werk, meinte er, könne je eine zutreffende Deutung Konnersreuths finden; sie müsse der gnadenvollen Einfalt eines Kinderkatechismus vorbehalten bleiben. Er selbst allerdings fand eine Deutung, der auch ein Leser rationalistischer Zeiten seine Hochachtung und Rührung nicht versagen kann:

»Wenn es mir erlaubt ist, Persönliches zu äußern«, hebt er an, »so war mir immer der Abschied von Konnersreuth die Rückkehr aus einer unendlich farbenreichen, beglückenden Wirklichkeit in eine Welt der Schemen. Nur dort haben die Dinge ihr letztes Gewicht. Taten und Reden der Erde wiegen dort nicht mehr als der Schrei eines Vogels, aufgehoben ist die dem Streit geöffnete Frage: richtig oder falsch, und es bleibt nur die andere: recht oder unrecht, für die jede Seele ihre Antwort weiß, die kein Lärm menschlicher Gesetze verwirren kann.

Die Geschehnisse von Konnersreuth sind zu ungewöhnlich und das Urteil der Menschen zu sehr an Oberflächlichkeit gewöhnt, als daß ihnen nicht Mißtrauen begegnete und Unglauben. Die Ungläubigen aber werden eines Tages die *Unwissenden* sein.

Der Verfasser kann nur das eine Vorrecht erbitten, ihm zu glauben, daß er nicht Märchen erzählen will, sondern Ereignisse und Erlebnisse, die er alle selber mit der Skepsis eines Menschen des 20. Jahrhunderts gesehen und erlebt hat. Er wollte es unternehmen, jene Erlebnisse zu schildern, die sich, seit er sie sah, mit unerhörter Regelmäßigkeit wiederholt haben und von denen jedes einzelne mit dem normalen Menschenverstand nicht zu erklären und zu begreifen ist.«

Aretin bewahrte sich bis zuletzt ein dankbares Empfinden für die Weltabgeschiedenheit und Stille Konnersreuths. Ihn erinnerte diese Bescheidenheit geradezu an das Traumbild, an das höchste erstrebte Ziel der Therese von Konnersreuth, an die heiße Liebe zu Gott im Himmel, die gänzlich ergeben alles hinnimmt, was er bestimmt, und alles, was geschieht, mit Zurückhaltung, fast mit Scham verbergen möchte, als ginge es nur Gott, sie und jene an, denen dadurch geholfen wird.

Erwein von Aretin, der erste, der ergriffen über Konnersreuth geschrieben und Fritz Gerlich zur Umkehr gezwungen hatte, starb in München am 25. Februar 1952 im Alter von vierundsechzigeinhalb Jahren. Sein Leichnam wurde nach Münchsdorf überführt. Es ist jenes bei Arnstorf, nahe dem unteren Vilstal in satte Wiesen gebettete, von Quellen umgluckste und von Bachmäandern umrauschte Hofmarks-Münchsdorf. Dort, wo sein geliebtes Niederbayern am katholischsten, ältesten und echtesten ist, wurde er auf dem kleinen Friedhof beigesetzt.

Eine Vernehmung

Am 13. und 15. Januar 1953 wurde Therese Neumann in Eichstätt von einer bischöflichen Kommission unter Leitung der Professoren Joseph Lechner und Franz Xaver Mayr vernommen. Die Eidesformel lautete: »Ich, Therese Neumann, verspreche, gelobe und schwöre, daß ich in den mir bei der Einvernahme vorgelegten Fragen nach bestem Wissen und Gewissen die Wahrheit sagen werde. So wahr mir Gott helfe und sein heiliges Evangelium, das ich mit meiner Hand berühre.«

Auf die zahlreichen ihr vorgelegten, in »Generalia« und »Specialia« unterteilten Fragen antwortete sie folgendermaßen: »In der Fastenzeit 1926 war ich an einem Donnerstag auf Freitag mit Beten beschäftigt, ohne mich indes besonders mit dem Leiden Christi zu befassen, als ich erstmals den Heiland als Erwachsenen, und zwar am Ölberg beim Blutschwitzen sah und er die Worte betete: te sebud ach (nach seinem dritten Beten). Da sah mich der Heiland liebevoll an; in diesem Augenblick war es mir, wie wenn man mit einem scharfen Gegenstand von der rechten Seite auf die linke Seite durchs Herz sticht und dann ihn wieder zurückzieht. Sofort merkte ich, daß es heiß herunterlaufe von Blut (es erwies sich nachher beim Nachsehen schon als »gestockt«); dann sah ich den Heiland am Ölberg nicht mehr und wußte auch nicht, daß ich im Bett lag. Ich war aber nicht bewußtlos – ich fühlte ja einen stechenden Schmerz im Herzen, der mich übrigens, mit Ausnahme der Osterwoche, seitdem nie völlig verläßt...

Die Bedeutung der Herzwunde, so zum Beispiel, daß diese mir bleiben würde, verstand ich damals und noch lange nicht; ich hatte immer noch und wieder Missionsgedanken. Zu denken gab mir freilich hin und wieder die Ankündigung der kleinen heiligen Theresia, daß ich noch viel und lang zu leiden haben werde und kein Arzt helfen könne. Am nächsten Freitag sah ich das Ölbergleiden und die Leidensnacht bis zur Geißelung einschließlich; am dritten Freitag bis zur Dornenkrönung, am vierten, dem schmerzhaften Freitag ebenso, diesmal aber den Kreuzweg dazu bis zur Einbringung des Heilandes in ein verfallenes Grab, wo er bis zu seiner Kreuzigung warten sollte; am vierten (eigentlich fünften), dem Karfreitag, sah ich das ganze Leiden des Herrn bis zur Versiegelung des Grabes. Während der Annagelung blickte mich der Heiland wieder liebevoll an (gerade wie beim Empfang des Herzwundmales), und in diesen Augenblicken spürte ich an den Händen einen dumpf drückenden Schmerz und zwar dort, wo seitdem die Handwundmale sind. Bei der Annagelung der Füße sah mich der Heiland wieder so an und in diesem Augenblicke spürte ich an der Stelle der heutigen Wundmale an den Füßen den gleich dumpf drückenden, aber noch stärkeren Schmerz.

Ich ließ die Wundmale durch meine Schwester Kreszentia, wie eben andere Wunden auch, verbinden, verlangte von ihr, zu niemand davon zu sprechen und tat im Übrigen alles Erdenkliche, um die Wundmale zu verbergen. Ich nahm ja ohnehin an, daß die Wundmale wieder verschwinden. Daher verwendete ich und auch meine Mutter verschiedene Hausmittel (gehackte Begonien- und Geranienblätter; Borsalbe, Ringelblumensalbe, von der Mutter verfertigt). Natürlich konnte ich auf die Dauer nicht verhüten, daß meine Mutter, die bei mir im Zimmer schlief, und durch sie der

Hochwürdige Herr Pfarrer, der Vater und meine Angehörigen doch die Wundmale bemerkten.«

Frage: Wie denken Sie jetzt selbst über Ihre Wundmale?

Antwort: »Ich habe in ihrem Empfang den Willen Gottes erkannt und daher trage ich sie wie alles, was Gott schickt, (...) im Geiste der Sühne für andere und um Seelen dem Heiland näher zu bringen; dazu ermahnt mich jedes Jahr die kleine heilige Theresia« (am 17. Mai und 3. Oktober).

Die beiden von Therese genannten Daten machen eine Anmerkung notwendig. Am 17. Mai (1925), dem Heiligsprechungstag der Karmelitin Theresia vom Kinde Jesu, genas Therese Neumann von ihrer Wirbelverrenkung. Als Sterbetag der kleinen Theresia ist aber der 30. September (1897) anzusehen, an dessen Jahrtag 1925 Therese Neumann ihre dritte Heilung erfuhr. Was hat also der 3. Oktober zu bedeuten? Im März 1928 schrieb Papst Pius XI., der die kleine Theresia im Jahr vorher zur Patronin aller Missionare und Missionen erhoben hatte, ein eigenes Meßformular zu ihren Ehren vor und setzte den 3. Oktober zu dessen Feier fest. Bei Therese Neumann verschob sich seit 1928 die Ermahnung der kleinen heiligen Theresia auf den 3. Oktober, nach Johannes Steiner »ein Beispiel für die ganz enge Bindung ihrer Visionen an die Liturgie der Kirche.«

Auf die weiteren Fragen der Kommission antwortete Therese:

1. »Ohne ein genaues Datum angeben zu können, war die Verminderung der Nahrungsaufnahme während der Krankheit nach dem Unfall von 1918, also etwa um 1918/19, im Gange.

2. Vollständig nahrungslos, ohne jedes Bedürfnis für Speise und Trank, lebe ich seit Weihnachten 1926; in der Zeit von Weihnachten 1926 bis September 1927 nahm ich die heilige Gestalt bei der Kommunion mit einem Löffelchen Wasser. Seit dieser Zeit ist auch dies weggefallen; ein förmlicher Ekel vor Nahrung und Widerwillen dagegen war bei mir schon seit 6. August vorhanden.

3. Die Ausscheidungen aus der Blase hörten etwa seit Anfang der Dreißiger Jahre (1930) auf. Das weiß ich daher, daß mich die verstorbene Äbtissin M.A.B Benedicta von Spiegel O.S.B. (St. Walburg) bei Anlaß der Primiz von Bruno Rothschild (Juli 1932) fragte, ob ich nicht abseits gehen müsse. Ich antwortete ihr, das bräuchte ich schon länger nicht mehr.

4. Die Ausscheidungen durch den Darm fielen schon längere Zeit vorher weg; schon bei der Untersuchung 1927 war keine eigentliche Ausscheidung dieser Art mehr vorhanden.

5. Meine letzte Regel fiel in die Zeit des Unfalles 1918. Versuche der Ärzte, die Monatsregel wieder in Gang zu bringen, blieben ergebnislos.«

Frage nach dem erhobenen Ruhezustand
1. »An das, was ich im erhobenen Ruhezustand sage, kann ich mich nicht erinnern.

2. In diesem Zustand habe ich das Glücksgefühl der Vereinigung mit dem Heiland; das weiß ich sicher daraus, daß nach Aufhören dieses Zustandes das Glücksgefühl noch lange in mir stark nachwirkt. Langsam geht dieses Gefühl in den gewöhnlichen Zustand eines Sich-Vereinigt-Wissens mit dem Heiland über. Ich gehe auch körperlich erfrischt und gestärkt aus diesem Zustand hervor.«

Frage nach der kindlichen Eingenommenheit
»Ich kann mich im gewöhnlichen Zustand genau an das erinnern, was ich in den Schauungen gesehen habe. Der Inhalt dieser Schauungen ist ja der Gegenstand meines Betens, Betrachtens und Denkens. Der Zustand der Schauung geht zunächst über in den Zustand der kindlichen Eingenommenheit, dieser geht in schlafähnliche, erquickende und tiefe Ruhe über; die geistige Beschäftigung der kindlichen Eingenommenheit setzt sich inhaltlich beim Übergang zum wachen Normalzustand fort. Der Inhalt der Schauungen geht also durch alle Zwischenstufen bis in meinen gewöhnlichen Zustand ein.«

Therese betrachtete es als Gewissenspflicht, in die Niederschrift einen Hinweis auf ihre Schwächen und Fehler einzubringen:

»Ich möchte nicht, daß man aus meinen Angaben die Meinung gewinnt, ich hätte keine Fehler; ich habe vielmehr von Kindheit an, als ältestes der Geschwister, bei gemeinsamen Arbeiten und Plänen der Familie das Bestreben, die Sache voranzutreiben und dabei das von mir als richtig Erkannte mit einer gewissen Schonungslosigkeit gegen mich und meine Mitarbeiter durchzusetzen. Auch bin ich sehr temperamentvoll und überschreite dabei hie und da das rechte Maß und verletze dabei sicher mitunter den Nächsten. Freilich kämpfe ich dagegen an. Ich darf anfügen in aller Demut, daß ich mit Gottes Hilfe niemals veranlaßt war, über Fehler des sechsten, siebenten und achten Gebotes (bewußtes Lügen und dergleichen) mich in der heiligen Beichte anzuklagen.

Der Gedanke, die Sünden anderer Gott abzubitten und dafür Genugtuung zu leisten, ist mir schon seit meiner Dienstzeit beim Wirte Neumann, wo an Fasching getanzt wurde, eine Gewohnheit geworden – ich war ja Mitglied des nächtlichen Sühnevereins und der ewigen Anbetung. Während des Tanzes im Wirtshaus habe ich regelmäßig in einem Nebenzimmer vor einem Kreuzbild gebetet; nachher mußte ich ja wieder bedienen.

Wenn ich vom Leiden Christi höre, den Kreuzweg oder den *schmerzhaften* Rosenkranz beten möchte, dann greift mich dies nach einiger Zeit seelisch so an, daß ich starke Herzbeschwerden bekomme und ohnmächtig werde. Der verewigte Hochwürdigste Herr Kardinal Faulhaber hat mich darob beruhigt, daß ich mir unter diesen Umständen keinen Vorwurf zu machen brauche, wenn ich von den erwähnten Gebetsformen abstehe.«

Der Fürst an Pater Ingberts Grab

Erich Fürst von Waldburg-Zeil blieb dem Konnersreuther Kreis und Eichstätt eng verbunden. Immer wieder besuchte er das Wutzhaus an der Römerstraße. Nach dem Tod von Professor Wutz kaufte er, der schon so viele Opfer für die Finanzierung des »Geraden Wegs« gebracht hatte, das traditionsreiche Gebäude und setzte Ottilie Neumann zur Verwalterin ein. Auf diese Weise erhielt er das Haus für Therese und ihre Freunde, was gerade in den späten Hitlerjahren wichtig war. Hier trafen sich die Freunde weiterhin zu konspirativen Sitzungen. Die Kapuziner kehrten immer wieder ein, umgekehrt kam Therese zu den Kapuzinern. Dort wohnte sie auf dem Singchor ungesehen der heiligen Messe bei. Über Professor Wutz erzählte sie später – im Rückblick auf die Schreckensjahre – er habe nur ein kurzes Fegfeuer erdulden müssen. In ihren Schauungen gab es ja das Fegfeuer nicht als Ort, sie sah es als Zustand verzweifelter Verlassenheit.

Nach ausgestandenen Nachkriegswirren wurden die Relikte Pater Ingberts vom dankbaren Eichstätter Oberbürgermeister Hans Hutter, dem der Pater ein väterlicher Freund gewesen war, aus Königshofen im Elsaß nach Eichstätt heimgeholt. Am 21. April 1953 war es soweit. Die Stadt war beflaggt, von allen Türmen läuteten die Glocken. Hinter dem Eichstätter Bischof Schröffer und dem Augsburger Oberhirten Freundorfer schritten in einem langen Zug das Domkapitel, die Professoren der Hochschule, über hundertzwanzig Priester, alle Schülerinnen und Schüler der höheren Schulen mit ihren Lehrkräften, die Pfadfinder, die Marianische Studentenkongregation, die Männervereine der Diözese, Gäste aus Württemberg, aus dem Rheinland, aus der Schweiz und aus Straßburg durch die geschmückten und vom Glockenklang widerhallenden Gassen der Stadt. So erfüllte sich Pater Ingberts Vorhersage, daß bei seiner Beerdigung alle Glocken Eichstätts läuten würden.

Auch Therese Neumann erlebte die Rückkehr der sterblichen Hülle Pater Ingberts aus nächster Nähe mit. Unerkannt stand sie unter den Trauergästen auf dem Friedhof der Kapuziner. Der bayerische Parlamentspräsident Alois Hundhammer fiel in der ersten Reihe der Trauergäste auf. Er war Zeuge, als eine Steintafel über Pater Ingberts Grabkreuz in die Kirchenwand eingelassen wurde. Sie trägt für alle Menschenzeit seinen Totenspruch:

Rp. Ingbertus a Dahn in Iniquitate Temporum Peregrinus Factus et Nominatus Obiit in Koenigshofen (Alsatia) 28. 3. 1935 Aet.Phys. 50 Relig.30 / Translatus 21. 4. 1953.

Hundhammer, der keinen Augenblick teil gehabt hatte an den Verbrechen seiner Zeit, mag in der Erinnerung an die ihm wohlbekannte Mahnung des kämpferischen Paters zustimmend genickt haben: »Die Kirche kann warten. Ihre unerschütterliche Kraft liegt gerade im Beharren, in ihrer Leidensfähigkeit, in der Gnadenkraft, die der Heiland ihren Gliedern spendet. Die Tabernakel unserer Kirchen sind die größten Kraftzentralen. Die Lehrstühle des Papstes und der Bischöfe sind die hellsten Leuchttürme. Es kann uns jahrelang schlecht gehen, schlecht nach menschlichen Begriffen, wir können jahrelang ›nichts zu lachen haben‹, das macht alles nichts. Unser Herrgott kennt seine Stunde.«

Neben Hundhammer sieht man auf einer zeitgenössischen Photographie auch Erich Fürst von Waldburg-Zeil stehen. Es ist vermutlich die letzte Aufnahme, die den Fürsten lebend zeigt: Vier Wochen später erlitt er einen Jagdunfall, an dessen Folgen er am 24. Mai 1953, erst fünfzigjährig, starb. Eine Wegkapelle bei Leutkirch mahnt zum Gebet für ihn.

Lebenserhaltung durch die Eucharistie

Gewiß: Die Anerkennung der Vorgänge von Konnersreuth stellt kein Dogma dar. Gleichwohl ist es nach erklärlicher Meinung für den Jubel des Glaubens etwas Erhabenes, wenn durch die Stigmatisation der Damm der Zeiten durchbrochen wird, wenn das blutige Leiden Christi wie in einem gewaltigen Strombett in die Gegenwart hereinfließt. Als Therese blutige Tränen vergoß, galten sie ja nicht dem Golgatha von gestern, sondern dem Golgatha von heute. Nicht nur durch die bloße Betrachtung des Leidens Christi vereinigt sich der Mensch mit dem gekreuzigten Heiland, sondern durch sein persönliches Leiden, indem er, gemäß den Worten des heiligen Paulus, das eigene Lebenskreuz zum Kreuz Christi hinzutut. Alle ins Kirchenjahr eingeflochtenen Geheimnisse des Glaubens, wie sie in den Visionen und Ekstasen Therese Neumanns beschlossen waren, hingen an den zwei wesentlichen Erscheinungen ihrer Stigmatisation wie ein Tor an zwei Angeln: An den in Blut getauchten Leidensstationen und an der himmlischen Seelenspeise, der Heiligen Eucharistie, die einzig ihr Leben erhielt, nach deren Auflösung und Eingehen in den eigenen Leib sie sterbenshungrig wurde. Es gibt in der Tat Augenzeugenberichte von ihrer tiefen Not, von ihrem schmerzenden Schmachten, von ihrem herzzerreißenden

Hunger nach der Eucharistie. Josef Teodorowicz schreibt mit Recht: »Die heutige Welt ist das geistige Kind jener Losungsworte, welche die Französische Revolution und die Weltrevolution entfachten. ›Nolumus regnare hunc super nos‹ – wir wollen nicht mehr, daß er (Christus) über uns herrsche. Wir selbst werden uns das Band brüderlicher Liebe schaffen. Aus uns, aus unserem Gehirn und seinen Erzeugnissen, aus der ›Maschine‹ wird die Quelle der Stärke für die Welt aufgespeichert. Wir werden unsere Selbsterlöser werden.

Alle erleben wir jetzt die Tragik der Welt mit, die Vernichtung all ihrer Hoffnungen, den Untergang ihrer Zivilisation und die ganze furchtbare Nichtigkeit ihrer Selbstüberhebung. An die Stelle der Liebe tritt allgemeiner Haß; das Selbstbewußtsein der Stärke weicht vor dem Geist der Furcht, der alle und alles zu beherrschen sucht.

Man fürchtet sich vor den Erzeugnissen eigener Hände und vor denen des menschlichen Genies, man fürchtet die Maschine, welche der jetzigen Kultur den bevorstehenden Vernichtungskampf androht. Die Menschheit beginnt an sich selbst zu zweifeln; sie sehnt sich heimlich nach dem verstoßenen Kreuz. Das ist das Erschütternde für uns an dem Mysterium von Konnersreuth: Die jenseitigen Mächte sind nicht tot, trotz unserer mechanischen Allwissenheit. Es ist unser Gott, unsere Seele, unser Gewissen, das dort in dem Fichtelgebirgsdorf blutige Tränen weint, es sind unsere Tränen, die dort geweint werden. Es ist der Schrei unserer gequälten, mißhandelten, unterdrückten Seele, der dort blutigrot ausbricht.«

Von der Nahrungslosigkeit

Der heimgegangene Fritz Gerlich hatte ausdrücklich betont: »An keiner Stelle meiner Untersuchung habe ich es nötig gehabt, die Kette von Ursache und Wirkung (die Kausalreihe) zu unterbrechen und reine Annahmen (Hypothesen) als scheinbar verbindende Zwischenglieder einzuschalten. Ihr (Therese Neumann) die bewußte Täuschung ihrer Mitmenschen zu unterstellen, besteht keine Berechtigung. Für den Gedanken, durch eine pia fraus – einen frommen Betrug – Gott zu dienen, ist ihre religiöse Auffassung ebenfalls zu hoch entwickelt.« Und weiter hatte Gerlich geschrieben: »Die Anhänger der Abhängigkeit von den Naturgesetzen nehmen gemäß ihrer Weltanschauung an, daß Gott die Täuschung der Menschen durch das Böse zuläßt und daß dieses Böse um des Täuschungszwecks willen Gottes Maßnahmen nachahmt. Aus dieser Grundanschauung ergibt sich für sie, daß jede behauptete Stigmatisation, Wunderheilung oder Leben ohne Nahrungsaufnahme der Untersuchung bedarf, nicht nur, ob sie natürlich oder nicht natürlich bewirkt ist, sondern auch, ob sie von Gott oder vom Bösen verursacht wurde.«

Therese Neumanns Passionsvisionen ereigneten sich seit ihrer Stigmatisation gegen siebenhundertmal, erregten Aufsehen in der ganzen Welt und führten im Laufe von mehr als drei Jahrzehnten Hunderttausende nach Konnersreuth. Durch eidesstattliche Zeugnisse, die zum Teil schon früher, besonders aber in den letzten Lebensjahren der Stigmatisierten gesammelt wurden, ist eindeutig belegt, daß die 1927 festgestellte Nahrungslosigkeit sechsunddreißig Jahre lang angedauert hat. Solche Nahrungslosigkeit ist wohlgemerkt kein Verdienst, ist keine Leistung eines Menschen, ist nicht »erlernbar«, kann aus eigenem Willen weder erzeugt, noch »von sich aus« wieder abgelegt werden, ist etwas anderes als Nahrungsenthaltung, Hunger oder Fasten, entzieht sich jeder menschlichen Einflußnahme.

Nach einem Wort Papst Johannes Pauls II. enthält »allein die Eucharistie das Heilstestament des Neuen Bundes zwischen Gott und der Menschheit.« Wörtlich sagte der Heilige Vater: »Während bei Betsaida die Teilnehmer an der Brotvermehrung ihren Hunger stillen und ›alle satt werden‹ konnten, verdanken die Heiligen als Menschen der Eucharistie, diesem Heilsgeheimnis, einen immer größeren Eifer, einen immer größeren geistlichen Hunger: den Hunger nach Wahrheit, nach Liebe und Opfer – einen Hunger, den nur der himmlische Vater stillen kann, wenn er ›alles in allen‹ sein wird.« Auch nach Augustinus ist es unzweifelhaft so, daß »wir vom Kreuz Christi gespeist werden, wenn wir seinen Leib essen.«

Als Ennemond Boniface fragte, ob es wirklich wahr sei, daß Therese weder ißt noch trinkt – nie – auch nicht das Geringste?, erwiderte der Schimlwirt, bei dem Boniface wohnte: »Glauben Sie vielleicht, daß wir hier einfältiger sind als andernorts, und daß wir uns dazu herbeilassen würden, vor der ganzen Welt lächerliche Figuren abzugeben, wenn einst entdeckt würde, daß Therese nicht nahrungslos lebte? Glauben Sie, daß in den zweiunddreißig Jahren, seitdem dieser Zustand andauert, niemand hier, besonders in ihrem Haus, etwas gemerkt hätte? Halten Sie so etwas für möglich? Und meinen Sie nicht auch, wenn sie etwas essen würde, daß sie wie andere Menschen das Bedürfnis hätte, irgendwo hinzugehen? Denn durch das Essen entstehen Folgen, die schwer zu verbergen sind!«

Der verewigte Freiherr von Aretin hatte einmal unmißverständlich festgehalten, daß in seinem Essay nicht der Ort sei, dem Labyrinth von Urinuntersuchungen und ähnlichen Dingen nachzugehen, mit denen unsere entgötterte Zeit einem Phänomen zu Leibe rücken wolle, das im Wesen rein geistiger Natur und von dem die

Nahrungslosigkeit nur eine fast belanglose Nebenerscheinung sei: »Jedenfalls glaube ich nicht, daß jemand, der jemals wie ich den Konnersreuther Alltag mitmachte, über die Nahrungslosigkeit auch nur einen Gedanken verliert. So unerklärlich sie ist: es gibt dort noch wesentlich Unerklärlicheres.«

Aretin appellierte an die Phantasie seiner Leser, sich auszudenken, welche Mittel sie gebrauchen würden, um ihrer Mitwelt eine vollständige Nahrungslosigkeit vorzutäuschen, »deren Ziel nebenbei ganz sinnlos wäre, weil Stigmen und Visionen dem Geltungsbedürfnis eines danach strebenden Menschen wohl genügen dürften und die Nahrungslosigkeit für Therese, wie gesagt, nur die Quelle unendlicher Plackereien und Verdächtigungen ist. Insbesondere stellt die Getränkelosigkeit ein nicht zu lösendes Problem dar: Brotkrumen sind schließlich in einem faltenreichen Rock leichter zu verstecken als Flüssigkeiten! Ich weiß, daß deren Fehlen Therese längstens zur Mumie hätten verdorren lassen müssen, ich weiß aber auch, daß es dies nicht tat. Daß man zweifelnd nach dem ›Wieso?‹ fragt, ist verständlich. Gäbe es darauf eine Antwort, so wäre der Fall nicht sonderlich interessant. Erst, daß es *keine* Antwort gibt, läßt die Zusammenhänge ahnen und von einem ›Wunder‹ reden, das übrigens in der Geschichte der Kirchen beträchtlich mehr Parallelen hat, als man glaubt.«

Die bescheidene Metzgertochter Anni Spiegl von der Ostenstraße, deren Schreibname dem Geschlechternamen der Hochwürdigsten Mater Äbtissin von Sankt Walburg ähnelte, hatte nach der Machtergreifung Hitlers, als ihre Lage in Eichstätt gefährlich wurde, für zehn Wochen Unterschlupf bei Therese Neumann in Konnersreuth gefunden. »Es war die schönste und sorgloseste Zeit meines Lebens«, schrieb sie später. »Den ganzen Tag war ich bei Resl, arbeitete mit ihr im Garten, half ihr beim Kirchenschmücken, fuhr mit ihr in den Wald. Ich habe Resl kennengelernt als den einfachsten Menschen der Welt, der herzlich lachen und weinen konnte, dazu grundehrlich und hilfsbereit. Sie konnte nicht lügen und manchem sagte sie unumwunden die Meinung. An ihr war kein Falsch und keine Verstellung. Schlagfertig, witzig und ungemein fleißig war sie. Ich durfte in dieser Zeit spüren, welch großes Opfer es für Resl war, stundenlang sich den Fremden zu widmen. Darunter litt sie bis in die letzten Tage ihres Lebens. Wer in einem großen Leid oder in Krankheit zu ihr kam, der ging nicht ungetröstet.«

Nicht anders als vielen tausend Getrösteten erging es Elisabeth zu Guttenberg, die nach dem Gatten auch noch zwei Söhne verloren hatte. Über die Nahrungslosigkeit ihrer Freundin Therese urteilte Anni Spiegl: »Ich kann mir nicht vorstellen, daß man sechsunddreißig Jahre heimlich essen kann. Unwillkürlich und gedankenlos steckt man einmal etwas in den Mund. Schließlich hat Resl nicht für sich im stillen Kämmerlein gelebt. Sie war ständig unter Menschen, wurde viel eingeladen, war oft auf Reisen und mit Andersgläubigen beisammen. Auch hatte Resl kein zartes Figürchen, das mit wenig Essen ausgekommen wäre. Sie glich ihrer Schwester Ottilie. Wenn diese lange gearbeitet hatte, wurde ihr oft schlecht vor Hunger. Resl war von früh bis spät in die Nacht keine Minute allein; es wäre ihr nicht anders als Ottilie ergangen, sie hätte ihren Hunger nicht verheimlichen können. Ich war zehn Wochen ganz um Resl, konnte zu jeder Zeit und ohne anzuklopfen in ihr Zimmer. Half mit, ihr Zimmer zu reinigen. Ich wäre bestimmt auf verborgene Lebensmittel gekommen. Als Geschäftsfrau ist man wach und sieht schnell, das bringt der Beruf mit sich. Ich wohnte in Eichstätt oft wochenlang mit Resl zusammen, habe ihr kleines Köfferchen mit ein- und ausgepackt, ich habe nichts Verdächtiges gesehen. Sechsunddreißig Jahre lang Essen und Trinken und jegliche Ausscheidung zu verheimlichen, noch dazu, wenn Tausende scharf beobachten, das wäre ein ebenso großes Wunder wie ihre Nahrungslosigkeit.

Als bei Familie Neumann einmal alles auf dem Felde war, bin ich mit Resl allein zu Hause geblieben. Ich kochte für alle das Mittagessen. Ich rührte eben mit dem Kochlöffel das Essen um und sagte zu Resl, die neben mir stand: ›Probier einmal, ob ich gut gewürzt habe‹ und hielt ihr den Kochlöffel hin. Da schüttelte sie sich. ›Nun, du kannst doch mit der Zunge daran lecken‹, sagte ich. Da erklärte mir Resl: ›Schau, das kann ich nicht! Selbst wenn die Lippen spröd sind, aufreißen und bluten, darf ich nicht mit der Zunge daran lecken, sonst würgt es mich.‹ Ich frug sie, ob sie nie Hunger verspüre, ob sie freiwillig auf das Essen verzichte oder nichts essen könne. Da wurde sie traurig und sagte: ›Oft schon habe ich den Heiland gebeten, mich auch essen zu lassen wie andere Leute! Meinst du, daß es für mich leicht ist, als Schwindlerin hingestellt zu werden? Ich kann nicht essen, habe auch nie ein Hungergefühl.‹

Als ein Besuch einmal zu ihr sagte: ›Wie wunderbar, von nichts zu leben!‹, erwiderte Resl schlagfertig: ›Ebenso wunderbar, von einem Stück Brot zu leben. Beides ist ein Wunder, das eine fällt nur mehr auf, weil es selten ist.‹ Ob in Eichstätt oder Konnersreuth: wenn zum Essen gerufen wurde, kam auch Resl. Sie betete das Tischgebet mit und setzte sich mit an den Tisch, sie bediente, sie schöpfte heraus und unterhielt uns. Ihre Nahrungslosigkeit wurde von ihr und uns ganz natürlich hingenommen.«

Vom Sinn des Leidens

Durch Leiden werden weit mehr Seelen
gerettet als durch die glänzendsten
Predigten.

Thérèse Martin

Leid ist ein Erbteil des Menschen, das ihm gegeben ist vom ersten Schrei des Neugeborenen bis zum letzten Atemzug. Es trifft ihn als Krankheit und Unfall, als Armut und Arbeitslosigkeit. Seelisches Leid wie der Verlust eines Freundes oder Angehörigen, wie Treulosigkeit oder unerwiderte Liebe sucht ihn oft noch härter heim. Das unerträglichste Leid wird Menschen von Menschen zugefügt, sei es durch Tücke und Hinterhältigkeit eines Feindes, durch Gewalt und Verfolgung eines ungerechten Staates oder durch Erfindungen des menschlichen Geistes, die Natur und Umwelt vergiften. Kann es aber noch härteres Leid geben als die Rassenverfolgungen und Weltkriege des zwanzigsten Jahrhunderts, als den systematischen Völkermord, als die Schandtaten Hitlers und Stalins, denen die Besten zum Opfer fielen? »Ich habe im Frühjahr 1939 meiner Familie mit Schaudern die Äußerungen eines nazistischen ›Blockwarts‹ überbracht«, erinnerte sich Johannes Steiner. Dieser Blockwart verstieg sich zu der frevelhaften Bemerkung: »Entweder kommt heuer die naturgemäße Abnützung unserer Aufrüstung oder wir haben umsonst gerüstet.«

Warum aber, diese Frage drängt sich auf, werden so viele Unschuldige vom Leid getroffen? Das Leid ist, wie Christus auf die Frage der Apostel beim Anblick eines Blindgeborenen (ob dieser selbst oder seine Eltern gesündigt hätten) deutlich macht, keineswegs Strafe. Es wird auch nicht nur für den Betroffenen zum Heil, sondern sühnt mit für die bösen Taten der Menschheit. Wenn Leidende dieses hohe Ziel erkennen und ihr Leid bewußt hinnehmen, gereicht es ihnen zum Trost und schenkt ihnen Kraft.

Nicht jedes Leidenden Sache ist es freilich, wenn seine Natur gegen das Leiden Einspruch erhebt, sich auf die von Christus verheißenen Seligkeiten zu verlassen.

Als Therese Neumann schon von der Blindheit geheilt war, aber noch lahm im Bett lag, beglückwünschte sie eine Schulkameradin, mit der sie Missionsschwester hatte werden wollen, zur Profeß: »Wie Du, liebe Schwester, weißt, habe ich mich ja auch dem Heiland zum Opfer gebracht. Ich erneuere täglich den Aufopferungsakt und vereinige meine Opfer und Gebete mit denen des lieben Heilandes.« Nach der Überzeugung eines gläubigen Christen sind Leiden im Heilsplan Gottes für alle Menschen, die er durch die Menschwer-

442

dung seines Sohnes erlöste, notwendig. Leidende sind vollwertige und für das Ganze wirkende Glieder des Corpus Christi mysticum und vor Gott vielleicht – nach einem Wort der kleinen Therese – verdienstvoller als die Betenden, Helfenden und Arbeitenden. So gesehen – und *ein*gesehen – läßt sich im Leiden ein Sinn erkennen, läßt sich das Ertragen des Leidens in das Leiden des Gottessohnes einfügen. Nach einem Worte Rudolf Grabers, des Nachfolgers auf Wolfgangs Bischofsstuhl »wird Konnersreuth auf diese Weise durch seine Botschaft höchst modern und erhält eine geradezu bestürzende Aktualität.«

Aus dem bisher Gesagten geht hervor, daß der Mensch Leiden zum Wohle anderer aufopfern kann. Christus, das erhabenste Beispiel, war der Unschuldigste. Gleichwohl hat er am allermeisten gelitten zur Sühne für unsere Sünden. Diese Wahrheit spricht Charles Péguy, der 1914 an der Marne gefallene Dichter, in seinem Buch »Le Mystère de la charité de Jeanne d'Arc« treffend aus: »Es gibt einen Leidensschatz, einen ewigen Leidensschatz. Die Passion Jesu hat ihn mit einem Schlage gefüllt. Unendlich gefüllt, für ewig gefüllt. Und dennoch erwartet er ständig, daß wir ihn weiter anfüllen – dies ist es, was die Gelehrten dieser Erde nicht begriffen haben.

Es gibt einen Gebetsschatz, einen ewigen Schatz des Gebetes. Das Gebet Jesu hat ihn mit einem Schlage angefüllt... Und er wartet immerdar, daß wir ihn füllen – dies ist es, was die Gelehrten dieser Welt nicht begriffen haben.

Es gibt einen Schatz an Verdiensten. Er ist übervoll, voll der Verdienste Jesu Christi. Er ist unendlich voll, übervoll, auf ewig voll. Er ist sozusagen viel zu voll für unsere Unwürdigkeit. Er fließt über. Ohne Unterlaß. Er ist unendlich, aber dennoch können wir ihn noch füllen. Und dies ist es eben, was die Gelehrten dieser Welt nicht begriffen haben. Er ist voll und wartet dennoch darauf, von uns gefüllt zu werden.«

Therese Neumann sagte: »Ich tue mein Weniges zum Vielen des Heilands hinzu.« François Mauriac schrieb seinerseits in dem Buch »Souffrance et bonheur du Chrétien«: »Das macht die Kraft des Christentums aus, daß es dem Leiden einen Sinn verleiht. Der Christ weiß, warum er leidet. In der Nachfolge seines gekreuzigten Gottes, in Verbindung mit ihm, nimmt er teil an seiner Agonie, er arbeitet mit an der Erlösung der Welt. Wie Wasser in Wein bei der Hochzeit zu Kana, verwandelt Christus den Schmerz in Freuden.«

Ähnlich sagt es Erzbischof Teodorowicz: »Die religiöse Idee vom Opferleiden ist tief in die Herzen der Menschen eingegraben. Die Religionen der Welt stempeln diese Auffassung zu einem religiösen Vorgang, der sich manchmal so grausam gestaltet, daß sogar Menschenblut auf den Altären der Götter dargebracht wird, um die beleidigte Gottheit zu versöhnen. Diese Anschauung vom Opferleiden wandert von Jahrhundert zu Jahrhundert, von Volk zu Volk, von einer Zeitscheide zur anderen, und trotz ihrer Vielgestaltigkeit läßt sie sich in nur wenige Worte einschließen: Das Bewußtsein von Schuld und das Verlangen nach Sühne.

Erst auf dem Kalvarienberg hat die Auffassung vom stellvertretenden Leiden ihren vollkommenen Ausdruck gefunden. Nur das reinste Blut konnte das unreine loskaufen, und das Kreuz Christi wird zum Wahrzeichen der Erlösung. Die Menschheit wird durch das grausige, aber vollkommene Leiden des Gottmenschen wieder frei. Das Sühneleiden auserwählter Menschen bewegt sich seit der Kreuzigung Christi auf richtigen, heilbringenden Bahnen; es nach einem Worte des Apostels Paulus die Ergänzung dessen, was noch im Leiden Christi fehlt, nämlich die freudige Mitleidenschaft der Menschheit, die sich durch ihre Mitarbeit freiwillig die Früchte des Kreuzes aneignen soll. Die alte Vorstellung von der Sühne wird jetzt geläutert und verklärt. Nicht mit Schaudern, sondern mit freudiger Liebe opfert der Mensch seine eigenen Leiden im Anschluß an das vorbildliche Leiden und martervolle Erlösungswerk des Gottmenschen.

Das Problem, das uns hier besonders beschäftigt, ist das Sühneleiden eines Menschen für andere. Kann solch ein Leiden überhaupt neben dem Leiden auf Golgatha Platz finden, und wenn ja, welchen Charakter und welche Bedeutung haben diese Leiden angesichts des Umstandes, daß Christus allein der Erlöser ist und er allein die Sünden der Menschheit sühnen kann?

Am Sühnewerke Christi für andere kann der Mensch mitwirken«, beruhigt uns Teodorowicz. »Er kann es zwar (nach seiner Überzeugung) nicht im Wesen des Opfers selbst, denn dies bleibt Christus allein vorbehalten, ›wenn aber der Mensch‹, sagt der heilige Thomas, ›den Willen Gottes im Zustande der Gnade und der Freundschaft mit Gott erfüllt, dann ist es auch recht – secundum amicitiae proportionem –, daß Gott den auf die Erlösung des Nächsten gerichteten Willen des Menschen erfüllt.‹«

Therese Neumann besaß die Gabe, Leiden oder Sünden anderer Menschen auf sich zu nehmen, um so zu deren Heilung oder zur Rettung ihrer Seele beizutragen. Ein Bekehrter wie Paul Schondorf hatte in Konnersreuth einen klaren Begriff des stellvertretenden Leidens für andere, des sühnenden Leidens vor Augen geführt bekommen. Therese übernahm die »körperlichen Leiden irgendeiner Person«, erinnerte sich Aretin, »ohne daß man häufig die Zusammenhänge erkennen konnte. Da leidet sie die Lungenentzündung eines anderen, die Brandwunden eines dritten mit allen Erscheinungen der Krankheit und der Schmerzen, während der

›rechtmäßige‹ Träger der Schmerzen augenblicklich geheilt ist. Diese Fälle sind ungemein zahlreich.«

Die vielfachen Sühneleiden Therese Neumanns ließen sich in vier Kategorien einteilen, in Leiden für Kranke, für Bekehrungen, für Sterbende und für die Armen Seelen im Fegfeuer. Am schmerzlichsten litt sie Sühne für die Bluttaten der allergrößten Sündenzeit, der des Dritten Reichs. Fritz Gerlich, der noch lang in die Jahre der Unfreiheit hinein als »Dr. Fritz Gerlich, Staatsarchivrat I. Klasse, Richard Wagner Straße 27 I/I.« im Münchner Adreßbuch stand, hatte dort oben, hinter Fenstern, die den Krieg unbeschadet überstanden, an seinem grundlegenden Werk und auch über die Sühneleiden Therese Neumanns geschrieben. Um des Leitgedankens willen sei hier noch einmal in die Vergangenheit zurückgegriffen:

»Seit ich Therese Neumann persönlich kenne«, schrieb Gerlich, »konnte ich beobachten, wie das, was sie als ihren Beruf bezeichnet, nämlich das Leiden für andere, immer mehr auch den äußeren Ablauf ihres Lebens bestimmt.« Solches Leiden »findet seinen stärksten Ausdruck in den Sühneleiden. Sie sind nach ihrer Aussage im erhobenen Ruhezustand eine Hilfe, die sie verstorbenen Menschen leisten darf, um ihr Fegfeuer abzukürzen, oder Lebenden, um ihnen Lasten zu erleichtern oder beim Sterben zu helfen. Der äußere Vorgang war, soweit meine Beobachtungen reichen, bisher in der Regel der: Therese Neumann begann über mangelndes Wohlbefinden zu klagen, sie fühlte sich schwach und suchte ihr Bett auf. Allmählich traten körperliche Krankheitserscheinungen auf, sei es Fieber, seien es Schmerzen im Körper, sei es rasender Durst, zum Beispiel als sie für jemanden litt, der sich noch im Fegfeuer befand, weil er im Trinken unmäßig gewesen war. In einem solchen Fall erlebte ich, daß sie leidenschaftlich nach Wasser verlangte, nachdem sie vorher sich fortwährend mit der Zunge die Lippen zu netzen versucht hatte. Der Pfarrer gab ihr ein Glas Wasser, nach dem sie hastig griff, um es zurückzuweisen, sobald sie das Wasser an den Lippen spürte. Ein derartiges Leiden kann sich stundenlang hinziehen. Der einzelne Vorgang, der in seinem körperlichen Ausdruck bei jedem Leiden, das ich miterlebte, wechselte, kann sich bei einem einzelnen Sühneleiden wiederholen. Ich war einmal Zeuge – und zwar mehr als zwei Stunden hindurch -, wie derselbe Ablauf dreimal hintereinander auftrat. War dann die Seele aus dem Fegfeuer erlöst, so sprach diese (Seele) nach Therese Neumanns Angabe mit ihr und dankte ihr. Therese Neumann aber verlangte sehnsüchtig, mit dieser Seele in den Himmel kommen zu dürfen. Ein erhobener Ruhezustand, der sich dem Leiden anschloß, stellte ihre meist sehr erschöpfte Kraft rasch wieder her. Hat sie einem Menschen beim Sterben helfen dürfen, so meint der Beobachter, sie stürbe selbst vor seinen Augen in dem Augenblick, in dem der Mensch, dem ihre Hilfe bestimmt ist, sterben soll. Ich weiß von einem Fall, wo ihr Körper die Krankheitserscheinungen des Sterbenden wie Wassersucht, Asthma und Atemnot zeigte. Therese Neumanns Körper schwoll ebenfalls auf. Sofort nach dem Tode der betreffenden Person kam Therese in einen erhobenen Ruhezustand, während die Krankheitserscheinungen bei ihr zugleich verschwanden. Der Pfarrer erzählte mir ferner: Bei einem Sühneleiden wegen Alkoholmißbrauch in der Fastnachtszeit habe sie derart aus dem Munde nach Schnaps und Bier gerochen, daß man das Zimmer öffnen mußte und daß selbst auf dem Hausgang ein ganz starker Schnapsgeruch bemerkbar war, so daß der Vater Neumann sagte, man möchte geradezu meinen, sie hätten im Hause ein Schnapsgelage gehabt. Dabei erbrach sie sich fortwährend unter größten körperlichen Schmerzen, ohne daß der Mund außer diesem Geruch etwas von sich gab.

Derartige Lebenshilfe wird nach dem, was mir Therese Neumann selbst in solchen Zuständen und auch im gewöhnlichen Zustand erzählte, Menschen ohne Unterschied zuteil. Ich weiß von einem Fall, wo diejenige, der die Sterbehilfe bestimmt war, eine frühere Prostituierte war: Weißt, sagte sie zu mir später im erhobenen Ruhezustand, des Moidl war noch vor zwei Jahren in einem öffentlichen Haus. Dann hat sie sich bekehrt und ist in ein Betreuungsheim aufgenommen worden, und jetzt durfte ich ihr beim Sterben helfen.«

Vertiefung der Sühne-Leiden

Bei Gott sind Erbarmen und Zorn. Er vergibt und verzeiht, doch auch seinen Zorn schüttet er aus. Sein Erbarmen ist groß wie sein Strafen. Jeden richtet er nach seinen Taten.
Jesus Sirach 16, 11 u. 12

Gerlich erinnerte sich daran, mit welchen Worten er zu Therese einmal über ihr Sühneleiden sprach: »Es drängte mich einmal, mit ihr im erhobenen Ruhezustand über diese Sühneleiden als etwas mir völlig Neuem und gedanklich nicht recht Faßbarem zu sprechen. Ich erklärte ihr offen, daß ich den Vorgang nicht verstände. Da antwortete sie mir etwa folgendermaßen: ›Schau einmal! Der Heiland ist gerecht. Deswegen muß er strafen. Er ist aber auch gütig und will helfen. Die Sünde, die geschehen ist, muß er bestrafen. Wenn aber ein anderer das Leiden übernimmt, so geschieht der Gerechtigkeit Genüge, und der Heiland erhält Freiheit für seine Güte.‹ In diesem Gespräch fragte ich sie weiter, wie sie innerlich zum Leiden stehe. Ich glaubte nämlich beobachtet zu haben, daß sie das Leiden fürchtet und es mit großer Willensanstrengung und nur aus Gehorsamsbereitschaft gegenüber der göttlichen Fügung, die ihr dieses Kreuz auferlegt hat, zu ertragen versucht. Sie antwortete: ›Schau! Das Leiden kann niemand gern haben. Auch ich hab es nicht gern. Kein Mensch hat den Schmerz gern, und ich bin auch ein Mensch. Ich hab den Willen des Heilandes gern. Und wenn er ein Leiden schickt, so nehme ich es an, weil er es will. Aber das Leiden hab ich nicht gern.‹«

In Demut nahm sie den göttlichen Willen an: »Ich habe nie den Leidensweg gewünscht, immer hat sich mein ganzes Wesen gegen das Leiden und das Kreuz gesträubt. Niemand hat meine Tränen gesehen, aber wie oft weinte ich bitterlich in meinem Leid, welches mich doppelt bedrückte, in Rücksicht auf mich, auf meine Lebenspläne, meine Wünsche, Missionsschwester zu werden und in Rücksicht auf meine armen Eltern und Geschwister, die sich so viel mit mir plagen mußten.«

Gerlich schrieb weiter: »Ich sah sie, vor Angst und Schmerz im Bett herumgeworfen, und hörte, wie sie stöhnte: ›Ich kann nimmer, ich mag nimmer.‹ Als der Pfarrer helfend sagte: ›Aber Resl, wenn's der Heiland so will!‹, – hörte man ihre Antwort: ›Wenn er es will, dann will ich es auch, dann wird es schon recht sein. Denn er ist gut. Aber weißt, es ist ja nimmer zum Aushalten.‹«

In dem hohen Stoß täglicher Post steckten so manche Beleidigungen, auch anonyme. Richteten sie sich gegen Therese selbst, schenkte sie ihnen keine Beachtung. Wurde Göttliches und Heiliges beleidigt, weinte sie bittere Tränen. Eine im Dezember 1930 (offen!) eingetroffene Spottkarte bietet ein trauriges Beispiel dafür, welcher Schmutz an Konnersreuth herangetragen wurde:

»An Fräulein Therese Neumann, halbwegs Heilige, Konnersreuth, Straße nicht nötig; weltbekannt. Absender: ein ungeduldiger Verehrer. Stempel: Würzburg-Bamberg, Bahnpost. 14. 12. 30. Nu! was is Deresl? warum hört ma nix von Dir und über Dich? is nix mehr mit Dein Wunder? Kratz halt na a weng an Deine Händ innen drin, awer auch a bißl außn und an die Füß a und iß im Vorrat, daß nachher besser hungern kunst. Wast was? krieg halt am hl. Abend noch schnell a Kind, so wie damals die hl. Maria; kannst ja sagn, der hl. Geist worsch gwest oder der Engel Gabriel; sixt, des wär a Sach, des tät flecken; un heilig werst a gesprochen, jetzt schunn und täts nacher in Himmi fahrn. Oder lebst am End gar nimmer, gehert hamwer nix daß gsturbn wärst. Bis Karfreitag hin, do is noch lang; bis dahin is verleicht wider Reichstagswahl; saxunder dös wär was für Di, wanns'd rumreisen und Wahlreden halten tätst. Aber mach halt a weng daß mr wider was von Dir hören tut. Mei Weib fragt schon lang, was is denn mit der Deres? unn ob's wohr is, daß'n Kaplan Dei Schatz is. Waßt, bei den teuren Zeitn braucht mr was, was nix kosten tut. Es grüßt Dich Dein Franzl.«

Dieser wenig geschmackvolle Angriff auf die Muttergottes bereitete Therese weit mehr Schmerz als die wüste Verspottung ihrer eigenen Person. In den folgenden Wochen, erstmals am 2. Januar, erwähnt Pfarrer Nabers Tagebuch Sühneleiden für diesen Spottkartenschreiber. Im erhobenen Ruhezustand gab Therese an, er habe sich volltrunken über seine Postkarte gebrüstet, sei beim Verlassen der Stube ausgeglitten und über einen Stuhl gefallen. Die Folgen waren nicht unbeträchtlich. Er stürzte rückwärts über den von ihm umgestoßenen Stuhl. Nicht nur das linke Bein habe er sich dabei ausgerenkt, sondern auch das Kreuz gedehnt; Lungen- und Rippenfellentzündung kam beim Liegen hinzu. Er sei ein Schreiner aus der Gegend um Würzburg; früher sei er bei einer Bank beschäftigt gewesen. Glauben habe er keinen, aber er denke über die Zusammenhänge zwischen seinen Lästerungen und seiner Krankheit nach. Und er werde sich bekehren. Dafür müsse sie mitleiden.

Um die Wende des Jahres 1922/1923 wurde Therese Neumanns Vater von schwerem Rheumatismus befallen. Die Krankheit ergriff besonders die oberen Gliedmaßen, so daß er sein Schneiderhandwerk nicht mehr ausüben konnte. Da die Arbeitsunfähigkeit des Vaters die Familie sehr hart traf, fragte Therese ihren Seelenführer Pfarrer Naber, ob es ihr erlaubt sei, darum zu bitten, daß ihr ein weiteres Leiden auferlegt und dem Vater dafür das seine genommen werde. Als der Pfarrer erklärte, er sähe in einer solchen Bitte kein Unrecht, betete sie inbrünstig um Gewährung.

Am nächsten Tag waren ihr linker Arm und ihre linke Hand so zusammengezogen, daß die Fingerspitzen an die linke Brustseite gepreßt wurden. Diese Zwangshaltung dauerte etwas mehr als zwei Monate. Erst Anfang April 1923 wurde der Arm wieder beweglich. In der Zwischenzeit war an dieser Stelle ein Druckbrand entstanden. Von ihm blieb eine Narbe zurück. Der Vater genas rasch von seinem Leiden und erhielt seine volle Arbeitsfähigkeit zurück.

Ein Gymnasiast aus der Pfarrei Sankt Laurentius, der Theologie studieren wollte, wurde von einem Halsleiden befallen, das ihn zur Aufgabe des Theologiestudiums zu zwingen drohte. Therese Neumann flehte, statt seiner das Leiden übernehmen zu dürfen: »Denn ich taug eh nichts mehr in meinem Leben, da könnte ich gut auch noch diese Krankheit auf mich nehmen!« So geschah es. Der Student konnte sein Studium fortsetzen. Therese Neumann bekam Halsgeschwüre und eine Schluckmuskellähmung, die viele Jahre lang anhielten. Sie fühlte ihren Hals wund und hustete Blut aus. Zumeist war dies, wie sie Gerlich gegenüber erklärte, morgens der

Fall, wo auch Blutbrocken mit Schleim vermischt auftraten. Im Zustand erhobener Ruhe gab sie eines Tages an, sie müsse dieses Leiden tragen, bis der Theologiestudent Priester sei. Am 30. Juni 1931 feierte der neu geweihte, wunderbar Geheilte seine erste heilige Messe in Regensburg. An diesem Tag wurden die Halsschmerzen so heftig, daß Therese nicht mehr sprechen konnte. Der Neupriester sollte um halb sieben Uhr die Primizmesse lesen. Alle glaubten, daß Therese um diese Zeit geheilt sein würde. Ihre Schmerzen hielten jedoch drei weitere Stunden, bis halb zehn Uhr an. Die Leidende genas dann ganz plötzlich. Später erfuhr man, daß ihr Schützling die heilige Handlung erst um neun Uhr begonnen hatte; es ließ sich einwandfrei feststellen, daß Therese im selben Augenblick von ihrem Übel befreit wurde, als der Primiziant zum erstenmal die Wandlungsworte sprach.

Fälle von stellvertretenden Leiden und Sühneleiden wurden bei Therese bis in ihre letzten Lebensjahre bezeugt. Im Gegensatz zum äußerlichen Aktionismus der Zeit übte sie ihre weitwirkenden Liebesdienste in der Beschränkung auf einen kleinen Raum, auf die Giebelstube im Schneiderixenhaus.

In den immer wiederkehrenden Zuständen erhobener Ruhe sah Teodorowicz eine Schutzwehr gegen die Folgen der körperlichen Leiden. Diese Zustände gaben ihr Ausdauer in den Sühneleiden für die Seelen. Unter den schweren Versuchungen, die ihr vom Teufel legionenweise geschickt wurden, hatte Therese am allermeisten gegen die Versuchung zu kämpfen, nicht mehr so viel leiden und ertragen zu müssen. Der Teufel wollte sie nur zu gern vom geduldigen Ertragen ihrer Schmerzen und ihres Sühnelebens abbringen. Seine abgefeimtesten Spitzfindigkeiten richteten sich auf dieses Ziel. Wie hätte er gegen seinen Zweck und Vorteil handeln können, Seelen zu erobern?

Konnersreuther Alltag

Der bei Aretin erwähnte »Alltag von Konnersreuth«, wie sah er in seinen alltäglichsten Einzelheiten aus? Von den Poststößen war die Rede. Viele Nachtstunden verbrachte Therese mit Lesen. Zur Beantwortung kam es bei solcher Papierflut nur selten, doch sie schloß alle Anliegen in ihr Gebet ein. Mehrere Dutzend Briefe von Bischöfen und Kardinälen waren darunter (einer von Kardinalstaatssekretär Pacelli unterschrieben), die persönlich Bekannte einer wohlwollenden Aufnahme, bestimmte Anliegen oder eine ganze Diözese ihrem Gebet empfahlen. Weit mehr Zeit nahm die nicht abreißende Kette von Besuchern in Anspruch. Zu den kleinen »Früchten« kamen als bedeutendere die vielen Konversionen. Es ist leider nirgends aufgezeichnet, wieviel Konversionen es insgesamt waren.

Mit Liebe widmete sich Therese Neumann den Kranken. Bis 1947 gab es in Konnersreuth weder Arzt noch Krankenschwester. Sie legte sich Pferd und Wagen zu, fuhr viele Jahre zur Krankenpflege. Ihre Gesichtszüge stumpften im Lauf der Jahre ab; trotzdem blickten aus dem Visier des Kopftuchs heraus zwei unvergeßliche Augen.

Ausgenommen die Tage, an denen die blutige Leidensekstase sie ans Bett fesselte, widmete sie sich den laufenden Arbeiten in Feld und Hof, griff bis ins Alter – besonders nach dem Tod ihrer Mutter – beim Reinigen des Kuhstalls zu. Blumen, die für den Schmuck der Pfarrkirche bestimmt waren, zog Therese in einem Garten an der Straße nach Waldsassen. Hier brachte sie die schönsten im Fichtelgebirgsklima gedeihenden Sorten zum Blühen. Alle Besucher bewunderten die leuchtende Fülle des Gartens. Für den Altarschmuck wählte Therese gern Blüten in den liturgischen Farben. Für Marienfeste bevorzugte sie weiße Blumen. Am prächtigsten wurden die Blüten der Mai-Altäre aufeinander abgestimmt. An Pfingsten prangte die Kirche in Rot. Bei jeder Blume, die sie einzeln in die Vasen auf den Altären steckte, dachte sie: »Du blühst für den Heiland!« Besonders festlich schmückte sie den Hochaltar zu Pfarrer Nabers goldenem Priesterjubiläum; sie verwendete nur Blumen in Weiß und Gelb. An Fronleichnam ertrank der ganze Markt in einem Blumenmeer. Alles eiferte an diesem hohen Festtag mit Therese um die Wette, wer sein Haus am schönsten zierte, bekränzte, flaggte, dem corpus mysticum seinen Weg zu einem Spalier aus Blüten, Schabracken und Christusbildern machte. Mit besonderer Liebe schmückte die Stigmatisierte den Theresienaltar. Hier konnte sie ihrer Seelenführerin und Lieblingsheiligen allen schuldigen Dank erweisen.

Von ihren Gängen ins Elternhaus zurückgekehrt, beschäftigte sie sich mit anfallenden Näh- und Putzarbeiten. Mitternachts begab sie sich regelmäßig in die Kirche. Sie besaß einen Schlüssel zur Sakristei. In der Stille und Finsternis hielt sie eine Anbetungsstunde vor dem gegenwärtigen Heiland. Gestärkt suchte sie dann ihr Zimmer auf und nahm bis gegen vier Uhr morgens – wie bereits erwähnt – Einblick in die Stöße von Briefen, öffnete und las jeden einzelnen. Später legte sie sich – meistens angezogen – aufs Bett. Fand sie keinen Schlaf, so betrachtete oder betete sie bis gegen sechs Uhr. Allerdings war ihr die Gestaltung des ganzen Tages ein »geistliches Atmen«, sie zog nachts nur eine Summe. Nach vorgegebenen Formulierungen pflegte sie die Liturgie der Kirche zu beten, den Rosenkranz, die Anrufungen aus dem Diözesangebetbuch. Die Psalmen hielt sie stets griffbereit. Nie schlief sie länger als zwei Stun-

*Altar der heiligen Theresia vom Kinde Jesu in der Konnersreuther Pfarrkirche,
geweiht am 17. Mai 1928; Relief des Regensburger Bildhauers Jakob Helmer
senior. »Ich werde Gnadenrosen auf die Erde herabfallen lassen.«*

den jede Nacht, und nie in einem Stück. Freilich konnte auch der unterschiedlich lang anhaltende Erschöpfungszustand, in den sie nach der blutigen Leidensschau der Freitage fiel, als eine Art Schlaf bezeichnet werden.

Ihr Tagesablauf wurde häufig durch unvorhergesehene Verzückungen, Krankheiten und Reisen umgestoßen, besonders durch häufige Aufenthalte in Eichstätt bei Schwester Ottilie im Wutzhaus an der Römerstraße. Hatte ihre Mutter nach den Freitagsleiden das gestockte Blut mit lauwarmem Wasser abgewaschen, was bald geschehen mußte, bevor es verkrustete und sich in die Haut fraß, tat dies in Eichstätt immer Ottilie. Besonders schwer fiel es, die blutverklebten Haare zu reinigen. Die Karfreitagsnachtjäckchen und Kopftücher wurden nicht gewaschen. Ottilie bewahrte sie sorgfältig auf, ebenso die Kompressen der Herzwunde. Vom Leiden und Sterben der Schwester Ottilie schreibt Anni Spiegl: »Wenn Resl zu einem Sterbenden gerufen wurde, schaute sie fast jedesmal den Heimgang und das Gericht, welches beim Sterben schon vollzogen wird. Ganz deutlich und genau habe ich das beim Tod ihrer Schwester Ottilie gesehen. Diese erkrankte 1958 schwer und wurde operiert. Nach einer kurzen Besserung wurde sie erneut todkrank. Sie starb 56jährig im Eichstätter Krankenhaus. Mit Ottilie verstand sich Resl am besten. Sie war ein selten guter Mensch. Tief fromm, hilfsbereit und immer freundlich. Sie war Drittordensvorsteherin in Eichstätt. Ottilie war besonders beliebt bei den alten und kranken Leuten. Sie ging immer mit der Tasche, in der sie Geschenke hatte. Wenn ich sie Ende des Monats fragte: ›Wo hast du nur wieder deinen ganzen Lohn hingebracht?‹, sagte sie lachend: ›Alles weg!‹ – Sie hatte alles verschenkt. Ich drängte oft, sie solle sich was Neues kaufen, denn ihre Schuhe und Kleider waren geflickt und alt. Da sagte sie nur: ›Zu was denn, wer mich so nicht anschauen will, soll wegschauen.‹

Resl blieb die letzten Wochen vor Ottiliens Tod in Eichstätt. Sie sagte oft zu mir: ›Dies Opfer verlangt der Heiland nicht von mir. Die Ottilie bettl' ich ihm ab!‹ Stundenlang betete sie nachts in der Kapelle.

Ottilie selbst wußte, daß sie sterben werde und bereitete sich darauf vor. Ich mußte ihr das Sterbekleid, Kreuz, Kranz und Kerze bringen. Wir machten zusammen das Testament. ›Es muß alles in Ordnung sein‹, sagte sie zu mir, ›nicht daß du erst um alles laufen mußt, wenn ich heimgehe.‹ Lächelnd sagte sie: ›Ich richte es schon so ein, daß du dabei bist.‹ Am 1. Mai 1959, einem Herz-Jesu-Freitag, war es so weit. Schwester Audita zündete die Sterbekerze an, Resl wehrte ab: ›Schwester, laß das, das hat später noch Zeit.‹ Resl hoffte bis zuletzt. Herr Pater Guardian betete die Sterbegebete. Ich stand zu Füßen von Ottilie. Resl saß seitwärte auf einem Stuhl. Plötzlich sprang sie auf. Sie hatte eine Schauung. Im selben Augenblick war der Tod bei Ottilie eingetreten. Ich habe es gar nicht bemerkt, so friedlich schlief sie ein. Das Gesicht der Resl war voll Freude und wie verklärt. Am Mienenspiel erkannte man, daß sie an etwas Großem teilnahm. Am Schluß schaute sie nach oben: ›Mit!‹ rief sie, ich mußte sie mit Gewalt halten. Im Zustande der Eingenommenheit fragte ich Resl, was sie gesehen habe. Sie erzählte: Ihre verstorbene Mutter, ihr Bruder Engelbert, der 45jährig 1949 gestorben ist, ihr kleines (verstorbenes) Geschwisterl und Ottiliens Schutzengel kamen, um Ottilie abzuholen. Dann sah sie den Heiland, der plötzlich da war. Er habe Ottilie gut angeschaut. Im hellen Licht verschwand der Zug. Da wollte auch Resl mit. Als sie wieder zu sich kam und Ottilie tot vor sich liegen sah, sagte sie sehr gefaßt: ›Nun ist es also soweit, wir wollen nicht traurig sein, Ottilie ist im Himmel!‹ Sie half sofort den Schwestern, Ottilie mit anzuziehen. ›Und du, Anni, kümmerst dich um die Überführung und den Sarg.‹ Auch in mir war kein Schmerz, obwohl mir Ottilie alles bedeutet hatte. Ein Omnibus aus Eichstätt fuhr zur Beerdigung nach Konnersreuth. Ich mußte Resl bewundern. Ruhig und beherrscht kümmerte sie sich um alles, auch um freies Mittagessen für ihre lieben Eichstätter.«

Im selben Jahr 1959, am 26. November, drei Tage vor dem ersten Advent, starb Vater Neumann. Er war fast siebenundachtzig Jahre alt geworden. In seiner Wohn- und Werkstube, unten im Parterre, hing ein gerahmter Wandspruch, einfältige Worte. Sie hatten sich in seinem Leben buchstäblich verkörpert und kündeten lang nach seinem Heimgang noch immer von seinem Lebensleitsatz:

Wo Glaube, da Friede;
Wo Friede, da Liebe;
Wo Liebe, da Gott;
Wo Gott, keine Not.

Bauen zum Lob Gottes

Der in ihrer Sorge um Priester- und Ordensberufe unermüdlichen Therese war es zu danken, daß Gut Fockenfeld von der Kirche erworben und als Lehranstalt für den Priesternachwuchs eröffnet werden konnte. Von Dr. Josef Mittendorfer, der die Gutsbesitzerin ärztlich behandelte, hatte sie erfahren, daß Gut Fockenfeld, ursprünglich Landwirtschaft und Sommersitz der Prälaten von Waldsassen und als Folge der Säkularisation in privater Hand, verkauft werden sollte. Wochenlang verhandelte sie mit dem Guts-

herrn. Der Kaufpreis blieb unerschwinglich. Erich Fürst von Waldburg-Zeil kam damals, drei Jahre vor seinem unerwarteten Tod,
nach Konnersreuth und fragte Therese in seiner großzügigen Art,
ob sie irgendwelche Wünsche habe. Gern erzählte sie ihm von ihrer
Sorge um Fockenfeld. Bei der beträchtlichen Kaufsumme, um die es
sich handelte, konnte er nicht augenblicklich zusagen. Er versprach
ihr immerhin: »Die Franzosen haben für einige Millionen Mark
Holz aus meinem Wald geschlagen; wenn du mir hilfst, daß die von
mir beantragte Abfindung ausgezahlt wird, helfe ich dir beim Kauf
des Gutes.« Therese wußte, wieviel der Fürst für den »Geraden
Weg« und für caritative Zwecke geopfert hatte, so zögerte sie nicht
lange. Sie fuhr mit ihrem Bruder Ferdinand nach Frankfurt, wo der
für Liegenschaften und Entschädigungen zuständige Mann der
amerikanischen Militärregierung, ein gewisser »Mister Werner«,
seinen Amtssitz hatte. Gegen Abend kam sie dort an, doch Werner
war schon zu seiner Familie nach Hanau gefahren. So müde Therese
auch war, sie fuhr ihm hinterher. In Hanau wurde sie von Werner
überraschend freundlich empfangen. Er zeigte Interesse, versprach
ihr sogar, die Angelegenheit selbst in die Hand zu nehmen. Und er
hielt Wort. Mit Fürst Waldburg bekamen alle anderen Grundbesitzer ihre Besatzungsschäden vergütet. So war die Rechnung aufgegangen; Fürst Waldburg überließ den Eichstätter Oblaten des heiligen Franz von Sales den erforderlichen Betrag zum Erwerb von Gut
Fockenfeld und räumte ihnen sehr günstige Darlehensbedingungen
ein. Die Salesianer gründeten ein Kloster mit ausgedehnter Landwirtschaft und einer Schule für Spätberufene.

Kaum war Fockenfeld eröffnet, gab es eine andere Schwierigkeit.
Pfarrer Naber vollendete 1955 sein fünfundachtzigstes Lebensjahr.
Die Frage nach seinem Verbleib, wenn er resignierte und aus dem
Pfarrhof scheiden mußte, wurde dringend. So faßte Therese den
Plan, ihr kleines Elternhaus umzubauen. Die Landwirtschaft sollte
an den Marktrand verlegt werden, wo der Familie Grundstücke
gehörten. Vater Neumann war einverstanden. So gab es kein
Hindernis mehr. Therese verbrachte viele Stunden an der Baustelle.
Die Arbeiter waren ihr freundlich gesinnt, obwohl sie tüchtig angetrieben wurden. Therese knauserte nicht mit Brotzeiten und Ziga-
retten. Alles was zur Familie gehörte, mußte mitarbeiten. Der landwirtschaftliche Teil wurde in eine zweite Wohnhaushälfte umgewandelt. Pfarrer Naber erhielt ein Wohnzimmer, eine Schlafkammer
und eine Hauskapelle. 1959, im Todesjahr des Vaters, war der
Umbau abgeschlossen.

Das letzte Anliegen Therese Neumanns ging auf eine Anregung
des 1962 inthronisierten Regensburger Bischofs Rudolf Graber
zurück. In einer seiner ersten Veröffentlichungen vor der Gründung

Schloß Fockenfeld, um 1750 als Sommersitz und Ökonomiegut für die Waldsassener Mönche erbaut, 1803 säkularisiert, seit 1951 im Besitz der Kongregation der Oblaten des heiligen Franz von Sales; Schule und Seminar für Priesterspätberufe.

des monatlichen »Directorium spirituale« hatte er geschrieben, daß er es begrüßen würde, wenn in seiner Diözese ein Anbetungskloster entstünde, in dem täglich für die Anliegen des Bischofs und Bistums gebetet würde. Bis an ihr Lebensende war Therese nun von dem Gedanken beseelt, in Konnersreuth ein Anbetungskloster zu errichten. Für diesen Bau machte sie ihre letzte große Reise mit dem 92jährigen Pfarrer Naber nach Weingarten im württembergischen Landkreis Ravensburg. Dort lebte ein anonymer Wohltäter, der ihr großzügige Unterstützung zugesagt hatte. Eine Woche blieb man dort im Kreise seiner Familie. Auf dieser letzten Reise traf Therese auch mit Kardinal Bea zusammen, dem Vorsitzenden des Sekretariats für die Einigung der Christen, der damals eindrucksvolle Vorträge über die Hoffnung hielt, die er in das zweite Vatikanische Konzil setzte. Unterwegs besuchte man auch Monika Fürstin von Waldburg-Zeil auf ihrem Witwensitz. Therese war von einer heiligen Unruhe ergriffen. »Ich muß anfangen! Es eilt!« Sie wußte um ihr baldiges Ende. Immer wieder drängte sie: »Es eilt!« Sie bezog die Benennung des Klosters »Theresianum« auf die in Konnersreuth schon so lang verehrte Kleine heilige Theresia. Es mochte ein unbeabsichtigtes Zusammentreffen sein: Aber nachdem der Tag der Grundsteinlegung feststand, erinnerte man sich, daß die heilige Theresia vom Kinde Jesu vor vierzig Jahren seliggesprochen worden war. Dieses Zusammentreffen der Grundsteinlegung des Theresianums (am 29. April 1963) und des vierzigsten Jahrestages der Seligsprechung deutete man als einen seltsamen Fingerzeig.

Karl Schmitz Wickermann, Besitzer der Marmorwerke von Süchteln im Rheinland, wurde in einen folgenschweren Verkehrsunfall verwickelt. Ein Kind, das ihm leichtsinnig in den Kraftwagen lief, konnte er nur durch Vollbremsung retten. Durch den jähen Ruck wurden die Insassen des Wagens verletzt, Wickermann selbst am schwersten. Er erlitt großflächige Hautabschürfungen, zwei Wirbel des Rückgrats wurden ausgerenkt und mehrere Rückennerven beschädigt. Alle ärztliche Kunst war vergeblich, er mußte fortan ständig ein steifes Korsett tragen, konnte nur mühsam an zwei Stöcken gehen. Dazu litt er Tag und Nacht unter unerträglichen Schmerzen. Er mußte seine geschäftliche Tätigkeit einschränken. In diesem erbärmlichen Zustand kam Wickermann zu The-

Pfarrer Joseph Naber in seinem 95. Lebensjahr bei der Weihe des Theresienbrunnens am 16. Mai 1964, dem Vorabend des vierzigsten Gedächtnistages der Heiligsprechung der Kleinen heiligen Theresia.

rese nach Konnersreuth, um ihr vermittelndes Gebet zu erflehen. Therese gelobte eine neuntägige Andacht mit ihm, die sie zusammen sofort begannen. Als der Unglückliche drei Tage später nicht die geringste Besserung verspürte, beschloß er, nachhause zu fahren. Auch seine Frau, die ihn begleitet hatte, war mutlos geworden. Sie stimmte zu. So fuhren sie heim, hatten aber den festen Vorsatz, die Novene in Süchteln zu Ende zu führen. Sie hatten schon mehr als die Hälfte der Strecke hinter sich, vor ihnen lag die Stadt Paderborn, als Wickermann urplötzlich alle Schmerzen schwinden fühlte. Er spürte nicht mehr die geringste Behinderung. Von einem Augenblick auf den anderen war er gesund. Das orthopädische Korsett legte er sofort ab, die Stöcke wurden bei der Ankunft fortgeworfen. Es war keine Anpassung an den veränderten Gesundheitszustand erforderlich. Keines der überstandenen Übel kehrte zurück.

Schmitz Wickermann erbot sich, als Dank für seine Heilung auf dem Konnersreuther Friedhof aus eigener Tasche ein monumentales Kreuz errichten zu lassen. Er wollte, daß es der Golgatha-Vision Therese Neumanns entspreche. Seitdem ragt es am Ende der Hauptallee des Friedhofs mehr als fünf Meter hoch auf. Es wiegt siebeneinhalb Tonnen. Es erinnert an ein Ypsilon und ist unter Umständen das einzige, das auf einem öffentlichen Platz steht und nicht die überlieferte Form hat. Es wurde aus schwarzem schwedischen Granit gehauen, einem gegen Witterungseinflüsse äußerst widerstandsfähigen Stein. Die schwierige Steinmetzarbeit nahm achtzehn Monate in Anspruch. Drei Facharbeiter waren damit beschäftigt. Am Fuß des Kreuzes umschlingt Sankt Magdalena »das Holz der Schmach«. Die Inschrift lautet: »Allen, die hier ruhen, schenke der Herr den ewigen Frieden.« Das Kreuz Wickermanns wurde von Pfarrer Naber feierlich eingeweiht. Er senkte zuvor ein Partikel des heiligen Kreuzes ein, das Therese einst von einem Kapuzinerpater geschenkt bekommen hatte. Unter dem Kreuz wurde eine Gruft ausgehoben. Sie war als Grabstätte der Pfarrherren von Konnersreuth vorgesehen. Wickermann starb ein Jahr vor Therese und wünschte, in Konnersreuth, in der Nähe seines Kreuzes bestattet zu werden. Dieser Wunsch wurde ihm erfüllt. Auch seine Frau wurde in Konnersreuth beerdigt.

Stolz zeigte Therese in ihren letzten Lebenswochen den gepflegten Friedhof, die neue Friedhofmauer und das herrliche Kreuz. »Rechts vom Kreuz kommt einmal das Grab des Herrn Pfarrer Naber«, erklärte sie, links davon, meinte sie immer, sollten einmal die Gräber der drei ledigen Schwestern Ottilie (Haushälterin von Professor Wutz), Maria (Haushälterin von Pfarrer Naber) und ihr eigenes kommen.

Tod

Wir haben zu ringen nicht mit Fleisch und Blut,
sondern mit Mächten, Gewalten und Herrschern
der Finsternis und den Geistern der Bosheit
im Bereiche des Unsichtbaren.

Paulus an die Epheser 6,12

Je weiter der Mensch in der Geschichte »fortschreitet«, um so schwerer tut er sich, das Wort »Kreuz« auszusprechen, geschweige daß er es auf sich nähme, was Jesus als Zeichen der »Nachfolge« von demjenigen forderte, der sein Jünger sein wollte. Das Kreuz war dem Heiland »vorherbestimmt, auf daß das Wort des Propheten Jeremia erfüllt werdc«. Und ein anderer Prophet segnete schlechthin »das Holz, durch das Er sich an den Willen des Vaters gefesselt hatte«.

Das eucharistische Opfer setzt über die Jahrhunderte hinweg das Kreuzopfer fort. So gelten alle wesentlichen Eigenschaften des Kreuzopfers auch für das Meßopfer. Daß das Kreuzopfer ein Sühnopfer ist, wird mit einer zentralen Stelle des Römerbriefs – »den Gott hingestellt hat als ein Sühnopfer, in seinem Blute, zum Beweise seiner Gerechtigkeit« und mit einer Stelle des ersten Johannesbriefs – »darin besteht seine Liebe, daß er seinen Sohn sandte zur Versöhnung für unsere Sünden« belegt.

Am 11. September 1962 kehrte Therese auf dem Umweg über Eichstätt von ihrer letzten großen Reise zurück. Am 13. September, einem Donnerstag, schmückte sie zum letzten Mal das Missionskreuz und Bildhauer Mayers Mater dolorosa in der Laurentiuskirche. Am 14. September, dem Tag der Kreuzerhöhung, schaute sie nach einem dreistündigen Leiden an den Wunden wie alljährlich an diesem Tag den Triumph des Kreuzes. Es mag nicht ohne Bedeutung sein, daß dies Therese Neumanns letzte Schau war.

Die Einsetzung des Festes »exaltatio sanctae crucis« geht auf gesichert überlieferte Ereignisse zurück: Konstantin, Sohn der heiligen Helena, wurde 306 zum Kaiser gekrönt. Seine Hauptstadt Byzanz umzog er mit einer starken Mauer und nannte sie Konstantinopolis. Von seinem weströmischen Mitkaiser Maxentius wurde ihm das Kaisertum streitig gemacht. In den folgenden kriegerischen Auseinandersetzungen soll dem Verteidiger Konstantin ein strahlendes Kreuz am Himmel erschienen seine, das in der Vierung die siegversprechenden Schriftzeichen IN HOC SIGNO VINCES trug. In der Schlacht an der Milvischen Brücke siegte er am 28. Oktober 312 trotz wesentlich kleinerer Streitmacht. Maxentius ertrank im Tiber. Der Wandschmuck des von Konstantin erbauten und im fünften Jahrhundert erneuerten Lateran-Baptisteriums zeigt Konstantins Triumph. Er wurde Christ und sicherte dem Christentum in dem von ihm und seinem römischen Schwager Licinus erlassenen Mailänder Edikt vom Februar 313 freie Religionsausübung.

Bald nach dem Tod Jesu war auf Befehl Kaiser Hadrians an den Schauplätzen der Kreuzigung und Grablegung (um die Urchristen von der Verehrung dieser Stätten abzuhalten) ein Venus-Tempel errichtet worden. Als Konstantin über den weströmischen Kaiser gesiegt hatte, reiste Kaiserin Helena nach Jerusalem, ließ den Venustempel abreißen, die Schuttberge wegräumen und in die Tiefe graben. So stieß man auf das Holz von drei Kreuzen, auf Nägel und eine beschriftete Tafel. Die Auffindung der 290 Jahre alten Holzkreuze kann keineswegs als »wunderbar« bezeichnet werden. Die Kreuze waren ja nicht etwa eingegraben, sondern lagen mit allerhand Gerümpel in einer Höhlung, deren trockene Luft ausgezeichnete Voraussetzungen zu ihrer Erhaltung bot. Einzig das Kreuz des linken Schächers war weitgehend verfault. Das unversehrte Kreuz des rechten Schächers wurde – nach einem Traum Helenas – zusammen mit dem Kreuz Christi an Kranken erprobt.

Konstantin ließ an den geheiligten Plätzen die Martyrion(Kreuzes)- und Anastasis(Auferstehungs)-Kirche bauen. Die durch einen Gang verbundene Doppelkirche wurde am 13. September 335 eingeweiht. Am Tag darauf, dem 14. September, wurde das Kreuz feierlich aufgestellt. Einen wesentlichen Teil des Kreuzes holte Konstantin zu sich nach Konstantinopel und verwahrte ihn dort im Urbau der Hagia Sophia. Der restliche Teil (vermutlich die Hälfte) verblieb in Jerusalem. Kaiserin Helena ließ inzwischen die römische Kirche »Santa Croce in Gerusalemme« erbauen, als kostbares Gefäß für einen Teil der nach Konstantinopel verbrachten Kreuzhälfte. Diese Stücke des Kreuzes genießen die Verehrung aller Rompilger.

Drei Jahrhunderte später überzog Perserkönig Chosrau II. das Byzantinische Reich mit einem verheerenden Krieg. Im Jahre 613 gelang es ihm, Syrien, 614 Palästina und 619 Ägypten dem Perserreich einzuverleiben. Besonders grausam wütete er in Jerusalem. Er verschleppte das in Gold und Edelstein gefaßte Kreuzreliquiar und Jerusalems Bischof Zacharias nach Ktesiphon.

Patriarch Sergius von Konstantinopel ermutigte den aus der Hauptstadt vertriebenen oströmischen Kaiser Heraklius (Heraklcios) zum Kampf gegen den Perserkönig. Heraklius rüstete und fügte Chosrau eine vernichtende Niederlage zu. Dieser, tobsüchtig wegen seiner Demütigung und von der Ruhr befallen, gab wirre Befehle zur Hinrichtung aller persischen Feldherren und enterbte seinen Sohn. Er starb unter dessen Hand. Heraklius ging auf die Bitte um Frieden unter der Bedingung einer Rückgabe des Heiligen Jerusalemkreuzes, des Bischofs Zacharias und aller als Sklaven Verschleppten ein. Der Kasten, in dem das Kreuzesholz aufbewahrt war, wurde versiegelt und unversehrt am 3. Mai 628 zurückgegeben. Im Triumph kehrte Kaiser Heraklius nach Konstantinopel zurück. Im Jahr darauf zog er mit glänzendem Gefolge nach Jerusalem, um die hochverehrte Reliquie wieder in die Konstantinskirche auf Golgatha zu bringen.

Therese hatte zum letzten Mal die triumphale Vision der Kreuzerhöhung. Sie sah sich nach Jerusalem versetzt, wo in einer Unmenge jubelnden Volkes, umgeben von glänzendem Gepränge, ein Mann in kaiserlichem Ornat mit einer Krone auf dem Haupt ein Holz durch die Gassen trägt, dem Kalvarienberg zu. Pfarrer Naber diktierte dem nach Konnersreuth gekommenen Johannes Steiner die Einzelheiten dieser Schau: »Plötzlich, am Stadttor, wo der Heiland gestürzt ist, bleibt er stehen und kann nicht mehr weiter. Es ist, als ob ihn etwas Unsichtbares hindere, weiterzugehen. Da redet ihm ein Mann in vornehmer, hochpriesterlicher Kleidung zu. Es wird, so meint Pfarrer Naber, wohl Bischof Zacharias gewesen sein. Und er wird gesagt haben: ›So hat der Heiland sein Holz nicht auf den Berg getragen.‹ Dem Anruf des Bischofs nachkommend, legt der Kaiser allen Schmuck, die Krone und den Königsmantel ab und zieht seine Schuhe aus. Barfuß und einfach gekleidet kann er nun unbehindert weitergehen und das Kreuzholz in die Kirche tragen, wo es feierlich ausgestellt und von der Volksmenge, die sich auf die Knie wirft und den Boden küßt, jubelnd verehrt wird.«

Am 15. September 1962, samstagmorgens, dem Feste der sieben Schmerzen Mariens (Septem Dolorum Beatae Mariae Virginis) verspürte Therese beim Aufstehen und Ankleiden einen starken Schmerzstoß im Herzen. Zwar versuchte ihr der Konnersreuther Arzt Dr. Stuchlik durch Strophantinspritzen und Herzmassagen Linderung zu verschaffen, doch Therese empfand weiterhin so grauenhafte Schmerzen, daß man sie im Bett aufsetzen und an die hochgebauschten Polster lehnen mußte. Schmerzlich gedachte sie des geplanten Theresianums und stammelte: »Ich wäre halt noch gern beim Bau dabei gewesen.«

Wie immer fiel sie auch montags, am 17. September, dem Feste der Stigmatisation des heiligen Franziskus, nach Empfang der Hostie in den »erhobenen Ruhezustand«. Pfarrer Naber fragte sie, wie es denn mit ihr weitergehen werde. Sie sagte: »Am Dienstag wird sichs entscheiden.« Sie konnte kaum noch reden. Ihre Zunge war dick angeschwollen.

Es wurde Dienstag, der 18. September. Therese bat Pfarrer Naber, ihr mittags die heilige Kommunion zu bringen. Aber um halb elf Uhr schickte sie zu ihm, sie wolle sofort kommunizieren. Pfarrer Naber erinnert sich später: »Ich habe ihr gleich die heilige Kommunion gebracht. Sie war sehr schwach. Dann sagte sie zu Maria, sie solle doch etwas Wasser bringen, weil ihr Mund so trocken sei. Seit 1927 hatte man ihr auch zur heiligen Kommunion keinen Tropfen Wasser mehr gereicht. Nur bei dieser Kommunion am Dienstag Vormittag hat sie das verlangt. Das war auffällig. Aber weder die Maria noch ich haben ans Sterben gedacht, weil wir sie halt oft und oft so elend gesehen hatten. Ich habe dann einen Löffel mit ein paar Tropfen Wasser genommen und die heilige Hostie auf die Spitze gelegt. So habe ich diese an ihren Mund gebracht, in dem sie ohne jegliche Schluckbewegung in dem Augenblick verschwunden ist, als ich mit dem Löffel an den Mund herankam.«

Es war ihre letzte mystische Kommunion. Pfarrer Naber dachte zurück: »Nun ist es ja immer so gewesen, daß die Brotgestalt sich in ihr nicht aufgelöst hat wie bei uns etwa in einer Stunde. Bei ihr war es gewöhnlich so, daß die Brotgestalt sich erhalten hat bis kurz

460

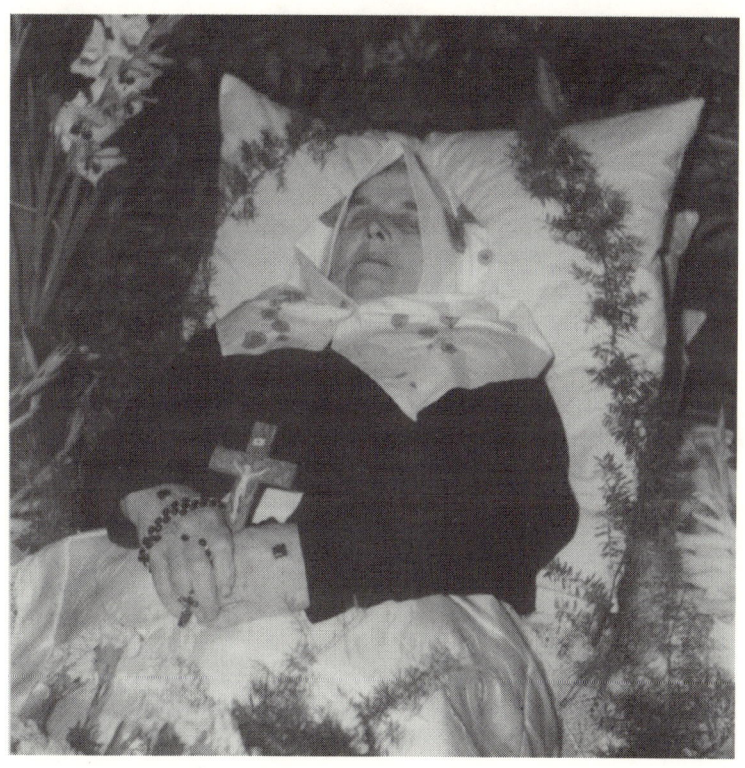

Therese Neumann auf dem Totenbett. Sie war vom 18. bis 22. September 1962 im ehemaligen väterlichen Arbeitszimmer aufgebahrt.

bevor sie wieder kommunizierte. So machte es nun den Eindruck, daß der Heiland noch vor dem Tod zu ihr kommen wollte. Ich habe nach der Kommunion noch eine Person beichtgehört, dann hat man zu Tisch gerufen. (Seit Pfarrer Naber im Neumannhaus wohnte, aß er am Familientisch.) Da hat's dann plötzlich geklingelt, vom Zimmer der Resl her.« Trotz rasender Schmerzen brachte Therese die Kraft auf, noch ein letztes Mal ihrer Schwester Maria zu läuten, die eben in der Küche das Mahl vom Herd hob. Maria lief gleich hinauf, Therese saß aufrecht in den Polstern, liegen konnte sie nicht mehr. Maria wollte sie stützen, da bemerkte sie, daß schon das Sterben begann. Pfarrer Naber fährt in seinem Bericht fort: »Maria schrie: ›Herr Pfarrer! Herr Pfarrer!‹ und ich bin gleich hinauf. Wie ich hinaufkomme, war es schon vorbei, war das Leben schon entschwunden.«

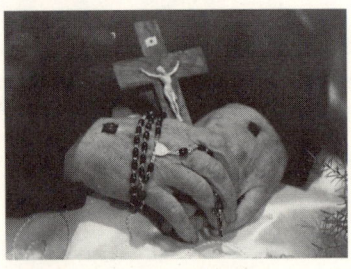

Nahaufnahme der Hände Therese Neumanns auf dem Totenbett mit den deutlich sichtbaren Hand-stigmata.

Das Jahr, in dem Therese Neumann starb, war dasselbe, in dem das Beatificationsverfahren für ihre vor zwanzig Jahren ermordete Freundin Edith Stein eröffnet wurde.

Jetzt mag der Heiland auch sie »gut angeschaut« haben. Immer, wenn er so schaute, »verlangte er Großes«. Als der Heiland ihren verklärten Leib holte, mag sie gewußt haben: »Im Geheimnis des Kreuzes und seiner Auferstehung hat Christus den Tod und die Sünde zerstört.« Das grausame Begreifen, das über Therese von Lisieux bei ihrem eigenen Sterben gekommen war – ob es Therese von Konnersreuth erspart blieb? Die kleine Heilige war in ihrer Sterbestunde von der Angst befallen worden, daß kein Geschöpf, auch wenn sein Leben weiter nichts als ein beständiges Sterben für die Rettung der Seelen war, mit seinem *endlichen* Sterben den *unendlichen* Tod, nämlich die Hölle, aufzuheben vermochte. Denn könnte es nicht sein, daß Gott auch die Hölle in seiner Liebe geschaffen hat, ja, daß er ihr aus Liebe Ewigkeit verlieh und unermeßliche Tiefe? Könnte es nicht sein, daß die Hölle der Liebestod Gottes in den Seelen seiner mit Christi Blut erkauften Widersacher wäre, daß Gott sich in jedem von ihnen aufs neue in diesen Tod verschenkte? Könnte es nicht sein, daß er seinen Geschöpfen die Wahl ihres Herzens und Willens bestätigte und weder seinen Cherubim, noch seinen Seraphim gestattete, die Hölle anzutasten? Welch schrecklicher Widerspruch wäre das zwischen der Liebe Gottes, die

Das von Karl Schmitz Wickermann gestiftete Kreuz auf dem Konnersreuther Friedhof. Es entspricht mit seiner Ypsilon-Form der Golgatha-Vision Therese Neumanns. Daneben das Grab der Stigmatisierten.

noch die Hölle umfaßte und erhielt, und der Liebe der Auserwählten, die sie »zunichte lieben«, in Wesenlosigkeit auflösen, austilgen wollten?

Pfarrer Naber erinnerte sich: »In dieser Stellung ist sie in den Armen ihrer Schwester Maria gestorben, ohne noch ein Wort des Abschieds sprechen zu können.« (An Allerseelen 1930 war ihr einmal der Heiland erschienen. Das hatte sie mit solcher Freude erfüllt, daß die Herzwunde sich öffnete und helles Blut herausschoß, schrieb der Pfarrer in sein Tagebuch. Im erhobenen Ruhezustand, hieß es damals, in einer solchen Liebesaufwallung werde »Therese einmal sterben«.) »Maria sagte: ›Das schaut ja grad so aus wie ihr Sterben bei den Leidensekstasen‹ und konnte lange nicht glauben, daß es wirklich der Tod sei. Denn mindestens sechshundertmal hatte man schon gesehen, daß die Resl bei den Freitagsleiden die Todesqual mit dem Heiland gelitten hatte und dann einfach zusammengesunken und wie tot einige Zeit liegengeblieben war. Die Marie hat alleweil gewartet, daß sie wieder zum Leben kommt, aber dazu ist es nicht mehr gekommen.«

Therese Neumanns sterbliche Hülle wurde unten in der Stube aufgebahrt. Es war die obere Holzfüllung der Tür herausgenommen und durch Glas ersetzt worden. »Ich habe Angst, wenn ich nachhause komme«, hatte sie oft gestöhnt, »vor den vielen Menschen!« Nun mußte sie keine Angst mehr haben. Tausende zogen vom Dienstag bis zum Samstag, dem Tag der Beerdigung, vom frühen Morgen bis Mitternacht an ihrem Leichnam vorüber. Sie kamen bei der vorderen Haustür herein und gingen durch den Ausgang zum Hof wieder hinaus. Es war ein stetes Durchfließen, und man bedauerte, immer wieder um schnelleres Durchgehen bitten zu müssen, damit alle, die gekommen waren, die tote Therese noch einmal sehen konnten. Am Samstag, nach dem Requiem, wurde der Sarg verschlossen. Vor der Einsargung hatten drei Ärzte, die beiden Konnersreuther Mediziner und Engelbert Ernst, Oberarzt des Krankenhauses Tirschenreuth, festgehalten, daß trotz viertägiger Aufbahrung nicht die geringste Spur von Verwesung, keine Totenflecken und kein Leichengeruch wahrzunehmen waren, obwohl das Zimmer sehr niedrig, die Jahreszeit warm war und in dem engen Raum vier ständig brennende Kerzen zusätzliche Wärme spendeten.

Die Teilnahme an der Beerdigung war so groß, daß auch die Friedhofsmauern und alle Dächer der umliegenden Scheunen von Menschen besetzt waren. Die Zahl der Teilnehmer, unter denen wieder Bayerns Staatsminister Alois Hundhammer gesehen wurde, der schon Pater Ingbert Naab die letzte Ehre erwiesen hatte, konnte schwer abgeschätzt werden. Jedenfalls stellte sich die hohe Zahl

Der Theresienbrunnen (nach Theresia von Lisieux) am Therese-Neumann-Platz in Konnersreuth.

von zehntausend bereitgelegten Sterbebildchen als zu gering heraus. Man sah Omnibusse aus der engeren und weiteren Heimat, aus ganz Bayern und Österreich, von der Saar, aus dem Rheinland, aus Belgien, aus den Niederlanden, aus der Schweiz. Auch aus dem Elsaß und von Paris waren Teilnehmer gekommen. Telegramme und Tausende von Briefen gingen aus aller Welt ein. Kleriker vom Fockenfelder Seminar trugen ihre Gönnerin zu Grabe. Beigesetzt wurde sie in einem Zinn- und Eichensarg. Die Gruft war mit weißen Kacheln ausgemauert. Ein Blumenmeer deckte den Hügel. Unmittelbar neben dem hohen Friedhofskreuz, das der von ihr geschauten Kreuzform nachgebildet war, fand sie an der Seite ihrer Schwester Ottilie die letzte Ruhe. Ihr Grab wird seither von der Liebe der Angehörigen umsorgt und von vielen vertrauensvollen Besuchern mit Fürbitt- und Hilfegebeten bestürmt. Votivgaben und Dankestafeln stapeln sich neben dem leuchtenden Blumengebirge zu einem zweiten Hügel. Alle Besucher, deren Zug zum Grab nie nachläßt, beten auch dafür, daß der Heiland, was er zu ihren Lebzeiten an ihr und durch sie gewirkt hat, nach ihrem Tod fortsetzen möge.

Ähnlich sagte es Elisabeth zu Guttenberg: »Wie sehr fehlte mir Therese von Konnersreuth! Sie war für mich nach dem Tod meiner beiden Kinder Hilfe und Trost gewesen. Während einer meiner Amerikareisen war sie gestorben. Wir, die sie gekannt und geliebt hatten, waren zu einem Arbeitskreis unter Bischof Graber von Regensburg zusammengekommen, um für Rom Resls Leben und Leiden aufzuzeigen mit dem Ziel einer späteren Seligsprechung.«

Was war also ihr Lebensinhalt gewesen? Knapp gesagt: Schon in dieser Welt Sein Reich zu suchen. Oder, wie Pfarrer Naber auf die immer wiederkehrende Frage: »Welches ist eigentlich die Aufgabe der Therese?« ebenso unveränderlich geantwortet hatte: »Seelen zu gewinnen und sie dem Heiland näher zu bringen.« Man könnte ergänzen: ...und sie dem Versucher, jener Kraft, die stets das Böse will, zu entreißen. Er, dessen ewige Bezeichnung »Satan« sich der

465

Zunge des heute Sprechenden widersetzt, könnte ja zu Therese gesagt haben, die eine von denen gewesen war, die das Reich der Hölle »zunichte lieben« und Luzifer, dem gefallenen Erzengel, von früh bis spät Seelen abgewinnen wollten: »Bist du, die es wagte, mich herauszufordern, die sich mir entgegenwarf und mir die Erde zu entreißen suchte, bist du dir deiner Nichtigkeit überhaupt bewußt? Ich könnte dich schütteln, wie ich schon häufig deinesgleichen, etwa den unglücklichen Fritz Gerlich, geschüttelt und an den Haaren über den Boden seiner düsteren Zelle gezerrt habe. Ich habe diesen Unseligen, jawohl Unseligen, mit Fäusten ins Gesicht geschlagen und mit seinem Kopf gegen Mauern gestoßen. Jawohl, ich war es, der ihm das Herz mit glühenden Zangen aus dem Leibe riß! Ich, der ich schon einmal in meinem Niedersturz die Mächte des Himmels erschütterte und den Sternenbaum zu mir herunterbog, ›daß die Planeten wie taube Nüsse herunterprasselten‹ (Elisabeth Langgässer)! Doch nein, ich verzichte auf Gewalt. Ich will besser Rache nehmen! Du wirst sehen, auf welche viel bessere Weise ich Rache nehmen werde!«

Vielleicht war es aber nur bleierne Angst, die ihn so wüten ließ, denn er wußte um das Unanzweifelbare: Die Lehre von der Erbsünde gründet in der Erfahrung, daß der Mensch nicht nur in eine Heilsgeschichte, sondern auch in eine Unheilsgeschichte verwickelt ist, die ihn wesenhaft bestimmt. Die Unheilsgeschichte zerstört aber nicht seine Gottesebenbildlichkeit. Nein, die Unheilsgeschichte wird im erlösenden und befreienden Handeln Jesu Christi aufgedeckt, überwunden und in die Zukunft einer neuen Gemeinschaft mit Gott hinübergeführt.

Zwölftes Kapitel

Das Ende der Zukunft

Ein bekennendes Nachwort

I.

Die Pläne für das Anbetungskloster nahmen dank der lebhaften Anteilnahme des Regensburger Bischofs Gestalt an, so daß die Marienschwestern das Theresianum noch in den sechziger Jahren beziehen konnten. Bischof Graber fragte, als die Mauern in die Höhe wuchsen, »ob es nicht an der Zeit sei, auch bei uns etwas zu schaffen wie in Frankreich nach dem siebziger Krieg, als auf dem Montmartre in Paris eine Herz-Jesu-Sühne-Basilika errichtet wurde. Wer jemals die Sacré-Cœur-Basilika betreten hat, auf diesem die Stadt beherrschenden Berge, der ist ergriffen, wenn er die Inschrift liest: ›Gallia poenitens et grata et devota – das sühnende Frankreich, das dankbare und an Gott hingegebene Frankreich‹. Ich frage nun: Sind wir schuldloser als unser Nachbarvolk im Westen? Ist nicht so vieles in unserer Geschichte geschehen, wofür wir Sühne leisten müßten vor Gott, unserem Herrn?«

II.

Nach und nach erlosch das Leben: Rasch holte Therese ihre Schwester Maria, in deren Armen sie gestorben war, am 15. Juni 1963 in die Ewigkeit nach. Pfarrer Naber starb am 23. Februar 1967 im hohen Alter von 97 Jahren. Solang er in der Pfarrkirche zelebrieren konnte, feierte er, wenn irgend möglich, auch die zweite Messe mit und versäumte keine Andacht. Oft sah man ihn am Nachmittag als stillen Beter vor dem Tabernakel knien. Er wurde als erster in der Priestergruft beigesetzt, an seine Seite bettete man die exhumierten Gebeine des Priesterkonvertiten Bruno Rothschild.

Erna Herrmann-Haven starb am 14. April 1977, ihr Gatte Firmin Haven am 30. Oktober 1981; beide liegen in der ehemaligen Grabstätte Bruno Rothschilds auf dem Konnersreuther Friedhof. Johannes Steiner, einer der wichtigsten Zeitzeugen, lebt 1994 noch, im Erscheinungsjahr dieses Buches, hochbetagt mit 92 Jahren.

III.

Auch für den alten Pfarrhof kam das Ende. Im Sommer 1969 wurde er abgebrochen. Die Räume, in denen Pfarrer Naber, Therese Neumann, Bruno Rothschild, Fritz Gerlich und Erwein von Aretin genächtigt hatten, sanken ins Nichts. Nicht nur um eine geschichtlich bedeutsame Stätte, auch um ein Baudenkmal erster Ordnung mit Granitgewänden und wertvollen Steinmetzarbeiten ums Portal war es jedermann leid.

Bischof Rudolf Graber, der die Causa Therese Neumann vorantrieb, nannte die Tugenden der Konnersreuther Stigmatisierten heroisch. Denn heroisch seien ihr Glaube, ihre Hoffnung, ihre

Innenseiten des vierseitigen Sterbebildes der Therese Neumann, gedruckt in der Offizin Schnell & Steiner, Waldsassen, am 19. September 1962.

Gottes- und Nächstenliebe gewesen, heroisch ihre Klugheit, ihre Gerechtigkeit, ihre Mäßigung, ihr Gehorsam, ihre Armut, ihre Keuschheit und ihre Demut. »Ist es ein Schaden für die Kirche«, fragte er rhetorisch, »wenn man auf die Bedeutung des Leidens und Kreuzes in einer Zeit hinweist, in der der Sinn dafür fast erloschen ist?« Als Mahnung, die von Konnersreuth für alle Zeit ausgeht, bezeichnete er die »Verehrung und Anbetung des eucharistischen Herrn in einer Zeit, in der die Ehrfurcht vor dem Allerheiligsten schwindet. Eucharistisch geprägt war das Leben Therese Neumanns. Das Anbetungskloster Konnersreuth ist die Vollendung und das Siegel ihrer eucharistischen Frömmigkeit. Ist es ein Schaden für die Kirche, wenn dort jahraus jahrein von morgens bis abends vor ausgesetztem Allerheiligsten in den Anliegen des Bischofs und der Kirche gebetet wird?«

IV.

Heute stellt sich die Zusatzfrage: Ist Konnersreuth ein leuchtendes und wärmendes Feuer im Dunkel des Materialismus, der Gottes Geist verneint, in der Kälte des Rationalismus, der Gottes Macht beschränkt, im Nebel des Liberalismus, der Gottes Bild verwischt? Salzburgs Fürstbischof Sigismund Waitz kam gegenüber Enoch zu

Guttenberg zu dem Schluß, »daß bei völligem Aufgehen in Gott die Grenzen zwischen unserer Welt und dem Leben der Ewigkeit aufgehoben sind. Raum, Zeit und Lebensspanne sind nicht mehr von Belang.«

Thereses Leitsatz: »Mir ist alles recht, Gesundsein und Kranksein, Leben und Sterben. Will der Heiland, daß ich arbeite, so arbeite ich, will er, daß ich leide, so leide ich. Schenkt mir der Heiland eine Freude, so nehme ich diese Freude an. Ich will keinen anderen Willen haben als den des Heilands«, spricht aus ihm nicht eine Gesinnung, die wir (nach Paulus) vom Heiland kennen: »Siehe, ich bin gekommen, Deinen göttlichen Willen zu erfüllen«? Ist es nicht auch die Gesinnung der Gottesmutter, die zu Gabriel sprach: »Siehe, ich bin eine Magd des Herrn, mir geschehe nach Deinem Worte«? Die heilige Gleichförmigkeit mit dem Willen Gottes, stimmt sie nicht überein mit den Forderungen Christi, mit der Lehre der Kirche, mit den Grundsätzen der Theologie? Die in reichem Maß erlangten Gebetserhörungen am Grab der Stigmatisierten sprechen eine überzeugende Sprache.

V.

Gelegentlich kann man hören, das Heilige dürfe nicht auffallend sein. Ist aber in der Heiligen Schrift nicht schlechthin alles auffallend? Oder sind etwa der brennende Dornbusch des Moses, das Goldene Kalb, der Durchgang durch das Rote Meer, das Manna in der Wüste, das Opfer Abrahams keine auffallenden Zeichen? Mit der Behauptung, das Heilige dürfe nicht auffallen, würde man die gesamte Liturgie und ihre sakramentalen Zeichen leugnen. Kann es etwas Auffallenderes als die Taufe, die Priesterweihe oder die Einsetzung eines Bischofs geben?

Als der Heiland am Kreuz hing, schrien die Wissenschaftler seiner Zeit hinauf: »Steig herab und beweise dadurch Deine Gottessohnschaft!« Christus ist nicht herabgestiegen, aber wenig später von den Toten auferstanden und in den Himmel aufgefahren. Keiner jener Herren durfte dabei sein. Wie würde es dem Heiland ergehen, wenn er heute auf Erden erschiene und seine Wunder wirkte? Ministerialrat Schondorf, ehedem Protestant, der durch Therese zum alten Glauben zurückfand, schrieb empört über eine Welt, in die der »Fall Therese Neumann« hineinwuchs: »Das Christentum ist nicht ratio, sondern mysterium.«

In keiner chemischen Analyse, in keiner Retorte ist Gottes Walten auf Erden zu fassen. Dem Blindsein-Wollenden nimmt kein Wunder den Hochmut der selbstgefälligen Augen, der sie blendet. Die wirklich unabhängigen Geister sind sich darin längst einig, daß der Rationalismus in seiner edlen Form wie in seiner platten Abart überholt ist. Vorbei, zu Ende gelebt. Diesseitige Vernünftigkeit vermag den Hunger nach frischer Nahrung nicht mehr zu stillen. Die Suche nach neuen Gefilden, auf denen der Geist weiden kann, ruft in Spätzeiten ohne Zukunft eine verzweifelte Liebe zum Okkulten und Magischen, zu jeder Art von Pseudo-Religion auf den Plan. Die Abweisung des Wunders durch die katholische Kirche selbst führte zu anderweitigen Befriedigungen der Sehnsucht nach dem Übersinnlichen, zu Esoterik und New Age, zu Schamanenglaube und Reinkarnations-Therapie. Therese Neumann kann nicht für Pseudoreligiosität mißbraucht werden. Doch gerade sie scheint auf der Verlustliste der neuzeitlichen Kirche zu stehen. Als der Verfasser den jubelnden Fronleichnamsschmuck der alten Volksfrömmigkeit am Beispiel Konnersreuths beschrieb, beschlichen ihn trübe Erinnerungen an einen jungen Seelsorger seiner Heimatpfarrei, der getreu dem angeblichen »Geist des Konzils« jeden Schmuck der Häuser auf dem Fronleichnamsweg des Heilands verbot und so ein jahrhundertealtes Feuer der Liebe für immer austrat.

VI.

Es hoben, kaum war Therese unter der Erde, Jahre der Verirrungen und Verwirrungen an, der Verwerfungen und Verwerflichkeiten. Es zeitigten sowohl die Geschwüre des Marxismus-Leninismus als auch der »Frankfurter Schule« ihre Metastasen. Da wurde Fidel Castro – gegen den Folterer Batista y Zaldivar – bald abhängig von einer anderen Diktatur; Che Guevara und Ho Chi Minh traten ins Rampenlicht der Geschichte; das Elend von Vietnam spaltete Amerika; die Rote Khmer zog eine breite Blutspur; die rote Mao-Bibel wurde über alle Welt verbreitet; auf Ulbricht folgte Honecker. Die achtundsechziger Studentenrevolte kaute, sprachgeregelt von der »Dialektik der Aufklärung«, das soziologische Vokabular der Professoren Marcuse, Adorno, Horkheimer und Habermas wieder, marschierte von der permissiven Gesellschaft bis zur repressiven Gesinnung, von den Auswüchsen antiautoritärer Erziehung bis zum Werterelativismus »durch die Institutionen«. Die Diktatur der »außerparlamentarischen Opposition« bespuckte den »Muff von tausend Jahren« und grölte ihre in die Ohren von Jungtheologen wie Musik eingehende Lieblingslosung: »Verkrustung«. Es brüllten Benno Ohnesorg, Daniel Cohn-Bendit und Rudi Dutschke den jugendlichen Massen voran, es wurden Universitäten und Kirchen besetzt. Emanzipierte Frauen demonstrierten auf öffentlichen Plätzen für den sexuellen Genuß ohne Reue: »Mein Bauch gehört mir!« Es war eine Zeit vieler Worte vor dem Verstummen. Nach dem Untergang des brutalen Nationalsozialismus gab es den Scheinsieg des intellektuellen Kommunismus, der sich als anderes organisiertes

Verbrechen erwies, als »Rote Armee Fraktion«, die dann ebenfalls scheiterte.

Wieviel Unheil bewirkte ein hingeworfener Satz von Karl Marx, es komme nicht darauf an, die Welt zu interpretieren, sondern sie zu verändern. Wieviele Menschenleben kostete er! Die verheerende Wirkung der falschen Begriffspaarung »Faschismus-Antifaschismus« hatte hier ihre Wurzel. Die Afterschmiererei »Faschisten raus« an den Betonwänden der Technikwelt hatte ihre Ursache in einer vierzigjährigen Indoktrination durch die Kommunisten, deren Wortwahl von Anfang an ausschließlich die sowjetrussische war. Diese Wortwahl beseitigte beharrlich den korrekten Begriff »Nationalsozialismus«. Den Chefideologen lag daran, unter allen Umständen zu vermeiden, daß die »hehre« Bezeichnung »Sozialismus« durch eine Verbindung mit der in Deutschland zwischen 1933 und 1945 herrschenden Doktrin in Mißkredit gebracht werde. Zu erwägen, daß es in Hitlers nationalem Sozialismus tatsächlich wesentliche sozialistische Bestandteile gab, war verpönt. Ein schon in der Nomenklatur verfälschter »Faschismus« wurde als notwendige Folge des Kapitalismus, Militarismus und Imperialismus dargestellt, und folgerichtig die »Arbeiterklasse« – gegen jede Wahrheit – als eigentlicher, ja einziger Träger des »antifaschistischen« Widerstands ausgegeben. Wer in der Sowjetunion den geringsten Vorbehalt gegen den Stalinschen Kommunismus zu erkennen gab, geriet unweigerlich in den Faschismusverdacht. Stalintreu wurde in der DDR die Rebellion der Arbeiter vom 17. Juni 1953 als »faschistischer Putsch«, die »Mauer« als »antifaschistischer Schutzwall« ausgegeben, Bonn des »faschistischen Terrors« bezichtigt, gegen den die »Rote Armee Fraktion«, die sich unverhohlen als Parteigängerin der Roten Armee bezeichnete, ihre Mordanschläge verübte. Im Westen, wo man mit Hitler keinen Hund hinter dem Ofen hervorlocken konnte, hätte man über solche Verbohrtheit nur lachen können, wenn ihre Früchte nicht so blutig gewesen wären; im Osten war es anders; dort erfuhren junge Menschen kaum etwas Zutreffendes über den Nationalsozialismus.

VII.

Keineswegs geleugnet sei, daß unermeßlich viele anständige Sozialisten und Kommunisten Hitlers Blutopfer geworden waren. Es kommt gleichwohl einer Geschichtsklitterung gleich, den Braunen eine Nähe zu den Schwarzen oder umgekehrt nachzusagen. Die Farbenlehre bezeichnet »braun und rot« als verwandte Tinkturen. Es ist auch die Erfahrung nicht abzustreiten, daß Braunwähler, als es nicht mehr möglich war, braun zu wählen, zu Rotwählern wurden, wie etwa in Nürnberg, weit seltener zu Schwarz- oder

Weißblau-Wählern. Die im politischen Sinne Schwarzen haben später konservative und christliche Politik, schließlich sogar jedes kirchliche Bekenntnis arg in Mißkredit gebracht, indem sie sich mit dem großen Geld und der großen Technologie, schließlich sogar mit Betrug und Bestechung gegen Gottes Schöpfung und gegen Wilhelm Heinrich Riehls »Recht der Wildnis« naturzerstörend sündig verbündeten.

VIII.

Wie wir uns erinnern, war Konnersreuth für die Kommunisten eine ebenso unannehmbare Herausforderung wie für die Nazis. Es spricht für die Weitsicht Gerlichs, daß er Torheit und Lüge nicht nur bei Hitler, sondern auch bei Lenin durchschaute, der die Zarenfamilie abschlachten ließ und in der Erwartung eines »Tausendjährigen Reichs« den Totentanz des zwanzigsten Jahrhunderts eröffnete.

Das Ausmaß der Verwüstungen, die der in den späten achtziger Jahren aus den Angeln gehobene Kommunismus hinterließ, war in jeder Hinsicht – wirtschaftlich, ökologisch, sozial, aber auch geistig und moralisch – viel größer als man angenommen hatte. Die Wahrheit war im Kommunismus verloren gegangen, weil eine verlogene Partei sie für sich in Anspruch genommen hatte.

Geburts- und Sterbehaus der Therese Neumann in Konnersreuth um 1990, mit einem Email-Bild von Egino Weinert neben der Haustüre: »Unser Herr und Heiland Jesus Christus hat sich uns gezeigt im Leben von Therese Neumann, daß er allein der Herr ist über Natur und Schöpfung und daß wir in sein Sühne- und Erlösungswerk einbezogen sind.«

474

Wer selbst kommunistisches Parteimitglied war, konnte am ehesten das volle Ausmaß des Verbrecherischen und der Unmenschlichkeit dieser Organisation begreifen. Daniil Alexandrowitsch Granin wußte aus eigener Erfahrung, daß mit dem Rang in Amt und Stellung das Wissen um die Verbrechen der Partei zunahm. Als erster hochrangiger Parteiführer brach Boris Nikolajewitsch Jelzin öffentlich mit der Kommunistischen Partei, verfluchte sie und die Ausschlußregierung der Kader. »Von diesem Augenblick an« – so Granin – »wurde er zum Feind Nummer eins, denn die Partei bestraft niemanden so unnachsichtig wie den Abtrünnigen. Die ganze Wucht der Propagandamaschinerie brach über Jelzin herein, er wurde gehetzt, verfolgt und verleumdet, allein schon aus Rache. Am eigenen Leib bekam er zu spüren, daß es für diese Organisation keinerlei moralische Tabus gab. Jelzin blieb standhaft, er stellte sich der kommunistischen Restauration in den Weg. Es hat den Anschein, daß er sich die Lebensaufgabe gestellt hat, dem kommunistischen Drachen den Garaus zu machen.«

IX.

Man kann nicht Steine aus einem Torbogen nehmen und erwarten, daß er dennoch stehen bleibt.

John A. O'Brien

Nach einem Wort Jelzins gewannen die aus einem Abgrund aufsteigenden Menschen das Gedächtnis wieder und den Glauben. Ihre Blicke wendeten sich wieder den Heiligtümern zu. Apropos Gedächtnis: Die Kirche hatte schon einmal – an der Pforte des Mittelalters – die Philosophie, die Geschichtsschreibung und die Literatur vor der Barbarei bewahrt, hatte die Bildende Kunst gerettet, hatte die herrlichen Formen der Antike überliefert, hatte das Latein unversehrt weitergegeben, hatte uns unzählige Heilige der Tat, der Liebe, des Leidens geschenkt.

Was blieb, wenn sich der Religionsersatz des Kommunismus als Illusion erwies? Natürlich lag die Rückkehr zum Original nahe. Der Mensch aber, der – von der Wissenschaft im Stich gelassen – zur Religion zurückkehren wollte, erlebte eine herbe Enttäuschung: Religion und Kirche waren keineswegs mehr das, was sie einmal gewesen waren. Theologen hatten die Entstehung der Evangelien wahrheitswidrig weit vom Geschehen abgerückt und die Kirche kräftig »entmythologisiert«, die daraufhin Züge einer politischen Partei, eines Vereins annahm, der sich mehr um die Tagespolitik als um die Darbringung des Opfers kümmerte. Ein unversöhnlicher Feind wütete, um die exaltatio crucis zu verhindern, im Weinberg des Herrn, entfachte die Gespensterdiskussion um das Keuschheitsgelübde, um die Demokratisierung der Kirche, um das Opferpriestertum der Frau, um die Auflösung der Dogmen.

Entmythologisierung hieß im Klartext Verzicht auf Wunder. Ähnliches bewirkten die bei Freud entliehenen psychoanalytischen, das hieß innerweltlichen Deutungen, die Herabstufungen und Verflachungen der Sünden zu »Fehlern und Schwächen«.

Schon einmal hatte sich die Kirche dem »Geist der Zeit« gebeugt, hatte das Geheimnis zugunsten der ratio aufgegeben, die Opferung zugunsten des Gesprächs – und Gläubige, die fortan fröstelten, in die Sekten gescheucht. Unübertrefflich und immer gültig sang Elisabeth Langgässer der Kirche ein Klagelied: »Luther! Er ist es, dein dunkler Sohn, der die Kutte der Augustiner abwarf und sich mit dem Beffchen bekleidete, das sich – grotesk und traurig zugleich – über dem wortgewaltigen Hals und seinen Schmähungen blähte: über der Sprachenverwirrung der tausend und abertausend Stimmen, die nun durcheinandergehen; einander suchen und überschreien, grell, eintönig, trostlos, mit schrecklich verwildertem Echo und nur von sich selbst bestätigt, jede ›ex cathedra‹, jede ›Hier-steh-ich‹, jede ›Ich-kann-nicht-anders‹.

Mein Gott, erbarme dich aller Ketzer und ihrer Häresien! Erbarme dich Luthers, der mit der Freiheit des Urteils begonnen hat und sein Volk in alle vier Winde hinausblies; der Europa wie ein Schlächter zerteilte und ihm mit dem Vater das Vaterhaus nahm, mit dem Schoß der mystischen Rose die Ruhe und mit dem Sitz der Weisheit die Stelle, wo sie friedlich verweilen darf. Wer gibt diesem Land wieder neue Klöster des Stillschweigens und der Anbetung, Herr? Wer schenkt ihm das Bedürfnis zu spielen in der Art, wie die Weisheit am Anfang spielt, ehe die Schöpfung war? Wer verwandelt das fürchterliche Gebilde aus lauter Zweck, o mein freier Gott, in pure Nutzlosigkeit?«

Nun war es nicht anders: Der banale Nihilismus nannte sich fortan »Liberalismus« und hielt für alles, was sich ihm nicht fügte, die Einschüchterungsvokabel »Fundamentalismus« bereit. Gleichwohl interessierte eine dem Geist der Zeit angepaßte Kirche immer weniger Menschen. Der Volkstisch verwischte den Unterschied zwischen Opferaltar und Kanzel. Daß ausgerechnet der Opferpriester nicht mehr der aufgehenden Sonne entgegen betete, sondern dem Untergang, war als innerste Ursache des drohenden Untergangs der Kirche deutbar. Sollte es wieder anders werden, müßte erst einmal die Beliebigkeit aus der Liturgie, müßte das »pro« aus dem »fanum« entfernt, müßte die gemeinsame Gebetsrichtung von Priester und Volk wiederhergestellt werden.

Indessen der christliche Westen verfiel, setzte der Islam eine Alternative des Glaubens entgegen. Er wußte, daß Verbilligungen der Botschaft nur dem Tod eine Chance geben, daß die vom Glauben gefüllte Zeremonie je länger, desto herrlicher ist. Mußte nicht auch der Katholizismus wissen, daß »Pange lingua gloriosi corporis mysterium« für alle Zeit gültig gesagt war? So wie der Inhalt einmal die Form bildete, konnte man durch die Zerschlagung der Form auch den Inhalt atomisieren. Wer den Dienst in der Kirche kurz machte, kam nur denen entgegen, die überhaupt keinen Dienst wollten. Und wer meinte, der Mensch könne Sünden vergeben, dem wurden sie nicht vergeben.

Der Mensch soll Sünden verzeihen, *vergeben* kann sie nur Gott, nämlich jener, durch dessen Mund Gott kraft des von Christus am ersten Tag der Osterwoche eingesetzten Sakramentes spricht – der Priester. Wer sich »gottgläubig« nennt, wie es die Nazis forderten, sagt Nein zum Kreuz und Nein zu Pfingsten. Wer aber die Gewißheit »Niemand kommt zum Vater außer durch mich« leugnet, müßte auch die Evangelien streichen und den gesamten Paulus verwerfen. Was Konnersreuth entgegengesetzt wird, ist Gnosis als Fluchtweg aus dem Leiden.

X.

Die »Serben« und »Savoyer« des deutschen Sprachraums, die »Südschweden« des Dreißigjährigen Krieges, die nach Aretins Beobachtung von jeher den außerpreußischen Süden majorisierten, unterjochten oder aus Deutschland hinauswarfen, die unter Bismarck national, unter Hitler nationalsozialistisch, unter Ulbricht kommunistisch waren, drängten zum Westen, also auch zu Bayern.

Die Durchdringung Bayerns mit Nordmenschen in den verschiedenen Schüben der Neuzeit, am gründlichsten nach dem Zweiten Weltkrieg und am allergründlichsten als Folge der sogenannten Wiedervereinigung, besorgte den Rest. Der deutschsprachige Süden – Österreich blieb von diesem Schicksal »ausgeschlossen« – hätte sich zur »Wiedervereinigung« nicht erpressen lassen müssen. Voraussetzung einer Alternative wäre freilich die Neuordnung des deutschen Sprachraums gewesen, ein Zurückgehen hinter 1871. Nur dann wären wieder Staaten mit Hauptstädten möglich gewesen, das heißt im Effekt: Berlin als Hauptstadt eines vom Kommunismus befreiten Nachfolgestaates der DDR. Aber alles lief anders: Der selbst aus dem Territorium der Ex-DDR stammende Richard von Weizsäcker veranlaßte, daß der Sarg Friedrichs nach Potsdam zurückgebracht wurde, und legte – statt am Sarg des große Maximilian in München oder am Sarg des großen Ferdinand in Wien – alljährlich einen Kranz in Potsdam nieder, am Sarg Friedrichs, der – nach Goethe – ein Terrorist gegen das Reich gewesen war, ein Menschenverächter und Landräuber, der bis zum Verdämmern der

Nazibonzen im Bunker der Reichskanzlei Hitlers fixe Idee geblieben war. Der von Berlin aus gegen das deutsche Kaisertum Wiens und gegen die apostolische Kirche Roms gerichtete großpreußisch-kleindeutsche Zentralstaat Friedrichs feierte in der sogenannten Bundesrepublik nach 1949 mit einer unbelehrbaren Präambel des Grundgesetzes unfröhliche Urständ und taumelte nach der »Wiedervereinigung« wiederum dem programmatischen Untergang entgegen. Wenn man bedenkt, daß Gerlich, der bewundernswerte christliche Held fast vollkommen vergessen wurde, daß aber Kanzler Helmut Kohl den Knochen des Preußenkönigs Friedrich hinterherlief, dann weiß man, daß die Erneuerung Deutschlands, die Gerlich für die Zeit nach dem Untergang Hitlers prophezeit hatte, nicht stattgefunden hat, daß der alte Fluch noch immer auf den Deutschen lastet – mit allen Konsequenzen...

Was nun Bayern betrifft – Therese Neumanns Vaterland -, so mußte es als Folge der Wiederherstellung des preußischdeutschen, säkularisierten Nationalstaats ohne Taufen dessen Akzente gegen das Christentum übernehmen, mußte nach dem nördlichen Stand seine wenigen verbliebenen kirchlichen Feiertage (die Genossen haben keine), seine innerstaatliche Gliederung, das heißt einen wesentlichen Ausdruck seiner Identität zugunsten zentralistischen »Eintopfs« in Frage stellen lassen, mußte mit seinem Steueraufkommen den dort oben immer noch virulenten Kommunismus über Wasser halten, wenn nicht gar zur Kräftigung des Neo-Nazismus beitragen.

Glückliches reichisches Polen! Du standest und stündest Bayern viel näher (möchte man ausrufen) – und stehst ihm so fern!

XI.

Inzwischen hörte man in der Hauptstadt Bayerns kaum mehr ein bayerisches Wort. Sprach man in Dresden sächsisch, in Wien wienerisch, in Zürich schwyzerdütsch, so sprach man in München piefkenesisch-nordisch. Bereits vor 1945 formulierte Carl Oskar von Soden hellsichtig seinen Vorbehalt gegen das falsche Reich: »Wahrscheinlich ist in Hitlers Geist nicht ein einzigesmal die Möglichkeit aufgetaucht, daß es außer der großpreußischen Staatsidee, zu der Friedrich II. den Grund legte, noch eine andere politische Form für Deutschland geben könne. Er war ein naiv unkritischer Gefangener des Bismarckschen Denkens.« Wenn es nicht die Logik und die Vernunft geböte, der großpreußischen deutschen Lüge eine Absage zu erteilen, so sollten es – möchte man meinen – die Konsequenzen der Nationalstaatsgründung von 1871 (die Schrecknisse von 1919 und 1945) tun!

Die Vernichtung »minderwertiger Völker« und das Todesleiden

des Propheten Fritz Gerlich stehen uns als Menetekel vor Augen. Und Gerlichs Warnung ist aktueller geworden als sie es am 22. Januar 1933 war: »Wir haben vor längeren Monaten einmal den Gedanken ausgesprochen, daß das Schicksal des deutschen Volkes, das heißt die Gewinnung einer besseren Zukunft über einen furchtbaren Zusammenbruch, nämlich den der preußischen Geschichtslegende und des kleindeutschen Reiches führen muß.«

Es ist unser *aller* Tragik, daß Gerlichs Warnungsrufe nicht nur in der braunen Zeit ungehört verhallten. Wann wird man je verstehn? Man macht so weiter, als wäre alles Durchgekostete noch nicht bitter genug gewesen.

XII.

Indessen raste durch das Öhr der Gegenwart hindurch alle Zukunft in die Vergangenheit. Indessen kletterten die Verwirrungen auf allen Gebieten der Dogmatik, Moraltheologie und Liturgie von Höhepunkt zu Höhepunkt. Woher kamen im vermutet behüteten Schoß der Mutterkirche die »pluralistisch« genannten Abspaltungen von der Frucht, wie man sie bisher nur als Absplitterungen der Ursekte Luthers kannte? Woher als vom zugelassenen unermüdlichen Werk Satans? Diener und Helfer hatte er vielleicht mehr als zu Adolf Hitlers Zeiten. Sein Lager hatte er inmitten der Kirche aufgeschlagen. Die Kirche selbst sah sich auf dem Kreuzweg. Die Kirche und an ihrer Spitze der Nachfolger Petri gingen die letzten drei Stationen hinauf nach Golgatha. Die Zeiten äußerlicher Aktion hatten ein Ende; für die Kirche waren die Zeiten der Passion gekommen.

Wir sollten beten: Vergib uns unsere Schuld! Und führe uns Irregeleitete in Dein Reich! Konsumdenken, Wegwerfgesellschaft und schrankenlose Selbstverwirklichung müßten wir vertauschen gegen dienende Selbstverleugnung und Mitleiden in der Kreuzesnachfolge. Wollte es die römische Kirche doch hinausschreien, daß der Stoff gewandelter Geist ist!

Satan gab nicht auf. Als das Geheimnis der Gnade sprach: »Die Pforten der Hölle werden Seine Kirche nicht überwinden!« sprach das Geheimnis der Bosheit: »Einmal bin ich unterlegen, aber das nächstemal werde ich die Fülle schicken; ich werde euch satt machen.«

Als Thomas von Aquin zum Vollbesitz mystischer Erleuchtung gelangte, klappte er das Manuskript der »summa« zu, deren unermeßliche Reichtümer in seinen Augen leer wie »Stroh« geworden waren.

Finstere Stunden waren es, als der Glaube wankte, das Fleisch triumphierte und die Engel ihr Haupt verhüllten.

Personenregister

Kursiv gedruckte Seitenzahlen verweisen auf Abbildungen

Literatur
speziell und allgemein

Adler, Nikolaus: Das erste christliche Pfingstfest. Münster 1938

Aigner, Eduard: Aufruf an die Volksgenossen, Freiburg 1937

Aigner, Eduard: 10 Jahre Konnersreuth. A. Bock-Verlag, Berlin-Friedenau, 1939

Angerer, Anton: Das Phänomen von Konnersreuth. Die Stigmatisierte Therese Neumann. Waldsassen 1927

Aretin, Erwein Frhr. von: Fritz Michael Gerlich. Prophet und Märtyrer. München und Zürich 1949 und 1983

Aretin, Erwein Frhr. von: Krone und Ketten. Erinnerungen eines bayerischen Edelmannes. Hrsg. von Karl Buchheim und Karl Otmar von Aretin. München 1955

Aretin, Erwein Frhr. von: Die Sühneseele von Konnersreuth. Hrsg. v. K. O. v. Aretin. Gröbenzell 1960

Becker, Erika: Durch Resl bekehrt. Neue Zeugnisse aus Konnersreuth. Würzburg 1985

Benz, Ernst: Die Vision. Erfahrungsformen und Bilderwelt, Stuttgart 1969

Berras, Luciano: Augen, die den Heiland sahen. Dülmen 1930

Biot, René: Das Rätsel der Stigmatisation. Aschaffenburg 1957

Boniface, Ennemond: Therese Neumann. Die Stigmatisierte von Konnersreuth. Ein Bekenntnis. Wiesbaden 1958

Braun, Karl: Ich habe meinen Platz in der Kirche gefunden. Therese von Lisieux und die nachkonziliare Krise der Kirche. Augsburg 1983

Braun, Karl: Selig, die glauben, ohne zu sehen. Augsburg 1988

Brönner, Philipp und M. Daentler (Hrsg.): Dem Andenken an den H. H. Prof. Dr. Wutz. Eichstätt i. By. o. J.

Browe, P., S. J.: Eucharistische Wunder des Mittelalters. Breslau 1938

Buchinger, O.: Wirkliches und Wirkendes. Katalyse zum Phänomen Konnersreuth. Bad Pyrmont 1948

Buschkühl, Matthias: Heilige Schrift, Konnersreuth, Widerstand. Franz Xaver Wutz zum 100. Geburtstag. Eichstätt 1982

Burg, Oswald: Konnersreuth. Theolog. wissenschaftl. Studien. Mayer & Co., Wien 1931

Dannemarie, J.: Le Mystère des stigmatisees de Cathérine Emmérich à Thérèse Neumann. Bernard Grasset, Paris 1931

Deschner, Günther: Reinhard Heydrich. Statthalter der totalen Macht. München 1986

Deutsch, Josef: Konnersreuth in ärztlicher Beleuchtung. Lippstadt 1932

Deutsch, Josef: Wie steht's um Konnersreuth? Lippstadt 1936

Deutsch, Josef: Ärztliche Kritik an Konnersreuth, Wunder oder Hysterie? Lippstadt 1938

Diels, Rudolf: Lucifer ante portas. Es spricht der erste Chef der Gestapo. Stuttgart 1950

Domröse, Ortwin: Der NS-Staat in Bayern von der Machtergreifung bis zum Röhm-Putsch. In der Reihe »Miscellanea Bavarica Monacensia«, Heft 47, München 1974

Donohoe, James: Hitlers conservative opponents in Bavaria 1930 – 1945. Leyden 1961

Dornberg, John: Hitlers Marsch zur Feldherrnhalle. München, 8. und 9. November 1923, München/Wien 1985

Dorsaz, A.: Konnersreuth. Eine wissenschaftlich-kritische Prüfung, übers. durch Friedrich von Lama, Waldsassen 1931

Eichstätt, Stadt (Hrsg.): Eichstätt. Heitere und lebendige Stadt. Ein Prospekt. Eichstätt o. J.

Emmerich, Anna Katharina. Das bittere Leiden unseres Herrn Jesu Christi. Aschaffenburg 1950

Emmerig, Ernst: Kulturlandschaft Oberpfalz. Gestalt und Gestalten eines Regierungsbezirks. Aufsätze und Vorträge, Kallmünz 1989

Eskeland, L.: Visite à Thérèse Neumann. Übersetzt aus dem Norwegischen. Maison de la Bonne Presse, Paris 1931

Ewald, Gottfried: Die Stigmatisierte von Konnersreuth. München 1927

Fahsel, Helmut, Konnersreuth. Tatsachen und Gedanken. Ein Beitrag zur mystischen Theologie und Religionsphilosophie. Berlin. 1931

Fest, Joachim C.: Hitler. Eine Biographie. Neuausgabe 1987

Fic Kwestja, Atonazy: Konnersreuth. Szkoa Chrystusowa, Lipiecsierpien 1932

François-Poncet, André: Als Botschafter in Berlin 1931 – 1938. Mainz 1947

Fröhlich, Hans: Konnersreuth heute. Schau eines Arztes. Wiesbaden. 1950

Ganter, H., Pfr.: Was dünkt euch von Konnersreuth? Karlsruhe o. J.

Gerlich, Fritz: Die Stigmatisierte Therese Neumann von Konnersreuth. Erster Teil: Die Lebensgeschichte der Th. N. München 1929; Zweiter Teil: Die Glaubwürdigkeit der Th. N. München 1929

Gerlich, Fritz: Der Kampf um die Glaubwürdigkeit der Therese Neumann. München 1931 (Gegen Wunderle-Mager)

Görres, Josef von: Die christliche Mystik. Regensburg 1837

Graef, Hilda C., Konnersreuth. Der Fall Therese Neumann. Einsiedeln 1953

Gritschneder, Otto: »Der Führer hat Sie zum Tode verurteilt...« Hitlers »Röhm-Putsch«-Morde vor Gericht. München 1993

Grüter, Hans: Le mystère de Theresia de Konnersreuth, Locarno 1947

Gutwenger, Lisl: Severin von Lama, 1883-1978. Aschaffenburg 1982

Guttenberg, Elisabeth zu: Beim Namen gerufen. Erinnerungen. Berlin, Ffm. 1990

Hanauer, Joseph: Gottes-Werk oder Menschen-Machwerk? Bubach 1967.

Hanauer, Joseph: Konnersreuth als Testfall. Kritischer Bericht über das Leben der Therese Neumann, München 1972

Hausberger, Karl: Geschichte des Bistums Regensburg. 2 Bde. Regensburg 1989 (ergänzt von Heinz Schauwecker)

Heermann, H.: Um Konnersreuth. 1932

Heydecker, Joe J.: Kronprinz Rupprecht von Bayern. Ein Lebensbild. München 1953

Höcht, Johannes Maria: Größe, Erhabenheit und Beurteilung der Stigmatisation. Waldsassen 1938

Höcht, Johannes Maria: Träger der Wundmale Christi. Wiesbaden 1951

Hoegner, Wilhelm: Der schwierige Außenseiter. Erinnerungen eines bayerischen Sozialdemokraten. Hof (Saale) 1975

Hovre, Eugen: Therese Neumann. Het levend raadsel van Konnersreuth. Desclée de Brouwer & Co., Brugge 1931

Hovrel, Eugen De: Wetenschapswaan. (Gegen Wunderle-Mager). 1931

Huber, Franz Xaver: Das Mysterium von Konnersreuth. Karlsruhe 1950

Huijbers, A.: Naar Konnersreuth. Persoonlijke Jndrukken. Verlag Kloostermann, Nijmwegen. 1931

Hynek, R. W.: Das lebendige Ebenbild des Gekreuzigten. Konicek, Prag 1928

Hynek, R. W.: Konnersreuth à la lumière de la science médicale et psychologique, par Fichy, Paris 1929

Hynek, R. W.: Konnersreuth im Lichte der ärztlichen und psychologischen Wissenschaft. Prag 1932

Hynek, R. W.: Golgotha, Wissenschaft und Mystik. Badenia, Karlsruhe 1936

Hynek, R. W.: Zur Abwehr. Badenia, Karlsruhe 1938

Kašpar, Dr. Karl, Erzbischof von Prag, Eindrücke von Konnersreuth. Karlsruhe 1932

Kea, P., S. J.: Herault van Het H. Hart. Februar 1931

Kleinschrof, Fr., Sanitätsrat: Konnersreuth. Natürliches oder übernatürliches Geschehen? Verlag Albert Angerer, Waldsassen 1931

Klosa, Josef: Das Wunder von Konnersreuth in naturwissenschaftlicher Sicht. Aschaffenburg 1974

Kosubek, Ignaz: Das Geheimnis der Wunder von Konnersreuth. Freiburg i. Br. 1947

Kröner, W.: Das Rätsel von Konnersreuth. München 1927

Kubizek, August: Adolf Hitler, mein Jugendfreund. Graz 1953 (5. Auflage 1989)

Lama, Friedrich von: Therese Neumann von Konnersreuth. Bonn 1928

Lama, Friedrich von: Konnersreuther Chronik 1928

Lama, Friedrich von: Konnersreuther Jahrbücher 1929-1936. 8 Bücher, Karlsruhe. (Beginnt mit der Konn. Chronik, 1929 = 1., 1930 = 2., 1931 = 3. Bd. usw.)

Lama, Friedrich von: Therese Neumann. Japanische Ausgabe 1931

Lechler, Alfred: Das Rätsel von Konnersreuth. Elberfeld 1933

Lexikon für Theologie und Kirche, herausgeg. von Michael Buchberger, 2. Aufl. 1957

Lhermite, J.; Etudes Carmelitaines 1934

Lhermite, J.: Echte und falsche Mystik. Luzern 1953

Lorant, Stefan: Ich war Hitlers Gefangener. Ein Tagebuch 1933. München 1985

Louis, E., La Semaine Sainte 1930 à Konnersreuth. Mulhouse 1930

Langgässer, Elisabeth: Das unauslöschliche Siegel. Roman. Hamburg 1946

Martin, Theresia (von Lisieux): Geschichte einer Seele, Trier, o. J.

Martin, Theresia (von Lisieux): Geschichte einer Seele, Kirnach-Villingen 1928 (Sainte Thérèse de L'Enfant Jésus: Menuscrits autobiographiques, Lisieux 1957; Therese vom Kinde Jesus: Selbstbiographische Schriften. Einsiedeln-Trier 1958)

Masoin, Dr. P., Thérèse Neumann et autres stigmatisées. Bruxelles 1933

Mauriac, François: La chair et le sang. Roman. 1920

Mayrhofer, Joh., Therese Neumann von Konnersreuth. Ein Aufruf zur Besinnung der Menschen des 20. Jahrhunderts. Hildesheim.

Miller, Alice: Am Anfang war Erziehung. Frankfurt/Main 1980

Müller, Karl Alexander von: Im Wandel einer Welt. Erinnerungen, Band 3 1919–1932. München 1966

Naber, Joseph: Tagebücher und Aufzeichnungen über Therese Neumann. München und Zürich 1987 Hrsg. v. Joh. Steiner

Natonek, Hans: Heilige, Kranke oder Schwindlerin? Leipzig o. J.

Neumayr, P. Dr. Maximilian: Pater Ingbert Naab. Seher. Kämpfer. Beter. München 1947

Niedermeyer, Dr.: Grundriß der Pastoral-Medizin. I. Pastoral-Psychiatrie. Paderborn 1936

Niessen, J.: Therese Neumann, Natur oder Übernatur? Krefeld 1927

Nigg, Walter: Große Heilige, Zürich 1952

Panzer, Albert: Licht von »drüben«. Ein Journalist begleitet das mystische Leben der Th. N., Weiden 1990

Péguy, Charles: Le mystère de la charité de Jeanne d'Arc. 1910

Pietrzyk, P. Kazimierz: Teresa Neumann, Stygmatyczka z Konnersreuth, Warschau 1992

Provinzialat der Bayerischen Kapuziner (Hrsg.): Kapuzinerkloster Eichstätt 1623 – 1988. Eichstätt 1988

Radlo, Peter: Trug oder Wahrheit? Neuestes über Konnersreuth. Karlsruhe 1938

Rahner, Karl SJ: Visionen und Prophezeihungen. Freiburg 1958

Rasche, Josef: »Das Wunder von Konnersreuth« – ein Wunder. Aussig, 1927

Richardi, Hans-Günther und Klaus Schumann: Geheimakte Gerlich/Bell. Röhms Pläne für ein Reich ohne Hitler. München 1993

Rieger, Federico von: Il mio incontro con Teresa Neumann. Mailand o. J.

Rinser, Luise: Die Wahrheit über Konnersreuth. Ein Bericht. Frankfurt, Hamburg 1954

Rinser, Luise: Die Wahrheit über Konnersreuth. Einsiedeln 1954

Rößler, Max: Therese Neumann von Konnersreuth. Würzburg 1963

Salzmann, A. M.: Therese Neumann, die Stigmatisierte von Konnersreuth. Persönliche Eindrücke und Berichte von Augenzeugen, Dessau, 1927

Schmid, Josef: Synopse der Evangelien. Regensburg (4. Aufl.) 1964

Schneider, Reinhold: Theresia von Spanien. München 1942.

Schneider, Reinhold: Vom Tun der Wahrheit: Nikolaus von Flüe, Ignatius von Loyola, Franz von Sales. München 1948

Schrembs, Bischof Joseph: Das Mädchen von Konnersreuth. Cleveland 1927

Schwarz, Günther: Das Zeichen von Konnersreuth. Regensburg 1994

Sieghardt, August: Oberpfalz. Landschaft, Geschichte, Kultur, Kunst. Nürnberg 1964

Seitz, Anton: Die Welt des Okkultismus Bd. I; Illusion des Spiritismus Bd. II; Phänomene des Spiritismus Bd. III.

Seidl, Otto: Ärztlicher Bericht vom Jahre 1927 über Therese Neumann aus Konnersreuth, Bischöfl. Zentralarchiv, Regensburg, Bestand Th. Neumann, Fasz. Nr. 102

Seitz, Anton: Das Stigmatisationsproblem von Konnersreuth in Wahrheit und Klarheit. Karlsruhe 1939

Seutter von Lötzen, Wilhelm: Bayerns Königstreue im Widerstand. Erinnerungen 1933 – 1964. Feldafing 1964

Simma, Maria: Meine Erlebnisse mit Armen Seelen. Stein a. Rh. 1968

Soden, Carl Oskar von: Der Bund als Erbe und Auftrag. Recht und foederative Ordnung. (Unveröffentlicht)

Spiegl, Anni: Leben und Sterben der Therese Neumann von Konnersreuth. Konnersreuth 1976

Staudinger, P., Odo: Die Leidensblume von Konnersreuth. Salzburg 1928.

Staudinger, P., Odo: Der Heiland ist gut. Auffallende Heilungen und Bekehrungen durch Konnersreuth. Salzburg 1931

Steiner, Johannes, Mariä Himmelfahrt. Visionen der Therese Neumann. (Unter Mitwirkung von Therese Neumann und Pfarrer Joseph Naber). München 1950

Steiner, Johannes: Therese Neumann von Konnersreuth. Ein Lebensbild. München und Zürich 1963

Steiner, Johannes: Visionen der Therese Neumann. Erster Teil. München-Zürich 1973

Steiner, Johannes: Visionen der Therese Neumann. Zweiter Teil. München-Zürich 1977

Steiner, Johannes: Die Mystische Macht. Betrachtungen zum Rosenkranz nach den Visionen der Therese Neumann. München-Zürich 1979

Steiner, Johannes (Hrsg.): Es kam die gnadenvolle Nacht. Weihnachtsvisionen der Therese Neumann von Konnersreuth. Aufgezeichnet von Pfarrer Joseph Naber, Dr. Fritz Michael Gerlich und dem Herausgeber. München 1989

Steiner, Johannes (Hrsg.): »War das alles mächtig!« Oster-Visionen der Therese Neumann von Konnersreuth. München 1989

Stolz, Benedikt: Von Jerusalem nach Konnersreuth. Erinnerungen an Therese Neumann. Wels 1968

Sturm, Heribert: Konnersreuth. Fünfhundert Jahre Markt. Konnersreuth 1971

Szpetnar, St.: Teresa Neumann. Polnische Schrift. Krakau 1931

Teodorowicz, Erzbischof Dr. Josef: Konnersreuth im Lichte der Mystik und Psychologie. Salzburg-Leipzig 1936

Tirschenreuth, Landkreis (Hrsg.): Der Landkreis Tirschenreuth. Hof (Saale) 1980

Tirschenreuth, Landkreis (Hrsg.): Unser Landkreis Tirschenreuth. Bamberg, 1989

Valessi, J.: Die Seherin von Konnersreuth. Pasing. 1927

Veh, P. Ulrich (Zusammenstellung): Die Resl. Therese Neumann von Konnersreuth. Eichstätt 1987

Verweyen, Johannes Maria: Das Geheimnis von Konnersreuth. Stuttgart 1932

Waitz, Sigismund, Fürsterzbischof: Konnersreuth. Salzburg 1927

Waitz, Sigismund, Fürsterzbischof: Die Botschaft von Konnersreuth. Feldkirch o. J.

Waitz, Sigismund: Die Botschaft von Konnersreuth. 3. Aufl. 1930

Weisl, Wolfgang von: Religionspsychologie 1928, Heft 4.

Winthuis, J.: Konnersreuth - ein Rätsel. Innsbruck-Leipzig o. J.

Winthuis, J.: Der Gnadenruf von Konnersreuth. Innsbruck-Leipzig 1929

Witetschek, Helmut: Pater Ingbert Naab. Ein Prophet wider den Zeitgeist. München und Zürich 1985

Witry, Theodor: Die Resl. Medizinisches aus Konnersreuth. Saarbrücken 1932

Witt, Leopold: Die Leiden einer Glücklichen. Waldsassen 1928, 3. Auflage 1930

Witt, Leopold: Konnersreuth im Lichte der Religion und Wissenschaft. 1927

Witt, Leopold: Konnersreuth im Lichte der Religion und der Wissenschaft. Waldsassen 1929 (Teil II)

Witt, Leopold: Konnersreuth. Waldsassen 1929

Wunderle, Georg: Die Stigmatisierte von Konnersreuth. Eichstätt 1927

Wunderle, Georg: Um Konnersreuth. Neueste relig. psycholog. Dokumente. Würzburg 1931. (Gemeinsam Mager-Wunderle).

Wunderle, Georg: Studien und Erinnerungen. Würzburg 1937 (Stigmatisation nur katholische Kirche).

Wunderle, Georg: Zur Psychologie der Stigmatisation. Paderborn 1938

Aufsätze, Vorträge, Rundfunksendungen

Aigner, Eduard: Zehn Jahre Konnersreuth. In: *Das schwarze Korps*, Zeitung der Schutzstaffel der NSDAP. Organ der Reichsführung SS. Berlin, 3. und 10. März 1938

Aretin, Erwein Freiherr von, der erste größere Bericht in Nr. 57 der »Einkehr«, Beilage der *»Münchener Neuesten Nachrichten«* vom 03. 08. 1927 München

Aretin, der zweite größere Bericht in Nr. 46 der »Einkehr« vom 17. 11. 1929: »Die stigmatisierte Therese Neumann von Konnersreuth«. MNN München

Bauer, Johannes: Das Aramäische in Konnersreuth. In: »Die Einkehr«, MNN, München, 14. Dez. 1927

Bayer, G.O.: Das Mirakel von Konnersreuth. In: »Münchner Neueste Nachrichten«, 2. Mai 1926

Cube, Walter von: Mein Vaterland. Eine bayerische Selbstdarstellung. In: »Zeitgemäße und zeitwidrige Gedanken«. München 1981

Chaussy, Ulrich: Allen Gewalten zum Trutz sich erhalten. Zur Geschichte der Widerstandsgruppe »Die Weiße Rose«. Sendung im Bayer. Rundfunk am 20. Februar 1993

Daentler, Richard: Steckt die Causa Therese Neumann in einer Sackgasse? In: Therese Neumann Brief 1, Konnersreuth 1990

Elst, van der: Aspect biologique et psychologique du prodige de Konnersreuth. In: »*Etudes Carmélitaines*«, Anne 17 (1932).

Ewald, Gottfried: Die Stigmatisierte von Konnersreuth. Gutachten in: »*Münchener Medizinische Wochenschrift*« vom 18. 11. 1927, Beilage Nr. 46

Gaeßler, Pfr.: Vom »Heiligblut« zu Sankt Leo IX. und zu Therese Neumann. In: »*Konnersreuther Sonntagsblatt*« 1931, Nr. 35

Garrigou-Lagrange: Thérèse Neumann. In: »*Vie spirituelle*« 1933

Geiger, Thomas: Die Stigmatisierte von Konnersreuth. In: »*Münchener Kath. Kirchenzeitung*« 1927/28

Ferkala, Franz, Pfr.: Artikel in: »*Kirchenblatt für die Diözese St. Pölten*« – vgl. »Suso-Blatt«, Konstanz, 3. Jahrg., Nr. 21 und 22 (Mai/Juni) 1947

»*Der gerade Weg*«. München. Alle Nummern vom 3. Jan. 1932 - 5. März 1933

Gerlich, Fritz: Erlebnisse in Konnersreuth. In: „Die Einkehr", MNN, 6. 11. 1927

Gerlich, Fritz: Konnersreuth als historisches Problem. Eine quellenkritische Untersuchung. In: »Die Einkehr« (MNN). 30. Nov. 1927

Gerlich, Fritz: In: »*Der gerade Weg*«, Nr. 55 vom 28. 12. 1932

Gerlich, Fritz: In: »*Der gerade Weg*«, Nr. 1, Jan. 1933

Graber, Bischof Rudolf: Predigt vom 24. September 1972. In: Therese Neumann Brief 3. April 1993

Graber-Rössler u. a.: Vorträge zum 10. Todestag der Therese Neumann. Konnersreuth 1972

Granin, Daniil: Sowóks fehlende Scham. Leiden am Schicksal Rußlands. In: »*SZ am Wochenende*« 22./23. Mai 1993

Grötsch, Hans: Die Urahnen von Therese Neumann und Balthasar Neumann haben den gleichen Herkunftsort. In: Heimat Landkreis Tirschenreuth

Heigert, Hans: Wie der Antifaschismus zum Beelzebub wurde. Plädoyer für eine fortwährende Überprüfung politischer Begriffe. In: »*Süddeutsche Zeitung*«, 7. Juli 1993

Hofinger, P. Max: Wir müssen für den Heiland etwas tun! In: Therese Neumann Brief 2, April 1991

Hovre-Lama: Der Zustand der gehobenen Ruhe. In: »*Schildwache*« 1932/33 in Nr. 32, 34, 35, 36.

»*Illustrierter Sonntag*«. München. Alle Nummern vom 14. 9. 1930 bis 27. 12. 1931

Louis, E.: Thérèse Neumann. In: »*Revue Générale de Clinique et de Thérapeutique*«, vom 05. 07. 1930, Nr. 27

Mager, Albert: Konnersreuth. In: »*Kathol. Kirchzeitung*«, Salzburg, 1933, Nr. 11

Mager, Albert: Konnersreuth comme fait et comme problème. In: »*Etudes Carmélitaines*«, Avril 1933, 46/47.

Messmer, Josef, Prälat: Die stigmatisierte Seherin Therese Neumann. Persönliche Eindrücke. Luzern, 1927, Serie in »Schweizer Kirchenzeitung« 1927

Müller, Karl Alexander von: Paul Nikolaus Cossmanns Ende. In: »Hochland«, April 1950. S. 368 ff.

Murphy Donald J.: Erinnerungen eines amerikanischen Armeepfarrers an Therese Neumann. In: Therese Neumann Brief Nr. 3. Konnersreuth, April 1992

Naber, Joseph Pfr.: Artikel in: »Kathol. Kirchenblatt« Wien, v. 10. 02. 1938

Panzer, Albert: Mehrere Artikel in der Zeitung »Der Neue Tag«, Weiden, aus diversen Jahrgängen

Rosenhain. Illustrierte Monatsschrift (Kirnach-Villingen). Alle Jahrgänge bis 1928

Rößler, Max und Rzitka, Johannes: Die Welt durch Wunden heilen. Konnersreuth, Rätsel oder Geheimnis? Tonbild T 397. steyl-medien München 1986

Seidl, Dr. med. Otto: Konnersreuth vor Gericht. In: »Das neue Licht«, Monatsschrift für wahre Kultur, Jan. 1929.

Seitz, Anton: Das Geheimnis von Konnersreuth. In: »Altöttinger Franziskusblatt« 1938, Nr. 2

Siegert, Toni: Streitpunkt Nahrungslosigkeit. Ein Exkurs darüber, wie Kritiker der Resl Belege und Wahrheit verfälschen. In: Therese Neumann Brief 4. Konnersreuth, November 1992

Siegert, Toni: Vom Gottesleugner und Freimaurer zum Konnersreuth-Bekenner und Blutzeugen Christi (Prof. Johannes Maria Verweyen). In: Therese Neumann Brief 5, November 1993

Sempé, P., S. J.: In: »Messager du Sacré-Coeur«, Mai 1937

Silva-Mello, Dr. med.: Therese Neumann. In: »Wiener Medizinische Wochenschrift« 1929, Nr. 43

St.-Morard, P. M., O. P.: Les faits de Konnersreuth (aus der Zeitschrift »Nova et Vetera«, Nr. 4, 1929, Fribourg 1929

Staudinger, P. Odo, O. S. B.: Konnersreuther Urkunden in »Benediktus-Bote«, Jahrg. 14, Okt./Nov. 1939. Innsbruck 1939

Tänzel, Baronin von: Therese Neumann von Konnersreuth. In: »Die Einkehr« (MNN), 29. Juni 1927

Therese-Neumann-Archiv Konnersreuth: Nachlaß Therese Neumann: Schriftgut, Foto-technische Produkte, Phonotechnische Aufzeichnungen. Dokumentationsgut.

Thibon, G.: Elisabeth K. und Therese Neumann. In: »Vie Spirituelle« (Etudes et Docu-ments) 1934

Pater, Thomas, A. B.: Miraculous Abstinence. Eine Doktordissertation an der Catholic University of Amerika, Studien in »Sacred Theology« Nr. 100

Urban, Hubert J.: Therese von Konnersreuth. In: »Benediktus-Bote« Innsbruck, 1947, Nr. 1 und 2

Veh, P. Ulrich: Wer war Therese Neumann. In: Therese Neumann Brief 1 Konnersreuth, April 1990

Weisl, Wilhelm: Therese Neumann. Aufsatz in: »Vossische Zeitung«, Nr. 198 v. 19. 08. 1927

Witry, Dr. med. Theodor: Therese Neumann. In: »Schildwache« 1931/32 in Nr. 9/10

Quellennachweis der Bilder

Archiv Wolfgang Johannes Bekh: S. 47, 106, 148, 166, 204, 248, 294

Archiv der Bayerischen Kapuziner: S. 284

Bildarchiv Preußischer Kulturbesitz/Foto Hilmar Pabel: S. 462

Bilderdienst Süddeutscher Verlag: S. 12, 33, 198, 222

Dokumentations-Zentrum Therese Neumann, Konnersreuth: S. 47, 56, 124, 150, 164, 183, 190, 215, 225, 377, 424, 429, 470

Foto Wolfgang Johannes Bekh: S. 148, 328, 395

Foto Lothar Ehrlich, Brechen: S. 474

Foto Ferdinand Neumann: S. 241, 260, 269, 317, 456, 461

Foto P. Karl Schacherl: S. 455

Foto Gregor M. Schmidt: S. 45

Foto Johannes Steiner: S. 451, 463

Foto Hans Zirlik, Waldsassen: S. 465

Privatbesitz: S. 46, 172, 174, 182, 337

Stadtarchiv der Landeshauptstadt München: S. 15